Copyright © 2005, 2022 Marko Lopušina
Copyright za ovo izdanje © 2023 TEA BOOKS d.o.o.

*Za izdavača*
Tea Jovanović
Nenad Mladenović

*Glavni i odgovorni urednik*
Tea Jovanović

*Lektura*
Agencija Tekstogradnja

*Korektura*
Ana Zloporubović

*Prelom*
Agencija TEA BOOKS

*Dizajn korica*
Agencija PROCES DIZAJN

*Izdavač*
TEA BOOKS d.o.o.
Por. Spasića i Mašere 94
11134 Beograd
Tel. 069 4001965
info@teabooks.rs
www.teabooks.rs

ISBN 978-86-6142-062-7

Marko Lopušina

# MAFIJE SVETA

Drugo dopunjeno izdanje

TEA
BOOKS

Ova publikacija u celini ili u delovima ne sme se umnožavati, preštampavati ili prenositi u bilo kojoj formi ili bilo kojim sredstvom bez dozvole autora ili izdavača niti može biti na bilo koji drugi način ili bilo kojim drugim sredstvom distribuirana ili umnožavana bez odobrenja izdavača. Sva prava za objavljivanje ove knjige zadržavaju autor i izdavač po odredbama Zakona o autorskim pravima.

# MAFIJE SVETA

## Novi kriminalni poredak

Boško Radonjić, Srbin u američkoj mafiji, kum kuma Džona Gotija, koji je opisan u jednom filmu, na pitanje šta je i gde je podzemlje, otvoreno je rekao:
„Pravo 'podzemlje' je uvek gore, a dole, pod zemljom su mrtvi i raj."
Krajem devedesetih ispalo je da je podzemlje svuda oko nas. Prema procenama kriminologa i drugih eksperata za nezakonita poslovanja, 21. vek će biti era kriminala. Ove procene su toliko pesimističke da se predviđa da će kriminalci zavladati svetom, ako ih države u tome ne spreče.
Ovo je bio generalni utisak sa XI međunarodnog kongresa kriminologa, koji je 2004. zaključio da kriminal početkom 21. veka svuda u svetu beleži ogroman rast. Procenjuje se da danas realni svet organizovanog kriminala vredi godišnje skoro bilion dolara.
Mafija je još na kraju 20. veka bila jedna, globalna i interkontinentalna sila. To je i potvrđeno podacima da je, na primer, u Rusiji 1990. godine bilo registrovano 700 mafijaških grupa, da bi 1995. njihov broj porastao na 8.000. A danas je ruska mafija dostigla nivo paralelne države.
Govoreći u američkom Senatu, senator Džon Keri je slikovito opisao kako danas funkcioniše to svetsko podzemlje:
„Ruska mafija šalje svog profesionalnog ubicu iz Moskve da u Njujorku likvidira jednog neposlušnog vlasnika velikog marketa. Njegove falsifikovane papire obezbeđuje sicilijanska mafija, koja je za tu uslugu plaćena raketama 'zemlja-zemlja'. Ili drugi primer, kolumbijski karteli proizvode kokain. Kineska mafija ga uzima u zamenu za heroin, koji se zatim krijumčari u SAD. Trijade donose kolumbijski kokain u Japan i distribuiraju ga u saradnji s jakuzama. Posle toga azijska mafija pere novac od droge u Evropi."
Ovo nije novokomponovana bajka. Kumovi ruske, kineske, italijanske i kolumbijske mafije imali su još 1992. godine prvi zajednički sastanak, prvo u Pragu, a potom u Varšavi i Cirihu. Na tim samitima

mafijaša postignut je dogovor o strateškom savezu mafija u ilegalnoj trgovini narkoticima, jer to je roba koja danas pruža najveći i najbrži profit. Sicilijanci su ponudili svoje iskustvo i znanje, kao i veze na tržištu droga. Rusi su ponudili dobro obezbeđenje švercerskih kanala širom sveta. Kinezi su ponudili svoju dilersku mrežu od Tokija preko Nju Delhija do Njujorka. A Kolumbijci su ponudili svoj kokain i bliskoistočni heroin najboljeg kvaliteta po najnižim mogućim cenama. Tako je nastala prva globalna mafijaška osovina.

O kakvom je biznisu reč govore podaci Pentagona. Američki vojni izvori su 2004. godine procenili da godišnje oko hiljadu metričkih tona kokaina iz Latinske Amerike ilegalno ulazi u SAD. Za to je organizovan vazdušni i pomorski most između dva američka kontinenta, kojim godišnje prođe do tri hiljade aviona i pet hiljada brodova. Novac zarađen na kokainu završava potom u kanadskim bankama, gde se godišnje „opere" do deset milijardi narko-dolara.

Velika Britanija danas priznaje da ima problema s 32 milijarde dolara bez porekla u njenom finansijskom sistemu. Podrazumeva se, naravno, da je to mafijaška para.

Evropska komisija iznela je krajem 2004. godine plan borbe protiv kriminalnih bandi koje operišu u više država Evropske unije. Predlozi uključuju zajedničku definiciju na nivou Unije šta se podrazumeva pod „kriminalnom organizacijom", kao i razmenu informacija i kriminalnih dosijea između država članica. Podaci koje je izneo Europol pokazuju da je 2002. godine u Evropskoj uniji postojalo 4.000 kriminalnih organizacija u okviru kojih je delovalo 40.000 kriminalaca. Međunarodni monetarni fond ukazuje da profit ostvaren pranjem novca koji potiče od organizovanog kriminala čini od dva do pet odsto BDP-a u Evropi.

Ta nova globalna kriminalna osovina sastoji se od šest glavnih sila, povezanih nizom malih organizacija, kao i finansijskih i političkih krugova u mnogim zemljama. A to su američki kriminalci, japanske jakuze, kineske trijade, kolumbijski karteli, ruski gangovi i italijanska mafija. Ova podzemna armija ima osam miliona registrovanih članova. Najviše u Kini, četiri; u Rusiji tri miliona ljudi radi direktno za mafiju.

U Albaniji i na Kosmetu mafija je država za sebe, koja svojim prljavim poslovima održava zemlju Šiptara u životu.

U tom podzemnom svetu ima mesta i za srpsku mafiju, koja je poslednjih decenija kao privezak državne vlasti postala jedan od stubova Srbije, Crne Gore, ali i okolnih balkanskih i evropskih zemalja.

Nije li zato nimalo slučajno da u vreme Novog svetskog političkog poretka dobijemo i Novi svetski kriminalni poredak.

Beograd, 1. mart 2005.

Autor

# ALBANSKA MAFIJA

## Zlo Evrope

Albanija je baza svetskog kriminala – zaključeno je početkom 2005. godine u američkom Stejt departmentu. U vrlo kratkom izveštaju o stanju narko-kriminala u svetu američka vlada je napisala:

„Pranje novca i dalje predstavlja veliku opasnost za Albaniju. Ova zemlja je tranzitna država za šverc droge, oružja i ilegalnih imigranata i falsifikovane robe", ocenio je američki Stejt department u svom izveštaju o strategiji kontrole međunarodne trgovine narkoticima.

Time je potvrđeno da je albanska mafija ostala pri samom vrhu svetskog podzemlja, u kome funkcioniše aktivno već četrdeset godina. Pipci albanske mafije, koja svoje izvore pored Albanije ima i na Kosmetu, kreću se od Pakistana i Turske preko srednje Evrope do istočnih obala SAD i Kanade.

Trenutno najunosniji posao albanske mafije jeste trgovina ljudima: devojkama, mladim ženama, decom i dečjim organima.

Zajedničkom akcijom mađarski i austrijski graničari su uhapsili u proleće 2004. godine članove grupe kriminalaca iz Srbije, odnosno s Kosmeta, koji su se bavili krijumčarenjem ljudi. Ta srpsko-albanska grupa je, počev od 1997. godine, preko mađarsko-austrijske granice na Zapad prebacila čak 11.000 ljudi, uglavnom Albance i ostale državljane sadašnje Srbije i Crne Gore, dok je rumunsko-moldavska grupa delovala dosta kraće.

Mađarski mediji javljaju da su graničari, u saradnji sa službom za nacionalnu bezbednost i uz korišćenje sredstava tajne policije, u poslednjih nekoliko dana uhapsili 42 ljudi, što je naišlo i „na priznanje i zahvalnost" Evropske unije. Srpsko-albanska grupa kriminalaca je, uz pomoć turističkih agencija, dovodila u Mađarsku Albance s Kosova koji su u potrazi za boljim životom hteli da pređu u Zapadnu Evropu.

Prema policijskim izvorima, kosovski Albanci iz Mađarske su prebacivani ilegalno u Austriju preko „zelene granice".

Procenjuje se da je albanska mafija samo tokom 1999. godine prebacila najmanje 70.000 ljudi u Evropu i zaradila 50 miliona dolara. Osim državljana Albanije i Albanaca s Kosova i Metohije, navodi se u izveštaju, krijumčare se migranti iz Turske, Pakistana, Šri Lanke, Kine i drugih zemalja. U mrežama švercera ljudi nalaze se i hiljade žena s Kosova i Metohije koje su izbegle u Albaniju, ali i Rumunke, Moldavke, Ruskinje, državljanke Bosne i Hercegovine... Makroi se često predstavljaju kao političke izbeglice, a Belgija je sedište nekoliko nosilaca ovog kriminalnog posla.

Prema istraživanju međunarodne organizacije *Transparensi internešenel*, u Albaniji su centri trgovine ljudima rute: Vlora, Tirana, Fier, Skadar, pogranična mesta prema Grčkoj i Makedoniji. Danas vlasnici glisera u priobalnim mestima imaju dobre veze s policijskim strukturama i administracijom i funkcionišu organizovano kao mafijaška grupa koja ima pristup krivotvorenim dokumentima. Između marta i novembra 2003. policija je uhapsila 150 osoba pod sumnjom da su na bilo koji način učestvovali u trgovini ljudima. U samo deset odsto slučajeva podignute su optužnice.

## Trgovina ljudima i decom

Grčke vlasti počele su početkom 2005. istragu o poverljivom izveštaju koji sadrži šokantne podatke u vezi s ilegalnim kanalom za trgovinu dečjim organima iz Albanije za Italiju. Izveštaj je pripremila Grčka ambasada u Tirani i dostavljen je tužilaštvu u Solunu.

Prema saznanjima koje prenosi atinski dnevnik, žrtve su deca iz Albanije čiji su organi vađeni u klinikama u Albaniji, Grčkoj i Makedoniji a zatim prebacivani u Italiju u vrećama uz pomoć albanskih diplomatskih kanala. Pretpostavlja se da je u skandal umešan najmanje jedan grčki lekar.

Nedavno je grčka privatna televizija *Alfa* objavila istraživanje u kome se tvrdi da je više od 12.000 dece iz Albanije postalo žrtva ilegalnog krijumčarenja, a u većini slučajeva deca su prodavana ili su ih sami roditelji prodavali za pare.

Trgovina ljudskim bićima kažnjiva je na osnovu Krivičnog zakona od 27. januara 1995. godine. Predviđene su kazne od pet do petnaest godina. Kao posebno krivično delo zakonom se predviđa trgovina ženama radi vršenja prostitucije u cilju pribavljanja materijalne i druge dobiti. Predviđena kazna je od sedam do petnaest godina. Prostitucija je danas ilegalna u Albaniji.

Trgovci belim robljem preko Evrope godišnje prokrijumčare oko 700.000 ljudi. Od toga, preko Balkana, prema zvaničnim podacima OUN, godišnje se ilegalno srpskim putevima provuče oko 200.000 ljudi koji završavaju na Zapadu kao jeftina radna snaga.

Potpukovnik Siniša Grbić, načelnik pogranične policije, kaže:

„'Crna rupa' trgovine ljudima je Kosovo i Metohija, konkretno Prištinski aerodrom, jer tamo ne postoji kontrola ko ulazi i izlazi iz zemlje. Iz Prištine put vodi preko Bujanovca, Niša do Beograda, a dalje do zapadnoevropskih zemalja."

Grbić podseća da od dolaska Unmika srpska policija nema nikakve mogućnosti kontrole kosovskog područja. Ilegalcima pomaže izuzetno razgranata i dobro organizovana mreža krijumčara ljudi, koji od svakog izbeglice uzimaju bar po hiljadu dolara.

Jedan od ljudi koji je uhvaćen i optužen za trgovinu Pakistanaca je Mulazam Husein Šah. Optužnica Šaha tereti da je u dva navrata organizovao prebacivanje ilegalnih imigranata preko naše zemlje u Zapadnu Evropu, prvi put trojicu a drugi put četvoricu Pakistanaca.

Mulazam Šah je izjavio da je pre nego što je došao u Beograd devet godina živeo u Rumuniji, gde je imao preduzeće. Nakon toga se odselio u Siriju, a prilikom jednog poslovnog puta boravio je u našoj zemlji. Optuženi je izjavio da se tokom svog jednodnevnog boravka upoznao s cenama na našem tržištu, zaključio da u Srbiji može da se zaradi i odlučio da započne ovde posao. Posle nekoliko meseci osnovao je preduzeće *MS eksport-import* i 2004. godine se doselio u Pančevo.

Tamo je upoznao trećeoptuženog Srđana Garabiljevića, taksistu iz ovog mesta, čije je usluge koristio zbog niže cene vožnje. Po rečima Šaha, Garabiljević ga je u jednom trenutku zamolio da pošalje garantno pismo za dva Pakistanca, Šaukata Hajata i Raba Navaza, čijeg brata je taksista upoznao u Londonu. Šah je pristao na to, a inače su ta dvojica Pakistanaca poznanici prvooptuženog jer su iz istog okruga. Šah je, kako kaže, pomagao prilikom prevoda i smeštaja dvojice Pakistanaca koji su boravili kod Garabiljevića.

Treći njegov zemljak, Muhamed Naim, došao je u našu zemlju, takođe, uz garanciju Mulazama Šaha, a njih dvojica su hteli da otvore radnju za prodaju tekstilne robe u Pančevu. Šah je izjavio da je insistirao da se Naim prijavi policiji, ali da je ovaj sve odlagao. Na kraju je jednog dana otišao, a nakon toga je policija uhapsila Šaha rekavši mu da je njegov ortak Naim uhapšen u Šidu prilikom pokušaja prelaska u Hrvatsku.

Što se druge grupe od četvorice pakistanskih državljana tiče, Šah je izjavio da ih je video samo jednom a da ga je tamo odveo Naim. Oni su bili smešteni u jednom stanu u Beogradu. Šah se tamo, kako kaže, kratko zadržao, a kada je čuo da su oni ilegalno prešli granicu, rekao je da neće ništa da ima s njima i otišao je.

Drugooptuženi Stanislav Samardžić, taksista iz Beograda, priznaje da je Pakistanac od njega zatražio da preveze četvoricu njegovih prijatelja od Golupca do Beograda za dvesta evra. Zbog dobre zarade, Samardžić je pristao, a na poziv optužene Danijele Stamenković dolazi do sela Vinče gde preuzima četvoricu stranaca kod njenog nevenčanog supruga Bojana Vučkovića, koga je znao od ranije. Zbog toga što je imao gumi-defekt, kupuje im karte za autobus i šalje ih javnim prevozom. A zbog kvara je vozio polako, pa je, kako kaže, u isto vreme stigao u Beograd kada i Pakistanci i sačekao ih je na autobuskoj stanici. Za tu vožnju dobio je dvesta evra od Šaha, a zaradu je podelio s jednim kolegom.

Posle toga Šah, koji mu se tada predstavio kao Mihajlo, zatražio je da preveze druga tri Pakistanca do Šida. Samardžić je opet pristao zbog dobrog posla, ali je u kolima vozio dete, pa je ipak odustao. I ova tri Pakistanca je stavio na autobus za Šid. Ipak, kada je video da su oni zaboravili stvari kod njega u kolima, i sâm se odvezao do Šida da ih vrati. Za ovu vožnju je dobio sto evra.

Prema njegovim podacima 20 odsto stranaca u tranzitu bavilo se u Srbiji kriminalom, najčešće krađama, a 15 odsto se bavilo prostitucijom. U septembru 2003. godine u akciji „Miraz 2" na graničnom prelazu Batrovci prilikom pokušaja ulaska u našu zemlju s falsifikovanom hrvatskom putovnicom otkrivena je jedna naša državljanka, žrtva trgovine ljudima, i odmah smeštena u Sklonište protiv nasilja u porodici i trgovine ženama. Tokom te akcije otkriven je i identitet lica koja su učestvovala u trgovini ljudima, o čemu je odmah obavešten Nacionalni centralni biro Interpola u Beogradu.

U policijskoj akciji „Leda" privedeno je 40 državljana Srbije i Crne Gore i 28 stranaca. Podnete su krivične prijave protiv tri lica zbog posredovanja u vršenju prostitucije. Među žrtvama trgovine ima i naših žena. Većina njih je pronađena na teritoriji Crne Gore, BiH, Italije i Kosova.

Jedan od najvećih trgovaca belim robljem, koji je direktno bio povezan s Kosmetom, bio je Dilaver Bojku, Albanac iz Makedonije. Dilaver Bojku, zvani Leku, početkom marta 2003. godine uhapšen je u svom noćnom klubu *Bern* i odveden u zatvor u Strugi. Kada je počela sudska istraga protiv Bojkua, mnoge devojke su progovorile o njegovom biznisu u koji su bile umešane i mnoge ugledne ličnosti iz Makedonije i okolnih zemalja.

Osnovni sud u Strugi, kojim je predsedavala Klementina Savevska, osudio je Dilavera Bojkua na šest meseci zatvora. Domaća i svetska javnost je bila zapanjena. Najveći trgovac belim robljem u Evropi, čovek pod čijim je ropstvom, kako se pretpostavlja, bilo 3.000 žena i devojaka od 16 do 26 godina, osuđen je na samo pola godine robije.

Tužilac se srećom žalio, pa je Apelacioni sud u Bitolju osudio Dilavera Bojku Leku na tri godine i osam meseci strogog zatvora. Kralj prostitucije i trgovine belim robljem u Evropi, kako su ga nazvali policajci i novinari, ima četrdeset sedam godina.

## Kralj prostitucije

Njegovo hapšenje je upravo u Makedoniji, na Kosovu, u Crnoj Gori i Srbiji, ali i u nekim zapadnoevropskim zemljama, otvorilo pitanje kako je ovaj Albanac iz struškog sela Velešta u poslednjih deset godina uspeo da stvori pravo carstvo belog roblja i prostitucije, a da za to ne odgovara.

Prve informacije o njegovom prljavom poslu i lancu ugostiteljskih objekata u zapadnoj Makedoniji, u kojima cveta prostitucija i trgovina belim robljem, iznela je Međunarodna organizacija za migracije (IOM) sa sedištem u Skoplju. To se desilo na osnovu prijave jedne mlade Rumunke koja je greškom, umesto da stigne u Grčku, završila u jednom od lokala koje je Bojku posedovao u Strugi i morala je da se bavi prostitucijom. Ona je mobilnim telefonom jednog od mušterija obavestila svog mladića u Rumuniji o tome šta joj se na putu prema Grčkoj dogodilo i klupko je polako počelo da se odmotava. Bilo je potrebno skoro punih pet godina da se Bojku nađe pred sudom.

Devojka je uz pomoć IOM-a i nekoliko ženskih nevladinih organizacija oslobođena ropstva iz Struge, ali je Bojku ostao nedodirljiv. IOM je u svojoj opširnoj informaciji konstatovao da su u trgovinu belim robljem u Makedoniji umešani i visoki vladini funkcioneri. Uz njihovu pomoć Bojku je uspostavio mrežu za trgovinu ženama iz Rumunije, Moldavije i Ukrajine u Crnoj Gori, Srbiji i na Kosovu.

Ova međunarodna organizacija je s čuđenjem konstatovala da makedonska policija nije htela da pomogne u oslobađanju pomenute Rumunke, niti je na njihovo upozorenje da je selo Velešta leglo prostitucije i trgovine ženama uhapsila Dilavera Bojkua. Bilo je očigledno da Bojku ne radi sam, nego da ima zaštitnike u vladama susednih zemalja i da se profit od ovog biznisa ravnopravno deli.

Međunarodnim organizacijama nije ostalo ništa drugo nego da u Makedoniji povedu široku javnu akciju za sprečavanje trgovine belim robljem. U svakoj akciji je prstom ukazivano na selo Velešta i struški region i na kralja prostitucije Dilavera Bojkua.

Njegove veze s visokim vladinim funkcionerima u okolnim zemljama, i takozvani tranzitni centar za liferovanje belog roblja preko Kosmeta i potom preko Crne Gore za zemlje Zapadne Evrope, pobudili su interes Interpola. Pre šest godina Interpol je raspisao poternicu da se Bojku uhapsi, ali je on u to vreme uživao zaštitu nekih uglednih ljudi na Balkanu, koji su lepo živeli od njegovog biznisa. Lokalna policija u Strugi je, na primer, uredno izdavala dozvole za rad plesačicama u noćnim klubovima koje je po zapadnoj Makedoniji otvarao Bojku, iako se znalo da je reč o prostituciji, i da su devojke kupljene kao belo roblje po ceni od 1.500 do 5.000 evra. Sve su uglavnom bile bez pasoša i bilo kakvih dokumenata, jer ih je na granici Srbije, odnosno s Kosmeta, čekao organizovan lanac za prelazak u Makedoniju. Na isti način su prebacivane natrag na Kosmet, ali i u Crnu Goru ili Srbiju.

Selo Velešta i noćni klub *Bern*, u kome je bilo smešteno carstvo prostitucije, bili su godinama pod posebnim obezbeđenjem. Niko nepozvan ili sumnjiv nije mogao da uđe u selo. Čak su članovi IOM-a u nekoliko navrata najureni iz sela.

Onda je grupa američkih novinara početkom 2002. godine ušla u selo maskirana u vojnike KFOR-a s Kosova koji traže zabavu s devojkama. Uspeli su da uđu u jednu od javnih kuća koje poseduje Bojku i da naprave autentične snimke šta se u stvari događa u noćnom klubu *Bern* u selu Velešta i da naprave nekoliko potresnih intervjua s devojkama koje su tamo zatočene.

Ovi potresni snimci su obišli planetu, a Makedonija je bila prisiljena da uhapsi svog kralja prostitucije i da mu sudi.

Time, međutim, trgovina ljudima nije okončana. Ona je na Kosmetu jedan od glavnih izvora prihoda i albanske mafije, ali i albanskih političkih struktura. Samo u 2003. godini u Austriji i Nemačkoj je uhvaćeno 35.000 osoba koje su državnu među prešle ilegalno uz pomoć albanskih posrednika.

Austrija je, inače, uz Nemačku, Francusku i Veliku Britaniju, država s najvećim brojem emigranata u Evropi.

Ilegalni migranti, međutim, stvaraju i druge probleme zemljama u razvijenoj Evropi. Pored bavljenja kriminalom ili radom na crno, ilegalci sve češće traže političku zaštitu i ekonomsku pomoć za ostanak u zapadnom delu starog kontinenta. Albanci s Kosmeta su i ovu mogućnost razvili do maksimuma kao posao i lažnim azilantima naplaćuju za usluge podnošenja molbi oko 1.500 evra po glavi.

Godine 2004, prema podacima Ujedinjenih nacija, 24.000 naših državljana zatražilo je azil u nekoj od tridesetak najbogatijih država. I po tome smo na „slavnom" drugom mestu u svetu. Među tim azilantima najviše je Albanaca s Kosmeta koji u Srbiji traže nezavisnost, a u svet odlaze s pasošem države Srbije i Crne Gore.

Evropa je na sve ove pojave s ilegalnim migrantima odgovorila na dva načina – jedne vraća u Srbiju i Crnu Goru, a drugima daje papire za boravak u Evropskoj uniji.

Ministar za ljudska i manjinska prava Srbije i Crne Gore Rasim Ljajić i ministar unutrašnjih poslova Austrije Ernst Štraser potpisali su u Beogradu 2004. Sporazum o vraćanju i prihvatanju lica s nelegalnim boravkom. Posle potpisivanja međudržavnog sporazuma između tadašnje SRJ i Nemačke 2003. godine, ovo je novi dokument koji predviđa prisilno vraćanje naših državljana s ilegalnim boravkom. Zato nije ni čudo što danas u Evropi čeka čak 50.000 ljudi da bude vraćeno u Srbiju i Crnu Goru.

## Hrana teroristima

Kosovo je jedinstven poligon u Evropi gde su politika, organizovani kriminal i terorizam na istom zadatku – stvaranju druge albanske države u Srbiji. U prvoj fazi otimanjem dela teritorije Srbije, a u drugoj i delova teritorije Crne Gore, Makedonije i Grčke. Tako glasi zaključak Bele knjige o albanskom terorizmu i organizovanom kriminalu na

Kosovu i Metohiji, koju je napravila srpska tajna policija BIA i promovisala u novembru 2003. godine u Vladi Srbije.

Albanski terorizam na Kosovu i Metohiji, kao i u opštinama Preševo, Bujanovac i Medveđa, povezan s raznovrsnim oblicima organizovanog kriminala, predstavlja stalnu opasnost za bezbednost građana i političku stabilnost ne samo naše zemlje već i drugih država u regionu. Cilj je da obezbede legalizaciju svojih kriminalnih aktivnosti i stečenog bogatstva, da izdejstvuju stvaranje Velike Albanije ili Velikog Kosova kako bi zaokružili teritoriju koju smatraju albanskim etničkim prostorom i proširili svoje unutrašnje tržište, te da, recipročno svojoj ekonomskoj snazi, ostvare politički uticaj i učešće u najvišim organima vlasti na ovoj teritoriji. Podsticanje nasilja i stalno proizvođenje nestabilnosti na Balkanu omogućava da se navedeni scenario što efikasnije realizuje.

Uspostavivši spregu s kriminalnim strukturama, nosioci terorističkog delovanja osnažili su svoju političku poziciju koju koriste za pritiske na celokupno albansko stanovništvo, kao i na šiptarske političke subjekte, prisiljavajući ih na saradnju i ustupke. Tako se u javnosti stiče utisak o potpunoj homogenosti albanskog nacionalnog korpusa i njegovom jedinstvenom zalaganju za isti cilj. Međutim, iza političko-ideoloških i nacionalnih motiva za stvaranje jedinstvene albanske države, nezavisno od toga da li se ona naziva Velika Albanija ili Veliko Kosovo, prikrivaju se interesi određenih kriminalnih struktura, koje teže da se uključe u postojeće procese političke i ekonomske tranzicije, odnosno transformacije regiona u celini, te da legalizuju svoje kriminalne poslove.

I aktivnosti OVPMB-a finansirane su, većim delom, nelegalnom trgovinom cigaretama i drogom, na relaciji između Grčke, Makedonije, KiM i Crne Gore, posredstvom više legalno registrovanih firmi s ovog područja. Deo zarade usmeravan je za finansiranje nekoliko kampova na KiM, u kojima su obučavani teroristi, za kupovinu savremenog oružja, kao i za honorare profesionalnih vojnih instruktora iz pojedinih zapadnih zemalja.

Komandant OVPMB-a bio je Šefćet Musliju, do tada lokalni kriminalac, sa štabom u Dobrosinu, dok su regionalni štabovi bili locirani u mestu Car, gde je komandant bio Muhamet Džemailji, zvani Robelji, te u Breznici, pod komandom Ridvana Ćazimija, zvanog Leši. Značajnije koncentracije terorista postojale su i u Muhovcu, Končulju i oblasti Velikog i Malog Trnovca.

Oružje i vojna oprema za OVPMB obezbeđivani su švercom. Pomenuta roba dopremana je ilegalnim kanalima, ali i preko graničnih prelaza s Albanijom i Makedonijom, kao što su Đeneral Janković, Jazince, Ćafa Prušit, Morina i Tropoja.

Pripadnici OVPMB-a oružje su kupovali i preko pojedinih pripadnika KZK-a koji su, s bivšim članovima OVK, formirali sopstvene kanale za ilegalnu trgovinu. Posle demilitarizovanja OVPMB-a, pojedini njeni komandanti organizovali su ilegalno prebacivanje dela naoružanja na teritoriju Makedonije, za potrebe pripadnika ONA, na čemu je ostvarivana znatna lična korist.

Posle zvaničnog proglašenja raspuštanja OVK, oktobra 1999. godine, u različitim intervalima, na teritoriji KiM su registrovane aktivnosti oko četrdeset oružanih grupa Albanaca, s po deset do trista aktivnih članova, uglavnom iz redova bivše OVK i lica sklonih kriminalu. Veći broj ovih grupa formiran je na inicijativu ili neposrednim angažovanjem Rustema Mustafe, zvanog komandant Remi, Fatmira Humolija i pojedinih oficira KZK, a deluju pod patronatom Hašima Tačija, Ramuša Haradinaja, ili tzv. albanskih tajnih službi formiranih na Kosmetu.

Prioritetne aktivnosti pripadnika ovih grupa u funkciji su zastrašivanja srpskog stanovništva i etničkog čišćenja teritorije KiM, likvidacije potencijalnih svedoka za eventualne haške optužnice protiv albanskih terorista i eliminacije političkih protivnika i njihovih saradnika.

Posebno su zapažene aktivnosti grupa koje se nazivaju „Idealji", „Skifteri", BIA, „Kaštjela", „Veliki orlovi", „Crna ruka", „Orlovo oko", „Crni orlovi", „Crni tigrovi", „Crne maske", „Zjari", „Akatana", „Sigurija Vendit", „Bezbednost otadžbine", „Nacionalna zastava" i druge.

Nastojeći da se nametne kao tzv. krovna organizacija svih albanskih terorističkih i separatističkih grupa u regionu, ANA je tokom 2003. godine intenzivirala oružane aktivnosti koje prati snažna medijska propaganda.

U organizacionom pogledu, ANA je vojno krilo šire političke grupacije Front za nacionalno ujedinjenje Albanaca, u okviru koje deluju još i informativna služba pod nazivom Albanska nacionalna bezbednost, te Albanski nacionalni fond, kao centralno finansijsko telo.

Osnivač FNUA je Revolucionarna partija Albanaca iz Tirane, čija je sestrinska stranka na Kosmetu veoma ekstremna Partija glavnog ujedinjenja. Predsednik FNUA je Gafur Adilji, koji koristi pseudonim Valjdet Vardari, poreklom iz Kičeva, u Makedoniji, dok je Hidajet

Bećiri, zvani Aljban Vjosa, politički sekretar FNUA iz Albanije, bio član Centralnog komiteta Partije rada, svojevremeno jedine stranke u komunističkoj Albaniji. U rukovodećem sastavu FNUA je, inače, više lica iz Albanije, među kojima su pojedini akademici i javne ličnosti.

ANA je organizovana po teritorijalnom principu, u „divizije" sa štabovima. Za Kosmet i jug Srbije, u oblasti koja se naziva Dardanija, nadležna je tzv. divizija „Adem Jašari" sa sedištem u Gnjilanu. U zapadnoj Makedoniji, odnosno Iliridi, dejstvuje divizija „Skenderbeg" sa štabovima u Debru i Tetovu, čiji se komandant predstavlja pseudonimom Idriz Iljaku. Divizija „Malesija" pokriva istoimeno područje u Crnoj Gori, sa štabom u Ulcinju, i direktno je vezana za štab u Skadru, dok je divizija „Samerija" zadužena za sprovođenje aktivnosti u južnoj Albaniji i severnoj Grčkoj.

Operativni sastav ANA na Kosmetu i jugu Srbije ima oko 650 terorista, od kojih je većina na području Kosovske Kamenice i Gnjilana, gde se nalaze i stalni kampovi za obuku. Pripadnici ANA opremljeni su lakim pešadijskim naoružanjem, ručnim raketnim bacačima, lakim prenosnim sistemima PVO i obučeni su za rukovanje minsko-eksplozivnim sredstvima i elektronskom opremom.

Delovi ove terorističke organizacije rasprostranjeni su po celoj Evropi, budući da u mnogim zemljama ANA ima svoje ogranke, čiji je osnovni zadatak prikupljanje novca za finansiranje, preko ANF sa sedištem u Cirihu.

Transakcije se odvijaju na relaciji Tirana-Debar-Priština. Iz dijaspore se novac sliva na račune Dauta Zurija, u Beču, i firme *Karavan*, u Tirani, vlasništvo saudijskog biznismena Jašina Kadija. Sredstva iz Saudijske Arabije za firmu *Karavan* peru se preko građevinskih firmi *Mak Albanija* i *Cement Albanija*, čiji je vlasnik Abdul Latif Sala. Novac se zatim u Tirani uplaćuje banci *Dardanija*, u vlasništvu Bujara Bukošija. Prenošenje novca na Kosmet obavljao je Ismet Kreueziju, koga su pripadnici međunarodnih snaga uhapsili avgusta 2002. godine, a njegove aktivnosti su bile povezane s islamskom nevladinom organizacijom *Jeta*, koju finansira *Islamska banka za razvoj* u Tirani.

Snabdevanje naoružanjem i opremom pripadnika ANA vrši se preko KZK-a, dok se nabavke realizuju preko pojedinih firmi registrovanih u Evropi. Glavni koordinator ovih aktivnosti, do njegovog hapšenja, bio je Daut Haradinaj, tadašnji komandant regionalne teritorijalne grupe „Dukađini".

Akcija postavljanja eksploziva na železnički most kod Zvečana, izvedena aprila 2003. godine, pokazala je da je u redovima ANA angažovan određeni broj pripadnika KZK-a. Posle ove akcije, šef UNMIK-a Mihael Štajner proglasio je ANA za terorističku organizaciju, sa zabranom delovanja na Kosmetu.

ANA javno proklamuje svoje veze s organizovanim kriminalom, na šta ukazuje podatak da je, posle bombaškog napada na zgradu suda u Strugi, početkom proleća 2003. godine ova teroristička organizacija preuzela odgovornost, navodeći da se radi o reakciji na hapšenje dvojice šefova albanske mafije u Makedoniji.

Juna 2003. godine Beri Flečer, portparol UNMIK policije, rekao je da je jedna od najvećih prepreka s kojom se snage Ujedinjenih nacija suočavaju duboko ukorenjena albanska mafija, koja koristi nacionalističke parole kosmetskih Albanaca onda kada to odgovara njenim potrebama.

Tokom 2000. godine zapadni mediji su Kosmet opisivali kao „gangsterski raj", odnosno kao teritoriju koju evropski lideri sve češće vide kao bazu organizovanog kriminala, naročito trgovine drogom.

Većina kriminalnih delatnosti na Kosovu i Metohiji vrši se unutar porodičnih klanova (fisova) koji kontrolišu određene delove teritorije. Klanovi su povezani i ostvaruju čvrstu saradnju sa sličnim kriminalnim grupama iz drugih evropskih država, pre svega iz Turske, Albanije i Bugarske, s obzirom na to da teritorije ovih zemalja predstavljaju glavne pravce preko kojih se odvija krijumčarenje.

## Porodični klanovi

Specifičnost zajedničkog modela unutrašnjeg organizovanja albanskih terorističkih i kriminalnih struktura je poštovanje principa teritorijalne podele, uz uvažavanje interesnih sfera i zona uticaja određenih porodica. Shodno tome, u svakoj od navedenih grupacija bazično članstvo pripada fisu, odnosno široj porodici, koja je dominantno zastupljena na određenoj teritoriji.

Bela knjiga o albanskim separatistima otkriva da je teritorija Kosmeta podeljena na tri interesne mafijaške zone: oblast Drenice, Dukađini (Metohija) i Lab. Drenicu drži Hašim Tači, pod čijom direktnom kontrolom su fisovi: Geci, Ljuštraku, Jašari, Ladrovci, Haljiti, Seljimi, Sulja i Aguši.

Dukađinom, odnosno Metohijom, vlada Ramuš Haradinaj. On kontroliše fisove: Eljšani, Luka, Keljmendi, Musaj, Babaljija, Vokši, Ljata i grupu „Crni orao" kojom rukovode Alji Haskaj i Arton Toljaj.

Labom i istočnim Kosovom, u ime Agima Čekua, dok nije pao u zatvor, rukovodio je Rustem Mustafa, poznatiji kao komandant Remi. Samo u Prištini oni kontrolišu fisove: Šabanaj, Geci-Seljimi, Ramadani, Haljiti, Ekrem Luka, Keljmendi, Maljoku i Miraj.

General krvavih ruku je Agim Čeku, komandant Kosovskog zaštitnog korpusa. Tu funkciju dobio je od međunarodnih snaga na Kosovu. Dodeljen mu je zadatak da bivšu terorističku organizaciju OVK transformiše u odbrambenu civilnu formaciju „koja će da gasi požare i bori se protiv poplava". Tu formaciju trebalo je da kontroliše KFOR. Međutim, za nepune tri godine, potpuno izvan svake kontrole, KZK je prerastao u klasičnu vojnu formaciju i sada predstavlja profesionalnu vojsku Kosova, za koju njen komandant Čeku tvrdi „da je spremna da se u svakom trenutku suprostavi srpskom okupatoru" i „onima koji pokušaju da negiraju nezavisnost Kosova" (poruka upućena KFOR-u i UNMIK-u, na koju oni ne reaguju).

Reč je o oficiru-ratniku koji je svoje ruke okrvavio na više ratišta: Hrvatskoj, Bosni i na Kosovu. I uvek, i samo protiv Srba. Vojničku karijeru započeo je u Beogradu, gde je završio Vojnu akademiju. Iz bivše JNA dezertirao je, posle sedam godina službe, u činu kapetana prve klase. Odmah se pridružio ustaškim paravojnim formacijama. U Hrvatskoj je ostao zapamćen po mnogobrojnim zverstvima nad srpskim civilima i zarobljenim vojnicima počinjenim u okolini Gospića, Divosela i u Medačkom džepu. Direktno je komandovao u operacijama „Spržena zemlja" i „Oluja". Generalski čin lično mu je prišio hrvatski predsednik Franjo Tuđman.

Dobar deo vremena borio se s velikim entuzijazmom na strani muslimana u Bosni. Naročito se isticao u mudžahedinskim akcijama protiv Srba. Očevici su rekli da je bio nemilosrdan i da „iza sebe nije ostavljao svedoke". Kao nagradu u borbi za muslimansku stvar Čeku je od izvesnog vođe Al Kaide, Mehreza Andouna, dobio na poklon pedeset mudžahedina. Bio je njihov komandant u Bosni, a onda ih je prebacio na Kosovo i tamo na području Metohije, zajedno s Ramušom Haradinajem, počinio mnoga zverstva nad civilnim srpskim življem. Ostao je upamćen po mučenjima zarobljenih srpskih vojnika i policajaca. Njegovi mudžahedini bi po noći, kada su krici i jauci mučenih odjekivali stravično na sve strane, zarobljenim Srbima odsecali deo po deo tela, drali ih, nabijali na kolje, vadili oči... Sve to potvrdile su nedavne ekshumacije nekih od masovnih grobnica Srba na Kosovu i Metohiji.

Pre stupanja u redove OVK šurovao je s najmoćnijim Albancem na Zapadu, predsednikom ilegalne albanske kosovske vlade u egzilu, Bujarom Bukošijem. Pošto je Bukoši raspolagao milionskim sredstvima namenjenim OVK, Čeku je zajedno s bivšim potpukovnikom JNA, dezerterom Ramom Ademijem, 1995. i početkom 1997. godine, pokušavao da uspostavi jedinstvenu komandu nad tada razjedinjenim terorističkim grupacijama OVK. Pošto mu je taj projekat propao jer su ga preduhitrili Amerikanci, Čeku se brže-bolje pridružio OVK u području Metohije i odmah sa svojim mudžahedinima istakao po zverstvima. Zbog toga je brzo napredovao i stigao do Glavnog štaba OVK, gde je jedno vreme vršio i funkciju načelnika. S te pozicije planirao je i izveo niz terorističkih akcija po uzoru na one iz Hrvatske i Bosne.

„S Hašimom Tačijem vezivao ga je Daut Kadriovski, s kojim je radio drogu. Tači je dozvolio da Čeku bude glavna veza Kadriovskog za švercerski kanal koji je išao iz Turske preko Metohije, i dalje za Crnu Goru, Hrvatsku i Zapadnu Evropu", kaže Miloš Antić, izvrstan poznavalac albanskih mafijaša i terorista.

Pošto nakon ulaska KFOR-a i UNMIK-a juna 1999. godine postaje komandant preobučene OVK u KZK-u, Čeku prisvaja bivše društveno trgovinsko preduzeće *Sloga*, koje je imalo stotine lokala po Kosovu. Samo u Prištini ima ih pedeset. U njima razvija poslove preprodaje droge, organizuje prostituciju, trgovinu belim robljem i oružjem. Prvi saradnik mu je takođe bivši komandant OVK, Sulejman Selimi Sultan. Agim Čeku, uz Hašima Tačija, trenutno važi za jednog od najmoćnijih Albanaca na Kosovu.

Posebno ga čini moćnim nešto što svi znaju, a niko ništa ne sme da preduzme, a to je činjenica da Agim Čeku po svim kosovskim opštinama ima jedinice za likvidaciju, kako Srba, tako i neposlušnih Albanaca. Od njega zaziru i njegovi poslodavci, predstavnici međunarodnih snaga na Kosovu.

Treći vođa albanskih mafijaša i terorista je Ramuš Haradinaj ili ubica s Radonjičkog jezera, kako ga zove Miloš Antić. Haradinaj će posebno ostati upamćen po zverstvu koje je počinio u Dečanu, kada je zajedno s bivšim oficirom JNA, kasnije komandantom OVK za Junik,

Tahirom Zemajem, organizovao upad nekoliko obaveštajnih oficira Albanske armije, s kojima su izvršili teroristički napad na kafić *Čakor*, gde su ubili petoro mladih Srba, koji su se tu zabavljali u kasnim večernjim satima, i isto toliko ranili.

Ramuš Haradinaj, sada predsednik parlamentarne političke partije u Skupštini Kosova, Alijanse za budućnost Kosova, čiji je prvi politički savetnik bivši komunistički albanski lider Mahmut Bakali, i među Albancima i među Srbima na Kosovu važi za najvećeg zločinca, za bandita i teroristu koji je od 1996. do 1999, pa i kasnije, počinio najviše zločina u Metohiji.

Njegova specijalnost kao komandanta OVK za Jablanicu bila je ubijanje staraca i starica – Srba, koji su živeli usamljeno po metohijskim selima. U tome je, pričali su posle rata njegovi saborci, prosto uživao. Pošto su kidnapovane Srbe dovodili u njegov štab, posle ispitivanja, zverskih mučenja i silovanja, lično bi kraj kanala koji vodom napaja Radonjičko jezero, kraj Đakovice, streljao Srbe i uživao dok ih je voda odnosila prema jezeru. One koji bi ostali van kanala, njegovi saborci su ovlaš zatrpavali, pa je na tom mestu pronađena improvizovana masovna grobnica. Iz nje su psi lutalice komadali tela ubijenih i poluzatrpanih Srba, što je umnogome otežalo njihovu identifikaciju. Već je dokumentovano da je Ramuš Haradinaj sa svojim bratom Dautom Haradinajem streljao više od četrdeset lica srpske nacionalnosti.

Zbog svega što je o njemu znao, Haradinaj je pre nekoliko meseci u Peći likvidirao Tahira Zemaja, ubivši tom prilikom i Tahirovog sina i jednog prijatelja.

Haradinaj je sa svojom mnogobrojnom braćom na području Metohije ubio više policajaca i pripadnika Vojske Jugoslavije, i to tako što su postavljali zasede na putu Peć–Dečane–Đakovica i pre otvaranja vatre iz automatskog oružja ispaljivali po nekoliko projektila iz zolja i ručnih bacača. Kada su potpuno etnički očistili Metohiju, krenuli su s terorom prema albanskim porodicama koje se nisu slagale s njihovim nasiljem. Specijalnost im je bila naplata visokih poreza i otimanje devojaka koje su, navodno, mobilisali u OVK, a u stvari odvodili u svoje javne kuće gde su se lično iživljavali i kasnije ih prodavali kao belo roblje i prostitutke. Zbog toga su 2004. godine meštani jednog albanskog sela nadomak Peći ubili rođenog brata Ramuša Haradinaja, preteći i njemu, bez obzira što je on po moći, trenutno, „treći" Albanac na Kosovu.

Njegovi finansijski sponzori su Ekrem Luka i Naser Keljmendi, dvojica najvećih švercera cigaretama na Balkanu. Zapravo, ispostavilo se da njih dvojica odavno rade za Haradinaja, koji je u međuvremenu, preko Dauta Kadriovskog, proširio posao i s drogom. Kralj je šverca oružjem na Kosovu, jer svaki tovar iz Albanije prelazi preko njegove teritorije – Metohije, gde je on neprikosnoven.

Ramuš Haradinaj je za sada jedini od albanskih lidera i bivših komandanata OVK javno izjavio, mada u to niko ne veruje, jer se zna da ima pripremljenu odstupnicu u Juničkim planinama, da će se, ukoliko ga iz Haga pozovu, odazvati i prvim avionom otići pred Tribunal.

## Razoružanje i hapšenja

Od fisova u ostalim delovima Kosova poznati su još: Krueziju, Buja, Gaši, Suma, Sinani, Baša i Saramati.

Klan Sulja koordinira lancem organizovanog kriminala koji deluje na teritoriji Kosmeta i Makedonije, na planu ilegalnog uvoza oružja, municije i druge opreme.

Članovi porodice Aguši deluju na području Kline. Bave se iznuđivanjem novca od Albanaca koji su prisiljeni da otkupljuju prethodno oteta srpska imanja i imovinu u navedenoj opštini, kao i ucenjivanjem potencijalnih kupaca.

Klan Geci je aktivan na području opština Peć, Kosovska Mitrovica, Srbica i Priština. Bavi se krijumčarenjem benzina i sarađuje s Džavitom Haljitijem i porodicom Selimi.

Klan Babaljija deluje na području Đakovice. U saradnji je s Ramušom Haradinajem i bavi se krijumčarenjem benzina iz Albanije, te ilegalnom trgovinom narkoticima.

Uprkos činjenici da je između klanova izvršena precizna podela teritorije, u kojoj svaka porodica kontroliše određenu oblast i kriminalnu delatnost na tom području, među pojedinim klanovima postoji rivalitet, koji je posledica političkih neslaganja ili nastojanja grupa da ostvare što veću vlast na određenom prostoru. Ponekad su ti sukobi tako snažni da poprimaju oblike krvne osvete, koja se prenosi na sve članove suprotstavljenih porodica, kao što je, na primer, slučaj s klanovima Musaj i Haradinaj. Taj sukob, nastao usled različite političke opredeljenosti, kao i pokušaja klana Musaj da od klana Haradinaj preuzme kontrolu nad trgovinom oružjem i drogom, rezultirao je ubistvom Sinana Musaja, a ubrzo zatim, ranjavanjem Ramuša Haradinaja.

Brutalnost u obračunima suprotstavljenih mafijaških klanova potvrđuje i nedavna likvidacija članova porodice Keljmendi u Peći, od pripadnika klana Luka. Tom prilikom je ubijena i jedna žena, što do sada nije bila uobičajena pojava u sukobima među albanskim grupama.

Ilegalna trgovina drogom koja se odvija kroz područje KiM, povećala se kao deo sveukupnog porasta šverca narkotika na Balkanu. Tome je doprinelo odsustvo državnih institucija (policije i pravosuđa) koje bi sprečile prodor i presekle puteve droge, zatim pravni vakuum nastao u periodu od dolaska međunarodnih snaga do uspostavljanja nove zakonske regulative od strane UNMIK-ove administracije, kao i poroznost granica, nepristupačni tereni i siromašna ekonomija, što sveukupno Kosmet čini idealnom oblašću za trgovinu drogom.

Kosmetska narko-mafija danas ima jake veze s podzemljem iz Albanije, koje se, takođe, bavi krijumčarenjem droge. Pored najjačeg i najopasnijeg mafijaškog klana „Kula", koji kontroliše deo prometa narkotika iz Turske, švercuje oružje i ilegalne izbeglice u Italiju, porodica Abazi se bavi švercom droge i oružja, dok fis Borici sarađuje s italijanskim kriminalnim bandama uključenim u nelegalni promet droge i prostituciju. Zanimljiv je sastav grupe „Brokaj", koja se bavi krijumčarenjem droge, oružja i prostitucijom, a čine je bivši političari i pripadnici nekadašnje tajne službe Sigurimi.

Takođe, na ovom području organizovano deluju i grupe „Hakljaj", „Kerkiku", „Cauši", „Sehu", „Kakami" i „Hasani".

Iako su i ranije tadašnje komunističke vlasti u Albaniji otvoreno ispoljavale teritorijalne pretenzije prema Kosmetu, oružane aktivnosti OVK otvoreno je podržala vlada u Tirani. U tom periodu Albanija je bila logistička baza za teroriste s Kosmeta, kao i frekventno tranzitno područje za šverc oružja, droge i akcizne robe.

Albanija je najveći centar za pranje novca i trgovinu drogom na Balkanu. Novac stečen trgovinom droge kanalisan je kroz piramidalne šeme štednje, čiji je krah 1997. doveo do drastičnih političkih nemira u toj zemlji. Anarhična situacija u zemlji u to vreme omogućila je albanskoj narko-mafiji da svoj posao razvije do neverovatnih razmera.

Sprega terorizma i organizovanog kriminala na Kosmetu uspostavljena je pod snažnim uticajem određenih političkih faktora u Republici Albaniji, osumnjičenih za korupciju i vezu s kriminalnim strukturama. Značajan je podatak da se ekspanzija OVK dogodila u periodu vlasti Salija Beriše, kome se pripisuje „tolerancija" prema švercu narkotika, tim pre što lider DPA i sada održava čvrste veze s Hašimom Tačijem.

Nemački agenti za borbu protiv droge naglašavaju da su Albanci osnovali jednu od najvećih organizacija za krijumčarenje droge u Evropi, a da se profit dobijen ilegalnom trgovinom „pere" kroz dvesta privatnih banaka i menjačnica.

Doktor Radoslav Gaćinović, stručnjak za nacionalnu bezbednost i borbu protiv međunarodnog terorizma, odgovarajući na pitanje gde je rešenje problema sprege mafije i terorista na Kosmetu, kaže:

„Neophodno je da sve članice OUN terorističku organizaciju ANA i njene potčinjene skupine (OVK, OVBPM, ONA, „Kobre", „Crni orlovi"...) stave na listu terorističkih organizacija. Potrebna je revizija rezolucije SB OUN 1244 i Vojnog sporazuma iz Kumanova jer se ne može izvršiti operacionalizacija tih dokumenata, a prilikom donošenja skrojeni su na štetu Srbije. Treba rasformirati Kosovski zaštitni korpus i sve ultradesne terorističke skupine, koje broje oko 2.000 terorista. Pod pokroviteljstvom OUN i NATO-a treba pristupiti potpunom razoružanju paravojnih terorističkih skupina i oduzimanju nelegalnog naoružanja koje se nalazi u posedu građana regiona. Bez obzira na težinu ovog zadatka, njemu se mora pristupiti.

Taj zadatak bi se najbolje mogao izvršiti u koordiniranim aktivnostima snaga bezbednosti UN-a i NATO-a i organa bezbednosti Srbije i Crne Gore. Haški tribunal mora podići optužnice i uhapsiti najveće ratne zločince – vođe šiptarskih terorista, a međunarodna zajednica uspostaviti konkretnu saradnju s Ministarstvom pravde Republike Srbije. Nakon demilitarizacije i oduzimanja nelegalnog oružja trebalo bi uspostaviti najveći stepen autonomnosti nacionalnih kantona na Kosovu i Metohiji, tj. izvršiti kantonizaciju pokrajine, gde bi građane trebalo da štiti lokalna policija (u srpskim kantonima srpska policija, a u šiptarskim šiptarska) uz koordinaciju KFOR-a i UNMIK-a i snaga bezbednosti Srbije i Crne Gore, ako im se dozvoli povratak na sopstvenu teritoriju. Mora se obezbediti zaštita srpskih kulturno-istorijskih i verskih objekata na Kosovu i Metohiji, kojih ima oko 1.600. Granica s Albanijom i Makedonijom trebalo bi da se potpuno zatvori, kako bi se sprečilo dalje naoružavanje i ubacivanje terorista na teritoriju Kosova i Metohije, a sva lica koja su se bespravno naselila na Kosovo i Metohiju da napuste južnu srpsku pokrajinu, uz asistenciju međunarodnih snaga bezbednosti."

# Evropa potopljena u heroin

U Prištini je još 21. juna 1999, kako je javljao Tanjug, Nebojša Vujović, predsednik Komiteta za saradnju s Misijom Ujedinjenih nacija, upozorio britanskog generala Majkla Džeksona da je preko 100.000 albanskih delinkvenata ušlo iz Albanije na Kosmet i ocenio da se radi o namerama da se haos i anarhija iz Albanije presele na Kosovo i Metohiju. Vujović je od generala Džeksona kategorično zahtevao da se zatvori jugoslovensko-albanska granica i da se svi albanski kriminalci vrate u Albaniju.

„Ovi banditi provaljuju ili uz pretnju oružjem ulaze u stanove Srba, Albanaca i pripadnika drugih nacionalnosti, kradu nameštaj i tehniku, otimaju automobile, odvoze ih u Albaniju i prodaju. Samo za dva dana i noći, pljačkaši i teroristi, uz pretnju oružjem, ukrali su dvadesetak automobila, uglavnom vlasništvo društvenih preduzeća, ali i privatnih."

Intenzivniji dolazak stranih državljana, pre svega onih iz Albanije, beleži se od sredine 1997. godine. Pripadnici Vojske Jugoslavije u to vreme su veoma često prilikom nelegalnih prelazaka granice zaustavljali, pored kosmetskih Albanaca koji su se vraćali „s obuke" s tovarima naoružanja iz Albanije, i lica – strane državljane angažovane na istim poslovima. Dolaskom KFOR-a na Kosmet krajem 1999. godine bilo je čak 300.000 ilegalaca iz Albanije.

U svom memorandumu, koji je uručen generalu Džeksonu još sredinom avgusta 1999, savezna vlada ocenjuje da je za dva meseca u južnu srpsku pokrajinu ušlo više stotina hiljada Albanaca, građana Albanije među kojima ima pripadnika narko-mafije, švercera oružja, trgovaca belim robljem, organizatora prostitucije.

Američki list *Los Anđeles tajms* pisao je 2. decembra 1999. da od odlaska jugoslovenske vojske i policije s Kosmeta i dolaska snaga KFOR-a, u toj srpskoj pokrajini „caruje organizovani kriminal" i da se neprekidno „nasrće na imovinu i živote građana". U daljem tekstu se kaže: „Na ulicama Prištine kriminalci voze automobile bez registarskih tablica i organizovan je lanac prostitucije. Kriminalci nasrću na mlade devojke, čiji roditelji žive u strahu od otmica dece. Talas dobro organizovanih kriminalnih bandi zapljusnuo je Kosmet iz susedne Albanije." Jedna žena je izjavila novinaru tog američkog lista da su deca u Prištini seksualno zlostavljana i da su Albanci, uglavnom oni iz Albanije, organizovali lanac prostitucije.

I šef kancelarije američke vlade u Prištini, Leri Rozin, potvrdila je da od ulaska međunarodnih mirovnih snaga na Kosmet, organizovani kriminal i šverc uzimaju sve više maha, uz etničko proterivanje, ubijanje i masakriranje nealbanskog stanovništva. Izvršioci većine kriminalnih dela su pripadnici tzv. OVK. UNMIK je obavio 750 hapšenja od ulaska mirovnih snaga.

Rimska *Panorama* je 31. oktobra 1999. pisala:

„Rat NATO-a protiv SR Jugoslavije poremetio je ravnotežu u regionu, što je omogućilo uspostavljanje 'zelene osovine', posebno kada je reč o mafijaškim organizacijama u zemljama s većinskim muslimanskim stanovništvom. Balkanom danas gospodari mafija kosmetskih Albanaca. Mafija kontroliše gotovo u potpunosti kompletan ilegalan transport droge, oružja i imigranata koji se odvija na Balkanu. To je potvrđeno i poslednjom akcijom policijskog pula Evropske unije, organizacije sa sedištem u Hagu koja koordiniše inicijative policije zemalja Unije. U akciji pod nazivom „Operacija Priština" pomno su praćena kretanja raznih podzemnih organizacija koje su delovale u devet zemalja Evropske unije, a krajnji rezultat je 40 uhapšenih osoba i zaplena 170 kilograma najčistijeg heroina", tvrdio je komentator Bruno Krimi u analitičkom tekstu „Albanija, male mafije koje rastu".

Poslednji rat na balkanskim prostorima doneo je i Srbima i Šiptarima sve moderne poroke sveta – i drogu, i terorizam. Istorijska slika je ponovljena, pa se čini kao da se Južna Amerika preselila na Balkan.

Kada je klupko oko šiptarske narko-mafije počelo da se odmotava iz Vašingtona i Londona, onda su se u taj posao umešali Evropol i Interpol. Prvo je letos Evropska policija objavila svoje dokaze o povezanosti OVK s organizovanim kriminalom Albanije, Turske i Zapadne Evrope. Evropol je tom prilikom, međutim, optužio i tako prozvao političare, jer je u njegovom izveštaju pisalo da su „činjenice o sprezi narko-mafije i OVK poznate zapadnoevropskim vladama još od 1990. godine".

Odgovor je vrlo brzo stigao, ali u nezvaničnoj formi. Interpol i Komanda NATO-a, koji su pod direktnim uticajem SAD i CIA, obnarodovali su svoju odluku da do kraja 1999. godine sačine specijalnu studiju o delovanju albanske narko-mafije u Evropi. Razlog je bio očigledan: „Sprega kriminalaca i terorista s Kosmeta prerasta u ozbiljan faktor nestabilnosti na Balkanu i Starom kontinentu", zaključeno je u briselskom štabu NATO-a.

Pored političke nestabilnosti, koja uprkos svršenoj odmazdi NATO-a nad Jugoslavijom ne prestaje na Kosmetu, bogate zemlje Evrope našle su se pod invazijom šiptarskog podzemlja, u kome glavnu reč vode albanski narko-dileri.

## Dupla veza s OVK

To je septembra 1999. iskreno *Vašington postu* priznao Alen Labrus, pariski ekspert za narkotike:

Albanska narko-mafija drži heroinsku rutu koja danas ima svoje distributivne centre u svim državama starog kontinenta. A tamo gde je šiptarska droga, tu su i ubistva, otmice, kidnapovanja, reketi, razbojništva. Albanska mafija zadaje velike probleme svim evropskim policijama i državama. Zato su Nemačka, Švajcarska i Švedska, u kojima je albanska mafija vrlo snažna, i zvanično pokrenule istragu o šiptarskoj mafiji i njenim vezama u ilegalnoj trgovini narkoticima i tajnom naoružavanju OVK.

Ovu vest tokom septembra potvrdio je lično Peter Vove, portparol Europola, kada je saopštio javnosti da su pored Nemačke, Švajcarske, skandinavskih zemalja, i Italija, Austrija i Velika Britanija pokrenule istragu protiv šiptarske narko-mafije. Bilo je to direktno stavljanje evropskog prsta u američko oko, jer je Evropa bila prinuđena da raskrinka još jednog tajnog saveznika Bele kuće i CIA.

Prvi je to uradio doktor Mark Galeoti, kriminolog s britanskog Kele univerziteta, kada je letos izjavio:

„Evropske zemlje poseduju pouzdane dokaze da je teroristička OVK direktno umešana u rasturanje heroina po evropskim metropolama, ali SAD i NATO iz političkih razloga u ovom trenutku pokušavaju da taj problem zataškaju. Veza OVK i narko-podzemlja je dvojaka. Šiptarski dileri plaćaju nadoknadu komandantima OVK zbog prebacivanja turskog heroina kroz teritoriju Kosova, a potom od direktne prodaje droge u Zapadnoj Evropi stvaraju profit, od koga odvajaju deo za kupovinu oružja za OVK. Čak 70 odsto heroina koji dođe u Nemačku i Švajcarsku, kao i 85 odsto heroina u prometu u Grčkoj i Češkoj, prolazi kroz ruke bandita iz narko-mafije i OVK. Zahvaljujući političkoj podršci Vašingtona, OVK je uspela da postane glavni saradnik Pentagona i CIA na Balkanu."

Američka policija DEA svrstala je 1998. godine albansku narko-mafiju na četvrto mesto u svetu, odmah uz italijansku, kolumbijsku i rusku, i time odredila njen stepen opasnosti po novi svetski poredak.

Albanska narko-mafija, procenjuje se u BND-u, godišnje samo u Nemačkoj preko droge opere milijardu i po dolara u preko dvesta privatnih banaka. Prema podacima nemačke obaveštajne službe, koje je objavio list *Berlinger cajtung*, OVK se samo u Nemačkoj finansira s 900 miliona maraka godišnje. Polovina od tih sredstava obezbeđena je prihodima iz podzemlja, a najviše od krijumčarenja narkotika. Do sličnih zaključaka došli su nedavno i rukovodioci francuske obaveštajne službe, koji su u tajnom izveštaju napisali da je „OVK jedan od glavnih krijumčara droge u Francuskoj, čija je godišnja vrednost dve milijarde dolara".

Put droge od Bliskog istoka, glavnog proizvođača narkotika, prema tržištima u Zapadnoj Evropi ide od Avganistana, Pakistana i Irana, da bi se u Turskoj pretvorio u više centara, od kojih je svakako najvažniji Istanbul. U Interpolu zato i tvrde da oko 70 procenata heroina zaplenjenog u Evropi dolazi baš iz Turske. Iz centra u Istanbulu, gde se heroin kupuje za 50.000 maraka po kilogramu, za čistoću od 90 odsto, putuje na stari kontinent i brodovima u Grčku, Italiju, Kipar, Nemačku, Španiju, Holandiju i SAD. Na zapadnom tržištu taj kilogram heroina vredi već 200.000-250.000 dolara. Pet miliona narkomana u Evropi troši teške droge, a oko 20 miliona tzv. lake narkotike. A to znači da je Evropljanima dnevno potrebno najviše 25 miliona grama „belog praha".

Put koji vodi preko Bugarske je označen kao „Balkanska ruta", a onaj od Crnog mora ka Ukrajini je u Interpolu obeležen kao „Kavkaska veza". Kanal koji iz Moskve ide preko Varšave u Frankfurt nazvan je „Poljski cevovod". Prvim i drugim tajnim putem ide čisti heroin iz azijskih fabrika, a drugim sintetički narkotici iz ruskih podzemnih laboratorija.

Prva rampa toj drogi s tog balkanskog puta, kada su to državne vlasti iz Sofije dozvoljavale, bila je u Bugarskoj. Čim je tokom 1997. godine u Bugarskoj zabeležen porast prometa narkotika za 60 odsto više nego 1996. godine, tada je zaplenjeno 525,5 kilograma droge. Od toga 311,6 kilograma bio je tursko-šiptarski heroin.

Druga zaustavna rampa kuririma turske droge bio je prelaz Gradina u Jugoslaviji. Taj prelaz, međutim, otkako su zavedene sankcije, a posebno otkako je izbio rat u SRJ, a potom i mir, pust je. Tovari narkotika iz Azije promenili su maršrutu tzv. Balkanskog puta i skrenuli prema Grčkoj, Makedoniji i Albaniji. Ključne tačke za ulaz droge u Albaniju, napisali su tada stručnjaci Interpola, bili su Vratnica kod Tetova i Gostivara, a Tropoja u zemlji Šćipniji. Petog novembra Grci su na granici prema Albaniji uhvatili tovar heroina težak 235 kilograma, namenjen dilerima na Kosmetu.

Jugoslavija je, izolovana i iskopčana iz Interpola i Evropola, zajedno s Kosmetom, tokom 1999. godine postala „albanska crna rupa". Tako je u Evropskoj uniji i Interpolu, naime, označen prostor Balkana na kome je letos zabeležen nagli porast kriminalaca i kriminala, posebno onog ubačenog iz Albanije.

Sve do početka osamdesetih problem šiptarskog krijumčarenja narkotika s Bliskog istoka preko Balkana i Evrope do SAD, bio je sporadična pojava, kojom su se bavili jugoslovenski carinici i policajci. Tada su Šiptari kao kuriri i dileri bili samo najamnici turske mafije, a ponekad i bugarskog državnog podzemlja.

## Bolesnik Balkana

Pripadnici Sigurimija nisu ostali bez hleba ni pošto je njihova Služba rasformirana. Veze širom sveta iskoristili su za osnivanje mafijaške mreže.

Za razliku od ostalih istočnoevropskih zemalja, albanska tajna služba je u potpunosti raspuštena 1995. godine. Sigurimi, koji je imao 10.000 službenika, zamenjen je Nacionalnom obaveštajnom službom.

Svi pripadnici službe koji su ostali bez posla našli su izlaz u organizovanom kriminalu. Odeljenje spoljne obaveštajne delatnosti Sigurimija je bilo od posebne koristi za gangstere, jer je u inostranstvu imalo poslovne veze koje su mogle biti iskorišćene za kriminalnu aktivnost. Ono je takođe imalo mrežu za pranje novca koja je delovala u Švajcarskoj.

Nekada blisko partnerstvo između albanskih i kineskih komunističkih režima, na primer, takođe je doprinelo uspostavljanju kriminalnih veza. Veruje se da je Daleki istok polazna stanica za heroin koji se transportuje preko Azije za Evropu.

U Albaniji čak tvrde da i premijer sarađuje s mafijom, koja sada kontroliše mnoge oblasti društvenog i ekonomskog života zemlje.

Bivši ministar unutrašnjih poslova Periklji Teta izjavio je početkom godine da je sadašnja „levičarska vlada u rukama mafije".

Mafija u svojim rukama drži trgovinu, preprodaje cigarete i alkohol, krijumčari drogu s istoka na zapad, bavi se prostitucijom i pere „prljave" dolare koji najčešće potiču od šverca oružja. Sada su se na udaru našle i izbeglice s Kosmeta, koje su bežeći od bombardovanja NATO-a potražile utočište na severu Albanije. Mafijaši kradu i preprodaju humanitarnu pomoć, transportna vozila, otimaju od izbeglica traktore i pljačkaju ih do gole kože.

„Visoki stepen zločina, nasilja i korupcije destabilizovao je zemlju i veoma se nepovoljno odražava na zaštitu ljudskih prava i sloboda", isticano je u izveštaju poznate međunarodne humanitarne grupe „Hjuman rajts voč" za 1999. godinu.

Albanija je ogrezla u javašluk. Vojska i policija često se ne usuđuju da intervenišu, da uspostave javni red i poredak, pogotovo na krajnjem severu zemlje. Kada se to zna, onda je lakše razumeti što se taj deo Albanije pretvorio u vojnu bazu u kojoj se prodaje sve i svašta: oružje, municija, droga i ljubav.

Neviđeno siromaštvo s kojim se suočavaju Albanci prisiljava mnoge građane te zemlje, intelektualce pre svih, da masovno beže od bede u inostranstvo i tamo traže uhlebljenje.

Svaki šesti Albanac od nešto više od tri miliona stanovnika za kratko vreme je napustio Albaniju. Preko granice je, što legalno, što ilegalno, pobeglo više od pola miliona ljudi.

Kada su, međutim, albanski emigranti i nacionalisti na Kosmetu, a pre svega u Albaniji i inostranstvu, shvatili da droga može da bude izvor finansiranja političkog nasilja na putu ka projektu Velike Albanije, krijumčarenje je postalo profesija organizovanog šiptarskog podzemlja.

Kako tvrde neki srpski policajci, još krajem šezdesetih i početkom sedamdesetih godina, jugoslovenska Služba državne bezbednosti koristila je šiptarske veze u Turskoj radi šverca droge, koja je ilegalno prodavana u Nemačkoj. Tada se u jugoslovenskoj tajnoj policiji smatralo da narkomanija nije bolest komunizma, već samo kapitalizma, pa su Šiptari s Kosmeta uvučeni u ovaj posao pravljenja „crnog novca" da bi se rizik od hapšenja sveo na minimum. Tako se dogodilo, tvrde pojedini policajci, da je jugoslovenska tajna služba izgradila prvu kariku u krijumčarskom kanalu narkotika na danas već čuvenom „Balkanskom putu".

Glavni agent državne tajne policije za drogu bio je Daut Kadriovski, tursko-jugoslovenski špijun, koji je iz Makedonije sredinom osamdesetih došao u Prištinu da organizuje proizvodnju heroina. U njegovom poslovnom lancu, isprepletanom policajcima, dilerima i kriminalcima, ali i političarima i diplomatama, našla su se i imena jednog Mahmuta Bakalija, pokrajinskog funkcionera, i Redžepa Suroija, jugoslovenskog ambasadora u Madridu.

Taj prljavi posao razbila je Služba državne bezbednosti Srbije, koja je 1985. izvela na optuženičku klupu čak šezdeset šiptarskih narko-kriminalaca. Daut Kadriovski je pobegao u Tursku, Mahmut Bakali je ostao čist i nedirnut, a ambasador Suroi je pod sumnjivim okolnostima nastradao u Španiji.

Takvo razbijanje albanskog podzemlja usred Prištine, međutim, nije imalo većeg efekta na narko-mafiju. Vrlo brzo, slabljenjem SFRJ i posebno srbijanske vlasti, a jačanjem finansijskog, pre svega šiptarskog podzemlja na Balkanu, u Evropi i svetu, ova karika u turskom lancu se kida i Šiptari počinju, devedesetih godina, da rade sami i samo za sebe i veliku Albaniju. Takvu državu eksperti za narkomaniju i narko-mafiju nazvali su Heroinska republika.

Dragan Tatomirović, nekadašnji inspektor MUP-a Srbije, čovek koji je učestvovao u razbijanju grupe čuvenog Dauta Kadriovskog, smatra da su dva faktora najviše uticala na uvlačenje Šiptara u šverc narkotika:

„Prvi je sam karakter Šiptara, koji su kao nomadski i trgovački narod nekada kupovali i preprodavali stoku po Srbiji i Makedoniji. Taj trgovački gen vremenom je modernizovan, pa su Šiptari sa stoke prešli na mnogo unosnije narkotike. Drugi razlog je jaka i brojna šiptarska kolonija u Turskoj, pre svega u Istanbulu, gde živi preko 50.000 emigranata prebeglih iz Jugoslavije. Ta kolonija je u međuvremenu glavna poslovna veza Šiptarima s Kosmeta koji tamo kupuju narkotike. Otvorenost Jugoslavije prema svetu je dala sedamdesetih godina mogućnost Šiptarima da krenu u Evropu, prvo kao gastarbajteri, a potom i kao profesionalci u podzemlju. I četvrto je izvesna politička naklonost zapadnih država prema Šiptarima, kao navodno ugroženoj manjini u Srbiji, što su oni iskoristili da u Evropi formiraju svoje političke, ali i kriminalne organizacije."

Albansku mafiju u Istanbulu početkom sedamdesetih godina, kada šiptarska karika u turskom narko-lancu počinje da jača, predvodio je tada izvesni Mehmet Bici, dok je politički lider bio Mustafa Ksevedet, lider emigrantske organizacije „Legalitet". Politički patron ovim emigrantima tada je bio albanski kralj u egzilu Lek Zogu, i sâm poznat kao trgovac sumnjivih roba od oružja do narkotika.

Spajanjem dve emigracije Šiptara, onih u Turskoj s onima na Starom kontinentu, i to preko Kosmeta, odnosno Srbije i Crne Gore, došlo je krajem sedamdesetih godina do formiranja etničkog kanala, prirodne populacione veze od Istanbula preko Prištine, Beograda i Podgorice do Frankfurta, Ciriha, Londona i Madrida. Kako trgovina drogom zahteva strogu konspiraciju, to je ovaj nacionalni, a često i porodični krug, uvek bio zatvoren za druge, tako da su Šiptari, gradeći svoj etnički kanal, podigli i etničko čisto podzemlje.

„Šiptarsko podzemlje, a posebno šiptarska narko-mafija, organizovane su po principu piramide na čijem vrhu sedi starešina plemena ili porodice, dok su ispod njega čitave mreže 'fisova', albanskih bratstava, koja slušaju samo glavu plemena. Niko sem glavešine ne zna kome su od 'fisova' i njihovih članova dati određeni zadaci. Obični članovi, kuriri i poštari droge, zvani 'mravi', dakle početnici u švercu, nose glavni teret, ali i glavni rizik ilegalne trgovine šiptarske droge. Ako uspeju, bivaju nagrađeni, ako ne uspeju, ostaju sami i žrtvovani za dobro plemena i svoje familije. Taj stepen ličnog žrtvovanja Šiptara u ovom opasnom tajnom poslu je i njihova najjača strana. Šiptari se ne libe da i decu koriste kao svoje 'mrave'", tvrdi Dragan Tatomirović.

Da bi prikrili svoju porodičnu povezanost, mnogi Šiptari, čak i rođena braća, uzimaju majčina prezimena ili prezimena njihovih majki, svojih baba. Tako policija ne uspeva da poveže ljude koji su iz iste porodice i u Turskoj, i na Kosmetu, i u Švajcarskoj ili Italiji. Kada su pre deset godina inspektori zagrebačke policije zaplenili tovar od 6,2 kilograma heroina, bio je to jugoslovenski rekord, jer je ta droga tada vredela pedeset milijardi dinara. Heroin je nađen u golfu gnjilanske registracije GL 216-14, u kome su bili Memet Sulejmani i Sabri Bunjaku, obojica iz Gnjilana. Prezime Bunjaku je već tada bilo zapisano u dosijeima Interpola, gde je pronađeno čak trista tih prezimena. Familija Bunjaku je poreklom iz Makedonije, ali njeni članovi su se raselili po Kosmetu, Turskoj i Nemačkoj.

„Zbog velikog porodičnog poverenja ili same bese, prvi poslovi s drogom rađeni su samo na reč. Novac je deljen tek kada bi se ostvario profit. U toj piramidi organizovanog kriminala govori se samo albanski, a svaka izdaja ili kolebljivost se plaćaju smrću", kaže Dragan Tatomirović.

Prema saznanju Interpola, na primer, u Italiji na vrhu piramide šiptarske mafije sredinom 1998. godine nalazio se Šefćet Dobroluka, Kosovar koji je krijumčario heroin iz Turske u Trst u paketima od pedeset kilograma. Čitava njegova familija bila je u ovom ilegalnom poslu. A njegov brat Karcel Dobroluka, oženjen Brazilkom, imao je preko ženine porodice prolaz kod mafije u Južnoj Americi. Policijskim akcijama nazvanim „Primo" i „Crni čovek" Italijani su pokušali početkom 1999. godine da razbiju familiju Dobroluka, ali su braća Šefćet i Karcel uspeli da izmaknu karabinijerima i italijanskim vlastima.

## Narko-centar Evrope

Centar šiptarske narko-mafije u drugoj, a i trećoj Jugoslaviji, nalazio se na samoj granici Kosmeta, u Srbiji kod Bujanovca. Na svim policijskim kartama sveta i danas je ucrtano jedno malo mesto, smešteno tik pored Bujanovca. Njegovo ime je Veliki Trnovac, ali ga svi policajci sveta zovu „Crno selo". Nekada je to bilo srpsko naselje, a poslednjih decenija to je čisto šiptarsko selo. U njemu živi, po popisu, 6.136 duša, a danas možda i 10.000. Polovina njih su na privremenom radu u inostranstvu. A druga polovina je u podzemlju. Samo protekle godine Interpol je tragao za dve stotine Šiptara poreklom iz Velikog Trnovca zbog sumnje da su učestvovali u ilegalnoj trgovini narkoticima.

Zahvaljujući drogi i narko-mafiji, naherene kuće u Velikom Trnovcu zamenile su luksuzne višespratnice sa satelitskim antenama, opasane visokim bedemima. To su šiptarske „tvrđave heroina". Svaka od njih danas ima i puškarnicu. U centru sela stoji velelepna kuća od fasadne cigle Hajruša Ćazimija, kažnjavanog nekad kao rasturača droge, begunca iz zatvora u Skoplju. On se tim poslom više ne bavi, „penzionisao se". Ima radnju i kao pravi poslovni čovek prodaje satelitske antene.

Danas u Velikom Trnovcu ima oko dvesta Šiptara koji se aktivno bave trgovinom narkoticima. Broj kumova šiptarske mafije iz ovog sela, koji na Zapadu drže sve konce albanskog podzemlja u svojim rukama, nepoznat je. Zna se tek da braća Dema i Zija „drže" Češku i Poljsku, a izvesni Golub – Mađarsku.

„Tri tone heroina, u svakom trenutku, na celom Kosovu, od toga tona u Velikom Trnovcu, čeka na dalju distribuciju", tvrdi Marko

Nicović, član Međunarodnog komiteta za droge pri OUN, i dodaje: „Albanci su u trgovini narkoticima postali tako moćni da iznajmljuju kurire, uglavnom Bugare ili Italijane. Velika pošiljka se organizuje u Turskoj, stokira se na Kosovu, ili u selu koje poslednjih petnaest godina važi kao neuralgična tačka Interpola, dalje se sitno distribuira. Jedan deo ostaje za Jugoslaviju, koja ima 100.000 narkomana. Pretpostavlja se da mesečno kroz našu zemlju prođe oko 400 do 500 kilograma heroina, ako se uhvati 15 do 20 odsto, to se smatra izrazitim uspehom. Teško je prodreti u porodične strukture, tu nema saradnika, ni kanala, a beskrajne su mogućnosti sakrivanja."

Od 1994. do 1998. godine, dok je još jugoslovensko zakonodavstvo funkcionisalo u pokrajini, uhapšeno je na samom Kosovu i Metohiji 225 Albanaca zbog učešća u međunarodnim krijumčarskim kanalima heroina. U ovim akcijama zaplenjeno je 115 kilograma heroina. Istovremeno, ne slučajno, najveći broj počinjenih kriminalnih dela na Kosmetu 1997. godine odnosio se na terorizam i šverc oružja i municije. Te godine je okrivljeno oko 40 terorista, a oko 2.000 krivičnih prijava podneto je protiv Šiptara koji su se bavili nelegalnom trgovinom oružjem, municijom i eksplozivom, oko 1.500 krivičnih prijava je protiv šumokradica, i oko 700 za falsifikovanje ličnih dokumenata. Ovaj podatak sam po sebi ukazuje na to kuda je odlazio deo heroinskog kolača. Drugi deo para za OVK obezbeđivan je reketom civila koji su mesečno morali da daju, u proseku, pedeset maraka po glavi porodice.

Uzimajući reket i od Šiptara gastarbajtera, koji su davali sto maraka po glavi porodice, kao porez za izdržavanje „Republike Kosovo", stvaran je kapital koji je ekonomski jačao političku strukturu albanskih nacionalista u Jugoslaviji. Ovim poslovima u Evropi rukovodio je Bujar Bukoši, predsednik vlade u egzilu.

Pored Kosmeta drugi glavni balkanski izvor i baza šiptarske narko-mafije jeste Albanija. Još u vreme Remzi Alije, a i Sali Beriše u Albaniji trgovci narkoticima utvrdili su transferzalu: Turska, Kosovo, Makedonija, Albanija. A krajnji cilj: Italija i Švajcarska. Tada su glavni protagonisti ilegalne trgovine drogama bili Albanci s Kosmeta i Makedonije. Posle otvaranja granice i sami Albanci iz Albanije uključili su se u lanac trgovine heroinom. U Albaniji je zato istovremeno devedesetih godina jačala državna i lokalna mafija, koju su vodili dvojica posvađanih lidera, Sali Beriša i Fanos Nano. Bivši ministar unutrašnjih poslova Periklji Teta, nemoćan da se suprotstavi organizovanom kriminalu u Albaniji, jednom prilikom 1998. godine javno je priznao da je „sadašnja levičarska vlada u rukama mafije".

„Mafija u svojim rukama drži trgovinu, preprodaje cigareta i alkohola, krijumčari drogu s istoka na zapad, bavi se prostitucijom i pere „prljave" dolare koji najčešće potiču od šverca oružja. Mafijaši kradu i preprodaju vojno oružje i opremu, otimaju humanitarnu pomoć, transportna vozila, otimaju od kosmetskih izbeglica traktore i pljačkaju ih do gole kože."

I ministar odbrane Berišine vlade Safet Zhulalij bio je umešan u šverc droge, ali i u krijumčarenje nafte i cigareta, kao i oružja. Na mestu ministra bio je sve do 1997. godine, kada je nestao iz zemlje.

U proleće 1999. broj „kalašnjikova" u ilegalnom posedu u Albaniji premašivao je broj stanovnika. Ova zemlja i danas podseća na Klondajk u Kanadi tokom zlatne groznice, kada je osnovna valuta bilo zrno zlata. U Albaniji danas glavna valuta nije ni lek, ni dolar, ni nemačka marka, već heroin. Za siromašnu Albaniju i njene građane krijumčarenje droge bio je posao koji ih je izvlačio iz socijalne bede. Posle tri godine trgovine drogom u Švajcarskoj, dvadesetpetogodišnji izbeglica Artan Hodža postao je bogataš. Pre toga je u Tirani zarađivao jedva sto maraka mesečno.

„Prenosio sam heroin iz Istanbula preko Skoplja za Cirih", kaže Artan Hodža. „Jednom je to bilo u rezervoaru za benzin, drugi put u džepovima, u prisustvu dve mlade Norvežanke, koje su dekoncentrisale carinike."

Novac od nedozvoljenih transakcija omogućio mu je da kod kuće podigne vile od 200.000 maraka s italijanskim nameštajem i bazenom. Artan Hodža je danas stanar u Sijaku, albanskom mondenskom naselju za bogataše. U ovom mestu, smeštenom na pola puta između Drača i Tirane, živi 11.000 stanovnika ali i 700 bogataša, od kojih su neki u dvorištu svoje vile istakli i švajcarsku zastavu.

Jedna istraga u Nemačkoj navela je policiju na zaključak da je osnovana do sada nepoznata organizacija mafijskog tipa, uprkos političkim i verskim razlikama među Albancima. Bande potiču iz bivše komunističke Albanije, ali i iz redova albanske manjine u krnjoj Jugoslaviji, iz srpske pokrajine Kosovo i bivše jugoslovenske republike Makedonije. Tri baze za organizovani kriminal su Priština, Skoplje i Skadar.

Na teritoriji Jugoslavije samo tokom 1998. godine u 38 zaplena oduzeto je oko 500 kilograma marihuane, takozvane „Albanke", koja je pristizala novim krijumčarskim kanalom koji je dolazio iz Albanije.

A preko Crne Gore put droge je vodio za Italiju, odnosno Siciliju. Sjedinjene Države u jednom trenutku, kad su shvatile da im se situacija otima iz ruku, optužile su Agona Mjusarija, ministra unutrašnjih poslova Albanije, za sistematsko kršenje sankcija s Jugoslavijom, kao i za nadgledanje mreže za plasman droge koju je organizovala tajna policija. Ministar je na insistiranje SAD podneo ostavku 1996. godine. Smenom Mjusarija ovaj kanal nije prestao da funkcioniše, a kontrolu je preuzeo neko drugi.

Eksperti za geopolitičko praćenje trgovine drogom, danas najveće pošasti Evrope, ističu da su se klanovi u Albaniji, poznatiji kao „haračlije", upustili i u trku s južnoameričkim kartelima na evropskom tržištu kokaina. Do izbijanja kosovske krize 1998. gangsterski mentalitet je kod izvesnog broja „haračlija" već postojao, ali bio je vrlo beznačajan. Kosovska kriza i rat u ogromnoj meri su pojačali takav mentalitet i digli ga na viši stepen.

Do trenutka dolaska NATO trupa i kosovskih izbeglica u Albaniju, konsolidovanje mafijaških baza već je bilo pri kraju. Čitave oblasti i gradovi Albanije bili su pod kontrolom kriminalaca. Tokom rata u Jugoslaviji susedna Albanija je postala oaza narko-bosova i zemlja droge. Zvanična Tirana čak i nije skrivala vezu uspostavljenu između albanske narko-mafije i terorističke organizacije OVK. Ovim kartelom upravljaju članovi Kosovskog nacionalnog fronta, čiji je vojni deo tzv. OVK. Analize u BND-u i MI6 su pokazale da je narko-kartel sa sedištem u Prištini jedan od najjačih u svetu i da lavovski deo svog profita usmerava kosovskim separatistima.

Tajni put droge kopnom i morem, od Turske preko Bugarske, Makedonije, do Albanije i Jugoslavije, pa dalje, do Zapadne Evrope, toliko je 1999. godine bio frekventan da su mu obaveštajci CIA dali nov naziv: „Balkanski koridor".

U tom koridoru Šiptari su usavršili novi vid crne trgovine nazvan „droga za oružje", proširujući tako puteve belog praha na Rumuniju, Bugarsku, Mađarsku i Češku. Kada je MUP Srbije tokom 1998. godine razbio ove kanale, njihovi ostaci su prešli u podzemne klanove Albanije, koja je tada postala drugi snabdevač kanabisom u Evropi, a luke Valona i Drač baza za isporuku kokaina i heroina u zapadnoevropske zemlje.

Zanesen tim podatkom, bivši albanski predsednik Sali Beriša, početkom 1999. godine je rekao da je vlada Albanije, u stvari, narko-mafija i gangsterska organizacija naoružana kao armija. Ali je zaboravio da doda da je i on lično tome doprineo.

# Balkanska smrt

Do jačanja šiptarske narko-mafije u Evropi došlo je iz dva razloga. Prvi je velika akumulacija kapitala stečenog na trgovini drogom, ali i oružjem, i na krađi i preprodaji automobila. A drugi je udruživanje Šiptara s Kosmeta, Makedonije, Albanije i Turske u jedan narko-trust, čiji se centar nalazi u Njujorku, a ispostave u Tirani, Skoplju, Istanbulu i Prištini, ali i u Sofiji, Pragu, Budimpešti, Moskvi, Frankfurtu, Cirihu, Briselu i Čikagu.

Ishitreno političko osamostaljivanje Albanije i Kosmeta, praćeno ekonomskim rasulom i cvetanjem organizovanog kriminala, pretvorili su ovaj region u izvor zaraze koja je vrlo brzo počela da se širi Evropom.

„Rat na Balkanu je presekao ranije jugoslovenske kanale za krijumčarenje droge s Bliskog istoka na stari kontinent, ali su zato agilni Šiptari u poslednje četiri godine otvorili nove distributivne centre i nove prolaze ka Zapadu. Kosovski Šiptari su toliko ojačali da, samo u Švajcarskoj, drže pod svojom kontrolom 70 odsto narko-tržišta. Trenutno se u ovoj zemlji po zatvorima zbog preprodaje narkotika nalazi najmanje 2.000 Šiptara iz Jugoslavije. Zatvori su puni i u Nemačkoj, i Grčkoj i u Češkoj. Albanska mafija predstavlja najveću opasnost čovečanstvu. Nama preti opasnost od šiptarskih preprodavaca droge, zatim od terorizma i onda od privrednog kriminala. Šverc droge je zahvatio čitav svet, a političkog nasilja je sve više. Ova dva krivična dela su tesno povezana."

Prva zemlja koja je upozorila svet na šiptarsku narko-mafiju i albansko podzemlje bila je Jugoslavija. U više navrata, pre izbijanja rata, SRJ je upozoravala Interpol i OUN da dolazi do širenja šiptarske mafije po svetu. Još davne 1988. godine vlada SFRJ je uputila Komisiji OUN-a za suzbijanje narkomanije podatke o tome da se na Kosmetu oko 5.000 Šiptara bavi krijumčarenjem heroina, i to u onim sredinama gde ima najviše albanskih gastarbajtera i izbeglica. A to su bile Austrija, Švajcarska i Nemačka. Samo te godine u Jugoslaviji je uhapšeno 55 šiptarskih narko-dilera. Na ta upozorenja OUN, Interpol i ove zemlje odgovorile su ćutanjem, a kada je izbio rat, i političkom podrškom Šiptarima, pa i članovima njihove narko-mafije. Danas u Evropi ima oko pola miliona kosmetskih Šiptara koji predstavljaju bazu za skrivanje, ali i za angažovanje jeftine „radne snage" i kurira u trgovini heroinom.

"Još tokom 1993. godine u inostranstvu je Interpol uhapsio stotinak jugoslovenskih građana koji su se bavili trgovinom droge. Najviše ih je pritvoreno u Nemačkoj, pedesetak, i Švajcarskoj dvadesetak. I Italija je otkrila i uhapsila šiptarsku grupu od dvadesetak krijumčara. Čak osam evropskih zemalja je te godine radilo na razbijanju švercerske grupe 'Bendžamin-Probalkan', koju su vodili braća Bahri Veselija iz Preševa. Zajedno s njima uhapšeno je još trista trideset dilera i zaplenjeno čak 250 kilograma heroina. Češka policija je razbila bandu kriminalaca s Kosmeta i njihovu mrežu s 35 dilera, koji su živeli u Pragu. Jednog od njih, Sali Bakiju, češka policija je jurila punih godinu dana. Ova operacija se zvala 'Andromeda', dok su Italijani i Makedonci svoju akciju u kojoj je uhvaćeno desetak krijumčara s 40 kilograma heroina jednostavno nazvali 'Makedonija'", rekao mi je Dragče Dimitrijević, načelnik Interpola u SRJ.

U Briselu je uhvaćen Hazir Haziri s 5 kilograma heroina. A Rafet Šabotić je uhapšen u Cirihu s čak 16 kilograma ovog narkotika. I jedan i drugi bili su predsednici svojih nacionalnih klubova u Belgiji, odnosno Švajcarskoj, pa se pretpostavlja da su ujedno i šefovi narko-kanala iz Turske. Nemačka policija je zbog narastajućeg problema s Albancima u Vizbadenu, u sedištu Kriminalističkog ureda, formirala takozvanu „Grupu za koordinaciju za Albance s Kosova".

I Italija je otkrila i uhapsila šiptarsku grupu od dvadesetak krijumčara. Kum albanske mafije u Italiji bio je Šefćet Dobroluka. Danska policija je početkom 1999. godine uhapsila grupu od 9 narko-dilera, i njihovog bosa Aladina Ejdrisija, zaplenivši oko 100 kilograma heroina, i to je najveća zaplena u Skandinaviji. Tada je saopšteno da je profit od plasmana heroina na skandinavskom području bio namenjen finansiranju terorista na Kosovu i Metohiji.

Albanska trgovina heroinom se u međuvremenu raširila u Holandiji, Francuskoj i Nemačkoj. Početkom 2005. godine pripadnici jedne albanske mreže trgovaca drogom uhapšeni su u Kemperu u zapadnoj Francuskoj. Vođa bande Arben Korba, star trideset godina, osuđen je na osam godina zatvora nakon što je policija otkrila mrežu ilegalnih aktivnosti koja je pokrivala čitavu Bretanju, uključujući najveće gradove kao što su Nant i Ren. Korba je imao tipičan šiptarski dosije. Stigao je 1990. godine u Francusku kao politička izbeglica. Ali kasnije je počeo da se bavi kriminalom. On je zajedno s Ilirom Midžom predvodio bandu koja je krijumčarila automobile iz Nemačke i takođe donosila heroin u Kemper i druge gradove u Francuskoj. U toj šiptarskoj mreži bilo je 16 Albanaca.

## Nemačka glavobolja

Ako je suditi po policijskim izveštajima, najviše problema s jugoslovenskim delinkventima, a posebno sa Šiptarima, danas imaju Nemci. Nekada su ih primali kao političke emigrante, a sada žele da ih izbace kao delinkvente. Ministar nemačke policije Manfred Kanter je, naime, nedavno izjavio da u Nemačkoj danas 59 odsto uhvaćenih delinkvenata predstavljaju stranci. Pre svega Turci – 14,2 odsto, a potom Šiptari, „građani bivše SFRJ". Kako tvrdi kosmetski nedeljnik *Zeri,* samo u Nemačkoj na listi opasnih kriminalaca nalazi se čak 1.200 Šiptara. Oni su, po proceni Gerharda Bodena, šefa Službe za zaštitu ustavnog poretka u Nemačkoj, posle desetogodišnje pauze zamenili beogradski klan, koji je predvodio Ljubomir Magaš, zvani Ljuba Zemunac.

„Šiptari uglavnom preprodaju kokain, i to nemačkim mušterijama. Pre trideset godina drogu su prvi počeli da 'rade' Turci. Potom su se u ovaj posao uključili Albanci, a poslednjih pet godina, doduše, sporadično i Srbi. Kosovska mreža je dosta jaka i neprestano se širi. Letos su u Frankfurt došla desetorica Albanaca da se uključe u lanac preprodavaca droge. Šef albanske narko-mafije u Frankfurtu je bio Iso Azemaj, Albanac s Kosova. Mi smo ga 1995. godine uhvatili, osudili smo ga na doživotnu robiju zbog šverca i ubistva, ali je on uspeo da pobegne prilikom transporta u zatvorsku bolnicu. U Nemačku je došao iz Portugala, gde se, takođe, bavio švercom i preprodajom droge. Neki njegovi sunarodnici su ga ocinkarili i on je uhapšen. Sada se skriva u Portugalu. Mi očekujemo da nam ga Portugalci jednog dana izruče, jer je u Frankfurtu pucao na policajca", rekao mi je Jozef Šuce, šef zatvora u Frankfurtu.

U Nemačkoj se skriva i Enver Gaši iz Prištine. Jugoslovenska policija ima poseban registar poternica i objava. To je jedna malena zelena knjiga koju imaju svi policajci na graničnim prelazima, s oko 1.500 imena traženih Jugoslovena i stranaca koji su pod policijskim nadzorom. Primetno je da na toj listi nadziranih osoba ima najviše Šiptara. Navešćemo samo neka imena: Abazaj Bekim, Abazaj Kajtaz, Abazi Ferki, Abdula Musa, Ademi Šaip, Uka Avdi, Ukela Ljuan, Ukiši Husni,

Ukšini Jup, Lika Afrim, Loki Faik, Idriz Lukač, Šićiri Hoti, Šlaku Ded, Bajram Visoći, Ajet Vitija, Mehdija Voca, Ejub Kapo, Isen Karali i Enver Karso.

## Šiptari u Švajcarskoj

Švajcarska policija je 13. maja 1998. godine u Lozani uhapsila Rifata Musu Salmanija, Albanca s Kosova i Metohije, koji je u periodu od 1992. do 1995. godine prokrijumčario i stavio u promet 465 kilograma heroina čija je orijentaciona vrednost preko 15 miliona švajcarskih franaka. Njegova direktna veza u Istanbulu bio je jedan turski general, a glavni kurir Salmanijev rođak s Kosmeta. U lancu ove trojice mafijaša odvijao se posao vredan milijardu dolara, koji je donosio prihod i turskoj armiji, ali i albanskoj mafiji.

Pokazalo se da je Musa Rifatov Salmanija bio vođa šiptarskog narko--klana. Sve je počelo onda kada je „firma" Muse Rifatovog Salmanija neočekivano i brzo stala na noge 1992. godine. Bio je to trenutak kada su kosmetski Albanci počeli da koriste rat koji se razbuktao u Jugoslaviji da bi dobili nezavisnost. Pomoću narkotika Šiptari su mogli, kako su pisale švajcarske novine, da obezbede sredstva koja su za tu borbu neophodna.

Kada je suđenje počelo pred Krivičnim većem suda u Lozani, zamenik tužioca Mark Pele je rekao da je četrdesetogodišnji „Musa najveći isporučilac smrti za koga je uopšte Švajcarska bilo kada znala". Dve godine ranije 1990. čak sedamdeset Musinih potčinjenih osuđeno je u raznim kantonima Švajcarske zbog trgovine drogom. Neki od njih su dobili i po osamnaest godina robije. Sada je došao red i na šefa.

Musa Salmanija je rođen u selu Požaranje na Kosmetu. Godine 1980. je prvi put pokušao da ostane u Švajcarskoj, ali nije uspeo, već je izručen Jugoslaviji i osuđen na četiri godine zatvora zbog rasturanja više falsifikovanih dolara. Ponovo se u Ženevi obreo 1990, ali sada ilegalno. Međutim, bio je i tada zle sreće: uhvaćen je s kilogramom droge, osuđen i ponovo proteran iz Švajcarske. Vratio se opet, ali ovog puta je bio oprezniji. U gastarbajterskom gnezdu sa 150.000 Šiptara spretni Musa je stvorio jako preduzeće za prodaju droge na malo i veliko.

Tovari belog praha za Musu su se prevozili automobilima, i to u specijalno opremljenim rezervoarima za benzin, tako da carinski psi

Švajcarske i Jugoslavije nisu mogli da namirišu narkotike. Heroin je u Švajcarsku dostavljao Musin rođak, inače veoma uticajni čovek u Istanbulu, i njegov prijatelj, general turske armije. Narkotici su prvo dolazili u Požaranje i Gnjilane, a onda su kamionima sa švajcarskim registarskim tablicama preko Austrije stizali do Švajcarske. U jednom mahu tako je dopremano po petnaest kilograma heroina, a prevoznik je za to dobijao više od 40.000 franaka.

Godine 2004. je Rafet Šabotić uhapšen u Cirihu s čak 16 kilograma ovog narkotika. Švajcarska policija procenjuje da Šiptari mesečno u ovu zemlju unose 500 kilograma heroina. Sam Cirih ima 5.000 teških narkomana, kojima je država nedavno kupila 500 kilograma heroina za potrebe zbrinjavanja u sanatorijumima. U ovoj zemlji ima oko 250.000 Šiptara sa svih krajeva sveta, a najviše s Kosmeta, oko 150.000. Pored trgovine narkoticima, dosta njih se bavi radom na crno, krađama, prosjačenjem.

Prema priči blizanaca Artana i Arbena Hodže, oni su u Švajcarskoj od trgovine drogom zarađivali i po 10.000 maraka mesečno. Ali sreća donosi i nevolje. Mlađi brat još leži u zatvoru u Cirihu, a najmlađi Armen već je zavisnik od heroina. Danas on plaća 30 maraka dnevnu dozu za sebe, koliko iznosi mesečna penzija u Albaniji.

Tako je švajcarsko tržište narkoticima vrlo brzo osvojeno, ali i očišćeno od konkurencije. Rasturanjem heroina bavile su se grupe organizovane po principu klanova, što je obezbeđivalo njihovo jedinstvo.

„Kosovski šverceri su se odlikovali surovošću u sredini gde je nasilje i inače nešto sasvim normalno", kaže Valentin Rišaher, šef Centralne uprave za borbu protiv narkotika u Bernu. „Na svim nivoima ljudi su se veoma bojali, osećali su veliki strah. Tako je iznad Muse bio njegov rođak, a iznad njegovog rođaka bio je neki turski general. Vođe kosovskih grupa koje sačinjavaju ljudi koji potiču iz istog kraja, zemljaci dakle, tvrde pak da svojim rođacima koji se bore u Jugoslaviji pružaju finansijsku podršku."

Sud nije raspravljao ni o tome na koji način su vozila sa švajcarskim registracijama mogla da se probiju na blokiranu teritoriju Jugoslavije i šta se dešavalo s milionima nemačkih maraka i švajcarskih franaka koji su Musi predavani. Međutim, švajcarski islednici nezvanično su govorili da je deo novca dobijenog od šverca i prodaje narkotika odlazio za podršku albanskim separatistima na Kosmetu.

Po priznanju švajcarske Federalne policije, ton delovanja Šiptara u Švajcarskoj davao je ekstremistički Narodni pokret Kosova čije je naoružano krilo Armija oslobođenja Kosova – OVK. Reč je, kako su pisale tada švajcarske novine, „o teroristima koji vode oružanu borbu protiv srpskih vlasti".

Godine 1994, kada se u vazduhu već osećalo da postaje opasno, vođa klana Musa se preselio u Istanbul kod svog uticajnog rođaka. Gotovo godinu dana švajcarska policija je tragala za njim. Da bi izbegao da bude izručen iz Turske Švajcarskoj, po savetu svog advokata, Musa se predao turskim vlastima preuzimajući tako na sebe svu odgovornost za šverc narkotika. U istanbulskoj tamnici, u kojoj je proveo čak tri godine, Musa je nastavio da rukovodi svojom organizacijom koristeći mobilni telefon, koji mu je, po molbi uticajnog rođaka, ljubazno dao načelnik tamnice. Tek kada je 1996. godine izašao iz zatvora, Švajcarska je uspela da joj Musa bude izručen.

Musa Salmani je osuđen na dvadesetogodišnju robiju, doživotno proteran iz Švajcarske, a sva imovina mu je konfiskovana.

Novu generaciju šiptarske narko-mafije u Švajcarskoj predvodi Sami Sabedini, poznatiji po nadimku Baron, koji je samo nakratko bio u ciriškom zatvoru. Policija je godinu dana pratila Sabedinija. Snimila je tajno oko 6.000 njegovih „poslovnih" razgovora i obezbedila tridesetak svedoka. Prilikom hapšenja kod Barona je nađena veća količina droge. Na prvostepenom suđenju Sami Sabedini je dobio sedamnaest godina robije. Ovaj četrdesetogodišnji, zvanični vlasnik kafeterije *Plauš* u Cirihu, a nezvanično glavni snabdevač Švajcarske drogom, uhvaćen je u proleće 1995. godine i smešten u zatvor *Regensdorf*. Prilikom prebacivanja na drugostepeno suđenje u Bern, krajem januara 1996, spretni Baron pobegao je iz voza. Švajcarci sumnjaju da Sami Sabadini danas živi u Češkoj i da odatle distribuira drogu za ciriško tržište, i da je poslednja racija u Pragu bila uperena protiv njega.

## Afera Pacoli

Kakva je snaga albanskog podzemlja dokazuje istraga Karle del Ponte, švajcarskog tužioca, a to istragom otkrivena je veza nekrunisanog kralja albanske mafije Bedžeta Pacolija, koji je čak finansirao ruskog predsednika Borisa Jeljcina i premijera Viktora Černomirdina. Naime, u jednom sefu švajcarskog Državnog tužilaštva krajem 1999. godine nađen je dokument koji direktno povezuje ruskog predsednika

Jeljcina i njegove kćeri Tatjanu i Elenu s kosovskim preduzimačem Bedžetom Pacolijem, vlasnikom firme *Mabeteks*. Reč je, kako su javljali mediji i švajcarski zvaničnici, o tri kreditne kartice na ime Borisa Jeljcina i njegove dve kćeri, Elene Borisovne Okulove (42) i Tatjane Borisovne Djačenko (39), čije je račune plaćao Pacoli. Preduzimač je osim toga poslao milion dolara na račun jedne mađarske banke, u korist ruskog predsednika i Viktora Černomirdina.

Najmanje 200 miliona dolara iz kase avio-kompanije *Aeroflot* prebačeno je na račune dve švajcarske finansijske institucije – *Forus servis* i *Andava*, čiji je osnivač bio Boris Berezovski. Novcu se zatim gubi svaki trag. Istražitelji sumnjaju da je završio kod članova predsedničkog klana.

Danas se tvrdi da je afera Pacoli bila prilika da se sam Jeljcin preko novog premijera Putina ukloni iz Kremlja, čime je propustio priliku da postane novi ruski socijalistički car. Moskovljani, upućeni u stanje ruske nacije, tvrde da je Putin jednostavno aferom Pacoli ucenio velikog Borisa da odstupi s prestola.

Bedžet Pacoli ima četrdeset devet godina i velike biznise u Italiji, a u Rusiji je bio poznat po velikim poslovima u Jakuziji i Kazahstanu. I po restauraciji 34.000 kvadratnih metara Kremlja, uključujući i apartman Katarine Velike, i rekonstrukciju Bele kuće, bivšeg saveznog parlamenta koji su 1993. godine razorili Jeljcinovi topovi. Samo taj posao vredan je 49 miliona dolara.

Pacoli je Albanac, sin siromašnih seljaka iz Marevca, sela kod Prištine. U svet je otišao pre dvadesetak godina i dugo imao samo skromnu kancelariju u Luganu s kapitalom od 100.000 franaka. Danas Pacoli ima pet spratova u elitnom kraju Lugana, 6.000 radnika i 18 filijala u celom svetu. Njegova firma *Mabeteks* je na sedamdesetom mestu među švajcarskim kompanijama.

Poslovnu karijeru u Švajcarskoj počeo je kao građevinski radnik, ali se snašao uz pomoć mafije i za samo devet godina postao je jedan od najbogatijih Albanaca u Švajcarskoj. Posle razvoda od prve žene živeo je s pevačicom Anom Oksom, takođe albanskog porekla, i ponašao se kao plejboj, sve dok se nije oženio njome krajem 1999. godine.

## Otrovana Amerika

Droga u Americi ugrožava već treću generaciju ljudi. Samo u SAD danas ima 19 miliona narkomana. A to znači da je tamošnjem tržištu dnevno potrebno najmanje 19 miliona grama opojnih narkotika. Procene govore da do 2000. godine takvo aktivno tržište može da naraste na čak 60 miliona. Za Šiptare to je ogromno tržište droge. Nisu uzalud mnoge trezvene glave upozoravale Klintonovu administraciju da je albanska mafija po američke interese dugoročno daleko opasnija od jugoslovenske protivvazdušne odbrane i tenkovskih jedinica.

„Šiptari u Americi danas predstavljaju samo jednu od jačih karika u kolumbijskom lancu distribuciji narkotika. Oni drže Njujork, gde ih ima oko 60.000, Čikago i Toronto. I prema nekim procenama godišnje na heroinu okrenu oko 50 miliona dolara. Američka policija teško izlazi na kraj sa šiptarskim podzemljem, jer je ono etnički čisto, zatvoreno i zato teško za rad. Američki policajci ne znaju albanski jezik, drugo, teško ih razlikuju od Turaka i Arapa i ne uspevaju da ubace svoje agente u njihove redove. Šiptari svoj biznis pokrivaju radom u restoranima, koji se vode na Grke, Turke, Kurde, Arape. Šiptari su povezani između sebe, poslušni su i disciplinovani, odani svom 'fisu' i surovi u obračunima s informatorima u svojim redovima. Kao kurire za prenos heroina po SAD koriste stare žene, čak i decu koja ne znaju engleski i od kojih u istrazi teško da možemo da dobijemo koji koristan podatak. Profit zarađen na heroinu Šiptari ulažu u kupovinu kuća i čitavih kvartova u Njujorku i Čikagu. Čak su u Bronksu otkupili i neke srpske kuće, da bi sebi podigli etnički čisto predgrađe. Poslednjih godina, s doseljavanjem mlađih generacija kosmetskih Šiptara, došlo je u njihovoj mafiji i do promene oblasti delovanja. Sve više se bave razbojničkim krađama, pa su i zbog toga na meti policije", rekao mi je Milan Vujić, čikaški policajac.

U Sjedinjenim Državama robu preuzimaju, takođe, članovi porodica. Daut Kadriovski, nekadašnji diler turske i jugoslovenske tajne policije u Prištini, danas je najveći snabdevač heroina za američko tržište. Samo njegov obrt vredi više od 20 miliona dolara godišnje. Kadriovski je pobegao početkom devedesetih iz Jugoslavije preko Španije. Uselio se na Floridu, gde je 1992. godine pokušao da izgradi sopstvenu distributersku mrežu droge, ali su ga kubanski dileri pretukli i proterali na sever Amerike. Potom se Kadriovski stacionirao u Njujorku. FBI ga već šest godina traži bezuspešno. Na svim federalnim zgradama Amerike postavljena je poternica za njim.

Šiptarski kriminalci u SAD su poznati po svojoj surovosti kojom se obračunavaju sa svojim protivnicima, ali i između sebe. Kada je jedan

Šiptar u Njujorku otkrio da ga žena vara s Italijanom, u vreme kada je otišla da abortira, uleteo je u porodilište i ubio trojicu lekara, ženu i sebe.

„Šiptari su divlji ljudi! Međusobno se ubijaju, a ne boje se da prete i policajcima", izjavio je za američke novine kapetan Gven Makalpin iz Šelbi Taunšipa u državi Mičigen, kada je grupa albanskih huligana bacila bombu na njegovu policijsku stanicu. „Trgovina drogom je Šiptare učinila najozloglašenijom bandom u Njujorku!"

Na Balkanskoj heroinskoj ruti Albanci su bili kuriri, a zatim su uzimali sve veće komade ilegalnog narko-tržišta.

„Danas šiptarska narko-mafija snabdeva Njujork s 30 odsto heroina koji dolazi preko Jugoslavije", izjavio je Endru Fernič, zvaničnik DEA, specijalnog odeljenja za borbu protiv narkomanije u SAD. „Taj heroin u Americi distribuiraju isključivo Albanci i Turci, koji koriste svoje firme kao pokriće za ovaj prljavi posao."

Američki list je naveo slučaj Skendera Ficija, koji je u Njujorku imao turističku agenciju *Stejten ajlend* i Tereze Vorldvajd, koja se u svojoj agenciji bavila sređivanjem iseljeničkih papira za Jugoslovene. Obe agencije su korišćene za brza i kratka putovanja do Jugoslavije i Turske, gde se nabavljao heroin koji je potom krijumčaren u Ameriku. Prvi kilogram Ficijevog heroina stigao je u Njujork još februara 1979. godine. Ovaj posao Skender Fici je obavio s klanom Dževdeta Like, zvanog Džo Lik, koji je imao bazu za preradu i distribuciju heroina u umetničkom delu Menhetna. Prodaja droge je vršena preko kineskih butika. Do 1980. godine Lika je radio sam, onda se udružio s Dževdetom Mustafom. Njihov glavni finansijer je bio albanski kralj Zogu, koji je na narkoticima ostvarivao profit za jačanje svoje monarhije i krune. Posle nesporazuma s Likom krajem 1982. godine Mustafa je jednostavno nestao. Policija je pretpostavila da je likvidiran od šiptarske narko-mafije. Novi saradnik klana Lika postao je potom Duja Saljanin, vlasnik restorana u Njujorku.

„Godine 1982. Saljanin je zatražio od Dževdeta Like da mu nabavi nekoliko kilograma heroina. Lika mu je prodao samo kilogram, sumnjive čistote. To je bio razlog za svađu, koju je pokušao da stiša Skender Fici. Zakazan je sastanak u Dujinoj kafani, na koji je Džo Lik došao s Mehmedom Bicijem i Vuskanom Vukajom. Čim su ušli u restoran Vukaj i Lika su izvadili pištolje i ubili Saljanina. Pobegli su preko ulice, ali je Saljanin s trinaest rana živeo dovoljno dugo da policiji kaže ko su njegovi atentatori", izjavio je agent Vili Džons iz Detroita.

Federalni agenti FBI-ja i DEA radili su tri godine na razotkrivanju klana Lika u Njujorku. Za to vreme ovi Šiptari su uvezli i prodali pedeset kilograma heroina vrednog sto dvadeset pet miliona dolara. Ta droga je prodavana u američkim državama Njujork, Kalifornija, Teksas i Ilinois. Trag koji je pratio agent Džon Delmar vodio ga je do Mehmeda Bicija, koji je bio u zatvoru jer je pokušao da zakolje svoju ženu. Pritisnut dokazima, Bici je pristao da sarađuje s FBI i da cinkari članove klana Lika, pre svega braću Dževdeta i Luana, koji su osumnjičeni za iznuđivanje i preprodaju droge.

Čim je suđenje počelo, otac braće Lika tajno je zapretio i Mehmedu Bici, kao svedoku, i Majku Koenu, zameniku tužioca, kao gonitelju njegovih sinova. Zbog takvih pretnji jedan od svedoka, Đani Beriša, koji je bio žrtva reketa braće Lika, pobegao je iz Sjedinjenih Država u SFRJ.

„Ne možete verovati koliko je ljudska glava jeftina za Šiptare. Oni ubijaju svakog ko im smeta, od svojih saradnika, preko svedoka do policajaca, koji neće da prime njihov mito", rekao je tada zamenik tužioca Majk Koen. „Zato tražim da budem stavljen u program zaštite!"

Federalni sud je 1994. godine osudio Dževdeta Liku na doživotnu robiju, a Mehmeda Bicija na 80 godina zatvora zbog reketiranja i ilegalne trgovine drogom. Svi učesnici ovog procesa su stavljeni u program zaštite FBI-ja, jer su članovi klana Lika bili „u krvi", spremni za krvnu osvetu porodici Mehmeda Bicija, ali i američkih tužilaca i agenata DEA.

Albanska narko-mafija je jedna od najsurovijih na svetu. Američka policija ima problema s njom ponajviše zbog toga jer Šiptari, na primer, ili podmićuju ili ubijaju svakog svog sunarodnika koji počne da radi za DEA ili FBI kao prevodilac s albanskog jezika. Sjedinjene Države su izdvojile 17 milijardi za borbu protiv narko-mafije u Americi, ali su istovremeno američki političari odlučili da Albancima daju 25 miliona dolara za kupovinu oružja. I tu se zatvara lanac smrti, jer tolerisanjem šverca droge SAD omogućavaju Šiptarima prihod, kojim se potom plaća oružje ili lobiranje, tako da novac opet, ali uvećan, ostaje u Americi.

### Osvajanje Evrope

Pozivajući se na informacije iz Saveznog ureda za suzbijanje kriminala (BKA), nemački dnevnik *Velt* pisao je da su klanovi velikih albanskih porodica za kratko vreme uspeli da u trgovini drogom, provalama i švercu stranaca postanu ravnopravni s mafijom.

BKA ocenjuje da među kriminalcima koji se vode kao „etnički Albanci" ima onih iz Albanije, iz Makedonije, Srbije i Crne Gore, ali da je najveći broj s Kosova. Prema navodima nemačkih vlasti, balkanski gangsteri operišu preko kafana, kulturnih udruženja, turističkih biroa i auto-prevoznika. Na severu Nemačke, posebno u Hamburgu, Donjoj Saksoniji i Šlezvig-Holštajnu, albanski kriminalci bave se uglavnom krađama, a posebno pljačkanjem pumpi. Albanci su sve prisutniji i u nemačkim „četvrtima crvenih fenjera" i navodi da većina tih kriminalaca ima naoružanje i da su spremni da ga upotrebe.

Za Nemačku je u ovom trenutku od izuzetne važnosti da borba protiv albanskih bandi počne još na Balkanu zbog toga što bi se time u korenu preseklo njihovo širenje na Zapadnu Evropu. Od početka devedesetih godina u Nemačkoj se uočava sve jače prisustvo albanskog kriminala koji gotovo nezadrživo prodire u sve delove zemlje.

Prema saznanjima ovdašnje policije albanske bande su, na primer, u južnim delovima Nemačke već preuzele od Kurda vodeću ulogu u ilegalnim poslovima s drogom. U Severnoj Rajni Vestfaliji i Hamburgu kosovski Albanci vode glavnu reč u prostituciji. Već postoje precizni podaci da novi članovi ovdašnjih albanskih bandi stižu razrađenim tajnim kanalima preko bavarsko-austrijske granice.

U Zapadnu Evropu su poslednjih godina ilegalno stigle desetine hiljada Albanaca s Kosmeta, kao i iz Albanije, a oni tamo rade na crno, dok su mnogi od njih ogrezli u kriminal. Oni se bave i krijumčarenjem narkotika, „pranjem prljavog novca" i finansiraju aktivnosti terorističke OVK. Albert Sulja, šef lanca ilegalne imigracije s Kosova koji je u maju otkriven na istoku Francuske, uhapšen je tek 14. decembra 1999. u Italiji i predat francuskim vlastima. Kosovski Albanac Albert Sulja (38) optužen je za „pomoć za ulazak, kretanje i neregularan boravak stranaca u Francuskoj" i pritvoren u Vesulu, na istoku Francuske. Sulja, koji je živeo u prihvatnom centru u Italiji, uhapšen je na železničkoj stanici u Komu gde je organizovao ilegalne odlaske Šiptara u Evropu. Kod njega je pronađeno oko milion i po švajcarskih franaka.

Nemačka i Švajcarska, pre svih, pokušavale su tokom 1999. da vrate ne samo izbeglice nego i kriminalce i mafijaše. Nemačka je proletos primila oko četrnaest hiljada izbeglica s Kosmeta. Sada pokušava da vrati dva puta više, jer koristi ovu priliku da se oslobodi ranije pristiglih nezvanih gostiju. Oni koji su bombardovali Jugoslaviju, zbog navodnog isterivanja i progona Albanaca, sada ih sami progone iz svoje zemlje.

Kriminal kosovskih Albanaca u Nemačkoj je u zabrinjavajućem porastu. Ovaj zaključak sadržan je u analizi nemačke policije čiji detalji su 28. juna 1999. saopšteni na konferenciji za štampu u Majncu.

„Organizovane bande kosovskih Albanaca organizuju pljačke na severu Nemačke, dok su na jugu zemlje najprisutnije u nezakonitim poslovima s drogom. Procenjuje se da Albanci godišnje prebace iz Nemačke na Kosovo milijardu maraka", izjavio je Jirgen Štoltenov, predstavnik za štampu nemačke kriminalne policije.

„Polovina prostitutki iz inostranstva koje 'ordiniraju' u Belgiji su Albanke", izjavio je policijski ataše 24. novembra 1999. pred akreditovanim novinarima u Briselu.

„Njihova sudbina je identična: sve su se u Albaniji i na Kosmetu dugo pripremale za 'dalek put', sanjajući o boljem životu. Plaćale su i do 5.000 dolara krijumčarima iako nisu bile sigurne gde će stići. Čitav put se završavao na ulicama Rima, Bona, Brisela, Ciriha, Anversa... gde su ih 'prihvatali' njihovi zemljaci i makroi."

U jesen 1999. združenom akcijom belgijske i evropske policije na severu Starog kontinenta presečen je lanac krijumčara „belim robljem", ali, žale se žandarmi, „čim jedne uhapsite, drugi se pojave". Broj žrtava se u međuvremenu povećava. Ni policija koja vodi preciznu statistiku ne može da utvrdi koliko se devojaka u Briselu bavi „najstarijim zanatom na svetu".

Sve Albanke koje „rade" na ulicama glavnog grada Belgije su pod kontrolom makroa kojima moraju svakog dana da „isplaćuju" po oko 500 dolara od „zarade" navodi se u policijskim izveštajima. Ako ne predaju zaradu, bolje je da se pakuju iz Brisela. Jedna od njih kaže da nije smela da pobegne jer joj je „poslodavac" pretio da će kidnapovati njenu mlađu sestru u Albaniji i dovesti je da se i ona bavi prostitucijom.

Kristijan van Vasenhoven, visoki policijski oficir, procenjuje da je „najmanje polovina prostitutki iz inostranstva u Belgiji stigla iz Albanije, tokom i posle krize na Kosmetu".

Stručnjaci u Briselu tvrde da je „širenje Evrope prema Istoku naglo otvorilo vrata kriminalu i klanovima", a zemlje u tranziciji su prve žrtve tog „fenomena". Najnoviji primer iz policijskog dosijea izuzetno je karakterističan: Albanci prodaju po Evropi žene iz Albanije i Čečenije, čak i devojčice iz Bugarske.

Stari kontinent se tako u „punom svetlu" iz sveta kompjutera vratio u srednji vek.

Belgijska policija je nedavno saopštila da je u jednoj raciji u Briselu uhvaćeno dvadeset pet prostitutki, od kojih osam maloletnica ispod osamnaest godina. Među njima tri su bile iz Albanije, dve iz Rumunije i po jedna iz Rusije, Uzbekistana i Ukrajine.

Prema preciznom izveštaju tužioca Erika van der Sipta, ostale su imale između osamnaest i devetnaest godina. Čitava operacija je izvedena posle policijskog izveštaja prema kome su među prostitutkama nađene i one koje imaju između trinaest do šesnaest godina, iz Albanije, Bugarske i Rumunije, a bile su „angažovane" u Briselu, Anversu, luci na severu Belgije i u Liježu.

S krizom na Kosmetu i pojačanim prilivom izbeglica, po više od 2.000 mesečno, vlasti u Belgiji su se suočile s nerešivim problemom. Albanke, žene s ulice, predstavljale su se kao „izbeglice s Kosova" i tako lakše dolazile do „papira", čime su produžavale boravak u zemlji. „Makroi su ih savetovali da traže politički azil", navodi policija u Briselu. Sve one tvrde da su stigle s Kosova, kaže se, a mnoge od njih nisu znale, recimo, ni kakav je novac u upotrebi na Kosovu.

## Sasecanje albanskog podzemlja

Delovanje albanske mafije u poslednje vreme dovodi se u vezu s naglim porastom izbeglica s Kosmeta i iz Albanije u zemlje Zapadne Evrope, koja želi na jedinstven način da reši pitanje ljudi „bez papira". Nedavno je u Belgiji presečen krijumčarski kanal kojim je s Kosova i iz Tirane prema evropskim zemljama ilegalno prebacivan veliki broj izbeglica. Na tom „poslu" bila je angažovana grupa Albanaca iz Tirane, koja je za velike sume novca obećavala sigurno utočište u Evropi.

Londonski *Obzerver* je još 15. avgusta 1999. pisao da „Kosmet živi u strahu i anarhiji albanskih bandi i mafije, jer misija Ujedinjenih nacija i mirovne snage KFOR-a ni posle dva meseca rada u toj pokrajini nisu uspele da uspostave elementarni red i bezbednost za sve građane".

U izveštaju *Rojtersa* iz Prištine 8. novembra 2003. godine se kaže:

„Od dolaska međunarodnih snaga KFOR-a i Civilne misije UN na Kosovo i Metohiju, gde se nalaze skoro pet meseci, u toj južnoj srpskoj pokrajini su zavladali haos i teror, o čemu svedoči drastično povećan broj ubistava i pljački, kao i teških saobraćajnih udesa izazvanih samovoljom samozvanih vozača i policajaca. Nedeljno se dešava oko četrdeset ubistava. Za to su odgovorni etnički Albanci koji teraju Srbe i druge s Kosova."

„Međunarodne policijske snage 'su neadekvatne'. Međunarodne policijske snage s 2.000 pripadnika čine policajci iz desetak zemalja. Zemlje koje su obećale da će poslati policajce u sastav međunarodne policije, koja po zamisli UN treba da broji 3.000 ljudi, nisu ispunile svoja obećanja. Na to se žalio i administrator UN na Kosmetu gospodin Bernar Kušner, koji poručuje da je Kosmetu potrebno ukupno 6.000 pripadnika međunarodne policije, a UN su odobrile samo povećanje od 1.600 na prvobitno planiranih 3.000 policajaca, ali ni to nije ispoštovano", izjavio je tada Dan Everts, šef misije Organizacije za evropsku bezbednost i saradnju na Kosmetu.

„Ovde nema nikakvog zakona. Nema zakona u saobraćaju, nema kažnjavanja onih koji krše zakon, nema u suštini ničega u vezi s kontrolom saobraćaja. Previše je onih koji u uniformama sede u kafićima ili se vozikaju u crveno-belim četvorotočkašima koje lokalno stanovništvo zove 'koka-kola', dok je mali broj njih u patroli, a još manje u regulisanju saobraćaja. U Prištini i njenoj okolini, samo u oktobru, dogodile su se 172 nesreće, a 11 sa smrtnim slučajevima", izjavio je Dvejn Pruit, stručnjak za saobraćaj iz Severne Karoline.

„Opljačkane kuće, stare osobe izbačene iz svojih domova, ukradena vozila, reket, ubistva, kidnapovanja, silovanja, šverc – sve su to zločini za koje KFOR optužuje kosmetske Albance i albansku mafiju. Mi znamo da je albanska mafija ovde prisutna čak iako nemamo formalnih dokaza za to, ali mi u Nemačkoj dobro poznajemo kako deluje njihova mafija. Kosovski Albanci ne vole baš mnogo ove pridošlice, jer Albanci iz Albanije predstavljaju najveći rizik za destabilizaciju regiona jer su puni kriminalne energije", izjavio je poručnik Mihael Francke iz nemačkog kontingenta KFOR-a, prenosi francuska agencija.

„Kosovo i Metohija posle dolaska misije Ujedinjenih nacija postaje pravi 'raj' za mafiju i trgovce drogom", pisao je 24. jula 2003. londonski *Tajms*.

„Kosmet je sada evropska Kolumbija. Ovo je verovatno jedino područje na svetu gde na granici uopšte nema policije i carinske kontrole što je, podseća list, dalo neslućene mogućnosti albanskoj narko-mafiji koja je povezana s drugim moćnim trgovcima drogom. Trenutno se, prema procenama stručnjaka, oko 40 odsto tržišta heroinom u Zapadnoj Evropi snabdeva preko Kosmeta."

„Albanski kriminal ozbiljno ugrožava i međunarodnu pomoć za obnovu i izgradnju Kosova. Ukoliko ne pošaljemo na Kosovo specijaliste za borbu protiv organizovanog kriminala, postoji opasnost da milijarde maraka međunarodne pomoći završe u rukama kriminalaca. Nemačka policija ima sasvim pouzdana saznanja da je albanski kriminal sve snažniji i bezobzirniji. Ovde se ističe da je centar albanskih bandi sever Albanije koji je u rukama nekoliko mafijaških klanova. Odatle albanski kriminal širi svoje prestupnike prema Kosovu, Nemačkoj i drugim državama Zapadne Evrope", izjavio je Konrad Frajberg, predsednik Sindikata nemačke policije u Frankfurtu.

Shvativši da se albanski banditizam lako može proširiti na čitav Balkan, u Ohridu je 24. oktobra 1999. organizovan prvi skup javnih tužilaca jugoistočne Evrope. Tada je potpisan protokol o saradnji tužilaštava zemalja jugoistočne Evrope protiv organizovanog kriminala, korupcije, nelegalne trgovine opojnim drogama i oružjem, nelegalnom ekonomskom emigracijom i drugim kažnjivim delima. U ime SRJ potpis je stavio savezni tužilac Vukašin Jokanović.

Portparol Forin ofisa je izjavio da je britanski ministar diplomatije Robin Kuk evropskim partnerima predstavio predlog za sprovođenje akcije za borbu protiv organizovanog kriminala na Kosmetu, koji, pored zahteva za obezbeđivanjem adekvatne opreme i treninga za međunarodnu policiju na Kosovu, sadrži i predlog za formiranje posebne jedinice koja bi se bavila ovim problemom. Kuk je predložio da zemlje koje šalju policiju na Kosovo, u jedinice uključe specijaliste za borbu protiv organizovanog kriminala.

Ništa se bitno u narednih pet godina nije dogodilo u borbi protiv albanske mafije. Samo je u proleće 2004. godine humanitarna organizacija *Amnesti internešenel* tužno konstantovala da su širenju trgovine belim robljem i prostitucije na Kosmetu doprineli, kako albanski mafijaši, tako i ljudi iz UNMIK-a i KFOR-a.

## Albanci haraju Sarajevom

Ministarstvo unutrašnjih poslova i Tužilaštvo BiH već mesecima u najstrožoj tajnosti sprovode istragu protiv organizovanog kriminala na prostoru Federacije BiH. Radi se o raskrinkavanju zločinačke organizacije, kako je zovu sarajevski tužioci.

„Reč je o albanskoj mafiji u Bosni i Hercegovini, koja se uvukla duboko u pore bosanskog društva, a čiji koreni sežu od Sarajeva do Albanije, Makedonije, Kosova, te Srbije i Crne Gore. Zbog važnosti cele ove operacije, koja liči na srpsku operaciju 'Sablja', islednicima iz BiH na prikupljanju dokaza pomažu i pripadnici međunarodnih snaga SFOR-a u BiH, kao i kolege iz Srbije i Crne Gore, Hrvatske i Slovenije", tvrdi Kemal Kurspahić, poverenik UN za organizovani kriminal.

Nezvanično se tvrdi da je u BiH na udaru albanska mafija koja kontroliše ilegalnu trgovinu cigaretama, drogom, ženama, zlatom, automobilima i oružjem. Ti članovi albanske mafije su se poslednjih nekoliko godina s Kosmeta doselili u BiH i stvorili opasnu kriminalnu mrežu, u koju su uvučeni i neki pripadnici bosanske policije. MUP i Tužilaštvo BiH pokušavaju da razbiju albanski narko-kartel i albansku duvansku mafiju u Bosni i da pritom reše nekoliko tajnih likvidacija i ubistava u Sarajevu, a koja su povezivana s organizovanom trgovinom droge.

Na meti islednika nalaze se, pre svih, Ferid Okić i Naser Keljmendi. Prvi je u Bosnu došao iz Sandžaka, a drugi s Kosmeta. I dok se o Okiću, kao tvorcu prve zločinačke organizacije u BiH koja se bavila ubistvima, pljačkama, otmicama i drogom, gotovo sve zna, jer je trenutno u zatvoru, o Naseru Keljmendiju, koji je na slobodi, ne zna se ko je on.

„U Sarajevu postoje trojica kosmetskih Albanaca s istim imenom i bosanska policija ne zna ko je pravi Naser Keljmendi?! U tajnom dosijeu sarajevske policije 'prvi' Naser Keljmendi, na koga se najviše sumnja da je vođa kosmetskog klana, vlasnik je hotela *Kaza grande* na Ilidži u Sarajevu, koji mnogi u javnosti omaškom zovu hotel *Koza nostra*", rekla mi je Dženana Korup Draško. „Ime ovog hotelijera povezano je u više navrata s obračunima u sarajevskom podzemlju. Naime, početkom 2004. godine u Sarajevu su počeli otvoreni sukobi klana Nasera Keljmendija i klana Zijada Turkovića. Do sukoba ove dvojice došlo je posle pljačke Keljmendijevog stana, za šta je njegov kum Muhamed Ali Gaši, takođe sumnjičen da je član sarajevskog podzemlja, okrivio Zijada Turkovića. Kako policija nije razrešila taj slučaj, u međuvremenu je Turkovićev stan na Trgu heroja u Sarajevu dignut u vazduh. Ni ovaj slučaj urbanog terora u Sarajevu nije rešen, ali je on doprineo da se Naser Keljmendi, vlasnik hotela *Kaza granda*, javno imenuje kao kum albanske mafije", tvrdi inspektor policije Mirsad Taslidžić.

Za tog Nasera Keljmendija u sarajevskim medijima je pisano letos da je svojevremeno krao po Nemačkoj, o čemu postoji dosije u nemačkoj policiji. Prema podacima sarajevskog podzemlja, Naser

Keljmendi, vlasnik hotela *Kaza grande*, pobegao je s Kosova nakon tamošnjih oružanih sukoba, jer više nije hteo da plaća reket Ramušu Haradinaju, s kojim je došao u otvoreni sukob. Skrasio se u Sarajevu, gde je bez ikakvih objašnjenja vlastima mogao da uloži veliki novac i pokrene hotelijerski biznis, jer BiH nema zakon o poreklu imovine.

Potom se tvrdilo da se Naser Keljmendi u svom hotelu bavio švercom cigareta i organizovanom trgovinom drogom, što mu nikada službeno nije dokazano. Sam Keljmendi se nikad javno nije oglasio povodom ovih sumnjičanja, ali je zato njegov advokat Midhat Kočo izjavio kako taj Keljmendi nema veze s tim optužbama.

„Moj klijent Naser (Isa) Keljmendi je vlasnik hotela *Kaza granda* i ima stan u Ulici Miće Sokolovića, opština Novo Sarajevo. Naser Keljmendi je uspešan biznismen, koji ima firme i u BiH, ali i u Sloveniji!"

Iako Naser Keljmendi i njemu bliski prijatelji tvrde da je on u Sarajevu prijavljen od 1988. godine, te da je još pre rata stekao pravo na državljanstvo BiH, koje je i dobio, on se i pored toga sudu prijavio kao stranac.

U sudskom registru Kantonalnog suda u Sarajevu stoje podaci da je Naser Keljmendi nastanjen u Užičkoj broj 7, Peć, Kosovo, Srbija i Crna Gora; da je 14. marta 2003. osnovao firmu *Kaza grande*, koja je registrovana u Sarajevu, Velika aleja broj 2. U firmu je kao osnovni kapital uložio 174.720,38 KM. Za direktora firme Keljmendi je postavio Liridona Keljmendija iz Sarajeva, prijavljenog na adresi Nevesinjska 14a. On je 9. jula 2003. godine smenjen i na njegovo mesto je doveden Bećir Keljmendi iz Peći, nastanjen u Užičkoj 7, Kosovo, Srbija i Crna Gora.

„Kako je ovaj Naser Keljmendi poreklom s Kosmeta, i to iz Peći, ja sam pozvala generala policije Boru Banjca, nekadašnjeg šefa UBPOK-a da mi kaže ko je vlasnik hotela *Kaza grande* u Sarajevu. Banjac mi je nezvanično potvrdio da je taj Naser Keljmendi veoma poznat srpskoj policiji, jer se radi, kako reče, o vođi klana Keljmendi, jednog od najopasnijih u Srbiji, koji se povezuje s organizovanim kriminalom čiji kraci dosežu do Slovenije, Austrije, pa i dalje, do Nemačke. Ja sam tu tvrdnju uzela s rezervom, jer sam načula da srpska policija Albance mahom etiketira kao kriminalce, pa sam generala Banjca upitala: 'U Sarajevu postoje dva Nasera Keljmendija: jedan iz Peći, vlasnik hotela *Kaza grande*, i drugi iz Obilića, vlasnik *Nic petrola*. Ko je pravi?' General Banjac mi je rekao: 'Ako je to taj Naser Keljmendi, koga mi imamo u policijskoj arhivi, neka vam je bog na pomoći. I vama i vašoj policiji.'"

## Čovek klana Haradinaj

Naime, prema podacima policije identitet „drugog" Nasera Keljmendija otkriven je pre nekoliko meseci, kada je, zajedničkom akcijom policija Republike Srpske, Federacije BiH, Uprave carina Republike Srbije, Državne granične službe BiH, UN-a Kosovo i Interpola Srbije, otkrivena pošiljka anhidrida sirćetne kiseline koja se koristi u proizvodnji heroina, odnosno sintetičkih droga. Pošiljka je naručena 14. februara 2004. od firme *JHL šemi* iz Guntramsdorfa (Austrija), a naručilac je bila firma *Esarom Kosovo* iz Prištine. U ovom slučaju BiH je bila samo tranzitna zemlja, a cisterne koje su prevozile anhidrid zaplenila je crnogorska policija na putu između Klobuka i Prištine.

„Na graničnom prelazu Bosanski Brod, gde su cisterne ušle u BiH, vozači Abid i Fikret Tabak su carinicima rekli da je vlasnik cisterni Naser Keljmendi iz firme *Nic petrol*. Ovaj Naser ima oca koji se zove Vehbi Keljmendi, i ima stan u Ulici Ferhadiji, u sarajevskoj opštini Centar. Od tada, međutim, federalna i kantonalna policija u Sarajevu imaju informacije da je taj Naser Keljmendi jedan od glavnih bosova balkanske narko-mafije!", ispričala mi je Dženana Karup Druško, inače, prvi istraživač organizovanog kriminala u Sarajevu.

Naser Keljmendi je, prema podacima u sudskom registru, stranac koji je otvorio firmu u BiH. On je 1999. godine dobio bosansku ličnu kartu, koja mu je izdata u sarajevskoj opštini Stari grad. Naser Keljmendi je poreklom iz Šibovca bb, opština Obilić, Srbija, a s privremenim boravištem u BiH, u ulici Pruščakova broj 27. Osnovao je 8. oktobra 1998. firmu *Nic petrol*. Prvo sedište joj je bilo u Tešanjskoj na broju 1, a kasnije je premeštena u Pruščakovu 27. Za direktora je u sudski registar prijavljen Naser Keljmendi, nastanjen u Ferhadiji 27 u Sarajevu.

Šestog januara 1999. za direktora je postavljen Ismail Lačević. Keljmendi je 6. januara 1998. registrovao i firmu *Nic šped*, čiji je direktor bio Miljajim Keljmendi, a koju je Naser 12. marta 1999. spojio s *Nic petrolom*, kao i svoju treću firmu *Nic rentakar*.

Visina kapitala u *Nic petrolu*, prema sudskim podacima od 27. oktobra 1999. godine, iznosila je 947.000 KM u stvarima. Uglavnom su to luksuzni automobili, kamioni i cisterne, kao i 185.000 u novcu. Tada je došlo do smanjenja ranijeg uloga u kapitalu, koji je iznosio 1.372.048 KM. U sudskim spisima se ne navodi o kakvom se tačno smanjenju radi jer, kako mi je objašnjeno, prema važećem Zakonu o osnivanju preduzeća, stranka nije dužna to da navede.

„Islednici SFOR-a su sarajevskim tužiocima u međuvremenu dali podatke, koje su oni dobili od svojih kolega iz KFOR-a s Kosova, da je ovaj drugi Naser Keljmendi blizak prijatelj i saradnik Ramuša Haradinaja, generala OVK i verovatno budućeg premijera Kosmeta. Prema zvaničnim podacima KFOR-a, klan Ramuša Haradinaja kontroliše ilegalno tržište drogom i oružjem na prostoru Metohije. A Naser Keljmendi, vlasnik firme *Nic petrol*, u tom klanu ima zadatak da kontroliše poslove s drogom, oružjem i belim robljem", otkrila mi je Dženana Karup Druško.

U tzv. Beloj knjizi o albanskim separatistima, koju je izdao srbijanski MUP, navodi se da je teritorija Kosova podeljena na tri interesne mafijaške zone: oblast Drenice, Dukadini (Metohija) i Lab. I da Dukadinom, odnosno Metohijom, vlada Ramuš Haradinaj, koji kontroliše porodice Nasera Keljmendija, kao i familije Eljšani, Luka, Musaj, Babaljija, Vokši, Ljata i grupu „Crni orao", kojom rukovode Alji Haskaj i Arton Toljaj.

„Glavni finansijski izvori Ramuša Haradinaja, generala OVK, već decenijama su upravo Naser Keljmendi iz Sarajeva i Ekrem Luka, koji su u njegovom klanu bili poznati kao najveći šverceri cigareta na Balkanu. U međuvremenu je preko Dauta Kadriovskog, makedonskog dilera, Haradinaj proširio posao i na drogu. Ramuš je i kralj šverca oružjem jer svaki tovar iz Albanije prelazi preko njegove teritorije – Metohije, gde je on neprikosnoven", kaže inspektor policije Mirsad Taslidžić.

Uprkos činjenici da je između klanova izvršena precizna podela teritorija u kojoj svaka porodica kontroliše određenu kriminalnu delatnost na tom području, među pojedinim klanovima postoji rivalitet, koji je posledica političkih neslaganja ili nastojanja grupa da ostvare što veću vlast na određenom prostoru. Ponekad ti sukobi poprimaju oblike krvne osvete, koja se prenosi na sve članove suprotstavljenih porodica, kao što je bio slučaj s klanovima Haradinaj i Musaj.

Do sukoba između ove dve porodice došlo je zbog različitih političkih opredeljenja, ali i pokušaja Musaja da od klana Haradinaj preuzmu kontrolu nad trgovinom oružja i droge. Sukob je rezultirao ubistvom Sinana Musaja, a ubrzo zatim ranjavanja samog Ramuša Haradinaja.

„Brutalnost u obračunima suprotstavljenih mafijaških klanova potvrđuje i likvidacija članova porodice Keljmendi u Peći od strane pripadnika klana Luka. Tom prilikom je ubijena i jedna žena, što do tada nije bila uobičajena pojava među albanskim grupama. Naser Keljmendi pričao je bliskim prijateljima u Sarajevu kako mu je na Kosovu pobijena brojna porodica, za što je pak optuživao Srbe", tvrdi Dženana Karup Druško.

Treći Naser Keljmendi iz sarajevskog podzemlja poznat je sarajevskoj policiji kao njen saradnik. Dok ga mediji čak povezuju s jednim nekada visokim policijskim oficirom, koji i danas ima visoku funkciju u državnom Ministarstvu sigurnosti. Ovaj Naser, čiji se otac zove Mete Keljmendi, ima stan u Ulici porodice Ribar u Novom Sarajevu, ali, prema sudskom registru, nema nikakvu firmu u Sarajevu. Izvori informacija iz sarajevskog podzemlja tvrde da je treći Naser Keljmendi za neku doušničku uslugu tom funkcioneru iz Ministarstva sigurnosti BiH kupio audi 4!?

„Policija i tužilaštvo BiH utvrdili su, dakle, da u Sarajevu postoje trojica ljudi koji nose ime Naser Keljmendi, a koji su poreklom s Kosmeta. I koji se bave delinkvencijom. Prva dvojica Keljmendija imaju državljanstvo BiH. Međutim, Tužilaštvo BiH i MUP BiH, odnosno njihovi istražitelji i islednici, nisu sposobni da otkriju koji je od ove trojice Naser Keljmendi, kum albanske mafije u Sarajevu. To da policija nije u stanju da utvrdi identitet i zanimanje trojice osumnjičenih ljudi svakako je glavni razlog što je BiH postala raj za albanske mafijaše", kaže inspektor policije Mirsad Taslidžić.

## Norveška pljačka

Osmorica naoružanih razbojnika opljačkali su *Kontant servis* u norveškom gradu Stavangeru i tom prilikom ubili pedesettrogodišnjeg policajca. Pljačku su izveli kriminalci iz Švedske i Norveške, ali je njihov vođa i organizator Jugosloven.

Tajanstveni čovek koji je povezao švedske i norveške razbojnike i poveo ih u krvavu avanturu ima samo dvadeset četiri godine. On je Norvežanin jugoslovenskog porekla i za njim je raspisana policijska poternica, saopštio je portparol norveške policije.

Ime tog Jugoslovena, za koga se smatra da je šef balkanske mafije u Norveškoj i Švedskoj, policija skriva od javnosti. U srpskoj koloniji u Skandinaviji se pretpostavljalo da reč može biti o Beograđaninu, dok švedski policajci sumnjaju da je glavni organizator ove krvave pljačke Albanac s jugoslovenskim pasošem.

Šta se zapravo dogodilo u norveškom gradu Stavangeru, koji se nalazi južno od Osla?

„Grupa od pet maskiranih muškaraca, obučenih u tamne kombinezone, upala je u štedionicu *Kontant servis* i oružjem primorala osoblje da legne na pod. Onda su ispraznili sve sefove i trezore i iz njih uzeli najmanje dvadeset miliona norveških kruna. Sve je urađeno za nekoliko minuta s vojnom preciznošću. Razbojnici su prisilili jednog policajca da legne na zemlju. A kada se oglasio alarm i kada je lokalna policija iz Stavangera pristigla, pljačkaši su zapucali. Pred očima zapanjenih norveških policajaca razbojnici su likvidirali šefa interventne policije Arna Sigva Klunglanda. Komandir policije je ubijen s odstojanja iako nije predstavljao direktnu pretnju razbojnicima", izjavio je narednik Arne Hamersmark iz stavangerske policije.

Kada je došao trenutak da napuste mesto pljačke, štedionicu *Kontant servis*, razbojnici su kroz otvorene prozore automobila pucali na sve strane po ulicama Stavangera. Prolaznici koji su se zadesili na ulicama tog grada morali su da beže da bi spasli gole živote. Vozači automobila bili su Šveđani, jer se to čulo po načinu kako su govorili na parkingu ispred štedionice. Oni su, izgleda, bili iznajmljeni zbog dobrog poznavanja oružja i veštine u rukovanju volanom.

Da bi sprečili policijsku poteru, pljačkaši su velikim kamionom blokirali izlaz iz policijske garaže i u trenutku bekstva tu zapreku su zapalili. Ipak, u policiji grada Stavangera se veruje da je jedan od razbojnika ranjen u nogu tokom puškaranja po gradu.

Kriminalistički inspektor Tomas Ekegerd bio je iznenađen stepenom nasilja ovog, kako je rekao, „gerilskog napada".

„Radi se o ljudima koji odmah pucaju kada se susretnu s policijom. To su zlikovci. Mi smo za njima raspisali poternicu. A štedionica daje nagradu od milion kruna za informacije koje bi vodile hapšenju pljačkaša."

Odmah nakon pljačke u Stavangeru alarmirana je policija u celoj Norveškoj, a potom i u susednim zemaljama Švedskoj i Danskoj. Tokom nedelje u Geteborgu su uhapšena trojica švedskih državljana za koje sada švedska štampa tvrdi da pripadaju albanskoj mafiji i da su učestvovali u pljački i likvidaciji policajca u Stavangeru. Policija ih je otkrila dok je kontrolisala jedan iznajmljen auto za koji se ispostavilo da je korišćen u toj pljački. Sva trojica uhapšenih Albanaca su iz Geteborga i stari su između dvadeset pet i trideset pet godina.

Švedski inspektori policije su zahvaljujući video-snimcima pljačke u Norveškoj uspeli da identifikuju sve razbojnike. Jedan od njih, četvrti po redu, uhapšen je u Geteborgu dok je vraćao iznajmljeni auto na benzinsku pumpu. U autu je pronađena karta norveškog grada Stavangera. Skandinavska policija skriva imena tih razbojnika, jer po zakonima u Švedskoj i Norveškoj, dok se ne podigne optužnica, imena osumnjičenih se ne objavljuju.

Međutim, na osnovu informacija koje su se pojavile u norveškim i švedskim medijima da je Geteborg postao centar albanske mafije u Skandinaviji, može se zaključiti da je reč o mafijašima s Kosmeta. Sveđani takođe nagađaju da je i glavni organizator ove razbojničke grupe, kako se tvrdi – Albanac iz Srbije.

Šveđani su najavili izručenje četvorice uhapšenih razbojnika u Norvešku, dok se potera za ostalim njihovim saradnicima nastavlja.

Početkom januara 2005. godine Švedska je deportovala na Kosmet jednog od najpoznatijih albanskih trgovaca drogom, Princa Dobrošija, koji je odležao kaznu zatvora od pet godina. Dobroši je početkom devedesetih aktivno delovao u Švedskoj i Češkoj, gde je uhapšen i prebačen u Stokholm na suđenje. Povratak Princa Dobrošija, kralja albanske narko-mafije u Srbiju, odnosno na Kosmet, uveliko će ojačati albansko, ali i srpsko podzemlje na Balkanu.

Poslednjih godina se u podzemlju javlja jedan poseban fenomen – u Švajcarskoj, Češkoj, Velikoj Britaniji i Švedskoj kriminalci srpskog porekla vrlo često su članovi albanske narko-mafije.

Naime, najviše kriminalaca s prostora Srbije i Crne Gore skoncentrisano je oko balkanskog puta droge i njegovih kanala u Evropi. Jedan od tih kanala vodi u skandinavske zemlje, drugi do Nemačke, treći u Veliku Britaniju, četvrti na teritoriju Švajcarske i peti u Italiju. Zato u tim državama ima najviše kriminalaca iz Srbije, Crne Gore i s Kosmeta.

„Evropol i Interpol su poslednjih meseci vodili nekoliko tajnih operacija protiv srpske i albanske mafije poreklom iz Srbije i Crne Gore i bivše Jugoslavije."

Operacija „Buldog 2", koja je izvedena zbog praćenja kretanja i kontrole pošiljki duvana na teritoriji zemalja jugoistočne Evrope, vođena je prošle jeseni. Tajna akcija „Striček" izvedena je u Nemačkoj, Češkoj i Poljskoj. Najopsežnija potraga za „jugoslovenskim" mafijašima izvedena je u operaciji „Viking", u kojoj su učestvovale Češka

Republika, Norveška, Danska i Švedska. U policijskoj akciji „Kanal" učestvovali su Nemci i Britanci, a u operaciji „Titanijum" sarađivali su italijanski i češki policajci.

„Kroz te operacije mi smo otpočeli da plenimo velike količine droge i da hapsimo ljude iz vrhova narko-klanova. Na taj način smo im presekli kanal kojim su dobijali novac za plaćanje droge. Utvrđeno je da su zajedno s Turcima i Albancima u ovoj narko-mafiji bili i Srbi, Crnogorci i Makedonci", napisao je nedavno u svom izveštaju policijski pukovnik Jirži Komorous iz Praga.

# AMERIČKA MAFIJA

## Vladavina porodice Goti

Kada je poslednji don Koza nostre američki kicoš Džon Goti preminuo 2003. godine, na presto američkog podzemlja kao njegov naslednik popeo se njegov brat Piter Goti. Kako Gotijevi pripadaju mafijaškoj dinastiji Gambino, to se može reći da Italijani i dalje neprikosnoveno vladaju američkom mafijom. Svoju vlast novi don Piter Goti sprovodi iz zatvora, jer mu nije uspelo reketiranje poznatog holivudskog glumca Stivena Sigala.

Naime, na osnovu snimka razgovora ucenjivača Antonija Čičonea i Prima Casarina sa Stivenom Sigalom, policija je uhapsila tu dvojicu reketaša, koji su odali svog šefa da je organizovao razne ucene, pa i ovu Sigalovu. Sam Sigal je 2004. godine svedočio na suđenju. Sigal je rekao da za njegove tvrdnje postoje i materijalni dokazi, audio-snimci njegovih razgovora s Gotijevim saradnicima, na kojima se jasno čuje kako su oni od njega tražili novac – 150.000 dolara za svaki njegov novi snimljeni film. On je teško teretio optužene i kuma Pitera Gotija, čiji su advokati tvrdili da je Stiven kao glumac „neverovatni lažov". Ipak, na osnovu Sigalovog svedočenja svi su ti američki mafijaši proglašeni 2004. godine krivim, a među njima i Piter Goti, kome je izrečena presuda od tri godine robije.

Još pre nekoliko godina Sigal se našao u sumnjivim vezama s američkim gangsterskim podzemljem, a ljudi koji ga poznaju tvrde da je nepouzdan i da mu ne treba verovati jer je sklon lažima, preuveličavanjima, fantaziranju, ali je pri tome toliko uverljiv da mu mnogi poveruju. U Sigalovo svedočenje posebno je sumnjala Anita Buč, novinarka lista *Los Anđeles tajms*, koja je došla do nekih indicija da je veza s mafijaškom porodicom Gambino imao i sâm Stiven Sigal. Posle toga, u novembru 2002, toj novinarki je ostavljena mrtva riba na automobilu, što je direktna mafijaška pretnja smrću.

Od tada je moćni mafijaški bos Piter Goti strašno ljut na Stivena Sigala jer je, pored gubitka slobode, Goti u međuvremenu ostao i bez ljubavnice, koja se ubila. Saradnici zatvorenog mafijaša spremaju se da se osvete glumcu.

Stiven Sigal rođen je 10. aprila 1951. u Lansingu u američkoj saveznoj državi Mičigen. U detinjstvu je bio slabašan i bolešljiv dečak pa su se njegovi roditelji – otac profesor matematike i majka medicinska sestra – radi njegovog zdravlja iz kišnog Lansinga preselili u sunčanu Kaliforniju. Tamo je počeo da se bavi istočnjačkim borilačkim sportom aikidom, koji ga je potpuno zaokupio. Kad je maturirao, nisu ga zanimali dalje školovanje ni zaposlenje, nego je, oduševljen istočnjačkim borilačkim veštinama, sa samo sedamnaest godina otputovao u Japan. Tamo se prehranjivao raznim poslovima, čak i podučavajući Japance engleskom jeziku. Istovremeno je pohađao kurseve japanskih borilačkih veština kod najboljih majstora. Savladao je ne samo aikido nego i karate, kendo i džudo i nosilac je crnog pojasa u svim tim disciplinama. Po nekim mišljenjima on je jedan od najvećih stručnjaka za aikido koji nije Japanac, a bio je i prvi stranac koji je u Japanu otvorio školu aikida.

Proveo je na Dalekom istoku petnaestak godina. Sigal je imao nekog iskustva s filmom jer je u nekim filmovima snimanim u Japanu, u kojima su nastupali Šon Koneri i Toširo Mifune, bio savetnik za borilačke veštine. Jedan reditelj mu je ponudio ne samo da bude filmski savetnik nego da postane filmski glumac. Tako je Sigal potpisao ugovor s filmskom kućom *Vorner bros* o snimanju niza akcionih filmova u kojima će Sigal imati glavnu ulogu pokazujući svoje znanje borilačkih veština.

Sigal je 1988. snimio svoj prvi film, akcioni triler *Iznad zakona*, u kome je glumio bivšeg agenta CIA koji razotkriva korupciju u čikaškoj policiji. Vrhunac njegove karijere bio je kada je 1992. snimio akcioni triler *Pod opsadom*. U tom zabavnom filmu glumio je kuvara na bojnom brodu *Lova*, koji uspeva sam da spreči grupu kriminalaca da otmu taj brod naoružan nuklearnim oružjem. Film je zaradio čak osamdeset miliona dolara, a Sigal je bio na vrhuncu slave. Ta slava mu je udarila u glavu pa je prekinuo veze s većinom onih koji su mu dotad stručno pomagali i finansijski ga pratili, pa je sledeći film 1994. odlučio da snimi u ličnoj produkciji i sâm ga režira. Taj akcioni film, *Smrtonosna zemlja*, sniman je na Aljasci, kritičari su ga sasekli, a Sigal je njime izgubio sve što je dobio prethodnim. Producenti su mu okrenuli leđa, pa nije imao finansijera za sledeće filmove. Ostao je dužan na sve strane, pa i 500.000 dolara državi za porez.

Jedini poslovni partner koji mu je ostao veran bio je Džulijus Našo, koji mu je navodno pozajmio 500.000 dolara da plati porez i ne završi u zatvoru. Našo se navodno sa Sigalom dogovorio da će mu novac vratiti iz prihoda od budućih filmova, koji će deliti po pola. Našo je bio član Koza nostre i novac koji je nudio bio je novac mafije. On je procenjivao da Sigal ima još obožavalaca među ljubiteljima akcionih filmova kojima bi se mogli plasirati njegovi niskobudžetni filmovi i na njima zarađivati. Bilo je dogovoreno da će Sigal nastupiti u četiri takva filma, koji su mogli, procenjivalo se, da zarade ukupno 120 miliona dolara.

Ali u drugoj polovini devedesetih Sigal, koji je uvek bio sklon istočnjačkoj mistici, potpao je pod jak uticaj istočnjačkog gurua, pa je, slušajući sva njegova uputstva, potpuno promenio život. Guru Makaru naredio je Sigalu da ne nosi crnu odeću, da više nikad ne primi revolver u ruku, a po njegovom naređenju prestao je i da kontaktira s vlastitom decom. Zabranio mu je i da dalje snima filmove, pa mu je zapretio da će se, ako ipak nastupi u nekom filmu, reinkarnirati kao manje vredno biće. Videvši da od zajedničkog posla neće biti ništa, Našo je 2001. Sigala tužio sudu tražeći od njega 60 miliona dolara, koje je s njim planirao da zaradi.

Međutim, Sigal je tvrdio da se s Našom nije dogovorio ni o kakvom zajedničkom snimanju četiri filma, da mu nije ništa dužan, nego da ga Našo ucenjuje. Svoju verziju događaja ispričao je i policiji, kojoj se ona učinila verodostojnom, pa je odlučila tu njegovu priču da iskoristi za opsežnu operaciju. Policija je, naime, već odavno znala da je Našo povezan s članovima najsnažnije gangsterske porodice Njujorka, pa im se činilo da bi Sigala mogli da iskoriste da joj zadaju udarac.

Na meti je bio naslednik šefa mafije Piter Goti, brat čuvenog kuma svih kumova. Državni tužilac Sjedinjenih Država i policija hteli su da unište Pitera Gotija uz pomoć Stivena Sigala. Glumac je, naime, policiji rekao da ga osim Neša ucenjuju i njegovi prijatelji iz porodice Goti. Policija je utvrdila da su ti Našovi „prijatelji" zapravo pripadnici porodice Gambino koje je on angažovao da zaplaše Sigala. Doznavši da Našovi „prijatelji" traže ponovni sastanak sa Sigalom, policija je postavila mikrofone u restoranu u Bruklinu i snimila ceo razgovor.

Na snimku se može čuti kako su dvojica gangstera – šezdesetosmogodišnji Entoni Čičone i četrdesetšestogodišnji Primo Kašarino – tražila od Sigala da za svaki svoj sledeći film – plati Našu 150.000 dolara. U jednom trenutku jedan od njih rekao je preplašenom Sigalu:

„Gledaj me u oči dok razgovaraš sa mnom. Mi smo ponosni ljudi. Mi radimo s Našom i podelićemo ono što ćeš mu dati."

Sigal tvrdi da su najgore pretnje usledile nakon što su ustali od stola i pošli prema izlazu iz restorana pa to nije snimljeno na traci. Navodno su mu rekli:

„Ako učiniš ijedan pogrešan potez – ubićemo te."

Na osnovu snimka i Sigalovog svedočenja, iako izloženog sumnji, osuđeni su gangsteri, ali i šef njihove organizacije Piter Goti.

I baš kad se činilo da će ceo slučaj biti zaboravljen, sada je Sigal ponovo na naslovnim stranama američkih novina. Početkom aprila 2004. u motelu na Long Ajlendu nađena je mrtva četrdesettrogodišnja Mardžori Aleksander, a policija je utvrdila da je izvršila samoubistvo. Njeno samoubistvo izazvalo je senzaciju, jer su samo nekoliko nedelja ranije novine pisale o njoj kao o ljubavnici oženjenog Pitera Gotija, koja je spremna da učini sve da mu pomogne.

Krajem marta ona je napisala nekoliko pisama sudiji koji je upravo tih dana trebalo da odredi kaznu za Gotija, pa ga je uveravala kako je Goti „divno ljudsko biće", kako „ona voli pravog čoveka" i molila da bude milostiv, da pusti Gotija iz zatvora kako bi mogao da se bavi humanitarnim radom s mladima, uveravajući ih da ne pođu krivim putem kao on. Novinari su se rugali njenim naivnim pismima, a Goti je besneo u pritvoru jer je ona otkrila njihovu vezu javnosti, pa mu je stvorila porodične probleme. Goti je iz zatvora nazvao Mardžori Aleksander i to joj prebacio. Zbog toga, tvrde njujorške novine, ona se ubila. To je jako pogodilo Pitera Gotija. I željan je osvete. Prijatelji savetuju glumca Stivena Sigala da se čuva jer su njujorški gangsteri opasni i kad su u zatvoru.

Godina 2004. bila je malerozna za američke mafijaše italijanskog porekla. Šef Omerte, jedne od pet najvećih porodica njujorške mafije Lui Daidone, uhapšen je početkom godine i mogao bi da bude osuđen na doživotnu robiju. Daidone, star pedeset šest godina, uhapšen je u svom prebivalištu u Bruklinu zbog sumnje da je, vodeći porodicu Lukeze, proneverio novac i ubio dvojicu članova mafije.

Daidone je optužen da je, prošavši sve „činove" mafije – vojnik, šef, savetnik i na kraju bos – postao glavni čovek porodice Lukeze, koju je vodio od početka osamdesetih godina do januara 2000. Ukoliko se dokaže njegova krivica, Daidone bi mogao da dobije dvostruku kaznu doživotne robije i veliku novčanu kaznu.

Zamenik direktora njujorškog FBI-ja Kevin Donovan je, povodom Daidoneovog hapšenja, rekao da su „stroge zatvorske kazne primorale veliki broj mafijaša da sarađuju s policijom. U bezizlaznoj situaciji šefovi Koza nostre pribegavaju ubistvu kao načinu" da se zataškaju dokazi protiv njih, pa je to radio i kum porodice Lukeze. Koliko će robije dobiti Lui Daidone, još se ne zna jer suđenje nije završeno.

## Poslednji don

Njujork je već sedamdesetih godina u podzemlju podeljen između pet porodica, što se i do današnjih dana održalo. Brat sadašnjeg kuma mafije Pitera Gotija, čuveni Džon Goti, bio je poslednji pravi mafijaški šef u Sjedinjenim Državama jer je nosio lepa prugasta odela, bele šešire i bio nemilosrdan. Sve što zna naučio je od pravih sicilijanskih kapâ. Koza nostra je bila njegov stil života. Poštovao je njen zakon. Nikad nije izneverio njene propise niti je, dok je bio običan vojnik, ikada izdao svog kapa. Nikada se nije suprotstavio svom nadređenom. Iz njegovog ugla, ili s takvim načinom razmišljanja, on zaista nizašta nije kriv.

Vlasti su bile uverene da će mu takvim rigoroznim propisima onemogućiti da iz zatvora vodi poslove svoje kriminalne familije. Međutim, sumnje su počele da nagrizaju takav stav kada su u avgustu 1992. godine, iz poverljivih izvora, dobili neke indicije da Goti preko svog sina Džona juniora, koji ga u zatvoru posećuje dva puta nedeljno, šalje poruke familiji Gambino.

„I dalje verujemo da je Džon Goti šef familije i da upravlja njome preko svog surogata", izjavio je tada Endru Maloni, državni tužilac Njujorka.

Dobivši posao u sanitarnom odeljenju, Džon Džozef Goti seli se sa suprugom Fani u Bruklin. Međutim, tu ne ostaju dugo, sele se u istočni deo Njujorka i tu im se rađa pet sinova: Džon junior, Karmine, Vinsent, Džin i Ričard.

Džon Goti junior rođen je 27. oktobra 1940. godine. Rastao je u siromašnoj porodici. Detinjstvo je provodio u šortsu i potkošulji. Svakodnevno su jeli pastu, sir i voće. Beda s kojom se svakodnevno sudarao bila je svakako jedan od najvažnijih generatora njegovog budućeg života.

Goti je konstantno bio besan. Nije se plašio da se sukobi sa starijim dečacima koji bi na ime „zaštite" pokušali da mu iskamče neki peni. Učitelji su bili zapanjeni njegovim temperamentom. Uskoro je stekao reputaciju dečaka kojeg je bolje zaobići. Konstantno je upadao u tuče. Njegov učitelj ga se seća kao bistrog dečaka koji je s neverovatnom lakoćom dominirao nad ostalom decom u školi. Jednom prilikom je bio kažnjen jer je u tuči jednom dečaku slomio vilicu.

S braćom je često odlazio u deo Harlema gde su italijanski imigranti osnovali kvart Mala Italija, pokušavajući da stvore sredinu koju su davno napustili. Tu se nalazio se i klub *Palma* u kojem su se okupljali najveći gangsteri. Kroz prozore kluba Goti je gledao muškarce u preskupim šivenim odelima i bleštavim cipelama. U klub su ih dovozili šoferi u ogromnim crnim limuzinama.

Bazajući ulicama, Goti je bio u prilici da čuje priče o legendarnom Lakiju Lučanu, bruklinskom lordu, kao i o Albertu Anastaziji i njegovom bratu, žestokom Toniju. Često se šetao i ispred društvenog kluba u kojem su svakog jutra „prijatelji" s uživanjem ispijali svoj espreso i razgovarali o poslu. Mladi Goti je bio fasciniran izgledom Anastazijevih vojnika. Oduševljeno je gledao kako iz džepova izvlače debele svežnjeve novčanica i kako u njihove limuzine ulaze najlepše igračice s Menhetna. Pored glamura, Gotija je fascinirala i brutalnost. S posebnom pažnjom je slušao priče o Anastazijevoj ubistvenoj inkorporaciji i iznajmljenim ubicama Ejbu Rilisu, Viti „Pilećoj glavi" Gurini i Frenku Abandandou. Njihovo sedište se nalazilo u prodavnici slatkiša *Ponoćna ruža*, gde je Goti sa svojim prijateljima često i rado odlazio, glumeći žestokog momka.

U šesnaestoj godini Goti u Albertu Anastaziji vidi svog idola. U njegovim očima Anastazija je čovek kakav bi želeo sam Goti da postane. Međutim, svoju karijeru mafijaša Džon Goti je započeo u krilu porodice Gambino.

Socijalni i ekonomski uslovi života išli su naruku nezaustavljivom razvoju organizovanog kriminala. Suočeni s bedom i nemaštinom, reke osiromašenih građana otiskuju se u novi svet nade. Njihova destinacija bila je Njujork, ili kako su je oni izgovarali Nuovajork. Zajedno s armijom obeznađenih putnika, u Njujork su stigli i članovi Kamore i mafije. Među putnicima, te davne 1920. godine, bili su i Džon Džozef i Fani Goti, roditelji Džona Gotija, najglamuroznijeg šefa američkog podzemlja.

Nekoliko godina kasnije na put u Njujork otiskuje se i mladi Karlo Gambino, član hijerarhije. Postao je šef najčuvenije i najuticajnije kriminalne porodice, porodice Gambino, a time i šef svih šefova podzemlja. Gambino je kao ilegalni imigrant, bez državljanstva, suvereno vladao od 1957. do 1976. godine i jedini je šef organizovanog kriminala koji je mirno umro u svom krevetu.

Na mestu šefa svih šefova, prema sopstvenoj želji, nasledio ga je Pol Kastelano, kojeg je Goti likvidirao 1985. godine i time postao poslednji šef svih šefova.

Za razliku od Gambina, Gotijevi su legalno ušli na teritoriju SAD. Bez ikakvih kontakata s bogatim „rođacima" živeli su u bednom njujorškom kvartu. U početku je radio kao zidar, da bi kasnije postao sanitarni inspektor. Kada je 1992. godine preko televizije čuo da mu je sin Džon junior kao kriminalac osuđen na doživotnu kaznu zatvora, umro je od infarkta.

Američki život Gotijevih iz Napulja i Gambina iz Palerma odvijao se na dijametralno različit način, sve do 1985. godine kada je u Džonu Gotiju junioru taj život ukršten.

Goti je predstavnik druge generacije, to jest onih koji su rođeni u Americi. Peti od trinaestoro dece đubretara iz Bronksa, opremljen ogromnom snagom, hrabar, surov, prihvatio ga je bez oklevanja u mafiju Gambinov savetnik Anjelo Delakroće. Rođen 1941. godine, prvi put je osuđen sa sedamnaest godina zbog pljačke, ali uslovno. Bez obzira na njegovu nasilničku biografiju koja je od njega napravila mafijaša kog su se najviše plašili u SAD, nije bio u zatvoru sve do njegove trideset druge godine kada je osuđen za ubistvo s predumišljajem. Pošto je izašao na slobodu posle samo dve godine, stekao je famu „nedodirljivog".

Godine 1985, posle smrti njegovog zaštitnika Delakroćea, Goti je shvatio da će ga Kastelano još dosta vremena držati u predsoblju. Eksplodirao je generacijski sukob i pobedio je mladi lav. Kastelano i njegov telohranitelj su poginuli na pločniku Menhetna, izbušeni bezbrojnim projektilima...

Ostalim velikašima Njujorka nije preostalo ništa drugo nego da ćute. Međutim, Goti je nastavio da se širi i 1987. godine članovi porodice Đenoveze su pokušali da ga ubiju.

Džon Goti je bio američki mangup, kako tvrdi njegov lični prijatelj Boško Radonjić, jedini Srbin u mafiji Sjedinjenih Država.

„U mafiji postoji samo plus i minus, sve drugo otpada. Tu se ne priča mnogo, više se sluša i radi ono što se najbolje zna. Svašta smo uspevali da izmislimo. Umeli smo, recimo, da otmemo čoveka nasred čuvene njujorške Pete avenije i to, ni manje ni više, nego ispred prestižne robne kuće *Saks*. Razvijemo tepih, brzo ga strpamo unutra, ponovo savijemo i ubacimo u prtljažnik pred svima.

Ili, baš za vreme jednog od suđenja Gotiju, namestimo ženi, državnom tužiocu, tipa koji izdržava zatvorsku kaznu, i koji će kao sve o Džonu da joj otkuca, pošto mnogo zna, pa će biti koristan svedok optužbe. Ona ga je danima pripremala i obrađivala, on je za to vreme sjajno igrao svoju ulogu i na kraju je rešio da je razneži. Tražio je da mu pokloni jedne svoje gaćice, uz objašnjenje da je dugo u zatvoru, pa da ga želja mine. I ta gospođa, koja je bila daleko od glupe žene, pristane. I on se pojavi na sudu kao svedok i sve to detaljno ispriča i pokaže njene gaćice. Jadna žena, pola sata nije mogla sebi da dođe od sramote, dok je publika urlala od smeha."

Međutim, FBI, koji je već snimao sve konverzacije u mafiji, uhapsio je ubice. Praćenje drugog Kaponea, kako ga zove FBI, intenziviralo se i donelo je rezultate. Mit o Gotijevoj nedodirljivosti srušen je u jednoj sudnici u Bruklinu. Time je mafija u SAD naterana da reformiše svoju organizaciju i ulogu.

Džon Goti je 1992. dobio sto godina zbog reketiranja i ubistva Pola Kastelana, kuma Koza nostre, izrešetanog na pločniku ispred restorana *Sparks stek haus* na Menhetnu. Glavni svedok optužbe bio je Salvatore Gravano, zvani Semi Debul, inače bivši Gotijev konsiljere, tako da je njegova odluka da „propeva" predstavljala nečuvenu izdaju na najvišem gangsterskom nivou.

## Porodica Gambino

O Gambinovom dolasku u Ameriku stvorena je legenda. Brod *SS Vinćenco Florio*, koji je plovio na relaciji Palermo–Njujork, jednog nedeljnog jutra u luci Norfolk iskrcao je tovare limuna, maslinovog ulja, vina *marsala* i jednog putnika: Karla Gambina. Na doku se pojavio u svom najbolje šivenom sivom odelu iz tri dela, ogrnut crnim kaputom. Iz džepića na prsluku visio mu je debeli zlatni lanac sa satom, koji je dobio od svog oca. Iz gornjeg džepa sakoa izvirivala je svilena maramica.

Kao čoveka s uticajnim vezama, do samog doka Karla je ispratio lično kapetan broda, koji je za uslugu prevoza slepog putnika debelo bio nagrađen. Karlove američke veze takođe su se potrudile i oko njegovog nesmetanog ulaska u zemlju, sredivši sve s carinskim i imigracionim organima. U Njujorku su ga dočekali Kastelanovi, s kojima je njegova porodica u rodbinskim vezama. Uskoro se priključuje najmoćnijoj bandi u gradu, čiji je šef bio Đuzepe „Gazda Džo" Maserija. Distribucija ilegalnog alkohola bila je glavna delatnost Maserijinog ganga.

Prohibicija koju su uvele vlasti SAD za kamoriste i mafijoze bila je prilika da stvaraju ogromne profite. Prema nekim podacima, šefovi bandi su samo od krijumčarenja alkoholnih pića godišnje ostvarivali zaradu od milion dolara. „Zaštita" koju su pružali svojim sunarodnicima donosila im je prihod od 100.000 dolara nedeljno.

Sicilijanci Karlo Gambino, Džo Bonano, Laki Lučano i Tomi Lukeze širili su svoj biznis kupujući ogromna skladišta i kamione za prevoz pića. Za svoj posao regrutovali su i armije nezaposlenih Italijana, koji su u hijerarhiji predstavljali obične vojnike. Takav način brzog bogaćenja, sve do čuvenog kokainskog rata koji je vođen osamdesetih godina, nije u Americi zabeležen.

U to vreme nekrunisani kralj njujorškog podzemlja bio je Džo Maserija, a njegov protivnik bio je Salvatore Marancana „Mali Cezar", koji je i udario temelje današnjeg organizovanog kriminala. Uz pomoć Laki Lučana, Marancano 1931. godine uklanja Maseriju i proglašava se šefom svih šefova.

Ubivši Salvatorea Marancana, Laki Lučano postaje šef svih šefova. Zadržavši kostur koji je načinio Marancano, u rad Koza nostre unosi neke novine. Lučanu se pripisuje da je stvorio nacionalni kriminalni sindikat, u kojem su pored Italijana učestvovali i irski i jevrejski gangsteri. Lučano uvodi u hijerarhijski red savetnika (konsiljera) i obrazuje dvadesetočlanu grupu koja dobija naziv Komisija. Zadatak Komisije je da se stara o poslovima Koza nostre i da istovremeno predstavlja njen vrhovni sud. Lučano je demokratizovao i amerikanizovao sicilijansku mafiju, pretvorivši je u fabriku novca. Lučano se s krijumčarenja alkoholnih pića prebacuje na reketiranje lučkih dokova. Nije zato bilo čudno da je na kraju dvadesetog veka u anketama širom sveta, prilikom izbora najvećih biznismena stoleća, Laki Lučano dopro na drugo mesto kao biznismen.

Posao s dokovima predstavljao je i veliku šansu u karijeri vojnika Karla Gambina, koji je zahvaljujući sopstvenim metodima u svom rejonu ostvarivao najveći procenat dobiti. Zahvaljujući ogromnoj svoti novca koju je zaradio, Gambino kupuje destilerije i sredinom tridesetih godina drži monopol na proizvodnji alkoholnih pića. Posao s pićem doneo mu je prvi od nebrojenih miliona.

Nakon završetka Drugog svetskog rata, američke vlasti su donele odluku o racionalnoj raspodeli hrane. Jedno od administrativnih odeljenja štampalo je bonove za benzin, meso i glavne prehrambene proizvode. Fenomenalan instinkt za posao Gambino je upotrebio i reketiranju bonova za racionalnu raspodelu životnih namirnica!

U kratkom vremenskom periodu od štampanja bonova, Gambino shvata da je na pomolu biznis koji će svojim profitom nadmašiti vreme prohibicije. Nabavlja ogromne količine bonova i u početku ih prodaje po fiksnoj ceni distributerima namirnica. Zvaničnici odeljenja za administrativno formiranje cena ubrzo uviđaju Gambinovu igru, ali umesto da ga prijave nadležnim organima, ulaze u posao s njim. Kako bi uvećali svoje plate, službenici počinju da bonove direktno prodaju mafiji.

Kupivši stotine hiljada bonova, Gambino ih pušta u distributersku mrežu. Prema svedočenju vojnika Koza nostre, Džoa Valačija, Gambino i njegovi saradnici su na bonovima zaradili milion dolara. Taj ogroman profit Karlo počinje da ulaže kako u legalne tako i u ilegalne poslove, jednom rečju u sve profitabilne dilove. Ubrzo postaje vlasnik mesara, kompanija koje se bave uvozom maslinovog ulja, sira i kolonijalnih delikatesa iz Italije, restorana, noćnih klubova, osiguravajućih kompanija, građevinskih kompanija, naftnog koncerna, fabrike odeće, špediterske kompanije i picerija.

U svojoj četrdeset petoj godini, tačno dvadeset pet godina posle ilegalnog ulaska u SAD, Karlo Gambino je postao multimilijarder, a familija koja se nalazila pod njegovom kontrolom postaje najjača Koza nostra familija u Njujorku.

## Siva eminencija mafije

Između aprila i septembra 1931. godine Njujork je bio poprište jednog od najkrvavijih mafijaških ratova. Džo Maserija je odlučio da se zauvek otarasi Sala Marancana. Međutim, njegovi poručnici, Laki Lučano i Vito Đenoveze prešli su na stranu neprijatelja: pogođen s četiri metka u potiljak, Maserija je poginuo u svom omiljenom restoranu.

Pijan od moći, Sal Marancano je počinio fatalnu grešku: proglasio se „šefom nad šefovima" i naručio je da ta dvojica budu likvidirani. Obavešten o tome od jednog informatora, Frenka Kostela, Marancano je uspeo da spreči zaveru.

Lučano nije bio kopija Al Kaponea. Ambiciozan, inteligentan, bez skrupula, objavio je da Koza nostra mora da postane federacija ili, bolje rečeno, multinacionalna korporacija. U Sjedinjenim Državama je bilo 24-25 porodica, skoro sve međusobno zavađene. Laki Lučano je započeo s eliminacijom najratobornijih šefova. Za godinu dana je uspostavio mir i stvorio je Nacionalnu komisiju, neku vrstu vrhovnog suda gde ne postoji pravo žalbe. S Vitom Đenovezeom kraj sebe, nametnuo je porodicama novi kodeks.

Frenk Kostelo, diplomata Koza nostre, imao je običaj da kaže da će Lučanov statut trajati pedeset godina. I zaista, njegove dispozicije su praćene sve do pojave Džona Gotija. Lučano je bio prethodnica i avangarda tradicionalnim aktivnostima kao što je prostitucija, pridružio je, za to vreme, revolucionarnu aktivnost trgovine drogom. Ali na njegovu nesreću, na svom putu je sreo političke vođe koji su „nišanili" na Belu kuću: La Gvardija, gradonačelnika Njujorka i tužioca Đuija, budućeg guvernera. Obojica su se zaklela da će osloboditi grad od mafije. Godine1936. Laki Lučano je osuđen na pola veka zatvora.

U narednih dvadeset godina Frenk Kostelo je *de facto* vršio ulogu „šefa nad šefovima". S dvadeset tri godine Kostelo je već bio specijalista u kockanju i švercu viskija. Makijavelista, poslovan čovek, uspeo je zahvaljujući konstantnoj pomoći najvećeg jevrejskog gangstera, Majera Lanskog, kao i mnogo „zdravijoj" pomoći Alberta Anastazije, vođe *Murder Inc.*, bande mafijaških ubica. Kostelo je s oklevanjem prihvatio da vodi „organizaciju" posle Lučanovog hapšenja i neočekivanog Đenovezeovog bekstva u Italiju. Njegovo umetničko remek-delo je bila operacija „Malavita". Kostelo je kriminal stavio na raspolaganje Pentagonu radi organizovanja savezničkog iskrcavanja na Siciliju, kao i oslobađanje Napulja i Rima. Zauzvrat, Frenk Kostelo je od tužioca Đuija dobio oslobađanje Lučana. Međutim, nije dugo uživao u slobodi, izručen je u Napulj.

U kolektivnom sećanju u Sjedinjenim Državama, posle ubistva na dan Svetog Valentina, najživlja je uspomena na dve nervozne ruke na stolu: one Frenka Kostela pred Kongresom i senatorom Kifoverom o mafiji, 1951. godine. Kostelo se izvukao sa samo nekoliko godina zatvora, možda i zato što je privatno imao običaj da se hvali kako je švercovao viski s ocem budućeg predsednika Kenedija. Međutim, nad njim je visila i pretnja Vita Đenovezea, koji se u međuvremenu vratio iz Italije. U maju 1957. godine Kostelo biva ranjen od rivalovih ubica koji su toga dana ubili i Anastaziju dok je sedeo kod berbera u centru Njujorka.

Upravo tada je Kostelo zaradio nadimak „predsednika vlade mafije". Umesto da pusti s lanca svoje plaćenike protiv Đenovezea, proglasio ga je za „šefa nad šefovima" na jednom sastanku na vrhu koji bio sličan onome iz 1929. godine kada je smenjen Kapone.

## Dinastija Đenoveze

Te 1956. godine Albert Anastazija postaje šef svih šefova, nasledivši Lučana, kojeg su američke vlasti deportovale u Italiju, bez mogućnosti povratka.

Goti se pak te 1956. priključuje uličnoj bandi pod nazivom *Fultor Rokavej* momci, na čijem čelu se nalazio njegov stariji brat Piter. Jedan od članova bio je i Anđelo Ruđero, s kojim je Goti bio u veoma bliskim odnosima. Svoje obaveze u uličnoj bandi Goti je savesno izvršavao, pripremajući se za trenutak kada će se priključiti jednoj od pet familija Njujorka.

Goti se žestoko trudio da ga zapazi njegov idol Anastazija. Radeći kao uterivač dugova za *Fulton Rokavej* momke, Goti ubrzo stiče reputaciju glupaka koji ipak obavlja svoj zadatak. U proleće 1957. godine Goti prvi put dolazi u sukob sa zakonom. Ne mogavši da od jednog dužnika naplati potraživanje, uleteo je u bar gde se ovaj kartao. Razjaren, preturio im je sto i dužnika pretukao. Ubrzo je stigla policija i uhapsila Gotija. Za taj događaj čuo je Anđelo Bruno, Anastazijev vojnik, koji je baš i tražio nekog momka Gotijevog kalibra. Bio mu je potreban žestok momak koji u određenom trenutku zna da bude brutalan. Na početku saradnje s Gotijem, Bruno je njegovoj bandi davao manje posliće, obećavši mu da će ga predstaviti svom šefu, neprikosnovenom vladaru istočnog Njujorka, Karminu „čarli vagonu" Fatiku.

Susret s Anastazijevim vojnikom predstavljao je najvažniji trenutak u njegovom životu. Smatrao je da će mu to sigurno otvoriti vrata ka familiji. Međutim, u oktobru 1957. godine Vins Mangano ubija

Alberta Anastaziju, otvarajući na taj način Karlu Gambinu put na vrh mafijaške lestvice. Ubistvo Anastazija duboko je potreslo sedamnaestogodišnjeg Džona Gotija, koji ga je obožavao imitirajući njegov stakato način govora. Njegov heroj je zauvek nestao.

Na sastanku održanom u Njujorku, kojim je predsedavao Vito Đenoveze, razmatrana su pitanja trgovine drogom, ubistvo Alberta Anastazije i pitanje njegovog naslednika. Tada je dogovoreno da članovi familija neće ulaziti u posao s drogom, a u slučaju da nekog uhvate u tom poslu biće ubijen, bez ikakvog suđenja. Šefovi svih pet porodica složili su se s konstatacijom da odluka kojom se zabranjuje trgovina drogom nije moralnog karaktera, već više praktičnog. Zakon o kontroli droge stupio je na snagu i ukoliko Koza nostra uđe u taj posao, to bi im moglo jedino navući federalne agente na leđa. Prema tome, taj biznis će se izbegavati po svaku cenu.

Za naslednika Alberta Anastazije Đenoveze je imenovao Karla Gambina. Od tog trenutka, Gambino će ući u istoriju američkog podzemlja kao Don Karlo.

U svojoj pedeset sedmoj godini Gambino je konačno ostvario san koji je imao kao mladi mafijozo u Palermu. Vrativši se sa sastanka u Bruklin, Don Karlo imenuje Džoa Bjondija za svog podšefa, Džoa Rikobonoa za savetnika, a svog brata Pola Gambina i rođaka Pola Kastelana za kape. Udruženim snagama petorica muškaraca izgradiće najveću i najuticajniju kriminalnu familiju u Sjedinjenim Državama.

Najzaslužniji za Gambinov uspon bio je Vito Đenoveze. On je bio preambiciozan čovek, ali istovremeno i čovek kojem se ne može verovati. Ne zadugo po preuzimanju položaja šefa, Gambino počinje da kuje zaveru protiv Đenovezea. Iako deportovan u Italiju, Laki Lučano je i dalje prisutan u životu američkog podzemlja. Kurir koji je svake nedelje dolazio u Napulj podrobno ga je obaveštavao o svemu šta se dešava.

Gambino zajedno s Frenkom Kostelom, Mejerom Lanskim i Lakijem Lučanom kuje plan o likvidaciji Đenovezea. Odlučili su da je najbolje da mu na leđa natovare krijumčarenje heroina, koje će naravno otkriti federalni agenti. Angažovali su jednog Portorikanca koji je odslužio kaznu zbog švercovanja droge u *Sing Singu*, obećavši mu 100.000 dolara ukoliko svedoči pred sudom protiv Đenovezea. Anonimnim putem, obavešten je i Biro za narkotike, koji je sumnjao da je Đenoveze duboko upleten u tu trgovinu, ali za to nisu imali dokaza.

Đenoveze je bio strah i trepet u podzemlju, tako da se niko nikad ne bi usudio da svedoči protiv njega. Birou je izgledalo da je optimalno rešenje Portorikanac Kantelops. Na osnovu tog svedočenja 1958. godine, Đenoveze i dvadeset njegovih ljudi uhapšeni su zbog kršenja zakona o kontroli narkotika. Osuđen je na petnaest godina zatvora. Posle deset izdržanih godina, Đenoveze u zatvoru umire. Bez Đenovezea za vratom, Gambino je suvereno vladao punih petnaest godina.

## Smrt braće Kenedi

Baš u trenutku kada je konsolidovao redove i krenuo s aktivnostima porodice, na scenu je stupio novoizabrani predsednik SAD Džon F. Kenedi, čovek odlučan da uništi ljude poput Gambina i oslobodi naciju od organizovanog kriminala. Pred Makmilanovim komitetom, Kenedi je izjavio: „Ukoliko se radi o prevarantima, ubićemo ih!"

Preuzimajući poziciju državnog tužioca Amerike, njegov mlađi brat Robert je rekao: „Moramo ih napasti svim raspoloživim snagama, jer ukoliko mi njih ne uništimo, oni će nas."

Kenedijevi su reprezentovali novi politički kurs u odnosu na organizovani kriminal. Pre njih, predsednici i državni tužioci borbu protiv organizovanog kriminala nikada nisu stavljali na svoju listu prioriteta, tako da je za širenje i uticajnost Koza nostre velikim delom krivica do same države.

Pedesetih godina većina Amerikanaca nije ni znala da mafija postoji. Veliku odgovornost za blamažu američkih vlasti u borbi protiv organizovanog kriminala snosi direktor FBI-ja, Džon Edgar Huver, koji dugo vremena nije želeo da prizna da takva organizacija u Americi uopšte postoji. Godine 1963, na senatskom saslušanju Džoa Valačija, konačno se uverava u postojanje mafije, ali odlučno odbija da koristi tu reč.

Čuvši da Valači o organizovanom kriminalu govori kao o Koza nostri, naređuje da se sva dokumentacija koja se odnosi na organizovani kriminal ubuduće zavodi skraćenicom KN (Koza nostra).

Tridesetpetogodišnji državni tužilac Robert Kenedi i njegov pretpostavljeni šezdesetšestogodišnji Džon Edgar Huver, vodili su beskrajne verbalne duele oko postojanja ili nepostojanja organizovanog kriminala. Kenedi je želeo da iznenadnim i masivnim napadom jednom zasvagda završi s mafijom, čemu se Huver odlučno suprotstavio, iznoseći kao glavni argument da ta organizacija ne postoji!

Bez obzira na Huverovo opiranje, Kenedi uz pomoć svojih saradnika sačinjava listu najuticajnijih mafijaša. Na vrhu liste našao se Džimi Hofa a za njim slede: Karlos Marčelo, šef Luizijane, Santos Trafikante, šef Floride, Sem Đankana, čikaški šef i Anđelo Bruno, filadelfijski šef.

Interesantno je da se ime Karla Gambina nalazi tek pri kraju liste. Tokom prve godine u kojoj je otpočeo krstaški rat s mafijom, 121 gangster je optužen, a od toga je 73 osuđeno. Kenedijeva kampanja bila je više nego uspešna.

Zahvaljujući nadobudnosti mladog državnog tužioca, FBI je uz pomoć elektronske opreme počeo da prisluškuje šefove Koza nostre. Tako su tokom 1962. godine federalni agenti prisluškivali razgovore o uklanjanju Kenedija između filadelfijskog šefa Anđela Bruna i njegovih saradnika Marija i Pitera Mađa.

„Kenedi jednostavno mora otići. Ovo što radi je previše. Unesrećio je gomilu ljudi."

I posle toliko godina, iako su i Kenedi i Huver odavno mrtvi, postavlja se pitanje zbog čega je FBI propustio da prosledi Kenedijevu direktivu o prisluškivanju Gambina i Marčela.

Za Huverovu nezainteresovanost pobrinuo se Frenk Kostelo, kojeg su ne bez razloga zvali premijerom mafije. Uglađeni gospodin Kostelo bio je prijatelj s direktorom FBI-ja, Huverom! Iako je znao za ogromne profite koji su tokom prohibicije ostvarivali mafijaši, Huver nije želeo da svoje agente gura u rat s njima. Mnogi tvrde da je tome razlog bio Huverov strah od korupcije njegovih ljudi, dok ostali tvrde da pored svog omiljenog lova na komuniste, gde nije bilo nikakve opasnosti od korupcije, nije stizao da se postara za ovo drugo.

Međutim, pravi odgovor leži u prijateljstvu između Huvera i Kostela, koji su često viđani zajedno u Vašingtonu ili u Njujorku. Prema Kostelovim rečima, stiče se utisak da je direktor FBI-ja pokazivao ogromno razumevanje za prijateljev biznis. Kostelo je svom prijatelju pomagao da osvoji novac na konjičkim kladionicama. Uvek je nepogrešivo sugerisao Huveru na kojeg konja da tipuje. Huveru je bilo dobro poznato da je Kostelo u bliskim odnosima s Gambinom i Marčelom, ali nikada nije pokušao da im se preko njega približi.

Ubistvom predsednika Kenedija Robert je izgubio glavnu podršku u svojoj borbi protiv organizovanog kriminala. Mafijaši su konačno odahnuli i vratili se svojim uobičajenim poslovima.

Gambino pronalazi do sada najunosniji posao: reketiranje na aerodromu *Džon F. Kenedi* u Kvinsu. Ogromni aerodrom postao je idealna zamena za njujorške dokove, na kojima su dvadesetih i tridesetih godina Lučano i kompanija ostvarivali neverovatnu dobit. Kako bi zaradio milione dolara, Gambino je pod svoju kontrolu stavio aerodromski sindikat, preko kojeg je mogao da kontroliše ulaz roba u zemlju, kao i njen dalji prevoz.

Gambino je prezirao modernu tehnologiju. Nikada nije koristio kompjuter, niti je posedovao arhivu. Nije imao otvoren bankarski račun. Poslove je obavljao bez ikakvih zapisnika i preferirao je novac u kešu. Njegov godišnji prihod prelazio je cifru od milijardu dolara. Godine 1960, u svojoj šezdesetoj godini, Gambino je posedovao vlastito carstvo.

## Don Karlo Opasni

Gambino je bio vitak čovek, srednje visine. Retko je govorio engleski jezik. Italijanski je govorio sa sicilijanskim dijalektom. Obožavao je staru sicilijansku poeziju. Ljudi su o njemu uglavnom govorili kao o ljubaznom čoveku. Kako je stario, njegov veliki Pinokio nos bio je još upečatljiviji na suvonjavom licu. Njegov zaštitni znak bio je večiti osmeh na usnama. Mnogi su mislili da je to samo maska koja o vlasniku osmeha ne govori ništa. Njegovo najjače oružje, uz čiju pomoć se uspeo na vrh lestvice, nisu bili mišići, već mozak, zahvaljujući kome je do kraja 1970. godine ostvario apsolutnu kontrolu nad četiri od pet familija u Njujorku.

U vreme dok je Don Karlo suvereno vladao familijama Gambino, Lukeze, Kolombo i Đenoveze, Džon Goti je pekao gangsterski zanat kod Gambinovog kapa Karmina Fatika, zvanog „Čarli Vagon". Niski i mršavi Fatiko bio je glavnokomandujući svih kriminalnih operacija u istočnom delu Njujorka. Godišnje je ostvarivao zaradu od preko 30 miliona dolara. Slovio je za sadistu, koji nikada nije uzmicao od potezanja pištolja. Taj talenat ga je odveo na visok položaj u porodici Gambino, koja je izuzetno poštovala ubijanje na tih i efikasan način, bez ostavljanja ikakvih tragova.

Pre nego što se priključio Fatikovoj grupi, Goti je u svojoj dvadeset šestoj godini pokušavao, doduše bezuspešno, da vodi pošten život.

Nije bio nikakav radnik i često je kršio propise. Ni u kriminalnim aktivnostima nije postizao neke impresivne rezultate. Pokušavao je sve i svašta. Bavio se provalama, ali je tu propao. Pokušavajući da iz jedne građevinske firme ukrade podebeli kotur žice, uhvaćen je i potom uhapšen, ali je uz uslovnu kaznu ubrzo pušten. Pokušao je da se kocka, ali je suviše novca gubio. Pokušavao je i da se nekoliko puta oženi, ali su mu sve neveste u odsutnom trenutku pobegle!

U dvadesetoj godini upoznaje atraktivnu crnokosu Viktoriju Điđrono, ćerku Italijana i Jevrejke. Poput Džona i ona je napustila školu. Gluvarila je s prijateljicama po okolnim ulicama. Nije prošlo mnogo vremena od njihovog upoznavanja, a Viktorija je ustanovila da je trudna. U aprilu 1961. godine Goti je postao otac devojčice kojoj su dali ime Anđela. U sledeće četiri godine dobili su još troje dece. Goti je bio veoma zgodan muškarac. Mišićav i crnokos. I dalje je podražavao svog idola Alberta Anastaziju, ne samo imitirajući njegov vatreni način govora već ovoga puta i elegantnim odevanjem.

U prvoj godini braka Goti se priključio Fatikovoj grupi. Iako mu je u početku davao jednostavnije posliće, Goti ih je sve odreda upropašćavao. Pri pokušaju krađe *Avisovog* iznajmljenog automobila, uhvaćen je na delu s partnerom Salvatoreom Ruđerom. Dobili su kaznu zatvora u trajanju od šest meseci. U dužinu kazne uračunata je i kazna za provalu, koju su pre krađe takođe pokušali. Tih godina Gotiju zaista nisu cvetale ruže. Pored policije koju je stalno imao za petama, njegova naglo osvešćena žena podnela je protiv njega tužbu sudu s obrazloženjem da joj ne daje novac za tekući život porodice.

Po izlasku iz zatvora, umesto kući Goti odlazi u Klub u istočnom delu Njujorka s nadom da Fatiko ima neki posao za njega. Na njegovo veliko iznenađenje a potom i oduševljenje Fatiko ga je angažovao kao kidnapera na međunarodnom aerodromu *Kenedi*. Goti je i taj posao uprskao. Sa svojim bratom Džinom falsifikovao je teretnice za prethodno ukradenu robu. Kada se pojavio na terminalu s takvom teretnicom, uhapšen je, ali je uskoro pušten uz kauciju. Nekoliko nedelja kasnije pri pokušaju otmice dva kamiona, uhvaćen je zajedno sa svojim prijateljem Salvatoreom Ruđerom. Ovoga puta sud mu je izrekao kaznu zatvora u trajanju od četiri godine, poslavši ga da izdržava kaznu u federalnom zatvoru *Luisburg*.

Umesto da kažnjava Gotija, sud je u stvari omogućio usavršavanje mafijaškog zanata. U *Luisburgu* Goti upoznaje istaknute članove bratstva, koje sigurno ne bi tako lako upoznao na slobodi. Najmoćniji od njih bio je Karmino Galante, pedesetsedmogodišnji šef familije Bonano. Probranom društvu uskoro se pridružuje i Džimi Hofa pod optužbom da je učestvovao u zaveri protiv Kenedija. *Luisburg* uskoro postaje dom i Salvatoreu Ruđeru i Entoniju Rampinu, koji će jednog dana postati lični šofer Džona Gotija. Prelaskom u Gotijevu službu Rampino menja ime u Toni Rouč.

Zahvaljujući genijalnom rukovođenju kriminalnim familijama Njujorka, Gambino je postao pravi mafijaški patrijarh. Predstavljao je nevidljivu vlast, koja je svoje pipke pružala po celom kontinentu. Pod optužbom da je od prevozničke kompanije iz Bronksa ukrao trideset miliona dolara, policija ga na ulici presreće i hapsi. Međutim, ovaj slučaj nikad nije dospeo na sud. Sedamdesetih godina postojala je intencija da se za sve krupne pljačke u gradu okrivi niko drugi do Gambino. Imigracione vlasti su pokušavale da u opštoj atmosferi zavere koja je skovana protiv njega ušićare nešto i za sebe. Međutim, njihov pokušaj deportacije doživotnog ilegalnog imigranta nije uspeo. Samo dan pre određenog datuma za deportaciju u Italiju, Gambino dobija srčani udar, što potvrđuje i zvanična komisija Američkog zdravstvenog sistema.

Prebrodivši prvi u nizu udara, Gambino se vraća tekućim poslovima svoje familije. Ulazi u narko-biznis s Ebolijem težak četiri miliona dolara. Ubrzo se ispostavlja da je biznis s Ebolijem veliki promašaj. Saznavši za tu operaciju, federalci hapse Ebolijevog šefa Luisa, a Gambino gubi svoja četiri miliona dolara. Uskoro se oslobađa Ebolija i za šefa familije Đenoveze namešta svog čoveka, Frančeska Alfonsa. Na taj način Gambino je ovladao i petom njujorškom familijom.

Srbin Ivan Marković je sedamdesetih godina uspeo da uz pomoć okorelog mafijaša i ubice Džimija Fratijana ubedi slavnog pevača američkih kancona Frenka Sinatru da je dostojan titule viteza i da se kani mafije, ali ga ovaj nije do kraja poslušao.

Džimi Fratijano je, naime, imao plan kako da zavede i uvede Sinatru u Koza nostru.

„Prvo ćemo Frenka učlaniti u Malteške vitezove, ne pominjući dobrovoljne priloge. Tek kad postane član, biće neuporedivo lakše. Sinatra će priredii dobrotvorni koncert. Dva dana, s po četiri predstave, svaka s oko dvesta nenumerisanih mesta. Ulaznica pedeset dolara – to je deset hiljada. Preprodate karte za hiljadu najboljih mesta u publici mogu da donesu od pedeset do sto dolara preko početne cene – to je sedamdeset pet hiljada. Ostale stvari: programi, majice, najmanje tri hiljade po predstavi. Pomnoženo s četiri – to iznosi oko 400.000

dolara. To se onda deli na tri dela: trećina ide De Palmi, za pozorište, trećina Luiju Domu, trećina Džimiju. Lui Dom je uključen u kombinaciju zbog sigurnosti, on će se postarati da Sinatra ispuni sve svoje obaveze. Osim toga, Lui i Frenk su dobri prijatelji, a to i njemu automatski obezbeđuje procenat."

Sve je to kontrolisao mafijaški bos Karlo Gambino, sablasan starac čiji je nos Džimija Fratijana podsetio na kljun. Gambino je imao tek sedamdeset četiri godine, ali je dugogodišnja bolest razorila njegovo telo. U duši je bio potpuno isti kao i spolja, okorela stara ptičurina. Već duže od dvadeset godina bio je titularni vođa najveće porodice Koza nostre u Americi.

S njim su za stolom sedeli njegov budući naslednik Pol Kastelano, Gregor De Palma, Tomas Marson, Ričard Fusko, nećak Džozef Gambino i Džimi Fratijano. Završili su s večerom, sedeli su i pijuckali kafu kad je neko prišao stolu i šapnuo nešto Gambinu.

Starac je podigao ruku i svaki razgovor je odmah prestao.

„A sad idemo do Frenka."

Sinatra, koji je već bio skinuo sako i mašnu, u znak pozdrava je zagrlio i poljubio Gambina.

Kad se Sinatra sa svima pozdravio, u sobu je ušao fotograf. Svi su se postrojili da se slikaju sa Sinatrom, koji je stajao između De Palme i Marsona. Aparat je škljocnuo. Gambino se sklopljenih očiju zadovoljno osmehivao.

Džimi mu je rekao da je Sinatra pristao da održi dobrotvorni koncert u korist Malteških vitezova.

U maju 1980. princeza Grejs od Monaka, Keri Grant, Gregori Pek i još 1.600 drugih uglednih zvanica okupili su se u Los Anđelesu da odaju poštu Frenku Sinatri koga je klub *Varajeti* izabrao za „Svetskog humanitarnog radnika godine". Među ranijim dobitnicima nalazili su se Robert Švajcer, Džonas Salk i Vinston Čerčil. Te iste godine Sinatra je tražio dozvolu da postane „glavni pomoćnik" u *Sizars palasu* u Las Vegasu, u kome bi radio na odnosima s javnošću. Međutim, i državni i federalni inspektori podneli su izveštaje u kojima se kaže da je Sinatra produžena ruka mafije.

Sredinom sedamdesetih godina federalne vlasti otkrivaju da je Gambino rukovodio operacijom ilegalnog uvođenja u zemlju hiljade Sicilijanaca, kao i da je bio glavni u akciji krijumčarenja sicilijanskog heroina, koji je ulazio u grad preko dokova. Odeljenje za suzbijanje droga raspolaže podacima da je na ovoj operaciji Gambino zaradio milione dolara.

Kako mu se zdravstveno stanje sve više pogoršavalo, Gambino počinje intenzivno da razmišlja o svom nasledniku. Dugo se dvoumi između svog vernog podšefa Anjela Delakročea i rođaka Pola Kastelana, čoveka s kojim je izvojevao mnoge bitke. Veliki Pol je bio sin Gambinove tetke, što bi Sicilijanci rekli: „Krv moje krvi".

Posle dugog razmišljanja, Gambino se odlučuje za Kastelana, a Delakročeu namenjuje utešnu nagradu u vidu uspostavljanja njegove apsolutne kontrole nad najunosnijim reketiranjem na Menhetnu. Pristavši na takvu podelu uloga, Delakroče i Kastelano vodiće poslove familije narednih deset godina.

Gambino umire u svojoj palati na Long Ajlendu, 15. oktobra 1976. godine. Godinu dana kasnije Džon Hjuston snima omaž Gambinu, film *Čast Pricijevih*. Za razliku od antologijskih filmova *Kum* I, II i III u kojima je Don Vita Korleonea tumačio Marlon Brando na totalno pogrešan način, Hjuston u svom filmu kroz Don Pricija u pravim bojama odslikava Don Karla Gambina. Čovek u invalidskim kolicima poput Gambina govori čudnim sicilijanskim naglaskom i neprestano mu na licu titra blagi osmeh. Na vrhu suvonjavog lica beli se gusta kosa. Robustan kakav je bio, Brando nikako nije mogao da autentično interpretira suvonjavog i gracilnog Gambina.

Svojom smrću Gambino naslednicima zaveštava najmoćnije kriminalno preduzeće ikad viđeno. U času njegove smrti familija Gambino je bila najbogatija i najuticajnija familija Koza nostre.

U klanici koja se odigrala krajem šezdesetih i početkom sedamdesetih najmirniji od svih kumova, Karlo Gambino je uspeo da odigra mirotvoračku ulogu među klanovima koja je Koza nostri omogućila relativni mir. U to vreme su određeni „veliki komadi" izašli na otvoreno proglašavajući se žrtvama diskriminacije.

Džo Kolombo je stvorio italo-američki savez, tražeći čak da se ukine reč mafija. Džozef Bonana je napisao autobiografiju, protestujući protiv FBI-ja. Karlo Gambino je ostale naterao da ćute, Bonano je proteran u Takson u Arizoni, a Kolombo je teško ranjen i time izbačen iz igre. Uvek s punom podrškom Komisije, Kolombo, Makijaveli kao Kostelo, kontrolisao je smenu dvojice bosova: Karmina Persika na mesto Kolomba i Filipa Rastelija na mesto Bonana. Ali to je i period kada je američka pravda naoružana novim antimafijaškim zakonom počela dugu opsadu „Časnog Društva": Rasteli i Tramunti bivaju uhapšeni.

Posle Gambinove smrti 1976. njegova porodica, koja je u međuvremenu postala najmoćnija u SAD, prelazi u ruke „Big" Pola Kastelana, koji se pridržava strategije njegovog prethodnika.

Kada je Karmin Galante, Rastelijev rival u porodici Bonano, pokušao da zauzme mesto Kastelana da bi objedinio dva carstva, intervenisala je Nacionalna komisija, dekretujući njegovu smrt. Bila je 1979. godine i u narednih pet godina će vladati mir u Koza nostri. Međutim, to je bio mir starih „senatora". Generacija na vlasti je vladala još od Lučanovih vremena i svi su imali između 70 i 80 godina. Iza njihovih leđa su nestrpljivo pocupkivali mladi lavovi, pre svih ambiciozni Džon Goti.

## Mlad, drzak i glup

U januaru 1972. u trideset prvoj godini Goti izlazi iz zatvora. Zahvaljujući svom tastu Frančesku Diđornu, zapošljava se kao nastojnik u građevinskoj firmi *Senturi* s mesečnom platom od 3.000 dolara. Međutim, Gotija takva vrsta zarađivanja novca uopšte ne privlači. Bio je dovoljan samo jedan poziv Fatakove grupe da Goti napusti gradilište i vrati se starom načinu života.

Sedamdesetih godina Fatiko je učvrstio svoj položaj kapa u familiji Gambino. U njegovoj nadležnosti bio je čitav spektar kriminalnih delatnosti kao što su otmice karga na aerodromu *Kenedi* i na njujorškim dokovima, zatim uterivanje dugova, kao i davanje raznoraznih pozajmica, poslovanje ilegalnih kazina, nameštanje profesionalnih bokserskih mečeva, kontrolisanje kladionica i poker mašina koje su bile rasprostranjene po gradu. Dok se Goti nalazio u *Luisburgu*, njegova braća Džin i Piter priključili su se Fatiku u njegovim kriminalnim operacijama. Njegov prvi posao bio je kontrolisanje kockarnica i svih kockarskih operacija. Gambino je posedovao ogromnu mrežu kockarnica na Menhetnu i u Kvinsu koje su donosile prihod od nekoliko milijardi dolara. Hiljade ljudi su se starale o besprekornom funkcionisanju kockarnica. Svaka od dvadeset četiri Gambinove grupe bila je odgovorna za kockanje na njenoj teritoriji. Fatikova grupa kontrolisala je istočni Kvins. Goti se na novom poslu veoma istakao. Pogotovo je postala poznata njegova brutalnost prema kockarima koji su izbegavali da izmire dug prema kockarnici. Tada je shvatio da njegovo napredovanje u familiji Gambino zavisi isključivo od njegovog primanja u časno društvo, o čemu su odlučivali očevi mafije!

Šansu za napredovanje na mafijaškoj lestvici Goti je dobio iznenadnim hapšenjem šezdesetdvogodišnjeg Karmina Fatika zbog uterivanja dugova. Ne želeći da još više skreće pažnju federalaca na svoje aktivnosti, Fatiko imenuje Gotija za šefa Bergina. Ta grupa je dobila ime po lokalu u kojem su imali svoj štab. Ova neočekivana odluka otvara Gotiju pristup u familiju Gambino. Sada je Goti u poziciji da svakodnevno podnosi raport Gambinovom podšefu Anjelu Delakroćeu. Pri prvom susretu i Delakroće i Goti su shvatili da su ljudi istog kova. Potkazivač pod šifrovanim imenom Vaho javio je tada u FBI o Gotijevim fenomenalnom uspehu u kidnapovanju kamiona koji je prevozio minkovo krzno vredno 100.000 dolara.

Sreća je i dalje pratila Gotija. Zbog utaje poreza Anjelo Delakroče završava u zatvoru. Bez Delakročea kao podšefa tridesettrogodišnji Džon Goti sada podnosi raport direktno Don Karlu Gambinu.

U isto vreme Gambino dobija informaciju da su mu irski gangsteri na čelu s Džejmsom Makbretnijem oteli nećaka Emanuela Menija Gambina, za čije oslobađanje traže otkup u iznosu od 100.000 dolara. Pregovori oko puštanja nećaka potrajali su nekoliko meseci. Na kraju je Gambino ipak pristao da plati 100.000 dolara. Međutim, Makbretni nikako nije puštao Menija. Posle nekoliko meseci policija je njegovo telo pronašla u kanalizaciji.

Kako bi spasao porodičnu čast, Gambino naređuje likvidaciju Makbretnija, a za izvršioce imenuje Gotija, Salvatorea Ruđerija i Ralfa Galionea.

Znajući da Makbretni vreme provodi u restoranu *Snupi*, odlučuju da prerušeni u policajce upadnu u restoran i kidnapuju ga. Na njihov povik da je uhapšen, Makbretni pokušava da pobegne. Ščepavši ga, Goti ga pribija uza zid i stavlja mu lisice na ruke. Naočigled svih prisutnih u restoranu, Galione mu iz neposredne blizine ispaljuje tri metka u glavu. Makbretni pada mrtav. Izvršioci nestaju u noći. Karlo Gambino je osvetio nećaka i u očima podzemlja, familija Gambino je povratila čast.

Posle uspešne akcije Ruđero i Goti odlučuju da se na izvesno vreme pritaje. Galioneu to ne polazi za rukom. Ispred njegovog apartmana ubija ga pripadnik Makbretnijeve bande. Iako pritajen, Goti ipak nije mogao tajnu da zadrži samo za sebe. Hvalisav kakav je, ispričao je sve o ubistvu Makbretnija, o čemu je i FBI saznao zahvaljujući VAHOU. Na osnovu te informacije, FBI ga hapsi. Gambinovi advokati bili su nemoćni. Gotija međutim, nije u tolikoj meri uzdrmao povratak u zatvor, koliko ga je uzdrmalo saznanje da ne može biti primljen u časno društvo.

Dve godine nakon smrti Karla Gambina 1978. Goti izlazi iz državnog zatvora *Grin Hejven*, gde je robijao zbog ubistva Džejmsa

Makbretnija, kidnapera nećaka Karla Gambina. Nekoliko nedelja kasnije, na tajnoj ceremoniji u *Bergin hant fiš klubu*, Gotija primaju u Koza nostru. Delakroče ga imenuje za kapa *Bergin hanta* i postaje njegov mentor i zaštitnik.

Don Kastelano se nije mešao u poslove Anjela Delakročea, ostavljajući mu ogromnu autonomiju u radu. Gotijeva grupa je u tom periodu ostvarivala neverovatne profite. Ali iako se nije mešao u rad svojih kapâ, Kastelano im je uzimao veliki deo tog novca. Takva situacija sve više je nervirala Gotija. Zahvaljujući doušnicima iz *Bergin hanta*, FBI je pratio kako sve više raste netrpeljivost između Gotija i njegovog šefa, kojeg je prozvao Papa. Dolaskom Gotija na čelo *Bergin hanta*, FBI momentalno instalira svoj doušnički kanal. Federalce je posebno interesovao Gotijev odnos s Delakročeom. Goti se bar jednom nedeljno sastajao s njim u klubu *Ravenit* u Maloj Italiji, koji je bio Delakročeov štab. Agenti su saznali da je Goti neizlečiv kockar, koji je u stanju da za jednu noć izgubi 30.000 dolara. Gotijeva finansijska situacija je zato bila sve teža, pa zato Džon ulazi bez Kastelanovog znanja u posao s drogom. Kako ne bi privukao Kastelanovu pažnju, Goti se na indirektan način ubacuje u biznis, postajući finansijer kokainske i heroinske trgovine. Goti je davao novac za nabavku droge. Prodaja nabavljenog heroina obavljala se preko tri ruke i tek potom je novac stizao do Gotija.

U tom periodu Goti živi pod stalnom tenzijom. Svestan je da bi ga Kastelano bez mnogo predomišljanja ubio ukoliko bi saznao da svoje enormne kockarske dugove namiruje trgovinom droge.

I pored ovih očitih slabosti, Goti se u drugoj polovini sedamdesetih godina pokazao kao odličan kapo. Zgrtao je ogroman novac, koji je delio s Delakročeom. To je svakako uticalo i na to da njihovi odnosi postanu sve bliskiji. Delakroče je Gotiju postepeno davao i poslove koji nadmašuju nadležnosti običnog kapa.

Kako su njegova moć i uticaj u Koza nostri rasli, Goti odlučuje da promeni imidž. Počinje da nosi skupa šivena odela, slična onima koje je nosio njegov dečački idol Albert Anastazija. Ostao je nasilnik. Saradnicima koji nisu ukazivali dovoljno poštovanja prema njegovom položaju pretio je da će ih ubiti. Uskoro su svi u Koza nostri saznali u kojoj meri Goti može biti brutalan. On nikome nije opraštao ništa.

U trećoj godini njegove brutalne vladavine kao kapo *Bergin hanta* učinio je nešto nad čime su se i okoreli mafijozi zgrozili. U proleće 1980. godine dvanaestogodišnjeg Gotijevog sina Frenka pregazio je automobil. Na mestu je ostao mrtav. Vozač automobila Džon Favara pravdao se da nije video bicikl koji je iznenada izleteo. Policija je nakon uviđaja utvrdila da Favara nije kriv. Međutim, za Gotija i njegovu ženu Viktoriju, koji su sve nade polagali u Frenka, to nije bilo tako. Članovi njegove *Bergin grupe* govorili su da do tada nikada nisu videli svog šefa tako očajnog. Dve nedelje kasnije Gotijevi odlaze na Floridu, uz objašnjenje da im je potrebno da se bar nakratko izoluju od svog užasa. Dok se oni brčkaju na Floridi, Favaru presreće jedan tamnoput muškarac, ispalivši mu nekoliko metaka u glavu. Uverivši se da je mrtav, stavlja ga u prtljažnik kola i odvozi u nepoznatom pravcu. Favarina žena policiji prijavljuje nestanak svog muža. Posle šest godina policija Favaru proglašava mrtvim. Florida je predstavljala savršen alibi za Gotijeve.

Ubistvo Favare još jednom je pokazalo pravo lice Džona Gotija. Ljudi u familiji Gambino su konačno shvatili koliko je osvetoljubiv i brutalan kapo *Bergin hanta*. Jedan od onih koji nije pravilno shvatio poruku bio je Pol Kastelano, šef svih šefova.

U svojoj samoljubljivosti Pol Kastelano uopšte nije shvatio da mu polako tlo izmiče ispod nogu. Prvi veliki potres koji je doživeo bio je žestoki sukob sa Sicilijancima, koji su zahvaljujući prodaji svog heroina preuzimali deo po deo teritorije familije Gambino. Sicilijanci, koje su njujorški mafijozi posprdno nazivali Zipsima, primali su direktive od sicilijanske mafije iz Palerma. U oktobru 1980. godine Kastelano odlučuje da se sretne sa Zipsima.

## Kum Pol Kastelano

Služba za suzbijanje droge tvrdi da je sicilijanski heroinski kartel nastao još davne 1957. godine na samitu italijanskih i američkih mafijaša u Palermu. S američke strane, skupu su prisustvovali Laki Lučano i Džo Bonano, a sa sicilijanske Don Đuzepe Đenko Ruso, jedan od najmoćnijih šefova, zatim Salvatore Greko, član najbogatije mafijaške familije iz Palerma i Gaetano Badalamenti budući šef sicilijanske mafije i ključna ličnost u operaciji „Pica konekšn", kroz koju se vršila distribucija heroina u SAD. Na tom samitu dogovoreno je da će dve organizacije zadržavajući svoje identitete zajedno raditi na rasturanju heroina u SAD.

Dalje je dogovoreno da će Sicilijanci morfijumsku bazu uvoziti s Bliskog istoka, potom je prerađivati u laboratorijama na Siciliji i dalje kao heroin brodovima otpremati u Ameriku. Amerikanci, sa svoje strane, u ovom poslu treba da obezbede trgovačku mrežu, kao i bezbednost ulaska na teritoriju SAD. Na taj način Amerikanci bi, bez ikakvog prljanja ruku, ostvarivali ogromne zarade. Početkom osamdesetih godina sicilijanski heroin je šefovima donosio godišnji prihod u iznosu od petnaest milijardi dolara. Trgovina heroinom postala je glavna delatnost Koza nostre, potiskujući u drugi plan sve ostale. Karmine Galante, šef bruklinske familije, uskoro ulazi u tesne poslovne odnose sa Salvatoreom „Toto" Katalaneom, uvozeći heroin sa Sicilije, mimo članova Koza nostre.

Pohlepni Galante svojim monopolom nad trgovinom heroina u Njujorku u velikoj meri ugrožava ostale šefove familija, koji zbog toga odlučuju da ga likvidiraju. Ubijen je usred ručka u restoranu *Meri* u Bruklinu. Federalni biro je uveren da iza ubistva Karmina Galantea stoji sâm Pol Kastelano. Prema rečima Ričarda Martina, državnog tužioca u aferi „Pica konekšn", veliki Pol Kastelano je neposredno nakon ubistva Galantea u istom restoranu ugovarao heroinske poslove sa Salvatoreom Kataloneom i njegovim Zipsima.

Priteran uza zid, bravuroznim dokaznim postupkom državnog tužioca Đulijanija, Kastelani je morao da prihvati susret oči u oči sa svojim omraženim saradnikom Gotijem, kako bi se dogovorili o rukovođenju familijom, dok se don Pol bude nalazio iza rešetaka. Predložio je tom prilikom da on, Goti, zajedno s Tomijem Gambinom, sinom Karla Gambina, i Tomijem Biljotijem, preuzme rukovođenje porodicom. Džon Goti se s mnogo razloga osećao sigurnim i zadovoljnim.

Njegova snaga i uticaj u porodici svakoga dana bili su sve veći. Sa smrću Delakročea, Goti preuzima kontrolu, istovremeno odlučujući da s Ruđerom i Rampinom krene u otvoreni rat protiv Kastelana. Ambiciozni Goti zna da mu je potrebno samo preuzimanje još jedne grupe iz porodice Gambino da bi konačno osvojio svu vlast. Pod apsolutnom kontrolom držao je u to vreme 23 grupe. Na putu ka tom poslednjem preuzimanju našao mu se Pol Kastelano, kojeg Goti odlučuje da ubije.

Ubistvo je Goti planirao da izvrši pre nego što don ode u zatvor. Kako bi se osigurao da ništa neće krenuti naopako, naglo se sprijateljuje s dvojicom najodanijih Kastelanovih kapâ, s Frenkom Dečikom i Džejmsom Faljom.

Kastelano je napravio fatalnu grešku misleći da je neranjiv i nedodirljiv. Smatrao je da je on kao šef svih šefova i predstavljajući zloglasne Komisije, na takvom položaju da mu se niko ne sme suprotstaviti, a pogotovo ubiti ga. Znao je vrlo dobro da je za likvidaciju kuma potrebna saglasnost svih šefova familija.

Ipak, sumnjajući u Gotija, Kastelani odlučuje da svog neposlušnog kapa prevaspita i podreže mu krila. To je učinio tako što ga je izvestio o svojoj nameri da njegovu grupu rasformira, a članove priključi ostalim grupama u porodici. Zakazao je sastanak s Gotijem na Menhetnu u *Sparks stek hausu*. Nameravao je da povede sa sobom i Dečika i Falju, ne znajući da su oni prešli na Gotijevu stranu. Skovavši zaveru, Goti šalje Delakročeovog sina Armonda u restoran da zauzme sto za šestoro. Uskoro u restoran ulaze šestorica naoružanih muškaraca, za koje se kasnije ispostavilo da su to bili Semi Gravano, Gotijev konsiljere, Džon Karnelja, Edi Lino, Salvatore Skala i Vini Artuzo, revolveraš u službi Tonija Rouča. Na ulici su ostali Rouč, Igi Alonja, Džoe Vic i Anđelo Ruđero, koji su predstavljali podršku šestorici unutra. Tačno u pet sati po podne oni su čekali da se pojavi limuzina s Kastelanom i njegovim novim podšefom. Goti je takođe stajao u blizini za slučaj da operacija ne uspe, u tom slučaju bi elegantno ušetao u restoran na planiranu večeru s Kastelanom. Zbog predstojećih božićnih praznika saobraćaj je bio zagušen, tako da se crna limuzina don Pola pred restoranom pojavila tek u pet sati i trideset minuta. Osmorica istovetno obučenih muškaraca otvorili su žestoku vatru. Džon Karnelja je u Kastelana ispalio šest metaka. Falja nije odoleo da ne priđe telu velikog šefa kako bi se i lično uverio da je don zaista mrtav.

Još u toku sahrane Pola Kastelana Goti je preduzimao korake koji će ga odvesti na vrh piramide. Dva dana nakon ubistva Kastelana svi kapî iz familije Gambino okupili su se u restoranu *Ist Sizar*. Džoe Galo, savetnik familije, predsedavao je skupom. Tom prilikom je rekao da nijedan Gambinov kapo ne zna ko je Kastelanov ubica, ali da će se to veoma pažljivo istražiti čim se izabere novi šef.

## Šef svih šefova

Tridesetog decembra Džo Galo saziva novi sastanak svih kapâ. Sastanku su prisustvovali i Anđelo Ruđero, Semi Gravano, Džin Goti i Džordži Dečiko. Tom prilikom je Goti zvanično izabran za kuma američke mafije. Gravano je na suđenju Gotiju za ubistvo Kastelana, govoreći o izboru novog šefa, rekao:

„Svi su sedeli za okruglim stolom i svi su glasali za Gotija. Džon je postao šef svih šefova."

Tada je za podšefa Goti imenovao Frenka Dečika.

„Sada sam šef, a ti vrlo dobro znaš šta to znači. Moram da se, u skladu s tom pozicijom, distanciram od nižih činovnika."

„Biće sve sjajno. Samo čekaj i videćeš", rekao je Dečika.

Za Gotija je reč „sjajno" značila još više novca. Svaka od 23 grupe Gambinove familije je za Božić, kao poklon, dala Gotiju po 10.000 dolara.

Preuzimajući vlast, 18. januara 1986. godine, Goti počinje da pravi planove za budućnost.

Međutim, Goti nije bio pažljiv i diskretan kao prethodni kumovi. Obožavao je publicitet. Jedan marginalan sudski proces koji je vodio nepoznati mehaničar Romual Pisajk protiv Gotija, zbog nanošenja telesnih povreda, stavio ga je u fokus medija. Postavši prava zvezda, Goti je i od štampe dobio kompliment jer ga je javno nazivala njujorškim kumom.

U sudnicu je ušao u savršeno skrojenom odelu dvorednog zakopčavanja, vrednom 2.000 dolara, u bleštavo beloj košulji krutog okovratnika, sa svilenom kravatom i svilenom maramicom koja je bogato nabrana virila iz gornjeg džepa sakoa. Na nogama je imao par italijanskih cipela, vrednih najmanje 300 dolara. Iako je bio novi njujorški don, svojim izgledom je podsećao na davne velikane američkog podzemlja – Al Kaponea, Frenka Kostela i naravno Alberta Anastaziju. S prebačenim ogrtačem preko ruke, podsećao je na statue rimskih imperatora koje možete videti u vatikanskom muzeju.

Ubistvom Kastelana Goti je nasledio multidolarsko preduzeće koje je tokom proteklih četrdeset godina stvarao Karlo Gambino. Na taj način Goti je kontrolisao njujoršku mesnu industriju, građevinarstvo, špediciju, kao i kompletan parking prostor grada Njujorka. Godišnje je ubirao profit u visini od 500 miliona dolara. Ipak, od svih tih delatnosti pornografija je bila najprofitabilnija aktivnost familije Gambino. Preko mreže pip šoua, pornografske literature, video-kaseta i fotografija, familija je ostvarivala milijarde dolara.

Sedište pornografske delatnosti nalazilo se u oblakoderu u srcu Menhetna. Jedan od vlasnika oblakodera bio je i suprug bivšeg potpredsedničkog kandidata Džeraldine Feraro, Džon Cakaro. Iza pornografije po profitabilnosti nalazi se trgovina heroinom. Gotijev brat Džin, zatim Anđelo Ruđero i Džon Karnelja, pouzdano se zna, bili su duboko upetljani u taj biznis.

Uticaj porodice Gambino nije se završavao na obodima grada Njujorka. Svoj uticaj su širili po celom kontinentu. Bili su prisutni u Konektikatu, u Pensilvaniji, Nju Džersiju, a naročito su bili aktivni u Atlantik Sitiju.

I pored fantastičnog rukovođenja multidolarskim poslovima porodice, Goti je bio svestan da se pred njim nalazi jedna nepremostiva prepreka: američko pravosuđe. Znao je da je samo pitanje dana kada će američko tužilaštvo podići optužnicu protiv njega zbog ubistva Pola Kastelana. Dvanaestog decembra 1990. godine podignuta je optužnica protiv Gotija, puštena je magnetofonska traka sa zapisom razgovora između Kastelana i Gotija u kojem mu Kastelano govori da će mu rasturiti grupu. Posle te trake, emituje se sledeća s tonskim zapisom razgovora između Gotija i ostalih zaverenika o likvidaciji Kastelana. U toku postupka saslušani su i brojni svedoci koji su se u času ubistva zatekli u blizini *Sparks stek hausa*. Svi su oni odreda rekli da su u neposrednoj blizini videli Gotija, Rampina i Karnelju.

Pored zavere i ubistva Kastelana, optužnica ih je teretila i zbog posedovanja dve nelegalne kockarnice u Njujorku i Konektikatu. Poslednji navod optužnice tereti Gotija za utaju poreza. Državni tužilac Endru Maloni izjavio je posle čitanja optužnice da ovoga puta američke vlasti imaju najjače argumente protiv Gotija i da sigurno dobijaju ovaj proces.

U odlučnoj nameri da Gotija strpaju iza rešetaka i tamo ga ostave do kraja njegovog života, američko tužilaštvo nije biralo sredstva. Jedan od najžešćih pokušaja bila je diskreditacija Gotijevih advokata. Tužilaštvo je u javnost plasiralo informacije bazirane na neoborivim dokazima kako su Brus Batler, Džerald Sergel i Džon Polok kućni savetnici preduzeća. Reč preduzeće bila je samo drugo ime za organizovani kriminal Gambinove familije. Epilog te kampanje bio je taj da je Goti morao da angažuje druge branioce. Izbor je pao na uspešnog floridskog advokata Alberta J. Krigera, koji je u svojoj dugogodišnjoj karijeri uspešno odbranio nekoliko visokih ličnosti organizovanog kriminala.

A onda se desilo nešto što je Gotija uzdrmalo iz temelja. Vlasti su trijumfalno saopštile javnosti da je Gotijev konsiljere Salvatore Gravano odlučio da propeva i da na glavnom pretresu svedoči protiv svog šefa.

Salvatore Gravano se divio Gotiju. Za njega je bila velika čast kada ga je Goti naimenovao svojim konsiljerom. Međutim, kada je podignuta optužnica protiv obojice, koja bi ga mogla lako poslati na pedesetogodišnju robiju, Gravano je odlučio da ekspresno napusti čamac koji tone. To je na svojoj koži najbolje osetio Boško Radonjić, Gotijev prijatelj.

# Srbin u Koza nostri

Džon Goti je osuđen za ubistvo bivšeg šefa, Pola Kastelana, iako ga on uopšte nije izvršio, samo zato što je Salvatore Gravano „propevao".

„Gravano je najobičnija džukela. Zato smo ga i zvali Semi Debil, koji je svojom rukom izvršio čak devetnaest ubistava. To je čovek koji je ubio i svog ortaka s kojim je držao neki klub, ali se on pojavio na sudu kao svedok koji je tvrdio kako je Goti, prolazeći pored Kastelana i ekipe, pljunuo i rekao: 'Smradovi su mrtvi!' Dalje je priznao da je sva ubistva izvršio po Gotijevom nalogu i izvukao se bez dana zatvora, dok je Džon dobio sto godina", govorio je Boško Radonjić.

Džon Goti je jedan od onih običnih skromnih ljudi koje je muka naterala da postanu veliki. Ništa nikome nije oteo, stanuje u drvenoj kući iako je bos bosova, za razliku od arapskih terorista koji iz besa dižu avione u vazduh i svi redom žive po luksuznim zamkovima.

Nije bilo razloga da Goti bude uhapšen. Sve je to bila vrhunska nameštaljka, ali je činjenica da smo bili vrlo blizu cilja da razbucamo ceo američki pravni sistem.

„Rođen sam u Užicu, na vrlo simboličnoj adresi – Maršala Tita 25. Sada su to Kraljevi konaci broj 1. Moji su oduvek bili hajduci. Otac Dragomir se borio na Solunskom frontu, a strica Mihaila Radonjića, ruskog đaka, Oktobarska revolucija je zatekla u Moskvi. Nemci su ga početkom 1942. uhvatili i poslali u *Mathauzen*, gde je i umro.

Imao sam dvadeset šest godina kada sam pobegao u Ameriku, koja je za mene bila ogledalo slobode i simbol svega onoga što je pravo. Nije mi, međutim, bilo potrebno mnogo vremena da shvatim gde mi je mesto. S obzirom na to da je mafija bila najveći neprijatelj Amerike, želeo sam da im budem što bliži kako bih bar malo doprineo rušenju tog najpokvarenijeg i najprljavijeg društva koje je ikada postojalo.

Mnogi kad govore o mafiji, misle na običan ulični kriminal, razbojništva i pljačke. Mafija nije to, ona je vrlo ozbiljna institucija koja kontroliše celokupni kapital Amerike, sve penzione fondove, glasove birača, sve sindikate, ona je, da se ne zanosimo, Ameriku napravila Amerikom. S druge strane, teško je i nabrojati sve institucije, počev od sudstva i advokature, koje praktično žive od organizovanog kriminala. To je ogroman aparat koji drži Sjedinjene Američke Države. Nijedan političar ne bi mogao da se nađe u izbornoj trci ako nije poduprt glasovima sindikata, koje opet kontroliše mafija. I normalno je ako mi nekoga naduvamo i izguramo da postane kongresmen, da on nama duguje neke političke usluge", tvrdio je Radonjić.

„Goti i ja smo prijatelji gotovo dvadeset godina. Svakodnevno smo se družili. Znao sam ga dok još nije ušao u mafiju. Možda je bio tek kapetan u to vreme, pošto je mafija pre svega vojno-strategijska organizacija. Živeli smo u 'kuhinji pakla', kako se zvao zapadni deo Njujorka, gde je godišnje bilo najmanje po 500 ubistava. Jedna od najjačih bandi bila je irska grupa *Vestis* čiji je šef bio Džimi Kunin, posle koga sam ja postao bos Iraca, jer je on otišao na robiju", pričao je Boško Radonjić.

„Bili smo u odličnim odnosima s familijom Gambino, a svi su se čudili kako je meni bilo dozvoljeno da direktno razgovaram s Gotijem kada je postao bos bosova, a nisam njihovog porekla, niti sam Italijan, jer je mafija pomalo i nacionalna tvorevina."

O svom prijatelju Džonu Gotiju, poslednjem američkom donu, Boško Radonjić je imao visoko mišljenje:

„Za razliku od ranijih vremena kada se bosovi nisu javno pojavljivali, ili su se provodili u zatvorenim klubovima i trudili se da budu što misteriozniji, Goti je prvi prestao da se krije, mladež je počela da se pali na njega, on je postao toliko omiljen da su ga maltene smatrali za najvećeg nacionalnog junaka Amerike."

„Samo, Džon je umeo da bude i drzak, naročito prema Sicilijancima, pogotovu što se on osećao moćno kao prvi bos bosova koji nije rođen u Italiji, nego u Americi. Jednom je nešto bilo zapelo na zapadnoj obali, neki tip je valjda 'propevao', pa je Goti poslao poruku Frenku Sinatri da dođe jer je on kontrolisao kazina i kockarnice. Frenk, međutim, nije odmah odgovorio na poziv. Kada smo se konačno svi skupili, Goti je prvo ošamario Sinatru."

U svetsku mafiju Boško Radonjić je, kako je pisala Duška Jovanić u magazinu *Profil*, ušao isključivo iz patriotskih pobuda, štiteći srpske nacionalne interese. U stvari, Boško je bio mladi razbojnik koji se tu i tamo kockao.

„Bio sam u *Ensisiju*, najzaštićenijem zatvoru na svetu s osamdeset najvećih kriminalaca, ubica, i šefova raznih mafija – od kolumbijske, preko irske, do italijanske. Tu sam se sreo i s Mirom Barešićem, ubicom ambasadora Rolovića. Mi, omladina, članovi Srpskog oslobodilačkog pokreta, bili smo u trenerkama s belim orlovima na leđima. Barešić od straha ni reč nije hteo da progovori. Imao sam kod sebe nešto slično današnjoj *cedeviti*, pa sam nam napravio po limunadu.

Sve se to događalo u vreme Karterove administracije. Jer mene je praktično tadašnji američki predsednik Džimi Karter poslao na robiju.

Kada sam ga dvadesetak godina kasnije kao mirotvorca doveo u Bosnu, svi su me zavitlavali. Uglavnom, 'pao' sam zbog magnetofonske trake na kojoj je bio snimljen razgovor između mene i Nikole Kavaje negde blizu Bele kuće."

„Mi smo tada spremali atentat na Tita i ja sam mu u jednom trenutku rekao: 'Ma i Karter je isti ko i Tito!' Posle se tužilac uhvatio za to, tvrdeći da sam ja hteo da ubijem predsednika SAD. Međutim, traka može biti dokaz na sudu samo ako jedan od nas to prizna. Kavaja to nikad nije učinio", kaže Boško Radonjić.

„Imao sam ja jednog prijatelja koje je radio u CIA. Taj mi je stalno govorio: 'Zašto jurite Tita!? Ako ste već rešili nekog da maknete, onda gađajte Stanovnika, Dolanca, Kardelja i Miškovića.'

Uglavnom, pored ideološkog dela SOPO-a, postojao je i onaj 'crnorukaški'. Radili smo u takozvanim 'trojkama'. S Kavajom i sa mnom bio je Ivo Lazarević. To sam ja ubrzo pretvorio u 'dvojku'. Ali posle izvesnog vremena počinje 'igranka' koju mi nismo odmah prozreli, osim što nam je ceo slučaj mirisao na Udbu. Naš član bio je i pokojni Sima Petković, bivši policajac zloglasnog Bećarevića, koji je u Ameriku došao 1946. godine i ostao je zapamćen po tome što je bio prvi Jugosloven koji je svedočio pred američkim Kongresom, o infiltraciji istočnih špijuna u Ameriku, nakon čega je počela podela sveta na Istok i Zapad. Petković je kasnije radio u jednom vrlo delikatnom odeljenju, praktično između CIA i FBI-ja."

Gde je Džon Goti napravio grešku? Boško Radonjić smatra onda kada nije ozbiljno shvatio upozorenja da mu FBI radi o glavi.

„Džon Goti je želeo da po svaku cenu uđe u rat s nečim što se zove država, jer je ta država išla protiv nas. Presudni trenutak je bio kada je posle 'komišn krize' čak pet bosova otišlo na robiju. Tada je FBI bio u poziciji da kaže: 'E sad je momenat da uništimo mafiju'. Mislili su da ih sve imaju, pošto je, praktično, na slobodi ostao samo Pol Kastelano, bos bosova. Ovi su naravno planirali da nekako i njega izvedu na sud. Tada je Kastelano pozvao Gotija i upozorio ga da Delakroče radi za policiju, što je Džona jako uznemirilo. Još neobičnije je bilo što je šef sišao na nivo kapetana da bi mu to saopštio. Nešto je počelo jako da smrdi.

Goti je onda došao kod mene i ja sam mu rekao obrnutu stvar – da je Pol cinkaroš. Caka je bila u tome što FBI nije znao kako se donosi odluka ko će biti novi bos bosova.

Oni su mislili da je dovoljno ubiti prethodnog šefa i da taj koji ga je ubio automatski zauzima njegovo mesto. Međutim, komisija je morala da zaseda da bi donela takvu odluku. Savetovao sam Džonu da sačeka i vidi kako će se stvari odvijati. Oni bosovi koji su u zatvoru bili osuđeni na po sto pedeset godina robije posle većanja su odlučili da Pol Kastelano treba da bude ubijen.

To rešenje se zatim prosleđuje odeljenju za likvidaciju, koje je pripadalo irskoj grupi *Vestis*, a čiji šef tačno zna šta treba da uradi. Posle Polovog ubistva, bosovi ponovo zasedaju, kao da biraju papu, i tako je Džon Goti postao bos bosova."

Boško Radonjić je u Njujorku bio član irske bande organizovanog kriminala *Vestis* i prijatelj čuvene mafijaške porodice Gambino.

„Zahvaljujući meni, mafija je spasena. Ja sam praktično stvorio Gotija koji je postavio nove bosove i sledeće dve hiljade godina ništa ne mogu da nam urade", kaže Boško Radonjić i dodaje: „U svakom slučaju, cela frka je nastala jer je Semi Gravano pukao. To je možda prvi put u istoriji mafije da neko na tom nivou počne da priča, jer je on bio konsiljere Džona Gotija."

„Ja sam se iz Amerike prvi put posle dvadeset pet godina vratio u Srbiju, novembra 1992. Džon mi je govorio da je najbolje da se vratim kući, pogotovo što je rat već bio počeo, a i on je preko svojih doušnika saznao da se spremaju da krenu na nas. Objektivnih razloga za moje hapšenje nema, ja bih čak mogao da tužim SAD da se izjasne da li imaju nešto protiv mene, pogotovo što se posle sedam godina ne mogu koristiti svedoci."

Boško Radonjić je krajem januara 2000. godine pušten da se brani sa slobode, ali nije smeo da napusti Ameriku.

## Odlazak don Gotija

Vratimo se, međutim, osam godina ranije. Početkom februara 1992. godin, konačno je u Njujorku počeo glavni pretres protiv poslednjeg mafijaškog dona Džona Gotija. U svom obraćanju poroti državni tužilac Endru Maloni izložio je sve neoborive dokaze koji Gotija terete za trinaest ubistava i reketiranje. Dokazi su se nalazili zabeleženi na magnetofonskim trakama. Trake su sadržavale tajno snimljene razgovore Gotija sa svojim potčinjenima, kao i svedočenje njegovog konsiljerea, koji je postao glavni izvor informacija.

Gravano je FBI-ju potanko ispričao sve o ubistvima, kao i o njegovoj ulozi u ubistvu Pola Kastelana. Niko u sudnici nije osećao samilost prema Salvatoreu Gravanu jer je svima bilo jasno da je isti kao i Goti. Obojica su ubijali ljude, s obrazloženjem da je to način rukovođenja familijom Gambino!

Gravano je u svom maratonskom svedočenju protiv Gotija navodio i najsitnije detalje. Potanko je opisivao kako je njegov šef podmićivao policajce, pa čak i jednog sudiju. Kako bi izbegao kaznu za reketiranje, Goti je prema rečima Gravana podmitio sa 60.000 dolara jednog anonimnog porotnika. Džordžu H. Pejtu, kako se kasnije saznalo da je ime porotnika, novac je doturio Boško Radonjić, vođa bande *Vestis*.

Prilikom Gravanovog svedočenja, FBI je u sudnici primetio neke članove familije Đenoveze. Uz pomoć elektronike ubrzo su saznali da se ovi tihim glasom dogovaraju oko ubistva Gravanove žene i dece. Federalni biro je s razlogom bio ubeđen da se iza ove namere krije Goti. Kako bi olakšao sve teži položaj svog klijenta, Brus Batler usred sudnice izjavljuje: „Niko u gradu nije toliko siguran u svoju bezbednost kao Debra Gravano i njena deca. Džon ih obožava, a i oni njega!"

U sudnici su bile i holivudske zvezde Miki Rork i Entoni Kvin. Rork je novinarima rekao: „Džon je moj prijatelj. Ovde sam zato što želim da proučim ulogu urbanog heroja, a Goti je za to velemajstor." Entoni Kvin je rekao kako mu je životna želja da na filmu odigra velikog Pola Kastelana: „Ovo je najbolja drama ikad igrana u Njujorku. Drama između dva čoveka, od kojih je jedan izdajica. Nisam došao s namerom da sudim o gospodinu Gotiju, već o izdajici Gravanu. Prijateljstvo je svetinja. A najgnusnija stvar je izdaja."

Gotijevi advokati, iako su se trudili da diskredituju Gravanovo svedočenje, kao i svedočenje ostalih svedoka s Malonijevog spiska, nisu u tome uspeli. Nakon završnih reči, čekalo se da porota donese svoju odluku u procesu *SAD protiv Džona Gotija*. Nakon dva dana većanja porotnici su doneli odluku o prvom navodu optužnice, koja je glasila: „Zavera i ubistvo Pola Kastelana. Da, kriv je." Vlasti Sjedinjenih Država su odlučile da Gotija na izdržavanje doživotne kazne zatvora pošalju u najčuveniji zatvor *Marion*, u državi Ilinois. Smešten je u samicu. Jedina privilegija koju mu je *Marion* dopuštao bila je mali crno-beli televizor, koji je gledao po ceo dan. Svi telefonski razgovori koje je vodio iz zatvora bili su prisluškivani, a prilikom poseta bio mu je onemogućen svaki fizički kontakt s posetiocem.

Sedamdeset godina SAD vode bitku protiv organizovanog kriminala. Osudivši Džona Gotija, šefa svih šefova Koza nostre, zbog ubistva prethodnog šefa Pola Kastelana, na doživotnu robiju, bez prava ulaganja žalbe na presudu, američki pravosudni sistem je 1996. bukvalno razbio državu u državi, najmoćniju organizaciju ikad stvorenu na tlu SAD, s godišnjim prihodima merenim u milijardama dolara.

Posle smrti Džona Gotija, poslednjeg dona italijanske mafije, smatra se da je Amerika prepuštena uticaju mnogobrojnih drugih sindikata kriminala, koji nadiru iz Rusije, Kolumbije, Meksika, Kine, Albanije i s Kosmeta. A da sami Italijani slabe svoje pozicije.

„Hiljade Albanaca i pripadnika drugih nacija koji su prebegli s Balkana u SAD poslednjih godina postaju ozbiljan problem u svetu organizovanog kriminala, preteći da porodice okupljene u Koza nostri istisnu s mesta kraljeva američkog podzemlja", upozorili su nedavno američku javnost najviši zvaničnici FBI-ja.

Uspon Albanaca je, kako su ocenili operativci FBI-ja, delimično posledica uspeha koji je ostvaren posle policijske operacije „Zakopčavanje", kada je broj italijanskih mafijaških porodica s dvadeset četiri smanjen na svega devet. U toj akciji protiv organizovanog kriminala u SAD uhapšeno je više od 100 vođa i više od 600 članova Koza nostre, što je albanskoj mafiji otvorilo prostor za jačanje i slobodnije delovanje.

„Glavnu ulogu u organizovanom kriminalu Sjedinjenih Država imaju Albanci s Kosova, iz Makedonije i iz Crne Gore, okupljeni u klanove i sve vidljivije kriminalne sindikate u SAD."

„Ruske i druge organizovane grupe koje deluju u SAD mnogo su rafiniranije i manje nasilne od Albanaca. Oni su krajnje bezobzirni, okrutni i nimalo ne haju za posledice onog što čine", rekao je Kris Sveker, pomoćnik direktora Kriminalističkog istražnog odseka FBI-ja.

Albanski mafijaši se u SAD danas bave ilegalnom trgovinom narkoticima. Pojavili su se u SAD krajem šezdesetih godina, kada je makedonski diler Daut Kadriovski razvio tajnu organizaciju *Priština* u Njujorku.

„Albanci u Americi su sve do kraja devedesetih godina predstavljali samo jednu od jačih karika u kolumbijskom lancu distribucije narkotika. Oni drže Njujork, gde ih ima oko 60.000, potom Čikago i Toronto. Prema nekim procenama albanska mafija godišnje na heroinu okrene oko 150 miliona dolara. Naša policija teško izlazi na kraj s albanskim podzemljem jer je ono kompaktno i teško za rad. Američki policajci ne znaju albanski jezik, drugo, teško ih razlikuju od Turaka i Arapa i ne uspevaju da ubace svoje agente u njihove redove."

„Albanci svoj biznis u Sjedinjenim Državama pokrivaju radom u restoranima koji se vode na Grke, Turke, Kurde i Arape. Šiptari su povezani između sebe, poslušni su i disciplinovani, odani svom 'fisu' i surovi u obračunima s informatorima u svojim redovima. Kao kurire za prenos heroina po SAD koriste stare žene, čak i decu, koja ne znaju engleski i od kojih u istrazi teško da možemo da dobijemo koji koristan podatak. Profit zarađen na heroinu Šiptari ulažu u kupovinu kuća i čitavih kvartova u Njujorku i Čikagu. Čak su u Bronksu otkupili i neke srpske kuće da bi sebi podigli etnički čisto predgrađe. Poslednjih godina, s doseljavanjem mlađih generacija kosmetskih Albanaca došlo je u njihovoj mafiji i do promene oblasti delovanja."

Šef Odeljenja za drogu DEA, kapetan Judžin Domart iz Čikaga, tvrdi da se krijumčarenjem droge u albanskoj koloniji u Čikagu i državi Ilinois bavi njihova politička organizacija *Bali kombart*. Pored Albanaca u mreži narko-dilera ima i Srba iz Amerike.

„Nas trojica smo uspeli da izvedemo na sud poslednji put dvojicu Albanaca. Prvi je bio Besim Hasnama, zvani Beni, a drugi Faik Gaši, poznatiji kao Toni. Obojica su bili članovi albanskog kluba u Čikagu i jednog u Torontu." U arhivi ovog inspektora nalazi se i dosije Zenuna Đukaja, rođenog 1952. godine, čija se žena zove Izabela. U SAD je došao iz Švajcarske. Visok je 185 centimetara, braon kose i svetlih očiju – pisalo je u njegovom kartonu. Za njega je čikaška policija sumnjala da trguje heroinom i to po Vašingtonu.

„Zenun Đukaj je došao u Vašington iz Ciriha još 1991. godine kod svog brata Redžepa Đukaja. Već je prodao 800 grama heroina i 400 grama hašiša u Vašingtonu. Sada radimo na dokazima kako bismo ga uhapsili i osudili", rekao mi je Judžin Domart.

Albanska narko-mafija je jedna od najsurovijih na svetu. U Americi se pročula po tome što je izvodila surove likvidacije za račun Koza nostre i kolumbijskog kartela. Američka policija ima problema s albanskom mafijom jer Albanci, na primer, ili podmićuju ili ubijaju svakog svog sunarodnika koji počne da radi za DEA ili FBI kao prevodilac s albanskog jezika.

„Albanci su divlji ljudi! Međusobno se ubijaju, a ne boje se da prete i policajcima", izjavio je za američke novine kapetan Gven Makalpin iz Šelbi Taunšipa u državi Mičigen kada je grupa albanskih huligana bacila bombu na njegovu policijsku stanicu. „Trgovina drogom je Albance učinila najozloglašenijom bandom u Njujorku!"

Američki časopis *Volstrit žurnal* je iz pera Antonija di Stefana početkom septembra 1995. godine prvi put u SAD otvorio tabu temu albanske narko-mafije. U tekstu „Albanska besa" ovog autora, koji je iskreno uzbudio Amerikance, otvoreno je rečeno da su „Albanci ubice koje se bave trgovinom heroinom u SAD".

Naime, prema svedočenju američkog advokata Rudolfa Đulijanija iz Njujorka, u decembru 1994. godine jedan američki Šiptar je ponudio tom braniocu 400.000 dolara da brani „bilo koga ko bi ubio Alana Koena, pomoćnika tužioca i Džeka Delmara, agenta za narkotike", koji su otkrili jedan kartel albanske mafije u Njujorku.

Američki gangsteri su se retko odlučivali na takav zločin prema tužiocima i policajcima, ali Albanci su se odlučili da ih sklone. „Toliko su surovi", pisao je novinar Antonio Di Stefano. „Zbog toga što je ovaj slučaj predao FBI-ju, advokat Đulijano je od Albanaca dobio pretnje smrću. Bio je to razlog da FBI pokrene zvaničnu istragu protiv šiptarskog narko-kartela u Njujorku i SAD. Otkriveno je da albanska narko-mafija u SAD ima svoju centralu u njujorškom naselju Bronks, a da svoje direkcije ima u državama Mičigen, pre svega u Detroitu, u predgrađu Hamtrek, a potom u Masačusetsu i Ilinoisu."

„Šiptari u SAD imaju sopstvenu distributersku mrežu, uglavnom za heroin. Ali dosta često učestvuju u tim poslovima s Južnoamerikancima i Sicilijancima", izjavio je kapetan Glen Makalpin iz Detroita.

„Danas šiptarska narko-mafija snabdeva Njujork s trideset odsto heroina koji dolazi preko Jugoslavije", izjavio je Endru Fernič, zvaničnik DEA, specijalnog odeljenja za borbu protiv narkomanije u SAD. „Taj heroin u Americi distribuiraju isključivo Albanci i Turci, koji koriste svoje firme kao pokriće za ovaj prljavi posao."

Američki policajci su otkrili slučaj Skendera Ficija, koji je u Njujorku imao turističku agenciju *Stejten Ajlend*, i Tereze Vordvajd, koja se u svojoj agenciji bavila sređivanjem iseljeničkih papira za Jugoslovene. Obe agencije su korišćene za brza i kratka putovanja do Jugoslavije i Turske, gde se nabavljao heroin, koji je potom krijumčaren u Ameriku. Prvi kilogram Ficijevog heroina stigao je u Njujork još februara 1979. godine. Ovaj posao Skender Fici je obavio s klanom Dževdeta Like, zvanog Džo Lik, koji je imao bazu za preradu i distribuciju heroina u umetničkom delu Menhetna. Prodaja droge je vršena preko kineskih butika.

Dževdet Džo Lika je Albanac iz Gnjilana koji je početkom sedamdesetih emigrirao u SAD i kao član ganga Dauta Kadriovskog počeo da širi turski kanal za krijumčarenje heroina u Njujork. Do 1980.

godine Lika je radio sam, onda se udružio s Dževdetom Mustafom. Njihov glavni finansijer je bio albanski kralj Zogu, koji je na narkoticima ostvarivao profit za jačanje svoje monarhije i krune. Posle nesporazuma s Likom krajem 1982. godine Mustafa je jednostavno nestao. Policija je pretpostavila da je likvidiran od šiptarske narko-mafije. Novi saradnik klana Lika postao je potom Duja Saljanin, vlasnik restorana u Njujorku.

„Godine 1982. Saljanin je zatražio od Dževdeta Like da mu nabavi nekoliko kilograma heroina. Lika mu je prodao samo kilogram, sumnjive čistoće. To je bio razlog za svađu, koju je pokušao da stiša Skender Fici. Zakazan je sastanak u Dujinoj kafani, na koji je Džo Lik došao s Mehmedom Bicijem i Vuskanom Vukajom. Čim su ušli u restoran, Vukaj i Lika su izvadili pištolje i ubili Saljanina. Pobegli su preko ulice, ali je Saljanin s trinaest rana živeo dovoljno dugo da policiji kaže ko su njegovi atentatori", pisao je *Volstrit žurnal*.

Federalni agenti FBI-ja i DEA radili su tri godine na razotkrivanju klana Lika u Njujorku. Za to vreme ovi Albanci su uvezli i prodali 50 kilograma heroina vrednog 125 miliona dolara. Ta droga je prodavana u američkim državama Njujork, Kalifornija, Teksas i Ilinois. Trag koji je pratio agent Džon Delmar vodio ga je do Mehmeda Bicija, koji je bio u zatvoru jer je pokušao da zakolje svoju ženu. Pritisnut dokazima, Bici je pristao da sarađuje s FBI-jem i da cinkari članove klana Lika, pre svega braću Dževdeta i Luana, koji su osumnjičeni za iznuđivanje i preprodaju droge.

Čim je suđenje počelo, otac braće Lika tajno je zapretio i Mehmedu Biciju, kao svedoku, i Majku Koenu, zameniku tužioca, kao gonitelju njegovih sinova. Zbog takvih pretnji jedan od svedoka, Đani Beriša, koji je bio žrtva reketa braće Lika, pobegao je iz SAD u Srbiju.

Federalni sud je 1984. godine osudio Dževdeta Liku na doživotnu robiju, a Mehmeda Bicija na osamnaest godina zatvora zbog reketiranja i ilegalne trgovine drogom. Svi učesnici ovog procesa su stavljeni u program zaštite FBI-ja jer su članovi klana Lika bili „u krvi", spremni za krvnu osvetu porodici Mehmeda Bicija, ali i američkih tužilaca i agenata DEA.

To je pokazalo koliko je moćna šiptarska narko-mafija kada može usred Amerike da zastraši advokata Rudija Đulijanija, zamenika tužioca Majka Koena i policajce FBI-ja i DEA.

Međutim, mafijaške poslove u porodici Lika preuzeo je Ismailj Lika, najmlađi Dževdetov sin, koji je danas kum albanske mafije u SAD.

Ismailj Lika ima četrdeset šest godina. Rođen je u Bronksu, ali odlično govori albanski jer je desetak puta boravio u Albaniji i na Kosmetu.

„Pored trgovine narkoticima, Albanci se u SAD bave i prostitucijom, trgovinom oružjem, kockom, iznudama i krađama. Federalni biro nikada nije mogao da otkrije tačan broj članova ovog klana jer su 'oni uvek u ilegali'", izjavio je agent Vili Džons iz Detroita. Zbog toga američka policija nije uspela da se infiltrira unutar albanske kolonije i u šiptarsko podzemlje.

SAD su krajem devedesetih bile izdvojile sedamdeset milijardi za borbu protiv narko-mafije u Americi, ali su istovremeno američki političari odlučili da Albancima daju dvadeset pet miliona dolara za kupovinu oružja i borbu protiv Srba na Kosmetu. To je pomoglo da se albanska mafija uzdigne iznad drugih u SAD i na Balkanu, gde je bila u lancu turskog narko-kartela. I tu se zatvara lanac smrti jer tolerisanjem šverca droge SAD omogućavaju Albancima prihod kojim se potom plaća oružje ili lobiranje, tako da novac opet, ali uvećan, ostaje u Americi.

## Zemlja nasilja

Ne samo zato što je velika zemlja s 260 miliona stanovnika već i zato jer se u njoj prelamaju sve bolesti društva koje pati i od siromaštva, ali i od bogatstva, SAD su država koja pati zbog hroničnog kriminaliteta. U Americi je samo tokom 2002. godine ubijeno 25.730 ljudi. Porast kriminala u SAD neprestano prati i porast nasilja. Svako drugo krivično delo je izvršeno uz batinanje, zlostavljanje i ubistvo. Više od 180.000 žena godišnje u Americi javlja se policiji zbog silovanja. Broj napastvovanih i pretučenih žena koje se ne javljaju policiji je, procenjuju stručnjaci, duplo veći. Četrdesetdvogodišnji komšija Ričard Dejvis iz Los Anđelesa silovao je, pretukao i zadavio dvanaestogodišnju Poli Klas. Osuđen je na osamnaest godina robije. Nezadovoljan takvom odlukom kalifornijskog suda, otac Mark Klas je televizijskim gledaocima javno obećao da će sam presuditi tom siledžiji i ubici.

Milorad Blagojević se, na primer, još kao čikaški advokat pre desetak godina suočio s činjenicom da taj grad živi u duhu Al Kaponea. Statistika, naime, govori da je u Čikagu 2003. godine registrovano 360.000 počinilaca kriminalnih dela. Materijalna šteta koju kriminal čini čikaškim građanima iznosi godišnje čak 100 miliona dolara. Čikaški kriminal je najprisutniji u siromašnim gradskim kvartovima gde žive crnci i Latinoamerikanci. Ljudi koji nemaju posao imaju vremena i potrebu da se bave nezakonitim radnjama. Za mnoge je kriminal profesija. Od pomenutih 360.000 registrovanih počinilaca, čak 215.767 su crnci. Krađe, pljačke, razbojništva, prostitucija, šverc narkotika, pa čak i ubistva, za ove ljude su posao od kojeg se živi. Druga bitna karakteristika jeste da je delinkvencija sve češće porok mladih ljudi. Polovina kriminalaca su stari od 25 do 40 godina, a četvrtina su deca i omladinci. Reč je o muškarcima, jer žene su, njih 4.500, brojnije samo u prostituciji.

U Čikagu najviše ima krađa, godišnje oko 120.000, noćnih lopovluka oko 50.000 i razbojništva oko 40.000. Registrovano je i 45.000 krađa automobila. Otkrije se 950 ubica. Tokom 2003. godine zabeleženo je 30.000 trgovaca drogom.

Država Viskonsin, na primer, ima samo 11.199 zatvorenika.

Istražni zatvor u Milvokiju, koji sam posetio, bio je prepun. Sagrađen je pre pet godina za 800 zatvorenika, a trenutno ih ima više od 1.000. Liči na hotel jer osim samica u njemu se nalaze televizijska sala, sportska hala, kapela, biblioteka, kuhinja. Većina pritvorenih je tu zbog lakših krivičnih dela. U zatvoru ima i ubica. U njemu su suđenje čekali i dvojica masovnih ubica Dilap i Džef Domer, koji su usmrtili osmoro, odnosno devetoro ljudi.

„Amerikanci danas imaju paranoičan odnos prema kriminalu. Glavni krivac za to nisu samo kriminalci već pre svega američki mediji i filmska industrija koja je zločine podigla na nivo američkog sindroma. Kriminal, kriminalci i policajci, nasilje i zločini u osamdeset odsto slučajeva su glavna tema američkih filmova, serija, televizijskih rasprava, knjiga i stripova, pa i kompjuterskih igrica. Mnoge ubice jednostavno kopiraju svoje junake s velikih i malih ekrana. Posle filma *Predodređeni za ubice* Olivera Stouna širom Amerike su se pojavile grupe mladih zločinaca koji uzvikuju: 'Ja sam predodređen za ubicu!' Mi Amerikanci smo uspaničeni. U mnogim gradovima, posebno u Detroitu, Vašingtonu, Čikagu, pa i u Milvokiju, građani se prosto ne usuđuju da dođu u centar jer je proširen glas da kriminala ima najviše u tim delovima grada. Građani Viskonsina se bune i protiv podizanja novih zatvora u okolini Milvokija. Skočila je potražnja za oružjem. U Americi ima 216 miliona vatrenog i 72 miliona ručnog oružja kod civila. Mislim da se na taj način, strahom, ne možemo boriti protiv podzemlja i protiv kriminala. S njim se moramo suočiti", rekao mi je Ričard Artison, šef policije u Milvokiju.

## Ugrožena prestonica

„U Americi postoje dve vrste kriminala: klasični i organizovani. Prvi je posledica sve većeg osiromašenja žitelja SAD, ponajviše radnika i ljudi koji su se skoro doselili u Ameriku. Zato je ta vrsta kriminala masovna, jer se rađa u siromašnim krajevima na jugu SAD. A drugi je rezultat sprege mafije i države, i odvija se u finansijskim centrima SAD. Tako po principu velikog broja stanovnika – Kalifornija, Nevada, Arizona, Nju Meksiko, Teksas, Luizijana, Džordžija i Florida, ali i sâm Njujork na severu zemlje, imaju više od 6.000 registrovanih krivičnih dela na 100.000 stanovnika. Preko 4.000 delinkvenata imaju države severne i srednje Amerike od Aljaske, Vašingtona i Oregona, preko Montane i Vajominga, do Indijane, Ilinoisa i na jugu do Alabame i Misisipija. Najmanje kriminalaca, ispod 4.000, registrovano je u državama Ajdaho, Severna Dakota, Južna Dakota, Ajova, Kentaki, Pensilvanija i Nju Hemšir", rekao mi je kapetan Moris Braun iz Čikaga.

U državnim zatvorima Amerike danas ima preko milion osuđenika, a samo pre dvadeset godina bilo ih je jedva 200.000. Svaki izlazak policije, inspektora i istražnog sudije na mesto zločina košta budžet 4.600 dolara. Republikanci su predložili Beloj kući da policijski fond za borbu protiv kriminala uveća za još pet milijardi dolara. Dobar deo tog novca ide na održavanje američkih zatvora u kojima ima ukupno 1,6 miliona osuđenika: 900.000 državnih, 500.000 lokalnih i 100.000 federalnih. Ukupno gledano po državama, najviše ih je tamo gde je leglo klasičnog i masovnog kriminala, u Kaliforniji – 135.646, Teksasu – 127.766, Njujorku – 68.484 i Floridi – 63.879.

U Sjedinjenim Američkim Državama polovina zatvorenika je osuđena na deset godina zatvora, oko 20 odsto na kazne do 15, oko 15 odsto na više od 15 godina zatvora, a doživotno oko 12 odsto osuđenika. Oko 800 ljudi čeka izvršenje smrtne kazne. Polovina je osuđena za krivična dela protiv života i tela, a polovina za imovinska krivična dela. Osuđenih na doživotni zatvor u SAD ima oko 22.000.

Podaci američke policije o kriminalu u Sjedinjenim Državama ušli su ne samo u Ginisovu knjigu rekorda već i u svakodnevni život kao ružna pošalica. U Sjedinjenim Državama svakih šesnaest sekundi dogodi se po jedan nasilnički čin. Svake tri sekunde jedno imovinsko nedelo, svakih jedanaest sekundi jedna provala, svakih četrdeset osam sekundi jedna pljačka. A svakih pet minuta jedno silovanje i svaki dvadeset jedan minut jedno ubistvo. Džina M. Zepnik iz Milvokija je, na primer, sprejom za kosu spalila svoju tek rođenu bebu. Kako sudije i tužioci nisu mogli da se dogovore da li je reč o ubistvu ili o nesrećnom slučaju, majka Džina Zelnik je dobila kaznu od dve godine zatvora. Za godinu dana u Americi se, u proseku, dogodi dvadesetak hiljada ubistava. Pre dve godine FBI je u Americi za 365 dana registrovao rekordnih 14,4 miliona kriminalnih dela. Stopa rasta delinkvencije u SAD se sa 7 odsto podigla na 9 odsto u 2001. godini.

Najviše stope kriminala danas u Americi imaju baš gradovi u kojima se nalaze sedišta podzemlja i u kojima postoje velike maloletničke bande. To su Vašington sa stopom od čak 89 odsto, Detroit sa 61 odsto, Okland sa 47, Los Anđeles sa 30, Njujork sa 27 i San Francisko sa stopom kriminaliteta od 16,2 odsto. Po broju ubistava na 100.000 stanovnika najugroženiji su Gera sa 89 mrtvih, Nju Orleans sa 80, Vašington sa 78, Ričmond sa 54 i Detroit sa 57 ubistava. Njujork je, na primer, 1990. godine, sa 2.245 ubistava bio američki rekorder smrti. A tridesettrogodišnji seksualno isfrustriran dokoličar Glen Rodžers iz Ohaja je američki rekorder po broju silovanih i ubijenih žena. Za poslednjih deset godina usmrtio je 55, isključivo crvenokosih žena.

„Danas je Amerika preplavljena drogom. Ilegalni promet droge je sada izuzetno dobro organizovan. To je glavni posao svetske mafije. Zarada koja se ostvaruje preprodajom droge toliko je ogromna da omogućava korumpiranje naših policijskih institucija i na najvišem nivou."

„Ilegalna trgovina narkoticima je u čitavoj Americi, pa i u Milvokiju, najopasniji oblik kriminala, jer pored šverca vuče često za sobom razbojništva, pljačke, krađe, ucene i ubistva. Druga važna karakteristika narko-kriminala jeste činjenica da se tim opakim poslom bave svi socijalni slojevi i sve američke rase ljudi. I belci, i Latinoamerikanci, i Afroamerikanci, i stranci. U Viskonsinu su se pojavili čak i ruski dileri. Nažalost, američka policija, pa i naša, uspeva da uhvati samo sitne preprodavce droge, ali ne i organizatore proizvodnje i prodaje narkotika na veliko u Americi. Pre tri godine FBI je uhvatio oko 4.000 narko-trgovaca, koji su imali promet od 210 miliona dolara. Bila je to 'Operacija Nula' koju je vodio general Dženet Rino, a lično kontrolisao predsednik Bil Klinton. Mi smo u Milvokiju, zbog trgovine drogom, uhapsili pedesetak dilera i zaplenili 25 kilograma marihuane, 600 grama kokaina, 200 grama kreka u vrednosti od 100.000 dolara", kaže šerif Ričard Artison.

Čak 87 odsto Amerikanaca misli da će stanje s kriminalom u zemlji biti još gore, mada se i slažu da vlastima treba dozvoliti veću kontrolu nad prodajom oružja, sudovima veća ovlašćenja i školama odgovornost za obrazovanje ljudi. Država se bori s kriminalom i nasiljem koliko može, ali je ta borba mnogo skupa i godišnje košta SAD oko 140 milijardi dolara. Samo lečenje povređenih od oružja košta godišnje SAD 20 milijardi dolara. Pedeset pet odsto žrtava kriminalaca danas, međutim, svedoči da se ne oseća sigurno pod zaštitom američke policije. Sjedinjene Države imaju 500.000 uniformisanih policajaca i još toliko u raznim drugim oblicima čuvanja javnog reda i mira i borbi protiv narkomanije, alkoholizma, kršitelja carinskih propisa, utajivača poreza, zlostavljača dece i životinja.

U predsedničkoj trci Džordž Buš i Al Gor obećavaju da će suzbiti rogove američkog kriminala. Međutim, Vilijam Benet, savetnik za borbu protiv narkomanije, skeptično priznaje da sve akcije suzbijanja delinkvencije mogu da postignu maksimalnu efikasnost od 25 procenata. A to nije dovoljno da se kriminal u SAD iskoreni.

# BUGARSKA MAFIJA

## Sofijski banditizam

Doček nove 2004. godine u Bugarskoj nije mogao da prođe bez uzbuđenja. U Sofiji je poslednjeg dana 2003. godine grupa otmičara kidnapovala trogodišnju Tohar Grigorjan. Prilikom oslobađanja otete devojčice jedan policajac je ostao bez tri prsta. A na graničnom prelazu Kalotina carinici su 31. decembra 2003. godine kod Zorana I. iz Srbije otkrili tajni tovar od 28,3 kilograma heroina.

U saopštenju koje je objavila agencija *Mitnica* rečeno je da je taj Srbin iz Niša krijumčario heroin iz Turske u Srbiju:

„Heroin je bio upakovan u 54 paketića i sakriven u rezervoaru za gas automobila marke zastava niške registracije. Vozač, koji ima četrdeset godina, uhapšen je i pritvoren u Svilengradu pod sumnjom da je počinio krivično delo krijumčarenja droge. Nišlija Zoran I. je bio sam u automobilu. Vrednost krijumčarenog heroina je procenjen na dva miliona leva."

Poslednjih dana 2003. i prvih dana 2004. godine glavni grad Bugarske bio je obezbeđen s tri vrste policajaca i specijalaca. U Vitoši, glavnoj ulici u Sofiji, patrolirali su saobraćajci i policajci u civilu, a oko ambasada SAD i Izraela stajali su specijalci iz antiterorističke jedinice, koji su radoznalim turistima zabranjivali svako fotografisanje u krugu od dvesta metara.

Bugarski specijalci su podignuti na noge 1. januara 2004. godine kada je u Varni pronađen paket sa sumnjivim hemijskim punjenjem, za koje se pomislilo da je biološka paklena mašina. Na bugarskim drumovima saobraćajci su zaustavljali gotovo sva vozila sa stranim registracijama i upozoravali da se ne prekoračuje brzina od 60 kilometara na sat. I pored svega toga, može se reći da je Sofija te nedelje bila miran i ne baš veseli grad. Radost dolaska nove godine pokvarila je smrt šestorice oficira i vojnika bugarske vojne misije u Iraku.

Birajući događaje godine, bugarski mediji su na listu deset najdramatičnijih i najznačajnijih u 2003. godini uvrstili atentat na srpskog premijera Zorana Đinđića u Beogradu, a potom i hapšenje Sretena Josića, Beograđanina za kojim je bila raspisana poternica Interpola zbog optužbi da je odgovoran za ubistva u nekoliko evropskih zemalja. Početkom septembra 2003. godine tadašnji generalni sekretar bugarske policije Bojko Borisov lično je organizovao izručenje Joce Amsterdama holandskim vlastima.

Ova dva događaja su bila najvažniji dokaz bugarskim analitičarima delinkvencije da ustanove da postoji tesna veza između bugarske i srpske mafije na Balkanu. Bugarski nacionalni radio je čak u svojoj emisiji *Horizont*, a pozivajući se na neimenovane izvore „bliske Ministarstvu unutrašnjih poslova Bugarske", početkom leta 2004. javio da „postoje ozbiljni dokazi o povezanosti zemunskog klana i bugarske mafije u atentatu na srpskog premijera Zorana Đinđića".

Bugarski narko-diler Robert Stefanov zvani Robi, koga je srpska policija imenovala kao glavnog snabdevača drogom zemunskog klana od 1994. do 1997. godine, ubijen je 2000. godine. Srpska policija tvrdi da je Dušan Spasojević Šiptar od 1994. do 1997. godine nabavljao heroin u Sofiji od izvesnog Robija, a zatim u volvu, u skrivenom bunkeru, prenosio od 20 do 30 kilograma droge. Robi je ubijen tri godine nakon što je prestao da drogom snabdeva Spasojevića.

Prema operativnim saznanjima bugarske policije, Robi je dilovao drogu u saradnji s narko-bosovima Kuzmanom Guslekovom i Polijem Pantevom. Sva trojica dilera su ubijena nakon nestanka 600 kilograma kokaina na zapadu Bugarske.

Prisustvo zemunskih mafijaša u Sofiji bilo je tada povezano, kako je tvrdio taj državni medij, i za ubistvo kontroverznog bugarskog biznismena Ilije Pavlova. Najbogatiji i najuticajniji bugarski biznismen ubijen je metkom iz snajpera u centru Sofije, ispred direkcije *MG korporacije* 7. marta 2003. godine.

Samo dan pre ubistva Ilija Pavlov je bio označen kao svedok ubistva bivšeg premijera Andreja Lukanova 1996. godine. I dok je Bojko Borisov ispred bugarske policije tvrdio da je taj atentat motivisan „ličnim razlozima netrpeljivosti", sofijski mediji su izneli pretpostavku da je Pavlov, kao trgovac visokog ranga, ubijen po nalogu konkurencije u trgovini oružjem. A da je izvršilac bio srpski snajperista.

„Iako je 2004. godine banditizam u Bugarskoj opao za 18 odsto, ipak je 2003. bila godina kada je bugarsko podzemlje izašlo na bugarske ulice. U našoj zemlji je izvršeno 14 naručenih ubistava ljudi iz podzemlja, a neka ubistva su organizovana čak i u Holandiji i drugim evropskim državama", otvoreno je napisala Ana Zarkova u listu *Trud*.

U Bugarskoj su samo u januaru 2003. ubijeni Rumen Janevski, Meto Ilijanskij, Todor Matov, a u martu Ilija Pavlov i Stepan Ribakov. Svi su stradali u strogom centru Sofije. Na Bulevaru Carigradski šase pokušan je atentat na Ivana Todorova Doktora, podmetanjem eksploziva ispod njegovog auta, ali je ovaj brzi biznismen samo ranjen. Iz sačekuše je u avgustu izrešetan s 20 kuršuma Filip Najdenov Fatik, a u novembru je slična sudbina zadesila Evgenija Stefanova, zvanog Žena.

## Jocina osveta

Ponajviše interesovanje bugarske javnosti, međutim, izazvala je likvidacija Konstantina Dimitrova, poznatijeg pod imenom Koso Samokovec, koji je ubijen 6. decembra 2003. ispred hotela *Dam* u Amsterdamu.

„Konstantin Dimitrov je bio biznismen čiji je kapital bio procenjen na 60 miliona dolara. Taj nekadašnji portir iz hotela s planine Borovec za samo nekoliko godina dospeo je do Amsterdama, gde je važio za uglednog probisveta. Dimitrov je zvanično bio trgovac krompirom i lalama, ali su svi znali da se ispod tovara kartofi i cveća, koji su izlazili iz Bugarske ka Evropi, nalazila droga. Ubijen je jednim metkom u potiljak, dok je stajao s prijateljicom Cecom Krasimirovom, poznatom pevačicom. To je bio drugi napad na Samokovca, koji je 31. maja preživeo pokušaj atentata bombom. U oba slučaja, kako se tvrdi u Sofiji, reč je o osveti Sretena Jocića iz Beograda, koji je imao neraščišćene račune s Konstantinom Dimitrovim u poslovima oko kontrole kocke, prostitucije i narko-tržišta u Amsterdamu. Za naslednika Kose Samokovca na mestu šefa bugarske mafije sekretar policije Bojko Borisov je proglasio njegovog prijatelja Antona Miletnova, zvanog Kljun", rekla mi je Nataša Petrova, advokat iz Bugarske.

Jocini poslovi u Bugarskoj nisu još rasvetljeni. Prema nezvaničnim informacijama nije odustao od starog biznisa a takođe se bavio i švercom holandskog piva, dok je za potrebe holandskog tržišta prostitucije nabavljao devojke iz Moldavije, Rumunije, Ukrajine i Bugarske. Skupljao ih je u Sofiji, nabavljao im dokumenta i slao za Amsterdam. Jocić je u Bugarskoj zauzimao jedno od ključnih mesta u mafijaškom svetu, posebno u trgovini drogama i plasmanu lažnih novčanica, koje se prave u Sofiji i Plovdivu.

Rumen Milanov, načelnik bugarske Direkcije za borbu protiv organizovanog kriminala, rekao je da je Sreten Jocić minulih godina izgradio dobre veze s „kolegama" u Avganistanu, Pakistanu i Maleziji.

„U Bugarskoj je u poslednje tri-četiri godine boravio nekoliko puta, koristeći čak 14 pasoša s različitim imenima."

Prema analizi bugarskog komentatora Plamena Kulinskog, bugarska mafija je krajem devedesetih preuzela primat od bugarske tajne policije, koja se tim poslom bavila skoro četrdeset godina, u ilegalnom prometu narkotika na Balkanskoj ruti, od Istanbula preko Sofije i Dimitrovgrada, do Beograda i Minhena. Tim poslovima se već desetak godina bave tri velike grupe bugarskih kriminalaca TIM, SIK, VAI i Samokovec. Da bi opstale na tom ilegalnom tržištu, koje godišnje prokrijumčari drogu vrednu oko 300 milijardi dolara, Bugari su morali da se suoče s jermenskom, turskom, ruskom i srpskom mafijom.

Taj podzemni rat oko heroina počeo je u Varni u januaru 2001. godine kada je likvidiran narko-bos Georgi Georgijev, po nadimku Rahita, koji je bio blizak grupaciji TIM. Drugi sofijski biznismen, Georgij Gjošev, vlasnik finansijske kuće *Titan XXI vek*, ubijen je potom u Plovdivu. Podmetnuta bomba je rasparčala i Dobrina Kafedžijeva, zvanog Kafa i Dima Koleva Čirpana, koji su bili povezani s kriminalnom grupacijom SIK. Naprava s daljinskim upravljanjem bila je namenjena njihovom šefu Plamenu Diškovu, zvanom Kela, koji se izvukao samo sa slomljenom nogom.

Bugarski domaći gangsterski rat prekoračio je nacionalni nivo smrću Jermenina Artašesa Ter Ovsepjana i Rusa Aleksandra Romanova koji su bačeni u vazduh u njihovoj sobi u luksuznom hotelu *Ambasador* 15. oktobra 2002. godine. Krajem novembra 2002. godine eksplodirao je mercedes Nikolaja Cvetina Blizanca, potpredsednika VAI. Baš pred Novu godinu u Sofiji je eksplodirao džip Dime Rusa. Kako izvršioci tih napada nikada nisu otkriveni, u Sofiji se uvek nagađalo da su atentatori bili Srbi, članovi zemunskog klana i Srbi, članovi jugoslovenske mafije u Holandiji.

„Rat podzemlja u Bugarskoj dostigao je vrhunac poslednje tri godine, kada je u zemlji bilo 160 podmetnutih eksplozija. Državni zvaničnici su uvek govorili da je reč samo o 'nekoliko počinjenih teških kriminalnih činova u kratkom vremenskom periodu', sve dok mafijaši nisu letos u centru Sofije pretukli Asena Agova, poslanika vladajućeg

Saveza demokratskih snaga i predsednika parlamentarne Komisije za spoljnu politiku, dok je ovaj političar ulicom šetao svog psa. Od tada je čak i bugarska policija počela da govori o postojanju organizovanog kriminala u Bugarskoj", tvrdi advokat Nataša Petrova.

## Potraga za Legijom

Rat je nastavljen novim ubistvima zbog kontrole bugarske teritorije i mafijaškog tržišta.

U Dupnici, na zapadu Bugarske, sredinom januara 2002. ubijen je Angel Stefanov Đavol (28), protiv koga su bugarski državni organi u periodu od 1991. do 1998. godine pokrenuli osam krivičnih prijava za oružane pljačke, krađe i rekete. Stefanov je bio blizak s poznatim bugarskim kriminalcima Ivom Karamanskim i Zlatim Zlatevim Zlatistim, koga je crnogorska policija po poternici Interpola uhapsila u Igalu, a zatim isporučila bugarskim pravosudnim organima.

Tokom 1998. godine Stefanov je bio uhapšen, ali je s lisicama na rukama uspeo da pobegne ispred zgrade Dupniškog suda. Pobegao je u Italiju, gde je posle tri meseca uhapšen i zbog iznude osuđen na dve godine i osam meseci zatvora. Stefanov je 12. marta 2001. godine iz Italije izručen i pritvoren u sofijski Centralni zatvor, odakle je posle dvogodišnjeg zadržavanja oslobođen zbog nepostojanja pravnog osnova da se drži u istražnom zatvoru.

Bugarski dnevnik *Dvadeset četiri časa* i nedeljnik *Sto šezdeset osam časova* objavili su krajem novembra i početkom decembra 2003. godine serijal „Srpska mafija u Bugarskoj" u kome su pokušali da dokažu i pokažu veze srpskog podzemlja s podzemljem u Bugarskoj. Ta saradnja je počela u vreme embarga protiv Jugoslavije, kada je legalni i ilegalni biznis srpskih klanova prolazio kroz Bugarsku, gde je osnovano na desetine firmi, uz prećutan sporazum Beograda i Sofije. Među srpskim „bosovima podzemlja" koji su „operisali" po Bugarskoj, imenovan je Branislav Lainović Dugi, koji je najčešće dolazio u Bugarsku. On je sa svojim prijateljima 1995. godine registrovao firmu *Gold boj* u prostorijama Biroa za opsluživanje diplomatskog kora.

U tom novinskom serijalu iznesene su i tvrdnje da je i jedan od vođa zemunskog klana Milorad Ulemek Legija više puta dolazio u Bugarsku, gde je boravio kratko, po nekoliko sati. Poslednji put, dodaje se, Ulemek je bio u Bugarskoj u februaru 2003. godine, malo pre ubistva srpskog premijera Zorana Đinđića. Danas, međutim, u Sofiji ima novinara i analitičara koji tvrde da i bugarska, a i srpska policija, raspolažu video-snimkom kako Milorad Ulemek Legija posle 13. marta 2003. godine prelazi bugarsku granicu, da bi na teritoriji Bugarske, pod okriljem njene mafije, dobio nova dokumenta i sigurnu zaštitu.

Ministar policije Dušan Mihajlović zatražio je i zvanično od svog bugarskog kolege Georgija Petkanova pomoć u hapšenju Milorada Ulemeka Legije i još nekoliko pripadnika zemunskog klana za koje se sumnja da se kriju na teritoriji Bugarske. Prilikom njihovog susreta Mihajlović je insistirao da dobije sve raspoložive informacije o boravku pojedinih pripadnika zemunskog klana u Bugarskoj posle ubistva premijera Đinđića. Bugarski ministar Petkanov je samo potvrdio da bugarska policija ima neka posredna saznanja da se neki od Zemunaca nalaze u Bugarskoj, ali da ne raspolaže čvrstim dokazima da je Legija posle ubistva Đinđića boravio u Bugarskoj, ali je naglasio da postoje neke sumnje i obećao da će učiniti sve da se one provere. Te provere do danas nisu objavljene.

Sve je ovo, po nekim mišljenjima u Sofiji, bilo plod zabune, jer je u Bugarskoj u to vreme postojao čovek koji se zove Legija. To se vidi i iz dnevnih vesti koje su objavljene u to vreme.

„Bugarski biznismen Georgi Zlatkov Legija teško je ranjen u Varni, na jugu Bugarske, kada je na njega nepoznati napadač, star između 16 i 20 godina, otvorio vatru u jednom restoranu. Legija je smešten u bolnicu i život mu nije u opasnosti. Zlatkov se bavi trgovinom žitaricama, a vlasnik je i nekoliko ugostiteljskih objekata u Varni."

Posledica tih razgovora bilo je potpisivanje sporazuma dve policije o saradnji Bugarske i Srbije u borbi protiv organizovanog kriminala, što u međuvremenu nije dalo gotovo nikakve vidljive i spektakularne rezultate.

Sofijski radio *Net* je, doduše, letos saopštio je da je u Varni uhapšen Milorad Luković Legija, ali tu informaciju niko iz bugarske policije nije potvrdio. Posle toga je javljeno da je u Varni uhapšen i Nenad Milenković Bagzi, član zemunskog klana optužen za ubistvo srpskog premijera, ali se pokazalo da to nije taj Milenković.

# Srpska sačekuša

Kada sam se u septembru 2004. našao u prostorijama Sekretarijata unutrašnjih poslova u Beogradu, od jednog oficira policije smo čuli da „neće biti posla ove subote"!

„U Sofiji je ubijen Bugarin, predsednik fudbalskog kluba, koji je trebalo da dovede svoju ekipu u Beograd da igra protiv Obilića. Utakmica je odložena i mi ne moramo da šaljemo patrolu kod stadiona *Obilić* na Vračaru da obezbeđuje saobraćaj i javni red i mir."

Na moje pitanje ko je ubijeni Bugarin, oficir policije mi je nezvanično rekao:

„Još ne znamo tačno, ali se priča da je bio ortak sa Zemuncima!?"

Tek sutradan proširila se Srbijom vest da je u Sofiji, u pucnjavi u restoranu *Slavija*, ubijen Milčo Bonev, predsednik FK *Slavija* iz Bugarske. U samoj Sofiji, međutim, Bonev je bio poznatiji po svom nadimku Baj Mile, i po tome da je bio bivši bugarski policajac i kontroverzni biznismen. Malerozni Mile, kako u prevodu s bugarskog žargona glasi nadimak Milča Boneva, ubijen je usred bela dana u svom klupskom restoranu s još petoricom svojih telohranitelja, dok su dvojica njegovih gorila ranjeni na trotoaru ispred restorana *Slavija*. Tu vest je potvrdila bugarska policija.

„Osmorica naoružanih lica, obučenih u uniformu policije, ušla je u restoran, otvorila vatru na posetioce, sela u automobile s vidljivim oznakama policije i pobegla", rekao je portparol sofijske policije Nikolaj Nikolov.

Napad je izvršen u petnaest sati u Ulici Kolmen u Sofiji i to na beogradski način: pucnjima iz kalašnjikova, iz dva automobila u pokretu marke audi 80 i volvo. Među ubijenima je bio i Metodi Marinkov, star trideset osam godina iz Pazardžika, jedan od najpoznatijih bugarskih makroa, koji je kritičnog trenutka tražio zaštitu od kuma bugarske mafije Baje Mila, jer je bio u ratu s plovdivskim narko-kartelom.

Sofijski dnevnik *Dvadeset četiri časa* je u prvim informacijama o tom atentatu objavio vest, pozivajući se na policijske izvore, da je Baj Mile „likvidiran po nalogu srpske mafije", jer, navodno, nije vratio tri miliona dolara koje je uzeo da bi iz sofijskog zatvora 2002. godine izvukao Sretena Jocića zvanog Joca Amsterdam, koji je tada uhapšen u Bugarskoj. Sreten Jocić je potom 2003. izručen Holandiji jer je bio osuđen za seriju ubistava ljudi iz podzemlja.

Valentin Petrov, direktor Nacionalne službe za borbu protiv organizovanog kriminala, nije ni potvrdio, ali ni demantovao tu informaciju.

Na mesto zločina su odmah izašli Georgi Petkanov, visoki funkcioner bugarske policije i general Bojko Borisov, generalni sekretar policije, jer je to bila dvadeseta po redu sačekuša u glavnom gradu Bugarske za poslednjih pet godina. I jer je ubijeni Milčo Bonev, star četrdeset tri godine, bivši policajac. I jedan od najuglednijih ljudi u bugarskom podzemlju.

U toj činjenici, međutim, Bugari su našli opravdanje za svoje sumnje o vezi politike i podzemlja u Sofiji. Uostalom, prema najnovijem ispitivanju javnog mnjenja Instituta *Alfa riserč*, 47 odsto Bugara je uvereno da organizovani kriminal i dalje uživa „policijsku i političku podršku".

Naime, kada je sredinom devedesetih napustio policiju, Bonev je zajedno s nekolicinom kolega formirao agenciju *Intergrupa i partneri* koja je prerasla u kompaniju VIS. Tada su njegovi bliski saradnici bili Mladen Mihalev i Rumen Nikolov, zvani Paša.

Međutim, Baj Mile je krajem devedesetih, s Krasimirom Marinovim, zvanim Margina, osnovao i specijalnu grupu za bezbednost SIK. To je, kako danas tvrde Bugari, bila kriminalna grupa, organizovana po principu dvanaestorice, koja je radila na prostoru između Sofije i Beograda. Tada se nije sumnjalo da je Bonev diler droge i crnoberzijanac, koji je srpsko tržište snabdevao opasnom i sumnjivom robom iz Turske i Bugarske. Posle razlaza te dvojice ortaka Milčo Bonev je dobio posao da obezbeđuje kompaniju *Samokov* iz Sofije, čiji je vlasnik bio bugarski mangaš Kostandin Dimitrov. A kada se u mutnim poslovima Baj Mile udružio s Kostandinom Dimitrovim, zvanim Samokovec, i sâm je postao član klana Samokoveca.

## Bugarski Al Kapone

Bugari iz Amerike, koji su od Baja Milea napravili nacionalnog junaka voleli su za njega da govore da je on bugarski Al Kapone. Milčo Bonev nije nikada hapšen i osuđivan kao kriminalac u Bugarskoj. Naime, sada se tvrdi da je firma SIK u vreme Samokoveca bila zapravo kompanija Milča Boneva za iznude i reketiranje uspešnih i bogatih biznismena u Bugarskoj i na jugoistoku Srbije. To druženje Boneva s Dimitrovim bila mu je dobra zaleđina da Baj Mile krene u sopstveni, ali legalni biznis. Krajem devedesetih Baj Mile je otvorio nekoliko diskoteka u Sofiji i u letovalištima na Crnom moru. Glavni sponzor u tom poslu bio mu je biznismen Plamen Timev, poznatiji po nadimku Gandi. A bio je i vlasnik preduzeća za trgovinu na veliko i malo *Pelikan grupa*, *Šag*, *Evropiz*, *Agromil* i *Holidej* BGD. Pored toga Bonev je kao novi brzi bugarski bogataš imao u vlasništvu i nekoliko hotela. A početkom 2000. godine kupuje i sofijski fudbalski klub *Slavija*.

U tom fudbalskom klubu Milčo Bonev se okružio s ljudima koji su se dobro razumeli u loptanje. A to su bili Mladen Mihajlov, i naši Ljubomir Vorkapić i Žarko Olarević. Zajedno s njima Bonev je radio na transferu nekolicine srpskih fudbalera u Bugarsku i druge evropske zemlje.

Da život i poslovi Milča Boneva nisu sasvim čisti, pokazalo se u septembru 2001. godine kada je na njega pokušan atentat. Ispred njegovog stana u sofijskom naselju Istok pronađena je bomba s čak 800 grama trotila. Ova paklena mašina je eksplodirala u trenutku kada je Baj Mile izlazio iz zgrade i ranila je njegovog telohranitelja, dok je Bonev ostao nepovređen. Od tada predsednik FK *Slavija* nigde i nikada nije išao bez ličnih pratilaca, čiji se broj poslednjih godina neprestano uvećavao. A neko vreme se i skrivao u Turskoj.

„Serija surovih ubistava i krvavih obračuna u krugovima mafije ukazuju da se u Bugarskoj vodi 'rat bandi' za kontrolu 'teritorije'. Bugari nemoćno prisustvuju tom ratu za tržište krijumčarenim proizvodima", izjavio je tada Nasko Rafajlov, član parlamentarne Komisije za javnu bezbednost.

Druga opomena za život Milču Bonevu je stigla 2003. godine, kada je u Amsterdamu ubijen njegov ortak Konstadin Dimitrov. A potom je u januaru 2004. godine u bombaškom atentatu likvidiran Miletov kolega i poslovni partner Stojil Slavov. Već tada se nagađalo da je Milče Bonev počeo da plaća ceh izdaje i izručenja Sretena Jocića, zvanog Joca Amsterdam iz Bugarske, holandskoj policiji i vlastima. Jocić je, navodno, bio blizak poslovni saradnik Boneva u trgovini narkoticima, iznudama, ali i likvidacijama.

Jocić je svojevremeno u Bugarskoj povezivan i s narudžbinom ubistva Bojka Borisova, generalnog sekretara bugarskog MUP-a, za koga se neosnovano tvrdi da održava veze s bugarskom mafijom i s likvidacijom holandskog tužioca Kusa Ploja. Bugarski list *Sto šezdeset osam časa* objavio je saopštenje pres-centra holandskog tužilaštva po kome „postoje indicije da je Jocić iz zatvora izrekao smrtne presude Borisovu i Ploju i da se na utvrđivanju istine o tome uporno radi".

## Veza s Jocom

Kada je Joca Amsterdam uhapšen, Baj Mile je trebalo da uloži svoj autoritet, veze u policiji i novac da ga izvadi iz sofijske tamnice. Kada se to nije dogodilo Sreten Jocić je, kako tvrde Bugari, posle hapšenja 2003. godine krenuo protiv Baja Milea i njegovog klana SIK.

Jocić se u zatvoru *EBI* nalazio od 20. juna 2002. godine, pošto je uhapšen u Sofiji. Najpre je služio kaznu za ubistvo policajca u Amsterdamu, a zatim je stigla optužnica za šverc dvadeset kilograma heroina. Za trgovinu drogom Jocić je optužen u Nemačkoj, koja je zatražila njegov transfer radi suđenja pred tamošnjim sudom. U Beogradu je objavljena vest da će Sreten Jocić biti izručen srpskim vlastima jer je osumnjičen da je naručio ubistvo Gorana Marjanovića, zvanog Goksi Bombaš, ali je ona demantovana iz holandske policije.

Druga veza koju bugarski mediji prave između Milče Boneva i Srbije jesu navodni njegovi kontakti sa zemunskim klanom. I to opet preko Joce Amsterdama. Naime, Sreten Jocić, kako se pisalo u Bugarskoj i po beogradskim medijima, dovođen je u vezu s viđenijim beogradskim kriminalcima, među kojima su bile i vođe zemunskog klana Dušan Spasojević i Mile Luković, koji su drogu, pre svega kokain, navodno i nabavljali preko kolumbijskih veza Joce Amsterdama. Pretpostavlja se da je Joca Amsterdam upoznao Milču Boneva sa Zemuncima.

Pozivajući se na informacije Interpola i na nezvanične vesti o poseti tadašnjeg srpskog ministra policije Bugarskoj, sofijski mediji tvrde da je neposredno pre operacije „Sablja" Milčo Bonev sarađivao s Dušanom Spasojevićem.

„Baj Mile je snabdevao zemunski klan heroinom. Pored toga Bonev je snabdevao drogom i voždovački i novobeogradski klan. A posle operacije 'Sablja', Baj Mile je nastavio da sarađuje s naslednicima Zemunaca, pre svega s ljudima iz okruženja Milorada Ulemeka Legije", tvrde danas bugarski mediji.

Malo je, međutim, poznato da je Baj Mile, kao kralj bugarskih krijumčara droge, imao i veliki uticaj na narko-tržište u centralnoj Srbiji. Pored Niša i Jagodine, glavni bugarski narko-diler Milčo Bonev imao je svoje kriminalne veze u Novom Pazaru, Bujanovcu i Leskovcu. Procenjuje se da je Baj Mile snabdevao oko dvadesetak grupa preprodavaca droge u ovom delu Srbije.

U Sofiji se danas nagađa da je Baj Mile bio žrtva osvete zemunskog klana jer nije tokom 2004. godine isporučio sve već plaćene količine heroina. Bugarska policija, koja je pronašla jedan od automobila koji su koristile ubice Milča Boneva, međutim, sumnja da je Baj Mile stradao i zbog osvete Joce Amsterdama, i zbog osvete zemunskog klana, a i zbog obračuna u bugarskom podzemlju oko trgovine narkoticima.

„Bugarska policija nije isključila nijednu od tri moguće verzije – srpsku, holandsku i bugarsku – za ubistvo Milča Boneva, jednog od glavnih šefova bugarskog podzemlja. Sve verzije su podjednako važne", izjavio je general Rumen Stojanov, načelnik sofijske policije.

I pored toga, međutim, analiza Emila Tsenkova za Institut Jugoistočna Evropa iz Sofije pokazala je da bugarska mafija danas veliki deo svojih poslova obavlja na teritoriji i preko teritorije Srbije i Crne Gore. Glavni razlog za to je srpsko tržište koje može da plati sve vrste krijumčarenih roba koje se preko bugarske granice ilegalno ubacuju u Bugarsku. Na taj način Bugari u Srbiju ubacuju drogu, cigarete, hranu, oružje, ljude, bilo ilegalne migrante, bilo belo roblje.

Bugarski specijalci uhapsili su krajem 2004. godine u Vidinu Enisa Bećiragića, zvanog Belan, poreklom iz Crne Gore, za koga se veruje da je narko-bos zadužen za taj region. Policija je odbila da potvrdi to hapšenje, dok su bugarski dnevnici *Standard* i *Dvadeset četiri časa* pisali da je Bećiragić već izručen i da mu je zabranjen ulazak u zemlju u narednih deset godina. Prema drugim medijima, on je verovatno prebačen u Sofiju gde će mu biti uručen nalog o proterivanju.

Smatra se da je Crnogorac Bećiragić, koji od kraja 1990. živi u Vidinu, šef trgovine drogom, zadužen za region Vidina, Montane i Vrace, prema analizi tržišta droge u Bugarskoj koju je sofijska nevladina organizacija Centar za istraživanje demokratije objavila prošlog decembra.

On je vlasnik firme u Vidinu i nekoliko lokala, a u periodu 1990–1998. ime mu je povremeno pominjano u vezi sa skandalima, tučama i eksplozijama.

Bećiragićev ujak Jusuf kome je bio zabranjen ulazak u Jugoslaviju ubijen je u centru Vidina 1993. godine prilikom pokušaja da pobegne policiji zato što je trebalo da mu bude uručen nalog za izručenje.

U međuvremenu Bugarin Zlati Zlatev, zvani Zlatisti, koji je u domovini osuđen na osamnaest godina zatvora zbog ubistva, uhapšen je u Crnoj Gori. Šef crnogorske kriminalističke policije Mihajlo Pejović potvrdio je da je Bugarin uhapšen s falsifikovanim pasošem u Herceg Novom. Zlatev je osuđen zbog ubistva rođaka u novembru 1997.

godine a presuda je potvrđena u februaru 2003. godine. Zlatev, koji je bio na slobodi pod kaucijom, tada je nestao i za njim je raspisana međunarodna poternica.

Iako Evropska unija od Bugarske očekuje da na svaki način bude branik za narkotike koji se iz Azije unose u Evropu, ništa od obećanih donacija kao vid pomoći u borbi protiv te vrste kriminala u ovu zemlju još ne stiže. Sve se finansira iz sopstvenog budžeta, tvrde naši domaćini.

Po njihovom mišljenju sve je počelo da se menja 2000. godine kada je u Bugarskoj zaplenjeno rekordnih 2.600 kilograma narkotika, a tada je, dodaju oni, promenjen i zakon po kojem su pooštrene sudske kazne. S petnaest godina, koliko su dileri do tada izdržavali, kazne zatvora povećane su na dvadeset godina uz dodatnih 30.000-150.000 evra globe, koliko je osuđenik dužan da plati državi.

Oni koji i pored rigoroznih kazni u narkoticima i dalje vide dobar izvor zarade sada zbog svega toga, kažu naši sagovornici, zaobilaze Bugarsku. Švercerski kanali iz ove zemlje polako se sele u susednu Rumuniju. Međutim, i pored toga samo u prošloj godini u Bugarskoj je pronađeno 2.124 kilograma raznih opijata.

U trinaest bugarskih zatvora kaznu trenutno izdržava 10.000 zatvorenika. Jedan osuđenik državu dnevno košta deset evra, što na godišnjem nivou iznosi 360 miliona.

Sofijski zatvor, iako star sto godina, jedan je od najrigoroznijih evropskih kazamata. Tu je u zimu 2005. bilo 1.700 osuđenika i među njima 174 stranca i to iz 32 zemlje sveta. Najviše je bilo Turaka – 48, pa državljana Srbije i Crne Gore – 17. Svi su tu zbog šverca narkotika. Kazne se kreću od pet godina do doživotne robije, bez prava na pomilovanje. Srbi spadaju u lakše osuđenike, a to podrazumeva kaznu i do 16 godina zatvora, sa zahtevom da bugarskoj državi plate globu u visini od 150.000 evra.

## Srpsko-bugarska mreža

Na ulicama Sofije, pored butika svih svetskih modnih kuća, stoje improvizovane drvene tezge na kojima se prodaje falsifikovana i švercovana roba. Najviše je piratskih izdanja pop i folk muzike. Od srpskih diskova najbolje se prodaju oni s pesmama Svetlane Ražnatović i Mitra Mirića.

„Bugarska je pet godina bila centar krijumčarenja falsifikovanih cigareta i preprodaje piratskih kaseta i diskova. Samo u Hrvatskoj bugarska mafija je na ovim poslovima zaradila dve milijarde leva, a prema nekim procenama u Srbiji je zaradila najmanje četiri milijarde leva. Ti poslovi su, međutim, posle intervencije Evropske unije i legalizacije proizvodnje duvana u Srbiji i Hrvatskoj sa stranom licencom toliko pali da je bugarska mafija odustala od njih. Slično se dogodilo i s proizvodnjom ilegalnih kaseta i diskova, dok se u Bugarskoj i dalje proizvode lažni dolari koji se plasiraju po čitavom Balkanu. Najbolji kvalitet u falsifikovanju bugarska mafija postiže s novčanicama od pedeset dolara", tvrdi hrvatski analitičar Zvonimir Stanislav.

Balkanski organizovani kriminal u svojim šakama ima i preko svojih kanala kontroliše 200.000 prostitutki, od ukupno 700.000 žena i devojaka koje u mrežama prostitucije drži svetska mafija. Centri trgovine ljudima su uglavnom pogranične oblasti na severoistoku Bugarske – Dobrić, Vrana i Rouse, kao i na jugozapadu Blagoevgrad, Kajustendil, Kurđalim i Petrič. Preko 2.500 žena iz Bugarske do sada bile su žrtve trgovine ljudima, dok je 888 žena proterano iz Bugarske u 2000. godini u zemlje porekla. Bugarke su uglavnom prodavane u Nemačkoj, Grčkoj i Poljskoj.

Idol bugarskih tinejdžera – rep pevač Vanko 1, osuđen je 2003. godine na dvanaest godina robije i novčanu kaznu od 120.000 leva (oko 60.000 evra) zbog ilegalne trgovine ženama i primoravanja deset devojaka na prostituciju, među kojima je bila i jedna maloletnica.

Plovdivski okružni sud je izrekao presudu popularnom pevaču Ivanu Glavčevu (Vanko 1), njegovom ocu Petru Glavčevu i bratancu Dimitru Račelovu, koje je optužnica teretila za navedena krivična dela u periodu od 1999. do marta 2003. godine u Plovdivu, Italiji, Francuskoj, Španiji i Belgiji.

Račelov je osuđen na deset godina robije i novčanu kaznu od 100.000 leva, a Petar Glavčev na pet godina i novčanu kaznu od 5.000 leva.

Vanko 1 je proces nazvao parodijom, a branilac trojice osuđenih rekao je da je to „narudžbina izvršne vlasti u cilju ograničavanja ljudskih prava".

Lepe ali siromašne devojke dolaze u okruženje svog idola koji se u narednih mesec-dva prema njima odnosi izuzetno galantno – kupuje im lepu odeću, vodi u skupe lokale, ispunjava svaku njihovu želju. Zatim im obećava isti taj luksuz i dobro plaćene poslove, ali ako pristanu da odu u neku zemlju Zapadne Evrope.

One koje pristanu prebacivane su u neku od evropskih zemalja – Francusku, Italiju, Španiju ili Holandiju. Mnoge devojke su tek tamo postale svesne u šta su se upustile. Dočekuju ih Vankovi ljudi koji im ne dozvoljavaju da se izvuku iz tog kruga. Ukoliko ne pristanu dobrovoljno da se prostituišu, tuku ih, muče, izgladnjuju. Bugarska policija procenjuje da oko 10.000 Bugarki rade kao prostitutke u inostranstvu, većina njih prinudno.

Podatke o učešću Vanka u trgovini ženama radi prostitucije bugarska policija dobila je u septembru 2004. godine tokom međunarodne operacije „Miraž" za suzbijanje prostitucije i trgovine ljudima u jugoistočnoj Evropi. Od tada je cela porodica rep pevača stavljena pod stalni nadzor bugarskih vlasti.

U međuvremenu je sedam bivših prostitutki dalo iskaze protiv Vanka i njegovih rođaka. One, kako navode izvori iz policije, kažu da su im podvodači obećavali platu od 2.000 evra mesečno i da su im tu sumu redovno isplaćivali. Navode, međutim, da su mesečno ubirale znatno veće iznose, ali da su sav novac morale da prepuštaju svojim makroima.

„Ako nismo ispunjavale dogovoreno, muškarci su nas kažnjavali, ponekad i tukli", ispričala je jedna od njih čiji je iskaz policiji dospeo u lokalne medije. Prema policijskim navodima za Vanka je radilo oko 170 prostitutki u Zapadnoj Evropi, što znači da su njegovi prihodi od tog posla bili izuzetno visoki.

Sve to dovodi do sumnji da je pevač Vanko imao i „jaka leđa" kako bi opstao u trgovini ljudima. To je posredno potvrdio šef policije u Plovdivu general Valentin Petrov.

„Postoji realna opasnost po žene koje su svedočile protiv Vanka, jer interesi po tom krivičnom delu postoje na veoma visokom nivou. Zato je policija preduzela sve potrebne mere za zaštitu svedoka", rekao je general Valentin Petrov.

## Trideset tri bande

Sofijski dnevnik *Sega* piše da stručnjaci koji rade na suzbijanju trgovine ženama nagoveštavaju da slične optužbe mogu da budu pokrenute i protiv još nekih poznatih ličnosti bugarske muzike i modnih agencija. Među žrtvama je i jedna bivša mis Bugarske, koja je bila prinuđena da se na Zapadu bavi prostitucijom. Ona je uspela da se izvuče iz tog posla i vrati u zemlju, a nadležni kažu da je pretrpela trajne psihičke posledice.

Bugarska policija je, pod pritiskom zapadnih policijskih službi, pojačala suzbijanje trgovine ljudima. U prvoj nedelji septembra 2004. zamenik ministra unutrašnjih poslova Bojko Kocev saopštio je da je za godinu dana presečena delatnost trideset bandi koje su organizovale ilegalne prelaske granice, trgovinu ženama i falsifikovana dokumenta. On je dodao da su još trideset tri kriminalne grupe nastavile posao, ali da su one poznate policiji i da se protiv njih prikupljaju dokazi.

Ahmet Ičdujgu, ekspert za pitanja ilegalnih migracija u Koču, tvrdi da se bugarska i srpska mafija, pored krijumčarenja narkotika, poslednjih godina bave zajedno organizovanim švercom ljudi iz Azije u Evropu.

„Organizovana trgovina ilegalnim migrantima otpočela je pre dvadeset četiri godine, posle pada režima Reze Pahlavija, kada je na hiljade Iranaca pokušavalo preko Turske i Bugarske da prebegne na Zapad. Poslednjih godina Irance su zamenili Turci, od kojih 100.000 legalno izađe iz zemlje, a oko 10.000 to uradi na ilegalan način. Za ilegalni prelaz Turci plaćaju bugarskoj i srpskoj mafiji od 1.000 do 3.000 dolara po glavi. Pored Turaka krijumčare se i Iračani i Avganistanci, ali u mnogo manjem broju. Koliko je to razvijen biznis u podzemlju govori činjenica da je 2004. godine ta ilegalna trgovina migrantima obrnula oko sto miliona dolara. Od 10.000 turskih ilegalaca 2004. godine se zbog zime i mrazeva oko 1.000 smrzlo u bugarskim planinama. Ministri unutrašnjih poslova i pravosuđa Evropske unije su u Briselu zimus upozorili da se i teroristi ubacuju u kanale ilegalne imigracije u Evropu i da su dobrim delom preuzeli prljave poslove krijumčarenja emigranata, koji godišnje donose zaradu od dve milijarde evra. Posebno su tada apostrofirani Albanci, Bugari i Srbi", kaže docent Ahmet Ičdujgu.

Iz same Srbije najbolje veze s bugarskom narko-mafijom imala je jagodinska grupa, koja turski heroin diluje po Nišu i Beogradu. Osim toga, članovi ove kriminalne grupe kradu i preprodaju vozila koja, po pravilu, završavaju u Bugarskoj. Posebno dobru saradnju s bugarskom mafijom imala je borska grupa kriminalaca, koji su iz Varne nabavljali devojke za javne kuće na Kosmetu. Zaječarska grupa se bavila samo krijumčarenjem Turaka i Arapa iz Bugarske preko Srbije u Hrvatsku.

„Za sada bugarska i srpska mafija nisu u ratu. Naša posmatranja pokazuju da su oni više naklonjeni partnerstvu zbog zajedničkog profita", rekao je jedan oficir policije bugarskom listu *Dnevnik*.

Taj list piše da policija danas ima podatke o prisustvu srpskih narko-bosova u Bugarskoj, u šta se jako dobro uklapa hapšenje Zorana I., dilera iz Niša.

## „Sablja" u Sofiji

„Na teritoriji Bugarske deluje 114 organizovanih kriminalnih grupa, od kojih sedam u Sofiji, prema precizno sačinjenim spiskovima nacionalne Službe bezbednosti", izjavio je krajem 2004. generalni sekretar bugarske policije general Bojko Borisov.

Izveštaj koji je dostavljen predsedniku i premijeru Bugarske sadrži brojne fotografije na kojima se bivši i sadašnji političari i sudije nalaze u društvu ljudi iz sveta kriminala, kao i podatke o njihovim vezama i međusobnim razgovorima. Prvi čovek bugarske policije naveo je da organizovani kriminal „ima svoje ljude u svim službama, ali i pored svih pokušaja da ih onemogućimo, nismo uspeli, jer ih je previše".

I mediji postaju sve netrpeljiviji prema kriminalu.

„Mi takođe imamo Arkana, on ima više lica i svuda se pojavljuje", pisao je list *Dvadeset četiri časa*. „Bugarski Arkan nazire se iz koridora sudske vlasti, druži se s političarima, zaseda u parlamentu, kupuje banke i fabrike i voli da ga nazivaju 'biznis-elita'", ocenio je taj list.

Nedeljnik *Banker* smatra da bugarske vlasti ne koriste sadašnju situaciju u Srbiji da razreše „senzacionalne" optužbe kada je bugarskog glavnog tužioca Nikolu Filčeva Edvin Sugarev (do leta 2002. potpredsednik desne Unije demokratskih snaga) optužio da je dobio deo od milion dolara koji su u kešu isplaćeni za oslobađanje srpskog mafijaša Sretena Jocića Jocke. Jocić je uhapšen u junu 2001. godine u Sofiji, a u avgustu je izručen Holandiji.

Bugarska štampa je pisala i da su tužilac Nikolaj Kolev i bivši psiholog „beretki" Vladimir Dimov ubijeni jer su uzeli pare, a nisu uspešno organizovali bekstvo Sretena Jocića.

Plan je bio da se kidnapuju kola kojima je Joca Amsterdam trebalo da bude prevezen iz sofijskog zatvora u bolnicu MUP-a. Međutim, tužilac Kolev, koji je trebalo da pruži logističku podršku, predao je plan akcije nadležnim organima i ona je propala.

Glavni tužilac Nikola Filčev zatražio je smenu apelacionog tužioca Ivana Petrova i vojnog tužioca sofijske oblasti Trendafila Trajkova.

Opozicija je zatražila i odgovornost ministra finansija Milena Velčeva i ministra transporta Plamena Petrova zbog „veza" s glavnim šefom bugarske duvanske mafije Ivanom Todorovim, čiji je blindirani mercedes raznet bombom u centru Sofije.

Vladin portparol je rekao da premijer Simeon nema nameru da bez „čvrstih dokaza" smeni ministre samo zato što su se „našli na fotografijama" u društvu s Todorovim na njegovoj jahti u Monaku. Iz premijerove stranke ističu da je izveštaj policije dosledan primer „kompromitujućeg materijala sačinjen od službe bezbednosti kao iz najboljih komunističkih vremena", kojima je cilj obaranje bugarske vlade.

Prema najnovijem ispitivanju javnog mnjenja Instituta *Alfa riserč*, 47 odsto Bugara je uvereno da organizovani kriminal i dalje uživa „političku podršku". Vlasti u Sofiji potpisale su nedavno s Europolom, jedinicom za koordinaciju politika zemalja Evropske unije, sporazum o saradnji u borbi protiv organizovanog kriminala. O tome svedoči i sama praksa da se mafijaši u Bugarskoj nazivaju biznismeni, jer mnogi od njih koji se bave sumnjivim berzijanskim i krijumčarskim poslovima nikada ranije nisu bili osuđivani.

„Te ličnosti su se pojavile na našoj sceni pre pet ili deset godina. Bili su registrovani kao kradljivci automobila, pljačkaši, reketaši, dileri droge, ali mnogi od njih su imali i legalan biznis i pokušavali su da se predstave kao deo društvenog kora. Vreme je da ih nazovemo pravim imenom", poručio je u novogodišnjoj izjavi profesor Georgi Petkanov, prvi policajac Bugarske.

I Rumen Milanov, direktor nacionalnog servisa za borbu protiv organizovanog kriminala, ističe da kriminalne grupe u Bugarskoj pokušavaju da se „modernizuju" i nađu legalno pokriće za svoje aktivnosti. Mafija iz Sofije ima jaku podršku određenih interesnih grupa baš u bugarskoj tajnoj i javnoj policiji. Kao dokaz ove teze nudi se činjenica da je, na primer, ubijeni Todor Matov, vlasnik osam preduzeća za građevinske radove, transport i izdavaštvo, ali i bivši pripadnik službe bezbednosti iz vremena komunizma, istovremeno rukovodio mrežom za švercovanje cigareta.

U intervjuu koji je dao listu *Monitor* ministar bugarske policije profesor Georgi Petkanov je priznao da je zbog veze policajaca s mafijom otpustio s posla devetoricu bugarskih policajaca, a šestoricu je premestio u druge službe. Najavio je i oštru borbu protiv bugarske mafije i organizovanog kriminala svake vrste.

„Strategija koju smo napravili traži visoku spremnost i organizovanost policije. Naša strategija sadrži konkretne mere i rokove za borbu protiv organizovanog kriminala. Najveći deo te borbe treba da izvedemo u prvoj polovini 2004. godine kada očekujem da ćemo pohvatati sve bosove!"

Već posle nekoliko meseci dogodilo se bugarsko čudo.

Bojko Borisov, bugarski ministar policije, podneo je ostavku iako je bio najpopularnija politička ličnost u Bugarskoj. Radio je i kao telohranitelj Todora Živkova, a kasnije i Semijona (prestonog naslednika) sadašnjeg predsednika bugarske vlade. Razlog njegove ostavke je navodno raskrinkavanje kriminala u visokim bugarskim krugovima.

# DRŽAVNA MAFIJA

## Kriminalci u plavim šlemovima

U zimu 2005. policajci UNMIK-a na Kosmetu uhvatili su jednog Pakistanca s plavim šlemom, kapetana Kfora, kako trguje drogom i ljudima. Istovremeno srpska vlast je iz Beograda prosledila UNMIK-u i tri krivične prijave protiv dvojice oficira Kfora koji su krijumčarili oružje iz Kragujevca u Prištinu. Iako ovaj drugi slučaj kriminala pod skutima Ujedinjenih nacija nije imao epilog, i to je bilo dovoljno da javnost shvati da pripadnici „plavih šlemova" nisu sveci, a i da mogu da budu mafijaši.

Krunski dokaz za ovu tezu ponudili su tokom 2004. godine troje bivših pripadnika mirovnih snaga – Kenet Kejn, Endru Tomson i Hejdi Postlevejt kada su objavili knjigu pod naslovom *Droga, seks i druge malverzacije*.

Naime, Kenet Kejn, advokat s Harvarda, specijalista za slučajeve odbrane ljudskih prava, Endru Tomson, lekar, forenzičar, sin novozelandskog sveštenika, i Hejdi Postlevejt, socijalna radnica koja iza sebe ostavlja propali brak i beži iz Njujorka, bili su samo troje od hiljade Amerikanaca koji su se prijavili u jednu od Mirovnih misija Ujedinjenih nacija. Sreli su se u Kambodži, u misiji zajedno proveli nekoliko meseci, a zatim se razasuli po bazama Ujedinjenih nacija u Bosni, Ruandi, Haitiju, Somaliji...

O naslovu svoje knjige Kenet Kejn, Endru Tomson i Hejdi Postlevejt otvoreno kažu:

„Ova knjiga nastala je na prijateljstvu koje smo nas troje izgradili u Kambodži i koje nas veže i danas. Svako ko je preživeo jednu od tih misija zna šta znači trenutak kad shvatite da ste vi, koji ste u misiju došli naivno verujući da radite za 'pravu stvar i pravu stranu', zapravo radite za Ujedinjene nacije koje po svetu dozvoljavaju da u njihovim 'zaštićenim zonama' ubijaju desetine hiljada ljudi... Tvoj bes proporcionalno raste kako gledaš tela oko sebe. Na neki način počneš ludački da 'vrištiš' da bi sebi dokazao da si još živ. 'Hitan seks' zapravo je metafora za to ludačko vrištanje, za traženje izlaza..."

Prvi deo knjige bavi se orgijama UN-ovaca u Kambodži. Omiljeno piće među osobljem Ujedinjenih nacija na „letovanju" u diktaturom poharanoj i siromašnoj Kambodži bio je spejs-šatl.

„Piće se pravi od destilovane marihuane koja stoji šest meseci i tako se postiže odličan kvalitet. Na kraju dobijate tečnost boje jantara koja ukusom podseća na najbolje konjake. To se tamo pilo ko što se u Americi pije koka-kola", otkriva Kejn.

Na pitanje nije li licemerno da danas optužuju Ujedinjene nacije za neefikasnost, a tada su, kao pripadnici UN snaga, i sami posećivali te zabave, Kenet Kejn, Endru Tomson i Hejdi Postlevejt kažu:

„Nije nam trebalo dugo da shvatimo šta su Ujedinjene nacije i da to nema veze s pomaganjem ljudima. U Kambodži su nama lekarima u misiji, recimo, naredili da bolesne zatvorenike u lokalnim zatvorima hitno postavimo na noge. Mislite da ih je bilo stvarno briga za zdravlje tih ljudi? Šalite se. Bilo im je jedino stalo do toga da ta masa glasa na izborima koje su organizovale Ujedinjene nacije. Ujedinjene nacije su odlučile da će zatvorenici moći da glasaju, ali ti ljudi su preko noći oboleli od nepoznate bolesti... Kasnije smo dijagnosticirali da su imali beri-beri."

Lekar Tomson bio je na čelu ICTY tima forenzičara u Srebrenici. U knjizi su opisani i bugarski UN-ovci u Kambodži 1933, plavi šlemovi kojima bi bolje pristajale robijaške uniforme jer su zapravo bili kriminalci, bivši robijaši. Advokat Kejn opisuje njihovu misiju:

„Bugarska vlada je u to vreme očajnički želela zelene dolare i devize. Ali Ujedinjene nacije nisu htele da daju svoje najbolje obučene vojnike. Umesto toga, u misiju su poslali – zatvorenike iz lokalnih kazamata. Rekli su im da će ako izdrže šest meseci u misiji u Kambodži, nakon povratka kući biti slobodni. To vam je bila gomila kriminalaca, mnogi od njih i psihički bolesnici, koje su poslali u potpuno opustošenu Kambodžu u kojoj zakon ionako nije imao veliku snagu. Po ceo dan su bili pijani, masovno su silovali Kambodžanke i razbijali automobile po lokalnim ulicama. Izazivali su i pucali na Crvene kmere, a posle se po svetu izveštavalo da Crveni kmeri napadaju Ujedinjene nacije. Pa ti ljudi su bili izazvani od pijanih Bugara koji su predstavljali Ujedinjene nacije. Stalno su se obračunavali zbog kockarskih dugova, žena... Ujedinjene nacije nikada nisu preduzele ništa da tome stanu na kraj."

Fred Ekard, portparol UN-a, nedavno je izjavio da Ujedinjene nacije nemaju instrumente kojima bi kontrolisali ljude koje u misiji UN šalju zemlje članice. Kenet Kejn, Endru Tomson i Hejdi Postlevejt danas otvoreno tvrde da su misije Mirovnih snaga po svetu legla korupcije.

„Evo vam primer Liberije. Ujedinjene nacije su u Liberiju poslale lokalne, afričke Mirovne snage koje je trebalo da se brinu za sigurnost ljudi. Ali bilo je jasno da je to sve samo poza. Pazite, na severu su ljudi umirali, odsečeni, bez hrane, vode... Moj šef, šef misije UN u Liberiji u to vreme, hteo je da pošalje humanitarni konvoj na sever, ali ne da bi se pomoglo običnim ljudima, nego da bi se pomoglo pripadnicima neke frakcije koji se tamo bore za dijamante. Nas iz misije, nenaoružane, poslao je usred tog ratnog pakla. Kad smo mu rekli da tamo nemamo šta da radimo dok su borbe, on je mirno odgovorio: 'Nema to veze. Jasno da nećemo ništa da radimo, ali ja želim da izgleda kao da mi ovde nešto radimo...' I tako Ujedinjene nacije šalju ljude u pogibelj... To je često slučaj u misijama UN – kad zagrebete po površini tih 'humanitaraca' i tog 'humanitarnog rada', to je obično samo spasavanje imidža organizacije, a ne spasavanje ljudi. Čelni 'humanitarci' brigu ne vode ni o lokalnom stanovništvu, ni o vlastitim ljudima."

Endru Tomson dalje potvrđuje da je novac glavni motiv zbog koga mladi ljudi danas odlaze u mirovne misije UN-a.

„Novac, u prvom redu novac. Ja ne tvrdim da među njima i dalje nije i puno zanesenjaka koji idu da služe miru. Ali većina dođe zbog dobrih plata, izvrsnih dnevnica, raznih dodatnih novčanih nagrada kojih je puno, ljudi dođu da osiguraju ušteđevinu kakvu nikad kod kuće ne bi mogli da zarade. Oni koji dođu hrabro da služe i žrtvuju se za neke ideale, brzo odlaze kad vide šta su zapravo Ujedinjene nacije; to i jeste glavni problem, jer obično ostaju ljudi koje zanima plata i pozicija, tamo se po pravilu radi negativna selekcija, takvi budu promovisani i na kraju završe i u najvišim strukturama. To su face koje traže sinekure."

Endru Tomson je odlučio da napusti Ujedinjene nacije nakon misije u Liberiji.

„Krišna Govandan iz Trinidada, jedan od ključnih ljudi tamošnje misije, uzimao je petnaest odsto provizije za sve što je tamo građeno pod nadzorom Ujedinjenih nacija. Iako je to svima bilo poznato, nisu ga sklonili, nego, naprotiv, promovisali. Nakon što je otuđio milion i po dolara, napokon je uhapšen u Americi. I ja sam ga, među ostalima, prijavio. Ne znam da li je i to uticalo da je konačno završio iza rešetaka. Ali sasvim otvoreno: da sam hteo da ostanem u UN, ne bih mogao da ga prijavim, to ne ide tako. Usudio sam se da ga prijavim samo zato što sam znao da odlazim."

Strah od prijavljivanja korumpiranog dužnosnika Ujedinjenih nacija Kenet Kejn, Endru Tomson i Hejdi Postlevejt objašnjavaju jakim uticajem koji je Govandan imao u Ujedinjenim nacijama.

„Iluzorno je očekivati da ćete cinkariti takve face, a uz to sačuvati posao i mir."

Liberija je bila samo „tačka na i". Bolja iskustva, sudeći prema onome što su zapisali, nisu imali ni u Ruandi. Kejn se seća trenutka u vreme velikog masakra u Ruandi.

„Šef nas je poslao u područje gde je bilo puno ranjenih ljudi. Digao nas je iz baze, rekao: 'Ne brinite se za pisanje izveštaja, ne sedite u kancelariji, idite među ljude, imate lendrovere, radio-prijemnike, kutije medicinske pomoći, učinite šta možete da spasete živote...' Bio je to za mene pozitivan šok jer konačno je neko shvatio da nismo tamo samo zato da bismo iz naše baze u Njujork slali uredno složene izveštaje o masakru. Te nedelje smo spasli mnoge ljude, bila je to sigurno najuspešnija nedelja mog rada za UN, tada sam znao da sam nešto korisno napravio. Znate šta nas je dočekalo nakon povratka u bazu? Glavni šef misije otpustio je mog šefa, čoveka koji nas je poslao na teren, jer mi 'nismo pisali izveštaje, nismo sledili birokratsku proceduru...' Očigledno, UN je danas znatno više posvećen spasavanju vlastitog imidža nego spasavanju ljudi. Da li je to humanitarni posao? Zgadilo mi se sve nakon misije u Liberiji. Danas verujem da je sadržajan humanitarni posao moguće raditi samo izvan te okoštale, birokratske strukture UN", zaključuje Kenet Kejn.

## Država prosjaka i lopova

Da u misijama UN-a ima kriminala, uverili su se i naši misionari. Prva policijska misija SCG je avionom preko Belgije, letom koji je trajao petnaest sati, početkom aprila 2004. stigla u glavni grad Monroviju. Tu im je rečeno da je upravo u toku oružani sukob političkih frakcija Kol, Model i Lurd i da je jako opasno da nenaoružani i u policijskim uniformama UN-a izlaze na ulice. Misiju je vodio Marko Jokić, specijalac MUP-a Srbije.

„Tada sam video pakao. Polugoli crni ljudi s mačetama u rukama jurcali su po prašnjavim ulicama grada Monrovija i sekli jedni drugima ruke, noge, utrobu i glave. Pripadnici te tri frakcije, od kojih pobunjenike predstavljaju članovi Pokreta Liberijaca ujedinjenih za mir i demokraciju, masakrirali su i čerečili jedni druge. Po njihovom shvatanju neprijatelj je poražen samo ako mu odseku genitalije i posle ih mrtvacu stave u usta. To je za njih znak da je protivnik zauvek i politički mrtav. Ja sam video na desetine takvih unakaženih leševa i dok se na njih nisam navikao, dva dana sam povraćao", priznao mi je mladi policajac Marko Jokić.

Pobunjenici su, naime, 2004. godine tražili ostavku predsednika Čarlsa Tejlora koji je pobio nekoliko hiljada pripadnika frakcije Lurd, potom ukrao tri milijarde dolara i pobegao u Nigeriju. Posle toga se rat frakcija i plemena pretvorio u haos.

„Video sam ljude kako ubijaju žene i decu, vade iz njih srce i džigericu i jedu. U gradu Vojidžana, koji je svrstan u jedan od četiri najopasnijih naselja na planeti, i danas vladaju liberijski hanibali koji svaku svoju žrtvu obese na drvo da se osuši i da je potom pojedu. U tim plemenskim naseljima van glavnog grada vladaju poglavice i vračevi, koji, na primer, seoske lopove kažnjavaju tako što ih kamenuju kokosovim orasima do smrti", rekao mi je Marko Jokić i pokazao snimke surovih odmazdi i ljudožderstva u Liberiji.

Bekstvo i pljačka predsednika Čarlsa Tejlora, američkog plaćenika, izazvali su proširenje građanskog rata iz Liberije na susedne zemlje Nigeriju, Obalu Slonovače i Gvineju tako da su Ujedinjene nacije morale da intervenišu. Savet bezbednosti je u ovaj region poslao oružane snage OUN i mirovnu policijsku misiju, koju čine policajci iz 94 države sveta.

„Uz pomoć Ujedinjenih nacija za novog tranzicionog predsednika je postavljen Džudi Brajan, koji treba da održava mir između tri frakcije do izbora u novembru 2005. godine. Naš posao je da učimo i obučavamo liberijske policajce da održavaju javni red i mir i da vrše policijsku istragu, a ja sam i obučavao njihove prve specijalce. Svakog dana odlazim na posao u Štab misije UN-a, koji je smešten u nemačkoj ambasadi, a odatle u stanicu milicije Monrovija, gde pomažem policiji u borbi protiv lokalnih kriminalaca. Moja koleginica iz Beograda drži predavanja na policijskoj akademiji Liberije. To je, međutim, užasno težak posao jer su prosečni Liberijci nepismeni ljudi, verski zatucani i jako lenji. U zemlji u kojoj decenijama vlada građanski rat vladaju korupcija, kriminal i opake bolesti. Ovde su glava i život veoma jeftini, a šaka pirinča i flašica pijaće vode preskupi. Zbog rata u kome svako sve uništava u Liberiji ne radi elektrodistribucija, ne rade radio i televizija, nema javnog i gradskog prevoza", rekao mi je Marko Jokić.

Republika Liberija je predsednička republika. Nalazi se na zapadnom delu Afrike, pored Namibije. Ova nekadašnja američka kolonija prostire se na površini od 97.754 kvadratnih kilometara. Liberija ima oko 3,5 miliona stanovnika. Po nacionalnom sastavu to je plemenska zemlja, u kojoj većinu čine plemena Kpele 19 odsto, Basa 14 odsto, Grebo 9 odsto, Gio 8 odsto i Kru 7 odsto. Većina njih su vernici tradicionalne religije, 63 odsto, dok su ostali sunitski muslimani 15 odsto, protestanti 14 odsto, afrički hrišćani 5 odsto i rimokatolici 2 odsto.

„Liberija je zemlja u kojoj 80 odsto stanovništva čine prosjaci. Ti ljudi moraju da kradu da bi preživeli, jer ne mogu svi da love ribu ili da gaje pirinač. A ono malo ljudi koji rade imaju plate od deset dolara, koliko vredi strani pasoš, koji kupuju da bi pobegli iz zemlje. Ministarska plata je trideset pet dolara. A satelitska antena, na primer, košta dve hiljade dolara. Zato malo ko u Liberiji ima televizor. Zbog stalnih pobuna i visoke stope kriminala u Liberiji svakog dana od ponoći do zore vlada policijski čas. Iako su vojne i policijske snage UN-a donele mir u zemlju, narod je nezadovoljan, jer vlada nema socijalni program za zbrinjavanje sirotinje i prosjaka", kaže Marko Jokić.

Žitelji Liberije govore plemenskim jezicima, mada im je službeni jezik engleski. Pismeno je 70 odsto muškaraca i samo 37 odsto žena. Dok je urbanizovana svega polovina ove države, drugi polovinu Liberije čini džungla.

Glavni grad Monrovija ima oko pola miliona ljudi. Većina kuća je pravljena od blata i trske. Čak i policijske stanice i zatvori više liče na obore nego na kuće. U čitavoj Liberiji nema struje, nema bioskopa, nema pozorišta, nema kafana, nema samousluga, nema asfalta. Ni ulične rasvete. Uostalom, Liberija je jedna od najsiromašnijih država sveta.

„U ovoj zemlji džungle i vračeva, bebe i mališani su najveće žrtve ljudske verske zatucanosti i ratnog ludila. Vrač u svakom liberijskom selu ima neprikosnoveno pravo da prvorođeno dete svake žene, radi uroka, ubije i njegovo malo srce pojede. Pravilo je i da ako majka umre na porođaju, vrač okrivi bebu za njenu smrt, i ubije je. U našim policijskim arhivima sam video i slučajeve zastrašujućeg načina lečenja side u Liberiji. Naime, vračevi smatraju da se sida najbolje leči ako zaražena osoba polno opšti s bebama. Mi smo imali nekoliko takvih slučajeva, pa smo te bolesnike i silovatelje beba morali da predamo sudu, koji ih, međutim, kažnjava jako blago", otkrio mi je još jedno svoje grozno iskustvo policajac Marko Jokić.

Srpski policajci u Liberiji primaju plate kod kuće, u Srbiji i Crnoj Gori, kao i dnevnice UN-a, čiji je iznos poslovna tajna. Od tih dnevnica osmoro naših misionara plaća mesečno iznajmljivanje kuće u kojoj žive, pet hiljada dolara, hranu i pranje i peglanje veša. Voda za piće je najskuplja, jer vodovoda nema, pa flašica vode košta dvadeset dolara, koliko i ceo ručak.

„Reka Sent Pola, koja prolazi kroz glavni grad, puna je leševa, zmija i krokodila. Pored opasnosti od bolesti, jer u Liberiji vladaju tifus i sida, mi smo izloženi opasnostima od ujeda otrovnih insekata. Komarci prenose malariju, a otrovni pauci su u stanju da vam oglođu nogu ili ruku do kostiju za samo jednu noć. To se jednom policajcu iz Poljske dogodilo", kaže policijski instruktor Marko Jokić.

Život u glavnom gradu Liberije se odvija dosta normalnije negoli u unutrašnjosti zemlje.

Monrovija ima agregate za struju i gradonačelnik je uspeo s članovima godišnje civilne misije UN-a da ojača gradsku policiju, koja kontroliše red i mir.

„Mi smo u Liberiji kao na Nojevoj barci. Borimo se s vojnim snagama UN-a za mir, za živote ljudi, ali i za njihovo civilizovanje, osnovno obrazovanje, školovanje i stručnu obuku. Zato nemamo radno vreme, svakodnevno ili radimo ili idemo u obilazak i patrole po policijskim stanicama širom Liberije. Mi kao misionari ne nosimo oružje i ponekad smo izloženi napadima pobunjenika i kriminalaca. Međutim, kako uvek imamo pratnju plavih šlemova, donekle smo zaštićeni", priznao mi je Marko Jokić.

Ipak, on lično je zadovoljan jer je, kako kaže, stekao veliko profesinalno iskustvo i jer je napokon lično od Žaka Klajna, predstavnika UN-a, dobio ponudu da zajedno s kolegama iz srpske i crnogorske policije učestvuje u misijama u Iraku, Nigeriji, Gruziji i Sudanu. A to znači da će i MUP Srbije uskoro imati još najmanje jednu mirovnu policijsku misiju, što je zaista dokaz da spada u red ponajboljih policija u svetu.

„Mi srpski policajci smo jako cenjeni u misiji UN-a u Liberiji. Lako smo se uklopili jer ovde ima Rusa i Ukrajinaca, ali i srpskih zetova, odnosno američkih i evropskih vojnika koji su bili u Bosni i na Kosmetu. Zapravo nas Srbe je u Liberiju pozvao Žak Klajn, bivši poverenik UN-a u Slavoniji i BiH, koji je sa sobom poveo i svoje vojnike mirovnjake. Zato sve nas predstavnici UN-a i vlasti Liberije u šali zovu Balkanska mafija. I kada se pojave u štabu godišnje civilne misije UN-a u nemačkoj ambasadi, svi nam govore: 'Dobar dan' i 'Doviđenja.'"

Pravila UN zabranjuju zaposlenima da bez UN dozvole izdaju članke i knjige o njihovom radu. Tek kad su iz UN-a zatražili da se knjiga zabrani, njeni su autori tražili službenu dozvolu UN-a. Jasno, nisu je dobili.

Kenet Kejn, Endru Tomson i Hejdi Postlevejt se sećaju da je portparol UN-a Fred Ekard izjavio kako izdavanje te knjige nije u interesu UN-a.

„Ali knjigu nisu mogli zaustaviti jer ugovor obavezuje nas zaposlene UN-a, ali ne i izdavača. Izdavač knjige, *Miramaks buks*, nema nikakve obaveze prema UN-u. Nama su pretili otkazom, ali evo, već četiri nedelje kako je knjiga izašla, a Hejdi Postlevejt i ja i dalje smo u UN-u."

„Nismo dobili otkaz jer je verovatno neko procenio da bi time izbio još veći skandal", smatra socijalna radnica Hejdi Postlevejt.

Kenet Kejn, Endru Tomson i Hejdi Postlevejt se sećaju reakcija svojih kolega, niže rangiranih zaposlenih u sedištu Ujedinjenih nacija.

„Puno ljudi koje srećem na hodnicima kažu da su pročitali i tapšu nas po ramenu govoreći da je dobro što je neko progovorio. Ali princip je ovakav: što su ljudi više u hijerarhiji, to im se manje sviđa naša knjiga."

Čak 95 odsto knjige opisuje događaje koji su opštepoznati – povlačenje Amerikanaca iz Mogadiša, pakao Srebrenice, Ruande, Haitija... Osim nekoliko ličnih svedočanstava, u knjizi su spomenuti slučajevi o kojima se godinama govorilo u kuloarima i delu medija. Ipak, u UN-u nisu želeli prljav veš na jednom mestu.

„To je priznao i portparol UN-a, Fred Ekard, da uglavnom pišemo o 'opštepoznatim stvarima'. Ni meni nije sasvim jasno zašto su u glavnom sekretarijatu UN-a podivljali kad su pročitali napisano. Valjda zato što je to prvi put da o tamnoj strani UN-a pišu sami pripadnici UN-a. Ljudi koji su radili u tim grobovima koje je indirektno, svojom nesposobnošću, stvorio UN, opisali su ono što su videli i čuli. Mislim da je to razlog zašto se oko knjige digla prašina", smatra Tomson i objašnjava ulogu Kofija Anana u današnjoj konstelaciji snaga:

„Ne mogu sasvim sigurno da tvrdim da je Anan hteo da zaustavi štampanje knjige strahujući za svoj ugled, ali moguće je da je to bio razlog zašto su hteli stati na kraj rukopisu. Činjenica je da je Anan, kad je promovisan u sam vrh UN-a, sa sobom povukao mnogo ljudi koji su s njim radili u Mirovnim snagama. Mnogi od tih ljudi trebalo je da odgovaraju jer zbog njihove nebrige i nesposobnosti po svetu su izginule stotine hiljada ljudi."

Advokat Kenet Kejn smatra da Ujedinjene nacije nemaju više kredibilitet.

„To je organizacija u čiji krediblitet danas veruju uglavnom slabo informisani i naivni. Ovih deset miliona dolara koji fale u Iraku, koji su nestali iz programa 'Nafta za hranu', samo je slika kako se radi u UN-u. Pazite, kakav moralni autoritet može imati UN u Ruandi, Srebrenici? Bilo je, na primer, tragikomično kad su me poslali da razgovaram s lokalnim vojnim šefom Tutsija, koji su formirali vladu u Ruandi nakon što je veliki deo tog plemena u masakru ubijen. Ja dolazim i objašnjavam mu da se sa zatočenim Hufuima mora postupati humano, prema pravilima međunarodnog prava. Čovek me pogleda s mržnjom i kaže: 'Kakav vi moralni autoritet imate? Ujedinjene nacije su dopustile da u Ruandi ubiju stotine hiljada Tutsija, a vi mi sad licemerno servirate pravila.' Jedino što sam mu mogao reći jeste: 'U pravu ste.' Okrenuo sam se i otišao."

Knjiga trojice autora Keneta Kejna, Endrua Tomsona i Hejdi Postlevejt je, čini se, tek uvertira nizu sličnih knjiga o tamnoj strani UN-a.

## Nema pljačke bez države

Slučaj kriminalaca u redovima UN-a je primer kako ljudi zaštićeni državnim interesima uzimaju pravo da se bave kriminalom kao profesijom.

Holanđanin Pol Van Butenen, „mali" službenik evropske vlade, 25. oktobra 1999. godine podigao je veliku uzbunu u redovima birokratije u Briselu namerom da objavi knjigu o korupcionaškoj aferi zbog koje je marta 2005. godine dvadeset komesara Evropske komisije podnelo kolektivnu ostavku.

Jedna verzija knjige koja je bila na „čitanju", pouzdano se zna, nema nikakve šanse da bude objavljena. U rukama cenzora Evropske komisije nalazi se drugi „izmenjeni rukopis". Šta će s njim biti, niko ne zna. Butenena, zbog namere da štampa svoja iskustva, može, međutim, sačekati nova kazna.

Službenik Evropske komisije u Briselu nedavno je kažnjen „strogim ukorom" zbog toga što je stenogram razgovora o nezakonitim radnjama bivših članova „evropske vlade", na čijem je čelu bio Žak Santer, dostavio Evropskom parlamentu.

Učinio je to decembra 1998. godine kada je počela da se raskrinkava korupcionaška afera posle koje je devetnaest komesara zajedno sa Santerom bilo prinuđeno da podnese ostavku. Usledile su kazne, šikaniranja na poslu, suspenzije. Da je „mali" činovnik slutio šta ga sve zbog toga očekuje, u jednom „slobodnom i demokratskom društvu" – ko zna – možda se nikada ne bi odlučio na taj korak.

U „centru" afere našlo se petoro komesara Evropske komisije, među kojima je na prvom mestu bila Edit Kreson, bivša francuska premijerka koja je svojim prijateljima obezbeđivala unosne poslove na račun Evropske unije. Novac je trošen iz fondova za humanitarnu pomoć, za razvoj turizma i za saradnju sa zemljama Mediterana. „Ekipa" komesara, kako su utvrdili parlamentarci, bavila se nedozvoljenim finansijskim poslovima, korupcijom, zloupotrebljavala je službeni položaj, a pripisan im je i nepotizam, tako da je kompletna Evropska komisija podnela ostavku. Bila je to prva „grupna" ostavka u istoriji „evropske vlade".

Iz Evropske komisije u potpuno novom sastavu, koja je stupila na scenu s predsednikom Romanom Prodijem na čelu sredinom septembra 1999, ponovo je stigla pretnja autoru neobjavljene knjige. Butenenu je upravo saopšteno da će protiv njega biti preduzete zakonske mere ako bude štampao „lektiru" o finansijskoj aferi.

„Mislim da je svet politike i biznisa daleko nemilosrdniji i da u njemu ima daleko više kriminalaca nego u mafiji. Ako posedujete veliku kompaniju i veliki broj advokata, pa čak i državu i armiju, to nije ništa drugo nego da imate revolveraše koji u svakom trenutku mogu da se okrenu protiv vas."

To je rekao Mario Puzo, pisac velikih dela o mafiji, kada je na vreme, u leto 1998. godine, shvatio da je organizovani kriminal u politici i privredi mnogo opasniji od podzemlja.

Sami političari i državnici, naravno, mislili su drugačije. Prema procenama UN-a iz 1997. godine, treća globalna pretnja čovečanstvu, pored terorizma i narko-mafije, na kraju dvadesetog veka bili su mito i korupcija. Svaka peta zemlja ove planete ogrezla je u korupciji. Njeni glavni akteri su političari – predsednici, premijeri i ministri. Korupcija seže do najviših vrhova država, pa se danas više gotovo i ne čudi što su u takve sramotne radnje umešani i oni koji bi trebalo da su iznad svega nelegalnog. Tako su i predsednici i premijeri, državnici poput Berluskonija, Klasa, Kraksija, Papandreua, Micotakisa, Hosokave, čak i Gorbačova, upleteni u sramotne rabote koje su mnogima ili okrnjile, ili potpuno upropastile biografije.

Korupcija je pedesetih godina ovog veka bila relativno malih razmera, a potom se uvećala tokom šezdesetih i sedamdesetih da bi zahvatila najviše državne vrhove osamdesetih i devedesetih godina. Sredinom devedesetih situacija je najgora bila u Indoneziji gde je dinastija Suharto i faktički postala vlasnik čitave države.

Kraj 20. veka je, slobodno se može reći, decenija korupcije.

Godina 1999. je bila i bukvalno korupcionaška jer su se na crnoj klupi našli mnogi uvažavani političari, od francuskog ministra finansija Dominika Stros-Kana, koji je podneo ostavku zbog sumnji da je umešan u korupcionašku aferu, do izraelskog premijera, kome je prećeno hapšenjem. Jevrejski premijer Bibi Netanijahu, na primer, „zaboravio" je da državi vrati poklone. Krajem oktobra 2004. godine izraelska policija je pretresla stan i sanduke u državnom skladištu, tragajući za poklonima koje je bivši premijer Benjamin Netanijahu navodno ilegalno zadržao posle poraza na majskim izborima 1999. Policija je pretražila njegovu kuću, kancelariju i skladište i zaplenila „desetine vrednih predmeta, uključujući ilegalno zadržane slike, zlato i srebro", rekla je predstavnica policije Linda Mehunjin. Jakov Vajnrot, jedan od premijerovih advokata, izjavio je da stvari nisu vraćene jer nije bilo vremena za „uredan popis".

Sud u Turskoj zamrzao je u jesen 1999. finansije bivšeg premijera Nedžmetina Erbakana i još devet vodećih ljudi iz njegove Partije prosperiteta, islamske orijentacije, koja je sada zabranjena u Turskoj. Sud je takvu odluku doneo kako bi povratio 2,2 triliona lira tj. 4,6 miliona dolara, koji su „nestali" u vreme kada je Erbakan bio premijer. Vlast optužuje Erbakana i još 88 funkcionera njegove sada zabranjene Partije prosperiteta da su preusmerili vladinu pomoć u fondove te partije pre nego što je ona zabranjena. Sredstva su se kasnije našla na računima Erbakana i devet najviših funkcionera Partije prosperiteta. Erbakan je srušen s vlasti 1997. godine posle burnog perioda njegove vladavine kao prvog islamističkog premijera koji je želeo da uvede šerijat – strogo islamsko pravo u sekularni sistem turske države. Erbakan je posle toga sudskom odlukom udaljen iz političkog života na period od pet godina, a Partija prosperiteta je zabranjena.

Bogata Nemačka je aferu „Kol" otvorila u jesen 1999. a njeno zatvaranje je planirala za proleće 2000. godine. Šest meseci država se tresla zbog milion maraka koje je bivši kancelar Helmut Kol sakrio da bi tajno finansirao svoju stranku.

Milion maraka je mnogo novca. U novčanicama od hiljadu maraka ta suma može, međutim, lako da stane u damsko koferče za kozmetiku. Upravo takvo jedno koferče s milion maraka u avgustu 1991. u jednom trgovačkom centru u St. Margaretenu, u Švajcarskoj, promenilo je vlasnika.

Jedan od učesnika u ovoj razmeni bio je Lajsler Kip, tadašnji blagajnik Hrišćansko-demokratske unije – CDU, jedan od najbližih i najpoverljivijih saradnika dugogodišnjeg nemačkog kancelara Helmuta Kola. Protiv Kipa vodila se istraga zbog sumnje da je utajio porez, a afera je neprijatno zakačila i CDU i samog Kola, koji se, takođe, našao na optuženičkoj klupi.

„Očekujemo i odgovor od bivšeg kancelara Kola na pitanje koliko su novčani pokloni Hrišćansko-demokratskoj uniji uticali na izvoz nemačkog oružja kao što je, na primer, prodaja 36 oklopnih transportera 1991. godine Saudijskoj Arabiji", izjavio je Peter Struk, jedan od rukovodilaca SPD-a.

On jasno sumnja da postoji direktna veza između Kipovog koferčeta s milion maraka i prodaje Saudijskoj Arabiji 36 transportera tipa fuks. Bio je to zapravo lep znak zahvalnosti zbog pomoći u realizaciji tog posla. Jedan od ključnih ljudi u prodaji nemačkih transportera Rijadu bio je upravo Lajsler Kip, tadašnji blagajnik CDU-a, i sâm lider stranke, Helmut Kol.

## Ukaljani olimpijci

Kraj drugog milenijuma doneo je još jedno razočaranje svetskoj javnosti.

Naime, bilo je potrebno da gospodin Mark Hodler, uvaženi član Međunarodnog olimpijskog komiteta, izgovori samo jednu rečenicu pa da se mit o olimpijskom viteštvu sruši kao kula od karata. Sredinom decembra 1998. godine Mark Hodler, dugogodišnji predsednik Svetske skijaške organizacije, izjavio je da je „podmićivanje članova MOK-a standardno pravilo prilikom odlučivanja o domaćinu Olimpijskih igara".

Za mnoge članove ove najmasovnije sportske organizacije na svetu prodaja svojih glasova je uobičajen posao. Ovo priznanje je, i pored upornog negiranja i pretnji kaznama Huana Antonija Samarana, prvog čoveka olimpizma, izazvalo lavinu novih priznanja. Dokaze o potplaćivanju članova MOK-a ponudili su odmah Kanada, Velika Britanija i Australija, dok je Kina potvrdila da je na nepošten način ostala bez igara.

Vodeći ljudi Sidneja su potvrdili da su potrošili dva miliona dolara da bi od Kineza oteli organizaciju Olimpijade 2000. godine. Kao dokaz ponudili su račune o plaćenom školovanju u SAD deci šestorice rukovodilaca MOK-a.

Huan Antonio Samaran je već formirao Komitet za mito i Biliju Paundu poverio zadatak da ispita korupciju unutar MOK-a. Američki FBI je poveo istragu protiv organizatora Zimskih olimpijskih igara u Solt Lejk Sitiju 2002. godine, jer su to tražili sami građani Amerike. Tako je veliko sportsko finale 1998. godine okončano najvećim olimpijskim skandalom. To nam, uz mnoge druge primere podmićivanja, daje za pravo da tu 1998. proglasimo godinom korupcije.

Iluzija više nema i olimpijski sport je pretvoren u prljavi biznis. Ta industrija zabave samo u Atlanti okrenula je 200 milijardi dolara. Jurnjavu za sportskim trofejima i dolarskim nagradama Alberto Tomba, najbolji skijaš Italije, okončao je sa zaradom od stotinak miliona maraka. Nenadmašni šampion „Tomba la bomba", međutim, na isteku 1998. godine, okrivljen je u Italiji za utaju poreza od 14 miliona dolara. Ljut zbog povređenog ponosa i otkrivene prevare države, Alberto Tomba je odlučio da zauvek napusti skijanje. Javni tužilac Italije mu to nije uzeo kao olakšavajuću okolnost, nastavio je svoju istragu da dokaže nevinost slavnog olimpijca.

U toj zemlji mafije pravosuđe se decenijama bori s korupcijom u samom vrhu države. Dvojica bivših premijera Silvio Berluskoni i Romano Prodi bili su dve godine pod istragom zbog mita. Obojica su radili s državnim holdinzima *Fininvest* i *IRI*. Prvi, Berluskoni, osuđen je 1998. na dve godine i devet meseci zatvora, a drugi, Prodi, oslobođen je optužbi.

A Đani De Mikelis, bivši ministar spoljnih poslova Italije, osuđen je 1997. na četiri godine zatvora zbog prljavih finansijskih transakcija.

*Mani pulite* tj. „Čiste ruke" je bio naziv operacije italijanske pravde koja otkriva neverovatan raspon malverzacija koje su zahvatile italijansko društvo, pre svega njenu političku klasu i ekonomski establišment. Zemlja je ophrvana korupcijom, sveprisutnim tanđente sindromom poznatijim kao mito. Podržan odobravanjem javnog mnjenja, jedan sudijski pul krenuo je od 1992. sa serijom hapšenja. Udareno je na čitav italijanski sistem „partitokratije".

U februaru 1992. socijalista Mario Kjeza zatečen je u uzimanju napojnice i potom uhapšen. U februaru 1993. ostavku daje socijalistički ministar pravde Klaudio Marteli, i još četiri ministra vlade Amata.

Optuženi su za korupciju. Februara 1993. iz direkcije Socijalističke partije odlazi Betino Kraksi, bivši premijer.

U martu 1993. hapse Gabrijela Kaljarija, predsednika kompanije *Eni*, zbog davanja 800.000 dolara političkim partijama. Četiri meseca po odlasku u zatvor, Kaljari će se obesiti u ćeliji. U aprilu 1993. ostavku daje premijer Amato, a u maju hapse predsednika kompanije *IRI*.

Takođe, u maju 1993. Karlo de Benedeti, predsednik *Olivetija*, priznaje da je uplatio na ime mita značajne sume javnim preduzećima. Bivši predsednik kompanije *Feruci*, Raul Gardini, ubija se pre nego što su uspeli da mu uruče papir o hapšenju, zbog afere „Enimont". Zbog iste afere u septembru 1993. uhapšen je potpredsednik suda u Milanu, Dijego Kurto. U decembru će doći do suđenja zbog iste afere, na kome će svedoci biti Kraksi i Forlani.

Odmah po zauzeću vlasti, premijer Silvio Berluskoni, moćni medijski magnat, upada u probleme zbog svog brata Paola Berluskonija, koji je priznao da je njihova firma *Fininvest* davala mito. Glavni sudija, Di Pijetro, ubrzo odbija ponuđeno mesto ministra pravde i jasno je da će protiv Berluskonija ići do kraja. Bitka između sudija i vlade počeće iste večeri kada se Italja kvalifikovala za finale Kupa sveta u fudbalu.

*Forza ladri* tj. „Napred lopovi" bio je naslov dnevnika *La Republika*, koji je aludirao cinično na izborni slogan Berluskonija, *Forza Italia!* Pritešnjen koalicionim partnerima kojima se ne sviđaju njegove mere, Berluskoni opoziva Bjondijev dekret 19. jula. Tako će 29. jula 1994. Kraksi i Marteli biti osuđeni na osam godina zatvora. Kraksi u odsustvu, jer se krio u svojoj vili u Severnoj Africi. Sudije su dokazale da su ova dvojica dobili sedam miliona dolara za svoju partiju povodom pozajmljivanja pedeset miliona dolara kompanije *Eni Banci Amrozijano*, koja je potom bankrotirala.

## Trula zemlja demokratije

U kolevki demokratije i olimpizma, Grčkoj, put do glasačkih kutija je pre sedam godina bilo nemoguće uočiti. Naime, oboleli Andreas Papandreu (76) zadobio je poverenje birača oktobra 1993. godine, samo četiri godine pošto je bio akter jednog od najvećih skandala savremene Grčke. Afera „Koskotas" i danas neprijatno zveči Atinom. Reč je o bankaru koji je imetak napravio u Sjedinjenim Državama. Vrativši se u zemlju, kupio je najpre jedan fudbalski klub, nekoliko listova i jednu banku na Kritu. Sve je regularno, kako nalaže imetak kojim raspolaže i koji je doneo iz pečalbe.

Posle 1981, zahvaljujući ličnim vezama koje održava sa socijalističkom partijom (Pasok), Georgios Koskotas postaje jedan od ključnih ljudi grčkih finansija. Socijalistička vlada je počela sve više da preporučuje *Banku Krita* državnim firmama i javnim službama, pa su tako značajne sume na ime depozita ili trgovinskih transakcija počele da se sležu u Koskotasovu banku. Kada je izbio skandal 1988, baratalo se cifrom od čak 230 miliona dolara koji su skrenuti u *Banku Krita*.

Koskotas će ispariti iz Grčke, potom se pojaviti u Sjedinjenim Državama. Tamo će zaglaviti u zatvoru, ali zbog drugih grehova – finansijskih prekršaja počinjenih nekoliko godina ranije u Sjedinjenim Državama. Skandal je toliko veliki da u njega upada i Papandreu, zajedno s nekoliko svojih ministara. Sa svoje strane, Koskotas iz američke ćelije neprestano optužuje najviše ličnosti Pasoka. Lukavi Papandreu se brani rečima da nije umeo da na vreme otkrije nepoštene manevre. Nezavisna državna istraga, međutim, dokazuje da je Papandreu primio lično od Koskotasa 800.000 dolara za svoje lečenje srčanih tegoba u Londonu. Premijer će biti lično optužen za korupciju i u martu 1992. na specijalnom sudu, odlukom većine, biće oslobođen.

Kada je izbila afera „Koskotas", nekoliko meseci kasnije, juna 1989. na vlast u Grčkoj dolazi Nova demokratija Konstantina Micotakisa. Novi vladin program nalagao je politiku katarze, to jest čišćenja političkog života od svakog korova korupcije. Ali ni desnica nije držala reč. Sledi talas privatizacija koje imaju obeležje grabeži, što povećava nezadovoljstvo stanovništva pogođenog ekonomskom krizom. Za tri godine vladavine, premijer Micotakis je nakupio sumnjičenja za korupciju. Tokom jula 1994. grčka pravda je naložila podizanje bankarske tajne kako bi anketna komisija, posebno stvorena radi utvrđivanja da li je Micotakis upleten u sumnjivu aferu, mogla da obavi posao. Mesecima su naslovne strane grčke štampe bile obeležene aferom „Micotakis", koja se sastojala u prodaji cementare *Aget-Heraklis* jednoj filijali italijanske grupe *Feruci*.

Bivši premijer je bio optužen da je stavio u džep mito od šest milijardi drahmi. Kada se Papandreu vratio na vlast, lansirao je želju za transparentnim vođenjem politike. No, evropski partneri Grčke nisu imali nikakvih iluzija. Poznavali su sve grehe korumpiranog Papandreua. Tako se u krugovima Evropske unije tvrdi da je helensko zlo, bolest korupcije, znatno opasnije u zemlji u kojoj crna ekonomija predstavlja oko 40 odsto bruto industrijskog proizvoda.

Ni vlada Džona Mejdžora nije bila pošteđena skandala s parama. Pored najlošijih rezultata u poslednjih nekoliko decenija u zadobijanju poverenja javnosti, torijevci i Mejdžor su često napadani od štampe. Tako je *Sandej tajms* jula 1994. objavio impresivnu istragu koja je imala zadatak da pokaže moralne kvalitete i mane poslanika u Parlamentu. Bila je to novinarska nameštaljka koja je nekolikim poslanicima navodno nudila prihod od hiljadu funti mesečno ako zauzvrat intervenišu u Parlamentu u korist ove ili one industrijske grupe. Svi laburistički poslanici su odbili tu ponudu, ali su se dva člana Mejdžorove partije upecali na zamku i prihvatili da učine uslugu. Sama afera je van Engleske shvaćena kao otkriće sumnjive prakse dela političke klase. Dva inkriminisana poslanika odmah su suspendovani s funkcija. Engleske debate su se potom razigrale oko sistema koji omogućuje brojnim poslanicima da im se daju pare kao „konsultantima" u firmama kojima je osnovna briga da u Parlamentu imaju svog čoveka. Za Mejdžora je afera bila utoliko neugodnija što se jedan od njegovih bliskih saradnika, lord Džefri Arčer, u istom trenutku nalazio na nišanu štampe.

Autor poznatih krimića i bivši potpredsednik konzervativaca, među kojima i dalje važi za uticajnu ličnost, Arčer je osumnjičen za upletenost u aferu finansijske grupe MAI oko regionalne televizije *Anglija*. Na kraju je ugledni lord bio oslobođen sumnji, ali je slučaj značio još jednu trzavicu u redovima konzervativaca.

## Pedeset najgorih

Moglo bi se iz ovih podataka zaključiti da je Italija najkorumpiranija država sveta. *Galupov institut*, međutim, uradio je 1998. svoju prvu kartu mita i korupcije na planeti. Na listi „blago, srednje i mnogo korumpiranih" zemalja nalaze se pedeset dve države.

U zapadnom svetu, *Galupov institut* je za najkorumpiraniju državu proglasio Nigeriju, jedinu anketiranu afričku zemlju, jer je njen doskorašnji predsednik Sani Abače iz državne kase ukrao 750 miliona dolara. General je bio samo pet godina na vlasti. Za to vreme državne pare je deponovao na razne račune po svetu, a porodici i prijateljima je dozvoljavao da kupuju imanja i kuće po Nigeriji.

Abače, poput mnogih predsednika, nije uopšte pravio razliku između državne i lične blagajne. Uzimao je koliko je hteo i mogao, jer je smatrao normalnim da treba da naplati svoju vlast i vladavinu. Umro je od infarkta, stišnjen između butina tri lake dame, u trenutku kada je njegova supruga Mirijam Abače iz zemlje iznosila četrdesetak kofera s nakitom i devizama. Predsednika Sanija Abačea kaznila je sudbina, a njegovu ženu nigerijski sud.

Stručnjaci *Galupovog instituta* procenjuju da korupcija godišnje „okrene" hiljadu milijardi dolara, duplo više nego trgovina drogom. Vrednost ovog prljavog posla ne meri se samo novcem već i otetim nekretninama, pa i nacionalnim blagom. U Kini, na primer, kako kaže sam predsednik Đijang Cemin, „korupcija predstavlja veću opasnost nego delovanje unutrašnjeg i spoljnjeg neprijatelja zajedno".

Drugo mesto po korumpiranosti na karti sveta *Galupovog instituta* pripalo je Venecueli, jer je njen prvi čovek Karlos Andres Peres od 1993. godine čak dva puta hvatan s tuđim parama u džepovima. „Čovek koji korača", kako su glasači zvali Peresa, od sedamdesetih je od Venecuele načinio „Zemlju koja korača". Zahvaljujući nafti osamdesete su bile godine blagostanja za Venecuelu, dok su recesija i inflacija početkom devedesetih porodile pučiste i demonstrante. Karlos Peres je tada preživeo tri atentata i onda je valjda odlučio da naplati svoj strah. Deo sredstava iz javnih fondova Venecuele prebacio je na svoje privatne devizne račune. Prvi put, 1993. godine, uhvaćen je sa 17,2 miliona dolara bez pokrića. Tada je kao predsednik osuđen na 28 meseci zatvora. Zbog ugroženog zdravlja i sedamdeset godina starosti kaznu je proveo u kućnom pritvoru.

Karlos Peres, međutim, nije bio mator za ljubavnicu. I kao penzionisani predsednik sa svojom metresom Sesilijom Matos, koja mu je rodila dvoje dece, prebacivao je „svoje" sakrivene državne novce u Ameriku. Odali su ga raskoš kojom se kitio i lakoća življenja u siromašnoj Venecueli. I ovog puta pravo da kao nekadašnji lider živi bogovski Karolosu Peresu zamenjeno je kućnim pritvorom s ljubavnicom od godinu dana.

U Južnoj Americi, pored Venecuele, istraživači *Galupovog instituta* u zemlje mita i korupcije ubrajaju Kostariku i Čile, dok Brazil smatraju „umereno korumpiranim".

Kada je 1965. godine general Mobutu preuzeo vlast u Kongu, morao je da sruši s vlasti premijera Evarista Kimbu i predsednika Kasavubua. Mobutuov predsednički slogan je bila nemilosrdna borba protiv korupcije. Samo godinu dana kasnije, novi diktator će obesiti bivšeg premijera Kimbu i tri bivša ministra. Osim toga, uspeće da ga 1970. izaberu za predsednika, da bi već 1971. izmenio ime državi u Zair, što znači reka. Nova zastava i nacionalna himna takođe će označavati novu epohu zemlje. Tek 1982. godine Mobutu će sebi dodeliti i titulu maršala. Krajem dvadesetog veka predsednik Mobutu je u svim svetskim listama najbogatijih na planeti bio među prvih deset.

Zemlja side bila je privatna latifundija maršala Mobutua. Mobutu Sese Seko Kuku Ngbendu Nja Za Banga je bilo puno ime bogatog zairskog diktatora, što na lingala dijalektu znači: „Petao koji kukuriče pobedu, ratnik koji ide od osvajanja do osvajanja, a da se ne može zaustaviti".

Ovaj zairski petao bio je težak više od osam milijardi dolara. Reč je o sumi koja predstavlja njegovo lično bogatstvo, akumulirano za tri i po decenije vladavine.

Njegovo bogatstvo je ekvivalent spoljnog duga Zaira. Pored ostalog, kupio je desetak velikih zgrada i dvoraca u Belgiji i jedan apartman u Parizu. U švajcarskom gradiću Savinji ima vilu, a u Rokbrin-Kap-Martenu ima imanje od deset hektara. Nekoliko hotela u Dakaru su takođe njegov imetak, kao i kuće u Maroku, Keniji, Čadu, Obali Slonovače.

## Novac je ključ vlasti

Korupcija je prerasla u geokorupciju i jednako dobro se zapatila u Africi, Evropi, Rusiji, Americi i Japanu. Ako svetom korupcije krenemo kroz Aziju i Afriku, onda odmah možemo da pronađemo zajedničku nit: veliki deo pomoći koja stiže u te delove planete reciklira se i prenosi odmah u inostranstvo. Zahvaljujući lokalnim korumpiranim elitama, dakle, gro pomoći nikada ne dospeva do sirotinje, odnosno korisnika kojima je namenjena.

U periodu od 1962. do 1986. na Filipinima, kojima je vladao diktator Markos, čak 80 odsto nacionalnog duga predstavljao je tzv. beg kapitala. U Meksiku i Argentini je u poslednjih petnaest godina oko 50 odsto duga isparavalo iz zemlje kroz istovetni izvoz kapitala.

U Africi je po korupcionaškim rabotama, pored Mobutua, čije je bogatstvo cenjeno na preko 22 milijarde franaka, bio je poznat i Musa Traore, bivši predsednik Malija. Pouzdano je utvrđeno da je svoju zemlju opljačkao za 2 milijarde dolara, koliki je bio i iznos duga države Mali svetskim kreditorima. Šestorica afričkih diktatora tokom 1999. godine imali su sopstveno skriveno bogatstvo koje je vrednovano na preko sto milijardi franaka.

Feliks Ufue Boanji, bivši predsednik Obale Slonovače, bio je težak 35 milijardi franaka. A vladao je od 1960. do 1993. godine, kada je umro. Ibrahim Babangida bio je lider Nigerije od 1985. do 1993. i zaradio je na vlastitoj zemlji 30 milijardi franaka. Mosud Aboila, poslovni čovek Nigerije i predsednik od 1993, zaradio je tri milijarde franaka pre nego je smenjen. Pol Bija, predsednik Kameruna, ima bogatstvo od 450 miliona franaka, a Omar Bongo iz Gabona na nafti je zaradio 500 miliona franaka.

U Iraku svemoćna porodica Sadama Huseina i danas uzima za sebe 5 odsto od svih naftnih ugovora zemlje. Od 1979. kada Sadam preuzima vlast u zemlji, do uvođenja sankcija, klan porodice Husein se obogatio, pre svega zahvaljujući ogromnom izvoznom potencijalu iračke industrije nafte. Bogatstvo ovog klana procenjuje se na više od 10 milijardi dolara. Poznato je da je samo jedno od skloništa Sadama Huseina, koje je kadro da izdrži i atomski udar, koštalo više milijardi dolara.

Vlasnici državnog trona uspeli su jednostavno da privatizacijom, a potom i monopolisanjem, celokupnu privredu svoje zemlje podrede sopstvenom biznisu. Što je zemlja siromašnija i diktatura veća, to su i sistemi korupcije bili direktniji, suroviji i delotvorniji.

Za grupaciju zemalja u razvoju procena izvršena 1989. godine tvrdi da su te skrivene finansijske baštine, vlasništvo elita tih siromašnih zemalja, dosegle iznos od hiljadu milijardi dolara. U taj fantastični iznos uračunat je samo bankovni keš rasut po bogatom delu planete. Iznos je sigurno višestruk kada bi se izračunala vrednost nakita, zlata, umetničkih dela velike vrednosti, kao i nekretnina.

Problem je jednostavan: elite tih zemalja nisu spremne da se odreknu svojih prohteva i ogromnih bogatstava koja crpe iz pozicije diktature.

Bogate države SAD, Nemačku, Francusku i Španiju analitičari ovog svetskog elitnog kriminala smatraju „blago podmitljivim". To se, međutim, ne bi reklo, posebno za Francusku, koju već deceniju trese afera „Rolan Dima", ili Španiju u kojoj je za korupciju okrivljen i Filipe Gonzales lično.

„Sto godina poštenja", obećao je Felipe Gonzales dolazeći na vlast. Takvu rečenicu izrekao je u svoje herojsko doba, dok je bio mlađani gen-sek opozicione partije, u nezadrživom jurišu na vlast u postfrankovskoj Španiji. Bilo je to doba nezaboravnog nacionalnog uzleta, *La movide*. Posle šesnaest godina proglašen je pogrešnim čovekom, labilnog karaktera.

Gonzales je izgubio mnogo u očima javnosti i čitave mlade generacije, optužuju ga zato što je predugo pokrivao tendencije nesavesnog obavljanja dužnosti i korupcije. To je svakako razlog što su ga opasno ugrozili desničari Narodne partije Hozea Asnara. Tek u martu 1993. izgleda da je Gonzales konačno shvatio kolika je opasnost korupcija među njegovim ljudima. Tada su ga studenti Univerziteta u Madridu izviždali izvikujući parolu „stop korupciji".

Bolest počinje da biva vidljiva 1989. kada izbija afera „Gera", vezana za potpredsednika vladajuće partije PSOE. Alfonso Gera je kompromitovan neugodnostima oko aktivnosti njegovog brata Huana, koji je bez mandata postavljen u kancelariju prefekture u Sevilji, gde je poznat kao „sekretar" svog brata. Za samo nekoliko godina, Huan Gera postaje milijarder.

Tokom 1992. izbija afera „Filesa", koja se tiče tajnog finansiranja PSOE. Potom izbija i afera Renfe, koja dobija ime po nacionalnoj železnici. Kompanija je, pod vođstvom Huana Garsije Valverdea, izvodila špekulativne operacije s nekretninama. U poslu su se enormno bogatili privatni posrednici, a finansirao ih je javni novac. U vreme kada *El Pais*, vodeći dnevnik, otkriva aferu, Valverde je već postao ministar zdravlja. Moraće odmah da dâ ostavku.

U toj fatalnoj 1992. godini za Gonzalesa, desila se i afera „Iberkorp". Reč je o finansijskoj grupi koju predvodi socijalista Manuel de la Konća, ličnost bliska guverneru španske banke, Marijanu Rubiju. De la Konća je podvrgnut žestokoj istrazi zbog raznih malverzacija, prekršaja i umešanosti u sumnjive poslove. Kada se u istrazi javno navede ime guvernera Rubija, Felipe Gonzales će mu lično priteći u pomoć, ističući da je reč o kleveti. Ali dve godine kasnije će se sve obelodaniti izjavom De la Konće da je guverner Rubio varao poreznike režiranjem na Berzi, a sve to preko jednog tajnog bankovnog računa. Maja 1994. obojica su bila uhapšena. Rubio će ostati u zatvoru dve nedelje zahvaljujući kauciji od 35 miliona pezeta, nešto više od 300.000 dolara. Ipak, najveća gužva stvorena je u Španiji aferom s bivšim direktorom Civilne garde, Luisom Roldanom. U proleće 1993. Španija je bila zaprepašćena saznanjem da je jedna od najstabilnijih institucija od 1985. bila pod upravom majstora pljačke, ljubitelja finih zabava i neugodnog novca. Novembra 1993. madridski dnevnik *Dijario 16* objavljuje dosije koji otkriva pravo lice ovog prevejanca. Roldan je do tada važio za vrlo poslušnog člana PSOE i uverenog progonitelja baskijskog terorizma. Iz otkrića u otkriće, uvidelo se da je u pitanju bila velika prevara. Bilo je tu i utaje poreza, i zavlačenja ruke u tajne fondove namenjene borbi protiv ETA pokreta, i skretanja novca namenjenog siročićima pripadnika policije. Roldan se nije libio da u nekoliko desetina prilika uzme mito kako bi favorizovao firme za gradnju kasarni i sportskih sala. Procenjuje se da je samo na tome zaradio oko 40 miliona dolara. *El ingenijero*, kako je voleo da ga oslovljavaju, uspeo je da pobegne pravdi. Usput je poneo i neke dokaze iz domena državne tajne koji bi mogli teško da naude vladi Gonzalesa. Verovatno prebivalište Roldana, kada je pobegao iz Španije, bila je Venecuela.

Tako je, kao poslednju svoju šansu, Gonzales lansirao operaciju „Čiste ruke".

Pored ovih skandala, Pariz i Madrid, potresaju novi. Ksavijar Tiberi, supruga Žana Tiberija, gradonačelnika Pariza, pritvorena je zbog pronevere novca iz javnih fondova. Njena specijalnost su bile na stotine zaposlenih „mrtvih duša", koje su primale plate i honorare od 40.000 dolara za tanke referate o velegradskim problemima. I ministar španske policije Hose Barionova, kao i Luis Roldan, funkcioner Socijalističke partije i šef Civilne garde, bavili su se preusmeravanjem madridskih javnih fondova u svoje džepove. Ministru se još sudi zbog korupcije i tajnih likvidacija, dok je Luis Roldan dobio 28 godina robije za ukradenih 10 miliona dolara.

Japanski profesori Harnhiro Fukui i Šigeko Fukai pak otvoreno tvrde da je Japan „utočište plaćenih lopova i varalica". S tom razlikom, šta ako neko u Zemlji izlazećeg sunca – političari ili privredni rukovodioci – bude uhvaćen u zločinu, „dostojanstveno izvrši samoubistvo ili se jednostavno javno izvini", kažu profesori Fukui i Fukai. Kada je Šokej Arej, pravni zastupnik vladajuće stranke Japana, okrivljen da je uzeo mito od 325.000 dolara za nezakonite poslove s firmom *Niko sekjuritiz*, od sramote se obesio u sobi tokijskog hotela *Pacifik*. Bio je to četvrti političar koji je 2004. izvršio samoubistvo da ne bi obrukao sebe, partiju i državu. Prema mišljenju Dejvida Prajsa Džonsa, poznatog analitičara savremenih zbivanja, terorizam, narko-mafija i korupcija su tri globalne opasnosti po demokratiju i liberalizam ovog i narednog stoleća.

Glavni akteri ovih modernih zala čovečanstva, kako kaže Dejvid Džons, jesu upravo predstavnici vlasti, koji koketiraju s političkim podzemljem i mafijom ili se sami prerušavaju u ljude s nečasnim namerama. Zato ovi moderni poroci i predstavljaju naličje odnosa politike i privrede, odnosno političke i finansijske moći. U nekim zemljama, kao na primer, u Norveškoj, provizija od tri odsto za poslove s državnom naftom se smatra normalnom. U drugim pak, kao u Kambodži, normalno je uzeti sve, i pare i ljudske živote. Smatrajući sebe nedodirljivim kao premijerom, Norodom Ranarid je ilegalno uvozio oružje i zarađivao po pola milijarde dolara godišnje. Kada je preterao u lopovluku, Vojni sud ga je osudio na pet godina zatvora. Princ Ranarid je, međutim, sa svojim dolarima uspeo da prebegne na Tajland.

I ovaj primer govori da nema prave vlasti bez finansijske moći, ali ni prave pljačke bez pomoći države. Korupcija je nastala kao potreba ljudi od vlasti da utiču na ekonomska kretanja, pre svega, na tokove kapitala i na proces pravljenja ekstraprofita.

## Crne mrlje poštenja

Tamo gde je vlast direktnija, i pljačka državne imovine je očiglednija. U Brazilu i Meksiku predsednici Fernardo Kolor de Melo i Karlos Salinas okrivljeni su za nezakonita bogaćenja. Korupcija je dokaz da vlast totalno kvari ljude. Sadam Husein, nekadašnji zemljoradnik, sada kao predsednik Iraka ima na svom računu 18 milijardi dolara. Tokom svoje vladavine na Filipinima predsednik Ferdinand Markos i njegova žena „uštedeli su" 50 milijardi dolara.

Zapadni analitičar Dejvid Prajs Džons i *Galupov institut* smatraju da korupcije ima više tamo gde ima manje demokratije, ali i manje nacionalnog blaga. To, međutim, nije i ne može biti pravilo. Zbog mita i korupcije jedan visoki funkcioner NATO-a, bivši generalni sekretar Vili Klas osuđen je 1997. na tri godine robije jer je neovlašćeno trgovao helikopterima. Američki predsednik Bil Klinton, pa njegov zamenik Al Gor i ambasador Ričard Holbruk već su 1998. u SAD bili na ispitivanjima zbog svojih poslovnih i finansijskih mahinacija. Afera s podmićivanjem u MOK-u pokazala je da su novcem Igre kupovale baš one države – Kanada, Australija i Velika Britanija – koje su na karti *Galupovog instituta* označene tamnozelenom bojom kao najpoštenije.

Siromašne zemlje Zapada, ali i Istoka, na karti mita i korupcije *Galupovog instituta* obeležene su kao crna mrlja. Kinezi su, doduše, javno priznali da „beskompromisni rat protiv korupcije predstavlja egzistencionalno pitanje partije i države". U ovoj zemlji 40 odsto partijskog budžeta potrošeno je 1997. godine na gozbe i privilegije političara. Čak 670.000 partijskih aktivista u Kini kažnjeno je zbog umešanosti u korupciju. Čeng Sintong, član Politbiroa KP i gradonačelnik Pekinga, osuđen je na šesnaest godina zatvora zbog krađe 2,2 milijarde dolara iz gradske kase.

Zbog nesavesnog poslovanja iranska policija uhapsila je Golamhoseina Karbačija, prvog čoveka Teherana. Istraga protiv njega zbog korupcije dotiče i samog predsednika Muhameda Hatamija, pa je afera dobila državni karakter. Takav status ima i slučaj Butu Singa, ministra za komunikacije u vladi Atala Behari Vadžpaja, koji je s još dvojicom kolega nedavno optužen za korupciju. Da bi stišao strasti i spasao obraz, indijski premijer Vadžpaj je odlučio da žrtvuje ministra Butu Singa. Smenio ga je sa svih funkcija.

Pune tri godine u Turskoj se vodila neprestana istraga protiv lidera Partije pravog puta, bivše ministarke spoljnih poslova, nekadašnje premijerke i današnje članice parlamenta Tansu Čiler. Ali sem pogrdnog imena „gospođa Prljavić" i nadimka „turska Kalameti Džejn", ta lepuškasta političarka nije dobila ni stroži ukor. Naime, otkako je 1993. došla na čelo turske vlade, Tansu Čiler je bila suočena s raznoraznim optužbama. Prvo je vojni vrh zemlje okrivio da je agent CIA od 1967. godine, kada je, navodno, završbovana u Americi dok se nalazila na postdiplomskim studijama. Potom je Komitet za bezbednost optužio za nenamensko trošenje državnih para. Tansu Čiler je bila kriva što je potrošila 10 miliona dolara za kupovinu informacija od Mosada i likvidaciju Abdulaha Odžalana, lidera Kurda u Siriji.

Čim se ispostavilo da su ti dokazi bili isuviše tanki da bi kompromitovali Tansu Čiler, novi turski premijer Mesud Jilmaz je 1997. godine optužio Čilerovu za terorizam: „Rukovodila je posebnom antiterorističkom jedinicom koja je korišćena za političke interese, prljave poslove i prljavi novac. U to su umešani policajci, političari i ministri u mojoj vladi!"

Jilmaz je iskoristio aferu „Susurlak", koja je izbila 1996. godine, kada su posle saobraćajne nesreće Abdula Čatlija, Huseina Kodžada i Sedata Budžaka na videlo izbili dokazi o njihovoj umešanosti u trgovinu narkoticima i ubistvima poznatih Kurda. Organizacija kojoj su oni pripadali nazivala se „Budžak", a Tansu Čiler je s ministrom policije Memetom Agarom bila član komande te tajne brigade. Neki podaci o aktivnostima „Budžaka" u Tursku stigli su iz Nemačke. Tansu Čiler je prozivana zbog preprodaje droge u Frankfurtu i Minhenu, ali ni to nije pomoglo premijeru Mesudu Jilmazu da svoju koleginicu posadi na „crnu klupu".

Treći napad na bivšu premijerku izveden je tokom aprila 1998. godine. Tada je Husamedin Džindoruka, ugledni političar i član vladajuće koalicije, optužio i Tansu Čiler i njenog muža Ozera za mito i korupciju, kao i za falsifikovanje računa o porodičnom bogatstvu. Turski Medžlis, odnosno parlament, prihvatio je tu tužbu i pokrenuo istragu da bi se utvrdilo poreklo imovine porodice Tansu Čiler.

Mnogi Turci ni danas ne mogu da shvate kako su Tansu Čiler, ćerka istanbulskog trgovca, koja je studirala u Americi i njen muž Ozir, prvi Turčin koji je uzeo ženino prezime, uspeli da se obogate. Činjenica je da je Tansu Čiler dovela u vladu svog muža, koji je kasnije optuživan za zloupotrebu službenog položaja. Priča se po Ankari da Čilerovi imaju u vlasništvu lanac azijskih hotela *Interkontinental*, nekoliko kuća i stanova po Americi, akcije u elektrodistribuciji, fabrikama automobila i naftnoj industriji. U njihovom posedu su i elitni kvartovi i trgovinski centri u Istanbulu i Ankari. Istraga je utvrdila da je bogatstvo Čilerovih nastalo u procesu privatizacije državnih firmi u Turskoj i spretnog poslovanja „gospođe Prljavić" dok je bila premijerka Turske. Nema, međutim, dokaza da je od 10 miliona dolara namenjenih Mosadu, premijerka Tansu Čiler, kako tvrdi tužilac, 4 miliona dolara stavila u svoj novčanik.

Od nekadašnjih komunističkih država visok stepen korupcije *Galupov institut* otkrio je, pored Kine, u Rusiji i Jugoslaviji. Prema podacima CIA koji su prezentirani predsedniku Bilu Klintonu, politički pad, prvo Viktora Černomirdina, a potom i Anatolija Čubajsa u Kremlju i Belom dvoru, bili su tesno povezani s kriminalnim aferama u Moskvi. Američki obaveštajci informisali su Klintona da ruski premijer Viktor Černomirdin uzima proviziju od milion dolara za jednočasovni razgovor sa zapadnim biznismenima. Taj podatak, uz dosije od stotinak stranica s činjenicama o vezama s ruskom mafijom, tvrde danas Amerikanci, bio je presudan ne samo za pad Černomirdina u martu 1998. već i za njegov neuspeli povratak u Kremlj septembra 2004. godine.

Aleksandar Čubajs je dva puta hvatan s pola miliona dolara u rukama. Prvi put to se dogodilo juna 1996. godine, kada je u jeku predsedničke kampanje njegov bliski saradnik uhvaćen na vratima Belog dvora s kutijom za cipele punom para. Policajca koji je taj novac otkrio Čubajs je smenio. Dve godine kasnije, dok je bio na vlasti, kao ugledni reformator, Aleksandar Čubajs je s grupom autora, tvrde agenti CIA, naplatio pola miliona dolara kao honorar za nenapisanu knjigu o privatizaciji. Takvo ponašanje nije moglo da ga kvalifikuje za mesto novog ruskog premijera, koje je obojici, i Černomirdinu, i Čubajsu, preoteo mnogo pošteniji nekadašnji obaveštajac i ministar Vitalij Primakov.

Krajem 1990-ih Moskvu je potresla mnogo veća afera. Naime, otkriveno je da je nekrunisani kralj albanske mafije, Bedžet Pacoli, finansirao ruskog predsednika Borisa Jeljcina i doskorašnjeg premijera Viktora Černomirdina. U jednom sefu švajcarskog Državnog tužilašva krajem 1999. godine nađen je dokument koji je direktno povezivao ruskog predsednika Jeljcina i njegove kćeri Tatjanu i Elenu s kosovskim preduzimačem Bedžetom Pacolijem, vlasnikom firme *Mabeteks*. Reč je, kako su javljali mediji i švajcarski zvaničnici, o tri kreditne kartice na ime Borisa Jeljcina i njegove dve kćeri, Elene Borisovne Okulove (42) i Tatjane Borisovne Djačenko (39) čije je račune plaćao Pacoli. Preduzimač je osim toga poslao milion dolara na račun jedne mađarske banke, u korist ruskog predsednika i Viktora Černomirdina.

Najmanje 200 miliona dolara iz kase avio-kompanije *Aeroflot* prebačeno je na račune dve švajcarske finansijske institucije – *Forus servis* i *Andava*, čiji je osnivač bio Boris Berezovski. Novcu se zatim gubi svaki trag. Istražitelji sumnjaju da je završio kod članova predsedničkog klana.

Danas se tvrdi da je afera „Pacoli" bila prilika da se sam Jeljcin preko novog premijera Putina ukloni iz Kremlja, čime je propustio priliku da postane novi ruski socijalistički car. Moskovljani, upućeni u stanje ruske nacije tvrde da je Putin jednostavno s aferom „Pacoli" ucenio velikog Borisa da odstupi s prestola.

Bedžet Pacoli ima četrdeset devet godina i velike biznise u Italiji, a u Rusiji je bio poznat po velikim poslovima u Jakuziji i Kazahstanu. I po restauraciji 34.000 kvadratnih metara Kremlja, uključujući i apartman Katarine Velike, i rekonstrukciju Bele kuće, bivšeg saveznog parlamenta koji su 1993. godine razorili Jeljcinovi topovi. Samo taj posao vredan je 49 miliona dolara.

Zbog tih malverzacija u zimu 1999. pred novu 2000. godinu predsednik Boris Jeljcin je podneo ostavku u korist svog v. d. naslednika Vladimira Putina, nakon čega su raspisani predsednički izbori u Rusiji.

# Koketiranje s podzemljem

Japanski profesori Harnhiro Fukui i Šigeko Fukai smatraju da korupcija nastaje kada „moć političke sile stvara pravo, koje se ne može opisati kao vladavina zakona već vlastite volje".

Tipičan primer za takvo poimanje korumpiranosti jeste indonežanski predsednik Suharto. On je za trideset tri godine svoje vladavine uspeo da tu ostrvsku zemlju pretvori u sopstveno vlasništvo. Suharto i njegovo šestoro dece su danas jedna od najbogatijih porodica južne Azije. Poslovni magazin *Forbs* njihovu imovinu u Indoneziji procenjuje na 16 milijardi dolara. Kao pojedinac Suharto je šesti na listi najbogatijih ljudi sveta.

Rođen je 8. juna 1921. na Javi i kao i svaki Javanac koristi samo jedno ime. Odbačen je kao dete od svoje familije, pa je utočište našao u armiji. S činom generala elitne Garde uhvatio se u koštac s komunizmom. Izveo je državni udar i kao pobednik 1965. postao prvi čovek Indonezije. Za predsednika je biran 1968. godine. Zbog demokratskih reformi dobio je političku i materijalnu podršku SAD. Svoju političku moć decenijama je delio s hiljadu poslanika, koje je lično imenovao u parlament, kao i sa svojom suprugom Siti Hartinah i decom, trudeći se da ih materijalno obezbedi. To je Suharto uradio stvaranjem korupcionaške mreže na čitavom prostoru od hiljadu indonežanskih ostrva. Taj sistem je ozakonjen pravilom da za svaki posao vlasnik mora da dobije dozvolu od države. A te dozvole izdavali su Suhartovi sinovi i kćeri i dobro ih naplaćivali.

Suhartova najstarija kći Tutut je predsedavajuća vladajuće stranke Golkar i vlasnica najprometnijeg auto-puta od Džakarte do aerodroma. Sav prihod od putarine pripada njoj. Ujedno, gospođa Tutut je i suvlasnica Centralne azijske banke. Najstariji Suhartov sin Sigit je suvlasnik najvećeg indonežanskog proizvođača automobila, kompanije *Astra internešenel*, dok mlađi sin Bambang predvodi poslovnu grupaciju *Bimatra*, koja ostvaruje godišnji prihod od 1,1 milijarde dolara. Ovaj četrdesetogodišnjak je najspretniji biznismen u porodici Suharto i ima svoje akcije u bankarstvu, hotelijerstvu, petrohemiji i medijima.

Najmlađi Suhartov sin i najomiljeniji, Tomi, trguje cigaretama marlboro i danhil. On je vlasnik i fabrike automobila *Timor* i nacionalne avio-kompanije *Sempati*. Druga ćerka Prabovo je graditeljka mosta između Sumatre i malezijskog poluostrva.

Zahvaljujući porodičnom monopolu predsednik Suharto je decenijama Indoneziju vodio kao privatno preduzeće. Njegova deca, kao biznismeni, dobijala su od oca tj. od države povlašćene kredite, olakšice za poreze i monopol za poslove od nacionalnog interesa. Tako se i dogodilo da je kredit MMF-a od 43 milijarde dolara stigao samo u ruke dinastije Suharto.

Poslovni egoizam predsednika Suharta doveo je Indoneziju 1998. godine do ruba propasti. Posle masovnih demonstracija i nereda, koji su pretili da se izrode u građanski rat, Suharto je napustio predsedničku palatu. Nova indonežanska vlada početkom decembra 1998. izvela je bivšeg predsednika Suharta pred državnog tužioca da odgovara za korupciju. Puna četiri sata jedan od najvećih azijskih milijardera odgovarao je na pitanja tužioca o zloupotrebama dobrotvornih fondova i međunarodnih kredita koji su bili pod njegovom kontrolom. Osmorica advokata govorili su umesto Suharta i ništa nisu priznali.

Ovo nezvanično suđenje bivšem lideru Indonezije samo je pokušaj nove vlasti da udovolji zahtevima javnosti za odgovornošću Suharta. Predstavnik vlade Lukman Hakim je javno priznao da „Suharto neće vratiti državne milijarde, niti će ikada otići u zatvor. Država Indonezija će ga častiti slobodom za ono što je od nje pokrao!"

## Crveni karton za državnike

„Korupcija je zaraza koja nije mimoišla nijednu državu. Vlade država u kojima je podmićivanje veoma izraženo moraju da otvore pitanje korupcije pred domaćom javnošću i da se upuste u borbu s korupcijom. To podrazumeva kažnjavanje umešanih funkcionera i kompanija i vođenje dosledne antikorupcijske politike kojom se zadobija poverenje i podrška javnosti", upozorio je na isteku 1999. godine svetsku javnost Piter Ajgen, prvi čovek *Transparensi internešenel*, organizacije koja se bavi izučavanjem korupcije u svetu.

Ustanovljeno je i da funkcioneri iz zemalja u razvoju primaju mito od transnacionalnih kompanija kako bi im osigurali poslove. To je razlog što je organizacija *Transparensi internešenel* krajem 1999. godine prvi put promovisala novi indeks na osnovu koga je rangirano devetnaest vodećih zemalja izvoznica, u zavisnosti od toga u kojoj meri njihove korporacije podmićuju ljude koji su na značajnim položajima u javnim službama drugih zemalja. Indeks je sačinjen na osnovu ankete *Galupovog instituta* u četrnaest zemalja u razvoju, za koje se pretpostavlja da njihovi funkcioneri primaju mito od inostranih kompanija.

Na listi korumpiranosti našlo se devedeset devet zemalja. Prema rezultatima ankete, koju su za OECD obavili stručnjaci *Galupovog instituta*, najmanje podmićuju poslovni ljudi iz Danske, Finske, Švedske, Novog Zelanda, Islanda, Kanade, Singapura, Holandije, Norveške i Švajcarske. A najviše skloni podmićivanju bili su indijski, kineski, južnokorejski, italijanski i malezijski biznismeni i političari.

OECD je u februaru 1999. doneo Konvenciju o sprečavanju mita i korupcije jer je utvrdio da ova vrsta kriminala iz svetske privrede godišnje izvuče 25 milijardi evra. Lista OECD-a deset najkorumpiranijih država sveta u februaru 1999. godine izgledala je ovako: Kamerun, Paragvaj, Honduras, Tanzanija, Nigerija, Indonezija, Kolumbija, Venecuela, Ekvador i Rusija.

Ako se uporede ove dve ankete, vidi se da se u suštini radi o istim regionima sveta, odnosno, prevashodno o siromašnim zemljama.

Prema najnovijim analizama UN-a, na pragu 2000. godine južna Azija, odnosno indijski potkontinent, postalo je najkorumpiranije područje na svetu. To je šteta koja košta 32 milijarde dolara i zbog koje su osiromašili milioni ljudi, utvrdili su eksperti Ujedinjenih nacija. Više od 500 miliona ljudi u tom regionu i dalje žive u teškom siromaštvu u Bangladešu, Indiji, Nepalu, Pakistanu i Šri Lanki. Hadija Hak, direktorka Centra UNDP-a iz Islamabada, tu korupciju je okvalifikovala kao zločin protiv čovečnosti.

Pakistanski general Pervez Mušaraf okrivio je, na primer, krajem 1999. bivšeg premijera Navaza Šarifa za korupciju. Šarif je optužen za „pranje" novca u vrednosti od oko 40 miliona američkih dolara, neuplaćenog poreza za daljih 60 miliona, 10 miliona dolara prevare, kao i brojne zloupotrebe javnih fondova.

Prema istraživanjima *Transparensi internešenela* iz 1999. godine i Jugoslavija se nalazi među onima koje se ne mogu pohvaliti „nedostatkom" korupcije. Savezna Republika Jugoslavija se nalazila u grupi od deset zemalja s najvećim indeksom koji pokazuje nivo opažene korupcije prema istraživanju renomirane međunarodne agencije za borbu protiv korupcije *Transparensi internešenel*. Na Starom kontinentu, međutim, Jugoslavija je uzbudljive 1999. godine bila šampion Evrope u podmićivanju i korupciji.

Za utehu je činjenica da je i Evropska unija upala u mrežu mafije, jer njeni činovnici i rukovodioci godišnje kroz mito i korupciju izgube do deset milijardi dolara.

„Korupcija je prepreka ekonomskom razvoju, smanjuje investicije, otežava siromaštvo i dovodi u pitanje legitimitet država. U Pakistanu korupcija prelazi pet odsto bruto domaćeg proizvoda", zapisano je u izveštaju Programa UN-a za razvoj.

To je nateralo trideset četiri vodeće industrijske zemlje da unesu u svoje zakonodavstvo odredbe kojima se podmićivanje stranih službenika smatra krivičnim delom. Do sada je šesnaest razvijenih zemalja ratifikovalo Konvenciju OECD-a o borbi protiv korupcije, koja je stupila na snagu u februaru 2000. godine, i koja treba da predstavlja crveni karton za državnike iz korumpiranih zemalja.

Korupcija se otela kontroli u šezdeset zemalja, među kojima je i SCG, a javni sektor u tim državama zaražen je praksom podmićivanja. To je bio rezultat istraživanja *Transparensi internešenela*. Uz to je išlo i upozorenje da se zbog korupcije samo u vladinim nabavkama širom sveta godišnje izgubi najmanje 400 milijardi dolara. Prema najnovijem indeksu koji je objavila ova nevladina organizacija za borbu protiv korupcije, vodeća na globalnom planu, od ukupno 146 zemalja ocenu nižu od pet, na skali od jedan do deset, dobilo je 106 država.

Nižu ocenu od tri ima 60 država, među kojima je Srbija i Crna Gora ocenjena s 2,7 i deli 97. mesto s Makedonijom, Nikaragvom, Eritrejom i Papuom Novom Gvinejom, dok je situacija najkritičnija u Bangladešu, Nigeriji, Azerbejdžanu, na Haitiju...

Kao najmanje korumpirane doživljavaju se Finska, s ocenom 9,7, sledi Novi Zeland s 9,6, kao i Danska i Island s 9,5 poena. Slovenija je na 31. mestu s ocenom 6, Hrvatska na 82. poziciji s 3,5, a BiH 82. s ocenom 3,1.

Među zapadnoevropskim zemljama nivo opažanja korupcije (CPI) visok je u Grčkoj i Italiji, kao i u zemljama koje bi mogle da budu bogate zbog nalazišta nafte koja imaju. Iz *Transparensi internešenela* upozoravaju da u tim zemljama prihodi od ugovaranja javnih poslova u naftnom sektoru završavaju u džepovima zvaničnika zapadnih naftnih kompanija, posrednika i lokalnih funkcionera.

Prema rečima predsednika *Transparensi internešenela*, doktora Vladimira Goatija, i pored nezadovoljavajućih rezultata, u Srbiji i Crnoj Gori se beleže pomaci, pošto je 2000. godine ocenjena s 1,3, a 2004. s 2,7, i tom blagom usponu doprinose sistematski institucionalni napori, pre svega donošenje zakona o javnim nabavkama, o finansiranju političkih stranaka i o sprečavanju sukoba interesa. Istovremeno, stvari se popravljaju i angažmanom civilnog sektora – nevladinih organizacija, ali i Saveta za borbu protiv korupcije.

# ITALIJANSKA MAFIJA

## Kumovi s Apenina

Jug Italije nikako ne može da dostigne razvijeni sever, a za to je posredno odgovorna mafija, odnosno organizovani kriminal, koji tom nerazvijenom delu Italije godišnje oduzme na ovaj ili onaj način 7,5 milijardi evra, pokazuje nedavno objavljena studija centra *Sensis* i fondacije BNC.

Prema toj studiji, bruto nacionalni proizvod po stanovniku od 1981. do sada izjednačio bi se na jugu i na severu zemlje, samo da nema mafije. Na jugu Italije se veoma malo ulaže u modernizaciju i proširenje proizvodnje zato što se enormne sume, naročito kada se radi o malim i srednjim preduzećima, daju za osiguranje imovine.

Svuda prisutna mafija uzima od tih preduzeća reket, pa ona, želeći da se na neki način obezbede od eventualne štete koju bi im nanela mafija, velike svote ulažu u osiguranje, tako da im za proširenje proizvodnje ne ostaje ništa. Vlasnici 700 takvih preduzeća, koji su obuhvaćeni ispitivanjem, potroše ukupno 4,3 milijardi evra na osiguranje svoje imovine.

Organizovani kriminal svake godine „oduzme" od državnog trgovačkog sistema 20 milijardi evra, a 40 odsto te sume, odnosno 8 milijardi evra, ide pravo u „džepove" italijanskih mafijaša.

Međutim i država mafiji u Italiji ne ostaje dužna.

Kozimo di Lauro, mafijaški bos, uhapšen je početkom 2005. godine. Ovaj mafijaš je, međutim, idol tinejdžerki u Napulju i okolnim gradovima. Njegova slika je najčešći motiv na displejovima mobilnih telefona napolitanskih srednjoškolki.

Cela priča je isplivala na površinu pošto je jedna profesorka u srednjoj školi varošice Tore Anunciata, tik ispod Vezuva, prijavila svoje učenice. Profesorka je iskoristila čas na kojem se raspravljalo o veoma prisutnom reketu i zelenaštvu u njihovoj sredini, pozivajući svoje štićenice da budu odvažne i pokažu čiju sliku drže na mobilnom telefonu. „Imajte hrabrosti da pokažete mobilne telefone sa slikom Kozima Di Laura, vašeg novog idola".

Podsetimo, Kozimo Di Lauro je uhapšen 21. januara u delu Napulja koji se zove „Treći svet" i nalazi se između dva periferna kvarta, Skampije i Sekondiljana, čije su ulice poprište već polugodišnjeg obračuna kamorističkih grupa za kontrolu trgovine drogom. Kozimo je sin bosa klana Di Lauro, Paola Di Laura, koji se već četiri godine nalazi u bekstvu od sudsko-istražnih organa.

„Popularnost" Kozima se jasno mogla nazreti i u nesvakidašnjem napadu nekoliko stotina žena na karabinijere koji su ga uhapsili. Za Kozima se kaže da pripada harizmatičnim kriminalcima i da ga je zbog toga imenovao za naslednika njegov otac Paolo, iako je on njegov mlađi sin.

Beskrupulozni bos je, prema navodima istrage, bio naredbodavac desetine ubistava, tzv. šizmatičara, koji su želeli da se otrgnu njegovoj kontroli u Napulju i okolini, od oktobra 2004. do januara 2005. godine. Njegove slike su objavljene na svim medijima, od televizije do novina, u trenutku hapšenja. Zalizan s kosom vezanom u rep, praćen famom surovog ubice, oborio je s „nogu" tinejdžerke.

Pored hapšenja, Italija kao država otima i nepokretna dobra mafiji. Ta dobra koja su u Italiji oduzeta mafiji procenjena su na oko 460 miliona evra i, prema zakonu iz 1996, mogu se koristiti u „socijalne svrhe". Italijanske vlasti su oduzele 4.667 nepokretnih dobara ukupne vrednosti od oko 463,35 miliona evra, od kojih 340 miliona otpada na dobra oduzeta na jugu Italije i ostrvima Siciliji i Sardiniji. Radi se o 1.088 terena i 1.841 stanova i vila.

Gro ovih nekretnina se nalazi na jugu zemlje. Organizovani kriminal je državi vratio i 17 hotela, 251 radnju, pa čak i tri škole. Prema zakonu koji je usvojen 1996, oduzete nekretnine postaju vlasništvo države i preuzimaju ih razne institucije (pravosuđe, snage javnog reda, civilna zaštita) ili bivaju predate opštinama na čijoj se teritoriji nalaze.

Sicilijanski kum Bernardo Provensano, iz Korleonea, sela blizu Palerma, zabranjuje svom klanu koji je na čelu Koza nostre da se upušta u ubistva i druge zločine, sem kada je to apsolutno neophodno. Što manje delikta i zločina koji privlače pažnju, i manje senzacija, preporučuju sicilijanski kumovi. Umesto toga klanovi treba da prave sveobuhvatne poslove i da regrutuju svoje prijatelje među političarima koji drže vlast.

Posao broj jedan današnje sicilijanske mafije je takozvani „Pico", što znači reket nad sveobuhvatnim ekonomskim aktivnostima. Koza nostra je danas unutar svih institucija, učestvuje u svakom poslu (izgradnji puteva), na primer, razgranala je pipke, modernizovala se i vešto postiže reciklažu novca.

Italijanski istražitelji otkrili su vezu između islamskih terorističkih grupa i Kamore, jedne od najvećih italijanskih kriminalnih grupa, saopštio je nacionalni tužilac za borbu protiv mafije Pjerluiđi Vinja. Tužilac navodi da četiri glavne kriminalne grupe u Italiji – Mafija, Kamora, Ndrangeta i Santa korona unita tj. Santa korona unita – imaju prihode od 100 milijardi evra godišnje od ilegalnih aktivnosti. Najunosniji posao mafije je trgovina drogom, od koje imaju zaradu od oko 59 milijardi evra. Slede ilegalni poslovi, ucene, prostitucija i trgovina oružjem.

Ovu kratku aktuelnu skicu sadašnjeg stanja mafije na Siciliji dao mi je Vinćenco d'Antona, direktor odeljenja italijanskog dnevnika *Republika* u Palermu, novinarski ekspert za mafiju u Evropi.

Mafija je danas namerno i ciljano „manje delinkventna" nego ikada, pa u Palermu, na primer, godišnji bilans obračuna s ubistvima ne prelazi nekoliko slučajeva, dok je samo pre sedam godina broj ubistava išao i preko dvesta.

Portret današnjeg sicilijanskog mafijaša je znatno drugačiji od onog koga znamo s Kopolinih filmskih ekranizacija *Kuma*. Moderni kum iz Palerma, danas možda kao i ranije, jede s mnogobrojnom porodicom svoje špagete, ali gotovo nikad više ne poteže oroz, već umesto pištolja i snajpera koristi dugmad na kompjuteru, objašnjava D'Antona. Tako je policija u Palermu uspela da uđe u trag i uhapsi jednog mafijaša koji je „samo u jednom danu kompjuterskom transakcijom iz jedne banke u drugu prebacio 7 milijardi evra".

Današnji mafijaši liče na prosperitetne biznismene, a u svoje „kompanije" zapošljavaju stručnjake svih profila. Po Vinćencu d'Antoni to je opasniji vid mafije, koja je ušla u društveno tkivo i u sve institucije, i koja ne izaziva takvo ogorčenje građana kakvo su izazivala krvava ubistva u ranim devedesetim godinama.

## Prepreka komunizmu

„Stari smo, mnogo smo stari."

Ovo je rekao princ Salina emisaru Ćevaljeju iz Torina u jednom od najdramatičnijih trenutaka u istoriji Sicilije. Radnja se događa 1860. godine, na Siciliji, koju je tek osvojio Garibaldi i anektirao Kraljevini

Savoja. Ćevaljej dolazi da princu ponudi mesto u Senatu, međutim, ovaj to ljubazno odbija.

„Najmanje dvadeset pet vekova mi Sicilijanci na svojim leđima nosimo heterogenu civilizaciju koju nismo sami stvorili, već nam je dolazila spolja. Više od 2.500 godina nismo ništa drugo do kolonija."

Sicilijanska mafija se rodila iz mržnje viševekovnog ugnjetavanja. Njen kodeks časti, njen zakon ćutanja omerta, njena stroga unutrašnja struktura ili surovost njenih metoda su neshvatljivi ako se ne prihvate kao pradavna žeđ za osvetom. S druge strane, da nije naišla na tako plodan istorijski teren kao što je dvadeseti vek, nikada ne bi prosperirala kao poslednjih osamdeset godina.

Sicilijansko selo Palermo, umorno od smenjivanja gospodara koji nikada nisu stvarno vodili brigu o njemu, odlučilo je da početkom 19. veka osnuje La onorata socijeta, tajnu organizaciju koju su predvodili bogati sicilijanski zemljoposednici. Snaga ovog društva se zasnivala na pretvaranju da se sarađuje s dežurnim osvajačem, kako bi ga „iznutra" lakše savladala i obavezivanju svih članova pod zakletvom da će poštovati strogi kodeks časti i ćutanje u ime mafije.

Organizovani kriminal, poznatiji pod nazivom Koza nostra ili u prevodu Naša stvar, nastao je spajanjem dva tajna kriminalna bratstva. Kamore iz Napulja i mafije iz Palerma. Tajna bratstva su nastala krajem devetnaestog veka i predstavljala su vlade u senci ondašnjih režima u Italiji. Delokrug njihovih aktivnosti tada i tokom dvadesetog veka je bio isti. Bavili su se pozajmljivanjem novca, pružanjem „zaštite" prodavnicama i farmama, uterivanjem dugova, naručenim ubistvima iz osvete. Mafijaši infiltrirani u najvitalnije pore društva imali su i ogroman uticaj na lokalne vlasti.

Šefovi Kamore i mafije imali su poseban stil oblačenja, koji je prenet i u SAD. Delovali su upadljivo u tamnim odelima s dvostrukim redom kopčanja, bleštavo belim košuljama s krutim okovratnicima i nezaobilaznom maramicom u gornjem džepu sakoa. Nosili su najkvalitetnije cipele i crne šešire.

Podaci i UN-a i države Italije govore da mafija s Apeninskog poluostrva ima stajaću vojsku od 17.000 ljudi. I da je u stanju da uvuče u svoje poslove, a i u svoje zločine još 170.000 lica. Zbog pretnji političarima, a i zbog obračuna koji su na jugu Italije izbili među ovim organizacijama, i sâm papa Jovan Pavle II morao je da ih prokle rečima:

„U Božje ime, prekinite s nasiljem!"

U suštini, istorijat mafije je istorija užasnih slučajnosti.

Prva bitna slučajnost događa se u Sjedinjenim Američkim Državama početkom ovog veka. Hiljade gladnih Sicilijanaca koji dolaze u „obećanu zemlju" brzo shvataju da je sve dozvoljeno da bi se došlo do novca. Nisu oni jedini koji to shvataju, ali njihovo shvatanje porodice čini ih jačim od Napolitanaca ili Iraca – jednako gladnih, ali možda manje kažnjenih kroz istoriju – za dvadeset godina Koza nostra postaje najmoćnija i najokrutnija kriminalna organizacija zemlje.

Druga slučajnost je rat. Borba između fašizma i mafije bila je u stvari borba između dveju mafija. Operacije fašista protiv mafije obavljene su u dve faze: između 1926. i 1927, a onda 1937. godine. Bile su to obimne operacije koje su sprovođene i na planu intervencije javne bezbednosti i na planu društvenih odnosa, pre svega na selu, navodeći seoske mase, „oslobođene" vlasti mafije, na „vernost" fašističkoj državi i na „oduševljenje" za nju. Nesumnjivo je da se time uspelo pridobiti vrlo široke slojeve Sicilijanaca, čime je počeo period mira što se tiče klasičnog kriminala.

No, isto je tako nesumnjivo da se, dok je značajno smanjena manevarska sposobnost mafije latifundista, počela organizovati jedna nova mafija, ovoga puta fašistička, oslanjajući se na vlast. Mafijaške strukture, umesto da se rasture, uključivale su se u fašizam. Nove lokalne vlasti, iako u većini nisu bile iz mafijaškog ambijenta, uključile su se u mafijaški sistem u manje ili više tesnoj saradnji sa starim pripadnicima Koza nostre. I umesto da fašizam otera mafiju sa Sicilije, treba reći da je fašizam zamenio mafiju i asimilovao je, pripremajući sve za to da ona, posle njegovog pada, „vaskrsne – ovoga puta u službi saveznika i, posebno, Amerikanaca".

Treća slučajnost događala se 1943. godine. To je odluka Amerikanaca da oslobode Evropu, počevši od Sicilije. Da bi to postigli, traže pomoć od bosa mafije Lakija Lučana, a zauzvrat obećavaju Sicilijancima vlast u njihovoj zemlji. Ovo deluje kao vrhunac velikog separatističkog sna, ali nije tako. U povratku „plemeniti" mafijaši donose nove ideje, koje ne doživljavaju izolaciju već sopstvenu ekspanziju.

Nova strategija zahteva određeno vreme kako bi se nametnula, jer Sporazum iz Jalte, kojim Sicilija definitivno ostaje sastavni deo Italije, izaziva pobunu velikih separatističkih zemljoposednika, pristalica Pokreta za nezavisnost Sicilije. Ovaj događaj je uzrok krvavog građanskog rata koji traje skoro dve godine, sučeljavajući romanske Sicilijance Pokreta za nezavisnost Sicilije i La onorata aosijeta s pragmatičarima Koza nostre, koji su bili svesni onoga što im može doneti podrška antikomunističkoj stvari, koju su nametnuli saveznici, i koju je u Italiji predvodila nova politička partija zvana Hrišćanska demokratija, podržana od pape i američkog predsednika Trumana.

Ličnost koja najbolje od svih simbolizuje ovu značajnu „prelaznu etapu" jeste legendarni bandit Salvatore Đulijano. Od početka, Đulijano podržava Pokret za nezavisnost Sicilije i sa svojih 500 ljudi realizuje mnogobrojne atentate protiv italijanske vojske, istovremeno deleći s La onorata sosijeta plen dobijen od otmica. Nakon velike pobede koalicije levice na slobodnim izborima u Siciliji 1947. godine, La onorata sosijeta poručuje razbojniku „da održi lekciju opoziciji", a on, verujući da to čini za nezavisnost Sicilije, prorešeta mecima nenaoružanu gomilu seljaka i radnika koji su se sastali da proslave Prvi maj. Međutim, iznenada La onorata sosijeta i Pokret za nezavisnost Sicilije pružaju javnu podršku Hrišćanskoj demokratiji, u kojoj se, uz lidera De Gasperija, ističu mladi Aldo Moro i Đulio Andreoti i tako zapostavljaju bandita. Konačno, shvatajući da je iskorišćen, Đulijano pokušava da o zajedništvu mafije i demohrišćana upozori pišući pisma političarima i štampi. Međutim, ubija ga njegov čovek od poverenja, koji nakon kajanja umire otrovan u zatvoru. Đulijano je tako postao prvi simbol Italije i antikomunizma, u čije ime nepokolebljivo organizuje masakre u državi uz savete jedne nove mafije, čija žeđ za osvetom biva definitivno zamenjena žeđu za bogatstvom.

Podstaknuta privatnim sektorom i rađanjem zajedničkog evropskog tržišta, mnogo više nego akcijom države, Italija pedesetih godina doživljava brz i značajan prosperitet. Za samo tri godine, između 1951. i 1954, zemlja se, skoro ni od čega, pretvara u jednog od najvećih svetskih izvoznika bele tehnike. U Rimu se rađa film *La dolče vita*, a u Torinu čuveni *Fijat*, koji je postao simbol italijanskog ekonomskog čuda. Upravo tih godina mafija sadi seme njenog budućeg ekonomskog rasta, proizvod guste mreže interesa koju Hrišćanska demokratija mahnito plete po celoj Italiji, kako bi se konsolidovala kao većinska partija iznad Komunističke partije.

Sistem Hrišćanske demokratije sastojao se od diskretnog korišćenja javnih sredstava poteklih od poreza, u vidu subvencija za izbore. Bilo je to dobijanje radnog mesta ukazom prsta, dodeljivanje radova, penzija, kredita u zamenu za glasove. Na Siciliji uživaoci takvih beneficija su osobe povezane s mafijom. S druge strane, unutrašnja struktura partije predstavlja piramidu veoma sličnu Koza nostri, na čijem su vrhu takozvani „znameniti" ljudi s visokim funkcijama. Oni vladaju

„velikim glasačima" tj. uticajnim ličnostima na lokalnom planu, čije zapovesti „glasači šefovi" manijačno sprovode u malim jezgrima. Na kraju, na dnu piramide, nalazi se običan svet, pojedinci spremni da stave pod hipoteku svoj glas, da bi zauzvrat dobili posao ili neku drugu uslugu. Sistem ne uspeva da postigne svoje ciljeve na severu, ali daje dobre rezultate na jugu, posebno na Siciliji, koja postaje bedem Hrišćanske demokratije.

Međutim, stvari se ne odvijaju onako kako je mafija očekivala. Hrišćanska demokratska vlada je bila u opasnosti da je prevaziđe Komunistička partija Italije. U takvoj situaciji, početkom šezdesetih godina, deo mafije orijentiše se na posao s drogom, što je do tada bilo zabranjeno pravilima La onorata sosijeta. To uzrokuje novi rat među porodicama, koji je kao pobednike iznedrio tri nova kapa – Stefana Bontata, Gaetana Badalmentija i Salvatora Tota Rina, branioce „novih ideja".

Ne napuštajući nikako Hrišćansku demokratiju, novi vrh mafije još više produbljuje veze s političarima, naročito nakon ubistva Enrika Mateja, predsednika ENI tj. domaće ugljovodonične industrije, koji je svoju nepotkupljivost platio životom.

Tada se tvrdilo da u Palermu možete ići u školu mafije koju brižljivo prate obični kriminalci, kako bi se ustanovilo koji od njih mogu da budu uvedeni u *Koza nostru*. Izbor je utoliko lakši što je u Italiji kriminalaca sve više i što se kriminal širi. U 1989. godini, na primer, izvršeno je više ubistava – 1.177 nego 1959. godine – 927. U toj 1989. godini dve trećine počinilaca ubistava ostali su nepoznati, dok je ranijih godina nepoznata ostala samo polovina.

Osim broja ubistava, povećava se i broj otmica, iako se ta vrsta zločina smatra „primitivnom" i malo isplativom, jer je organizovanje „posla" vrlo skupo, prestupnici imaju male mogućnosti za to da ostanu nekažnjeni, a „dohodak" je mali, manji od onoga koji donosi rasturanje droge ili kocka. Za povećani broj otmica postoji jedno zanimljivo objašnjenje. Cilj je odvlačenje velikih policijskih snaga radi potrage za kidnapovanim i kidnaperima u jednu oblast, dok se u susednoj oblasti lakše može obaviti neki drugi, delikatniji i mnogo isplativiji „posao", na primer, transportovanje oružja ili droge. Tako se i mala materijalna korist od otmica mafiji na drugi način nadoknađuje.

Tokom 1963. godine, kada na Siciliji svakih sedamnaest sati gine jedna osoba, opozicione partije uspevaju da oforme parlamentarnu komisiju za sicilijanska pitanja. Hrišćanska demokratija se suprotstavlja argumentom „...da zločin na Siciliji zavisi od klime i sredine..." I pored svega, komisija se formira i nakon šest meseci iznosi pred Parlament svoje prve zaključke na osnovu kojih se tvrdi da postoje bliske veze između Koza nostre i sveta politike i ekonomije i da se Sicilija pretvorila u stratešku tačku puta kojim prolazi droga. Međutim, zbog krhke političke situacije zaključci komisije padaju u zaborav.

Zahvaljujući toj parlamentarnoj komisiji vrh Hrišćanske demokratije shvata da podrška mafiji, osim što je kompromituje, nije više dovoljno diskretna, te odlučuje da oživi paralelne strukture u samom sedištu oružanih snaga, posebno u tajnoj službi, čiji rukovodilac general De Lorenzo organizuje državni udar. I to samo s karabinijerima.

Krajem šezdesetih stvara se i masonska loža P2 tj. „Propaganda 2", koja objedinjuje nekoliko ogranaka skrivene italijanske politike koju predstavljaju sve moguće visoke političke, vojne, finansijske i mafijaške funkcije. Tako se rađa vrh La Pjovre, jedna vrsta paralelnog parlamenta, čiji je cilj da po svaku cenu spreči dolazak komunista na vlast.

Nakon studentskih demonstracija i sve jače radničke borbe 1969. godine La Pjovra primenjuje „strategiju tenzije", čiji je glavni cilj da u narodu stvori strah od uplitanja nezadovoljnika i poveća kontrolu Hrišćanske demokratije nad glasačkim kutijama. Ta strategija se materijalizuje kroz terorističke akcije velikih razmera, kao što su postavljanje bombi u bankama, vozovima i na železničkim stanicama, u čijoj organizaciji Koza nostra veoma aktivno učestvuje. Na početku takva strategija, naizgled, daje veoma povoljne rezultate. Ali 1972. godine rađaju se „Crvene brigade" i cela Italija postaje crvena, ali od krvi.

Tako dolazimo do 1978. godine, kada usred političkog i društvenog haosa tadašnji predsednik vlade Aldo Moro odlučuje da se, i pored suprotstavljanja velikog dela Hrišćanske demokratije, s Komunističkom partijom sporazume o formiranju Vlade nacionalne solidarnosti. Međutim, kada je krenuo da potpiše čuveni „istorijski kompromis", Mora kidnapuju „Crvene brigade", a kasnije i ubijaju. Ono što se do sada zna to je da su u slučaju Alda Mora bile uključene i Koza nostra, P2, kao i tajne službe koje je trebalo da ga oslobode. Odmah, nakon toga, plaćene ubice Koza nostre ubijaju novinara koji je istraživao otmicu i pojedine aktivnosti Đulija Andreotija.

Osamdesete godine počinju s velikim novitetom koji donosi i nove nade, jer se pojavljuju prvi „pokajnici" „Crvenih brigada", koji u naredne tri godine omogućavaju Sicilijancu generalu karabinijera Dala Kjezi da pohvata celu bandu. Međutim, masakri „misteriozne" prirode se nastavljaju, a podstaknuti su novim ratom između porodica Koza nostre koji je trajao od 1981. do 1983. godine i koji je kao jedinog pobednika iznedrio surovog korleonskog bosa Tota Rina. Međutim, i iz porodica gubitnika pojavljuju se prvi ljudi od časti koji su se pokajali i oni prvi put izdaju zakon omerte i odlučuju da sarađuju s pravdom.

Odmah je počeo da formira posebnu jedinicu policijskih komandosa za borbu protiv mafije, po uzoru na proslavljene policijske brigade komandosa koje je koristio u borbi protiv terorista „Crvenih brigada". U toku svog kratkog boravka na mestu prefekta Dala Kjeza je imao mnogo teškoća sa svojim pretpostavljenim u Rimu, ministrom unutrašnjih poslova Ronjonijem. General je neprestano tražio poboljšanja, personalne promene i pojačanja, bolje oružje, više sredstava. Želeo je da u borbu protiv mafije uključi najmodernija tehnološka sredstva i da se traganje za pripadnicima te organizacije obavlja uz pomoć kompjutera. Iz Rima su, međutim, neprestano stizala samo uzdržana i dvosmislena obećanja. General je zato zapretio da će se krajem septembra 1982. povući s mesta prefekta ukoliko njegovi zahtevi ne budu ispunjeni.

U strategiju borbe generala Dala Kjeze protiv pripadnika mafije spadalo je i korišćenje pokajnika, otpadnika od organizacije, koji su spremni da svedoče protiv organizacije. Zauzvrat bi im bilo garantovano smanjenje kazne.

Ovaj recept je general već bio isprobao u borbi protiv terorista „Crvenih brigada".

Bez obzira na manje-više uzdržane proteste, sistem saradnje policije s „Pentitima" tj. pokajnicima dobro je funkcionisao. Mnogi šefovi terorističkog podzemlja su upravo zahvaljujući tome uhvaćeni i poslati u zatvor. General Dala Kjeza je mogao da svoj izum oproba i na Siciliji. Međutim, ovde se to pokazalo kao potpuni promašaj. Ni najbeznačajniji lopov iz predgrađa Palerma nije bio spreman da sarađuje s policijom, a krupnijim članovima mafije tako nešto nikada ne bi ni palo na pamet.

General Dala Kjeza je naredio policijski nadzor nad bankovnim računima poznatih Sicilijanaca. Zahvaljujući tome već se našao na pravom tragu milionima koji dolaze iz velike privrede, najkrupnijeg posla mafije – prodaje droga.

Sicilijanska mafija ne isporučuje samo heroin s Bliskog istoka u Sjedinjene Američke Države već ga i sama proizvodi. Trećina svetske ponude heroina dolazila je osamdesetih od sicilijanske mafije. Prihod od prodaje se u gotovom novcu prebacuje u Italiju. Procene su govorile da se radilo o više od tri tone heroina godišnje ili dvadesetak milijardi dolara.

Američki FBI tvrdio je da svakodnevno oko 500 kurira mafije prenosi taj novac iz SAD u Italiju. Novac se uplaćivao na bankovne račune.

Prvi generalov sudar s dinastijom mafije bio je žestok. Naredio je da se pregledaju stotine filijala banaka u potrazi za vezama s novcem mafije. Mnogi računi su bili „hranjeni" isključivo novcem iz SAD.

„Moj zadatak ovde je veoma naporan i izuzetno opasan", napisao je general italijanskih karabinijera Karlo Alberto dala Kjeza u izveštaju Ministarstvu unutrašnjih poslova u Rimu, nekoliko dana pošto je u junu 1982. godine preuzeo mesto šefa za borbu protiv mafije u Palermu.

## Podzemlje uzvraća udarac

Nepuna dva meseca kasnije, 3. septembra 1982, čuveni general koji se istakao u borbi protiv terorista „Crvenih brigada" bio je mrtav. General Dala Kjeza nije želeo blindirani automobil i zaštitu telohranitelja. Svako je mogao da vidi ovog šezdesettrogodišnjaka, prefekta Sicilije, kako se u civilu slobodno kreće. Smatrali su ga spasiocem nacije, najuspešnijim lovcem na teroriste, a u borbi protiv mafije, koju je upravo bio započeo, od njega se očekivalo da bude prvi koji će probiti tajne kanale te organizacije, koja već vekovima odoleva svakoj vlasti.

Ali mafija nije čekala da primi završni udarac, uzvratila je na vreme.

Bio je petak, 3. septembar 1982. General Dala Kjeza se sa svojom tridesetdvogodišnjom suprugom Emanuelom, koja je vozila njihov mali auto bjanki, vraćao kući u Palermo. Bilo je tek prošlo devet sati uveče. Za njima je išao plavi automobil alfeta koji je vozio generalov pratilac Domeniko Ruso.

U centru grada, u Ulici Isidoro Karini, generalov auto bjanki su počela da pretiču dva brza automobila i motocikla. Dok su ga obilazili, odjeknuli su rafali automatskih kalašnjikova.

Vrata i prozori generalovih kola bili su izrešetani kuršumima, a bračni par Dala Kjeza na mestu mrtav. Domeniko Ruso je naglo prikočio i izleteo iz kola s pištoljem u rukama. Ubice su i njega izrešetale.

Komandosi mafije su odmah nestali. Niko ih nije video. Jedan sat kasnije policija je na periferiji Palerma pronašla oba automobila i motocikl ubica. Bili su razbijeni i spaljeni kako bi se uklonili svi tragovi.

Kada su na sahranu generala Dala Kjeze u Palermo došli najpoznatiji političari Italije, masa ih je izviždala i zasula metalnim novčićima – kao znak da ih novac može kupiti.

Stari, dobro poznati scenario mafije se još jednom ponovio.

Karlo Alberto dala Kjeza je bio poslednja italijanska nada u borbi protiv „Poštovanog društva", mafije. Svi njegovi poznati prethodnici već su bili mrtvi.

Ujutro, 26. januara 1979. godine, ubijen je novinar Mario Frančeze pošto je u svojim člancima počeo da otkriva pozadinu špekulacija sa zemljištem, jednog od najunosnijih poslova mafije.

U julu 1979. ubijen je Boris Đulijano, šef takozvane „leteće brigade" policijskih komandosa specijalno obučenih za borbu protiv mafije. On je uspeo da uđe u trag poslovima s drogom, koji predstavljaju „nervni sistem" organizacije.

Dvadeset petog septembra 1979. ubijen je sudija i poslanik nacionalne Skupštine Čezare Teranova.

Šestog januara 1980. ubijen je Pezanti Matarela, hrišćansko-demokratski predsednik vlade Sicilije. Njegova osnovna politička orijentacija je bila da se što većim slojevima stanovništva iznosi puna istina o delovanju mafije. Ovo se „časnim" glavešinama mafijaške organizacije nije svidelo.

A 3. maja 1980. još jedan visoki policijski službenik je bio žrtva mafije. Emanuele Bazile je ubijen u Montrealu, predgrađu Palerma. Iako su ubice kasnije slučajno uhvaćene, proces protiv njih nikada nije održan jer sud nije uspeo da pronađe nijednog svedoka.

Državni javni tužilac Gaetano Kosta ubijen je 6. avgusta 1980, pošto mu je pošlo za rukom da prekine neke krupnije kanale trgovine drogama. Bilo je potpuno jasno da mafija ne sme više da čeka, jer je tužilac bio na tragu glavnim poslovima.

Poslednja poznata žrtva pre ubistva generala Dala Kjeze bio je Pio la Tore, istaknuti komunistički poslanik i sekretar KP Italije za Siciliju. Nijedan njegov govor nije bio završen bez oštrih napada na mafiju. Taj političar iz Komiza na Siciliji bio je jedan od najogorčenijih protivnika instaliranja američkih raketa srednjeg dometa. Odlukom NATO-a trebalo je da te rakete budu postavljene upravo u njegovom rodnom mestu Komizu. Međutim, lokalni mafijaši su podržavali ovaj veliki biznis s američkim oružjem jer su u svemu tome imali ogromnu zaradu. Pio la Tore je zato ubijen 30. aprila 1982.

Dan ubistva komunističkog poslanika La Torea nije bio slučajno izabran. Upravo tog dana je u Palermu na dužnost stupio novi prefekt, general Dala Kjeza.

General, imenovan za prefekta Palerma nakon uspeha s „Crvenim brigadama", ubijen je nakon susreta s Andreotijem na kojem je izjavio da neće gledati kroz prste njegovim korumpiranim sicilijanskim glasačima. Funkciju nasleđuje sudija Kinići, koga, takođe, ubijaju nekoliko nedelja kasnije. Na njegovo mesto dolazi Kaponeto, koji osniva prvi pul magistrata s Đovanijem Falkoneom i Paolom Borselinom na čelu. Ovoga puta jedinstvo čini snagu i tim magistrata dobija kompletnu organizacionu šemu Koza nostre. Tako se prvi put saznaje da se organizacija mafija sastoji od različitih nivoa i da svaki čovek od časti ima veoma jasno definisanu ulogu. Vremenom, zahvaljujući otkrićima Tomasa Busketa i od pojedinih ljudi od časti, koji su se pokajali, sve više se saznaje o samoj strukturi i dometima Koza nostre, što omogućuje hapšenje više od 500 mafijaša. A među njima i nekoliko kumova, kojima se 1987. godine sudi na prvom maksi-procesu povedenom protiv Koza nostre.

Nijedna od pedesetak vlada u posleratnim godinama nije propustila da među osnovne ciljeve svoje politike svrsta borbu protiv mafije, nijedan viđeniji političar nije tu vruću temu propustio u svojim predizbornim govorima, niti je ijedan predsednik italijanske republike mogao da ne imenuje nečasno italijansko trojstvo: korupciju, inflaciju i terorizam. Mafija je, ipak, uvek pojednostavljeno ocenjivana kao obična kriminalna organizacija. U zaista retke pokušaje da se ode korak dalje spada dokument kojim je vrhu mafije zapretio komunistički poslanik Pio la Tore još 1976. godine. Tada su pretnje bile glasnije od papira. Istražna komisija, koja je prethodnih trinaest godina radila na izveštaju protiv mafije, izašla je u javnost s uopštenim dokumentom, ne imenujući glavne krivce.

„Ovo će biti samo prva etapa, početak nove faze. Naš rad je usmeren na otvaranje novih horizonata. Prećutane su godine između 1960. i 1970. Izveštaji su završili u arhivama. Parlament ih je zapostavio..."

Pio la Tore je postao žrtva mafije. Ubijen je 30. aprila 1982. godine, kao jedan od najogorčenijih protivnika postavljanja američkih raketa srednjeg dometa u njegovom rodnom mestu Komizu, na Siciliji. Ovu podudarnost, ili slučajnu vezu, pokušali su da istraže mnogi borci protiv mafije, ali bez uspeha.

Četiri godine kasnije država se osvetila mafiji.

„Ovo je suđenje mafijaškoj organizaciji zvanoj Koza nostra, opasnom kriminalnom udruženju, koje je nasiljem i zastrašivanjem sejalo i seje smrt i teror. Ovako je počela optužnica na više od 8.600 strana, pročitana početkom 1986. godine pred sudom u Palermu, koja je pred lice javnosti iznela 475 imena vođa mafije, tereteći ih za 90 ubistava i tipične poslove podzemlja: drogu, ucenu, prostituciju, otmice.

Petoricu istražnih sudija koji su na svojim leđima izneli ovaj istorijski dokument – Đovanija Falkonea, Paola Borselina, Antonija Kaponeta, Đuzepea di Lela i Leonarda Kvaranotu – Italijani su u oduševljenju nazvali neumornima.

U Italiji je, međutim, teško biti i ostati neumoran. Đovani Falkone je ubijen aktiviranjem hiljadu kilograma trotila na auto-putu kod Palerma, a Paolo Borselino automobilom-bombom u centru glavnog grada mafije. Skroman kao i njegov prethodnik Đovani Falkone, Paolo Brosalino se samo jednom pojavio u javnosti, u intervjuu listu *Unita*, 1986. godine.

„Strahovanja se ne ostvaruju, ovaj proces će se održati. Ali mafija nije poražena, ovo suđenje nije dovoljno. Koza nostra priprema protivmere... Država mora mnogo da uradi. Istraga mora da se nastavi a posle nje da usledi novo suđenje mnogo veće težine", rekao je sudija Borselino.

Nepotvrđena je, ali ne i neočekivana, vest da su odmah zatim preostala trojica neumornih, uz još nekoliko istražnih sudija, podneli ostavke.

Zgrožena nad novim zločinom, Italija je i ovog puta odlučna da u borbi protiv mafije ide do kraja. Predsednik Republike Oskar Luiđi Skalfaro je dramatično pozvao na jedinstvo nacije u borbi protiv vekovnog zla. U Parlamentu su razmatrana vanredna ovlašćenja vlade Đulijana Amata i paket zakona kojima se vrhovni tužilac ovlašćuje za pokretanje postupka protiv pripadnika Koza nostre.

„Nenasilje je zakon ljudi, nasilje je zakon okrutnih", kaže Đovani Čiprijani, prvi levičarski gradonačelnik Korleona, mesta na Siciliji od 12.000 ljudi, dok citira Mahatmu Gandija.

## Čiste ruke – prljav obraz

Ne pomišljajući na predaju, Koza nostra reaguje tako što na Siciliji ubija Andreotijevog čoveka, a u Rimu „ambasadora" organizacije. Uporedo se pokreće operacija „Čiste ruke" i u periodu od nekoliko meseci u zatvoru, jedan za drugim, završavaju stotine korumpiranih političara i privrednika. To stvara vakuum vlasti koji Koza nostra koristi za osvetu.

Afera „Čiste ruke" već je stotine političara svih ešalona odvela u zatvor, a desetine su izvršile samoubistva. Istražni sudija Antonio di Pjetro za Italijane je postao heroj, svetac, supermen, Robin Hud i čovek koji je zaslužio da uđe u nacionalnu istoriju; za političare i privrednike, on je, međutim, „okrutni Robespjer". Po operaciji koju je Di Pjetro započeo 2004, „Čiste ruke", nazvan je jedan sapun koji, kažu, ima izvrsnu prođu.

Prema nekim računicama, političke partije su od mita i korupcije godišnje ubirale u proseku oko 10.000 milijardi lira. Za poslednjih petnaest godina, to je oko 150.000 milijardi lira! Toliko, otprilike, iznosi danas italijanski unutrašnji dug, jedan od najviših u svetu razvijenih država.

Tačno 45 lokalnih organa vlasti je raspušteno zato što su bili pod kontrolom ili pod snažnim uticajem mafije. U 110 mesta vlast više ne postoji zato što se nisu mogli izabrati nadležni organi, a zbog ostavki vlast ne funkcioniše u 132 mesta. U 34 mesta vlast nije uspostavljena zato što prethodne vladajuće strukture nisu bile u stanju da usvoje godišnji budžet. Bez gradskih vlada su 1993. godine bili Rim, Milano, Napulj, Verona, Katancaro, Salerno, Katanija...

Od ubistva sudije Paola Borselina i petorice policajaca, njegovih ličnih pratilaca i telohranitelja, u Palermu na Siciliji, čitava Italija je bila u šoku, ali ne samo zbog tog zločina mafijaške organizacije Koza nostra. Nego, najpre zbog toga što istraga nije dala nikakve rezultate, dok je mafija pretila novim ubistvima, a vlasti vrše samo neke personalne rokade, a i zato što oni na Siciliji i u Kalabriji nisu jedini mafijaši.

Sicilijanska mafija je udarila na istaknute sudije koji bi mogli da budu „nezgodni" i one koji bi mogli da budu opasni svedoci. Tako je, na primer, iz „igre" svojevremeno izbačen sudija Karlo Palermo, fizički i psihički onemogućen – i u invalida pretvoren – u dva atentata čija je žrtva ostao upravo u vreme kada se verovalo da je došao do rezultata u istrazi o prometu droge i ilegalnom trgovanju oružjem, čije bi objavljivanje za mafiju moglo da bude fatalno. Posle toga ubijeni su Lučano Santoro, koji je državnoj komisiji za borbu protiv mafije dao „nezgodne" podatke, potom sudija Alemi, a zatim i prvak sicilijanske Demohrišćanske stranke – Salvo Lima. Mafijaši su ubili i istražnog sudiju Đovanija Falkonea, njegovu suprugu i trojicu policajaca-telohranitelja da bi, konačno, na red došao Paolo Borselino, koji je Falkonea trebalo da nasledi u istrazi o mafiji.

Odmazdu mafije očekivao je i šef italijanske države Oskar Luiđi Skalfar koji je, povodom ubistva sudije Borselina, rekao:

„Teško nama ako ne budemo sposobni da se, ujedinjeni protiv mafije, svim sredstvima suprotstavimo tom zlu. Poslednji je trenutak da svi odreda, počev od mene, preuzmemo odgovornost i krenemo u borbu protiv organizovanog kriminala."

Šta mafija želi da postigne ubijanjem, posebno istaknutih sudija? Želi li samo da spreči istragu, ili ima i šire ciljeve?

Suze starog sudije Kaponeta i njegov očajnički uzvik „svršeno je" ganule su celu Italiju.

Haos se nastavljao. Ljudi od časti mafije, koji su se pokajali, progovorili su pred sudom i to omogućava hapšenje kuma Salvatorea Tota Rina. Oni, mafijaški svedoci, konačno izgovaraju tako dugo očekivano ime Đulija Andreotija, koji je zvanično optužen da je štitio Koza nostru s pozicije vlasti. Pojavljuju se dokumenta za koja se verovalo da su zauvek izgubljena, kao što je privatni dnevnik generala Dala Kjeze i beleške ubijenih novinara. Za nekoliko nedelja raspada se ono što se smatralo najsolidarnijim u Italiji: nestaju partije i političari, i sama Koza nostra, siroče u nedostatku kumova na vlasti, bila je uzdrmana.

Klupko te afere oko operacije „Čiste ruke" počelo je da se odmotava kada je Luka Manji, vlasnik jedne kompanije za čišćenje u Milanu, odlučio da više ne plaća mito za poslove koje želi da dobije. Manji je odveo istražne sudije do zastupnika preko kojeg je, uz plaćanje obaveznog procenta, trebalo da dobije pravo da čisti jedno obdanište. Zastupnik je, ispostavilo se, bio Mario Kjeza, aktivista Socijalističke partije Italije, blizak partijskom vođi Betinu Kraksiju. Ustaljen i raširen sistem „tanđenta", mita koje su političke partije uzimale u zamenu za davanje prava za izvođenje radova ili dobijanje kredita, počeo je da se ruši kao kula od karata.

Sudije u Milanu nastavile su istragu o takvim slučajevima, uprkos nastojanju političara da najpre ignorišu, a potom diskredituju njihov trud. Operacija „Čiste ruke" se iz Milana proširila na dvadesetak italijanskih gradova i stigla do vrha političke vlasti u Rimu, najviše pogodivši dve najuticajnije partije – Demohrišćansku i Socijalističku.

Žrtve skandala postala su neka od najpoznatijih imena italijanske politike: ostavku na svoje položaje podneli su, pod optužbom za umešanost u korupciju, Betino Kraksi, vođa socijalista Kraksi i Đorđo la Malfa, vođa republikanaca. Ostavke su podnela četiri ministra, a vlada socijalista Đulijana Amata jedva je preživela glasanje o poverenju.

Iza rešetaka su nedavno završili šefovi najmoćnijih korporacija u državnom vlasništvu: Gabriele Kaljari, predsednik *ENI*, grupacije za energetiku, i Frančesko Čati, predsednik *ENEL*-a, grupacije za struju. I same sudije zabrinute su zbog dosadašnjeg bilansa te operacije: uhapšeno je preko 900 industrijalaca i političara, 1.400 lica je pod istragom, a 41 parlamentarac čeka da im bude oduzet poslanički imunitet. Zajedno s njima, imunitet poslanika je izgubio i Đani de Mikelis, bivši ministar inostranih poslova.

„Nismo imali pojma u početku koliko ćemo daleko otići i kako ćemo duboko stići", rekao je milanski sudija Frančesko Saverio Boreli.

Njegov kolega Antonio di Pjetro, koji je postao sinonim te operacije, za dobar deo Italijana gotovo je postao nacionalni heroj.

## Slučaj Andreoti

Politika i mafija su dva blizanca, pokazao je slučaj Đulija Andreotija. Bez Andreotija od 1947. godine, kada je kao podsekretar u Ministarstvu odbrane ušao u komandnu sobu nacije, nije bilo moguće zamisliti nijednu vladu. Bio je političar za sve sezone, član Ustavotvorne skupštine, parlamenta od 1946, sedam puta premijer, u više navrata ministar odbrane, inostranih i unutrašnjih poslova, državne blagajne, šef nekadašnje demohrišćanske levice i potom njenog centra.

Javno tužilaštvo u Palermu obavestilo je sedamdesetčvorogodišnjeg Andreotija da se protiv njega vodi istraga utemeljena na sumnjama za „mafijaško udruživanje". Istovremeno je od Senata republike, u kome Andreoti ima doživotno mesto, zatražena dozvola za pokretanje procesa. Bolje reći, zatraženo je da se skine imunitet čoveku koji među italijanskim političarima uživa i najveću međunarodnu reputaciju.

Optužbe protiv Andreotija su nešto drugačijeg karaktera od onih koje su pokrenute protiv Kraksija, De Mikelisa, La Malfe, Altisima, mnogih ministara i funkcionera na vladinom i lokalnom nivou, te samih vrhova italijanskog proizvodnog aparata kao što su torinski *Fijat*, državni petrolejski gigant *ENI*, i drugi. Optužba protiv Andreotija je bila razorna za politički sistem. Jer, u dosijeu od trista strana, kojim je od Senata zatraženo „zeleno svetlo" za javnu istragu i proces, Andreoti je, na temelju višemesečnih ispovesti čuvenih mafijaša „pokajnika" Mutola, Markeza, Mesine, Bušete, Kalderonea i Manoje, označen kao mafijin „oslonac" odnosno „terminal" u rimskom političkom centru.

Istorija Andreotijevih „greha" počinje 1982. neverovatnim ubistvom generala Dala Kjeze poslatog u Palermo da stane na čelo borbe protiv mafije. Njeno novije poglavlje otvara se ubistvom Salva Lime, demohrišćanskog evropskog poslanika sa Sicilije, Andreotijevog ličnog i političkog prijatelja, koji je na mafijaškom ostrvu bio veza između Rima i Koza nostre. Ubijen je, navodno, zbog toga što je njegova uloga bila iscrpljena. Mafiji više nije obezbeđivao dovoljnu zaštitu i nekažnjivost. Nakon toga su usledila čuvena ubistva – klopke sa stotinu kilograma tritola – još poznatijih istražitelja iz Palerma, Falkonea i Borselina.

Andreoti je razradio glavni koncept odbrane: Nijedna vlada kao njegova poslednja nije donela toliko oštrih zakona protiv mafije, i optužnica utemeljena na iskazima „pokajnika" predstavlja „osvetu mafije".

Đulio Andreoti, rekorder s trideset tri ministarska portfelja i sedam puta predsednik vlade, poslednji se našao na udaru istrage pod optužbom „mafijaške delatnosti". Svet nije bio začuđen što je „večni Đulio" osumnjičen za pripadništvo mafijaškoj organizaciji Koza nostra, pošto su te sumnje dužeg veka.

Ta kampanja protiv najuglednijeg italijanskog političara bila je usmerena na njegovu definitivnu političku eliminaciju. Kako je Đulio Andreoti bio oličenje, najpotpuniji simbol političkog sistema Italije, otvaranje sudske istrage protiv njega značilo je i političku optužbu čitave političke klase.

Andreoti je do sada bez teškoća odolevao napadima. Imao je dvadeset šest procesa i nijedan mu nije naudio. Politički, međutim, on je već bio mrtav. Voštanog lica, pogrbljen, s ušima poput antena i uvek živahnih očiju, skupljenih usana i ironično nasmejan, prisutan je na političkoj sceni u vreme vladavine Šarla de Gola, Trumana, Staljina, Adenauera...

Optužbe protiv Andreotija bile su sabijene u nešto preko dvesta daktilografskih stranica, a osnovna je ona koja govori da je „večni Đulio" sarađivao s mafijom u cilju učvršćivanja sopstvenog položaja. Za vreme njegove poslednje sedme vlade Italije, mafiji je zadat najteži udarac. Na oltaru mafije Andreoti je ostavio i svog najvernijeg prijatelja Salva Limu i to iz dva razloga: da bi se otarasio mafije i da bi, istovremeno, pokazao da je borac protiv mafije.

Sve to je izazvalo neopisiv haos u italijanskom životu. Dobar deo privrede je bio paralisan, pošto su „kadrovi", i to oni s najvišeg nivoa, bili pod istragom ili u zatvoru. Na ulicama Napulja građani su skandirali „živela hapšenja"!

Andreoti je optužen da je bio bos nad bosovima, čovek koji vuče sve konce na relaciji Koza nostra – politika – tajne službe – masonska tajna loža P-2!

Dobio je nadimak Belzebub, što znači „Đavolski poglavica". Sve dok nije pao u nemilost sudbine, Andreotiju se dopadalo što ga zovu Belzebub. Sad ga to plaši.

Zvali su ga i „lukava lisica", što mu se, takođe, dopadalo. Međutim, pre godinu dana, otprilike, socijalista Kraksi je u vezi s tim rekao nešto što danas izgleda kao proročanstvo.

„Jeste Andreoti lisica, ali treba da zna da lisice, pre ili kasnije, završavaju u krznarskoj radnji."

Svedoci koji su optužili Andreotija, bivši mafijaši koji su prihvatili da sarađuju s istragom, među njima i bivši gradonačelnik Palerma Vito Čančimino, nisu bili pouzdani. Sam Andreoti nije znao tačno ko stoji iza italijanskog sudstva, ali je bio ubeđen da su tu prisutni i „prsti iz Sjedinjenih Država".

Mafijaši pokajnici su tvrdili da su veze između Đulija Andreotija i Stefana Bontade, nekadašnjeg mafijaškog bosa na Siciliji, ubijenog pre nekoliko godina, bile „čelične". Njih dvojica su se, zajedno sa Salvom Limom, pokojnim prvakom Demohrišćanske stranke sa Sicilije, u dva maha sastali u jednoj vili blizu Palerma.

Ipak, najteže optužbe protiv Andreotija su da je on naručilac ubistva karabinijerskog generala Dala Kjeze i novinara Mina Pekorelija. Obojica su, navodno, likvidirani zbog informacije koju su posedovali u vezi s Andreotijevom ulogom u ubistvu predsednika Demohrišćanske stranke Alda Mora.

Da za Andreotija nevolja bude veća, njega najžešće brani Ličo Đeli, veliki majstor tajne masonske lože P-2, čovek čije se ime pominje u svim misterijama savremene Italije. Braneći Andreotija, Ličo Đeli ga, u stvari, gura u živi pesak.

## Andreoti i mafija

Krajem sedamdesetih godina, mafijaški bos ispričao je prijatelju Tomazu Bušeti da je bio s jednim od braće Salvo i Filipom Rimijem u Andreotijevom kabinetu u Rimu. Hteli su da mu se zahvale u vezi sa sudskim sporom Rimiju i Koza nostri koji je pozitivno okončan, baš zbog njegovog interesovanja za slučaj. Tom prilikom Andreoti je rekao Bušetinom prijatelju da bi bilo dobro kada bi svaka ulica, svakog italijanskog grada, imala po jednog „časnog čoveka" kao što je on, prijatelj Bušete, zbog čega je ovaj bio veoma srećan.

Mnogim šefovima Koza nostre je bilo poznato da je njihov čovek u politici bio Đulio Andreoti, a i Bušeta je čuo za to još 1972. godine. Znao je da su postojala dva puta da se dođe do njega: preko Silva Lime, šefa njegovog partijskog ogranka na Siciliji, i braće Salvo, s kojima je Andreoti bio blisko povezan. Sve što su braća Salvo zahtevala od mafije da se izvrši, nije bilo sumnje da su to bili zahtevi „čike", kako su ga njih dvojica zvali, iz poštovanja prema starijoj dragoj osobi i da se ne bi znalo o kome je reč.

U okviru velike policijske akcije uhapšeno je preko 200 ljudi osumnjičenih za pripadništvo mafijaškoj organizaciji Koza nostra. Iako nije uhapšen, nego za sada samo zvanično obavešten da je pod istragom, na listi osumnjičenih je bio i general Frančesko Delfino, komandant legije Pijemont.

Sumnja se da je on bio „u bliskoj vezi" s mafijaškim bosom Antoniom Nirtom. Prilikom policijske akcije uhapšeno je i nekoliko sudija, među njima i Pjero Masari, bivši predsednik jednog opštinskog suda u Milanu.

General Delfino je član grupe od pet zaverenika. Njegov kolega general Franko Montikone, jedan od najmlađih i, verovalo se, najperspektivnijih vojnih starešina, po odluci ministra odbrane Fabrija, suspendovan je s funkcije komandanta Snaga za brze intervencije. General Montikone je optužen za šverc oružja, saradnju s teroristima krajnje desnice i, na kraju, za pripremanje državnog udara do proleća 1994. Teške optužbe protiv generala iznela je Donatela di Roza, njegova nekadašnja ljubavnica.

Oduvek je bilo znano da su vrhunski kumovi sicilijanske mafije uspevali da svojim kanalima i poslovima upravljaju i dok su po zatvorima „odrađivali" kaznu. Sada se ispostavlja da ih zatvor ne sprečava i da dobiju – decu. Đuzepe i Filipo Gravijano su četiri godine izdržavali kazne zbog reketa i različitih ubistava, uključujući i ubistvo sveštenika koji je javno propovedao protiv zala mafije. A onda su im supruge došle u posetu s bebama u rukama. Mafijaši iz Brankača, ozloglašenog predgrađa Palerma, tvrde da su pre hapšenja posetili banku sperme i da su njihove supruge kasnije oplođene.

To je bio razlog da državni tužilac Italije promeni režim kazne mafijašima. Zatvoreni kumovi mafije ubuduće u zatvoru moći će međusobno da komuniciraju; da na svežem vazduhu budu četiri umesto dva sata, da igraju fudbal; da s drugim zatvorenicima sede u biblioteci; da sa svojom decom ispod šesnaest godina razgovaraju bez bezbednosne pregrade; da od porodice primaju ne jedan, već više paketa mesečno.

Poznato je da zatvoreni mafijaši iz sudnice ili zatvora šalju poruke spoljnom svetu. Koza nostra koristi poseban koncept sintetizovanog jezika „bučagiju" koji samo oni mogu da razumeju. Taj jezik se često menja, kao lozinke u vojsci. Gotovo je nemoguće pratiti ga. Ali kao što je sperma braće Gravijano, po svemu sudeći, našla put iz zatvora, tako i mnogi mobilni telefoni ilegalno nalaze put – do zatvora. Igre žandara i lopova nemaju kraja.

Počesto se u Italiji nije ni znalo ko je žandar, a ko lopov, ko je policajac, a ko mafijaš.

U Palermu je dan uoči Božića uhapšen Bruno Kontrada, visoki funkcioner tajnih službi (SISDE), optužen kao špijun moćnih mafijaških klanova na ostrvu.

Hapšenje je izazvalo uzbuđenje zbog same činjenice da je Bruno Kontrada, star šezdeset dve godine, najviši policijski službenik koji je završio iza rešetaka na temelju iskaza „pokajnika" iz visokih mafijaških redova.

Sumnje da mafija ima doušnike u najosetljivijim institucijama italijanske države dobile su tako konkretan vid i iz temelja potresle policijski establišment na Apeninima.

Sumnja da u vrhovima sicilijanske policije postoji doušnik vuče trag još od 1979. godine kada je ubijen Boris Đulijano, poznati šef mobilne policije u Palermu.

Kao i u mnogim kasnijim slučajevima, ubice su bile obaveštene o mestima i vremenu. Tako će glavom platiti najpre Đovani Falkone. Znali su sve, pa čak i da će njegov „tajni avion" poleteti iz Rima u Palermo s trideset minuta zakašnjenja. Isto je i s ubistvom njegovog zamenika Paola Borselina. Obavestio je telefonom majku da dolazi kod nje na ručak, a neko je iz njegove najbliže okoline to dojavio nalogodavcima ubistva, te je davno pripremljena klopka stavljena u pogon.

Gvido Lo Forte, tužilac iz Palerma, osumnjičen je da je 1991. Koza nostri dostavljao poverljive informacije o akcijama organa reda u borbi protiv mafije. To je potvrdio Anđelo Sino – koji je u ime mafije kontrolisao većinu građevinskih projekata na Siciliji i zbog toga bio poznat kao „ministar javnih radova" Koza nostre.

Tužilac Lo Forte, koga zajedno s još dvojicom pominje Sino, vodio je najdelikatnije istrage protiv mafije.

## Sudije pod kontrolom

Sudeći prema izjavama pojedinaca koji se smatraju dobrim poznavaocima mafije, a i po onome što je naširoko pisala celokupna italijanska štampa, Koza nostra je najsigurniju zaštitu i potporu imala u palatama pravde na Siciliji. Mafijaška organizacija je, ističe se, držala pod kontrolom na desetine sudija najvišeg ranga, istražne inspektore i državne tužioce. Zahvaljujući tome, mafija se sve do sada održavala i u sukobu s državom najčešće pobeđivala.

Među osumnjičenima za saradnju s podzemljem bili su Đuzepe Princivali, državni tužilac u mestu Termini Imereze, zatim Paskvale

Bareka, predsednik prve sekcije Apelacionog suda u Palermu, Karmelo Konti, bivši predsednik Apelacionog suda u Palermu, pa Pjetro Đamakno, više godina državni tužilac, a zatim prvi čovek Kasacionog suda u glavnom gradu Sicilije.

Prema tvrdnji mafijaša Đuzepa Markeza, čije su se mnoge dosadašnje izjave pokazale tačnim, sudija Đamakno je od mafijaškog bosa Tota Rigine pre nekoliko godina dobio dve milijarde lira, u znak zahvalnosti što je oslobodio jednu grupu mafijaša. Navodi se, tako, da je Đuzepe Princivali, u svojstvu predsednika Porotnog suda u Palermu, pre nekoliko godina, u čuvenom „maksi-procesu" od ukupno 122 osumnjičena mafijaša oslobodio čak 82, što je izazvalo pravo zaprepašćenje u italijanskoj javnosti a i u pravosudnim krugovima.

Čak su i neke sudije na Siciliji olako, uz najobičnije potvrde lokalnog lekara, nekim opasnim mafijašima dozvoljavali da zatvorsku ćeliju zamene bolničkom sobom i da iz nje zatim brzo pobegnu.

Italijani su bili šokirani tvrdnjama istražnih organa da su bivši ministri bili šefovi mafije. Antonio Gava, demohrišćanski prvak u Napulju i bivši ministar unutrašnjih poslova, bio je šef Kupole posebnog tipa, tajne organizacije koju su činili mafijaši, napolitanski političari i privrednici. U najužem telu ove organizacije bili su Paolo Čiro Pomičino, bivši ministar za državnu blagajnu, demohrišćanin, zatim senator Alfredo Vito i Rabaelo Mastrantuono, poslanik nacionalnog parlamenta. Krivični postupak je podnet i protiv demohrišćanina Rikarda Mizazija, takođe bivšeg ministra, pod optužbom da je bio na čelu Kupole u Kalabriji. Istražni sudija iz Napulja je protiv svih njih podneo krivičnu prijavu i zatražio od parlamenta da im uskrati poslanički imunitet kako bi što pre mogli da budu saslušani.

U Napulju, Palermu iReđo Kalabriji političari su vlast i bogatstvo bukvalno delili s mafijašima, o čemu najubedljivije govori napolitanski mafijaš Galaso, jedan od najbogatijih ljudi u tom, inače, siromašnom gradu. Galaso, koji je mafijaškom aktivnošću došao do velikog bogatstva postavši vlasnik više fabrika, nekoliko robnih kuća i više stotina hektara zemlje, bio je, po sopstvenom priznanju, u stalnoj vezi s bivšim ministrima Gavom i Pomičinom. On im je obezbeđivao glasove na izborima, oni njemu velike poslove, a onda su finansijsku dobit delili na ravne časti. Galaso, inače, nije običan mafijaš – on je i svirepi ubica koji je po sopstvenom priznanju likvidirao dvanaest svojih protivnika!

Mladi Sicilijanci se masovno izjašnjavaju za miran zajednički život, o čemu svedoči tzv. Falkoneovo drvo u centru Palerma koje, kao znak uspomene na hrabrog magistrata, pune svim mogućim prilozima protiv mafijaškog nasilja. Rađaju se nove partije, i novi političari, i u Italiji se već govori o nastanku Druge Republike.

Italijanske sudije i istraživači mafijaškog fenomena iskreno su govorili kako je prava borba protiv Koza nostre i La Pjovre tek započeta. S druge strane, najbrižljiviji posmatrači s nepoverenjem su primećivali kako se 1993. godine, nakon objavljivanja rata državi i postavljanjem bombe u galeriji *Ufiči* u Firenci i crkvi Svetog Jovana Letranskog u Rimu, rađanjem Forca Italije i pojavljivanjem Berluskonija na političkoj sceni, Koza nostra smiruje.

## Trust zločinaca

„Sicilijanci žive u jednom produženom snu. Varate se kada kažete da će Sicilijanci učiniti napor da sebe prevaziđu. Neće učiniti ništa, jer smatraju da su savršeni." Govorio je princ Salina. Tako se i dogodilo da je italijanska mafija preživela progon države i nastavila da tajno vlada svetom.

To je trust, koji, kako je rečeno na plenumu UN-a u Napulju, godišnje obrne do 3.000 milijardi dolara, a inkasira oko 750 milijardi dolara. Samo na poslovima ilegalne trgovine narkoticima svetska mafija je 1992. zaradila 300 milijardi dolara. A to su cifre koje su naterale Butrosa Galija, bivšeg generalnog sekretara UN-a, da izjavi kako udruženi kriminalci prete demokratiji u svetu. Srce tih udruženih kriminalaca činili su i dalje italijanski mafijaši.

U samoj Italiji danas postoje četiri velika mafijaška trusta: Koza nostra sa Sicilije, napolitanska Kamora, Ndrangeta iz Kalabrije i Santa korona unita iz Pulja kod Barija. Italijanski premijer Silvio Berluskoni je u Napulju izjavio da u njegovoj zemlji postoji samo sto opasnih bosova mafije. To je njegov ministar policije Roberto Maroni demantovao podacima o 100.000 Italijana koji se stalno ili povremeno bave mafijaškim poslovima. Oni su 2004. obrnuli najmanje 70 milijardi dolara, od toga su na drogi zaradili 20 milijardi. Tokom 1990. godine, na primer, u Italiji je čak 60 odsto investicija u građevinarstvu bilo pod kontrolom mafije.

Kao hobotnica, kako je često i nazivaju, italijanska mafija je aktivirala sve svoje pipke, ne ostavljajući na miru ni deponije smeća. Prema izveštaju koji je objavila *Lega-ambijente*, samo u sektoru prirodne sredine Italija svakih sedamnaest minuta ostaje bez dela svoje imovine, prepuštajući je mafiji. Policija je, naime, otkrila čak 31.000 krivičnih dela u vezi s narušavanjem prirodne sredine. Mafija je često, u saradnji s lokalnim vlastima i privrednicima, glavni korisnik svega što se iz deponije smeća može iskoristiti i, istovremeno, najveća štetočina i zagađivač prirodne sredine.

U opširnom izveštaju, nazvanom *Raport ekomafija*, koji je predočen italijanskoj javnosti, detaljno su navedene delatnosti mafije u oblasti smeća, nedozvoljene gradnje i ilegalnog iskorišćavanja i mučenja životinja, u prvom redu, pasa i konja.

Svake godine, tvrdi *Lega-ambijente*, bez traga nestaje oko dva miliona tona toksičnih materija s deponija smeća, a to mafiji donosi oko tri i po miliona maraka godišnje.

Kao što su odavno osvojili ilegalna tržišta droge, prostitucije ili reketa, mafijaši su „na svom terenu" i kada je reč o izgradnji zgrada i objekata u zonama koje za to nisu predviđene. Od 232.000 bespravno podignutih kuća u poslednjih pet godina dosad je, po nalogu nadležnih vlasti, porušeno samo 669 kuća. Sve druge prkose zakonu i vlastima i, po svoj prilici, ostaće netaknute. Na tom poslu, mafija je, smatra se, zaradila oko 30 miliona nemačkih maraka, a ako se pridoda i neplaćeni porez državi, onda zarada raste za još oko 7 miliona maraka.

Treće polje delovanja u okviru „eko-prostora" mafija ostvaruje na ilegalnim kladionicama, čiji su akteri psi pitbul terijeri, hrtovi i konji. Dok se trke konja i hrtova u Italiji organizuju legalno, na odgovarajućim terenima specijalno izgrađenim za to, u organizaciji mafije konjske trke se, ponekad, održavaju i na lokalnim asfaltnim putevima. Jednostavno se, za izvesno vreme, zatvori put za saobraćaj, a deo asfaltnog puta služi kao hipodrom. Vlasti nekad reaguju, nekad ne.

Mafija gotovo svakodnevno organizuje borbe pitbul terijera, u kojima pobeđeni strada na licu mesta, a pobednik – nešto kasnije. Psi u Italiju tajnim kanalima stižu iz čitave Evrope, pa i iz naše zemlje. Na borbama pasa mafija, smatra se, godišnje zaradi najmanje milion maraka.

Koza nostra je začetnik svetskog organizovanog kriminala. Nastala je na siromašnom ostrvu Siciliji, gde su ljudi, da bi preživeli, morali da se pre pet vekova bave kriminalom. Otimali su od bogatih i uzimali za sebe i davali drugima. Vremenom kriminal je za Sicilijance postao stalna profesija, neka vrsta porodične manufakture. Najpoznatija od tih porodica jeste Korleone, prema uzvišenju iznad Palerma, na kome i danas stoji dvorac te mafijaške dinastije. Novi kum nad kumovima sa Sicilije je Salvatore Rina, koji se od 1993. godine nalazio u zatvoru. Prema podacima UN-a ova organizacija sa Sicilije danas ima 151 klan s 5.000 članova na samoj Siciliji, dok u SAD ima još pet velikih porodica s 1.500 vojnika mafije. Glavni poslovi kojima se Koza nostra bavi su preprodaja droge, iznuđivanje zaštite i kontrola javnih radova u Italiji i Americi. Samo na poslovima u građevinarstvu 2004. je zarađeno 10 milijardi dolara.

Sve do sedamdesetih godina sicilijanska mafija je dominirala u industriji droge. Kupovala je morfijum na Dalekom istoku, rafinirala ga u fabrikama Sicilije i prodavala na američkom tržištu. Kokain iz Južne Amerike prolazio je kroz južnu Italiju pre nego što završi na severu Evrope ili u Engleskoj.

Američka novinarka Kler Sterling, poznata po svojim dobrim vezama s CIA, napisala je u knjizi *Stvar ne samo naša – svetska mreža sicilijanske mafije* kako je od 1957. godine „jedna mala organizacija kriminalaca za koju se mislilo da deluje samo u granicama jednog sredozemnog ostrva, postala multinacionalni kartel za heroin koji posluje na čitavoj planeti".

Prema njenom sudu „sicilijanska mafija je jedna velika zločinačka organizacija sposobna da ogromne količine heroina ili kokaina prebacuje s kontinenta na kontinent i preko okeana. Niko na nju nije sumnjao sve do početka osamdesetih godina. Dotle su sicilijanski 'časni ljudi' zauzeli strategijske postaje kao što su Bangkok, London, Minhen i Marselj, sve do Montreala, Karakasa i Sao Paola, a takođe u bar 25 ključnih gradova SAD. Nema, praktično, nijedne zemlje u Evropi, Aziji, Africi ili Americi u koju se nisu ubacili ili je korumpirali."

Droga je najbrži posao za mafiju. Ali dok je trgovina drogom donosila mafiji ogromne količine novca, taj keš je negde morao biti evidentiran. Trebalo je da izgleda kao profit od legitimnog biznisa.

U to vreme, žene su tek povremeno korišćene kao kuriri jer su retko bile ispitivane od strane policije. Ali kako je policija počela da primenjuje vrlo sofisticirane metode, bosovi mafije su shvatili da se mogu osloniti samo na jednu osobu kojoj mogu bezuslovno verovati – svoju ženu. Tako je trgovina drogom, zahvaljujući radu žena u pozadini, podigla dimnu zavesu predrasuda o ovoj vrsti kriminala. Žene su postale glavni akteri, ugovarajući sastanke sa stranim kupcima i italijanskim dilerima.

Bilo kako bilo, šefovi mafije su tradicionalne predrasude morali da stave na jednu stranu i preispitaju pojavu mafijaškog „kuma". To preispitivanje je sprovela i policija.

Među 200.000 osoba optuženih za preprodaju droge, gotovo neverovatan broj bile su žene. Prema izveštaju italijanskog parlamenta broj žena članica sicilijanske mafije je u zapanjujućem porastu. Samo 2004.

godine 89 žena je bilo optuženo za članstvo i saradnju s mafijom, dok je pet godina ranije za istu stvar bila optužena samo jedna žena.

Italijanska mafija je nekada bila isključiv posed muškaraca, ali kada su kumovi zaglavili u zatvoru, nasledile su ih kume. U svetu mafije uvek je bilo mesta za hrabre žene. Severija Palazolo, lepa i elegantna žena pedesetih godina, supruga je šefa mafije Bernarda Provezana. Nosi skupocenu odeću najboljih italijanskih kreatora, njeni sinovi su završili najbolje strane škole i govore perfektno engleski i nemački. Severija je milione uložila u nekretnine i firme registrovane na Siciliji, iako nema nikakvih ličnih prihoda. Kada je optuživana za pranje novca, uvek je uspevala da sve prikrije i hapšenje je izbegavala punih deset godina.

Tatjana Imparato je bila ćerka šefa mafije jednog malog mesta blizu Napulja, bila je visoka, vitka, izraženih crta lica. S dvadeset tri godine prebacila se s poljoprivrednog fakulteta na pravni, jer je „porodici trebao dobar advokat".

Volela je stil života mafije, vozila je brza kola i ako nije mogla da dobije ono što želi, koristila je ime svog oca kao najveću pretnju. A kada je njen otac poginuo u mafijaškom obračunu, ona je zauzela njegovo mesto vođe klana, izdajući naređenja, uterujući reket i spremajući plan kako da osveti smrt svog oca. Uhapšena je 1993. godine zbog iznuđivanja.

„Moj otac je bio vrlo ponosan čovek", govorila je posle u jednom televizijskom intervjuu. „I ja sam takođe vrlo ponosna. Moj otac je stalno bio van zakona, a ja sam njegove krvi. Verujem u pravdu, ali ne i u one koji je dele."

A biti ponosan na Siciliji znači biti mafijaš. Jer, reč mafija je arapskog porekla i znači ponos, ali i prkos.

Anđela Ruso je naučila da barata pištoljem još kao devojčica. Ona je bila kćerka šefa mafije u Palermu i kada su se trojica njene braće razbolela i umrla, kao najstarija od pet sestara, preuzela je ulogu sina u porodici. Kad god bi njen otac išao u lov, vodio ju je sa sobom. Već s petnaest godina bila je odličan strelac.

Kad je Anđelin otac umro, ona je odvažno odlučila da se stavi na čelo porodice. Da je kojim slučajem bila slabijeg karaktera, muški članovi mafije je nikada ne bi shvatili ozbiljno, ali Anđela je bila naučena da sve konce drži u svojim rukama. Udala se, rodila sedmoro dece i vodila posao. Njen muž joj je davao potpunu slobodu i inicijativu u poslu jer je uvek govorio:

„Ti ćeš to uraditi bolje od mene."

A ono što je Anđela radila bolje od svog muža i svih drugih, bilo je dilovanje droge. Uspostavila je heroinsku vezu između Palerma i

Napulja koja je zapošljavala celu njenu porodicu, uključujući i njenu kćerku Rozetu, nećaku Vinćencu, ženu svog najstarijeg sina i njihovu kćerku Lili, prelepu devojčicu duge crne kose.

Kada je napunila sedamdeset godina, Anđela Ruso, poznatija kao „Baka heroina", već četiri generacije svoje porodice je bila uključila u trgovinu drogom, čiji je ona bila glavni bos.

Ko bi ikada posumnjao u simpatičnu bakicu koja hramlje ulicama Palerma i nosi svoj koferčić. I ko bi ikada pomislio da je taj kofer pun prvoklasne droge spremne da se isporuči dilerima Amerike i Engleske.

Kada je uhapšena Anđela Ruso, „Baka heroina" je uporno i hladnokrvno poricala da ima ikakvog pojma i veze s kilogramima droge koji su prolazili kroz njenu kuću na putu od Kolumbije do Napulja, Milana i Londona.

„Kokain?", pitala je na sudu. „Je li to neki deterdžent?"

Tužilaštvo je bilo zbunjeno njenom pojavom i očiglednom nevinošću, ali istina je, ipak, izašla na videlo.

Zakon ćutanja, poznat kao „omerta", u skorije vreme je bio srušen od članova takozvanih „informera". A to je bio njen sin. A kad je njen sin izašao da svedoči i zapretio da će sve priznati, ona je izgubila kontrolu. Vikala je iz sveg glasa da je njen sin lud, a onda mu se obratila u pravom mafijaškom stilu:

„Bolje se pazi. Ja sam te stvorila, ja mogu i da te uništim!"

Kada je Anđela Ruso uhapšena 1982. godine i osuđena na pet godina zatvora, bila je jedna od prvih žena u Italiji osuđena za tu vrstu kriminala. Do njenog hapšenja verovalo se da muškarci imaju potpunu kontrolu u mafiji. Bilo je nepisano pravilo da nijedna žena ne može postati član mafije, bilo uključena u poslove ili naoružana. To je bila politika zasnovana na muškom ponosu i zaštiti imovine.

Mafiju, a Koza nostru posebno, karakterišu dve ključne osobine: borba za kontrolu teritorije, što je njena unutrašnja komponenta, i odnosi s delovima sveta politike, biznisa i finansija, što je njena spoljna komponenta. Bez obe ove komponente, mafija bi bila snažna gangsterska banda, ali ne i moćna i duboko ukorenjena organizacija.

### Don je umro

Otkako je država odlučno reagovala na ubistva dvojice antimafijaških sudija 1993. i otkako je propala mafijaška kampanja terora godinu dana kasnije, u zatvore je – sem Rine – dospeo značajan broj velikih kumova mafije.

Leoluka Bagarela, jedan od vrhunskih bosova Koza nostre, uhapšen je u junu 1995. Đovani Bruska, za koga se tvrdilo da je nasledio Rinu, lišen je slobode maja 1996.

Frančesko di Mađo, jedan od ljudi najvećeg Rininog poverenja, ubio se. Pjetro Aljeri, za koga policija tvrdi da je bio drugi u lancu komandovanja Koza nostrom, uhapšen je juna 1997. Jedino je Lučano Liđo, njihov prethodnik, bio slobodan, ali je umro u krevetu.

Lučano Liđo, šef mafije koji je najzaslužniji što je klan Korleone postao jedan od najmoćnijih sicilijanskih mafijaških grupa, umro je od srčanog udara, saopštila je uprava zatvora. Liđo je hitno prenet u bolnicu kada mu je pozlilo u ćeliji jednog od najčuvenijih sardinijskih zatvora, ali lekari nisu mogli da ga spasu. Autopsija će pokazati tačan uzrok smrti šezdesetosmogodišnjeg mafijaša, koji je od 1974. izdržavao doživotnu kaznu.

Liđo je nekada bio na čelu mafijaškog klana sa sedištem u Korleoneu, sicilijanskom gradiću u brdima koji je poslužio kao inspiracija za film *Kum*, u kome je nezaboravnu ulogu dao Marlon Brando.

Uz pomoć odanog poručnika Salvatorea „Tota" Rine, Liđo je 1958. preuzeo komandu nad klanom Korleone svirepim ubistvom Mikelea Navarea, lekara koji je do tada rukovodio klanom. U fijat, u kome se nalazio Navare i njegov kolega, ispaljeno je više od stotinu hitaca. Svirepost napada šokirala je čak i okorele Sicilijance i dala ton sve učestalijim mafijaškim ratovima tokom sedamdesetih godina, iz kojih su pripadnici klana Korleone izašli kao pobednici.

Pod Liđom, klan je s trgovine ukradenom stokom prešao na ugovore za ubrzanu izgradnju Palerma tokom šezdesetih, a kasnije i na krijumčarenje duvana i narko-reket.

Liđo je uvek uspevao da bude korak ispred vlasti, iako je bolovao od kostiju što je zahtevalo česta bolnička lečenja. Uhapšen je i zatvoren zbog ubistva Navare 1964, ali je oslobođen na ponovljenom procesu 1969, da bi ponovo bio osuđen u odsustvu 1970. Policija je naposletku uspela da ga uhvati 1974. u Milanu, gde je delio stan s jednim od saradnika i sinom.

Nedavno objavljena Rinina biografija nagoveštava da je ovaj novi kum klana Korleone, nekadašnji poručnik, u stvari policiju uputio na Liđov trag, pošto nije odobravao njegov visoki životni stil. I sâm Rina je uhapšen u januaru 1995. posle gotovo četvrt veka provedenog u bekstvu.

Salvatore Toto Rina je bio najveći mafijaški šef Italije devedesetih godina. Uhapšen je u Palermu i smešten u rimski zatvor *Rebibija*, ali veliki šef Kupole, najvažnijeg tela Koza nostre, odbijao je svaku umešanost u zločine koje su mafijaši izvršili na Siciliji. Koristio je nadimak „Toto Kratki", jer je visok samo 161 centimetar.

Toto Rina je praktično tri meseca bio pod stalnom pratnjom i kontrolom specijalnog „policijskog tima". Snabdevena najsavremenijim uređajima za snimanje iz daljine, čak i noću i mikroskopski sitnim prislušnim uređajima, kojih je, sve zajedno, bilo na desetine, policija je, koristeći dva kombi vozila u kojima su bili instalirani „terminali", Tota Rinu pratila gotovo iz minuta u minut. Prema nekim nagoveštajima policije, tajne televizijske kamere su zabeležile i susret mafijaškog bosa s „jednim od najviđenijih italijanskih političara". Skrivao se dvadeset tri godine. Poslednji put viđen je u jednom selu kod Bolonje 7. jula 1969. kada je odlučio da pređe u ilegalu.

„Lokalizovan" je zahvaljujući njegovom bivšem vozaču, mafijaškom „pokajniku" Baldasareu di Mađu. On je karabinijere naveo na trag velikog šefa, otkrio njegovu „jazbinu" u Palermu, on je taj koji ga je vozio na putovanjima po Italiji i inostranstvu svih tih godina. Baldasare di Mađo je sada i „pokojnik" pod zaštitom države, pošto ga je njegov porodični klan osudio na smrt zbog izdaje. Hapšenje ovog kuma je nazvano „Operacija zver". Salvatore Rina je poput Dilingera bio državni neprijatelj broj jedan, najtraženiji kriminalac u italijanskoj istoriji, šef nad šefovima, kum svih kumova, bog svih bogova na sicilijanskom nebu. Sud ga tereti za 120 ubistava, pa mu je, u kontumaciji, odmerio četiri doživotne robije.

„Toto Kratki" je, naprosto, bio utvara rođena 1930. godine u znaku škorpiona i na pedesetak kilometara od Palerma, u mestu Korleone, koje će u svetu postati simbol mafije. Skitao je neko vreme s lažnim dokumentima i imenima. Bio je poverljivi čovek svog „Velikog kuma" Lučana Liđa koji će Rinu, kada dopadne zatvora, imenovati naslednikom. Iako tek polupismen, sa samo četiri razreda osnovne škole, šef mafijaške Kupole dve decenije držao je u strahu čitavu Italiju. Tako se 1970. godine rodila „Zver", krvnik koji je ušao u modernu istoriju mafije. To je istorija kalašnjikova, trotila, pokolja među mafijaškim porodicama, masakra političara, sudija, policajaca – među kojima su, na listi od dvadesetak imena, evropski poslanik Salvo Lima, oblasni i lokalni funkcioneri na Siciliji, general Dala Kjeza, poznati istražitelji Falkone i Borselino. Istoriju tržišta droge čiji godišnji promet na Siciliji iznosi dvadesetak milijardi dolara, prljavog novca koji se pere u bankama, vrtoglavih suma u građevinskim špekulacijama, tajnih veza s politikom.

## Toto kratki i smrtonosni

On je sravnio dotadašnju Kupolu sa zemljom. Likvidirao je poznate porodice i klanove, izašao kao pobednik i samozvani „diktator" mafijaške Koza nostre. Na bojištu je ostalo preko hiljadu mrtvih, zato je dobio nov nadimak „Zver". Rina je izvršio zaokret u dotadašnjoj strategiji i „etici" sicilijanskog podzemlja, okrenuvši je protiv države i koristeći sredstva kojih su se stari klanovi grozili.

Da bi se donekle rekonstruisao njegov život bilo je potrebno deset godina istrage posebnih policijskih jezgara. I tako se doznalo da se 1969. tajno venčao s učiteljicom iz Korleonea Antonjetom Ninetom Bagarelom, starom dvadeset dve godine, koja je važila za tamošnju lepoticu. Supružnike je venčao „zloglasni" pop Agostino Kopola, rođak Frenka zvanog „Tri prsta". Nakon nekih peripetija koje su joj nametnule službenu konfinaciju u Korleonu, Nineta takođe prelazi u ilegalu u kojoj rađa četvoro dece između 1974. i 1984. Nikakva to ilegala nije bila. Sva su deca legalno rođena na Ginekološkoj klinici *Noto* u Palermu, normalno zavedena u knjigu rođenih pod vlastitim imenima. Istraga, međutim, nije znala za tako javnu tajnu. Misterijama Palerma nikada kraja. Rina postoji, kreće se po Palermu, svi ga susreću, niko ne zna gde se skriva.

Svi „veliki poslovi" – od reketa, pa do prodaje oružja i droge – išli su isključivo po nalozima Rine. Kao šef takozvane Kupole, najvišeg organa mafije, Rina je imao gotovo neograničenu vlast, a vladao je, govore oni koji ga poznaju, kao najveći diktator. Kažnjavao je sve koji bi i pokušali da mu se suprotstave. Naravno, smrću.

Smatra se da je u najmanje 150 slučajeva lično Toto Rina isključivi nalogodavac za ubistva. Po njegovom nalogu ubijen je general karabinijera Karlos Alberto dala Kjeza, zatim istražne sudije Đovani Falkone i Paolo Borselino, pa političar Salvo Lima, kao i mnogi drugi. Nikog mafija nije smela da ubije, tvrde mnogi mafijaši-pokajnici, ukoliko za to nema dozvolu šefa Kupole Salvatorea Tote Rina.

Rođen 1930. godine u mestu Korleone, leglu sicilijanske mafije, Toto Rina je još kao mladić ušao u krug hladnokrvnih ubica u službi tadašnjeg bosa Lučana Liđa. Svoj posao je, kažu, obavljao besprekorno, na mafijaški način. Umesto reči, „izgovarao je" – mitraljeske rafale. Kad je početkom sedamdesetih godina, posle hapšenja Lučana Liđa, Toto Rina preuzeo mafiju, trebalo je da strada više od hiljadu ljudi da bi se on na položaju neprikosnovenog šefa učvrstio. Osvojivši „presto", Rina je praktično raspustio „kupolu" i vladao sam.

To je, smatra italijanska policija, i njegova najveća greška. Jer tako je na sebe navukao bes mnogih mafijaša koji su, čim su dospeli u zatvor, samo da bi se osvetili Rini, prihvatili da sarađuju s policijom. Tako je „propevao" Tomazo Bušeta, kao i još oko 270 uhapšenih mafijaša.

Iako je za njim još 1970. godine raspisana poternica, Rina je sve dok nije uhapšen u Palermu, čitav život proveo na Siciliji i, uglavnom, u okolini Palerma. Živeo je pod tuđim imenom i zahvaljujući tome što policija nije imala njegove „svežije" fotografije, mogao je da bude bezbedan. Pogotovo što je uvek bio u pratnji svojih naoružanih čuvara.

Slična sudbina bila je i njegovog brata Đovanija.

Kažu da je ta tipična priča počela jedne januarske nedelje 1993. pod čempresima sicilijanskog groblja.

Đovani Rina je imao osamnaest godina kada je s mlađim bratom došao na grob dede po kome je dobio ime. Prošlo je tek nekoliko dana kako je uhapšen njihov otac Salvatore.

Mladom Đovaniju je odlazak na groblje bio prvi zvanični ulazak u ovo zgusnuto mesto u kome se mediteranski kamen i izrazi lica utrkuju u nepomičnosti. Prolazili su dani a Đovani je želeo da bude „neko". Možda je tako obećao na dedinom grobu.

Korpulentan za svoje godine, poželeo je da očevu sudbinu ponese kao sopstvenu. Počeo je da se kreće onako kako to čine mafijaši koji žele da budu zapaženi. Upoznao je sve puteljke, staze i prečice. Nije odlazio u teritorije sa svojim vršnjacima. Želeo je da ne bude kao drugi. Želeo je da ga se boje kao što se plaše njegovog oca i danas dok je u zatvoru.

Na Siciliji je strah najefikasniji način vladanja. Mnogi političari znaju da bez podrške Koza nostre neće dospeti daleko. Platiće novcem, još češće uslugom koja će se zatražiti kasnije.

Kumovima mafije nisu neophodni skupi automobili, raskošne plavuše ili elegantna odela da bi pokazali da nešto znače. Nije to mimikrija. Ovde svi znaju ko zrači strahom. Često i oni kojima je posao da ih liše slobode.

Novac je kao dama u pratnji. Kada je sud u Palermu avgusta 1995. konfiskovao imovinu Tota Rine, uključujući zemlju i bankovne račune, zaplenjena je vrednost od deset milijardi lira.

U zemlji duboke tradicionalnosti, gde se mnoge supruge odriču svojih muževa „pentita", Đovani Rina želeo je da produži lanac „ljudi od časti".

Kada su novinari i foto-reporteri došli u Korleone na jednu sahranu, dobio je priliku da nešto učini: da strgne i uništi spomen-ploču na trgu posvećenom Đovaniju, antimafijaškim sudijama zbog čijih ubistava Toto Rina izdržava jednu od svojih kazni.

Nije mnogo prošlo, a Đovani je uhapšen juna 1996. u svom domu pošto ga je nekolicina „pentita" optužila da je član mafije i da je izvršio jedno ubistvo. Uhapšen je zbog uzimanja reketa.

Đovani je tako potvrda stereotipa ovog mesta u kome možda i uobražavate da vas probadaju nepoverljivi pogledi dok u baru pijete hladan kapučino. Možda i ne, ali Korleone od vremena kada je dobio svoje mafijaške ratove decenijama daje posebnu sortu mafijaša.

„Neće biti lako u promeni imidža ovog mesta. Neophodni su vreme i žrtve, ali ja se ne plašim", govorio je uz osmeh gradonačelnik Čiprijani.

## Vođa klana Korleoneze

Gotovo pet godina posle najboljeg poteza države, kada je uhvatila Salvatorea Rinu, šefa nad šefovima mafije, oči su ponovo bile uprte u Italiju i svi se pitaju da li je država u stanju da mafiju dovede u šah-mat poziciju.

Ogromni mermerni sudski kompleks u Palermu, Palata pravde, sada je dobila nadimak Otrovna palata, pa islednici smatraju da je u toku još jedna zavera da se diskredituje njihov rad.

Mafija se reorganizuje, čekajući momenat kada će biti u stanju da ponovo skupi snagu i iskoristi povratnu iluziju da je mafija uništena.

Iako su značajne i manje važne ličnosti u celoj Koza nostri tokom gotovo pet godina posle hapšenja Rine kršile smrtni zavet na ćutanje, poznat kao „omerta", mafija nije mirovala.

Posle hapšenja grupe mafijaških bosova, među kojima je i Toto Rino, šef Koza nostre, izbio je rat među „koskama". Ubijen je Frančesko Montalto, sin mafijaša Salvatora Montalta, Marćelo Grado, sin poznatijeg oca Gaetana, kojeg su kaznile i država i mafija. Ubistvu Đovane i Frančeska Gaporita u mestu Korleono, prethodilo je ubistvo i

Đovaninog brata... I sve druge žrtve čija ubistva prati ćutanje bile su u vezi s mafijom.

I sam papa Jovan Pavle Drugi apelovao je na mafiju da prestane s ubijanjem, nazivajući je „đavoljim semenom". Od naroda Sicilije zatražio je da se uspravi u borbi protiv kriminala: „Mafijaši, obuzdajte se, bog će vam suditi!"

Nakon višemesečne potere u klopku agenata specijalne Istražne direkcije za borbu protiv mafije (DIA) upao je jedne subotnje večeri u Palermu i kum mafije, Leoluka Bagarela, zvani „Lukino", naslednik već uhvaćenog „gazde nad gazdama" i „kuma nad kumovima" Tota Rine „Kratkonogog".

Leoluka Bagarela pripada klanu iz čuvenog Korleonea, malenog mesta pokraj Palerma, opevanog u američkoj filmskoj seriji *Kum*. „Korleonezi" ili „Korleonci" čine i danas vrh mafijaške Kupole koja je proizišla iz velikog rata među sicilijanskim „klanovima" i „porodicama" osamdesetih godina. „Lukino" je bio „vojni šef" mafije i njen „mozak" nakon što je u januaru 1993. iza rešetaka završio Toto Rina. Posle toga se u „zatvorima visoke sigurnosti" našlo preko 40 mafijaških bosova.

Leoluka Bagarela uveliko je doprineo usponu „Korleonaca" do komandnog položaja u Koza nostri. Zna se da je bio jedan od nemilosrdnih egzekutora u ratu mafijaških klanova za vlast u kojima su zbrisane cele porodice i klanovi poput čuvene porodice Madonia. Bio je umešan u stotine ubistava koja su obeležila osamdesete godine u Palermu. Lično je ubio pukovnika Nina Ruša i poznatog komesara policije Borisa Đulijana, te sudelovao u likvidaciji još čuvenijih istražitelja Đovanija Falkonea i Paola Borselina u Palermu u leto 1993.

Uhapšen 1989, napustio je ćeliju po isteku istražnog zatvora 1990. zbog „nedostatka dokaza". A godinu dana kasnije je u Palermu priredio kraljevsko venčanje s Vinćencom Markeze, čiji će brat Đuzepe, postavši jedan od mafijaških „pokajnika" u rukama policije, ispričati istražiteljima celu priču o svom zetu.

Otada je počeo veliki lov koji Bagarelinim hvatanjem nije završen. Na slobodi su ostali poznati kumovi Đovani Bruska, Pjetro Aljeri i Bernardo Provencano koji je zauzeo mesto Lukina.

Bagarela je 1991. u odsustvu osuđen na kaznu doživotnog zatvora za ubistvo vođe antimafijaške policijske jedinice u Palermu dve godine ranije.

„On je jedan od najvažnijih članova Koza nostre", izjavio je Fernando Mazone, šef italijanske policije.

Pripadnici DIA uhapsili su pedesettrogodišnjeg Bagarelu dok je prolazio jednu od petlji u centru Palerma. On je pokušao da umakne policijskom vozilu ali je bio sprečen saobraćajnom gužvom i ubrzo se, nenaoružan, predao bez otpora. Saopšteno je da je hapšenju pomogao kompjuter koji je sačinio nekoliko verzija njegovog mogućeg izgleda.

Kod kuma su nađeni ključevi po kojima je utvrđeno da je stanovao u samom centru grada, tačno preko puta stanova dvojice antimafijaških tužilaca koji su bili angažovani na njegovom slučaju.

Hapšenje mafijaškog „superbosa" Leoluke Bagarele u Palermu 1995. bilo je u centru pažnje italijanske javnosti. Interesantno da je Bagarela uhapšen na istom kružnom putu, samo nekoliko kilometara od mesta gde se slična „nezgoda" desila i velikom prethodniku Rini. Bio je opkoljen i morao je da napusti svoj pežo s podignutim rukama. Bagarela, poput svih velikih mafijaških bosova, u trenutku hapšenja nije imao oružje niti je pružio bilo kakav otpor. Tako je posle četiri godine intenzivnih potraga iza rešetaka završio jedan od deset najtraženijih svetskih kriminalaca. Za razliku od sličnog slučaja kada je 1993. iza rešetaka završio tadašnji „br. 1" Toto Rina, ovoga puta nema ni traga nikakvom trijumfalizmu ili likovanju.

Na osnovu iskaza uhapšenih mafijaša smatra se da Bagarela stoji iza ubistava sudije Borselina i visokih policijskih rukovodilaca Đulijanija i Rosija. Osim egzekucija, Bagarela je s velikim uspehom pokrivao i sektor međunarodne trgovine heroinom. Zanimljivo je da je Bagarela već jedanput bio uhapšen, 1979. godine, kada je osuđen na samo šest godina zatvora.

„Pokajnici" inače opisuju Bagarelu kao jednog od najsurovijih ljudi iz mafijaških vrhova. Kao pripadnik klana „Korleoneze" koji već više godina suvereno gospodari u svim najvažnijim poduhvatima sicilijanske mafije, Bagarela je bio zagovornik tzv. tvrde linije da državi treba odgovoriti na najdrastičniji način.

Podmetanja bombi u Milanu, Firenci i Rimu tokom 1993. izraz su te „politike" baš kao i surova obračunavanja s članovima porodica i rođacima „pokajnika", što traje i dan-danas.

U mafijaškim krugovima mnogi smatraju da je Bagarela došao do liderskog mesta zahvaljujući pre svega činjenici da je šurak Tota Rine, koji je na taj način očigledno želeo da sačuva bar deo svog uticaja na poslove koji su u toku. Sve to otvara mogućnost da mafija jednog dana bude svedena na nivo bande lokalnog značaja, što je i cilj celokupne akcije „antimafija".

## Ubica sudije Falkonea

Đovani Bruska, star četrdeset godina, zvani „Svinja", poslednji od velikih mafijaških šefova koji je uhapšen 20. januara 1994. godine, pred sudom u Rimu ovako je protumačio poziciju saradnika suda i pravde:
„Potrebno je više hrabrosti da se pokaješ, nego da ubiješ. Istovremeno, treba znati da mafija ima dugo pamćenje."

Đovani Bruska je bio među najtraženijim mafijašima Italije, begunac broj jedan sicilijanske Koza nostre. Optužen je da je aktivirao eksploziv kojim je 1992. godine ubijen poznati antimafijaški sudija zemlje. Uhapšen je dok je s porodicom gledao televizijsku seriju posvećenu upravo sudiji Đovaniju Falkoneu, u vili na moru, blizu sicilijanskog grada Agriđenta.

Sudija Falkone, koji je trebalo da stane na čelo nove italijanske antimafijaške agencije, ubijen je 23. maja 1992. kada je Koza nostra podmetnula eksploziv kod mesta Kapačija, na putu od aerodroma *Punta Raisi* ka Palermu.

Bruska, koga kasnije rekonstrukcijom ubistva sudije, njegove supruge i trojice ljudi iz pratnje optužuju da je lično aktivirao detonator od petsto kilograma eksploziva, tada je imao trideset šest godina.

Uspon Falkonea je počeo 1982. godine kada je mafija ubila čuvenog generala Karla Alberta dala Kjezu, tadašnjeg regionalnog prefekta Palerma i čuvenog borca protiv „Crvenih brigada". Sudija Đovani Falkone je vodio istragu oko ubistva generala Dala Kjeze i on je uspeo da obezbedi „tajna svedočenja" nekih poznatih mafijaša, u zamenu za njihov imunitet zbog saradnje. Taj „maksi-proces" je vođen 1986. i 1987. godine u specijalnom „bunkeru" u Palermu, čija je izgradnja koštala 19 miliona dolara. Tada je osuđeno 338 mafijaša na ukupnu kaznu od 2.700 godina zatvora.

Nakon ovog procesa, Falkone je postao nacionalni heroj, mada je bilo očigledno da je on dobio samo jednu bitku, ali ne i rat protiv mafije. Većina osuđenih mafijaša je puštena nakon kraćih vremenskih kazni, pa je, na primer, u zatvoru ostalo samo pedesetak od 338.

Falkoneova popularnost je izazvala i veliku ljubomoru kod njegovih kolega, posebno kada je 1990. godine bio postavljen za glavnog tužioca Palerma. Krajem 1991. godine on je bio premešten u Ministarstvo pravde u Rimu, gde je njegov osnovni cilj bio da dokaže da se protiv mafije mora voditi borba na nacionalnom planu, a ne samo na Siciliji.

Falkonea i njegovu suprugu Frančesku, takođe sudiju, čuvala je specijalna policijska ekipa od 58 ljudi, koja je čak imala na raspolaganju dva oklopna transportera. Falkoneov program je držan u najvećoj tajnosti, dok su pravci njegovog kretanja stalno menjani. Na dan ubistva, sudija Falkone je doputovao avionom italijanske tajne službe iz Rima. Tempirana bomba od pola tone eksploziva je bila postavljena na auto-putu, ispod asfalta, od aerodroma do centra Palerma, „carstva" 42 mafijaške organizacije. Bomba je napravila rupu duboku deset metara i široku stotinak metara, dok je Falkoneov automobil bačen u krošnje maslinjaka udaljenog dvesta metara. Uništena su, takođe, i dva automobila u kojima su se nalazili njegovi telohranitelji.

Mafija je tako jasno pokazala da može ubiti svakoga ko pokuša da joj se suprotstavi. Kriminalci su počeli da seju strah i teror u italijanskoj vladi, policiji i među građanima. Ne pamti se da je od ubistva premijera Alda Mora 1978. godine od strane terorista „Crvenih brigada" Italija bila toliko demoralisana i zaplašena.

Ovo ubistvo, kao i ubistvo Falkonijevog kolege i prijatelja Paola Borselina dva meseca kasnije, zaprepastilo je Italiju, uticalo na pokretanje kontraofanzive, hapšenje hiljada mafijaša, a vrhunac je bilo hapšenje bosa vladajućeg sicilijanskog klana Korleone Salvatorea Tota Rine januara 1993. Bruska se smatra operativnim naslednikom Rine.

Bruska je posle Rine i Leoluke Bagarele, uhapšenog juna 1995, treći spektakularni plen italijanske policije. Sicilijanski mafijaš poznat je po svojoj hladnokrvnoj brutalnosti. Bio je tražen zbog ubistva jedanaestogodišnjeg dečaka, sina pripadnika Koza nostre, koji je prihvatio da sarađuje s vlastima.

Dečak je, da bi se kaznio otac prekršitelj omerte – mafijaške zakletve ćutanja, ubijen a zatim rastopljen u kiselini. Bruska je već osuđen na kaznu doživotnog zatvora zbog ubistva sicilijanskog poreznika 1992, a optužen je i za učešće u kampanji podmetanja bombi u Rimu, Milanu i Firenci 1993.

Za operaciju hapšenja, koja predstavlja nov veliki udarac organizovanom kriminalu, angažovano je više od 400 pripadnika snaga reda. Policija je saopštila da je Brusku i njegovog mlađeg brata lišila slobode posle operacije praćenja pažljivo vođene još od januara. Odmah posle hapšenja, tokom koga nije dao nikakav otpor, Bruska je uz izuzetne mere obezbeđenja prebačen u Palermo, a danas je u superobezbeđenom zatvoru na italijanskom kopnu.

Suđenje 37 bosova mafije, optuženih za ubistvo sudije Falkonea, uključujući i Tota Rinu, i dalje traje u sicilijanskom gradu Kaltaniseta.

## Kum bogomoljac

Pjetro Aljeri, za koga se tvrdi da je drugi u lancu komandovanja sicilijanskom mafijom i odgovoran za njene oružane operacije, uhapšen je 1997. u blizini Palerma. Zajedno s Aljerijem, bosom klana Santa Marija di Đezu iz istoimenog kvarta sicilijanskog glavnog grada, uhapšeni su Natale Gambino i Đuzepe La Matina, dvojica poznatih likvidatora.

Radi se o najvećem uspehu „letećeg odreda" iz Palerma od maja 1996, kada se policija domogla Đovanija Bruske Padrina, kome je, kako tvrde obaveštajni, predato rukovođenje Koza nostrom otkako je tri godine pre toga slobode lišen kum nad kumovima Salvatore Toto Rina.

Operacija hvatanja Pjetra Aljerija je preduzeta posle višečasovnih kompjuterskih analiza jednog filma snimljenog s blizu tri kilometra distance, na kome se vidi samo deo Aljerijevog lica. Kada je kompjuter izbacio konačni fotogram, jedina dostupna fotografija Aljerija od pre mnogo godina malo je ljudskom oku ličila na snimak proćelavog čoveka s filma. Ne i Đovaniju Bruski koji je policajcima rekao: „Ovo je Pjetro Aljeri".

I dok je mafijaš kretao na spavanje, odlažući knjigu o Edit Štajn, časnoj sestri i filozofkinji ubijenoj u Aušvicu, u Palermu je 300 policajaca angažovano za operaciju koja će uslediti. U zoru je sve bilo gotovo. Kapo Koza nostre nije pružao otpor.

U Bageriji, mestu pored Palerma, istraga je pokušavala da utvrdi ko je Aljeriju obezbedio magacin agruma u kome se krio. Aljeri je pohađao katolički seminar u Monrealeu blizu Palerma. I u trenutku hapšenja je ispod crne majice imao drveno raspeće kakvo nose katolički misionari. On je u odsustvu već osuđen na doživotni zatvor zbog ubistva jednog sudije 1991. i na dvanaest godina zbog trgovine oružjem i drogom.

Veruje se da Aljeri stoji iza bombaške akcije u Palermu, kada su jula 1992. ubijeni antimafijaški sudija Paolo Borselino i petorica njegovih pratilaca – ubistva koja su ga lansirala u vrhove Koza nostrine hijerarhije. Takođe je optužen i za učešće u ubistvu sudije Đovanija Falkonea, njegove supruge i trojice ljudi iz obezbeđenja maja iste godine.

Pjetro Aljeri je bio „čovek od časti" i veliki vernik. Nosio je Hristovo raspeće na grudima. „Ljudi od časti" Koza nostre oduvek su bili duboko religiozni. Poznato je da nema mafije bez Crkve, ali hapšenje Marija Fritita, sveštenika karmelitskog reda u Palermu, neugodno je podsećanje na odnos Crkve prema mafiji. Otac Fritito osumnjičen je da je godinama u kvartu Palerma Kalsa, gde je rođen, Pjetru Aljeriju davao pričest i bio njegov ispovednik, iako je znao da je on begunac od pravde. Sveštenik je čak slikan s Aljerijem. Karmelitanac ništa nije poricao. Tvrdio je da je bila njegova dužnost da spasava dušu mafijaša.

Hapšenje pedesetosmogodišnjeg „fratra mafije" nije bilo prvo. Bosovi su i ranije uspevali da pronađu sebi bliske ljude od Crkve. Otac Agostino Kopola uhapšen je jer je učestvovao u ritualima mafije i venčavao njene najveće kumove koji su bili u bekstvu. Fra Đačinto Kastronovo, blizak velikom mafijašu Stefanu Bontadi, u svojoj manastirskoj kaseti držao je pištolj. Ubijen je u konventu septembra 1980. Februara 1960. trojica sveštenika uhapšena su zbog reketa.

Najpoznatiji posleratni bos mafije zvao se Kalođero Vičini. Jedno vreme je, tvrdi se, bio veliki kum Koza nostre i na Siciliji i preko Atlantika. Malo je, međutim, poznato da je don Kalo imao dvojicu braće – sveštenika – dvojicu rođaka biskupa i jednog paroha. Duboko religiozan, don Kalo nikada na spavanje nije otišao ne očitavši „Očenaš" i „Ave Marija". Pažljivo je birao da njegov naslednik bude takođe čovek vere.

„Vodi me vera, ne drvo barke", kažu Sicilijanci.

Bosovi mafije su uvek želeli da budu blizu Boga, blizu sveštenika. Trojica braće iz Montreala, poznati po kontroli trgovine drogom u tom kanadskom gradu, svake godine plaćali su desetine miliona lira da bi statua Hrista iz njihovog rodnog mesta krasila proslavu Svetog Salvatorea, sveca zaštitnika Sicilijanaca.

Lučano Liđo, još jedan od velikih kumova, godinama je imao zaštitu lokalnog paroha – rođaka u Korleoneu. Kada se posle devetnaest godina vereničkog staža Salvatore Toto Rina odlučio na ženidbu, ispred improvizovanog oltara trojica sveštenika obavili su obred za begunca od pravde i budućeg velikog kuma Koza nostre. Nito Santapaola, čovek koji je naručio 500 ubistava, zamalo nije postao sveštenik: bio je najbolji đak Instituta *Salesijani* u Kataniji. Kada je uhapšen, u skrovištu su pronašli samo oltar, Madonu i *Bibliju*. Mikele Greko nije bio poznat kao „II papa" samo zbog vladanja mafijom: pasionirano je proučavao *Stari* i *Novi zavet*.

Dobri poznavaoci mafije sa Sicilije tvrde da mafijaši nisu toliko religiozni koliko su sujeverni, pa im je Bog pratilac sreće. Misionarski krst o vratu kuma Pjetra Aljerija time dobija druga značenja. Do hapšenja je, valjda, trebalo da pokaže da je „Bog s nama. Da ne može, a da ne bude s nama".

I da štiti od policije i neprijatelja unutar *Koza nostre*.

## Seča kumova

Vito Vitale, star trideset devet godina, koga je policija tražila tri godine i za koga se smatralo da je šef mafije za severozapadni deo Sicilije – Trapani, uhvaćen je u jednoj seoskoj kući u Borđetu, oko dvadeset kilometara od Palerma. To je potvrdio Antonio Manganeli, šef policijske stanice u Palermu.

Vitale je uspeo za kratko vreme da dospe do samog vrha sicilijanske mafije *Koza nostra*, čiji se uticaj proteže od centra Palerma do San Đuzepe Ijatoa, oko tri kilometara južnije. Hvatanje Vitalea bio je jedan od primarnih ciljeva sicilijanskih snaga policije.

Klupko je potom brzo počelo da se odmotava. Kumovi su padali kao zrele kruške.

Iza brave se našao i Ujak Kuntrera. Paskvale Kuntrera je bio jedan od najvećih italijanskih mafijaša koji se bave trgovinom droge. Taj seljak sa Sicilije preselio se pre četrdeset godina u regiju Lacio, u Ostiju, i počeo da organizuje kanale za šverc droge iz Venecuele ka Italiji i Evropi, čime je stvorio imetak vredan sto miliona dolara. Italijanski mafijaški bos Paskvale Kuntrera uhapšen je u španskom gradu Malagi posle bekstva iz Italije. Zbog njega je Đovani Flik, ministar pravosuđa, ponudio ostavku.

Ujak Kuntrera je lišen slobode dok je sa ženom šetao Malagom.

Pre hapšenja, policija je obaveštena anonimnim telefonskim pozivom da se jedan od najvećih italijanskih mafijaša nalazi u Malagi.

Prilikom hapšenja, Ujak Kuntrera je izjavio:

„Ja sam samo turista u lepom španskom gradu."

Đuzepe Muolo, jedan od šefova mafije na jugu Italije, uhapšen je u Albaniji i izručen italijanskim vlastima. Muolo, star četrdeset pet godina, nosi nadimak „Laki obarač", bio je u bekstvu dve godine. Osumnjičen za ubistvo tri osobe, a za njim je izdata poternica za sedam tačaka optužnice, pre svega ubistva, ilegalno držanje oružja i za iznuđivanje novca. Muolo je u Albaniju ušao 3. jula 1996. iz Crne Gore.

Muolov klan je u sastavu mafijaške organizacije Santa korona unita, iz pokrajine Apulija, na jugu Italije, koja je i u Albaniji razvila poslove krijumčarenja droge, prostitucije i prevoza ilegalnih imigranata u Italiji.

U sicilijanskom gradu Kaćamo, oko četrdeset kilometara istočno od Palerma, uhapšen je Mikele Greko za kojeg se veruje da je vrhovni vođa sicilijanske mafije. Policija je još od 1982. godine tragala za ovim „šefom šefova", kome se, između ostalog, pripisuje ubistvo sudije Roka Ćinikija 1983. i generala Dala Kjeze, prefekta Palerma 1982. Greko je i jedan od glavnih optuženih u maratonskom sudskom procesu protiv mafije, koji je u toku u Palermu.

Hapšenje Greka bilo je koliko neočekivano, toliko i spektakularno. Više od 250 dobro naoružanih policajaca, uz podršku helikoptera i ekipa sa psima tragačima, opkolili su u zoru pastirsku kućicu u kojoj se skrivao Greko. Napad je izvršen oko 7.40 i završen takođe neočekivano, bez ijednog ispaljenog metka.

Čovek koga su policajci zatekli predstavio se kao zemljoradnik Đuzepe di Fresko, rođen 1926. godine, koji je umro pre tri godine, i pokazao uredna dokumenta na to ime. S njim je bio i Đuzepe Konleti, takođe zemljoradnik. Obojica su odmah uhapšena i tek posle sedam sati saslušavanja u Kvesturi osumnjičeni Di Fresko je priznao da je on, u stvari, vrhovni vođa mafije Mikele Greko.

Mikele Greko je nestao u julu 1982. godine posle objavljivanja liste od 162 mafijaša, koju je sačinio tadašnji prefekt Palerma Karlo Alberto dala Kjeza. Tada se prvi put saznalo da je na čelu zločinačke organizacije „građanin van svake sumnje", ugledni zemljoposednik i industrijalac, koji je održavao bliske veze s najvišim političkim vrhovima.

Vođa mafije se od tada uspešno skrivao, sve do ovog prepada policije.

U Palermu je podignuta zavesa na proces do sada neviđenih razmera, dugo i temeljito pripreman. Za ovu priliku uz sam zatvor „Ućardone", sagrađena je najveća sudnica na svetu projektovana u obliku poluosmougaonika, s trideset „kaveza", iza čijih se gvozdenih šipki nalazi 207 od ukupno 474 optužena člana zloglasne organizacije Koza nostra. Proces je pratilo oko 400 novinara iz celog sveta, a među licima u dvorani je i sin ubijenog prefekta Palerma, Karla Alberta Kjeze, i najbliža rodbina drugih žrtava mafije.

Prvi put do sada na optuženičku klupu izvedena je cela mafijaška organizacija, a ne samo njeni pojedinci ili grupe. Kao rezultat istrage koja je vođena punih deset godina optužnica je podignuta protiv 475 članova mafije. U međuvremenu, umro je jedan njen istaknuti bos Nino Salvo, „kralj poreske uprave", koji je distribuirao novac organizaciji Koza nostra. Oni odgovaraju za 97 ubistava i hiljade većih ili manjih zlodela počinjenih u poslednjih petnaestak godina na Siciliji, u celoj Italiji i u drugim zemljama.

Dve hiljade policajaca i karabinijera, blindirana kola i helikopteri čuvaju „aulu-bunker" i druge važne punktove. Od protagonista mafijaške organizacije, na prvoj raspravi, koju je otvorio Alfonso Đordano, predsednik Porotničkog suda, pojavili su se kumovi Lučano Liđo i Đuzepe Kalo, finansijer mafijaške organizacije, i famozni „pokajnik" Tomazo Bušeta, kao jedan od glavnih među 413 svedoka optužbe.

## Upokojeni pokajnici

Zakon o pokajnicima, za koji se sudija Đovani Falkone žestoko borio, dao je odlične rezultate. Pravo je čudo da Antonio Manganeli, s 500 policajaca – dobrovoljaca, uspeva da organizuje život svih tih osoba i da obezbedi u proseku 60 premeštaja pod pratnjom dnevno. Taj sistem moraće da se ponavlja najmanje do 2010. godine jer su bezbrojna suđenja na kojima pokajnici moraju da svedoče.

„Danas, praktično, imamo po jednog pokajnika dnevno. Evidentno je da njihova otkrića nisu toliko značajna kao ona prvih saradnika", objašnjavao je Manganeli.

Gaspare Mutolo, star pedeset sedam godina, bio je viđeni član Partana Mondelo familije iz Palerma, svojim pokajanjem omogućio je hapšenje dvadesetak mafijaša visokog ranga. Pokajao se nakon trideset godina karijere, od kojih deset u zatvoru, i dvadesetak ubistava za najkrvaviju organizaciju kriminalaca. U zamenu za saradnju pušten je na slobodu i pripada toj novoj armiji senki od 1.214 Italijana – pokajnika koji imaju samo jedan cilj: uništiti mafiju.

Od ubistva sudije Đovanija Falkonea 1992, broj pokajnika se naglo uvećao. To je bio jedinstveni slučaj u svetu, koji je doveo do hapšenja kumova Toto Rina i Leoluča Bagarela, kao i velikog dela mafijaške vrhuške, što je Koza nostru dovelo do krize bez presedana. To je omogućilo i zaplenu kalašnjikova, bazuka, P38, puškomitraljeza u vrednosti većoj od 4.000 milijardi lira, a sprečen je i veliki broj atentata.

„Pokajnici su više nego korisni, oni su neophodni", rekao je Pjerluiđi Vinja, državni antimafija tužilac. „Bez njih, većina suđenja bila bi obustavljena zbog nedostatka dokaza, jer su suđenja mafijašima suđenja bez dokaza, bez svedoka, bez oružja kojim je delo izvršeno i često bez leša."

Centralnu službu za zaštitu od 500 ljudi koja vodi 1.214 pokajnika opsedaju Holanđani, Južnoafrikanci, Letonci, Španci, Turci, da bi saznali italijanske metode zaštite. Čak je i Savet Evropske unije doneo rezoluciju kojom traži da sve zemlje Starog kontinenta ugrade u svoje zakonodavstvo „beneficije za osobe koje raskinu odnose s nekom kriminalnom organizacijom", prateći primer Italije koja ima zakon još od 1991. godine.

Gaspare Mugolo je bio arhitip svetskog pokajnika. Napustio je svoj rodni Palermo i otišao u jedno malo mesto 1992. godine, s kompletnom porodicom – ženom, četvoro dece, zetom i kćerkom. Pravi *pater familias*, na početku saradnje od države je primao 1,5 miliona lira za sebe i po 700.000 lira za svakog člana porodice, odnosno, ukupno 7.000 nemačkih maraka. Danas je zakupac restorana jednog javnog preduzeća. Hteo bi da otvori sopstveni restoran, pa pregovara s Centralnom službom za zaštitu koja ima budžet od 100 milijardi lira. Novu godinu je, uz šampanjac, dočekao u jednoj diskoteci u Čivitavekiji i smatra da se uklopio u društvo. Ima novo ime i nov identitet. „Odlučio sam da sarađujem zbog ljubavi prema deci. Deca su rasla i odlučio sam da odrastu van Palerma, daleko od mafijaške sredine, jer će inače postati kriminalci kao i ja. Cenio sam sudiju Falkonea i posredno sam ga obavestio o nameri da sarađujem. Sada se ne plašim. Više sam se plašio kada sam bio mafijaš."

Međutim, svedocima se mafija osvetila.

„U Koza nostru se ulazi zakletvom na krv, i samo preko krvi se odlazi", reči su zakletve mafijaša.

Salvatore „Totučo" Kontorio, još jedan od poznatih „pentita", izgubio je dvadeset četiri rođaka otkad je progovorio. Frančesko Marino Manoja majku, sestru i ujnu. To je mafija pokrenula brutalni rat protiv „pentita" i njihovih porodica.

Ubistvo se dogodilo na samo dvesta metara od mesta na kome se Salvatore „Zver" Rina krio dvadeset tri godine.

U Centralnoj službi za zaštitu šef je bio Antonio Manganeli, star četrdeset osam godina, istražitelj čuven po hapšenju mafijaša, koji se starao o zaštiti 6.961 osobe, što samih pokajnika, a što članova njihovih porodica:

„Deset pokajnika dobilo je neku vrstu novčane naknade. Njih 37 imaju novi identitet. To je malo u odnosu na ostalih 1.200 koji su bez dokumenata, bez para, bez računa u banci, bez vozačke dozvole i stalnog posla. Sarađivati s državom nije dobitak na lutriji. Za neke je to čak tragičan izbor."

Santino di Mateo, star četrdeset dve godine, jedan od ubica sudije Falkonea, uhapšen je 4. juna 1993. godine, a pokajao se 24. oktobra iste godine, otkrivajući imena ostalih izvršilaca ubistva. Njegov sin Đuzepe, star samo trinaest godina, otet je 23. novembra 1993. Zatvoren je, mučen glađu i na kraju udavljen i rastvoren u kiselini, 11. januara 1996. godine, u petnaestoj godini, da bi primorali oca da se povuče. Koza nostra je carstvo horora. Najava te užasne smrti potresla je svet pokajnika.

Druga tragedija se desila u Kataniji, kada Enriko Inkognito, star trideset godina, odlučuje da kaže sve o svojoj mafijaškoj porodici, specijalizovanoj za reket, mito i kontrolu prodaje. Slućeći najgore, odlučuje se da snimi na video-kaseti sva dokumenta: liste imena koje ima. To se dešava uveče, 24. februara 1994. godine, u njegovom potkrovlju. Kamera je uključena. Neko kuca na vrata. Jedan čovek ulazi i puca dva puta. Enriko viče: „Ne, Marčelo, ne!" Inspektori su, pregledajući kasetu, otkrili lice ubice: rođeni Enrikov brat, a u senci njihova majka nadgleda operaciju.

U Italiji je izašla iz štampe knjiga *Adio Koza nostra*, jedina integralna autobiografija prvog i najvažnijeg pokajnika mafije Tomaza Bušete koju je zapisao i obradio Pino Arlaki, sociolog i veliki neprijatelj mafije. To je pedeset godina istorije mafije, kroz priču o velikim tragedijama koje su u prošlosti zadesile državu, začinjenu ličnim anegdotama.

Tomazo Bušeta, zvani don Mazino, danas živi pod drugim identitetom jer lice nije hteo da promeni, negde u Americi, s trećom ženom i dva sina, pod strogom policijskom zaštitom, menjajući neprestano mesta stanovanja i gradova. U svojim memoarima taj mafijaš je napisao:

„Atentat na Enrika Mateji, jednog od najpoznatijih socijalističkih poslanika italijanskog Parlamenta u doba Benita Musolinija i fašizma, bio je dogovoren prilikom sastanka na vrhu sicilijanske Koza nostre. Mateji je ubijen na zahtev američke Koza nostre iz Filadelfije, jer je poslanikova politika ugrožavala američke interese na Bliskom istoku. Iza mafije, danas je to skoro sigurno, stajale su neke američke naftne kompanije, u sprezi s tadašnjim korumpiranim italijanskim političarima, čiji je prljavi veš Mateji nameravao da iznese pred Parlament."

„Godine 1950. je ubijen Salvatore Bulijano, jedan od najvećih bandita Sicilije koji je ušao u legendu. Ubili su ga njemu bliski pojedinci mafijaši, po nalogu istih onih političara koji su dovodili Bulijana u zabludu svojim pričama i dogovorima o nezavisnosti Sicilije."

Na dan otmice demohrišćanskog državnika Alda Mora, 16. marta 1978, Bušeta je bio u zatvoru u Kuneu, u ćeliji s Frensisom Turatelom, poznatim gangsterom i šefom milanskog podzemlja. Prilikom jedne posete, Bušetina žena i sin su mu preneli poruku dvojice njegovih bliskih prijatelja, Bontade i Incerila, članova vrhovne mafijaške Komisije, da interveniše kod pripadnika „Crvenih brigada" u zatvoru da se spase život otetog političara.

U tom trenutku, Bušetu nije bilo poznato da li je to bila jednoglasna odluka Komisije ili samo jednog njenog dela, iako je znao da Komisija nikada ne bi slala poruke preko njegove žene i sina koji nisu bili članovi mafije. Kao što je poznato, Aldo Moro nije spasen, a Bušeta je dve godine kasnije, dok je bio u bekstvu i krio se u Palermu, saznao od Incerila da je prilikom rasprave o stavu koji je Komisija trebala da zauzme u pogledu otmice Alda Mora, došlo do podele na dva tabora.

Bontada i Incerilo su bili za to da se spase državnikov život, dok su klan Korleoneza, Toto Rina i još dvojica bili protiv toga, ne želeći da se mešaju u stvar čisto političke prirode, zbog koje su „bosovi" mogli da imaju neprijatnosti. Naime, Bušeta je iz te priče stekao utisak da su Korleonezi tom prilikom zastupali interese svojih političkih prijatelja iz Rima.

Prilikom šetnje po zatvorskom dvorištu, Bušeta je 1979. godine kontaktirao s jednim od značajnih eksponenata „Crvenih brigada" – Azolinom, obraćajući mu se na okolišan način, mafijaškim stilom.

„Bilo bi lepo kada bi neko ubio generala Dala Kjezu, šefa Unutrašnjih poslova Palerma, borca protiv mafije i protiv terorista 'Crvenih brigada'. Ali ako ga taj neko ubije, a ne želi da se za to zna, neko drugi bi mogao da primi na sebe ubistvo, skrene na taj način istragu i izvuče političku korist?"

Azolino je shvatio aluziju, ali je odbio da „Crvene brigade" prihvate odgovornost za ubistvo u kojem ne bi imali direktnog učešća, a pošto Koza nostra nije želela saradnju s crvenim teroristima, projekat je tog puta odbačen. Tako su, ironijom sudbine, teroristi „Crvenih brigada" produžili svom zakletom neprijatelju život za još tri godine.

Da je general Dala Kjeza ubijen tada, a da niko ne prihvati odgovornost za zločin, stvorila bi se velika konfuzija i istraga bi krenula u više pravaca. Tako bi se stiglo možda i do stvarnog razloga zbog kojeg je Dala Kjeza morao biti uklonjen. Naime, general je saznao za mnoge tajne i došao do informacija, a verovatno i dokumenata u vezi sa slučajem Aldo Moro, koje su mogle opasno da ugroze jednu moćnu ličnost, do tada praktično nedodirljivog političara Bulija Andreotija, koji je vladao italijanskom političkom scenom.

Do istih informacija je verovatno došao i novinar Mino Pekoreli, koji je te godine ubijen.

Kum Đovani Bruša, koji je rukovodio atentatom protiv sudije Đovanija Falkonea, „igrao se" imenom Libertina Rusoa. To je sudija Vrhovnog suda koji je svojevremeno vodio veliki proces protiv Matije u Palermu. Taj proces je, inače, počivao na istorijskim priznanjima Tomaza Bušete, koja su dovela do hapšenja 475 mafijaša, među kojima je bilo i mnogo šefova. Bruša se iznenada našao pred sudom u Palermu kako bi „dao" ime Silvija Berluskonija.

„Koza nostra je 1993. postavila pet bombi: u Firenci, Rimu i Milanu. Ishod je bio deset mrtvih. Kada je bomba bila postavljena u Firenci, mi smo dali do znanja Berluskoniju da je mafija to učinila u dogovoru s tajnim službama."

Istog dana, samo pred drugim sudom, u Firenci, našao se Mauricio Avola, čovek koji na duši nosi 50 ubistava. Godinu dana pošto je uhapšen odlučio je da sarađuje sa sudom. Pokajao se, bio stavljen u program za zaštitu svedoka, ali je ponovo uhvaćen u oružanoj pljački, nakon čega je isključen iz programa za zaštitu. Na sudu, on je pričao da je kum Nito Santapaola morao da ubije sudiju Antonija Di Pjetra, koji se bavio antikorupcionaškom aferom, da bi uklonio prepreku „ljudima koji su mogli biti od koristi".

Ko su, dakle, bili ti ljudi?

„Članovi novostvorene partije koja je trebalo da se zove Forca Italija. Marčelo Del Utri, Berluskonijeva desna ruka, bivši upravnik Berluskonijevog društva *Publitalija,* bio je veza Nita Santapaola."

Političke spekulacije i mogućnost da se prikrije krivična odgovornost zbog moguće saradnje državnih organa s mafijom, nisu sprečile Parlament da saopšti kako je jedna stranica istorije s kumovima koji su se pokajali – definitivno obrnuta. Korisnost institucije „pokajanja" ne može se dovesti u sumnju. Bombaški napadi koje je organizovala mafija 1992. i 1993. imali su za cilj da obezbede izborni uspeh Berluskoniju – tvrdili su baš sami mafijaški kumovi.

## Čovek zvani Zver

Gotovo svi mafijaški bosovi bili su krajem devedesetih iza rešetaka. Posle ubistva sudije Falkonea 23. maja 1992. godine, aktivirana je mašina za borbu protiv mafije. Ubrzo su u njenu mrežu pali Toto Rina, Nino Santapaola, Leoluka Bagarela, Đovani Bruska, Pjetro Aljeri, Vito

Vitale i Pino Guastela. Na slobodi je ostao još samo „don" Bernardo Provencano, najtajanstveniji od svih mafijaških kumova.

Poslednja Provencanova fotografija, istaknuta u svim policijskim stanicama na Siciliji, potiče iz 1959. godine. To je fotografija dvadesetšestogodišnjeg mladića, svetlih očiju i začešljane kose. Nedavno je na osnovu nje napravljen foto-robot, koji treba da olakša pronalaženje sada već ostarelog mafijaša, kome je lice izborano, a kosa seda.

Provencano je rođen 31. januara 1933. u Korleoneu. Mafiji je pristupio još u ranoj mladosti. Godine 1969. osuđen je na kućni pritvor, ali je uspeo da pobegne i od tada mu se gubi svaki trag. Zna se da se krije u Palermu, koji ima 700.000 stanovnika, i njegovoj okolini, ali vešto izbegava hapšenje. Živi krajnje diskretno, toliko diskretno da se dugo verovalo da je mrtav.

U aprilu 1993. sam je demantovao priče o svojoj smrti u pismu upućenom sudu u Palermu u kome traži da mu dodele dva advokata koji će ga zastupati. Uhapšeni mafijaši koji su odlučili da progovore u zamenu za skraćenje kazne izjavljuju da je Provencano „i te kako živ" i da se oporavlja od operacije vrata, verovatno štitne žlezde, pa zato sada nosi maramu da bi prikrio ožiljak.

Broj jedan u nomenklaturi Koza nostre devedesetih bio je Bernardo Provencano, star šezdeset četiri godine, koji je zajedno s Rinom godinama dominirao Kupolom, vladajućim delom sicilijanske mafije. Zvani „Buldožer" ili „Traktor" bio je na listi traženih dvadeset osam godina, najduže u istoriji mafije, i jedini je iz slavnog trija klana iz Korleonea koji je još na slobodi. Rina je uhapšen, a Lučano Liđo, nekadašnji veliki kapo, umro je u zatvoru.

Klan Korleonea dobio je u krvi svoj rat za prevlast nad ostalim „koskama", ali mnogi bosovi Koza nostre uhapšeni su tokom poslednjih šest godina. Od Rine 1993, preko braće Bruska tri godine kasnije, do Pjetra Aljerija za koga snage reda tvrde da je bio drugi u lancu komandovanja Koza nostrom. Pomoć je stigla od „pentita" – uhapšenih mafijaša koji su pristali da sarađuju s istragom u zamenu za blaže kazne – koji zaštitu plaćaju najmanje 1,3 miliona lira mesečno, a čak i promenu ličnog izgleda rade o trošku države.

Rukovođenje Kupolom, vladajućim telom Koza nostre, od tada je preuzeo Bernardo Provencano, zvani „Traktor". Njegova supruga takođe živi ovde, ali to vlastima nije pomoglo da mu uđu u trag. Provencano posle hapšenja Rine reorganizuje Koza nostru razbijajući je na male odrede kako bi se izbegla opasnost od „pentita".

Pomoćnik tužioca Palerma Gvido Lo Forte upozorava da je stvoren novi komandni centar koji je sasvim nedostupan. „Pentiti" tvrde da Provencano svojom moći i harizmom potpuno kontroliše organizaciju i da rukovodi tajnim vezama sa svetom politike.

Najmisteriozniji „bos" Bernardo Provencano uspešno se krio više od trideset godina, a da niko praktično nije znao kako izgleda. Don Provencano je nosio nadimak Traktor. Potera za „šefom svih šefova" aktivirana je 1995. i odjeknula je kao bomba u celoj Evropi, da bi se polako smirivala. Najmističniji „bos" Italije je na volšeban način izbegao sve zamke.

Traktor nije „pao", ali je policija pedesetak mafijaša lojalnih Provencanu stavila pod specijalni nadzor, a pronađeno je i jedanaest njegovih pisama, što je policija okarakterisala kao veliki napredak. Najviše pažnje izazvala je prepiska između Provencana i mafijaškog „bosa" s najkrvavijim rukama – Đovanija Bruske, zvanog Svinja, koji je osuđen na doživotnu robiju zbog likvidacije antimafijaškog sudije Đovanija Falkonea. „Obavesti me šta su to loše učinili i kako da im pomognem?", napisao je don Provencano brinući za sudbinu četvorice sinova bivšeg mafijaškog „kuma" Tota Rine.

Priča o Bernardu Provencanu, starom šezdeset pet godina, italijanskom državnom neprijatelju broj jedan i poslednjem kumu Koza nostre koji već tri decenije živi u ilegali pod imenom don Traktor, zaista je neobično surova. Prijatelji ga zovu Binu, što je u Italiji čest nadimak za ljude kojima je pravo ime Bernardo, dok ga neprijatelji zovu Belva tj. „Zver". Oba nadimka je dobio zbog svoje snage i upornosti.

Bernardo Provencano je poslednji iz plejade velikih sicilijanskih „kumova". Rođen je 31. januara 1933. godine u proslavljenom selu Korleone. Mafiji je pristupio još u ranoj mladosti, a na mafijaškoj lestvici peo se zajedno s poslednjim zvaničnim „bosom svih bosova" Totom Rinom.

Na čelo mafije dolazi posle Rininog hapšenja 1992. godine, a sada je praktično jedini „bos" koji se još nije upleo u policijsku mrežu koja je postavljena posle ubistva dvojice čuvenih sudija – Đovanija Falkonea i Paola Borselina.

Za Traktorom je raspisana poternica pre više od četrdeset godina. Od tada policija nikako ne uspeva da mu priđe. Njegova poslednja fotografija, koja „krasi" zidove svih policijskih stanica u Italiji, potiče iz davne 1959. godine, kada je imao samo dvadeset šest leta. Policija je u junu 1995. na osnovu priča „pokajnika", mafijaša koji sarađuju s vlastima, napravila foto-robot, koji treba da pokaže kako izgleda sada već sedamdesetogodišnji Provencano.

Istraga je najdalje otišla pre tri godine, kada je do Traktora pokušala da dođe preko „pokajnika" Luiđija Ilarda. Policijski doušnik se jednom, u junu 1995. godine, u okolini Palerma i susreo s prvim čovekom mafije, ali je i to bilo nedovoljno. Ilardo je ubijen u maju sledeće godine, samo sat vremena pošto je iz stanice policije ozvučen krenuo na sastanak s Provencanovim ljudima.

Koliko je Provencano bio uspešan u sakrivanju tragova, svedoči i podatak da su krajem 1992. godine svi mislili da je mrtav. Zbunjena policija dobila je konačni „dokaz" njegove smrti krajem 1992. godine, kada su se na Siciliju, posle više godina skrivanja, vratili njegova supruga i deca.

Masa „pokajnika" je, međutim, sve ubrzo demantovala, a konačna potvrda stigla je od samog Traktora koji se u aprilu 1993. godine obratio sudu u Palermu. Rekao je da će se predati, ali i to uslovno, tražeći da se ukine zakon star šesnaest godina po kojem mafijaš, iako nije počinio neki zločin, može da bude osuđen zbog samog pripadanja mafiji.

Vlasti su, naravno, takvu ucenu odbile jer bi ona značila i ukidanje kazne za Provencana i krenule u neviđenu poteru za don Traktorom.

Rođena je Koza nuova.

Hapšenje glavnog „bosa" Tota Rine i mase njegovih najbližih saradnika nije stavilo tačku na organizovani kriminal, jer se na tlu Sicilije rodila nova mafijaška organizacija pod nazivom Koza nuova tj. Nova stvar, koja čisti s terena Rinine sledbenike i počinje stvari – iz početka.

„Era kuma Tota Rine je time definitivno završena", izjavio je tim povodom javni tužilac Palerma Gvido Lo Forte, koji kaže da nova mafijaška organizacija menja strategiju i unutrašnju strukturu, i u nameri da učvrsti vlast, primenjuje tehniku koja je nekad bila nezamisliva.

„Reč je o rafiniranim mozgovima koji, s jedne strane, seku grane bivše organizacije, dok s druge nastoje da destabilizuju sistem, koristeći saradnike pravde. Nova organizacija, drugim rečima, vrbuje za svoj rad 'pentite', bivše kriminalce koji su počeli da sarađuju s državom, ne bi li diskvalifikovala italijansko pravosuđe. Čak se govori o tome da 'pentiti' čine jednu 'kosku' tj. porodicu Koza nuove."

Na čelu nove mafije ljudi prepoznaju Bernarda Provencana, poznatijeg pod nadimkom Binu, takođe iz mesta Korleone. Dok je poslednjih meseci u zatvoru završio Đovani Bruska, zatim Pjetro Aljeri i još neki mafijaški bosovi iz garde Tota Rine, mesto skrivanja Provencana za policiju je ostalo tajna. A upravo on je postao „veći i političar i mafijaš od svih starih mafijaša". Njegov cilj je da se izoluju svi protagonisti stare mafije koja je bila „više teroristička nego politička".

Teze o novoj organizaciji pod nazivom Koza nuova opovrgao je, međutim, Đovani Tinebra, javni tužilac iz Kaltanisete.

„Ne postoji nikakva Koza nostra 2 i 3 – postoji samo jedna Koza nostra koja se prilagođava vremenu i okolnostima i čiji su ciljevi uvek isti. Samo su se promenili bosovi."

U ratu za teritorije, novac i veze, „novi Sicilijanci" imaju podršku rođaka iz SAD i starih mafijaških porodica koje je Rina eliminisao u obračunima osamdesetih, kao što je klan Đenoveze. Iza „sofisticirane akcije" formiranja nove mafije stoji „visoko inteligentni mozak" Bernard Provencano zvani Traturi, koji je zajedno s Rinom godinama dominirao Kupolom.

Istražitelji policije smatraju da je Provencano posle hapšenja Rine reorganizovao sicilijanske klanove razbijajući Koza nostru na male odrede kako bi se izbegla opasnost od „pentita". Provencano potpuno kontroliše organizaciju „ljudi od časti" i rukovodi njenim tajnim vezama sa svetom politike.

Mafijaši iz Palerma, pripadnici klanova velikog kuma Koza nostre Bernarda Provencana i Vita Vitalea iz Korleonea, infiltrirali su se u rivalski klan Santapaolo iz istočnog sicilijanskog grada Katanije planirajući da likvidiraju njegove bosove, saopštili su organi reda.

Provencano, star šezdeset pet godina, tadašnji kum broj jedan Koza nostre, zajedno s Totom Rinom je godinama dominirao Kupolom, vladajućim telom Koza nostre. Poznat pod nadimkom „Buldožer", on je na listi traženih već trideset godina, i jedini je iz nekada slavnog trija klana iz Korleonea koji je još na slobodi: Rina je uhapšen a Lučano Liđo umro je u zatvoru.

Istražitelji smatraju da je Provencano posle hapšenja Rine reorganizovao sicilijansku mafiju razbijajući je na male odrede kako bi se izbegla opasnost od „pentita" – bivših mafijaša koji su prihvatili saradnju sa sudskim organima.

„Pentiti" tvrde da Provencano svojom moći i harizmom potpuno kontroliše organizaciju „ljudi od časti" i da rukovodi tajnim vezama sa svetom politike.

Istražni organi veruju da je Provencano rukovodio Koza nostrom oslanjajući se na pomoć samo trojice pripadnika klana iz Korleonea koji sada kontrolišu mafiju sicilijanskog grada Trapanija.

Koza nostra je i na jugu Sicilije suočena sa snažnim otporom rivalske organizacije „Stida" tj. Zvezda, koja može da bude pravi naslednik stare mafije i pionir nove.

Posle hapšenja kuma Salvatorea Tota Rina 1993. godine sicilijanska mafija se malo primirila, iščekujući kako će se ponašati sud u Palermu, koji je posle potere duge dvadeset pet godina uspeo da uhvati glavu Koza nostre. U međuvremenu u osveti nad ljudima koji su prekršili zavet omerte i progovorili pred policijom i sudom, mafija je uništila potpuno petnaestočlane porodice Buskerti i Kontorno. A pretnje smrću, oličene u mrtvim glavama teladi i ždrebadi koje Koza nostra ostavlja pred kuće svojih budućih žrtava, dobili su i Đuzepe Kiprijani, gradonačelnik predgrađa Korelone, i sudije Đ. Falkone i P. Borselino iz Palerma, pa čak i sveštenik Đino Saketi. Čovek koji će suditi i Đovaniju Andreotiju, kao i kumu Totu Rinu, sudija Agostino Gristina danas je heroj Italije, vitez koji se bori s „hobotnicom", kako Italijani nazivaju mafiju, ali i možda nova žrtva te iste sicilijanske zločinačke familije.

Koza nostra, svemoćna sicilijanska mafija, već 1996. više nije bila uspešna firma jer je kandidati levice i desnice nisu koristili na Siciliji kao adut u svojoj predizbornoj kampanji. Prethodna kampanja u martu 1994. godine bila je u znaku borbe protiv mafije. Prema ispitivanju javnog mnjenja na Siciliji, mafija 1996. nije više bila glavna preokupacija Sicilijanaca, jer ju je samo 7 odsto anketiranih pominjalo kao važan društveni segment. A samo pet godina ranije, pre spektakularnih bombaških napada na sudije Đovanija Falkonea i Paola Borselina, mafija je bila glavna tema u Palermu.

Gašenjem mafije na Siciliji se, međutim, ništa bitno nije menjalo krajem devedesetih. Tamo je nezaposlenost samo uvećana, na čak 54 odsto. I to među mladim ljudima.

Sedamdeset odsto privrede direktno ili indirektno zavisilo je od javnog budžeta koji dodeljuje regionalna izabrana, ali korumpirana vlada. Više od polovine njenih članova bili su pod sudskom istragom zbog korupcije ili saradnje s mafijom.

Danfranko Micike, šef pokreta Forca Italija na Siciliji, star četrdeset dve godine, takođe je napustio borbu protiv mafije, jer po njegovom mišljenju „mafija ima svoje odgovornosti, ali političari jos više".

Siciliji je Berluskonijeva vlada ponudila samo obećanja. Hapšenje Franceska Muzotoa, predsednika pokrajine Palerma, pripadnika pokreta Forca Italija, u novembru 1995. godine i optužba zbog saradnje s mafijom, izazvala je izvesne sumnje u to da postoji dosluh između mafije i tog pokreta. Forca Italija je nastojala da odbrani Franceska Muzotoa, starog četrdeset devet godina, briljantnog advokata iz Palerma čiji su klijenti bili baš sicilijanski šefovi mafije. Time je, bez obzira na pad popularnosti mafije, pokazano da je Koza nostra i dalje dovoljno jaka da može da bira vlast na Siciliji.

Ponovno uspostavljanje demokratije u Italiji otvorilo je novi prostor za političko delovanje mafije, dok je ekonomski razvoj omogućio da se „stara mafija" pretvori u ono što se naziva „novom mafijom". Njeni metodi su se delimično promenili, a pre svega su se promenile oblasti njenog delovanja. Mafija je prestala da se interesuje za feudalnu poljoprivredu i počela je da se bavi špekulacijama s nekretninama i s koncesijama za određene poslove i preduzetništvo, zatim švercom, reketom, drogom, prostitucijom i ilegalnim trgovanjem oružjem.

Novi mafijaš je „čovek od poštovanja". On ne prima klijente, niti se bavi „javnim poslovima" u okolini u kojoj živi. On je stručnjak koji deluje „ispod žita" na način blizak nemafijaškom prestupništvu, ali s podrškom mafije, i to njenih vrhova. Mafijaši iz baze mu nisu više neophodni.

Sicilijanski, kao i američki gangsterizam, i dalje je mafijaški i veza je između onih koji mafijaše stvaraju i onih koji ih podržavaju. Sicilijanski gangsterizam nastavlja da postoji, jer je za njegovo preživljavanje suštinska tesna veza između mafijaškog i političkog sistema koji pokriva sve i garantuje sve, razume se, u zamenu za određene usluge.

S profitom od sto milijardi dolara godišnje, italijanska mafija predstavlja u svetu ozbiljnog poslovnog partnera, pa zato i nije čudno što održava dobre veze s masonskim ložama, pre svega u SAD i Austriji. Posle Konferencije UN-a o kriminalu u Napulju, oglasila se i Evropska unija, koja je priznala da ova mafija, zajedno sa svojim kolegama iz Nemačke, Francuske, Velike Britanije, godišnje ošteti Evropsku uniju od 9,4 do 13 milijardi dolara. Godine 2004, na primer, mafija je na nelegalan način došla do kredita Evropske unije za razvoj poljoprivrede, koji je utrošila za svoje poslove, dok je kredit vratila ilegalnim uvozom mesa i putera iz Poljske i Češke. Tako je mafija prisvojila tri milijarde dolara. A to je više od 15 odsto budžeta Evropske unije. Svoj prljavi novac, zarađen na drogi, oružju i iznudama, italijanski i evropski sindikati kriminala „peru" uglavnom u Austriji i Švajcarskoj, a potom ga investiraju u legalne poslove građevinarstva ili auto-industrije.

## Prestonica kriminala

Napulj je još u devetnaestom veku, kao velika italijanska luka, postao stecište trgovaca, poslovnih ljudi, ali i kriminalaca. Tu svoju reputaciju ovaj grad nije do danas izgubio, jer je u njemu centar mafijaške organizacije koja se naziva Kamora. Ona pokriva pokrajinu Kampanju i sâm grad sa 131 klanom i 6.800 članova. Organizacija se bavi, uglavnom, preprodajom narkotika, švercom cigareta i reketiranjem na teritoriji Italije, Turske i SAD. Iznuđivanje je sveta reč u svetu mafije. Svako ko odbije da plati reket, naći će se u opasnoj i nezavidnoj poziciji. Njegova imovina će biti opljačkana ili delimično uništena – tek kao blago upozorenje.

Kamora često drži pod kontrolom i prostituciju, kao i lučke kockarnice i barove. Glavni centri Kamore u SAD su u Njujorku, Las Vegasu i Čikagu, gde ima armiju od hiljadu kriminalaca. Šef Kamore je dvadeset godina bio Karmin Alfijeri, koji se nalazi u zatvoru, a koji je svoj uspon u podzemlju obezbedio dobrim vezama s italijanskim političarima.

Naime, istraga koja se vodi protiv njega je pokazala da je Alfijeri imao veze s Franciskom de Lorencom, bivšim ministrom zdravlja, Paolom Pomičinom, ministrom budžeta i ministrom policije Antonijom Gave. Uz njihovu pomoć, Kamora je, na primer, iz gradskog budžeta Napulja izvukla dva miliona dolara za svoje investicije. A na švercu cigareta godišnje zarađuje najmanje milijardu dolara.

## Rat Kamore

Napulj, lepi grad na ekonomski zaostalom jugu Italije, godinama se borio se s bedom, nezaposlenošću i raznim vidovima kriminala. Glavnu reč, uvek i svugde, vodi mafija. Mračne osamdesete godine još se pamte, kada je Napuljom besneo rat među zavađenim klanovima. Tada je jedan od bosova, Paskvale Bara, u zatvoru ubio svog konkurenta, čuvenog bosa Frensisa Turatela. A zatim pojeo njegovo još vruće srce!

I devedesetih je Napulj bio krvava arena, jer su se dva klana, Macarela i Kontini, borila za prevlast. Imali su jedanaest mrtvih za samo dve nedelje. Dečak Đovani Garđulo, star četrnaest godina, likvidiran je s tri metka u glavu ispred jednog supermarketa.

Njegov otac bolnički kuvar nikada nije imao veze s organizovanim kriminalom. Crna ruka mafije, međutim, ipak ga je dostigla jer je jedan od Đovanijeve braće, Konstantino, bio pod sumnjom da je izvršio dvostruko ubistvo i uhapšen je.

Konstantino je u zatvoru kao pokajnik sarađivao s vlastima, čime je izrekao smrtnu kaznu mlađem bratu.

Osim Đovanija, koji je bio nevina žrtva ostrašćenih kriminalaca, za četrnaest dana stradalo je više od deset mafijaša u međusobnim obračunima. Najpre je ubijen „patrijarh" porodice Frančesko Macarela, star sedamdeset šest, na kapiji napuljskog zatvora, dok je čekao izlazak s odsluženja kazne jednog od svojih sinova. Klan je odgovorio pokosivši mitraljezom u jednom baru kod železničke stanice dva člana porodice Kontini. Ovi vraćaju udarac i iz zasede ubijaju dva člana porodice Macarela. Zatim je ubijen i Martin Ačeski.

Deset dana, deset ubistava. Napulj je 1996. bio ponovo poprište surovih obračuna pripadnika lokalne mafije, Kamore, koji se bore za prevlast i kontrolu investicionih projekata čija se vrednost ceni više od osam milijardi maraka.

Napulj je prestonica italijanskog kriminala: 2004. godine ubijene su 132 osobe, pa je vlada poslala regularnu armiju da pokuša da pomogne.

Uglavnom neuspešno, jer nema pomoći s najvažnije strane – od 1,2 miliona stanovnika južne luke koji žive u strahu od Kamore.

Napuljskom kriminalu pre svega pogoduju nezaposlenost, među najvišom u Italiji, i rad na crno – uključujući i dečji. Gotovo trećina školske dece, 12.000, tek povremeno posećuje nastavu.

„Mnogi koje hapsimo ne znaju da čitaju", potvrdio je novinarima postojanje ovakve regrutne baze kriminala Antonio di Marko, sudija maloletničkog suda u Napulju.

Prema navodima policije, klan Falanga je bio odgovoran za pet ubistava koja su poslednjih meseci počinjena na području Napulja. U mafijaškim obračunima ubijeno je oko sto ljudi od početka godine.

Domeniko Falanga, šef napuljske mafije i klana Kamora uhapšen je nedaleko od Napulja. Bio je u bekstvu – pobegao je iz klinike gde se nalazio na lečenju. Bio je tada u pritvoru u očekivanju suđenja zbog veza s mafijom, šverca droge i ubistva.

Posle blic-operacije „Spartakus", u kojoj je učestvovalo oko 3.000 policajaca, u istražnom zatvoru se našlo preko 50 lica za koja postoje osnovane sumnje da su članovi Kamore, ili njeni bliski saradnici. Ova policijska operacija širokih razmera sprovedena je posle žestokih kritika. Ona je, međutim, plod petnaestogodišnjih istraga koje su krunisane i svedočenjem Karmina Skjavonea, jednog od najuglednijih kamorista, koji se već duže vreme nalazio u rukama istražnih organa.

Njegovi iskazi omogućili su policiji da otkrije čitav niz kanala koji je Kamora koristila za „pranje" novca. Tako je zaplenjena imovina više od 200 firmi koje su služile Kamori u ove svrhe. Na crnoj listi istražnih organa našao se čak i FK *Albonova*, inače član treće italijanske lige.

„Sada treba nastaviti dalje s akcijama protiv Kamore i učiniti sve da ne umaknu i ostali koji imaju važne uloge u ovoj organizaciji", izjavio je za *Korijere dela sera* Lučano Violante, bivši predsednik državne komisije za borbu protiv mafije.

Dok više od 500 pripadnika snaga reda pokušava da uđe u trag dvojici kamorista, jer su Đuzepe Autorino i Fernando Čezarano pobegli iz gvozdenog kaveza sudnice u Palermu usred suđenja, pošto su – zaklonjeni telima 42 druga optužena – sklonili drveno stepenište koje služi kao bina i uskočili u tunel iskopan direktno do kaveza. Tunel dužine dva metra je dvojicu kamorista izveo napolje odakle su preko poljane došli do obližnjeg auto-puta. Ocenjuje se da je bekstvo bilo tako dobro planirano da je najverovatnije da se kriminalci već nalaze negde u inostranstvu.

Od vlade je odmah zatraženo da objasni slučaj koji je usledio nepunih mesec dana posle još dva neobjašnjena bekstva: Lića Đelija, bivšeg velikog majstora masonske lože P-2 umešane u bankrot banke *Ambrozijano* 1982, i mafijaša Đuzepa Kontrera, koji je oslobođen iz zatvora pred izdržavanje dvadesttrogodišnje kazne jer je bio vezan za invalidsku stolicu, ali je nekoliko dana kasnije viđen kako se šeta na plaži u Španiji.

Kamora je bila prva italijanska mafija koja je krenula sa svojim poslovima na istok Evrope. Pre svega u Rusiju.

„Veze između gangstera u Italiji i Rusiji razvile su se u posao vredan milijardu dolara dok se organizovani kriminal širi preko stare evropske granične linije", tvrdi Lučano Violante, predsednik komisije za borbu protiv mafije italijanskog parlamenta. „Italijani, Kolumbijci i Kinezi uveliko su prisutni u Rusiji. Što vreme više prolazi, to oni postaju sve jači i stvaraju sve veću nestabilnost."

Krijumčarenje narkotika i oružja procvetalo je posle kolapsa komunizma u Istočnoj Evropi, ali novi element je nezakonita trgovina nuklearnim materijalom.

Sicilijanska mafija, napuljska Kamora i kalabrijska Ndrangeta uspostavile su veze sa svojim ruskim kolegama.

Javnost je postala svesna ove opasnosti pre dve godine kada su sudski organi u italijanskom gradu Komu saopštili da su razbili krug koji je krijumčario nuklearni materijal iz bivšeg Sovjetskog Saveza.

# Četvrta mafija

Italijanske vlasti su i same bile iznenađene kada su pre tri meseca otkrile plan kalabrijske Ndrangete da za 1,76 milijardi dolara kupe rafineriju, čeličanu i banku u Rusiji.

I ostala dva italijanska sindikata kriminala Ndrangenta i Jedinica svete krune, poznatija pod imenom Četvrta mafija, bave se prevashodno drogama, cigaretama, reketiranjem, a i krijumčarenjem oružja.

Reč Ndrangeta pripada srednjovekovnom folkloru siromaštva krajnjeg juga i dijalektu Kalabrije i u slobodnom prevodu označava „časno društvo". To je pandan „ljudima od časti" Koza nostre.

Mafija Ndrangeta ima oko 150 klanova, ndrina, s oko 5.500 članova. Iako je, po ugledu na sicilijanski kartel kriminala, učinjen pokušaj da se organizacija iznutra „vertikalizuje". Tokom dve decenije Ndrangeta se iz „horizontalnog modela" preobrazila u „vertikalni", s vezama u političkim institucijama i lokalnom biznisu.

Legenda koja se prenosi generacijama drži da je Ndrangeta nastala u jednom grobu na usamljenom ostrvcetu Favinjana, zapadno od obala Sicilije.

Ovaj holding organizovanog kriminala, s blizu 150 klanova i 5.500 članova, godišnje obrće oko 4,5 milijarde maraka, procenjuje Fabricio Kalvi u knjizi *Evropa padrina*.

Često zaboravljana, tradicionalno u senci čuvenije i moćnije sicilijanske Koza nostre, mafija južnog italijanskog regiona Kalabrija, poznata pod neobičnim imenom Ndrangeta, podsetila je na sebe arhaičnim, ali dosad nezabeleženo surovim obračunom u kome je ubijeno pet osoba. Petorica muškaraca između 26 i 54 godine starosti poginuli su pod puščanom i pištoljskom paljbom ispred jednog bara u mestu Montebelo Joniko. Radilo se o obračunu u ratu klanova Ndrangete.

Specijalnost sindikata kriminala Kalabrije tradicionalno je bila profitabilna industrija otmica, kao i na Sardiniji. Devedesetih Kalabrezi su ušli u lukrativne poslove s opojnim drogama tražeći svoj udeo u novoj podeli rada.

Kada je policija u glavnom gradu Ređo Kalabriji u julu 1998. tokom operacije „Olimpija" preko noći izdala oko 500 naloga za hapšenje pripadnika Ndrangete, tužioci su upozorili da se radi o razornoj, složenoj i savremenoj organizaciji.

Uprkos nekoliko doživotnih kazni koje izdržava u zatvoru Palmi, jedan od velikih bosova, Đuzepe Piromali, i dalje uspeva da upravlja poslovima.

Većinu aktivnosti drže dve „komisije" – jonska i tirenska – najnoviji obračun pokazuje da mnogi međusobni računi nisu sređeni.

Samo u glavnom gradu,Ređo Kalabriji, gde je prosek oko 300 ubistava godišnje, operišu 22 ndrine s 1.500 članova i desetina dece-ubica.

Njihov uzrast često ne prelazi petnaest godina. Oni nemaju ni oca ni majku, ni brata ni sestru. Organizacija im daje sedam lepih stvari: skromnost, ozbiljnost, politiku, lažnu politiku, olovku, nož i brijač.

Posle hapšenja velikih kumova sicilijanska Koza nostra je devedesetih bila u krizi, a Ndrangeta s Kalabrije je bila u ekspanziji i u Italiji i u svetu.

„Ndrangeta je u ovom trenutku najaktivnija i najopasnija kriminalna organizacija u Italiji, sposobna da zauzme prostor na čitavoj teritoriji zemlje", izjavio je tada Bruno Siklari, nacionalni opunomoćenik za borbu protiv mafije.

Kalabrezi su preuzeli trgovinu drogom u Lombardiji, razvijenom severnom regionu i velikom potrošaču, a operacije su se proširile van granica Italije: Argentina, Australija i Nemačka.

Vlasti Italije su u jednom trenutku priznale da je Ndrangeta dugo bila potcenjivana i da su klanovi Kalabrije više posmatrani kao „čobanske porodice" a manje kao „porodice padrona umešane u trgovinu drogom i oružjem".

Sredinom devedesetih je, međutim, podignuta uzbuna. Sudija u Katancaru osumnjičio je 181 osobu za veze s Ndrangetom. Među osumnjičenima je bio i Salvatore Fraska, bivši državni podsekretar Ministarstva pravde.

Dan kasnije, 29. juna 1996, karabinijeri provincijske komande uReđo Kalabriji izveli su na teritoriji čitave zemlje operacije „Smirna" i „Taurus".

Istražni organi na listi su tada imali nerešenih 29 ubistava, 14 pokušaja ubistava, trgovinu drogom, prodaju oružja Kurdima, silovanja, „reket", zelenaštvo...

U prethodnoj operaciji „Olimpija" uhapšeno je više od četiristo osoba. Poslednji uspeh je lišavanje slobode četrdesetosmogodišnjeg advokata Đorđa di Stefana, jednog od najtraženijih iz operacije „Olimpija". Tužilac izReđo Kalabrije smatra da je hapšenjem načet lanac veza između Ndrangete, sudstva i vlasti i da je otvorena „nova era".

Posle trogodišnjeg bekstva, uhapšen je Nikola Arena, star pedeset devet godina, jedan s liste trideset najtraženijih mafijaša u Italiji, za koga se smatra da je bio kum klanova Ndrangete u Katanzaru i Košenci i glavna veza s Koza nostrom. Arena je osuđen na deset godina zatvora zajedno s još jednim od velikih bosova Ndrangete i 22 drugih koji su „pali" tokom operacije „Delta".

U velikom poduhvatu koji su izvršili pripadnici Državne komisije za antimafiju u Bariju, centru italijanske provincije Pulja, uhapšeno je u jednom cugu ravno 35 ljudi. Operacija pod nazivom „Speranca" počela je još pre tri godine, a u zatvor je odvela praktično sve politički i privredno najuticajnije ljude ovog dela italijanskog juga. Operacija „Speranca" je izvedena posle odluke uhapšenog ključnog čoveka Frančeska Kavalarija da otkrije svoje saradnike.

Iza rešetaka su završila dva bivša ministra Vito Latancio i Rino Fornika, gradonačelnik Barija Đovani Memola, direktor lokalnog lista *La gazeta del mecođorno* Franko Ruso, zatim lokalni ministri za komunalije i zdravlje, potpredsednik regiona Franko de Lučija i mnogi drugi. Svi oni su optuženi da su na ovaj ili onaj način sarađivali s mafijom i bili umešani u razne prljave poslove.

Ključni čovek za celu istragu i hapšenje vrhuške Barija bio je Frančesko Kavalari, jedan od najbogatijih lekara privatnika, ne samo u Italiji već i celoj Evropi. On je vlasnik čak deset velikih klinika s 4.000 kreveta. Kavalari je počeo da govori, priznajući ne samo svoju vezu s mafijom već i ko su njeni glavni saradnici i finansijeri. Iza njihovih poslova valjale su se ogromne pare kojima je između ostalog finansirana čak i izborna kampanja. Sam Kavalari je, da bi na izborima prošli pojedini ljudi mafije, potplaćivao pojedince s oko 45.000 maraka po glavi, koliko je davao i za podmićivanje gradskih vlasti, da bi se izbegao porez. Svi njegovi poslovi bili su uvijeni u legalnu formu.

Prema prvim otkrićima Prokure za antimafiju koja je u operaciji „Speranca" celu gradsku vrhušku privela u zoru, bivši ministar Vito Latancio za ćutanje je dobio milijardu, a ministar Rino Formika 500 miliona lira.

I policija regiona Kalabrija dala je nalog za privođenje ukupno 500 ljudi, zbog sumnje da su u proteklih dvadeset pet godina sarađivali s lokalnom mafijaškom organizacijom Ndrangeta (crnim teroristima) i masonima inkorporiranim u sve političke i društvene institucije.

U Kalabriji porodica Ndrangete danas okuplja 163 familije s 5.700 članova, dok u provinciji Pulja ima stotinak „koski" ili klanova s 2.000 mafijaša. Kako oni rade, osetila je jedna nesrećna baronica.

Danijela Horvat, novinarka *Šterna,* opisala je maja 1996. godine, naime, kako se baronica Tereza Kordopatri u Kalabriji uspešno borila protiv lokalne mafije, ali i ravnodušnosti svojih sugrađana prema kriminalu. Naime, oko pola deset, vrelog 10. jula 1991, baronica Tereza Kordopatri del Kapeće spremala se da ide na misu s bratom Antonijom. Kada je „Tonino" isparkirao stari BMV iz dvorišta na ulicu, pred vratima kuće u Ulici Gabrijela Danuncija broj 9 uReđo Kalabriji odjeknuli su hici jednog pištolja s prigušivačem. Onda je ubica uperio oružje na baronicu, ali se metak zaglavio. Ubica je pobegao.

Još početkom šezdesetih godina klan Mamoliti u mestašcu Kastelaće bacio je oko na posed i maslinjake stare plemićke porodice. Malo-pomalo, banda Don Saverija Mamolitija je pretnjama i iznuđivanjem otimala jedan posed za drugim u ovom kraju. Za bosove mafije bila je stvar prestiža da porodici Kordopatri otmu maslinjake koji su osam vekova pripadali toj plemićkoj porodici.

„Ako bi im pošlo za rukom da barona Mimija Kordopatrija potčine svojoj volji, bio bi to veoma jasan signal za sve nas ostale zemljoposednike", govorili su seljaci Kalabrije.

Na očevoj samrtničkoj postelji 1984. godine, Tereza i njen brat Antonio zavetovali su se da porodični posed nikada neće prepustiti mafiji. Decenijama su otac i sin uzaludno podnosili prijave protiv klana mafije. Zakupac, kome je zemlja bila data u najam, bio je, kako se kasnije ispostavilo, poverenik Mamolitija. Napoličari su pod pritiskom bandita bežali s imanja, nestao je deo žetve, a kuća Kordopatrija bila je provaljena i opljačkana.

Posle dva neuspešna atentata na Antonija 1972. i 1990. godine, Antonio je naposletku ubijen, ali su prolaznici uhvatili Salvatorea Larosa, člana Mamolitijevog klana.

„Držite ga!", vrištala je Tereza. „Ljudi su pomislili da mi je ukrao tašnu. Da su znali da je ubica iz mafije, oni bi samo okrenuli glavu."

Zakon omerte važi i danas na južnom delu italijanske čizme, na Siciliji. To je saznala sama baronica kada je htela da istraži bratovljevo ubistvo. Sudije se nisu osećale nadležnim, advokati nisu sarađivali s policijom, ali su posed poslednje naslednice Kordopatri „za svaku sigurnost" hteli da prepišu na svoje ime.

Baronica Tereza je bila uporna. Na sudu je identifikovala počinioce, podnosila je sama dokaze za pretnje koje su joj upućivane decenijama. Saverijo Mamoliti je zajedno s 35 sledbenika uhapšen 31. avgusta 1992. godine. Međutim, borba baronice se ni izdaleka nije bila završila. Septembra 1994. dobila je službenu odluku da plati porez na nasledstvo za posede u Kastelacu, ravno 1,2 miliona maraka. Ako to ne učini, posedi će joj biti zaplenjeni.

Trideset godina država Italija ništa nije činila za baronicu, a sada je stavila njenu kuću na doboš. Tereza Kordopatri je zato započela štrajk glađu pred Palatom pravde u Ređo Kalabriji.

„Ja sam žrtva mafije i države koje nema!"

Posle dvadeset tri dana gladovanja, tadašnji ministar unutrašnjih poslova Italije odložio je naplatu baroničinog duga za dve godine. A Parlamentarna komisija za borbu protiv mafije zaključila je da je klan Mamolitija preko regionalnih organa vlasti dobio subvencije Evropske unije u vrednosti od sto hiljada maraka za Kordopatrijeve plantaže.

Na suđenju je Don Saverijo osuđen na 22 godine zatvora, njegov sin Frančesko kao nalogodavac ubistva Terezinog brata na 25, a ubica Larosa na 23 godine.

U jesen 1995. Tereza Kordopatri je posle trideset godina ponovo ubirala svoje masline. Policijski službenici u civilu obezbeđivali su oružjem na gotovs polje na kome je dama krhkog izgleda sakupljala gorke, crne plodove.

## Kruna u Crnoj Gori

U barskom naselju Čeluga, u jednoj privatnoj kući u kojoj je stanovao poslednjih dana, u leto 1999. ubijen je Santo Vantađanto, poznatiji kao Santini, nekrunisani bos ogranka mafijaške organizacije Santa korona unita.

Santiniju nije pomoglo ni mnogobrojno lično obezbeđenje, visoka metalna ograda, snažni reflektori i psi čuvari. Izrešetan je iz neposredne blizine, pa se pretpostavlja da je ubica neki od njegovih zemljaka koji borave u Baru. U prilog tome govori i činjenica da su u barski Centar bezbednosti, koji je te noći bio na nogama, na tzv. informativni razgovor privođeni isključivo italijanski državljani.

Osim toga, na policijskom punktu prema Petrovcu zaustavljena su sva vozila italijanske registracije, i blokiran je i pomorski put preko Jadrana.

Policija je tragala za izvesnim Vitorom, Italijanom koji je bio jedan od najbližih Santinijevih saradnika i šef njegove telesne garde. Izvori bliski italijanskoj koloniji u Baru, koja, prema nekim procenama, broji oko 400 članova, navode da je naredba o likvidaciji Santinija verovatno stigla s druge obale Jadrana.

Santo je bio na čelu kartela koji kontroliše promet cigareta između dve obale, ubijen je s više hitaca iz pištolja, i to iz neposredne blizine. Pripadnici Centra bezbednosti u Baru priveli su na razgovor veći broj sumnjivih.

Santo Vantađanto je proveo leto u Rafailovićima kod Budve, gde je iznajmio stan u jednoj privatnoj kući. Ovaj Italijan, četrdesetih godina, bio je veoma zgodan i elegantan, čovek izuzetno lepih manira. Imao je veliki vozni park: crveni ferari, mercedes-slon, najnoviji tip kabrioleta, najlepši gliser koji je viđen na Budvanskoj rivijeri. Bio je galantan, nasmejan, uvek u društvu jedne devojke iz Beograda.

U poslednje vreme bio je zabrinut, imao je česte posete meštanima nepoznatih ljudi. Raspitivao se u poslednje vreme za plac na tom delu primorja, ističući kako je tu mnogo lepše nego u Baru. Voleo je to ribarsko selo i njegove meštane. Šta je radio, niko nije znao, mada je bilo sumnji da pripada mafijaškoj organizaciji. Nezvanično se kao motiv njegovog ubistva pominje novac, koji je navodno dugovao „onima preko Jadrana", a kruže i priče da ovo ubistvo znači smenu na čelu ovdašnjeg kartela.

Za razliku od galantnog Đuzepa Čelamarea, zvanog Pino, jednog od šefova organizovanog kriminala u pokrajini Pulja, koji je krajem maja 1998. godine uhapšen u Baru i odmah prebačen u Italiju, a koji je, kako se govorilo, za noć u barskim restoranima ostavljao po više stotina dolara, sada pokojni Santo Vantađanto Santini ni po čemu se nije posebno isticao u Baru. On je bio glavni švercer cigareta u Italiji i Crnoj Gori.

Odavno je poznato da je centar italijanske i domaće mafije u Baru, odnosno na potezu obale od Bara do Tivta. Ranije je švercerski „siti" bila Luka Zelenika. Kasnije se centar mafije pomerio prema jugu. Pripadnici kolonije italijanske mafije zakupili su kuće uglavnom u naselju Čeluga od nekih muslimana koji žive u Americi. Kuće su ograđene, obezbeđene kamerama i fizičkim obezbeđenjem tako da se praktično spolja ne može ni videti šta se unutra zbiva. Inače, Italijani su u Baru veoma galantni, voze se u najskupljim automobilima, što pleni pažnju naročito devojaka koje se često mogu videti u društvu galantnih mafijaša.

Pošto je Savezna vlada onemogućila da avioni sa švercovanim duvanom sleću na podgorički aerodrom, crnogorske vlasti, kojima je inače ovo jedan od izvora prihoda, promenile su način dopreme duvana. Umesto nebom, cigarete sada stižu Jadranskim morem. Gotovo svakodnevno u barsku luku stižu brodovi s cigaretama. U Baru se vrši pretovar u brze glisere Italijana koji paklicu cigareta plaćaju po marku, da bi na tržištu u Italiji tu istu paklicu prodavali po pet maraka.

Podgorička revija *Istok*, koja je tih dana tragala za putevima duvana, tvrdi da u jedan gliser stane 300 boksova cigareta i da prevoz košta tri hiljade maraka, a konačna zarada za Italijane koji se bave ovim švercom oko 70.000 maraka po turi jednog glisera.

Ranije su nikotinsku vezu u Crnoj Gori držali isključivo privatnici koji su za sebe uzimali nekoliko puta više od države. Sada to radi jedno vladino preduzeće. Međutim, privatnici i sada imaju veliku korist, jer se deo duvana distribuira preko magacina u Miločeru u Crnu Goru, a odatle se snabdeva Republika Srpska, takođe preko nikotinske mafije. Pipci mafije su takođe iz Crne Gore razgranati i po Srbiji, a kao što je poznato u njih su uključene i neke ovdašnje političke partije.

Istražne sudije Luiđi De Fiki i Lučano D'Anđelo sačinile su ovu nesvakidašnju „knjigu" na osnovu policijskih izveštaja i pedantno obavljenih prisluškivanja telefonskih razgovora od tajnih službi. U njemu se kaže da je glavni bos Paolo Savino, formalno vlasnik knjižare *La Bankarela* iz Latine, grada nedaleko od Rima, u stvari čovek zloglasnog napuljskog mafijaša Ćire Mazarele, poznatog pod šiframa „Princ", „Inženjer" ili „Ujka". To je čovek s 200 milijardi prometa i 70 milijardi profita godišnje.

Taj Paola Savina pisao je Milu Đukanoviću još 18. oktobra 1993. godine u vezi s pregovorima oko sklapanja ugovora za korišćenje crnogorskih luka.

Za Crnu Goru se pak u tom izveštaju navodi da „predstavlja međustanicu krijumčarenja između američkih multinacionalnih duvanskih kompanija, od *Filipa Morisa* do *Rejnoldsa*, i pokrajine Pulja". Paolo Savino je sklopio ugovor o korišćenju pristaništa Zelenika i magacina crnogorskog državnog preduzeća *Zeta trans*. Sabesednik Savina u Rimu bio je Branko Perović, šef diplomatije Crne Gore, s kojim se, ne propuštaju da kažu *Espresovci*, čuo gotovo svakodnevno, i to još od oktobra 1992.

Švercerski bos Paolo Savino je kupovao cigarete u bescarinskim zonama.

U ritmu od 50 kontejnera mesečno, najmanje 48.000 sanduka stiže u magacin pristaništa Zelenika, odakle ih superbrzi gliseri „skafi" iz „flote Mazarele" u tren oka prevezu preko Jadrana do puljske obale.

Posao krijumčarenja preko Crne Gore organizovan je fantastično s minimalnim rekvizitima – jednim telefonom i faksom – i s novcem mafijaša Mazarele.

Borba sa švercerima čiji put ide iz Crne Gore pretvorena je, malo-pomalo, u mali kontinuirani rat iz noći u noć, u kome su, teže ili lakše, ranjena 42 pripadnika finansijske policije. Čak 185 švercerskih motornih čamaca je „zarobljeno"... U užoj i široj okolini Barija i u regiji Pulja u toj borbi učestvuje oko 1.500 policajaca – nasuprot oko 1.000 krijumčara!

Italijanska finansijska policija zaplenila je 1.011 tona cigareta, podnela prijave protiv 29.754 osobe, dok je 1.146 uhapšeno.

I vest da je iza brave stavljen Antonio Pagano, star četrdeset četiri godine, iz Pulje, imala je poseban značaj. Reč je o mafijašu velikog kalibra za kojim je Interpol tragao više od četiri godine, i koji je nosio titulu prvog čoveka kriminalističke organizacije Santa korona unita.

U podzemlju je koristio ime Učitelj. Pagano je bio sposoban organizator dobro uhodanog šverca cigareta, oružja i droge. Svoju aktivnost poslednjih godina je proširio na istok, pre svega na Crnu Goru i Rumuniju, gde je imao ogranke ove mafijaške organizacije.

Švercerske kanale s Crnom Gorom ovaj Pulježanin razradio je sakrivajući se na našoj teritoriji od progona italijanske policije. U Crnoj Gori se u isto vreme s njim sakrivala grupa pripadnika Santa korona unita među kojima su Santo Vantađato, Frančesko Prudentino, Frančesko Sparaćo i Karmine Taurisano.

Jednog iz ove grupe, Benedeta Stana, italijanska policija uspela je da uhapsi.

U Crnu Goru su se sklanjali mafijaši i iz tri druge kriminalističke organizacije Italije – Koza nostre, Kamore i Ndrangete.

„Postoje sumnje da je u Crnoj Gori i Rumuniji Antonio Pagano prao novac Santa korona unite", izjavio je povodom hapšenja Nikola Pjaćete, javni tužilac Brindizija, iz kojeg je mahom i polazio šverc. Ovaj kriminalac je imao svoju ulogu u rumunskom društvu „Orhideja" koje upravlja jednim velikim tekstilnim preduzećem. Kao i drugi begunci od zakona, moguće je da je prljavi novac investirao potom u hotele i kockarnice u Crnoj Gori. S Paganom je, u svakom slučaju, Santa korona unita napravila značajan prodor na Istok, zahvaljujući i ratnoj situaciji u bivšoj Jugoslaviji koja je otvorila prostor i za trgovinu oružjem. O kakvim se poslovima radilo, svedoči podatak da je samo na švercu cigareta Pagano zarađivao godišnje 1.500 milijardi lira.

Šefa Santa korona unite, koji je na spisku trideset najopasnijih kriminalaca Italije, pravda ne tereti samo za šverc već i za pljačke, ucene, otmice i falsifikate. Svojim rukama je bukvalno ubio od batina jednog dečaka s juga koji se bavio sitnim kriminalom nezavisno od bande. Takođe je pretukao i dvojicu radnika od kojih je jedan kasnije umro. Posle ovih događaja, sklonio se prvo u Crnu Goru, pa u Rumuniju, ali se zbog Interpola vratio u Crnu Goru preko Nemačke i Austrije. Zatim se krišom obreo u Italiji.

Sicilijanska i kalabrijska mafija i američka Koza nostra zajednički deluju na kanadskoj teritoriji, a poslovni interesi variraju – od iznuđivanja do šverca droge i pranja novca. Izgleda da je nemoguće uništiti organizovani kriminal u Kanadi, isto kao i Hidru iz grčke mitologije: odsecite joj jednu glavu i na istom mestu će porasti dve nove.

Kanadska policija je u leto 1993. uhapsila navodnog šefa mafije Alfonsa Karuana i posle dugotrajne istrage slomila uporište porodice Kuntrera-Karuana u Kanadi.

„Ovo nije kraj organizovanog kriminala u Kanadi", složio se Endru Andersen, direktor Severnopacifičkog instituta za kriminologiju i prevenciju kriminala. „Organizovani kriminal u Kanadi je zmaj s mnogo glava. Navikli su oni na ovakve udarce."

Li Lamot, koautor studije *Svetska mafija: Novi svetski poredak i organizovani kriminal*, kaže da je Toronto jedino mesto na svetu gde sicilijanska i kalabrijska mafija i američka Koza nostra zajednički deluju na kanadskoj teritoriji.

Sicilijanci u međunarodnom kriminalu stoje iza šverca droge i pranja novca, dok kalabrijska mafija kontroliše lokalni kriminal, kao što je iznuđivanje. Koza nostra ima tesne veze s organizovanim kriminalom u Vindzoru u Ontariju, i veoma duboko je prodrla u odnedavno legalizovanu kockarsku industriju.

Ubistvo Džona Papalije, šefa Koza nostre i njegovog drugog čoveka, poremetilo je vezu između južnog Ontarija i Njujorka. Likvidacija je dogovorena na sastanku šefova mafije u Torontu, koji su želeli da prekinu jednu od poslednjih veza između Kanade i američke Koza nostre.

„Samit u Torontu je spojio predstavnike kalabrijske mafije i članove italijanskih grupacija organizovanog kriminala izvan gradskih jezgara. Navodno, formirana je strateška alijansa s ciljem da se prekine američki uticaj i da se povećaju međuprovincijske i međunarodne veze", napisao je Li Lamot.

U Kanadi deluju i ruska mafija, azijske trijade, gangovi na motociklima. Italijani i Rusi rade zajedno. Razmenjuju informacije i dele tržište bez borbe.

Neki pripadnici mlade generacije mafije postaće „zakoniti biznismeni", ali će i dalje koristiti stare metode u poslu kao što je iznuđivanje. To su „mafijaši čistog lica", „drmaroši" i „muvatori". Oni deluju u „gornjem" svetu. Podzemlje bi se bez njih ugušilo u svom novcu jer ne bi moglo da ga okreće.

Kanada je izvanredno mesto za gangstere da se bave biznisom zahvaljujući labavim poreskim zakonima i Povelji o ljudskim pravima koja onemogućuje policiji da previše „čeprka" po sumnjivim poslovima.

## Politička giljotina

Talas masovnih demonstracija protiv mafije zbog ubistva sudije Đovanija Falkonea u Palermu primorao je italijansku vladu da preduzme radikalnije korake u borbi protiv organizovanog kriminala. Sahrani sudije Đovanija Falkonea u Katedrali Svetog Dominika u Palermu prisustvovalo je preko 10.000 ljudi. Po jakoj kiši, Sicilijanci su odavali poslednju počast čoveku koji je probudio njihove nade u budućnost bez mafije. Najistaknutiji borac u ratu protiv organizovanog kriminala sudija Đovani Falkone ubijen je 23. maja sa ženom i tri telohranitelja na auto-putu u blizini Palerma.

Ogorčenost zbog tog atentata i protesti protiv mafije su se odmah proširili po čitavoj Italiji, pa je, na primer, samo u Milanu protiv režima demonstriralo blizu 40.000 studenata. Italijanske vlasti su bile jasno prozvane zbog nemoći u borbi protiv mafije, kao i zbog saradnje pojedinih političara s organizacijom Koza nostra.

Taj događaj je direktno uticao na „ubrzavanje" izbora novog predsednika Italije Oskara Skalfara u italijanskom Parlamentu, mada se danima pre toga „trgovalo" s izborom novog predsednika. Zbog tih događaja, po prvi put u italijanskoj istoriji lideri svih političkih partija su se složili da je mafija ugrozila stabilnost te razvijene zemlje Zapada. Zbog tih događaja, razvijeniji evropski susedi su nedvosmisleno italijanskim političarima stavili do znanja da će Italiju biti teško prihvatiti kao partnera, jer se deo zemlje nalazi pod kontrolom mafije.

Pre deset godina je osnovana i politička partija „La rete" tj. Mreža, čiji je jedini politički cilj efikasnija borba protiv kriminala. Ta partija je na izborima za italijanski Parlament aprila 1991. godine, na primer, u Palermu zauzela drugo mesto, što sigurno znači da je ne bi trebalo potcenjivati.

Organizovane akcije „Pokreta protiv Mafije" počele su u Italiji značajnije da se osećaju pre deset godina kada je u Palermu bio ubijen Libero Grasi, vlasnik manje fabrike tekstila, koji je odbio da plaća „porez za zaštitu", poznatiji kao „pico". Ovo ubistvo je podstaklo male „biznismene" širom Italije da se ujedine u svom otporu prema mafijaškim prinudama. Jedan od vođa „Pokreta protiv Mafije" Gabrijela Sikuro je izjavila:

„Ubistvo Libera Grasija pokazalo je ljudima da smo zaista udarili u dno, kao i da nas mafija ne može sve pobiti ako se ujedinimo i kažemo 'Ne'. Bilo je očigledno da se nešto mora preduzeti."

Italijanske vlasti su krajem 1990. godine, zbog tih protesta, bile prinuđene da organizuju novu međuresorsku agenciju s nazivom Odeljenje za ispitivanje modaliteta u borbi protiv mafije (DIA). Obavešteni izvori su tvrdili da je šef DIA trebalo da postane nedavno ubijeni sudija Đovani Falkone. Inače, ta agencija predstavlja kombinaciju snaga tajnih italijanskih službi, policijskih stručnjaka i armijskih jedinica, čime bi se dobila jedinstvena i efikasna „snaga" u borbi protiv organizovanog zločina. Ali s druge strane, formiranje pravosudnog „parnja" tj. Nacionalne uprave za borbu protiv mafije (DNA) nije moglo mesecima da se sprovede. Posebno su se tome suprotstavile sudije i neki pravosudni organi, koji su smatrali da bi te agencije podrile njihov autoritet.

Mafija je sigurno najopasniji i najprljaviji trag italijanske prošlosti. Odmah po stupanju na snagu specijalnog paketa zakonskih mera 10. juna 1992. uhapšeno je skoro 1.500 istaknutijih kriminalaca. Javnost je „bombardovana" podacima iz dosijea korupcionaške afere u Milanu, koja se „procenjuje" na hiljade milijardi lira. Ova afera je jasno pokazala povezanost italijanskih političara s organizovanim kriminalom, pri čemu su se posebno na udaru našli socijalisti Betina Kraksija. U borbi protiv mafije se aktivirala i Katolička crkva, naravno, na „nižem nivou".

Na Siciliju su upućeni nedavno prvi odredi italijanske armije sa 7.000 ljudi s ciljem da pomognu policiji u borbi protiv mafije. Javnost se, međutim, pitala kako „tući mafiju s ministrom odbrane, Salvom Andom, Sicilijancem, koji je izabran glasovima mafije". „Kako slomiti mafiju s ministrom pravde Klaudijem Martelijem, koji zastupa Socijalističku partiju, u Italiji poznatu po korupcionaškim aferama."

Vlada socijaliste Đulijana Amata je podržala „Dekret protiv mafije" koji daje široka ovlašćenja pravosuđu i policiji u borbi protiv organizovanog kriminala, po čemu je sličan zakonskom dekretu koji je svojevremeno s uspehom bio donet protiv „Crvenih brigada".

Mafija je zapretila da će ubiti italijanskog predsednika Oskara Skalfara ukoliko se ovaj pritisak dalje nastavi. Ubijen je sudija Paolo Borselino, koji je bio kandidat za vrhovnog tužioca sa specijalnim ovlašćenjima u borbi protiv mafije. Likvidirala je 718 ljudi na posebno brutalne i surove načine.

„Mafija i pica su dva najpoznatija proizvoda Italije. Ne možete da promenite prošlost, ali možete da promenite predstave o nekom mestu", kaže Đovani Čiprijani, prvi levičarski gradonačelnik Korleonea.

Romantičarska predstava o „poštenim i dobronamernim" kriminalcima, koji su umesto države vodili računa o svojim nerazvijenim regionima, bila je građena na tradicionalizmu sicilijanske mafije i njenih „posestrima" kalabrijske Ndrangete i napolitanske Kamore. Ali ova „viteška" tajna udruženja iz seoskih sredina danas su postale brutalne, visoko efikasne multinacionalne „mašine kriminala". Sicilijanska mafija ne samo da deluje na teritoriji čitave Italije već s kriminalcima iz Severne i Južne Amerike kontroliše svetsko tržište narkoticima. Danas ona ubrzano prebacuje težište svojih operacija u zemlje Zapadne i Severne Evrope, u bivši Sovjetski Savez i Jugoslaviju, kao i Tursku. Napolitanska Kamora kontroliše jug Francuske i široko se ubacuje na kokainsko tržište Evrope i Amerike.

Đovani Spadolini, predsednik italijanskog Senata, tada je jasno rekao:

„Mafija više nije sicilijanska organizacija, već ona predstavlja svetski koncern."

Italijani nazivaju mafiju La Pjovra tj. „hobotnica" zbog njene sposobnosti da obuhvati i „stegne" svakoga u Italiji, kao i da se veoma brzo „regeneriše" nakon svakog zadatog udarca. Ali kako je „hobotnica" rasla, postajala je sve opasnija i surovija. Davno su prošli dani kada su se na čelu mafijaških organizacija nalazili „ugledni ljudi", koji su bili posvećeni porodici i Crkvi.

Danas su „vojnici" mafije pre svega teški narkomani, koji hladnokrvno siluju žene i decu svojih protivnika. Da li je uopšte potrebno govoriti da Italija ima najveću stopu kriminala i najveću stopu ubistava među zemljama Evropske zajednice. Mafija danas svoj „kapital" stvara trgovinom narkoticima, pljačkama, organizovanjem ilegalnih kladionica, otmicama, švercom.

Ali „hobotnica" je danas sve više uključena i u tzv. legalne poslove, pri čemu je dovoljno pomenuti da mafija danas kontroliše celokupno italijansko građevinarstvo i građevinsku industriju. Smatra se da se godišnji prihod mafije kreće oko 120 milijardi dolara, što je više nego dovoljno da se otplati italijanski budžetski deficit u 1991. godini. Naravno, „imperija zla" ne bi mogla toliko da se izgradi da mafija nije na različite načine uspostavila kontrolu nad mnogim italijanskim političarima, posebno različitim „nameštaljkama" u vreme izbora i ucenama.

## Afera Crna Gora

Policijski delovi koji se bave borbom protiv organizovanog kriminala sa sedištima u Bariju, Milanu, Firenci, Napulju i Leću u sinhronizovanoj megaakciji, uhapsili su u leto 2002. godine čak 25 šefova barske i napolitanske mafije. Cela operacija je dugo pripremana i nazvana je „Crna Gora", jer su svi uhapšeni povezani s krijumičarenjem cigareta iz Crne Gore.

Najviše su praćene kriminalne organizacije iz Barija pod vođstvom Đuzepa Ćelamara, koji je bio bos kvartova Pođofranko, Karasi i San Paskvale. Policijska operacija je proširena ne samo na područje Italije već na ostale zemlje u Evropskoj uniji i van nje, poput Švajcarske, Srbije i Crne Gore, Bugarske i SAD.

Agencija ANSA, koja je prva emitovala vest o do sada najvećoj policijskoj akciji hapšenja mafijaških šefova uključenih u šverc cigareta, isticala je da je otkrivena Kupola mafijaške organizacije Kamore, koja je kontrolisala šverc cigareta međunarodnih razmera. U finalnoj fazi mafijaških operacija, švercovane cigarete ilegalno su transportovane iz crnogorskih luka u Italiju i druge evropske zemlje.

Uhapšene su i osobe koje su direktno umešane u ubistvo Gaetana Ćinimonika, ubijenog 14. novembra 1995. godine, čiji je karbonizovani leš otkriven u zapaljenom autu na periferiji Barija. Agencija ANSA je objavila i imena uhapšenih mafijaških bosova optuženih za ubistvo Ćinimonika: Đenaro Ragone (34), Đovani Fazano (34) i Salvatore Paskvarjelo (45). Među uhapšenima je i Mikele Triljani (37) iz Frankavila, a Mare, koji je optužen za pranje novca u interesu mafijaške organizacije Kamora i čiji zadatak je bio da pruža pravnu pomoć zatvorenim mafijašima, svake sedmice je davao 500.000 evra kuririma koji su dolazili iz Švajcarske.

Velika akcija policije povezuje se s dve istrage o švercu cigareta i organizovanom kriminalu koje su započeli javni tužioci Barija i Napulja, Đuzepe Šelzi i Agostino Kordova, kao i s tajnovitošću u koji su, nakon dosta medijskih spekulacija, uronila oba procesa.

Ranija istraga je proširena na 79 osoba koje su osumnjičene za učestvovanje u krijumičarenju cigareta. Dvadeset pet mafijaških bosova, čija imena nisu navedena, optuženo je za povezanost s organizovanim kriminalom, za učešće u međunarodnoj ilegalnoj trgovini oružjem i narkoticima, ubistvima i uništavanju leševa, kršenju carinskih i finansijskih zakona.

Sada već ražalovani napuljski tužilac Agostino Kordova, smenjen zbog samovolje i konfliktnih odnosa sa saradnicima, od istražnog sudije Ane Di Mauro zahtevao je hapšenje crnogorskog premijera Mila Đukanovića zbog optužbe da je povezan s organizovanim kriminalom u švercu cigareta. Ana Di Mauro odbila je ovaj zahtev uz tvrdnju da Đukanović kao državnik ima imunitet.

U istom dokumentu Kordove pominju se i imena Paola Savina, Dušanke Jeknić i Veselina Barovića. Kordovin zahtev uz dokumentaciju na 364 strane usledio je nakon hapšenja petorice članova kriminalne organizacije koja se bavila švercom cigareta između Italije i Crne Gore.

Šelzi je ranije na listu osoba pod istragom zbog krijumčarenja cigareta iz Crne Gore u Pulju uvrstio i Đukanovića, pozivajući se na izvore iz tužilaštva u Bariju. Đukanović je više puta negirao svoju umešanost u šverc cigareta, tvrdeći da je u oba slučaja reč o političkim pritiscima da Crna Gora odustane od stvaranja nezavisne države.

Državno tužilaštvo u Napulju sačinilo je iscrpan, detaljan rezime „duge, jasno trasirane i kompleksne istražiteljske aktivnosti koju je 2000. godine započela Oblasna antimafijaška direkcija, a nastavio do danas istražitelj doktor Alesandro Milita".

Autori izveštaja upozoravaju na vanrednu razgranatost tih ilegalnih aktivnosti „od SAD do Švajcarske, a koje obuhvataju sabiranje i uskladištenje (Holandija, Grčka, Švajcarska, Albanija, Crna Gora i druge zemlje Istočne Evrope, kao i severne Afrike) prodor na teritorije Evropske unije (naročito na jugoistočnu obalu Italije, kao i špansku i francusku obalu), transport na tržišta finalne proizvodnje (Italija i severna Evropa, uopšte)".

Analizirajući rad ove organizacije, sastavljači izveštaja „kriminalni sistem i ceo kontekst tajnog trafika duvana" svode na tri nivoa.

„Prvi nivo odnosi se na proizvodnju i izvoz, a tom delatnošću bave se i organizacije mafijaškog tipa i koriste se paralelni kanali preduzeća koja proizvode duvanske prerađevine". Drugi nivo „podrazumevao je nabavljanje i skladištenje cigareta u slobodnim zonama, gde nisu bile podložne carinjenju". Treći nivo predstavlja „transport iz tih slobodnih zona u finalna mesta prodaje u režiji kriminalnih organizacija".

Komandant Odeljenja policije za borbu protiv mafije iz Barija, pukovnik Mario Fontanaroza, izjavio je da je „hapšenje 25 mafijaških šefova samo rezultat dugogodišnje istrage koju je vodio tužilac Šelzi". Sve te kriminalne aktivnosti su pomno praćene od 1996. godine kao i saradnja mafijaških klanova na čijem čelu su bile familije Anemolo i Kelamare koje su „kontrolisale" kvartove Peđofranko, Karasi i San Paskvale i sarađivale s klanom Kapriati koji je stari deo Barija. Vremenom se policijska i sudska istraga proširila i na susedne zemlje, poput Crne Gore u koju su pobegli mnogi mafijaški šefovi i odakle su nesmetano kontrolisali krijumčarenja nedozvoljene robe za Italiju.

„Prva policijska akcija slična ovoj izvedena je 1999. godine kada je uhapšeno 49 osoba i to ne samo u Italiji već i u bivšoj Jugoslaviji, Švajcarskoj, Bugarskoj i SAD. Javni tužilac Barija, Đuzepe Šelzi, dokazao je i povezanost mafije iz Barija i Brindizija, na čijem čelu su stajali Benedeto Stano i Santo Vantađato. Prema navodima agencije ANSA, većina mafijaških bosova se sakrivala u Crnoj Gori, odakle su kontrolisali krijumčarenje oružja, narkotika i cigareta na relaciji Crna Gora–Italija. Kriminalna organizacija na čelu s Đuzepom Kelamarom, koji je bio povezan s mafijaškim bosovima iz Brindizija, dugo je uživala institucionalno pokriće u Crnoj Gori, kao što je recimo bila ona od tadašnjeg šefa policije i sigurnosti Vasa Baošića, kojeg je 1998. uhapsila policija u Bariju. To je i razlog što smo dali i ime operaciji „Crna Gora". Na listi je još 79 imena osoba protiv kojih se vodi istraga. Prilikom hapšenja jedna osoba je čak uspela i pobeći, međutim, jasno vam je da ovo nije kraj naše dugo pripremane operacije, već samo njen nastavak", rekao je pukovnik Mario Fontanaroza.

Načelnik Uprave kriminalističke policije MUP-a Crne Gore Mihailo Pejović izjavio je da crnogorski MUP ne zna ništa o hapšenju italijanskih mafijaša koji su navodno povezani s krijumčarenjem cigareta iz Crne Gore. Pejović je rekao da će italijanska policija sigurno obavestiti crnogorski MUP „ako to hapšenje ima veze s Crnom Gorom". Međutim...

Uprava za državnu granicu i pogranične poslove, koja je formirana 20. februara 2003. godine u MUP-u Crne Gore, u akcijama sprečavanja pograničnog kriminala oduzela je 33 komada vatrenog i hladnog oružja, 30 kilograma eksploziva, 19 ručnih bombi, 400 metaka, 27 kilograma marihuane, 170.000 paklica cigareta, 45 motornih vozila, ilegalni novac u iznosu od 70.000 evra, kao i desetine tona poljoprivrednih proizvoda i robe široke potrošnje.

„Zbog različitih aktivnosti uhapsili smo 239 osoba, deportovali 310, oduzeli 145 falsifikovanih pasoša, ulazak u Crnu Goru zabranjen je za 217 osoba. Protiv stranaca je podneto 87 krivičnih prijava, 145 prekršajnih i 159 otkaza boravka", kazao je Mićo Orlandić.

Za pola godine od 2.005 kontrolisanih automobila utvrđeno je da su 34 „predmet potrage zbog izvršene krađe ili utaje u inostranstvu", a 29 vozila je oduzeto i vraćeno vlasnicima preko granice.

U akciji sprečavanja rasturanja narkotika, policija je zaplenila 511.387 kilograma opojnih droga, najviše marihuane – 504.784 kilograma, heroina – 6.564 kilograma, hašiša – 390,18 kilograma, kokaina – 36,73 kilograma i ekstazija – 11,75 kilograma.

U većem delu italijanskog zvaničnog izveštaja, koji je potpisao državni tužilac u Napulju, Agostino Kordova, navedena je konkretna kolaboracija mafijaških bosova (uhapšenih po nalogu Ane Di Mauro, istražnog sudije koja je odbila „zahtev za hapšenje" Mila Đukanovića, jer „crnogorski premijer uživa imunitet na funkciji koju vrši") i „aparata crnogorske vlasti, institucija Crne Gore".

## Kobni 21. vek

Čini se da je početak 21. veka bio dosta koban za italijansku mafiju. Shodno obećanjima Rima, Italija je počela svoj novi boj protiv ilegalnih sindikata kriminala u svojoj zemlji i okruženju.

Tako je, na primer, Salvatore Rinela, desna ruka šefa sicilijanske mafije Koza nostre Antonina Đufrea, uhapšen nakon osam godina uspešnog skrivanja, zahvaljujući tome što je Antonino odlučio da sarađuje sa sudijama.

Rinela je uhapšen u sicilijanskoj regiji Trabija, nekoliko dana pošto je identifikovano njegovo boravište, a na osnovu preciznih informacija koje je policiji dao bivši mafijaški bos, „mafijaš-pokajnik" Antonino, koga je inače Rinela trebalo da zameni na toj najvišoj funkciji sicilijanske Koza nostre.

Rinela je još 1979. godine osuđen na doživotnu robiju zbog ubistva, trgovine drogom, iznuđivanja i drugih mafijaških poslova.

Nakon hapšenja Đufrea, Rinela je postao „nezvanični šef mafije" u očekivanju da i zvanično bude promovisan u prvog čoveka Koza nostre.

Tokom osam godina skrivanja, Rinela je bio naredbodavac za razne mafijaške akcije u zoni koju je „pokrivao". Koliko je ta zona strateški bitna za mafiju govori podatak da je u tužilaštvu nazivaju „Švajcarskom Koza nostrom".

Predsednik Nacionalne komisije za antimafiju je ovo hapšenje ocenio kao „dragoceno", jer je Rinela, prema njegovim rečima, bio opasan.

U akciji hapšenja, koja je izvedena noću, učestvovalo je oko stotinu policajaca.

Filipo Ćerfeda, koga je holandska policija uhapsila blizu Roterdama na osnovu međunarodne poternice u kojoj se navodi kao član italijanske mafije, uložiće zahtev da ne bude izručen italijanskim sudskim vlastima.

Ćerfeda je jedan od glavnih na italijanskoj listi ljudi umešanih u kriminal i vlasti u Rimu su protiv njega podigle međunarodni nalog za hapšenje u avgustu 2001. zbog optužbi za ubistvo, krijumčarenje droge, ucene i podmićivanje.

Pretpostavlja se da je Ćerfeda pripadnik kriminalnog sindikata Santa korona unita, na jugoistoku Italije. „Zabrinut je da neće imati pravedno suđenje", rekao je njegov advokat, napomenuvši da su Ćerfedu italijanske vlasti „već obeležile kao mafijaša".

U međuvremenu u Napulju je bila prava klanica, jer je trajao dugi gangerski rat. Luiđi Aliberti umro je 29. septembra, na dan Svetog Mihajla, zaštitnika italijanske policije. Parkirao je svoj ferari i upravo prelazio Via Gisleri, kada su iz automobila u prolazu na njega ispaljena dva hica. Pogodila su ga direktno u lice.

U napuljskoj četvrti Skampija bilo je još svetlo, ljudi su nekuda išli, ili zurili kroz prozore u priliku koja je krvarila. Niko nije pozvao policiju: Luiđija, zvanog Điđino, ovde su svi poznavali. Bio je šef Kamore i četvrti, moćan, jako bogat mladić i jedna od prvih žrtava u najkrvavijem ratu bandi napuljske mafije poslednjih godina. U bezumnoj borbi oko podele tržišta droga u protekla dva meseca nije prošao ni dan bez nekog hladnokrvnog smaknuća i paljenja kuća i prodavnica. Sukobi su do sada odneli 30 života, ukupno 120 ubistava 2005. godine ide na račun klanova Kamore. Toliko ih odavno nije bilo.

I Enriko je poznavao mrtvaca. Bilo je nedelja kada ga je Điđino svakog drugog dana pozivao u svoj stan, sprat više. Da proba novu robu, pre nego što bude prodata. Bili su drugovi iz vrtića, zajedno odrasli u bedi propalog stambenog bloka, koga ovde zovu „Vela", jer izdaleka liči na jedro lađe. Na napuljskoj severnoj periferiji, u Skampiji, postoje tri takve betonske tvrđave iz sedamdesetih godina. Stoje zbijene jedna uz drugu i razlikuju se samo po oljuštenim fasadama: Vela Rosa – crvena, Vela Đala – žuta, Vela Ćeleste – nebesko plava.

## Dileri čitave porodice

U svakom od silosa zrelih za rušenje, kakvih u Skampiji s njenih 30.000-40.000 stanovnika ima mnogo, vegetira oko 1.000 ljudi. Niko ne zna njihov tačan broj, jer ovde niko nije prijavljen. Veoma mali broj njih plaća kiriju gradu. Žene ovde često rađaju i po šestoro dece, prvo već s petnaest godina. Mnogi su nepismeni. U školama, s rešetkama na prozorima kao na zatvorima, učitelji su srećni ako se na nastavi pojavi bar 50 odsto dece školskog uzrasta – a oni još uhvate poslednji autobus u 14 sati koji ih iz te sirotinjske četvrti vraća u donekle siguran centar. Skampija je oblast u koju se ne ide. To je džinovski supermarket za droge svih vrsta, neizlečiv čir.

U Skampiji čak svaki četvrti mlad čovek nema neki regularan posao. Najveći poslodavac je Kamora: gotovo da nema nijednog stambenog silosa u kome se 30 do 40 porodica ne bavi poslom s drogama za Kamoru. Očevi robu „seku" po uputstvima blokovskih kapâ. Majke i kćerke dele je na porcije i pakuju. Sinovi drogu rasturaju po svojoj zgradi ili čuvaju stražu pred kućnim ulazom osiguranim čeličnim kapijama. Po celoj četvrti čuju se njihovi povici upozorenja: „Marija!", što je šifra za „pažnja, panduri!" „Pada kiša" je šifra za pojavljivanje nepoznatih, kojih se boje više nego policije: mogli bi da budu ubice nekog rivalskog klana.

I Enriko i Điđino su u smenama po hodnicima u prizemlju Vela Đale dilovali drogu. Heroin u kesicama za 15 evra po porciji, ili derivat heroina presovan u kuglice veličine graška (napuljski specijalitet „kobret" – „zato što ti u mozak ulazi kao ujed kobre"), za pušenje na staniolu, 10 evra po komadu. Enriko je sam sebi bio dobra mušterija. Već u petnaestoj godini prešao je s ušmrkavanja kokaina na špric. „La roba" – ovde odrastaš s njom. Kod nas je možeš imati u obilatim količinama, kao bedu i strah.

Negde sredinom devedesetih Điđino ga je otkačio. Mišićima nabijeni momak, visok 185 cm, tada je komandovao Vela Đalom, postao lokalni namesnik u sistemu vladavine vrhovnog šefa Paola Di Laura. Luiđi i Enriko su tada imali po dvadeset godina, jedan je bio u usponu, drugi već u ponoru. Za razliku od Enrika, Điđino nije postao nepouzdan narkos, svoju konzumaciju droga držao je pod kontrolom. Dobar kokain u pravim dozama, to podgreva ambiciju i beskrupuloznost da bi postao uspešan *muschillo*, jedna od onih malih muva koje lete oko svakog šefa kao oko prezrele jabuke: spremni na svaki prljav posao, kako bi se „peli" u „familiji". I na naručeno ubistvo.

Momci od karijere, kao Điđino, u bloku važe za heroje. Kao diler i portir možeš da zaradiš 60 evra dnevno, za kurire i isporučioce robe, ili telohranitelje šefova određena je fiksna dnevnica od 600 evra pa naviše, koliko kao pica-majstor ne zaradiš ni za mesec dana. S tim sebi možeš da priuštiš odmah tri-četiri onakva fensi nova mobilna i vespu, kasnije dolazi neki od onih dvotočkaša tipa jamaha, ili srebrni metalik mini-kuper, aktuelan auto snova svakog momka u usponu.

Điđino je na kraju imao vatreno crveni ferari i vilu, nosio je *roleks* od 10.000 evra i markirana odela. S jednom devojkom iz četvrti proslavio je svadbu iz snova za 50.000 evra i napravio joj troje dece za koje je svoj stan usred oronule Vela Đale pregradio u oklopni *neverland*: s bazenom na terasi i mermernim podovima, lakiranim nameštajem, džakuzijem i mega ravnim ekranima na zidovima.

Tu je Enriko na kraju morao da se pojavi više puta nedeljno kao pokusni kunić da bi probao robu koju su Điđinovi ljudi dostavili – cinična drugarska usluga za nedeljno sledovanje robe. Četiri puta posle toga Enriko je s najtežim trovanjem završio na intenzivnoj nezi, dobijao je psihotične napade i u delirijumu porazbijao sve u siromašnom stanu svoje porodice – sprat ispod Điđinovog zlatnog gnezda.

Ovaj je postao debela riba u imperiji Paola Di Laura. Imao je na kraju pod sobom sva tri stambena bloka, jedno od ravno desetak obrtnih mesta koje klan drži u Skampiji i susednoj gradskoj četvrti Sekondiljano. Svako mesto pojedinačno, prema saznanju istražitelja, donosi oko 250.000 evra, dnevno! Di Lauro, star pedeset jednu godinu, organizovao je svoj zanat kao preduzeće: ispod njega je petočlani „direktorijum" najvernijih koji su kontrolisali desetak lokalnih namesnika. Oni su dobijali na kilograme droge, razvlačili je i delili na porcije u sopstvenoj režiji. Trećinu dnevne dobiti mogli su da zadrže. Ostatak je išao šefu.

Di Lauro se krajem devedesetih uspeo do najmoćnijeg i najbogatijeg među šefovima klanova u Napulju. Otac jedanaestoro dece, retko se javno pokazivao, s porodicom je vodio neupadljiv život u neupadljivom stanu. Naređenja nikada nije izdavao preko mobilnog, samo preko kurira. S vojskom od 2.000 ljudi, doveo je sever Napulja pod svoju moć i stvorio u njemu jedan od najvećih centara za kupovinu droge u Italiji: kokain se isporučuje preko španskih posrednika iz Kolumbije, avganistanski heroin u zemlju dolazi preko Turske, Mađarske i Crne Gore ili Albanije, hašiš iz Maroka i Tunisa.

Ministarstvo unutrašnjih poslova u Rimu godišnje prihode Kamore procenjuje na 16 milijardi evra. Većina se, kažu istražitelji, sliva u džepove Di Laura: opran, ili reinvestiran u nekretnine u Španiji i Hrvatskoj, u kazina i hale za bingo i u svetsku distribuciju falsifikovanih *boš* bušilica, *kenon* kamera i kožnih jakni iz Kine. Sudskim goniteljima samo retko uspe da konfiskuju imetak iz poslova s drogom: u 2005. godini će to biti ukupno 100 miliona evra. Za jednog Di Laura poštarina.

Ko se ne bavi drogom, danas mu ostaje sića. To drugi klanovi osećaju posebno otkako je prekinut posao sa švercovanim cigaretama. „Alijansa Sekondiljana", koje su se nekada svi bojali, savez porodica Liđijardi, Lo Ruso, Maljardo i Kontini, izgubila je novac i uticaj. Oni dele prihode iz iznuđenih naplaćenih zaštita, trgovine oružjem i zelenaštva. U centru vladaju klanovi Macarela i Đulijano, koji pored zaštite kasiraju prvenstveno javne pare od građevinskih radova, socijalnih službi i odvoženja smeća. A na istoku su porodice Miso i Sarno osigurale sebi mali udeo u tržištu droga.

To što su svi šefovi klanova u međuvremenu u bekstvu, pošto su im se sudski progonitelji posle mukotrpnih istraga opasno približili s nalozima za hapšenje, nije smirilo situaciju. Naprotiv: „Kad nema velikih bosova, dolazi do cepanja", kaže Đovani Korona, star trideset devet godina, glavni istražitelj u antimafijaškom državnom tužilaštvu u Napulju: „Pošto iz svojih skrovišta mogu da deluju samo ograničeno, nastaje vakuum, u koji prodiru novi sa svojim klanovima."

Od deset važnih familija u međuvremenu se odvojilo deset novih podklanova. „Oko pojedinih ulica vode se ogorčene borbe", kaže Korona. Jer, ko svoje područje više nema pod kontrolom, gotovo je već izgubljen.

Di Laurove ubice, dakle, udaraju. Pucaju po picerijama i igraonicama u po bela dana, likvidiraju po duvandžinicama, auto-radionicama, ili na otvorenom putu one za koje misle da su prebezi. Pošto su se mnogi od njih posle prvih ubistava posakrivali, stradaju i nevini. Ljudi koji su s nekim od otpadnika bili u srodstvu ili drugovi. Đelsomina Verda, na primer, zgodna dvadesetdvogodišnja devojka iz napuljske četvrti koja je u susedstvu Sekondiljana, postala je žrtva Di Laurovih ubica, zato što je izašla s jednim od prišipetlji „Španaca": 21. novembra ispalili su joj dva hica u glavu, a onda su leš spalili u fijatu 600 njenog oca.

Kao uvek kad pokolj postane isuviše žestok, zemlja se prepadne: trenutno 13.000 policajaca drži grad pod opsadom. Enriko, koji danas ima skoro trideset godina, čist je već dve godine, izašao je iz posla zahvaljujući svojoj ženi Ćinciji i porodici koja nikada nije digla ruke od njega. Pre godinu dana svi su se iselili iz Vela Đale, u novi stan, dve ulice dalje. Tamo ima nešto drveća, stepeništa su čista i ima liftova koji rade jer ih još niko nije pretvorio u skladišta droge i oružja.

Enriko je čuo pucnje koji su ubili njegovog starog druga Điđina. Ubistvo se dogodilo jedva 200 metara od njegovog stana. To što je on, bivši narkos, još živ, a njegov drug, šef, mrtav, Enriku zvuči kao loša bajka. Ne želi da bude fotografisan. „Nazovite me Paskvale, Pepino. Svejedno." Za nas je on Enriko.

Velika policijska operacija, nazvana na engleskom jeziku „Ubistvo", vođena početkom 2004. godine od združenih snaga policije i Direkcije Antimafija (DIA) iz Brindizija, s ciljem hapšenja mafijaških bosova i njihovih potčinjenih iz Santa korona unite (SKU) koji su naredili 17 ubistava u poslednjih nekoliko godina, rezultirala je sredinom aprila 2004. brojnim hapšenjima u gotovo celoj Italiji, od Pijemonta do Sicilije. S lisicama na rukama je završilo 29 pripadnika raznoraznih klanova najmlađe italijanske organizovane kriminalne grupacije SKU. Tužilac odeljenja DIA iz Brindizija Leonardo Leone de Kastris i njegova koleginica iz javnog tužilaštva iz Brindizija Adele Feraro, koji su potpisali zahteve za hapšenje 29 osoba, a sudija za preliminarnu istragu Pjetro Bafa ih odobrio, veruju da se među njima nalazi i naručilac ubistva jednog od čelnika klanova SKU Santina Vantađata.

Podsetimo, Vantađato je ubijen 17. septembra 1998. godine u Baru. Italijanski kriminalac je u drugoj polovini poslednje decenije 20. veka našao skrovište u Crnoj Gori, odakle je rukovodio švercom cigareta između dve obale Jadranskog mora. Prema izvorima bliskim odeljenju DIA iz Brindizija, u sudskim aktima se nalaze snimljeni telefonski poziv Vantađatovih ubica koji su bili toliko uvereni da im niko neće smetati da obave svoj prljavi posao da su mobilnim telefonom zvali još nepoznatu osobu u Italiji, kako bi joj omogućili da sluša zapomaganje i jaukanje Vantađata. Pošto je shvatio da su mu minuti odbrojani, mafijaš iz Pulje počeo je da preklinje, plačući, svoje dželate da mu poštede život. Međutim, milosti za Vantađata nije bilo i on je s nekoliko metaka ispaljenih iz blizine ubijen pred kapijom svoje barske rezidencije. Upravo taj snimljeni poziv je jedan od kardinalnih stubova istrage tima istražitelja iz Brindizija, koja traje već godinama.

Vantađato je bio veoma blizak Adrijanu Benedetu Stanu, uhapšenom 10. novembra 1996. godine u Peruđi, koji će kasnije dobiti status tzv. „pokajnika", odnosno saradnika pravde. Postoji pretpostavka da je jedan od motiva za ubistvo Vantađata bio upravo taj što je Stano „propevao" i ugrozio biznis drugih mafijaških prvaka Santa korona unite iz Pulje i Kamore iz Napulja, koji su zarađivali ogroman novac od šverca cigareta iz Crne Gore u Italiju i nisu dozvoljavali da im neko ugrožava najunosniji posao u to vreme. Posle likvidacije Vantađata, usled napete situacije, brojni kriminalci s Apeninskog poluostrva napustili su Crnu Goru jer je više nisu smatrali sigurnom za svoj boravak.

Ubistvo Vantađata je bilo praćeno direktno telefonom od istraživača iz Brindizija koji su „hvatali" telefon bosa Vita di Emidija (sada saradnika pravde – suda) i slušali su preko telefona pucnje. Zločin se desio 16. septembra 1998. godine u Baru, u kući Vantađata, koji je u maju 1996. godine pobegao od hapšenja iz Italije i sklonio se u Crnu Goru, gde je stavio pod kompaniju *Mesapija* vlasništvo flote glisera kojima je njegov klan, vođen Benedetom Stanom, slao u Pulju cigarete koje je kupovao od međunarodnog bosa za šverc cigareta.

Film o ubistvu koji je rekonstruisala policija iz Brindizija i Uprava za borbu protiv mafije potvrđen je priznanjem Di Emidija koje je dao Direkciji za borbu protiv mafije iz Lećea, koja je uhapsila 29 lica iz raznih regija Italije s optužbom da su učestvovali u 17 ubistava.

Vantađato se tog dana bio približio svom stanu u osamnaest časova, De Đorđi ga je upucao rafalom iz mitraljeza i pogodio ga u nogu. Vantađato je pokušao da pobegne hramajući. Usledili su drugi pucnji i on je nastavio kratko vreme na nogama.

Žrtva je prošla ispred Di Emidija, koji je razgovarao telefonom s Frančeskom Volpeom, čovekom „Pepa" Lea, jednog od istorijskih šefova Santa korona unite. Oni su razgovarali o poslovima. Dok su policajci slušali telefonom Di Emidia, čuli su prvo dva pucnja iz pištolja, zatim rafal iz mitraljeza i nakon toga urlike Vantađata, koji je preklinjao svog ubicu, zovući ga neprestano *compadre* (prijatelju).

Kod ovoga, dok je razgovarao telefonom, Di Emidio je zgrabio mitraljez koji je pao De Đorđu i pucao triput Vantađatu u glavu. Malo zatim, stigao je Đordano koji je ispalio metak u potiljak i ubio Vantađata.

Tada se čula vika osoba, možda dvojice prisutnih Brindizinaca, koji su prisustvovali sceni zločina: „Stani, stani, ne mrdaj!" V.: „E! Šta radiš?!" (vika se nastavlja): „Stani...! Stoj! O!" Čuje se još jednom Vantađato koji viče: „Compadre?!" Neko od prisutnih kaže: „Stoj, stani! Bolje da ja odem." I jedan čovek, Brindizinac, koji viče autoritativnim tonom: „Stani! Stani!" (zatim sledi druga vika) D: „Ha! Šta se desilo?!"

Nakon toga – beleže istraživači – medicinsko-zakonski veštaci utvrđuju da je bos iz Brindizija pokušao da beži od svojih napadača, da je bio praćen i ubijen s trinaest pucnjeva iz pištolja, od kojih su mnogi ispaljeni u leđa, a izašli na grudima. Rekonstrukcija ubistva bila je moguća zahvaljujući otkriću saradnika suda Vita di Emidija, Mauricija Kofa i Erminija Kavaljerea.

Istovremeno crnogorska policija uhapsila je više članova švercerske kolonije u barskim prigradskim naseljima. Uhapšen je jedan od trojice glavnih italijanskih bosova koji boravi u Crnoj Gori, poznat kao Franko, za koga se tvrdilo da je na čelu barske kolonije nasledio Santa Vantađata, koji je ubijen u obračunu u Baru. Uhapšeno je i nekoliko „sitnijih" švercera. Tačan broj uhapšenih i njihova imena nisu saopšteni, a svi su izručeni Italiji.

Procenjuje se, inače, da u ovom trenutku na Siciliji deluje pet hiljada aktivnih članova Koza nostre čiji klanovi međusobno sarađuju i nisu ni u kakvom konfliktu. Istražni organi upravo ispituju tri zaštićena svedoka, koji su bitni da se uhvati jedan sicilijanski kapo: Bernardo Provencano.

Naime, jedan od nekadašnjih najbližih poverenika vrhovnog kuma Koza nostre Bernarda Provencana, Antonino Đufre, već nekoliko meseci nalazi se u zakonski regulisanom i pravosudno razrađenom stanju „pokajanja". Umesto u crkvi, s kojom se ovaj termin neizbežno povezuje, Đufre svoje psalme peva tužiocima, za šta će dobiti izvesne privilegije, ali tek kada definitivno i zakonski potvrdi da na njih kao „pentiti" ima pravo.

Đufre je potvrdio sumnje koje su se godinama množile da je mafija iz Palerma svoj oslonac našla u vladajućoj stranci Silvija Berluskonija Forca Italija. U zamenu za političku podršku, kako tvrdi Đufre, mafija je spremna da strategijom „niskog profila" ne iritira javno mnjenje krvavim i spektakularnim akcijama, već da se koncentriše isključivo na razgranavanje svojih poslova. Oni su se već ionako razgranali preko svake razumne mere, pa kako priča Vinćenco d'Antona, šef redakcije italijanske *Republike* na Siciliji, svakog drugog dana u Palermu nestaje voda, a cisterne koje je donose građanima su u rukama mafijaških biznismena. Čak je i izvođenje antičkih tragedija u rukama sicilijanskih kumova, pa je tako nedavno otkriveno, zahvaljujući jednom drugom „pentitu", da je mafija zaposela kontrolu nad jednom od najstarijih i najlepših pozorišnih arena u svetu. Grčki amfiteatar u Sirakuzi, u kome se već oko 90 godina izvode antičke drame, bio je, kako je otkriveno, pod apsolutnom finansijskom kontrolom sicilijanskih kumova: od parking servisa, iznajmljivanja jastučića za sedenje, pa sve do režije, angažovanja glumaca i programske politike. Operacija „Agamemnon", kako je po Eshilovoj drami koja se u toj areni izvodi policija nazvala svoju akciju, bila je uspešna i među uhapšenima su čak i neki akademici, stručnjaci za antičku književnost. Delovanjem mafije i strahovitim reketiranjem taj amfiteatar upisao se iz nekadašnje profitabilne ustanove u sicilijanskog gubitaša, što na ovom ostrvu nije nikakva retkost.

Zatvor, međutim, za italijanske mafijaše nije prepreka da i dalje rade.

Mafijaški klan Đulijano jedan je od najokrutnijih u Kampaniji i kontroliše i dalje veći deo Napulja. Vođa klana Luiđi Đulijano Kralj već godinama je iza rešetaka i počeo je da sarađuje s pravosudnim organima. Veruje se da se Salvatore našao na meti ubica zato što je pokušao da preuzme kontrolu nad klanom.

# JAPANSKE JAKUZE

## Samuraji u smokinzima

Ko god da je ubio Satoru Somaja, starog trideset osam godina, mora da je žurio. Policajci su to videli u novembru 2004. godine čim su izvadili nadut leš novinara iz mutnih voda tokijskog zaliva. Počinioci su mrtvaca otežali gvozdenim lancima i olovnim pojasom, ali ne dovoljno pažljivo: izronio je ponovo, s vezanim rukama, razlupanom lobanjom, osam ubodnih rana u leđima.

Ovakvo ubistvo u dvadesetšestomilionskom prostranstvu Tokija normalno ne bi privuklo neku veću pažnju. Ali jula 2003. Somaja je pod pseudonimom Kuragaki Kašivabara objavio knjigu o kriminalu bandi u najvećoj japanskoj četvrti crvenih fenjera (Kabukičo podzemlje). Mora da je autor slutio šta rizikuje: „Pišući ovu knjigu moguće da sam stvorio sebi neprijatelja u Kabukiču", kaže se u njegovom pogovoru.

Somajev izdavač je žurno povukao knjigu s tržišta. Jer u Japanu se ne pretera samo s ovakvim, pre bezazlenim otkrićima. Već i samo istraživanje po gangsterskom miljeu vređa tabue.

Kabukičo, taj bleštavi svet neona, glavna je tvrđava japanske mafije, jakuze. Dvadeset pet najvećih sindikata razapinju, doduše, svoju mrežu po celoj zemlji, ali u Kabukiču vladaju kao u slobodnoj zoni. Više hiljada jakuza upravljaju gustišem krčmi, karaoke-barova, kabarea, salona za masažu, striptiz-predstava i pećina-igračnica u kojima rade bezbrojni ilegalni doseljenici, pre svega iz Kine, Južne Koreje, Tajlanda, Filipina i Istočne Evrope – kao kuvari, konobari, prostitutke.

Bez obzira na to ko u Kabukiču na čemu zarađuje, jakuza gotovo uvek učestvuje u naplati. Četiri milijardi evra, ceni Somaja, kad se preračuna, obrne se tu godišnje. A policija uglavnom nemoćno gleda kako protivničke bande međusobno dele teritoriju na „ostrva uticaja". Pritom se redovno razvijaju smrtonosne borbe. Godišnje se u Kabukiču nađe oko 300 leševa, neretko u smeću. Vlasti u Kabukiču registruju ukupno godišnje ravno 2.000 teških prekršaja. Tu se već pomalo gubi pregled, pogotovo što Kinezi, koje provlače njihovi tajni savezi (trijade), remete nekada harmoničnu ravnotežu snaga jakuze, policije, politike i ekonomije.

Ubistvo, pljačka, otmice, šverc narkotika, trgovina ljudima, ilegalne igre na sreću, pranje novca: lista delikata za koje su se specijalizovala tajna društva Azije čini se prosto beskrajna. Njihov stepen organizacije seže od labavo sortiranih gangova gradskih četvrti, pa do oštrih saveza koji deluju međunarodno, čija duga ruka se pruža sve do Australije i Amerike. Bivši američki stručnjaci za borbu protiv kriminala cene da je samo jakuza ubacio novca u visini od 50 milijardi dolara u američko finansijsko tržište, recimo u golf-terene i hotele.

Računa se da je dobrih 80.000 Japanaca u mafiji. U svojim sferama mafija ima sopstveno pravo. Ona štiti i kažnjava, i time, upravo u Japanu, nije uvek u konfrontaciji s vlašću. Gangovi mladih motociklista, bozocoke, moraju jakuzi da plaćaju „putarinu", ili da otkupljuju od nje droge, a ona ih disciplinuje. Zato njihovi najtvrđi junaci imaju šanse da se uspnu do odreda vrhovnih gangstera.

Uvek su to etnički homogene grupe, bar u vodećim rangovima, povezane zajedničkim jezikom i svojim sistemom vrednosti kojim zajedno obezbeđuju suverenost svoje oblasti. Kao što Albanci vladaju u hamburškom Kicu, vijetnamska banda 5T kontroliše trgovinu drogama u Sidneju, ruski kumovi pustoše sirovine Sibira, tajlandski gangovi zarađuju na motocikl-taksijima u Bangkoku – pri čemu jakuza nastupa već kao poslovni stalež dostojan respekta.

Umesto da se kriju, njene poglavice često stanuju na otmenim adresama. Jošinori Vatanabe, star šezdeset dve godine, šef najvećeg sindikata, jamaguči bande koja broji ravno 18.000 članova, živi iza visokih kamenih zidova s pedantno negovanim borovima. Kad dežmekasti kum s ubitačnim pogledom napušta svoje luksuzno imanje, recimo da džogira, ili da obrne nekoliko krugova na džet-skijama, njegovi telohranitelji u crnim odelima poređaju se ispred kapije i klanjaju se.

Takvo poštovanje ima duboke korene. Gotovo da nijedan sloj ne čuva ponosnu sliku nekadašnje generacije ratnika tako čisto kao jakuza. Šefove i njihove pešadince povezuje neoboriva hijerarhija. Pri povredi kodeksa časti članovi i danas odsecaju sebi jedan zglob malog prsta i predaju ga svom vođi. Ako treba, lojalni podanici za njega idu čak i u zatvor. Mogu se uzdati u to da će ih na dan otpuštanja napolju čekati počasni špalir.

Mafija se ne da iskoreniti. Njeni kontakti s politikom isuviše su tesni. „Nema ni jednog jedinog poslanika koji ne poznaje svog mesnog šefa jakuza", odaje dobro upućen izvor iz vladajuće Liberalno-demokratske partije.

Kijoko Ono, šefica komisije za javnu bezbednost, a time i viši nadzornik japanske policije, morala je u novembru da prizna da je kao poslanik primila pare od jedne građevinske firme, čiji šef važi za prominentnog ultradesničara, a navodno je bio i član jakuze. Da bi „izbegla nesporazum" političarka je taj novac doduše vratila, ali je zadržala svoje visoko mesto.

Godišnji obrt jakuza mogao bi da teži najmanje oko 10 milijardi dolara, gde je četvrtina iz seks-posla, polovina od trgovine drogama. Najmanje jedna trećina tvrđeg materijala dolazi iz Severne Koreje, koji švercuju trijade, ili kurira diktatora Kim Jonga II.

Tesna veza s Korejom ima istorijske razloge. Ultranacionalistički sindikati vole, doduše, da naglašavaju navodnu jedinstvenost japanske rase i prizivaju novog snažnog japanskog cara. Ali istovremeno oni oduvek služe kao prihvatilište za korejsku manjinu koja je često isključena iz građanskih karijera.

Na pomorskim zapadnim i severnim granicama cveta ruska veza. Pored drva, oružja i dijamanta, preko vodene granice na jug švercuju se pretežno morski specijaliteti. Vlasti godišnju vrednost ulova cene na oko 700 miliona dolara, ekološka organizacija VVF govori čak o 4 milijarde.

Jakuza se revanšira kradenim automobilima i zabavnom elektronikom, ruski istražioci podmićuju se prostitutkama. Ilegalno ulovljene morske životinje dospele su između ostalog i do renomirane trgovačke kuće čija prehrambena grana snabdeva 30 posto nemačkog tržišta tunjevine i koja je 1999. otvoreno priznala da je prodavala takav ulov.

Za mnoge Japance svet jakuza oličava zato stari dobri Nipon. Domaći film je mafiji stvorio sopstveni žanr s estetikom tetoviranih muških tela i prelepih gangsterskih nevesta u kimonima. Ali u svakodnevnici esnaf pokazuje svoje pravo, ružno lice.

U Čikagu 1930-ih Al Kapone nije oblačio svoje gangstere u uniforme, organizovao masovne dočeke svojih doglavnika pred vratima zatvora kad su odslužili kaznu, a nije se ni usuđivao hvaliti se svojim vezama s vodećim političarima. Ponekad japanski gangsterski šefovi održavaju čak i konferencije za štampu. U Japanu je sve to normalno, jer se briga policije oko gangstera svodi, uglavnom, na održavanje stepena *modus vivendi* koji je uspostavljen između društva i podzemlja.

Nepisani zakoni odnosa jakuza i društva uglavnom ograničavaju izrazito kriminalne aspekte delovanja organizovanog kriminala.

Ubistva, nošenje oružja i nasilje nad građanima koji nisu umešani u zločinačku delatnost smatraju se neprihvatljivima za japanski „harmonički" način života. Organizacija prostitucije, kockanja, ucenjivanje, pa čak i trgovina drogama, tolerišu se ako se odvijaju bez otvorenog nasilja i na „prihvatljiv" način. Turisti koji dolaze u Japan mogu, na primer, biti sasvim sigurni da im od jakuza ne preti ama baš nikakva opasnost. Jer za sve jakuze, pa i one najradikalnije, stranac je najveći tabu.

Stranac koji je zaštićen i ne mora se bojati jakuza po pravilu je Amerikanac, Evropljanin ili Afrikanac. Stanovnici Azije, međutim, ne uživaju tu zaštitu.

Japanci prihvataju takav „red stvari" u prećutnoj harmoniji između policije i gangstera, ali će stranac imati teškoća da prihvati izveštaj nacionalne policije u kome se kaže da je 1981. u Japanu bilo 2.487 organizacija jakuza sa 103.955 članova. Jasno je da policija zna za svakog pojedinog gangstera, pa će se stranac svakako upitati zašto ih, inače vanredno efikasna, japanska policija ne uhapsi?

Policija hapsi jakuze, ali uglavnom tek onda kad njihova delatnost pređe okvire „normalnog". Poslednjih decenija policija je nekoliko puta preduzimala široke akcije prema jakuzama, ali nikad nije uspela iskoreniti te žilave organizacije niti ograničiti njihovu delatnost. Poslednja ofanziva policije protiv jakuza počela je krajem 1984. Nije je izazvala potreba društva da se zaštiti od organizovanog kriminala, nego, u prvom redu, rat između jakuza koji je zapretio da ugrozi i „civile".

Jakuze kao organizacija postoje već trista godina. To je grupa koja ima čast i principe kao i mafija, i isto je tako jaka, ako ne i jača. Jakuzino poreklo potiče iz 1612. kad su ljudi znani kao kabuki-mono – „oni koji su ludi" – počeli da privlače pažnju lokalnih zvaničnika. Njihovo čudno oblačenje, frizure i ponašanje, zajedno s nošenjem dugih mačeva, činili su ih jako primetnim. Kabuki-mono imali su naviku da ljute i terorišu svakog po njihovoj volji, čak do tačke obaranja jedan drugog samo iz čistog zadovoljstva. Kabuki-mono bili su ekscentrični samuraji, koji su uzimali besna imena za svoje grupe i govorili glasno u slengu. Njihova međusobna lojalnost bila je neverovatna. Štitili bi jedan drugoga od bilo koje pretnje, čak i protiv svojih porodica.

U stvari, kabuki-mono bili su sluge šoguna – *hatamoto jakoa*. Grupe su se sastojale od skoro 500.000 samuraja koji su bili nezaposleni za vreme mira u Tokuganja eri, koja ih je terala da postanu ronin – samuraj bez gospodara. Mnogi su postali banditi, koji su lutali gradovima i selima i kroz ceo Japan. Istoričari tvrde da su *hatamoto jako* bili prazačetnik jakuza, a *mači jako* – sluge grada – jakuzini prethodnici. Sluge grada su bili oni koji su uzeli oružje i branili sela i gradove od sluga šoguna. Među njima je bilo službenika, trgovaca, gostioničara, nekvalifikovanih radnika, ratnih beskućnika i ostalih ronina. Svako ko je bio deo *mači jako* bio je iskusan kockar, što im je pomagalo da razviju blisko međusobno prijateljstvo kao i prijateljstvo s njihovim liderima, kakve su i današnje jakuze.

*Mači jako* kao zaštitnici naroda postali su i narodni heroji, dizani u nebo od strane građana zbog njihovih dela protiv sluga šoguna, iako su bili uglavnom neutrenirani i slabiji od *hatamoto jako*. Bili su veoma slični engleskom Robinu Hudu. Neki od *mači jako* bili su čak i predmeti priča i predstava. Iz ovih redova narodnih heroja do sredine kasnih 1700-ih pojavile su se jakuze, prvo kao bakuto – kockari, a potom i kao tekije – ulični radnici.

Za bakuto se prvo čulo za vreme ere Tokugava, kad je vlada unajmila njih da se kockaju s radnicima na konstrukcijama i navodnjavanju ne bi li ponovo dobila deo od velikih nadnica koje su radnici primili. Bakuto je doprineo japanskoj tradiciji kockanja, kao i tradicionalno jakuzino „seckanje prsta" i poreklo reči jakuza. Reč dolazi od ruke u kartaškoj igri zvanoj hanafuda – cvetne karte, koja je slična blekdžeku. Tri karte se dele po igraču, i poslednja cifra totalnog iznosa se računa kao broj ruke. Ruka od 20, najgori rezultat, daje rezultat nula. Jedna takva gubitnička kombinacija je 8-9-3, ili ja-ku-za.

Ovaj termin je počeo da se koristi o bakutu, pošto su oni svi bili beskorisni za društvo. Jubicume, običaj sečenja prstiju, bio je uveden od bakuta. Najviši članak malog prsta bio je ceremonijalno otkinut, označavajući slabljenje ruke, što je značilo da kockar nije mogao držati njegov mač čvrsto. Jubicume bile se obično upražnjavane kao akt izvinjenja ojabunu.

Treća grupa gurentaj iz koje su se regrutovali, bili su ratni dobrovoljci Japana. Svi u ovim grupama dolazili su iz iste klase: siromašnih, onih koji su bez zemlje, delinkvenata i onih koji se ne uklapaju nigde. Grupe jakuza su se zato držale zajedno.

Jakuze su počele da se organizuju u porodice, prihvatajući odnos oca i deteta. Ojabun je otac koji je obezbeđivao savete, zaštitu i pomoć, a kobun se ponašao kao dete, kunući se u lojalnost i služenje kad god je ono ojabunu bilo potrebno. Umesto krvoprolića koje su koristile mafija i trijada, jakuze su menjale ceremoniju upisa u gangi ojabun-kabun odnos. Ceremonija je obično održavana ispred Šinto oltara, koji joj je davao religijsko obeležje.

Prva teritorija na kojoj su jakuze počele da rade bile su japanske pijace. Počeli su kao tekije da kontrolišu tezge na pijacama i sajmovima. Njihova zaštita bila je prevara. Lagali su o poreklu i kvalitetu svoje robe. Pravili su se pijani i pravili su šou od prodavanja njihovih artikala jeftino, tako da bi izgledalo kao da nisu svesni toga što rade. Jednostavno bi varali mušteriju. Sve što su radili bilo je, međutim, legalno. Sredinom 1700-ih feudalci su prepoznali i povećali moć jakuza. Ojabunima je dat autoritet: supervizora i ime kao kod samuraja.

Ovi principi su srž organizacije i japanske jakuze, koje postoje čitavih 300 godina, ali su oni preformulisani u dužnost i humanost.

Većina gangsterskih grupa u Japanu bile su organizovane kao porodice, pa se nazivaju gumi tj. porodica. Najveća grupa je Jamaguči-gumi, a neke grupe nose i nazive koji završavaju s kaj, što znači udruženje. Klan ima 27.000 članova i sedište u Kobeu, a filijale u Kjotu i Tokiju. U imeniku se nalaze adrese i brojevi telefona ovog gangsterskog klana.

Na čelu bande stoji ojabun, odnosno roditelj. Kazuo Taoka je kao ojabun porodice Jamaguči-gumi imao pod sobom 103 „oficira". Prva četiri pomoćnika nazivali su se šatej, što znači „mlađi brat". Njima u vladanju pomaže grupa starijih savetnika koja se naziva sanrijo-kaj, a obično ima šest članova.

Posle ovog vrhovnog „upravnog odbora" Jamaguči-gumija sledi grupa izvršnih rukovodilaca koje predvodi vakagašira tj. mlađi vođa i osam vakagašira-hoza tj. pomoćnik mladog vođe. Pojedinim jedinicama komandovalo je 83 vakašua, odnosno mladića, a njihov rad je koordinisao kanbu acukaj tj. šef komandanata. Ostali članovi bande obični su „vojnici" koji se nazivaju jakuza, a Japanci ih posprdno zovu činpira, što je teško doslovno prevesti, ali odgovara terminu „sitni lopov".

Strukturu jakuza je lako pratiti kada se shvati odnos ojabun-kobun. Kao primer da se objasni struktura komande klana jakuza, koristićemo Jamaguči-gumi. Ojabun, Jošinori Vatanabe, glava je klana koji stanuje u bazama Jamaguči-gumi u Kobeu. On je dobio svoju poziciju petog ojabuna 1989. Njegova originalna banda bila je Kobe-bazirana Jamaken-gumi. Kazuo Nakaniši ostao je sajko komon, ili senior savetnik. On stanuje u Osaki, i vodi 15 podgangova, što je ukupno 439 članova. Saizo Kišimoto je so-honbučo, šef baze, sa 6 bandi s ukupno 108 članova u Kobeu. Masaru Takumi je vakagašira, ili čovek broj dva. On kontroliše 941 člana u 41 gangu u Osaki.

Testuo Nogami je fuku-honbučo, asistent, s 8 bandi u Osaki. Pod Kumičom su različiti komoni tj. savetnici, šingin savetnici, kumičo hišo tj. kumičove sekretarice, kajkej računovođe i vakagašira-hosa, odnosno podređeni, drugi u komandi.

Kejsuke Masuda je čovek broj tri tj. šatejgašira. Živi u Nagoji s 4 ganga od 111 članova. Ima dosta šatejgašira-hosa koji mu pomažu. Tu su i 102 starija bosa, šatej tj. mlađa braća i brojni lideri juniori, odnosno vakašu, mladi ljudi, koji čine 750 gangova s 31.000 članova u Jamaguči-gumi.

U carstvu jakuza nije teško uočiti snažne momke dugih zalizaka, obučene u „dvoredna" odela i šiljaste cipele. To su jakuze najnižeg ranga. Njihovi su zadaci održavanje reda u poslovnom carstvu japanskog podzemlja. Šefove je teže videti, jer oni koriste velike američke automobile. U japanskim filmovima se jakuze obično prikazuju kao tetovirani momci bez malog prsta na levoj ruci. Takvih je tipova danas sve manje. Odsecanje malog prsta je bio iskaz odanosti i kajanja nekog člana gangsterske družine koji nije dobro obavio zadatak. Svoj mali prst, naime, jakuza je redovno odsecao sam, iako se taj ritual najčešće odvijao u prisustvu mnogih pripadnika grupe.

Po strogoj organizaciji i hijerarhiji članovi jakuze su zaista slični mafiji. Danas se pomalo već napuštaju mnoge tradicije japanskog podzemlja, pa je sve manje šefova pojedinih „porodica" došlo na čelo organizacije nasleđem, a i gangsteri se manje regrutuju po sklonostima nasilju i kriminalu, a sve više po sposobnostima da sudeluju u ekonomskoj delatnosti bande. Zasad su „gumiji", kako japanci nazivaju „porodice" jakuza, skloni kontroli teritorija, ali se među njima javljaju i novi trendovi „specijalizacije".

## Uz malu pomoć Amerikanaca

Restauracija Meji, koja je počela 1867, dala je Japanu ponovno rođenje i jednu od njegovih prvih transformacija u industrijsku naciju. Političke partije i parlament su bili kreirani, kao i jaka vojska. Jakuze su, takođe, počele da se modernizuju, i bile su u koraku s Japanom, koji se brzo menjao.

Jakuze su se razvile u njihov mafijaški oblik krajem 19. veka pod komandom Tojama Micuru. Ovaj sin samuraja osnovao je Genijoša tj.

Tamni okean, društvo, a kasnije je Tojamin najviši pomoćnik Riohej Učida osnovao Amur River tj. Društvo Crni zmajevi. Kao organizovani kriminal u drugim kulturama, jakuze su počele da kontrolišu građevinske radnike i dokere, dodajući tradicionalnim poslovima poroke: prostituciju, kockanje, distribuciju alkoholnih pića i zabavu. Čak su počeli da kontrolišu i rikša biznis.

Kockanje je, međutim, moralo biti još prikrivenije, pošto je policija postajala stroža prema bakuto bandama. Tekije, za razliku od bakuta, napredovale su i širile su se, pošto njihove aktivnosti nisu bile ilegalne, bar ne na površini.

Jakuze su počele da se bave i politikom. Sarađivale su s vladom da bi dobile makar zaštitu od uznemiravanja. Vlada je imala korist od jakuza kao tajne armije za prljave poslove, atentate na nacionaliste.

Ultranacionalistička vladavina terora trajala je sve do tridesetih godina i bila je sadržana od nekoliko državnih udara, atentata na dva prva ministra i dva finansijska ministra i napada na političare i industrijalce. Jakuze su obezbeđivale mišiće u programima „prilagođavanja zemlje" u okupiranoj Mandžuriji ili Kini. Međutim, stvari su se promenile kad je bombardovan Perl Harbor. Vladi više nisu bili potrebni ni ultranacionalisti, ni jakuze, pa su neposlušni slati u zatvor.

I američke okupacione snage u posleratnom Japanu videli su jakuze kao glavnu pretnju. Njihov rad je zabranjen 1948. međutim, racionalizacija hrane je dala zamah crnom tržištu i jakuzama.

Bila je to nova generacija jakuza tzv. gurentaj, japanska verzija mafije, a njihov lider bio je Mob. Okupacione snage SAD su brzo uvidele da su jakuze dobro organizovane i da operišu s dva ojabuna uz podršku neidentifikovanih visokih zvaničnika vlade. Amerikanci su dve godine kasnije, 1950, priznali da ne mogu da štite japanski narod od jakuza.

U posleratnim godinama, jakuze su postale nasilne. Mačevi su postali stvar prošlosti, a pištolji novo oružje. Regrutovali su obične građane, da se bave kockom, iznudama i krađama. Na njihov izgled uticali su gangsteri iz američkih filmova. Počeli su da nose naočare za sunce, tamna odela i bele majice i bili su kratko podšišani. Između 1958. i 1963. broj jakuza se povećao preko 150 odsto i dostigao je cifru od 184.000 članova. Bilo ih je više nego pripadnika japanske armije. Šezdesetih je postojalo 5.200 bandi koje su operisale po Japanu. Zbog toga su jakuza bande počele da se otimaju za teritorije i da ratuju između sebe.

Čovek koji je doneo mir među mnogim jakuza frakcijama bio je Jošio Kodama. Živeo je od 1911. do 1984. Bio je član ultranacionalističke grupe Kenkoku-kaj, početkom četrdesetih radio je i kao japanski špijun po Istočnoj Aziji. U trideset četvrtoj godini bio je admiral i savetnik premijera. Amerikanci su ga zatvorili 1946. u kaznionicu Sugamo, gde je čekao suđenje zbog ultranacionalizma. Nagodili su se tako da je Kodama postao tajni agent američke grupe G-2 i posrednik jakuza sve do 1950.

Jošio Kodama je odgovoran za oživljenje jakuza u posleratnom Japanu. Pretnja s levice, stvarna ili imaginarna, omogućila je Kodamu da ujedini japanske jakuze. Kodama je rođen u Nihonmacu, u krajnjoj nemaštini kao peti sin. A 1920. poslat je da živi s rođacima u Koreji. Prisiljavan je kao dete da radi naporne industrijske poslove, mada su ga oni upoznali s potrebama radnika. Međutim, njegov flert sa socijalizmom je bio kratak.

Kako je Japan prihvatio politički nacionalizam, tako je i Kodama postao nacionalista. Godine 1932. formirao je Dokuricu Sejnen Ša, Nezavisno omladinsko društvo, ultra-desničarsku omladinsku grupaciju koje je počinila atentate na mnoge članove opozicije, kao i na premijera Admirala Makota Sajta. Kodama je bio uhapšen i osuđen da služi tri i po godine u zatvoru Fuču. Tridesetih godina, međutim, pušten je da po Istočnoj Aziji organizuje mrežu mandžurijskih špijuna u Kini.

Tokom Drugog svetskog rata njegova organizacija je kupovala i prodavala radijum, kobalt, bakar i nikl, vitalne sirovine za japansku ratnu industriju. Tada je i trampio heroin za minerale i metale. To je, po njegovim rečima, bila „organizacija koja nije ni mislila na profit". Krajem rata 1945. njegovo industrijsko carstvo bilo je vredno preko 175 miliona dolara. Zahvalna japanska vlast nagradila ga je promocijom u admirala.

Kao ratni zločinac, odležao je dve godine u tokijskom zatvoru gde ga je stigla opšta amnestija. Kodama je posedovao vredne informacije o komunističkim pobunjenicima u Kini i Japanu, i, kao bogati čovek Japana, lako se približio Amerikancima. Godine 1955. Liberalna partija ujedinila se s Demokratskom strankom ne bi li formirale Liberalno-demokratsku partiju, vodeću stranku u Japanu. Za nekoliko godina Kodama je postao glavni govornik i najmoćnija individua u toj koaliciji.

Od početka, Kodama se oslanjao na jakuze s kojima je sprovodio siledžijsku taktiku protiv političkih suparnika, pa je tako 1949. uveo Mejraki-gumi u bitku s militantnim sindikatima koji su pripremali štrajk u Hokutan rudniku uglja. Američka CIA je, takođe, koristila Kodama, pa mu je 1949. u Istočnoj Aziji dala 150.000 dolara da prošvercuje brodski tovar volframa iz Kine. Brod nikad nije stigao u luku. Lukavi Kodama je zadržao novac, a Amerikancima je rekao da je brod potonuo.

Jošio Kodama je bio vizionar zla i pionir modernih jakuza. Ojačao je Liberalno-demokratsku partiju uvlačenjem jakuza koalicije Kakusej-kaj ganga i Inagava-kaj oktobra 1972. u politiku. To je bio njegov najgenijalniji potez. U ranim šezdesetim Jošio Kodama je obezbedio primirje među zaraćenim bandama i ujedinio ih. Napravio je savez s Kazuom Taoka, ojabunom Jamaguči-gumi frakcije, i Hisajukijem Mačijem, korejskim gazdom u službi Tosej-kaja. Ova alijansa je razbila Kanto-kaj frakciju, što je Kodama iskoristio da izgradi koaliciju između Inagava-kaj i njegovih Kanto saveznika i Jamaguči-gumija. Primirje je bilo korisno jakuzama i one su se prema Jošiju Kodami odnosile kao prema kumu japanskog podzemlja. Jošio Kodama bio je najmoćnija ličnost u Japanu kasnih šezdesetih i ranih sedamdesetih godina, toliko da su ga Amerikanci angažovali da pomogne prodaju *lokid* aviona Japanu.

Toliko su bile duboke rane afere „Lokid", odnosno poruka da je jedan Japanac pomagao Amerikance, koji su im bacili atomsku bombu na glavu, da je mladi glumac Micujasu Maeno pokušao kamikaza napad na Kodaminu kuću 23. marta 1976. Maeno se duboko divio Kodami, ali je bio ubeđen dokazom da je to njegovo poslovanje bilo neispravno, te je odlučio da avionom ubije glavnog jakuzu. Maeno je poginuo, a Kodama preživeo napad, ali se suočio s optužbama za podmićivanje, krivokletstvo i narušavanje zakona razmene. Zbog njegovog lošeg zdravlja suđenje je odloženo. Dobio je srčani napad 17. januara 1984. i tiho umro.

U jednom od poslednjih intervjua Kodama je rekao da je sud bio kazna za služenje američkoj kompaniji aviona koja je oduzela toliko japanskih života za vreme Drugog svetskog rata. Kodamini memoari, pisani za vreme dok je tri godine bio iza rešetaka posle rata, najbolje su sumirali njegov život naslovom: *Ja sam poražen*.

## Legalni poslovi i ilegalni prihodi

Delatnost jakuza u prvom je redu ekonomska. Nacionalna policijska agencija i japansko ministarstvo unutrašnjih poslova, procenjuju da su, na primer, 1978. jakuze imali neto prihod od 1.037 milijardi jena. A to premašuje prihode tako velikih japanskih kompanija kao što su čeličane *Nipon stil*. Novinar Micuo Kato, međutim, veruje da je procena „konzervativna", te da je prihod viši. A i na njega se ne plaća porez. Kada se govori o prihodima jakuza, redovno se koristi termin „ilegalni prihodi". Jakuze imaju i „legalne" prihode, jer zvanično poseduju preduzeća ili trguju akcijama.

Jakuze su zaista spremne da se prilagode novim situacijama i deo svoje aktivnosti danas ostvaruju davanjem potrošačkih kredita. Japanske kreditne organizacije smeju za gotovinske kredite tražiti velike kamate, čak više od sto odsto godišnje. I tako ostvaruju velike dobiti dajući male zajmove ljudima u nevolji. Lihvarski biznis najpre je imao potrebu za gangsterima kako bi uz njihovu pomoć silom uterivao dugove od ljudi koji su zapadali u finansijske teškoće. Tako su jakuze pre desetak godina ušle na to područje, ali su njihovi šefovi shvatili da se u tom biznisu da mnogo više zaraditi ako se preuzme celi posao umesto da se samo iznajmljuju mišići. Kapital ostvaren prodajom droga mogao se dalje oplođavati legalnim ulaganjem u gotovinske potrošačke kredite, pa su tako jakuze postepeno ovladale i velikim delom celog biznisa gotovinskih kredita, a s njima je u redove japanskog podzemlja počela dolaziti i nova vrsta gangstera. Danas velike porodice jakuza imaju u svojim redovima sve više diplomiranih ekonomista.

Svaki turista koji provede nekoliko dana u Tokiju ili, još bolje, u Osaki, može lako i bez straha posmatrati delovanje jakuza. Tokijska četvrt Kabukičo prava je oaza organizovanog kriminala u tom velikom gradu, iako, svakako, nije jedina. Japanci su strasni kockari, a osim izvanredno razvijene lutrije Takarakuji, koja deluje pod strogom kontrolom države, tom se sklonošću svojih sunarodnika uglavnom koristi podzemlje. Kockanje je i tradicionalna delatnost jakuza, pa je i taj termin nasleđe vremena kad su jakuze živele jedino od organizovanja kockanja.

Danas je samo četvrtina ukupnog ilegalnog prihoda jakuza iz te delatnosti. A to je oko 750 miliona dolara godišnje od kladionica i oko 300 miliona dolara godišnje od kockanja. Ali je zato mnogo veći posve legalni prihod od organizovanja raznih oblika klađenja i kockanja. Japanci troše samo na igru pačinko sličnu fliperima oko 6 milijardi dolara godišnje i najveći deo prihoda legalno odlazi jakuzama. Prostitucija je u Japanu zabranjena, ali ipak postoji u „turskim kupalištima", u kojima mušterija iznajmljuje kupatilo i „pomoćnicu" koja mu „pere leđa". To je dopušteno, ali šta će mušterija raditi s „pomoćnicom" u zaključanom kupatilu koja se obično unajmljuje na jedan sat, niko ne pita. Čak i ako policija upadne u tu „higijensku" javnu kuću, otkriće golu mušteriju s golom „pomoćnicom", ali to je lako objasniti. Pa ko se, molim vas, kupa obučen?

Jedna zanimljiva novost u delovanju jakuza bile su takozvani sokaje. Menadžeri mnogih japanskih preduzeća želeli su se osloboditi kontrole malih akcionara koji su jednom godišnje na godišnjim skupštinama deoničara počeli postavljati neugodna pitanja i tražiti objašnjenja za poslovne neuspehe ili poteze. Na traženje menadžera, gangsterski šefovi počeli su iznajmljivati grupe snažnih momaka koji su prisustvovali godišnjim skupštinama akcionara i naprosto silom sprečavali postavljanje pitanja i diskusiju o izveštaju upravnog odbora firme. Policija nije dugo mogla iskoreniti tu praksu, jer su nesavesni menadžeri davali gangsterima deonice, pa su oni tako sticali pravo da prisustvuju godišnjim skupštinama. Situacija se toliko pogoršala da su čak i velike i poznate firme počele angažovati sokaje, sve dok javnost nije prisilila Parlament da izglasa stroge mere protiv te vrste gangsterske delatnosti. Prve skupštine bez sokaja, često uz snažnu policijsku zaštitu, održane su 1983, a do danas je sokaja gotovo nestalo.

Kvart Kabukičo vrvi kockarnicama, javnim kućama, salonima za masažu i kojekakvim barovima i prodavnicama pornografske literature, a niko ne dovodi u sumnju opšte poznatu činjenicu da ceo taj biznis organizuju jakuze. U tom miljeu, svakako, najlakše je prodavati drogu, a to strašno društveno zlo donosi pola prihoda organizovanom japanskom kriminalu. Procenjuje se da jakuze u Japanu na drogi zarađuju između dve i tri milijarde dolara godišnje. Jakuze ubiru velike profite prodajući najjeftiniju i, možda, najmanje opasnu drogu. To su prvenstveno amfetamini i drugi stimulansi.

Neki poznavaoci prilika u Japanu smatraju da je zadržavanje na „manje opasnim drogama" dogovor između vlasti i kriminalaca. Istina je da policija pokušava sprečiti trgovinu drogom, pa i „manje opasnim" amfetaminima, ali je neuporedivo značajniji ekonomski momenat. Na jeftinim stimulansima koji se uglavnom švercuju preko Južne Koreje jakuze ostvaruju mnogo veći profit. Procenjuje se da je cena droge za narkomana najmanje sto puta viša u Japanu nego u drugim zapadnim zemljama, pa bi teške droge za Japance bile preskupe. Ekonomski je daleko probitačnije trgovati najjeftinijim drogama.

Teške droge koje ulaze u Japan pokušavaju da prodaju stranci. Protiv takve prodaje droga bore se i policija i jakuze.

Članci o japanskoj ekonomskoj filozofiji rasta, koja je bila osnovni pokretač obnove poraženog carstva posle Drugog svetskog rata, obično spominju imena Konosukea Macušite, Sojčira Honde ili Akioa Morite. Biznismeni koji su uzdigli kompanije *Macušita*, *Honda* i *Soni* ne mogu se po ekonomskom uspehu uporediti s čovekom čije ime nećete naći ni u jednoj knjizi koja opisuje japansko „privredno čudo". Zvao se Kazuo Taoka, a bio je posve nepoznat izvan svoje zemlje.

Jamaguči-gumi je japanski najmoćniji klan. Njihov simbol je čioda u obliku romba koja se nosi na reveru njihovih odela. Kombinacija čioda plus pokazivanje njihovih tetovaža mogla im je doneti sve što požele. Međutim, ta čioda nije bila tako moćna 1980. kad su Jamaguči-gumi pokušali da prošire svoje teritorije u Hokajdo. Tada su se sudarili na *Saporo* aerodromu s 800 članova lokalnih bandi koji su se ujedinili da bi oterali Jamaguči-gumi van njihovog regiona. Blizu 2.000 policajaca držalo je dve grupe jakuza odvojenim, čime su Jamaguči-gumi sprečeni da otvore njihove baze u *Saporu*.

Jamaguči-gumi je kontrolisao preko 2.500 poslova, od sofisticiranog kockanja i zelenašenja, do investiranja u sport i druge zanimacije. Operisali su po istim šablonima koji za jakuze postoje preko 300 godina, bukvalno zaviseći od odnosa ojabun-kobun koji je kontrolisao svakodnevni menadžment sindikata. Sindikat je kao bruto dobit primao preko 5.460 miliona godišnje. Njihovom stilu menadžmenta su zavidele organizacije poput mafije i *Dženeral motorsa*. Jamaguči-gumi imao je preko 103 bosa različitih činova iz preko 500 bandi. Svaki od ovih boseva radio je dobro, praveći preko 1.130.000 dolara godišnje. Glava sindikata bi pravila 43.000 mesečno, 360.000 godišnje nakon odbijanja 13.000 mesečno za zabavu i troškove kancelarija. Naravno, to bi zavisilo od broja vojnika koje je bos imao pod sobom.

Jamaguči-gumi počeli su sad da rade s narkoticima, prvenstveno amfetaminima. Druga polja interesovanja donosila su visok kapital: pozajmljivanje novca, krijumčarenje i pornografija. Nameštanje bejzbol utakmica, konjskih trka i aukcija javnog vlasništva bilo je uobičajeno za jakuze. Konfiskovanje nekretnina, hala za zabavu, bolnica i engleskih škola, takođe su radile jakuze.

## Dinastija Takoa

Ojabun tj. otac za Jamaguči-gumi od sredine četrdesetih, pa sve do smrti 1981. godine bio je Kazuo Taoka. On je bio treći ojabun frakcije. Taoka je preživeo mnoge pokušaje atentata, uključujući jedan 1978. kad je bio upucan u vrat od člana Macude. To je bio rivalski jakuza klan koji se zakleo osvetom Jamaguči-gumiju za smrt njihovog ojabuna.

Jula 1981. Taoka je umro od srčanog udara, završivši svoju tridesetpetogodišnju vladavinu kao ojabun. Njegova smrt bila je slavljena od njegovih podređenih jakuza u najfinijem jakuza stilu. Policija je izvršila raciju u Jamaguči-gumi kućama i kancelarijama širom Japana, hapseći pritom 900 članova, uzimajući takvu kontrabandu kao i oružje, mačeve i amfetamine.

Sahrana je bila velika. Prisustvovali su ljudi iz skoro 200 gangova, pevači, glumci, muzičari, čak i policajci.

Kazuo Takoa je pravi naslednik filozofije samuraja, vojnika koje zapadnjaci posve pogrešno smatraju japanskim vitezovima. Taoka je svoja samurajska načela detaljno opisao u memoarima, a i pokazao na delu. Tradicionalnom japanskom sabljom rešio je „pitanje časti" 1937. godine, pa je bio i osuđen na osam godina zatvora. Izašao je iz zatvora nakon japanskog poraza i 1946. stao na čelo organizacije koja je – kao i većina japanskih biznisa – porodično nasleđe. Kao treći po redu nasledni poglavar organizacije koja se naziva Jamaguči-gumi modernizovao je njeno delovanje, pa je u vreme njegove smrti 1981. godine produktivnost svakog pojedinog njenog člana iznosila gotovo 10 miliona jena godišnje ili oko 65.000 dolara. Ta je produktivnost daleko iznad japanske ukupne društvene produktivnosti, a – kada se uzmu u obzir izuzetno niska ulaganja – ekonomski je na samom vrhu neuspešnijih japanskih privrednih delatnosti.

Taoka je bio jakuza, pripadnik i najslavniji lider tradicionalne, organizovane i društveno opasne delatnosti koja se samo donekle može upoređivati s mafijom.

Po načinu organizacije i nekim spoljnim obeležjima, a svakako i po kriminalnim aktivnostima, jakuze su dosta nalik na mafiju. Taoka bi, možda, posegao za svojom oštrom sabljom kad bi ga neko pokušao uporediti s nekim od „donova" mafije. Njegov verni sledbenik Hideomi Oda jednom je u intervjuu izjavio:

„Mi smo džentlmeni. Mi nismo mafija!"

Bivši japanski premijer Ejsaku Sato nikada nije demantovao tvrdnju Taoke koji je u svojim memoarima napisao kako je s njima održavao veze.

Nije, međutim, uvek baš tako. Najveća nacionalna manjina u Japanu su Korejci i oni su često žrtve jakuza, a Taoka je 1946. postigao najveću slavu kad je preoteo veliki deo teritorija u luci Kobea jednoj bandi Korejaca. U sličnoj su poziciji i Kinezi, a žene iz azijskih zemalja, ponajviše s Tajvana, iz Tajlanda, Koreje, Filipina ili Indonezije najčešće su žrtve jakuza kao prostitutke u brojnim japanskim javnim kućama.

Stranac sigurno neće razumeti ovakve osećaje lidera japanskog organizovanog kriminala, ali svaki Japanac koji je bolje upoznat s delatnošću mafije, složiće se s Odom. Mafija, Koza nostra, Kamora, kineske trijade i druga tajna društva gangstera redovno su izvan zakona u zemljama u kojima su nastale ili u kojima danas deluju, a jakuze su deo društva i žive s njim manje-više u tradicionalnoj harmoniji, ako se pridržavaju nepisanih zakona.

Međutim, odnosi između jakuza nisu uvek bili harmonični.

Poslednji veliki rat jakuza odvijao se između 1975. i 1978. između dve najveće „porodice" u Osaki. „Rat u Osaki", kako ga danas zovu, završio je pobedom najveće bande jakuza, Jamaguči-gumi, koja je potisnula rivalsku organizaciju Macuda-gumi.

Jamaguči-gumi, organizacija koju je od 1946. predvodio Kazuo Taoka, proširila je svoj uticaj iz Kobea na 35 od 47 japanskih prefektura. Kad se rat završio, Taoka je 1979. okupio šefove devet „porodica" koje su bile stvorile savez Kansaj Hacuka-kaj uperen protiv Jamaguči-gumija i postigao s njima svojevrsni „detant". U vreme kad je stari i bolesni Taoka umro u bolničkom krevetu, Jamaguči-gumi imao je 559 filijala s 11.878 članova.

A dve najveće rivalske grupe, Inagava-kaj i Sumijoši Rengo, bile su mnogo manje i kontrolisale su preostalih 12 prefektura. Jakuze su u vreme mira sarađivale, pa je relativno zatišje dovelo do smanjivanja broja članova bandi. Policija procenjuje da je 1963. godine u više od 5.200 grupa bilo čak 184.000 gangstera, ali su mir i koncentracija na ekonomsku stranu ilegalnog delovanja organizovanog kriminala smanjili potrebu za skupim „vojnicima". Kao i svaki drugi biznis, jakuze su se posvetile povećanju produktivnosti rada, pa je optimalni broj članova za uspešno delovanje jakuza bio negde oko 100.000 dobro plaćenih gangstera.

Nestanak Taoke, međutim, ugrozio je taj mir. Druge porodice jakuza nisu, kao što bi se moglo očekivati, pokušale smanjiti moć Jamaguči-gumija, nego je do sukoba došlo u najmoćnijoj organizaciji. Sukob je izazvalo pitanje nasledstva. Još dok je šezdesetosmogodišnji Taoka bolovao u luksuznoj vili u predgrađu Kobea, ugledni tokijski dnevnik *Majniči Simbun* predskazivao je sukob oko nasledstva. Broj dva u Jamaguči-gumiju, militantni Keniči Jamamoto bio je u zatvoru, pa su prevlast osiguravali „intelektualni" pomoćnici umirućeg ojabuna. Taoka je umro 1981.

Taokin naslednik bio je njegov čovek broj dva, Jakamen. Međutim, on je bio u zatvoru i nije mogao biti pušten do kraja 1982. Za vreme njegovog odsustva, svi, uključujući i policiju, bili su iznenađeni da vide da je novi privremeni lider je bila Taokina udovica, Fumiko. Međutim, Jakamen nije nasledio Taoku, jer je umro od ciroze jetre.

Za vreme vladavine gospođe Fumiko Taoke, članstvo Jamaguči-gumija poraslo je za 13.346 članova iz 587 gangova do kraja 1983. godine.

Jamaguči-gumi je ostao bez vođstva sve do 1984. jer je ubrzo posle izlaska iz zatvora umro i Kenički Jamamoto zvani Jamaken, koji je dugo godina bio drugi čovek Jamaguči-gumija. Ostala su dva kandidata, Masahisa Takenaka i Hiroši Jamamoto, ali nijedan nije bio dovoljno snažan da osigura većinu.

Tek nakon mnogo sukoba i, navodno, potkupljivanja i pritisaka, 1984. za novog vođu je izabran „interi" tj. intelektualac Masahisa Takenaka kome se priklonila udovica pokojnog Taoke, gospođa Fumiko. Takenaki je pobedio s 57 glasova. Poznavaoci smatraju da je Fumiko dala prednost mlađem, starom pedeset jednu godinu, i za biznis sposobnijem gangsteru, zato da bi ga lakše mogla smeniti da Taokin sin Micuru postane četvrti naslednivladar najveće japanske gangsterske porodice.

## Jamaken pištoljdžija

Militantni Jamamoto, zvani Jamaken, nije prihvatio odluku većine starijih lidera bande i otcepio se od Jamaguči-gumija. On je osnovao novu bandu Ičikava-kaj u koju je ušlo samo oko 2.800 članova Jamaguči--gumija, ali su to većinom bili „klasični" gangsteri kojima je glavni posao bio – nasilje. O tome svedoči i podatak policije koja tvrdi da je Jamamoto odveo samo trećinu članova bande, ali i odneo gotovo sve oružje.

Takenaka je nastavio uspešno da deluje kao novi ojabun. U početku je imao problema zbog odlaska velikog broja članova, ali je svojom poslovnom sposobnošću uspeo da pridobije neke neopredeljene članove i da regrutuje nove gangstere.

U to vreme je nesuđeni šef Jamamoto ubrzo otkrio da se od pištolja ne može živeti i da njihov militantni deo bande ne donosi profit. Odlučio se na očajnički gest i organizovao ubistvo Takenake, koga su, zajedno s njegovim glavnim pomoćnikom i telohraniteljem, u januaru 1985. ubila četiri člana Ičikava-kaja. Ubistvo je bilo signal za početak novog obračuna među gangsterima i policija je sa zabrinutošću počela da primećuje nagli porast ilegalnog uvoza oružja u Japan. Cene pištolja u Japanu skočile su sa 700.000 jena na više od 1.200.000 što je bila cena luksuznog automobila. A šverceri oružjem počeli su donositi čak i automatske puške i teško oružje. Japan je zemlja s najstrožom kontrolom vatrenog oružja, i građanin Japana ne može nikako legalno da ima vatreno oružje, osim lovačkih pušaka koje se izvanredno strogo kontrolišu.

Policija je odmah posle ubistva Takenake i sahrane kojoj je prisustvovalo više hiljada gangstera iz celog Japana, počela preventivna hapšenja i strogu kontrolu kretanja i delovanja jakuza. Rat je trajao 1985. i 1986. godine i imao najmanje 27 mrtvih i oko 70 ranjenih gangstera u više od 300 oružanih sukoba u raznim delovima Japana, ali najviše u okolini Osake.

Najnoviji rat gangstera bio je zapravo sukob dve koncepcije delovanja organizovanog kriminala. Takenaka je bio predstavnik nove vrste jakuza koji smatraju da se poslovnim transakcijama može mnogo bolje zarađivati nego klasičnim metodama gangsterskog delovanja. Jamamoto je, naprotiv, klasični jakuza koji ne veruje „intelektualcima" u gumiju i smatra da je metak jači argument od jena.

U prvoj rundi „intelektualac" Takenaka je ubijen, ali posmatrači veruju da novo vreme radi za taj tip gangstera i da je ekonomski sve jači Japan „zreo" za novu vrstu reorganizovanog kriminala u kojoj će pištolji i sablje biti samo simboli zanata, ali nikako glavna oruđa za rad. Taj proces je već odavno završen u SAD, gde mafija danas ima više advokata nego revolveraša.

Kazuo Nakaniši, kao novi ojabun Jamaguči-gumija, deklarisao je Ičikava-kaju.

Vođstvo Jamaguči-gumija objavilo je 8. februara 1988. godine odluku da prekida neprijateljstva i da neće tražiti zadovoljštinu za ubistvo vođe. Ičikava-kaj prihvatio je pruženu ruku, a u raznim delovima Japana policija je primetila da su se održavale velike skupštine gangstera koji su potpisivali mirovne ugovore i „zakopavali" ratne sekire. Jakuze su svu svoju energiju uložile u poslove, jer sve dok se bave svojim ilegalnim biznisom i pritom ne remete stabilnost društva koje počiva na tradicionalno postavljenim odnosima interesnih grupa, čak i gangsteri imaju svoje mesto u savremenom Japanu.

## Partije nedodirljivih

Neki sociolozi ovu pojavu objašnjavaju ustrojstvom japanskog društva. Velika nacija stešnjena na malom prostoru oduvek je nastojala da smanji ili izbegne socijalne protivurečnosti razvijanjem visokog stepena komformizma. To je očito u japanskom karakteru, stvorenom vaspitanjem i školovanjem, ali i u mnogim institucijama društva koje postižu oblike ravnoteže zasnovane na konsenzusu. U Japanu ima malo kriminala, a posebno nasilja kakvo vlada u drugim razvijenim zapadnim društvima. Tokio je, sigurno, najsigurniji velegrad sveta, a broj krivičnih dela u Japanu neprestano se smanjuje.

U Japanu je 1986. počinjeno 1.442.312 krivičnih dela ili za 2,5 odsto manje nego 1985. godine, a 1999. tek milion. Na više od 120 miliona stanovnika, to je zaista mali broj krivičnih dela, a među njima su više od 90 odsto razni oblici privrednog kriminala i otuđivanja imovine, dok je manje od 10 odsto ostalih krivičnih dela, a među njima je najmanje krivičnih dela protiv osoba: nasilja, ubistava i srodnih zločina.

Japansko društvo je svesno da je zločin nužno zlo, pa prihvata „specijalizaciju" cele jedne društvene grupe, jakuza, kojoj se manje-više dopušta da se bavi „prljavim" poslovima, pod uslovom da ne dira mir ostalih Japanaca. Takvu tezu zastupa Acuši Mizoguči, specijalista za jakuze, novinar poznatog časopisa *Asahi*. On tvrdi da su, prema njegovim istraživanjima, jakuze društvena grupacija koja je u Japanu najviše izložena diskriminaciji. Prema podacima koje je Mizoguči prikupio u Kobeu, između 70 i 80 odsto članova Jamaguči-gumija su ili Korejci ili „burakumini".

Burakumini su partije japanskog društva, velika grupa „nedodirljivih" koji vuku poreklo od ljudi koji su u prošlosti obavljali „prljave" poslove kao što su štavljenje kože ili sahranjivanje mrtvih, pa su ostali obeleženi kao diskriminisana grupa s kojom i danas većina Japanaca ne želi da ima bilo kakve veze. Drugo objašnjenje ne isključuje prvo, ali se koncentriše na vezu podzemlja s politikom. Policija, navodno, toleriše jakuze zbog političkih pritisaka desnih partija, posebno japanskih neofašista.

Organ japanske Komunističke partije „Akahata" 13. februara 1990. optužio je vladajuću Liberalno-demokratsku partiju za saradnju s kriminalnim podzemljem. Ugledni dnevnik u uvodniku tvrdi da je glavni uzrok nemoći društva da iskoreni jakuze „duboka kohezija između policije i gangsterskih organizacija". Nesumnjivo teška optužba može se dokumentovati brojnim primerima. U strogim i spartanskim uređenim japanskim zatvorima jakuze, na primer, često uživaju mnoge povlastice. Pripadnici visokih krugova gangsterske hijerarhije uživaju u zatvorima kao u luksuznim hotelima.

Često izbijaju skandali kad se otkrije da bivše jakuze dobijaju socijalnu pomoć, iako je ona u Japanu veoma retka, čak i za socijalno ugrožene slojeve stanovništva. A najteže se optužbe čuju kad se otkriju veze gangstera s političarima. Političar i „fikser" bivšeg japanskog premijera Kakueja Tanake, Jašio Kodama, bio je povezan s jakuzama, što je otkriveno za vreme zloglasnog suđenja posle afere „Lokid".

Najbogatiji Japanac i osuđeni ratni zločinac, bivši lider nekadašnje japanske fašističke mladeži, Rioči Sasagava, jedan je od posrednika između službene politike i gangstera. Poznato je da njegova velika imovina potiče od organizovanja kladionica, a smatra se da je on „vrhovni kapo" ili „kum" celokupnog japanskog podzemlja, iako nije direktno vezan za neki „gumi", baš kao što nije član nijedne političke stranke.

Verovatno najčitanija veza između političara i gangstera jeste malobrojna, ali vrlo glasna, grupa ekstremnih desničara u japanskom političkom spektru. Ekstremni desničari, neofašističkog i izrazito nacionalističkog tipa, često izazivaju incidente na ulicama japanskih gradova, razbijaju skupove levičara, napadaju socijaliste i komuniste, prete sindikatima i tako stvaraju privid da je izrazito desna vladajuća Liberalno-demokratska partija „umerena". Te organizacije nemaju brojno članstvo ni izvore prihoda, ali redovno raspolažu malim brojem nasilnih batinaša koji izazivaju sukobe. Nije tajna da su ti batinaši iznajmljeni ili pozajmljeni članovi velikih porodica jakuza koje tako sarađuju s političkim podzemljem Japana.

Ta simbioza može mnogo bolje objasniti opstanak gangsterskih družina u inače mirnoj i sređenoj japanskoj sredini, iako sigurno ima istine i u ocenama da su baza za regrutaciju novih gangstera marginalne grupe japanskog društva, kao što su burakumini i Korejci.

Sve dok u japanskom društvu političarima bude trebala pomoć gangstera, a ugroženi pripadnici diskriminisanih društvenih slojeva budu nalazili utočište u „porodicama", jakuze će i dalje gospodariti podzemljem i moći otvoreno da nose uniforme i ambleme pripadnosti zločinačkim društvima.

## Gangsterski pogon

Borijokudan je svaki gangster, običan bandit, ali u Japanu oni imaju svoju organizaciju. Borijokudan japanski je termin za gangstera koji doslovno znači: „grupa koja se bavi nasiljem". Koki Borijokudan, jedan od najkrupnijih gangsterskih pogona na svetu, o kome japanska policija sve zna, a protiv koga ništa ne može, jedino funkcioniše na novcu, a on najviše dolazi od droge. Oni modernizuju svoje aktivnosti infiltrirajući ekonomske stručnjake u biznis kao parazite.

Japan je administrativno podeljen na 47 prefektura i zna se da Borijokudani imaju svoje ljude gotovo u svim prefekturama. Sedam velikih „porodica" i mnoštvo pridruženih bandi zadaju policiji i državi velike glavobolje, jer ih je nemoguće uništiti, uprkos svim dosad primenjenim merama represije. Neki upoređuju Borijokudane s pacovima i njihovom otpornošću na sve otrove koje je čovek za odbranu od njih smislio.

Rađanje fenomena organizovanog kriminala Borijokudan u Japanu koincidira s poratnim ekonomskim buđenjem 1950-ih. Mafijaši su dostigli zvezdane trenutke 1963, kad su imali čak 184.000 članova organizovanih u 5.200 grupa.

Sedam najjačih „porodica" ojačalo je najviše u sezoni 1967–68, a njihov je rekord zabeležen 1970 – 3.481 grupa i 138.065 članova. To je gotovo 40.000 članova manje nego rekordne 1963, ali organizacija je bila efikasnija i profitabilnija nego ikada.

Ova japanska mafija voli nedelju. Tada počinju njihove akcije koje su obavezno spektakularne. U nedelju, 7. oktobra 1984, kamere za otkrivanje kupaca-kradljivaca u supermarketu u Nišinomiji rutinski snimaju police sa slatkišima. Te večeri prodavci otkrivaju poruku na poleđini paketića bombona fabrike *Morinaga*, moćne „slatke" korporacije. Nepoznati ucenjivač nalepio je poruku: „Ne jesti, opasno po život".

Analizom je ustanovljen cijankalijum u bombonama.

Taj dan je u supermarket ušlo 128 kupaca i sve su ih zabeležile kamere. Nastaje panika, i velika ekipa policajaca kreće u identifikaciju. Uspevaju da prepoznaju 127 klijenata. Nedostaje jedan, onaj koji je ostavio poruku na bombonama. Na videu taj čovek je nejasan: kačket na glavi i ništa drugo karakteristično – na ekranu sve je crno-belo. Upomoć stižu i kompjuteri, koji će obojiti sliku: kačket postaje plav, a koža čoveka žuta. Pomoću kompjutera čak mu skidaju kačket s glave, a jedan crtač rekonstruiše frizuru.

Policija je pozvala u pomoć najsofisticiraniji kompjuter za grafičku analizu. Da bi rekonstruisali lice osumnjičenog, kompjuter je analizirao čak 26.000 tačaka. Cela operacija je temeljno obavljena. Policija je napokon pokazala njegovo lice na svim TV stanicama. U tipično japanskoj psihozi koja je usledila, policija gotovo preklinje „trovača" da prestane s tim „poslom", pokazujući na televiziji slike dece.

Osim u Osaki, gde priča počinje, istog dana su opomene ostavljene na vrećicama bombona i u Kjotu i Hjogu. Sve poruke imale su isti potpis:

„Čovek s 21 licem."

A u svakom paketiću bombona *Morinaga* zaista je bilo dovoljno cijankalijuma da ubije desetoro ljudi.

Policija je angažovala na tom slučaju 455 inspektora i čak 40.000 policajaca. Nije bilo uspeha u akciji, pa se došlo do zaključka da nije reč o nekom psihopati nego o dobro organizovanoj gangsterskoj grupi, istoj koja je pre otela predsednika kompanije *Glico*, za čije je oslobađanje dobila traženih 300 miliona jena. Maheri iz ganga Borijokudan čak su najpopularnijoj TV stanici *NHK* poslali kesicu s otrovom ubačenim u bombone i porukom:

„Izvinjavamo se. Zbog nas ste sigurno na rubu nerava!"

Gang je potom dozirano povećavao pritisak, tako da je 25 supermarketa širom zemlje dobilo pretnje:

„Povucite bombone *Morinaga* s polica, inače ćemo otrovati sve vaše proizvode, i to bez opomene."

U kompaniji *Morinaga* nastaje panika, jer supermarketi počinju masovno da bacaju porudžbine bombona, što je toliko smanjilo prodaju da je otpušteno 450 zaposlenih. Akcije kuće doživele su krah na berzi, ali firma *Morinaga* nije pristala na ucenu da isplati 100 miliona jena.

Ubrzo stiže još jedna poruka:

„Ovde je postalo prevruće, idem na odmor u Evropu!"

Druga nedelja, 28. novembra 1986, tačno u osam sati uveče bila je kobna za erbas kompanije *Taj*, neposredno iznad Osake. Posle eksplozije u zadnjem delu aviona letilica je počela da gubi visinu. Pilot je jedva uspeo da prizemi letelicu na aerodrom u Osaki. Spasioci su iz aviona A 300 izvukli 62 ranjena putnika, među kojima devetoro u vrlo teškom stanju. Iz toaleta u zadnjem delu aviona spasioci su izvukli raskrvavljenog čoveka zbog koga je, utvrdilo se posle, došlo do eksplozije. Bio je to jedan od pripadnika velike porodice japanske mafije, koji je u Japan želeo ilegalno da unese nešto lakšeg naoružanja: pištolj i granatu.

To je bila opomena japanskoj policiji da povede krajem 1980-ih pravi rat sa svojom mafijom. Koza nostra Azije zove se Kojki Borijokudan, a čovek kome je eksplodirala „roba" u avionu pripada toj velikoj familiji, tačnije branši koja se sve više bavi krijumčarenjem oružja u Japan.

U pojačanoj aktivnosti policijske kontrole 1988. uhapšeno je 1.466 članova Borijokudana i smanjen njihov ukupni broj grupa na 65.

Analitičari japanske ekonomije 1970-ih uviđaju da su Borijokudani i dalje efikasni u ostvarivanju izvanredno značajnog dela profita japanske privrede, koja je sve prisutnija na svetskoj ekonomskoj sceni. Stratezi japanske mafije Borijokudan izvanredno inteligentno vode vlastite poslove „isisavanja" profita iz japanske privrede gde god je moguće. Da su Borijokudani ozbiljna pretnja japanskoj privredi, pokazalo se već 1971, kad su vlasti proglasile te grupe „ciljevima visokog prioriteta". Bande koje su predstavljale „filijale" sedam glavnih porodica činile su 42 odsto ukupnog broja Borijokudana u Japanu 1983. i njih i danas administracija smatra „ozbiljnom pretnjom društvu".

## Od nasilja do biznisa

Na najširem frontu borbe protiv Borijokudana policija sugeriše: „Radi eliminisanja Borijokudana nužno je udariti na sve komponente svake od struktura: članove, izvore prihoda i oružje". Na građane se apeluje da u toj odlučnoj borbi tretiraju kriminalce kao „neprijatelje društva".

Posebna „briga" o hapšenjima posvećena je vođama sedam velikih grupa. Tako je 1984. uhapšeno 49.519 Borijokudana, među kojima se našlo 895 šefova i 8.916 njihovih pomoćnika. Glavne gazde, kako to „dostojanstvo" u toj profesiji nalaže, nedodirljivi su za pravdu. To im omogućuje veliki kapital koji ostvaruju, a javnost za njih sazna najčešće tek kad umru. Naime, poput američkih „kolega", japanski mafijaši Borijokudan skloni su pompeznim sahranama svojih glavešina. Novac se za to ne žali, i sahrana je prilika i za policiju da katalogizuje eventualno neregistrovane osobe iz tog sveta.

Bratstvo Borijokudana funkcioniše „isključivo na novcu", a on najviše dolazi od droge. Godine 2002. japanska policija je na tom planu zabeležila i svoj najveći uspeh u borbi s krijumčarima droge, zaplenivši 68 kilograma droge, što je iznos od milijardu jena kad se droga rasparčava „na ulici".

Tošio Jokoo, šef prefekture Koči, bio je jedan od specijalista za borbu protiv Borijokudana. Taj funkcioner Direkcije kriminalističke policije Japana tu lokalnu borbu tumačio je kao „jednu od osnovnih misija borbe protiv organizovanog kriminala u okviru OIPC-Interpola". On je za Borijokudan govorio:

„Iako su vrlo opasni, tokom 1984, na primer, samo je 6,7 odsto uhapšenih Japanaca pripadalo Borijokudanu. Ipak, trajnog leka nema. Policajci ih definišu kao 'društvenu grupu delinkvenata' i dele ih na pet osnovnih kategorija: rukovodioci, aktivni članovi, članovi koje izdržavaju žene, oni koji ekonomski zavise o roditeljskoj pomoći i izvršioci u bazi."

Kad se nađu iza rešetaka, onda su najčešći razlozi trgovina drogom, nanošenje telesnih ozleda, otimačina, ilegalna kocka i druge vrste agresija. Organizovano nasilje osnovni im je izvor prihoda. Velika „lova" i ugodan život, dok traju, „jačaju solidarnost i jedinstvo" tog bratstva. Policija uspeva da dođe do približnih profita Borijokudana na osnovu detaljnih analiza ekonomskih i finansijskih stručnjaka. Tako je njihov godišnji prihod procenjen na 1,08 milijardi jena. U tom iznosu najviše učestvuju prihodi od trgovine drogom: 458 milijardi jena. Posle toga na top-listi prihoda su ilegalne kockarnice i mesta za zabavu.

Droga se najčešće otprema iz Hongkonga, kad se dobavi iz Zlatnog trougla: Pakistan, Avganistan, Indija. Gram prerađene droge dostiže cenu na tržištu do 200.000 jena, što je 40 do 50 puta više od „fabričke cene".

Zanimljiv je i podatak da se godišnje uhapsi i nekoliko stotina makroa Borijokudana. O tome je Tošio Jokoo govorio:

„Često su registrovani slučajevi delinkvenata koji prilaze studentkinjama, radnicama ili kućnim pomoćnicama, i koji ih, pošto su imali intimne odnose s njima, primoravaju da se prostituišu, da učestvuju u striptiz-predstavama, ili aktivnostima tog tipa, preteći im da će otkriti njihove veze."

Borijokudani su, uprkos rigoroznim kontrolama svih prilaza Japanu, uspeli da se opreme vrlo efikasnim oružjem. Pritom pokazuju i neiscrpnost ideja kako prokrijumčariti oružje u zemlju. Čak se i dečje igračke neretko pretvaraju u klasično oružje, svakako manje vatrene moći nego obično, ali ipak dovoljno jako da bude opasno po život. Koliko je taj problem veliki, govori podatak da su u 19 japanskih prefektura formirane specijalne snage za borbu protiv širenja takvog prepravljenog oružja. No, sofisticirano oružje-igračke i dalje sve više dolazi u Japan. Toj modi prilagodili su se i brojni proizvođači u Evropi i SAD.

Među Borijokudanima dolazi često i do razračunavanja, pa ubistva nisu retkost. Kad do toga dođe, policija je sigurna da su Kojki Borijokudani krenuli u osvajanje još nekog područja koje drži neka manja lokalna grupa. Ti sukobi, naravno, uvek završavaju pobedom Koki Borijokudana.

U ilegalnim biznisima Borijokudani su modernizovali svoje aktivnosti infiltrirajući ekonomske stručnjake u pošteni biznis kao parazite. Utaje poreza, lažiranja, ucene, samo su mali repertoar „inovacija" koje

Borijokudani donose japanskom biznisu. Infiltracija tog „muvatorskog" biznisa smeta, naravno, onoj većini čistih biznismena, jer mafijaši ne ziru ni od čega da bi što pre i što lakše došli do velikih zarada.

Jedna od popularnih mera u novije vreme jeste stvaranje sve većeg broja kreditnih organizacija, koje su dobra kamuflaža za najrazličitije nelegalne poslove.

Tako su Borijokudani danas i deo finansijske aktivnosti japanske privrede, a iza nekih od proizvoda popularne japanske industrije, koji osvajaju svetsko tržište, svakako ima i onih koji su pod kontrolom Kojki Borijokudana.

## Novi šljam

Da bi sprečila rat jakuza, japanska policija je početkom 1990-ih uhapsila blizu 1.000 članova organizovane bande i konfiskovala mnogo oružja. Jamaguči-gumi je bio primoran da preseli svoje poslove u SAD da bi finansirao svoj ilegalni rat za teritorije u Japanu. U zamenu za drogu kupili su lansere raketa i mitraljeze. Policija je, međutim, uhapsila i Masaši Takenaku, Masašinog brata i Hideomi Odu, finansijskog kontrolora sindikata jakuza, čime je zadat jak udarac klanu Jamaguči-gumi.

Šljam, kako u prevodu znači ime japanskih mafijaša danas, ima armiju od 90.000 pripadnika. Jakuze se poslednjih godina, pored droge i oružja, sve više bave novčanim transakcijama. Na taj način legalizuju svoje poslovanje u bankarstvu, građevinarstvu i trgovini nekretninama, što jakuzama omogućava ne samo da posluju s japanskom državom već i s Kinom, SAD, Rusijom, Filipinima...

Tokijska policija procenjuje da jakuze godišnje prave promet od 10 milijardi dolara, dok japanski ekonomisti cene da kroz legalizovane poslove ova mafija provuče i čitavih 37,6 milijardi dolara.

S pojavom recesije 1990. godine, jakuze su u poslovima izgubile velike pare, koje su kasnije pokušale da nadoknade reketiranjem velikih firmi. U 190 razbojničkih napada jakuze su ostavile iza sebe 23 žrtve, što je izazvalo uznemirenost u japanskoj javnosti, a samim tim i reakciju vlasti. To je i bio razlog da se i Japanci u Napulju pojave na Konferenciji UN-a o kriminalu, zajedno s predstavnicima još 136 država sveta.

Sprega politike i kriminala, jakuza s vladajućom elitom uvek je davala više snage ovim drugima negoli onim prvima. Iz te sprege u

Japanu se početkom 1990-ih pojavila neviđena korupcija u svim korporacijama.

Fenomen kolizije vladajuće partije i poslovnih krugova u Japanu ima tradiciju. Već 1948. tadašnja vlada Hitoši Ašide bila je potresena aferom šova-Denko. Tada je fabrikant hemijskog đubriva potplaćivao političare i administraciju kako bi dobio povoljne zajmove. Šest godina kasnije, kabinet premijera Jošide pašće zbog umešanosti generalnog sekretara njegove partije u skandal oko pomorske gradnje.

Političarima u Japanu potreban je ogroman novac za kampanje. Procenjuje se da jedan poslanik iz baze mora godišnje da ima sto miliona jena za svoju političku aktivnost. Tamo postoji i zakon o fondovima za političke partije, ali je on uvek izigravan u Japanu.

U svežem sećanju Japanaca je skandal s avio-kompanijom *Lokid*, koji je trajao 1970-ih. Ta afera je postala simbol korupcije japanskog političkog života. Premijer Kakuej Tanaka primio je mito od 500 miliona jena od američke firme koja je tražila narudžbinu aviona. Zahvaljujući toj raboti, Tanaka je uspeo da formira sopstvenu frakciju Liberalno-demokratsku partiju. Tanaka je uhapšen 1976. i imao je suđenje koje je trajalo sedam godina. Tek 1983. osuđen je na strogi zatvor od četiri godine, a kazna je potvrđena 1987.

Deceniju kasnije desio se skandal *Rikrjut-Kozmos*. Gazda te firme u usponu, Ezoe Hirosama, nudio je pre no što su i puštene u opticaj akcije, koje će ulaskom na tržište udvostručiti vrednost. To je činio da bi potkupio vrhove vlasti kako bi zadobio tržište i uvozne licence. Tako je uspeo da zadobije pomoć u poslovanju od premijera Jasuhira Nakasonea, pa i njegovog naslednika Noburua Takešite. Kada je japanska štampa sabrala, nakupilo se čak šezdesetak političara koji su primili mito od te firme, što je iznosilo sumu od 1,8 milijardi jena. Pošto su dokazi štampani u svim novinama, premijer Takešita je dao ostavku maja 1989.

Godine 2000. došlo je ponovo do izbijanja ogromnog skandala, koji je teško osakatio do tada vladajuću Liberalno-demokratsku partiju. Prethodno je ta partija dovela na vlast premijera Morihira Hosokavu 1993. godine. No, aprila 1994. Hosokava je primoran na ostavku. Njegova vlast počinje da se ruši kada je u martu 1994. za umešanost u korupciju optužen bivši ministar izgradnje Kihiro Nakamura.

Premijer Hosokava je i pre toga mesecima bio optuživan zbog starih greha. Pritešnjen dokazima priznao je da je još 1981. primio zajam od sto miliona jena ili više od milion dolara. Novac je bio poklon velike firme za isporuke *Sagava Kijubin* na ime pomoći u finansiranju Hosokavine političke aktivnosti.

Afera „Sagava" stekla je epitet skandala godine, a od januara 1992. postala je naslovna vest celokupne japanske štampe, jer je ta važna firma direktno ili indirektno isporučivala – kao čvrsti garant navodnih pozajmica – oko 500 milijardi jena. Novac su dobijale firme za nekretnine, japanska mafija jakuze i brojni političari. Skandal će odneti nekoliko političara već mesec dana po početku medijskog otkrivanja afere.

Vrhunac afere bio je avgusta 1994. kada je potpredsednik Liberalno-demokratske partije, Šin Kanemaru, najavio ostavku, potvrđujući time novinske članke o velikoj finansijskoj podršci firme *Sagava Kijubin* konzervativcima na vlasti. Kanemaru je istovremeno prepustio čelnu poziciju u najmoćnijoj frakciji partije, frakciji Takešita. Partija će posle toga doživeti rascep i pojavu disidentskih grupacija, poput partije Novog Japana, s Morihirom Hosokavom na čelu. Ova velika afera sakrila je druge, sitnije, ali ipak nedozvoljene afere, poput afere „Kijova", u kojoj je bilo reči o tek 80 miliona jena.

Japansko tajno društvo činili su jedno vreme Hirota Koki, koji je bio član „Genijoša", bande „Crni zmaj", ministar inostranih poslova i premijer, pa Šintaro Abe, Jošio Kodama, Tojama Micuru, Kosaburo Tačibana, Kakuej Tanaka i Riohej Učida. A potom Kakuji Inagava, Šimizu Jiročo, Hisajuki Mači, Jasuhiro Nakasone, Kaoru Ogava, Kenji Osano, Riojč Sasakava, Kazuo Taoka, Micuru Tojama. Svi oni su ušli u svetsku enciklopediju organizovanog kriminala. Članske liste japanskih tajnih društava čitaju se kao *Ko je ko* u japanskom javnom životu i politici. Povrh toga, članstva se frekventno prepliću, s kraljevskom porodicom, plemićima, industrijalcima, patriotama i ultranacionalistima. Političari Japana se priključuju liderima bandi do stepena na kojem se linije zamagljuju. I rezultat toga je nešto što liči na ono što zovemo „Japan, inkorporisan".

Današnji Japan ne prihvata „plemenite" radnje jakuza. U stvari, 1. marta 1992. japanska vlada je donela Akt za prevenciju nezakonitih aktivnosti članova Borijokudana tj. jakuza, zločinačkih bandi. Taj akt opisuje termin borijokudan kao grupu čiji veliki procenat članova poseduje dosije. On takođe identifikuje organizaciju kao onu s jako nasilnim ili zločinačkim tendencijama. Akt uglavnom zabranjuje borijokudanima da ostvaruju profit od formi iznuda koje nisu pokrivene u prethodnim postojećim zakonima, npr. držanje reketa.

U stvari, čak i obični građani su bili protiv jakuza. Građani Ebicuka komšiluka, Hamamacu komšiluka, 130 milja jugozapadno od Tokija, nisu želeli jakuze u njihovom dvorištu. Jakuze su operisale ispred zelene zgrade koju su komšije brzo označile kao buraku biru tj. crnu zgradu.

Jakuza izbegava da se naziva borijokudanom, uglavnom pokušavanjem da se sakrije iza aktuelnih biznisa koje koriste kao masku. Oni su takođe objavili i knjigu, zvanu *Kako izbeći zakon*, koja je distribuirana među članovima Jamaguči-gumija. U suštini, 117 bandi udruženih s Jamaguči-gumijem registrovane su kao religijske organizacije. Tadašnji kum tog klana Jošinori Vatanabe je naredio da se jakuze prijave vlastima kao biznis kompanije, a lokalni šefovi da postanu direktori firmi.

Marta 1992. žene i ćerke članova jakuza marširale su protiv novih zakona kroz Ginzu. Visokorangirane jakuze su odgovorile da nisu zaista zle. Njihov viteški kod i samurajske vrednosti im nalažu da brane interese slabijih članova društva, i njihovo vođenje izražava njihove plemenite vrednosti, a ne nasilje.

Međutim, ti argumenti su dokazani suprotno u očima javnosti kad su članovi jakuza napali iz zasede i zaklali stvaraoca filmova Itamija Juza zbog anti-jakuza filma nazvanog *Minbo no Ona* ili *Ženski jakuza borac*.

Čak i autsajderi jakuza su protestovali za nove zakone protiv njih. Preko 130 advokata, profesora i hrišćanskih ministara proklamovali su da jakuza protivmere nisu zakonite, jer su narušile osnovna prava kao što su sloboda skupljanja, izbor zanimanja i vlasništvo imovine.

Budućnost za jakuze, kako sada deluje, nije sigurna. Možda će bande i opstati u Japanu, vraćajući se u podzemlje, gde su se krili za vreme okupacije. Možda će samo pomeriti svoje operacije negde drugde, između trijada jugoistoka Azije, s kojima su imali dobar odnos i biznis.

# KINESKA MAFIJA

## Plamen crvenog zmaja

Narodna Republika Kina ima preko 22.000 mafijaških grupa s 30 miliona članova. To je najveća mafija na svetu. Ona je uz to i jako popularna. I vrlo moćna i van granica Kine.

Kada je u Torontu pre desetak godina prikazivan film *Godina zmaja* Majkla Ćimina, lokalni Kinezi pokušali su, preko svojih ljudi u gradskom parlamentu, da sasvim skinu film s bioskopskog repertoara. Bio je to najbolji dokaz da kineska mafija postoji i u Kanadi. Srce organizovanog kriminala u Kini i okolnim državama, na koje ima uticaj, jesu trijade, moćna tajna ruka podzemlja.

Mnogo pre Sicilijanaca, Kinezi su formirali svoju mafiju, trijadu kao narodnu snagu otpora protiv stranih zavojevača – Mandžurijaca. Termin trijade je sinonim simbola koji izražava bit kineskog poimanja egzistencije. To je simbol trougla života: nebo-zemlja-čovek.

Godine 1664. naime, sa severnih granica Kineskog carstva krenula su u osvajanje novih teritorija i pljačku, varvarska plemena Manču. Ona su probila mnogoljudnu ali rascepkanu Kinu, za vreme nekad moćne, a tada na smrt oslabljene dinastije Ming. Zavojevači su osnovali svoju Čing dinastiju. Od tada počinje dvestapedesetogodišnje robovanje Kineza tuđinima.

Po legendi, prva trijada osnovana je u manastiru koji su držali vojnički nastrojeni budistički kaluđeri, nedaleko od mesta Fučou, u provinciji Fukien. Bilo je to 1674. godine, a trijada je okupila, ako je verovati predanju, 108 članova.

Postoje i pretpostavke da se u prvu trijadu udružilo 128 ratoborno i osvetnički raspoloženih monaha. Uz pomoć kaluđerskih veza, prve trijade napravile su jako uporište i na severu, u čuvenom manastiru Šaolin, u provinciji Honan. Taj manastir je bio jatačko sklonište, borbena baza za obuku, i centar za pripremu partizanskih operacija protiv Mandžuraca.

Zavojevači su, iz predostrožnosti i opravdanog straha, zabranili narodu da nose bilo kakvo oružje. Čak je i broj noževa u domaćinstvu bio strogo ograničen.

Muškarcima je naređeno da briju glave iznad čela, a kosu pozadi spletu u kiku. To je učinjeno da bi se Kinezi lako prepoznali među drugim nacionalistima. Žene su prisiljene da vezuju noge u specijalne drvene kalupe. Posle izvesnog vremena stopala bi se sasvim deformisala i žena bi postala pravi bogalj. Pošto žene nisu mogle da se daleko ni brzo kreću, muškarci, hranioci porodice, bili su potpuno vezani za njih.

Zabrana nošenja i upotrebe oružja, obogaljivanje ženskih stopala, brijanje glave i obaveza pletenja kike, sve je to bilo vrlo smišljena i surova porobljivačka tortura Mandžurijaca. Ali kineski narod se nije predavao. Gonjen osvetničkom mržnjom i čežnjom za slobodom, počeo je da smišlja nove načine odbrane i samoodbrane. Vežbalo se tajno, daleko od oka neprijateljskih vojnika i špijuna.

Usavršavani su do neslućenih mogućnosti, pokreti ruku i nogu, elastičnost tela. Tako je nastao kung fu, koji podrazumeva više od 500 raznih borilačkih veština. Kao oružje su se koristili predmeti za svakodnevnu upotrebu, naročito poljoprivredno oruđe. Procvetale su borilačke veštine običnim štapom, srpovima za žito, kočićima za sađenje pirinča. Negovanje telesnih borilačkih veština održalo se do danas i raširilo kao rekreativna, sportska i odbrambena aktivnost u mnogim razvijenim i nerazvijenim zemljama.

Sam kung fu nije mogao da spase Kinu. Postao je kult, a veštine su usavršavane do virtuoznosti. I danas milioni vežbaju ving čun, najsuperiornije umeće borbe golim rukama i hladnim oružjem koje je čovek ikad izmislio. Ta veština nastala je takođe u manastiru Šaolin, u doba burnih istorijskih zbivanja.

Vlastodršcima nije dugo ostala skrivena delatnost Šaolina. Zahvaljujući doušnicima, manastir je do temelja spaljen i razoren, a kaluđeri, narodni učitelji, poubijani. Spasla su se samo petorica i njima, po predanju, svet ima da zahvali za to što su veštine drevnog karatea, džuda, japanskog mačevanja, tekvondoa i drugih borilačkih veština sačuvane.

Posle pogroma u manastiru Šaolin, i nakon razaranja drugih svetilišta koja su bila žarišta revolucionarne delatnosti porobljenog kineskog naroda, kaluđeri su počeli više da obraćaju pažnju na tajna udruživanja. Stvorili su tajnu lozinku „Zbaciti Č'ing – obnoviti Ming". Tim pozdravom su se oslovljavali pri svakom susretu članovi tajnih društava, kao što je „Nebesko i zemaljsko društvo".

Tajna društva su dugo igrala važnu, ako ne i ključnu ulogu u kineskom društvu. Narod nije priznavao vlast okupatora, a poštovao je naloge svojih društava koja su preuzela ulogu vodeće revolucionarne partije. Otuda i izreka:

„Vlast crpi snagu iz zakona – narod iz tajnih društava."

Među mnogim tajnim društvima, udruženjima, zavereničkim skupovima i krugovima, nijedno nije postiglo toliku moć i autoritet kao trijade. One se pominju u gotovo svakoj kineskoj istorijskoj knjizi. S fanatičkom hrabrošću organizovale su i vodile ustanke protiv okupatora.

Jedan od uslova za opstanak trijada je svakako izuzetna tajnovitost rada i vernost pripadnika klanu. Izdajstvo je, bez ikakve razlike o kome je reč, značilo sigurnu smrt. Politički cilj, nacionalno-romantičarski obojen, jasno naglašen, u suštini je imao reakcionarnu nameru – da obnovi srušeno carstvo. Ono što je okupilo mase bila je deviza Kina – Kinezima! Tako se dogodilo da je politika porodila organizovani kriminal.

Vremenom su se izdvojile trijade, koje su svoj politički vrhunac dostigle 1912. godine, kad je, posle skupo plaćene pobede nad neprijateljem, na grobu drevnih careva a u slavu minule veličine, proglašena mlada Republika Kina. Ona će, nažalost, imati kratak vek u tom razdoblju.

Dosegavši politički uzlet za vreme borbe protiv porobljivača tajna društva trijade su, međutim, počele brzo da tonu u svoju suprotnost. Vremenom, degeneracija i dekadencija ciljeva i načina delovanja, dovela je dotle da trijade postanu simbol straha i užasa. Nekad jedinstvene, počele su se razilaziti i sukobljavati. Razlike su potencirane činjenicom da su trijade organizovane i na etničkom i jezičkom principu, zatim po teritoriji na koju su pretendovale. Vremenom su zbog toga počeli i obračuni među pojedinim grupama i društvima. Počela je, zapravo, osnovna mafijaška borba – za teritoriju i moć.

Članovi trijada vezivali su se međusobno komplikovanim sistemom tajanstvenih rituala, zakletvi, lozinki, ceremonijama mešanja krvi i drugim obredima.

Postali su pravo bratstvo boraca za slobodu. Ali za život i rad odnekud je morao biti nabavljen novac. Narod je bio izuzetno siromašan, često ispod životnog minimuma. Harale su bolesti i glad. Otimati od naroda bilo je nezamislivo. Zato je od najranijih dana nastanka trijada formirana i njihova tamna strana. U početku je to bila prostitucija i kocka, kasnije i drugi unosni poslovi.

O trijadama tj. kineskoj mafiji nema sasvim pouzdanih podataka, nema ni atraktivnih detalja. Čak i danas za mnoga zbivanja u kineskom podzemlju nema svedoka ni valjanih dokaza. Nije čudno što mnoge policije sveta negiraju postojanje trijada na svom području i poriču njihovu kriminalnu delatnost.

# Odani zlu

Kad se na Zapadu pominju Kinezi, uglavnom se misli na žitelje jugoistočnih, priobalnih krajeva, na sirotinju iz provincija Kvantung i Fukien. Odatle se „sirotinja raja", ubogi stanovnici Hongkonga, Makaoa, Amoja, Svatoua, Kjung-čoua i drugih luka i priobalnih gradova, otisnula u pečalbu čak do Amerike i Engleske. S iseljenicima, u drugoj polovini 19. veka, krenula su i tajna društva – trijade.

Od samog početka teškog gastarbajterskog života, trijade su se odale zlu: prostituciji, pljački, kocki. Svim sumnjivim ali unosnim poslovima rukovodila su tajna društva. U društvima je, u vidu posebnih kodeksa, negovana volja za moć i rivalstvo.

Pri svemu tome, zadržana je težnja ka dinastičkoj šemi vlasti i političkom delovanju, što je u neku ruku bio glavni oblik javnog rada trijada.

Kao svojevrsna ekonomska sila, tajna društva su se, uz prećutnu saglasnost zvaničnih vlasti, brinula da trajno nezadovoljstvo siromašnih seljaka, radnika, sitnih zanatlija i trgovaca ne eskalira u bratoubilački rat i tako još više osiromaši društvo iz koga je valjalo crpsti bogatstvo.

Kada su Britanci ustanovili „Koloniju krune", 1842. godine, u Hongkongu su već bile veoma aktivne trijade, koje su veoma vešto koristile netrpeljivost kineskog življa prema belim došljacima. Dolaskom Engleza trijade su samo pojačale uticaj i popularnost u Kini. Samo tri godine nakon iskrcavanja, 1845. godine, Englezi su objavili zakon protiv trijada. One su ipak ostale žive sve do danas.

Posle neuspelog Tajpeškog ustanka 1851–1864. pripadnici trijada su prešli na piratstvo i pljačku.

Kinezi koji su se trbuhom za kruhom razmileli po jugoistočnoj Aziji, po pacifičkim ostrvima i sve do obala SAD i Kanade, vodili su sa sobom i trijade. Grupe koje su otišle u SAD osnovale su Či Kung Tong, jedan ogranak trijada. Prema zapisima iz tih davnih vremena, Či Kung Tongovci su bili poznati po zastrašujućoj okrutnosti i bespoštednoj borbi za prevlast u podzemlju. No, uporedo s ilegalnom aktivnošću, Či Kung Tong je delovao i u borbi za slobodu u domovini. Pomagao je dakle, revoluciju.

U dane Prvog svetskog rata konačno je pala dinastija Manču. Zahvaljujući pomoći zapadnih sila koje su, zajedno s Japanom, raskomadale Kinu, prozapadnjak doktor Sun Jat Sen proklamovao je modernu Republiku Kinu, istovremeno noseći zvanje „crvenog štapa", znak visokog nameštenika jedne moćne trijade. Prekomorske trijade toplo su pozdravile njegov dolazak na vlast. Zahvaljujući njegovim vezama, novac za mladu republiku štampan je u Kineskoj četvrti San Franciska!

Jedanaestog februara 1912. doktor Sun Jat Sen stigao je službeno na grobnicu careva dinastije Ming u Nankingu. Tu je javno „raportirao" pokojnim carevima da je zemlja oslobođena a Mandžurijci zbačeni. Tim činom su trijade, posle dva i po veka borbe za slobodu, doživele politički vrhunac. Istovremeno, bio je to početak njihovog pada.

Podrška trijada mladoj Kini plaćena je njihovom legalizacijom i bujanjem. Trijade su za račun nove vlasti kontrolisale razne političke grupe, obavljale poslove koje ni civilna vlast, ni vojska, nisu mogle. U trijade su stupali oficiri i ugledni civili, bogati trgovci, skorojevići, preduzetnici svih boja. Kinesko društvo je sve više ulazilo u vode korupcije i kriminala. I Čang Kaj Šek, naslednik doktora Suna Jan Sena, bio je član društva trijada.

## Droga umesto poreza

Tokom boravka u severnim, graničnim predelima Burme, prema Laosu, kineska nacionalitička armija Čang Kaj Šeka, potpuno je zagospodarila tim područjem. Mnogi vojnici su se priženili meštankama. Umesto novčanog poreza, seljaci su morali svake godine da proizvode i predaju određenu količinu opijuma. Pod pritiskom vojske, lokalni živalj je najpre udvostručio a zatim učetvorostručio proizvodnju droge.

U tim predelima živela su plemena kineskog porekla koja su pre nekoliko hiljada godina sišla iz kineskih planina u to područje Burme. Reč je o kineskoj etničkoj grupi Meo. Čim se oslobodila britanske kolonijalne dominacije, burmanska vlada je uvela i vrlo stroge zakone protiv proizvođača droge, odnosno protiv gajenja maka i proizvodnje sirovog opijuma.

Za vreme Engleza trgovina drogom je cvetala slobodno jer su i Britanci na tome zarađivali velike pare, a narkomanija se širila i među stanovništvom Burme. Narod Šana, odnosno Meo-Kinezi, nastavili su da uživaju neku vrstu autonomije, jer je 1948. ustavom proglašena „sloboda" u kojoj je nastavljeno s gajenjem maka.

Burma je tada bila suviše siromašna i zaokupljena sopstvenim problemima da bi se bavila sudbinom državice Šan. Susednim Tajlandom vladao je ekscentrični korumpirani general Fao Srijanonda koji je održavao diktaturu uz pomoć do zuba naoružane armije od 45.000 vojnika. Ta armija je imala i avijaciju, oklopne jedinice, padobrance. Opremili su je, veoma dobro, specijalci CIA. U svemu tome CIA je vodila, naravno, sopstvenu politiku. Generalu Fau je obećana puna podrška i stalna pomoć ako kineskoj nacionalističkoj armiji osigura „leđa", pruži povremeno utočište i pomoć.

Tek 1961. godine Kina je uspostavila bolje odnose s Burmom. Tada je Kuomintang armija morala da napusti Burmu i potraži utočište na Tajlandu, ali nikada nije izašla iz državice Šan niti je napustila tajne plantaže maka u „Zlatnom trouglu". Deo kineskih trupa, kako se kasnije tvrdilo, ponovo je prebačen s Tajlanda na Tajvan. Stručnjaci kažu da je, uprkos svemu, oko 20.000 vojnika ostalo da kontroliše proizvodnju dragocenog opijuma. U tom „Zlatnom trouglu" se i danas godišnje obrne oko 40 milijardi dolara.

Godine 1967. danas već pokojni britanski novinar Piter Dival Smit, intervjuisao je kuomintanškog generala Tuam Šik Vena, komandanta pomenutog ostatka tajvanske Pete armije s bazom u Me Salongu na tajlandsko-burmanskoj granici. On je tada rekao:

„Nužda menja zakone. Moramo nastaviti da se borimo protiv komunizma. Za to je potrebna snažna armija, a ona mora da ima oružje. Da nabavite oružje treba vam novac! A da nabavite novac treba vam – opijum. U ovim planinama opijum je – novac!"

Promenom tajlandske spoljne politike, 1959. godine, kineska armija kuomintangovaca ponovo je morala avionima da se seli kući, na Tajvan. U divljem graničnom području ostalo je samo oko 5.000 ljudi. Neki su se privoleli civilnom načinu života a neki su i dalje u uniformama. Zvanične veze s Čang Kaj Šekom su prekinute, pa su te jedinice izgubile status armije. Vojni stručnjaci u svetu, obaveštajne i druge službe označavaju ih u svojim dokumentima kao „neregularne kineske snage".

Te snage su angažovane kao najamna vojska, prema potrebi. Tamo su poslužili za uništavanje tajlandskih komunista, takozvanih Crvenih meosa, koje zvanična tajlandska armija nije uspela da uništi, jer su se skrivali duboko u nepristupačnim džunglama. Prisiljen da bira između ostatka kinesko-tajlandske armije i vlastite komunističke gerile, Tajland je odlučio da toleriše Kineze. Osim zaplene velikih količina oružja od raznoraznih grupa i uništavanja pokoje plantaže opijuma, sve akcije Tajlanda uglavnom nisu imale veći strateški značaj.

I dan-danas u „Zlatnom trouglu" neregularne nacionalističke grupe upadaju u NR Kinu, u provinciju Junan. Tu se više trguje nego što se ratuje. Armija se snabdeva ćebadima, čajem, šećerom, solju, svećama, pirinčem, lekovima. Daje se samo jedno: opijum i dolari.

Nije ovo jedina divlja snaga u tom kraju. Na burmanskoj teritoriji deluju i pobunjeničke grupe „Ujedinjene armije Šana", „Šanska ujedinjena revolucionarna armija" i „Revolucionarna armija Šanske države". Sve su organizovane po tipičnoj šemi trijada: zvanično se bore za slobodu i nezavisnost, a praktično proizvode i trguju opijumom.

Glavni centar trgovine je Čijang Maj, što u prevodu znači Severni cvet. To je drugi po veličini grad na Tajlandu, trgovačka i turistička Meka. Nalazi se nadomak „Zlatnog trougla". U njemu sve vrvi od turista, trgovaca raznih fela, ali i od pripadnika podzemlja.

Novac prikupljen od trgovine drogom, ogromne svote dolara i drugih valuta, kao i pare od trgovine oružjem, uglavnom su delili šefovi kineske nacionalističke armije. Oni su „zaštitnici" i gospodari „Zlatnog trougla". Tu su i „umovi" trijade Ćiju Ćao koji vode brigu o trgovačkom i krijumčarskom delu biznisa.

Javno se govori kako su pripadnici naroda Šana „zavedeni" i da u „Šanskoj ujedinjenoj armiji" najmanje ima Šananaca. To zapravo i nije armija u savremenom smislu, već je to više feudalna vojska koju predvodi Čan Še Fuo čiji je nadimak poznatiji – Kun Sa. Druga grupa, „Šanska ujedinjena revolucionarna partija", sastavljena je od ostataka tri kuomintanške armije, čiji je komandant bio general Li Veh Huan.

Veštim naslovljavanjem „pokreta" i armija kao oslobodilačkih i revolucionarnih, trijade tako prave vešt zaklon za svoju kriminalnu delatnost.

„Genijalnost" tih kriminalaca može se uočiti i iz sledećeg primera: svojevremeno je Niksonova administracija tajno dogovorila da uz milion dolara naknade krijumčari unište 26 tona opijuma, kako ne bi bili dopremljeni tajnim kanalima u SAD. To je, navodno, bila celokupna godišnja proizvodnja „Šanske ujedinjene revolucionarne armije". Pošto je novac isplaćen, general Li Veh Huan je kao „slučajno" otkrio još jednu zaostalu tonu narkotika i ponudio ga da i on bude, uz doplatu, uništen. Američki pregovarač je bio prinuđen da odbije jer nije raspolagao dodatnom svotom za takve svrhe.

## Kinezi u Njujorku

„Dok si živ ne idi k vlasti, a kad umreš, ne idi u pakao." Tako glasi kineska mafijaška poslovica. To je ujedno i recept za život Kineza u Americi.

Poraženi Kinezi iz svetskih ratova su, zajedno sa sirotinjom koja se iseljavala na sve strane sveta, tražili nove oblasti uticaja. Trijade su tako pustile svoje pipke u Sjedinjenim Državama, Kanadi, Velikoj Britaniji. Moćnici iz azijskih zemalja pošli su još početkom 20. veka da osvoje nove svetove, da preotmu podzemlje novih oblasti, da stave šapu na gomile novca. Kinezi uzimaju milijarde dolara ucenom, prodajom droge, prostitucijom, sumnjivim poslovima i transakcijama.

Trećeg oktobra 1965. godine predsednik SAD, Lindon Džonson, potpisao je novi zakon kojim je Kinezima omogućen ulazak u Sjedinjene Države. Usledio je neviđen šok-talas useljenika koji je do 1980. godine doveo 300.000 Kineza u Ameriku, legalno, i nekoliko desetina hiljada ilegalno. Bili su to emigranti iz Hongkonga.

Polovina od ovog broja završila je putovanje u Njujorku, a ostatak se rasporedio u kineskim četvrtima San Franciska, Los Anđelesa, Bostona, Čikaga. U Čikagu je nikla potpuno nova Kineska četvrt. U Njujorku su Kinezi postepeno naselili i delove nekad neprikosnovene Male Italije.

Novodoseljeni Kinezi znatno su se razlikovali od ranijih emigranata. Do 1965. godine policajci Pete policijske stanice, zadužene za kineski geto, imali su desetak hapšenja godišnje, a posle čak 200, i više. U San Francisku, na primer, do 1965. godine ubistvo u Kineskoj četvrti bilo je prava retkost. Između 1965. i 1978. zabeleženo je 45 „kineskih" ubistava, a sumnja se u mnogo više neregistrovanih.

Kineske bande nadevaju sebi najrazličitija imena. U San Francisku i Los Anđelesu su „Vang Čing" tj. Mladi Kinezi, „Džo bojs" tj. Džoovi dečaci, po gangsterskom bosu iz Makaoa, Džou Fongu, koji je pobegao iz tamošnjeg zatvora gde je robijao ubistvo.

Pokretljivost bandi i pojedinaca je gotovo neverovatna, posebno ubica. Ubica iz San Franciska, na primer, uhapšen je na Havajima, drugi, takođe iz Friska, čak u Njujorku, na razdaljini od nekoliko hiljada kilometara.

U Njujorku su poznate bande mladih pod imenima: „Senke duhova", „Beli orao", „Crni orao", „Leteći zmajevi", „Čing je" i druge. Senke duhova Hip Sing i On Leong, njujorške trijade, odnosno tongovi, u ovom metropolisu 1980-ih skidali su profit uglavnom od kocke. Pored kockarnica, nadzirale su i restorane i trgovačke radnje. Svaki restoran ili prodavnica mora da ima svoje „anđele čuvare". Ako vlasnik neće da ih „angažuje", odnosno da plati „zaštitu", banda mu demolira objekat, pretuče ga... Uza sve to i roba biva opljačkana.

Ipak, po američkim sudovima nećete naći Kineze da se međusobno sude i tužakaju. Njihova totalna otuđenost od društva, prerasla u svojevrsnu tradiciju, nalaže im da pravdu potraže unutar svoje sredine, pre svega kod šefova tongova.

Za klan On Leong veruje se da ima u bankama i akcije, primer jednog od šefova tonga Hip Sing, u Vašingtonu, koji ima nekoliko miliona dolara u rezervi. Ti tongovi svojim vernim podanicima mogu da obezbede sve što im je potrebno za kineski način života.

Karakterističan je primer jednog od šefova tonga Hip Sing, u Vašingtonu, koji je dobio zadatak da ubije čoveka jer je izdao organizaciju. Zadatak je besprekorno obavljen, a ubica – izabrani osvetnik, osuđen je na 25 godina robije. Za sve vreme robijanja, tajno društvo je brinulo o njegovoj porodici.

Naizgled bez razloga, napadnut je Bun Li, vlasnik restorana iz njujorške Mot ulice. Njega je s pet uboda specijalnim bodežom teško ranio nepoznati mladić, prethodno ga pozvavši „nešto da mu kaže". Bun Li, međutim, nije bio običan Kinez, on je bio nekrunisani gradonačelnik Kineske četvrti što mu je stvorilo mnogo neprijatelja. U Čajna taunu je pokušao da obnovi ulogu porodice pa je oštro kritikovao roditelje koji jure za dolarima, dok im decu vaspitava nemilosrdna ulica. Insistirao je da vlasnici restorana i trgovina pozovu policiju čim su ugroženi. I ta scena našla se u Ćiminovom filmu *Godina zmaja*, na samom početku.

Ubicu, koji se posebno nije ni skrivao, ubrzo su uhvatili. Da se sakrio, po kineskim trijada-pravilima, ukaljao bi svoj i obraz ganga kojem pripada. Ispostavilo se da je egzekutor bio dvadesetogodišnji Čik Kueng Pang iz Hongkonga, koji nije znao ni reč engleskog jezika. Za „posao" je dobio samo 2.000 dolara. Uopšte nije znao, a nije ga ni interesovalo, ko je osoba koju treba da likvidira. Srećom, pedesetogodišnji Bun Li je preživeo ubode u predelu srca, u bok i u stomak. Od tada ga čuvaju naoružani policajci.

I pored opasnosti, novih kandidata za stupanje u redove kineske mafije uvek ima. Trijada obezbeđuje svojim ljudima ono za čim žude: sigurnost, poštovanje i novac.

Veruje se da je kocka najizdašniji izvor prihoda. Kockarski porok donosi velike i redovne prihode, omogućavajući istovremeno da se nelegalno zarađen, takozvani prljav novac, „opere" odnosno propusti kroz zvanične tokove.

Njujorška policija nadzirala je svojevremeno kockarnicu u Kineskoj četvrti, u Divižn stritu. Mesečni promet kockarnice iznosio je 250.000 dolara. Kockarnica je mladog vođu bande, koji je „štitio" radnju, plaćala 3.400 dolara – nedeljno. Šest članova njegove bande dobijali su po 150 dolara nedeljno. Samo od te kockarnice banda „Leteći zmajevi" izvlačila je 4.300 dolara sedmično za „zaštitu".

Trgovinu narkoticima na Istočnoj obali Sjedinjenih Država Kinezi su veoma mudro organizovali: raspodela droge mušterijama prepuštena je crncima i Italijanima. Zato trijade retko ko može uhvatiti na delu. One rade iz senke. Mala Italija, italijanska četvrt u Njujorku, nadomak je Čajna tauni već stotinak godina. Kad Italijanima ponestane droge za biznis, samo „skoknu" u komšiluk. Veze dve mafije su tradicionalne i vrlo čvrste.

Na Zapadnoj obali trijade su mnogo više upletene u direktnu distribuciju droga. Zato su i tamošnji kineski šefovi izloženiji policiji i zakonu. Neki su dospeli u zatvor. Ipak, policija i tu tvrdi da organizovanih i jedinstvenih trijada nema!

Zapaženo je da vođe bandi bar jednom godišnje obavezno idu u Hongkong. Niko ne zna pravi razlog tim putovanjima. Policija smatra da je to možda zato što se pravi šefovi trijada nalaze u Hongkongu.

„Trijade su možda značile nešto tamo u Hongkongu, a sigurno su bile ugledne u staroj Kini", rekao je jednom prilikom Martia Kenedi, oficir u njujorškoj policiji. „Nisu to bili kriminalci jer su verovali da je to što čine pravda. Kineski mladići u SAD čine zlo samo zbog toga što su u gangu, što žele novac i da budu 'neko'."

Teško je razaznati pravi smisao i uzroke obračuna među mladim bandama kad krv poteče potocima. Pet članova „Belih orlova", na primer, ranjeno je u žestokom okršaju s rivalskom bandom iz Bajan ulice. Samo dve nedelje kasnije, osam pripadnika „Crvenih orlova", s pištoljima i satarama uletelo je u jedan kineski restoran u Mot ulici i napalo dvojicu članova bande „Senke duhova". Isto veče, dva člana „Senki duhova" upala su u kinesko pozorište *Sung Sin* i pištoljem ubili devetnaestogodišnjeg mladića.

Često se obračuni pretvaraju u javne priredbe i slavlja. Dok beživotno telo protivnika leži na kafanskom stolu ili na trotoaru pred restoranom i radnjom, ubice pozdravljaju, priređuju slavlje.

Zakon ćutanja je sveti kineski zakon. Policija je bila zaprepašćena koliko je taj običaj držanja „jezika za zubima" bio jak.

Hin Puj Luja, poznatijeg kao Niki Luj, umirućeg vođu bande „Senke duhova" pitao je inspektor za kineske „slučajeve" Nil Maurelio:

„Niki, umrećeš, reci mi ko te je ustrelio?"

Niki se poslednjim ostatkom snage pridigao, cinički se iskreveljio u inspektorovo lice i odbrusio: „Jebi se!"

Zatim je izdahnuo.

U Kineskoj četvrti San Franciska, u restoranu *Zlatni zmaj*, na primer, zbio se nesvakidašnji masakr u kome je stradalo pet nedužnih gostiju, među kojima i strani turisti. U restoran su, u vreme večere, upala tri maskirana orijentalca. Bili su naoružani pištoljem, sačmarom i mašinskom puškom. Nameravali su da izrešetaju četiri bandita Vah Čing bande, koji su takođe večerali u restoranu. Ali ubili su nedužne goste u panici koja je nastala posle prvog pucnja. Ta scena je poslužila za kadar krvavog obračuna u filmu *Godina zmaja*.

U policijskoj istrazi nije se mnogo otkrilo. Nijedan Kinez koji bi mogao da navede na trag, nije progovorio ni reči. Oružje kojim je počinjen zločin slučajno je otkriveno u zalivu San Franciska. Najzad, istraga je dovela jedino do osamnaestogodišnjeg Melvina Juja. Uz nepouzdane dokaze, osuđen je na pet godina zatvora.

Najveće iznenađenje za policiju je bilo otkriće da su tongovi uspostavili vezu s mladim bandama i da ih iznajmljuju i koriste za svoje ciljeve. Naročito ih koriste da „cede" pare iz kockarnica, na ime „zaštite".

Mlade bande su umešane i u trgovinu drogom, najčešće na „uličnom" nivou. Šefovi višeg ranga direktno – nisu. Preostaje samo pretpostavka da su mlade bande samo instrument u rukama iskusnih članova podzemlja.

Kontrola mladih je pomna i potpuna. O tome govori i činjenica da nijednom mladi Kinezi nisu napali nekog od lidera tonga. Najinteresantnije je da narkotici nisu glavna delatnost trijada. Najviše droge doprema se u SAD iz Meksika. Tong smatra da još nije vreme da se američko tržište preplavi opijumom iz jugoistočne Azije.

Zlobnici tvrde da policija Njujorka, na primer, još nema dovoljno znanja ni iskustva da se nosi s komplikovanom kineskom mafijom. Relativno kasno, tek 1970. godine, počelo se intenzivnije raditi na tom polju. U to vreme je otvoren i prvi konkurs za policajce – Kineze. Ponuđena je vrlo primamljiva plata, ali se među 30.000 njujorških policajaca našlo svega desetak Kineza!

## Osvajanje Tajlanda

Najveći „izvoz" narkotika za Ameriku i Evropu organizuje se u bangkoškoj luci, u glavnom gradu Tajlanda. Roba se pazari prilikom „turističkih" putovanja na Tajland, zatim posebnim kanalima isporučuje u SAD, Evropu i druge krajeve sveta. Mušterijama su do sada narkotike uručivali, za veliki novac, uglavnom Italijani i crnci. U poslednje vreme, međutim, ni pripadnici mlađih kineskih bandi ne libe se dilerskog posla.

U Bangkoku je život jeftin, a novac ima ogromnu moć. Ko ima gomile novca može stvarati vlastite zakone. Bangkok je grad korupcije.

Prvi značajni podzemni gangovi koji su se odomaćili na Tajlandu bile su poznate Ćiju Ćao trijade. Bežeći od nevolja na domaćem, kineskom tlu, stvarale su svoje tajne organizacije još 1920-ih i 1930-ih. Vremenom su, iz razumljivih, operativnih razloga, svoja imena prilagodili tajlandskim. Tako su nastale tajlandske trijade.

Te trijade su pokazale neverovatnu sposobnost prilagođavanja, što je uostalom karakteristika svih trijada. Za njih nema granica. One su vlasnici banaka, uvoznih i izvoznih kompanija, brodskih kompanija, fabrika...

Bitan uticaj na rad i život Tajlanđana ima američka spoljna politika koja se često menja. Takve promene se mogu uočiti i na opijumu. Ne tako davno, Amerika je stimulisala biznis drogom, a danas se protiv proizvodnje narkotika žestoko bori. Ambasada SAD na Tajlandu drži veliki broj specijalista za borbu protiv droge.

Svoje eksperte za drogu na Tajlandu drže i Ujedinjene nacije, a odskora i Australija. Rezultati njihovog rada retko kad dospevaju do javnosti. Ujedinjene nacije pokušavaju klasičnim metodama da navedu domoroce iz „Zlatnog trougla" da umesto maka gaje kafu ili kakve druge tropske kulture. U projektu UN-a bilo je uključeno samo 30 od 1.000 pograničnih tajlandskih sela koja takođe uzgajaju mak.

Borba protiv narkotika je za Tajlanđane sporedna stvar jer su tamo drugi, uglavnom politički problemi, prvi na listi zadataka vlade, policije, uprave. Granice te države su možda najnesigurnije na svetu. Na jugu su komunistički pobunjenici i muslimani-nacionalisti koji s teritorije Malezije uleću na Tajland čineći nevolje. U pograničnim sukobima Tajland je angažovao hiljade vojnika svoje regularne armije. Na istoku je Kampučija u kojoj traje rat s Vijetnamom i iz koje kuljaju izbeglice, druga velika nevolja Tajlanda. Problem su i Crveni Kmeri, kampučijski komunisti. Situacija s Laosom nije ništa bolja, jer su se preko njega Vijetnamci umešali u pojedine tajlandske poslove. Na severu je velika Kina, ali su tu, na graničnom „nadzoru", uglavnom zaposleni tajlandski nacionalisti i ostaci Čang Kaj Šekovih divizija.

Ne može se kazati da tajlandska vlada ništa ne čini da ublaži opasnosti od droge. Zakon predviđa drakonske kazne za uhvaćene prestupnike i kriminalce. Smrtna kazna nije nikakva retkost. Tokom 1977. i 1978. godine, na primer, šest krijumčara je pogubljeno.

Američki obaveštajci na Tajlandu, specijalci za narkotike, sačinili su u prvoj polovini 1977. godine tajni izveštaj o velikim proizvođačima i rasturačima droge koja se iz tajlandskih džungli šalje u sve delove sveta. Taj izveštaj je 17. maja 1977. obelodanio kongresmen Volf Lesterl u javnom govoru. Pročitao je imena 12 najvećih tajlandskih biznismena, poreklom Kineza, koji su trgovali između ostalog i opijumom.

Posle takvog izlaganja, pomenuta dvanestorica sasvim su iščezli s Tajlanda. Uputili su se, verovatno, u dobrovoljno izgnanstvo koje im ne pada teško s obzirom na to da raspolažu milionima dolara. Ozbiljnije je stradalo nekoliko sitnijih šefova, odabranih da budu „žrtveni jarci". Nekoliko njih je pogubljeno.

Smrtna kazna na Tajlandu obavlja se u čudnom verskom ritualu. Budući da budizam zabranjuje ubistvo bespomoćnog čoveka, osuđenik na smrt se vezuje za specijalne podupirače u obliku krsta, ali tako da mu lice bude okrenuto ka vrećama s peskom a ne ka streljačkom stroju. Ispred osuđenika se stavlja daska i dželat iz puškomitraljeza puca u dasku, iza koje je žrtva.

Među osuđenima na smrt nijedan nije bio optužen za međunarodnu trgovinu narkoticima. Jedan je u automobilu navodno držao 10 kilograma heroina, a druga dvojica su bili nadzornici proizvodnje. Četvrti je bio hemičar u laboratoriji gde se iz morfijuma prečišćavao heroin. Kod petog je pronađeno 200 kilograma heroina, ali ne baš kod njega, već u kombiju nedaleko parkiranom, kojim je pošiljku trebalo da odveze do Hongkonga.

Trijade često, ako im to koristi, dozvoljavaju da im i po nekoliko vernih podanika strada. Ponekad su to izabranici u koje se sumnja da će pod pritiskom policije progovoriti ili naneti kad-tad štetu organizaciji iz raznoraznih razloga. Za one koji zgreše, smišlja se vešta odmazda.

Član trijade pri ulasku u tajnu organizaciju polaže zakletvu da neće ni pod kojim okolnostima izdati a u zakletvi sam priziva smrt ako postane izdajica. Rangovi članstva uvek počinju brojem četiri – 4 elementa, 4 kardinalne tačke, 4 mora. Tako je glavni šef – „Zmajeva glava" obeležen brojem 489, savetnik 415, a likvidator s 426.

Pogubljenja kriminalaca u vezi s drogom više su ustupak Amerikancima nego tajlandski trud da se stane na put velikom zlu. Tajlandski ustav iz 1979. godine zabranjuje smrtnu kaznu na osnovu dokaza prikupljenih na brzinu. Uveden je obavezni sudski postupak, materijalni dokazi, saslušavanje svedoka. Posle takvih zakonskih intencija, pogubljenja su postala prava retkost.

Prilikom jednog upada u područje „Zlatnog trougla", što tajlandska armija s vremena na vreme čini, zaplenjeno je 6,5 tona neobrađenih narkotika i gotovo 2 tone čistog heroina, vrednog 650 miliona dolara! Prema izveštaju koji je za vladu i narkotik-eksperte sačinila vojska, sve zaplenjene količine su uništene. Međutim, rodila se sumnja da je spaljivanje tako velike vrednosti lažirano i da je heroin ipak kasnije dospeo na međunarodno tržište.

Kao i u većini zemalja gde trijade deluju, i na Tajlandu se njihovo postojanje u organizovanom obliku jednostavno negira. Problem se dislocira na tuđu teritoriju. Tako u jednoj izjavi Tajlanđana stoji:

„Postoji problem s kineskom mafijom i drogom u Singapuru, Hongkongu, Amsterdamu, ali ne i u Bangkoku!"

„Ne treba biti naivan. Kad vidite dva Kineza, eto vam već trijade", kaže Piter Lou koji je bio britansko-hongkonški ataše za probleme droge.

Američkom Kongresu dostavljeni su dokazi koji dokumentuju pretpostavku da su za porudžbine, transport i podršku proizvođačima narkotika na Tajlandu pre svega odgovorni Kinezi koji tamo žive. Glavni centar trgovine je Bangkok. Kad tu postane „pretoplo", bosovi se sele u Čijang Maj, „Severni cvet", drugi po veličini tajlandski grad.

Tona heroina vredi milione dolara, a mnogo takvih tona „curi" svake godine iz „Zlatnog trougla" prema Tajlandu bogateći one koji konce krijumčarenja drže u rukama: bivše kineske oficire, šefove Ćiju Ćao trijada, trgovce i mozgove biznisa.

Situacija s proizvodnjom i rasturanjem droge na Tajlandu je bila obeshrabrujuća, a u Maleziji je još gora. Droga se povremeno otvoreno prodaje, bez ikakvog skrivanja. U prestonici, Kuala Lumpuru, često borave hipici sa svih meridijana jer tu se najlakše mogu domoći narkotika. Preovlađuju, međutim, Amerikanci i Australijanci. Vlasti su poslednjih godina znatno pooštrile kaznenu politiku.

Uprkos „otežavajućim okolnostima", s aerodroma u Kuala Lumpuru poleće droga na sve strane sveta, put Evrope, Australije, Novog Zelanda. Za američki kontinent je i dalje Tajland glavni snabdevač. Povremeno, kad tajlandska policija pređe u ofanzivu, i kad Singapur zatvori svoja „vrata", Malezija postaje glavno izvorište zabranjenih poslova.

I Malezija, poput mnogih zemalja tog regiona, nema dovoljno snage da se bori s podzemnim aktivnostima kriminala. Trijade se ovde javljaju pod imenima klanova Ho Seng, Toh Peng Kong, Vaks Ke, i drugim. Ta imena su različita od tradicionalnih, a i od savremenih naziva podzemnih organizacija Hongkonga, na primer, ali im je organizacijska struktura vrlo slična.

## Izvoz droge u Australiju

Najuspešniji svetski trgovci drogom su svakako Kinezi. Čak tri različita tipa kineskih podzemnih sindikata operišu na tom polju, vezujući se pre svega za Australiju, odnosno Sidnej. Najstariji među njima je hongkonški sindikat. Predvodi ga poznati biznismen. Članovi tog sindikata „rade" izvan kineske četvrti u sidnejskom Dikson stritu. Heroin uglavnom dobijaju preko kineskih mornara. Ostala dva sindikata su sa sedištem u Singapuru, odnosno u Maleziji. Ovde drogu donose mlađi kriminalci, uglavnom studenti, ali i mornari.

Krajem 1973. godine Dejvid Spred, australijski tajni agent za narkotike, uhapsio je kurira za koga se veruje da je pripadao „14 K" trijadama. U njegovoj hotelskoj sobi zaplenjeno je 3,5 kilograma heroina. Federalni australijski Narkotik-biro raportirao je:

„Kineska etnička zajednica u Australiji uključila se u međunarodni uvoz heroina otkako imaju klijente u samoj komuni, ali postoje dokazi da ga rasturaju i izvan nje."

Beli australijski kriminalci brzo su shvatili i razmere i značaj unosnog biznisa, pa su počeli i sami da preuzimaju posao. Ali osnovni izvor za dotur heroina ostao je u rukama trijada, kao što se to dogodilo i u Americi i Evropi.

Godine 1979. australijski ministar spoljnih poslova ljutito je upozorio Parlament u Kanberi da je te godine čak 79 Australijanaca širom sveta imalo posla sa zakonom zbog mešanja u poslove vezane za uživanje, rasturanje i trgovinu drogom.

Godinu kasnije, australijska ambasada na Tajlandu, u Bangkoku, potvrdila je putem štampe da je najmanje 15 Australijanaca uhapšeno na Tajlandu zbog droge. Kasnije su uhvaćena još dvojica i osuđena, po tajlandskim zakonima, na po trideset godina robije. U hotelu Kineza Čijang Maja, tj. u njihovoj sobi, pronađen je kilogram i po heroina.

Nekako u isto vreme, tajlandski major Vitaj Jutimita, iz specijalnog sektora za borbu protiv narkotika, javno je rekao da iz njegove zemlje u Australiju „procuri" godišnje bar 25 kilograma heroina. Upozorio je Australijance da i njihovu, relativno mirnu zemlju, može zahvatiti „belo ludilo". Australijance je ovako temperamentno upozorenje iritiralo, pa su majora optužili da se meša u njihove unutrašnje stvari i nazvali su ga „major besni pas".

Australijanci su ubrzo doživeli neugodan šok kada je zauvek, i neznano kud, nestao Donald Makej, poznati borac protiv droge. On je policiji, u leto 1977. godine, prokazao predele zasejane marihuanom u centralnom delu Novog Južnog Velsa. Ubrzo su oformljene tri Kraljevske komisije protiv droge. Agenti, specijalisti za narkotike, dobili su federalni status i široka ovlašćenja. Parlament je povećao zakonske kazne. Za neke drastične slučajeve bila je predviđena i doživotna robija.

Novom federalnom Narkotik-birou dato je ovlašćenje da može da prisluškuje telefone, čita telegrame i teleks-poruke, da otvara pisma sumnjivih i pregleda ostalu poštu, postavlja prisluškivače. Australijska ambasada u Bangkoku „pojačana" je tada s dva specijalna agenta, stručnjaka za borbu protiv narkotika. Desetak aviona je dobilo zadatak da svakog dana nadziru severnu australijsku obalu. Pojačane su mornaričke patrole specijalnim brzim čamcima i hidroavionima. Međutim, pojavio se ponovo tajlandski „major besni pas" i kritički izrekao – vlastitu sentencu:

„Podižete ogradu kad je bufalo već projurio!"

Republika Singapur kao nezavisna država postoji od 1965. godine. Do tada je bila u federaciji Malaje. Sam grad osnovan je 1819. godine. Gotovo dve trećine življa su Kinezi. Državica nema više od tri-četiri miliona ljudi, ali ima kinesku trijadu.

Dokumenti singapurskog Odeljenja za kriminalistička istraživanja svedoče da su u Singapuru trijade bile vrlo aktivne pre Drugog svetskog rata. Vremenom prerasle su u slabo povezane ulične gangove. Mlađi huligani rado koriste starinska imena čuvenih tajnih društava. Ali, sve ostaje samo na imenu.

Primer je Lo Kvan trijada, čije ime je iskoristila nova, mlada banda, nazvavši se „Novi Lo Kvan". Singapurske bande su vrlo aktivne, međusobnim tučama bore se za teritoriju gde će operisati, kao „zaštitnici" ili podvodači. Prosek starosti članova je od 15 do 22 godine. Mogu biti umešani i u druge poslove. Na primer, distribuciju štampe u kuće na svom području. Pojavljuju se i kao „saugovorači" kad građevinci ugovaraju izgradnju kakvog novog stambenog bloka ili oblakodera.

U vezi s trgovinom drogom pojavljuju se samo pojedinci, većinom kao „bivši" članovi pojedinih tajnih društava. Reč je o pojedincima koji su i sami ogrezli u narkotike, prisiljeni da iznuđuju novac, pljačkaju na sitno, kradu.

Singapurska policija je o Maj Vong prvi put saznala iz engleskih novina. U godišnjaku *Policijski život* iz 1977, u članku *Oblici kriminala i društvena i zakonska odgovornost*, Majkl Čan, direktor Odeljenja za kriminološka istraživanja i Singapurski univerzitet, ilustruju poglavlje o trijadama fotografijom kriminalca na čijim leđima je utetoviran tajni trijada-znak. Druga fotografija prikazuje oltar za zakletve tajnom društvu i specijalan trijada-ritual.

Prvog aprila 1977. godine pokrenuta je velika policijska racija s ciljem da se pohvata što više preprodavaca droge. Singapurski policijski godišnjak iz 1978. godine raportira povodom toga da je 1.686 ljudi osuđeno, a 1.647 poslato u centar za rehabilitaciju narkomana. Blizu 300 trgovaca drogom je uhapšeno. Do kraja 1977. trgovina narkoticima svela se na minimum.

Novi, drakonski zakon pomogao je policiji da se rastereti svakodnevnih briga oko droge. Tokom 1979. godine obešena su zbog posedovanja droge četiri Kineza, svi žitelji Malezije. Sva četvorica su, međutim, bili sitni kuriri. U Singapuru nikada nijedan veći trgovac drogom nije stradao.

U zatvoru Čang, na sam dan pogubljenja jednog od pomenute četvorice kurira, pušten je Kin Malajac, bogati trgovac koji je takođe zbog droge osuđen na smrt. U poslednjem trenutku se navodno „otkrilo" da je sve bila „nameštaljka".

Vešanje „sitnih riba" u Singapuru bilo je u to vreme kao kakva tragikomična, melodramatična igrarija. Uprkos stravičnoj kazni, narkomanija se širila, a biznis i potrošnja droge su rasli.

Trijade u Singapuru su postale i razvijale se poput trijada u ostalim delovima Malajskog poluostrva. Na severu zemlje, gde su se Kinezi koncentrisali oko rudnika i rudarskih gradića, svile su gnezdo i moćne, tajne trijade. Diferencirale su se na bazi jezičkih dijalekata, sve do Drugog svetskog rata. Pozitivniji sloj tajnih društava transformisao se posle rata u Ćiju Ćao trijadu, a kriminalci su se udružili u ulične bande, parazite koji su izvlačili novac od vlasnika kafeterija, barova, prostitutki i javnih kuća.

Pretpostavlja se da su trijade konačno izgubile pravu moć šezdesetih godina, u Singapuru. Ipak, zadržale su stara imena, kao što su „More, kopno, planine".

## Ulaz u Evropu

Evropa zna te momke kao „mornare", neobrazovane tinejdžere koji rade sporedne poslove na brodovima. To im je jedini način da napuste Singapur. Posle nekoliko godina napornog rada i štednje, uspevaju da se ugnezde u nekom od evropskih gradova. Omiljeno stecište im je Skandinavija. Na kopnu rade u fabrikama, štede, i na kraju otvaraju male restorane. Najčešće rade u grupi. Pošto se posao razgrana, dovlače familiju iz Singapura.

Neki događaji se karakteristično poklapaju: kada se prva grupa „mornara" doseljenika solidno smestila u Evropi, u Singapuru se dogodio veliki incident. Ispred bioskopa *Odeon* u Singapuru, oktobra 1969. godine, sukobile su se bande „Si tong" i „Zmaj od zlata". Dva dečaka su ubijena u sukobu. Izdata je poternica, ali su begunci brodovima dospeli u Evropu. Našli su bezbedno utočište baš kod „mornara". Postepeno se razvilo rivalstvo tipa „singapurski Kinezi protiv svih". Oni su se sukobili s najmoćnijom hongkonškom trijadom „14 K", koja je kontrolisala sve kineske komune „preko mora".

Među „mornare" i „izbeglice" singapurskih Kineza sedamdesetih godina počela se slivati i treća grupacija emigranata „bivši vojnici". Po singapurskom zakonu, osamnaestogodišnjaci su služili dvogodišnji vojni rok. Vojska im, međutim, nije pružala obrazovanje, a po izlasku iz armije nisu imali mnogo šanse da nađu posao. Mnogi su zato krenuli u Evropu, tragom priča o fantastičnom uspehu svojih vršnjaka koji su pre punoletstva napustili domovinu.

Tako se sredinom 1970-ih izdvojio jedan dosta širok i kompaktan krug „propalih" omladinaca iz Singapura. Bili su uvereni da im vojni trening i vičnost oružju – mnogi su bili u komandosima – osiguravaju ulazak u podzemlje i prednost nad hongkoškim mafijašima.

Nekadašnje zajedništvo Singapura i Malaje omogućavalo je podzemlju Singapura da se relativno lako domogne droge i dopremi je u Evropu, najčešće preko Holandije. Posedovanje kokaina i heroina značilo je, gotovo automatski, gomilu novca i prevlast u kineskim četvrtima. Centar razmene je bio Amsterdam, prestonica evropskog heroina.

Singapurcima je išlo naruku i to što su hongkonške trijade „14 K" imale u to vreme, unutrašnje probleme. Problemi su kulminirali ubistvom Čung Mona, marta 1975. godine. Čung Mon je bio šef „14 K" trijada u Amsterdamu. Odmah posle ubistva u Evropu je, iz Hongkonga, poslat Juen Muk, da zameni pokojnog Mona. Ovaj je precenio sebe i zaveo diktaturu. Nazvali su ga Mao Cedung.

Paniku i nesuglasice između reorganizovane hongkonške mafije u Amsterdamu i sitnih biznismena od kojih je izvlačen novac, vešto su iskoristili singapurski Kinezi. Stupili su u otvoren sukob sa suprotnom stranom.

U jednom amsterdamskom kazinu došlo je do otvorene kung fu borbe između pripadnika prve i druge podzemne grupe. Zatim je usred bela dana, ispred *Jouli kazina* ubijen novi šef Mao Cedung. Plaćeni ubica bio je – došljak iz Singapura, kojeg su lokalni Singapurci iznajmili.

U svakom slučaju, Singapurci su ojačali svoj status u podzemlju i pojačali aktivnost. Zahtevali su od „štićenika" da rasturaju heroin, svako pomalo, i ko nema hrabrosti ili neće da rizikuje, mora da plati „odštetu". Singapurci su osnovali svoj sindikat „Ah Kong" i potpuno osamostalili mrežu za nabavku i rasturanje narkotika.

Prividno, zavladalo je primirje među kineskim gangsterima. Uistinu, obavljena je samo podela teritorija za „poslovanje". Trijada „14 K" je ostala vodeća u Britaniji, a podelila je s „Ah Kongom" amsterdamsko područje tako da je ova druga, singapurska grupacija dobila veći deo grada.

Pet glavnih singapurskih vođa ustoličilo se u Amsterdamu, Hamburgu, Kopenhagenu i Singapuru. Niže rangirani šefovi zaposeli su Penang, Kuala Lumpur i druge gradove luke, važne u lancu za distribuciju droge. Sve operacije odvijale su se uz pomoć „bankara" koji su prenosili ogromne svote novca uzete od prodaje droge.

Od petorice vođa, dvojica su bili „mornari", dvojica su došli kao „izbeglice" a samo jedan je bio „vojnik". Ujedinjavao ih je veoma obrazovani Singapurac koji se školovao u Australiji. Tamo je stekao čak i univerzitetsku diplomu. Zvali su ga Mozak „Ah Konga". Imao je dva pomoćnika s nadimcima „Kompjuter" i „Advokat".

Posao se ubrzo veoma razgranao. Neki su uložili novac i u hongkonšku filmsku industriju čiji su se kung fu filmovi dobro prodavali po celom svetu. Drugi su se ubacili u posao s dijamantima, tradicionalno vrlo cenjen u Holandiji. Novac od droge je ulagan u zakonite poslove.

U amsterdamskom Čajna taunu živelo je 1980-ih najmanje 500 kineskih porodica. Ubrzo se taj broj popeo na 7.000-8.000 duša, od kojih je bar 5.000 bilo bez pasoša. Pred očima komesara amsterdamske policije, Gerarda Turenara, naglo je rastao broj incidenata, uključujući i ubistva.

Jan van Straten, šef Centralnog istražnog odeljenja holandske policije, izjavio je jednom prilikom:

„Sami smo dopustili da se stvori idealna sredina za kineske kriminalce, koncentrišući imigraciju uglavnom u Roterdam i Amsterdam."

Posle stacioniranja američkih vojnika u Zapadnoj Nemačkoj, nakon vijetnamskog rata, naglo se povećao broj potencijalnih i stvarnih potrošača kineskog heroina. Geografski položaj Holandije i njena obala pogodovali su mafiji za švercovanje najopasnijih tereta i pošiljki.

Prva pošiljka heroina uhvaćena je u Amsterdamu. Relativno blagi zakoni pretvaraju Amsterdam u centar evropske distribucije narkotika.

## Mala Kina razara Peking

U poslednje vreme mafija iz Male Kine bavi se sve više trgovinom ljudima, gusarenjem, krijumčarenjem roba svih vrsta. Svake godine uz pomoć trijade na Zapad otplovi najmanje deset miliona siromašnih Kineza i Vijetnamaca. Karta za bolji svet njih košta po 500 dolara. Ekonomski razvoj Kine poslednjih godina pratilo je i jačanje i širenje ilegalnog poslovanja žute mafije. Prisjedinjavanje Hongkonga i Makaoa su Kini doneli svetsku privrednu i političku promociju, ali i nevolje s trijadama.

U samoj Kini najuticajniji gang devedesetih godina bio je „Veliki krug" iz Gvangoua. Najstariji gang je „Beli lotos" u Pekingu, nikao još u 17. veku, koji se sve manje bavi kriminalom, a sve više misticizmom.

Hongkoška trijada je najaktivnija i ima stotinak hiljada članova, koji su organizovani u 57 bandi. U samoj organizaciji trijada sadrži „Velikog brata", odnosno vođu koji regrutuje „pešadiju" i organizuje ih po „ćelijama". Glavnu reč u hongkonškoj mafiji vode trijade „Vo grupa" s 20.000 članova, sastavljena od deset gangova i „Sun Pli On" koja ima 40.000 članova. Najpoznatija je, međutim, organizacija „14 K" s 20.000 „pešadinaca" i 45 gangova, kao što su „Vo On Lok" i „Vo Hol To". Njihov glavni posao jeste izvoz droge u Ameriku. Prema zvaničnim podacima ukupno 2.860 kilograma heroina, 16.500 kilograma opijuma, 28.025 litara fensedila i 8,1 miliona tableta amfetamina i sličnih tableta ubačeno je samo u SAD. Gradovi van Azije u kojima danas živi Mala Kina su San Francisko, Njujork, Vankuver, Sidnej, Amsterdam i Mančester.

U Njujorku su devedesetih godina najopasnije bile trijade „Leteći zmaj" s 200 članova, „Plameni orlovi" sa 100 gangstera i „Senke duhova" sa 185 članova. „Zmajeva glava" u Njujorku je dugo godina bio Džon Kon, zvani „Crveni Kinez", rođen u Kini 1943. godine. Zbog šverca heroina uhvaćen je i osuđen 1997. na 27 godina robije.

Na Tajvanu je gospodario gang „Ujedinjeni bambu". Gang s 20.000 članova. Makao je centar trijade „Šun Fon" s 13.000 mafijaša, koji se bave kockom, prostitucijom, pljačkama, kao i krijumčarenjem droge i oružja. Poslednjih godina ove trijade su razvile velike poslove s lakom drogom amfetamin, koja se popularisala kao „lek od kojeg se ludi".

I u trijadi važe zakoni slični onima u Koza nostri, a to su porodična vezanost i lojalnost, i ćutanje do smrti. Ogranci kineske mafije „14 K", na primer, u Italiji, zovu se „Crveno sunce" i „Tigrova glava".

Devedesetih godina najistaknutiji kum trijade bio je Čeung Čekung, koji je imao svoj gang od 36 mafijaša iz Hongkonga. Njegovo privatno bogatstvo iznosilo je 1998. godine 70 miliona dolara. A zbog rasipništva Čeung je imao nadimak „veliki troškadžija", dok su ga kolege gangsteri zvali Kavaljer. Njegova vladavina nije, međutim, dugo trajala, jer je Kina uspela u zimu 1998. da uhvati Kavaljera i da ga strelja u gradu Guandžou.

Najzloglasniji gangster Kine bio je Peng Mjaođi, serijski ubica, koji je sa samo šestoricom članova svoje trijade „Đavoli iz Henana" usmrtio 77 ljudi. Banda je upadala u kuće imućnih Kineza u pokrajini Henan, sakatila ih ili ubijala, a potom sve pljačkala. Sam Đavo, kako su Kinezi zvali Mjaođija, ubio je 40 ljudi. Krajem 1999. je osuđen na smrt i streljan s još šestoricom iz ganga „Đavoli iz Henana".

Bila je to teška godina za kineske trijade, jer je država izrekla 3.152 smrtne kazne članovima mafije, a pogubila 1.876 kriminalaca.

Da bi stala trijadama na rep ili na glavu, Kina je krajem devedesetih formirala Državni komitet za zabranu droge. U njegovom sastavu se nalazilo čak 26 institucija s oko 10.000 specijalno opremljenih i treniranih policajaca. Za šefa je imenovan ministar Taj Siđu, koji je dobio rok od tri godine da pobedi narko-mafiju u Kini, Hongkongu, Makaiu i jugoistoku Azije. Generalni plan Kine je bio da spreči proizvodnju opijuma u „Zlatnom trouglu" od 2.500 tona godišnje, koji se preprodavao i unutar same Kine, ali i po čitavom svetu. Kina je 1997. godine, na primer, imala 540.000 narkomana u 1.920 srezova i gradova, od čega su čak 80 odsto bili maloletnici. To je bio najveći porok moderne Kine, pa je rukovodstvo države moralo da krene u opijumski rat.

Posebna meta državnih organa bio je grad Huizhou, udaljen 130 kilometara od Kantona, koji je proglašen za kineski Palermo. U njemu je, naime, bilo sedište trijade „Gospodari tamjana", zadužene za regrutovanje novih članova narko-mafije, „Sandale od slame", koja traga za poslovima preprodaje narkotika i „Crvena batina", koja se bavi obezbeđenjem ganga i kažnjavanjem neposlušnih mafijaša.

U zemlji velikih brojki sve je veliko, pa i ulov antinarkomanske divizije. Tokom 1998. godine u Kini je otkriveno 180.000 kriminalnih slučajeva s drogom, uhapšeno je 240.000 krijumčara narkotika i zaplenjeno 3.312 kilograma opijuma. Pored toga zaplenjeno je i 21.471 kilogram heroina, 8.491 kilograma marihuane, 4.374 kilograma sintetičke droge.

Pored opijumskog rata, širom Kine 1999. započela je hajka i na krijumčare tehničkom i drugom robom, jer po rečima kineskog premijera Džu Džunđija „krijumčarenje duboko potkopava privredu i ugrožava vladin cilj privrednog rasta od osam odsto godišnje". Ono ostavlja Peking bez prihoda od carine i oduzima profit nekim od najvažnijih državnih industrija, kao što su naftna i čelična.

Razuđena kineska obala ide na ruku krijumčarima. Ranjivost Kine na krijumčarenje pokazala se i pre jednog veka, kada su britanski trgovci preplavili zemlju opijumom, koji su iz Indije prokrijumčarili preko provincije Gvandong.

„Sui huo" ili „Vodeni kargo", na jugu Kine, predstavlja raj za krijumčare i ilegalnu trgovinu za sve i svašta, od limuzina do cigareta. Savremena trgovinska politika „otvorenih vrata" olakšala je posao krijumčarima u južnim delovima zemlje. Veći deo robe doprema se brodovima, dok se glavni organizatori nalaze izvan Kine, na Tajlandu, u Hongkongu, Makau i Indiji.

Kineski šverceri se koriste vodenim putevima, pa su zato vrlo često i meta kineskih gusara, koji već desetak vekova otimaju brodove. Samo u vodama Južnog mora 1998. godine registrovano je 247 brodskih pljački, u kojima je ubijeno 67 ljudi. Gusari napadaju brzim gliserima, koji se uz pomoć kuka prikače za brod tokom noći i posle likvidacije članova posada kradu samo robu ili čitav brod. Kada se 1992. godine takvoj otimačini suprostavio britanski kapetan Džon Bašford, kineski gusari su ga ubili.

Zbog modernih gusara Kina je proglašavala poslednjih godina u više navrata visok stepen pripravnosti ratne mornarice. Najpoznatiji gusar Kine bio je Veng Silijang, zvani Surovi, koji je oteo brod *Čeung*

*Sonu* i pobio 23 člana posade. Njega su Kinezi uhvatili 1999. godine i streljali zajedno s 13 članova gusara.

Prošla godina je bila bogata ulovom i kod kineskih carinika i graničara. Kina je strogom kontrolom šverca sprečila 21.117 slučajeva krijumčarenja u 1999. godini, 36 odsto više u odnosu na 1998. godinu. Godine 2004. podignute su optužnice protiv 990 uhapšenih krijumčara. Kineski carinici zaplenili su 520 kilograma droge, 21 milion piratskih kompakt-diskova, 7.350 komada vatrenog oružja i „veliki broj ukradenih automobila". U prošloj godini zaplenjena je švercovana roba u vrednosti od 159 milijardi juana ili 20 milijardi dolara, što predstavlja povećanje od 80 odsto u odnosu na prethodnu godinu.

Glavni krijumčari, međutim, nalaze se u državi, tačnije u kineskoj armiji.

Najbrojnija armija na svetu s 2,8 miliona vojnika je uplovila u poslovne vode početkom devedesetih godina, izmičući kontroli zvaničnog Pekinga. Prema hongkoškoj štampi, kineski vojni komandanti su otvarali rudnike, barove i fabrike za proizvodnju piratskih kompakt-diskova. Ova ilegalna trgovina umanjuje godišnji prihod državne kase za najmanje 200 milijardi juana tj. 24 milijardi dolara.

Kineska vojska iskoristila je ekonomske reforme da izgradi veliko trgovačko carstvo i ostvari impresivne prihode s gotovo 20.000 preduzeća. Poštovanje naredbe da se potpuno zatvori vojno poslovno carstvo pokazuje da je predsednik i šef partije Đijang Cemin, koji je ujedno i vrhovni komandant, još jače učvrstio svoj položaj na vrhu kineske piramide vlasti.

Korupcija je zloćudni tumor Kine, koji se što pre mora otkloniti, jer je, kako je primetio kineski lider Đijang Cemin, opasniji od žute mafije. Godine 2004. je u Kini zbog zloupotrebe vlasti, pljačkanja države, mita i korupcije kažnjeno 132.447 zvaničnika i 17 rukovodilaca u ministarstvima Vlade. Prosečna državna šteta je 1990-ih iznosila preko 3 milijarde dolara. Najveću aferu napravio je Čen Sitong, gradonačelnik Pekinga, koji je proneverio državne pare i oštetio Kinu za 2,2 milijarde dolara. Zbog toga je vlast 1999. formirala i Specijalni biro za borbu protiv korupcije, s oko 20 punktova u samom Pekingu. Samim tim se pokazalo da je Kina ozbiljno ugrožena i od privatne, ali i od državne mafije, i iznutra, a i spolja.

Li Dženg, bivši direktor poreske uprave u kineskoj provinciji Hebei, pogubljen je posle sudske presude da je proneverio više od 3,5 miliona dolara i primio gotovo milion dolara mita.

Više od 416.000 dolara, stečenih na nelegalan način, pronađeno je u Lijovoj kući, prilikom njegovog hapšenja. Ukupna suma za mito i proneveru iznosila je 4,5 miliona dolara, utvrđeno je tokom suđenja. Pošto je reč o visokom funkcioneru, ovaj slučaj je razmatrao Vrhovni sud Kine koji je dao zeleno svetlo za pogubljenje Li Dženga.

Prema zvaničnim procenama iz Pekinga, više od 4.000 korumpiranih funkcionera iskoristilo je „rupe u zakonu" i slabu saradnju sa stranim vladama i pobeglo iz Kine s najmanje 600 miliona dolara ukradenog novca.

Taj novac koji ukradu kineski zvaničnici predstavlja samo deo od ukupno 200 milijardi juana (24,2 milijarde dolara) koliko se, prema procenama Pekinga, ilegalnim kanalima iznese iz Kine svake godine.

Kineska vlada se nada da će uspeti da povrati deo tog novca kroz Antikorupcijsku konvenciju UN-a koja treba da bude potpisana u Meksiku. Kina je aktivno učestvovala u pregovorima o konvenciji i pokazala da je čvrsto opredeljena da iskoreni korupciju i poboljša međunarodnu saradnju na tom planu.

Ta konvencija treba da omogući vladama da prate novac iznet u inostranstvo i da doprinese unapređenju saradnje između službi nadležnih za borbu protiv korupcije širom sveta.

Početkom godine Kina je utvrdila nacrt zakona o borbi protiv pranja novca u okviru koga će bankama i drugim finansijskim institucijama biti naloženo da preuzmu odgovornost za sumnjive transakcije. Ali, Kina tek treba, i to što pre, da pojača mere za borbu protiv korupcije u zakonskom sistemu, kao i mere za unapređenje međunarodne saradnje u tom sektoru.

Kineski zvaničnici ukazuju da „rupe u zakonima", kao i nedostatak saradnje s međunarodnom zajednicom, ohrabruju korumpirane funkcionere da nekažnjeno beže u inostranstvo s ukradenim novcem.

Partijski dnevnik *Ženmin žibao* podseća da je lider KP Kine Hu Đintao nedavno zatražio od 65 miliona članova partije da „žive jednostavnim životom i da izbegavaju iskušenja kao što su novac, moć i seks". Hu pokušava da povrati ugled KP Kine koji je poljuljan korupcionaškim skandalima na visokom nivou.

„Da li članovi partije, naročito vodeći kadrovi, mogu da odole iskušenjima moći, novca, lepote i seksa, praktičan je test", navodi se u Huovom govoru. Kineski zvaničnici strahuju da će KP Kine – masovnim ulaskom privatnika u partiju – postati kapitalistička stranka.

# Istorijski zaokret

Omogućavanje prijema kapitalista u KP Kine predstavlja istorijski zaokret, koji je odobren na poslednjem kongresu stranke u Pekingu, što čini značajnu evoluciju, ali i nosi velike rizike za kineski režim.

„To je tranzicija ka periodu nakon komunizma prema kapitalističkom i nacionalističkom autoritarizmu", ocenila je agencija AFP. Osim radnika, seljaka, vojnika i intelektualaca, amandmanom koji je usvojen na poslednjem kongresu KP Kine omogućeno je i „naprednim elementima" iz drugih društvenih slojeva da budu primljeni u partiju.

Državnim kompanijama dugo su rukovodili partijski sekretari, ali su tokom 1990-ih, doduše veoma pažljivo i postepeno, u partiju počeli da ulaze i privatni preduzetnici, a kineski funkcioneri su se polovinom 2003. godine prvi put javno založili za masovniji prijem privatnika.

Ideološki, otvaranje partije za laobane – kako Kinezi nazivaju gazde – predstavlja prekretnicu, iako je „konačni cilj KPK" još, prema njenom statutu, „ostvarenje ideje komunizma". Ali ako više nema klasne borbe, nema ni komunizma, primećuju posmatrači.

Analitičari ocenjuju da je KP Kine ranije nastojala da ostavi utisak partije radnika i seljaka ali je postala „partija gazda i elite", dodajući da taj ideološki zaokret nosi i rizike, pre svega povećanje nezaposlenosti i socijalne nejednakosti.

Ipak, kineski lideri sve više shvataju važnost privatnih preduzetnika u podsticanju strukturalnih reformi. U ovoj etapi, kineska KP prepoznaje postojanje kapitalističke privrede, čak iako to ne kaže otvoreno.

Prema zvaničnim podacima, od najmanje 35 miliona Kineza, kojima je najbolje išao naruku brz ekonomski razvoj, najmanje milion je svrstano u kategoriju bogataša. Ovih milion milionera su, izgleda, najveštije iskoristili „guansu" (čvrste veze) s lokalnim partijskim funkcionerima i direktorima državnih fabrika.

Širom Kine registrovano je više od dva miliona privatnih firmi pod kormilom neprikosnovenih gazdi. Procenjuje se da samo u Hongkongu ima oko 20.000 srećnika s godišnjom zaradom većom od milion dolara.

Kineski mediji podsećaju da je najbogatiji Kinez – Žong Jiren, bivši potpredsednik Kine (od 1993. do 1998) i osnivač prve kineske kompanije za privlačenje stranog kapitala (*Sitik*). Žong je stekao bogatstvo od

1,9 milijardi dolara i nalazi se ubedljivo na prvom mestu rang-liste 50 najbogatijih Kineza.

Obračun protiv mafije i kriminala je zato žestok.

Kina je u zimu 2005. godine pogubila 22 lica osuđena za ubistva ili pljačke u okviru tradicije izvršenja pogubljenja pre kineske Nove godine. Pogubljeni su zbog ubistava počinjenih tokom oružanih pljački ili svađa u poslu s prostitucijom.

Kina tradicionalno pogubi veliki broj kriminalaca pred praznike. Očekuje se da ovogodišnji broj bude veći zbog kampanje „udri žestoko" pokrenute u aprilu. Cilj je da se javnosti pruži osećaj sigurnosti tokom praznika i istovremeno pruži upozorenje.

# KOLUMBIJSKI KARTELI

## Država na kokainu

Kolumbija je najopasnija zemlja na svetu. To je jedina država u kojoj je više ubijenih nego ljudi umrlih od bolesti. Najmoćniji i najopasniji čovek u toj državi Hilberto Rodrigez Orehuela treći put je uhapšen. On je zajedno sa svojim bratom Migelom bio na čelu kartela iz Kalija, najjače zločinačke organizacije koja ima monopol na svetsku trgovinu kokainom.

Pre sedam godina Rodrigez je uhapšen u spektakularnoj policijskoj akciji, pa je završio u zatvoru. Oslobođen je u novembru 2002. godine, jer mu je petnaestogodišnja zatvorska kazna prepolovljena „zbog dobrog vladanja". Takva odluka izazvala je šok u Kolumbiji, i velike proteste američke administracije, pa je Rodrigez treći put završio iza brave.

Hilberto Rodrigez Orehuela poznat je kao kriminalac s gospodskim manirima, koji je sve probleme rešavao podmićivanjem pre nego nasiljem. Kokainski kartel utemeljio je još sedamdesetih godina prošlog veka, s ubicom i dilerom Hozeom Santakruzom Londonom. Godinama je klan iz Kalija održavao dobre veze s kolegama sa severa, zloglasnim narko-kartelom iz Medeljina. Iako su neko vreme imali dogovor o deobi plena, koji je stizao iz zlatnog kokainskog izvora – Njujorka, ljubav nije trajala predugo. Hilberto se uvek predstavljao kao trgovački magnat, održavao je dobre veze s političarima i glumio uglednog građanina, a njegov slavni kolega Pablo Eskobar nikad nije krio da uživa u ubijanju.

Kada su 1980-ih zahladneli odnosi između Medeljina i Kalija, Rodrigeza i njegovog brata Migela, zvanog Gospodar, kolumbijski mediji optužili su ih da imaju patronat nad „papasima" (ljudi koje je zlostavljao Pablo Eskobar), tajnom organizacijom koja je pobila više od 60 Eskobarovih rođaka i saradnika. Na kraju, i pod neraziašnjenim okolnostima, u velikoj nameštaljci CIA i kolumbijskih specijalaca, 1993. ubijen je i Eskobar.

Već posle dve godine Rodrigez je kontrolisao 80 odsto svetske trgovine kokainom, godišnje su braća zarađivala 8 milijardi dolara, a njihovo ukupno bogatstvo procenjivalo se na 205 milijardi dolara...

Godine 1995. uhapšen je Rodrigez, a godinu dana kasnije i Migel. Još sedam šefova kartela ubijeno je ili su završili iza brave. Amerikanci su sedam godina uporno tražili njihovo izručenje, za to vreme braća su uživala u raskošnim ćelijama, gosteći se šampanjcem, kavijarom i razvijajući biznis. O tome da je Rodrigez nastavljao organizovanje krijumčarenja kokaina iz zatvora, svedočio je 1998. pokajnik i njegov bivši saradnik Fernando Hose Flores.

Kada je 2002. Rodrigez oslobođen, kolumbijski ministar pravosuđa Fernando London izjavio je: „To je užas, užas, užas... Ovo je trenutak žalosti, patnje i propasti za našu naciju, za naš pravosudni sistem."

Hilberto Rodrigez Orehuela proteklih godina svim silama nastojao je da izgradi imidž uspešnog biznismena, koji nema nikakve veze s drogom. Predsedao je udruženjima direktora banaka u Kolumbiji i Panami, bio generalni zastupnik *Krajslera* i vodio medijski konzorcijum od 30 radio-stanica u Kolumbiji... Rodrigez je otac sedmoro dece, školovanih na uglednim američkim i evropskim univerzitetima.

Uprkos svojim snažnim društvenim, privrednim i političkim vezama, Hilberto Rodrigez Orehuela živeo je u seni moćnijeg i opasnijeg narko-bosa Pabla Eskobara, sve do jula 1991. godine. Tada je Džon Mudi u *Tajmsu* objavio razgovor sa šefom kartela koji predstavlja najveću pretnju Eskobarovoj medeljinskoj grupaciji i koji bi, jednog dana, mogao preuzeti svetsko kokainsko tržište.

„Telefon mi je zazvonio u osam ujutro. 'Nemoj doručkovati', savetovao mi je Hilberto. 'Planiram veliki ručak, tako da se možemo dobro upoznati.'"

Tako je Džon Mudi, nekada *Tajmsov* stručnjak za Jugoslaviju i Istočnu Evropu, a danas urednik *Foks njuza*, opisao početak devetočasovnog razgovora s Rodrigezom.

Rodrigez je tada pristao na „prvi i jedini intervju za pedeset dve godine života", kako bi „opovrgao tvrdnje da je umešan u krijumčarenje kokaina".

Mudi je u kontakt s Rodrigezom stupio preko čoveka povezanog s kartelom iz Kalija. Poziv je stigao godinu dana kasnije, uz prigodno upozorenje: „Dođi, ali ne želim da na imenu moje porodice ostane ikakva mrlja. Moj brat Migel Angel i ja jedini smo članovi porodice koji su povezani s tim poslom."

Do Rodrigezove vile Mudija je dovezao ćutljivi šofer u plavoj mazdi, u pratnji dvojice telohranitelja na brzim i snažnim motorima. Rodrigez je dočekao Mudija u ružičastoj majici i tamnim pantalonama. Oko zgloba njegove leve ruke isticao se zlatni *kartije* sat, a na grudima mu je svetleo zlatni krst. Ruke tog čoveka bile su male, gotovo ženske, prsti negovani.

„Moje vreme vam je na raspolaganju. Pitajte me što god želite. Neću se uvrediti", rekao je Mudiju na početku razgovora šef opasnog kartela. Razgovarali su u kući koja je bila opremljena modernim nameštajem, sedi batler neprestano je nečujno kružio oko Mudija i Rodrigeza, nudeći im pivo, kafu, mineralnu vodu. Razgovor je beležila Rodrigezova sekretarica, a on je stalno proveravao njene zabeleške.

Najpre je novinaru *Tajmsa* pokušao da demantuje notornu činjenicu da trguje kokainom: „Mislite li da bi jedna osoba, jedan jedini moćni čovek, mogao kontrolisati sve kokainske pošiljke koje odlaze iz Kalija. Napolju, na ulicama, imate dečake koji se nadaju da će, ako prenesu deset kilograma koke, u jednom danu postati milioneri. Smatrate li da neko može kontrolisati tu decu?", zapitao je Rodrigez novinara *Tajmsa*, dodavši: „Ja nisam krijumčar narkotika, a nisam ni šef narko-kartela. Nisam ni megaloman, nije mi prijatno kad me opisuju kao zlikovca, inteligentnog i moćnog čoveka, koji ima neograničenu sreću."

Na pitanje kako objašnjava američke optužbe i tvrdnje da u SAD krijumčari stotine tona kokaina, Hilberto Rodrigez je odgovorio: „Amerikanci mi nikad neće oprostiti činjenicu da sam oprao milijardu dolara u panamskoj banci. Ali to pranje novca bilo je sasvim legalno, u skladu s tamošnjim zakonom, a oni zbog toga ne mogu da mi sude, zato žele da mi nameste poslove s kokainom."

Priznao je da je živeo u smrtnom strahu od Eskobara: „On je bio bolesnik, psihopata, mesečar, on je znao da je izgubio rat s državom. Živeo je samo da bi uništavao i ubijao."

Njihovo neprijateljstvo, tvrdi Rodrigez, počelo je 1987. godine, kad je odbio Eskobarovu ponudu da zajedno organizuju otmicu Andresa Pastrane, kandidata za gradonačelnika Bogote, kasnije kolumbijskog predsednika. Eskobar je tada poručio Rodrigezu: „Ko nije sa mnom, taj je protiv mene."

Rodrigez optužuje Eskobara da je 1989. organizovao atentat na predsedničkog kandidata Luisa Karlosa Galana Sarmijenta, koji je u kampanji najavljivao da će iz Kolumbije isterati kokainsku mafiju. Rodrigez se kune da je Galana upozorio na opasnost: „Galan nije hteo da me sluša, bio je opsednut istorijskim značajem svoje kampanje."

Rodrigez je upozorio policiju i na kamion koji je s 800 kilograma eksploziva bio parkiran ispred redakcije dnevnog lista *El tijempo*. „Znao sam za to, jer su moji ljudi presreli poruku u kojoj je Eskobar obećao veliko iznenađenje za novinare. Eskobar je želeo da ubije i mene. Na putu do kuće promenio sam tri vozila. U mojoj porodici deca moraju da slave i lažne rođendane, na Božić se nikad ne okupljamo svi zajedno, jer znamo da smo tako najlakša meta. Dane sam provodio u šest različitih kuća. Ovakve izmišljotine ne mogu čoveka da zaštite od zla. Treba imati oružje u rukama."

Rodrigez je 1984. uhapšen u Španiji. Izručenje su istovremeno zatražile i Kolumbija i Amerika. Dve godine kasnije Španci su ga izručili Kolumbiji, a Rodrigez je oslobođen optužbi za krijumčarenje droge. Oslobađajuća presuda doneta je po hitnom postupku, iako je DEA, moćna američka agencija za borbu protiv narkotika u Kolumbiji, poslala svedoka koji je trebalo da potvrdi sve navode iz optužnice. Dva dana posle oslobađanja, Amerikanci su sastavili novu optužnicu protiv Rodrigeza.

Rodrigez je kao vlasnik fudbalskog kluba *Amerika Kali* uživao u bejzbolu i poeziji. Mudiju je u jednom trenutku počeo da recituje stihove. Kad je pala noć, Rodrigez je ispratio Mudija i mahnuo mu. Isti vozač u plavoj mazdi dovezao ga je do hotela, rekavši mu: „Hilberto je zaista drag čovek, on nije sitna duša kao Eskobar, i pošten je prema ljudima koji rade za njega. Interesuje ga da li i mi dobro živimo. Samo jednu stvar neće nikad tolerisati u svojoj organizaciji."

„Šta to neće tolerisati?", upitao je Mudi vozača.

„Drogu", odgovorio je Rodrigezov vozač i poželeo mu laku noć.

Posle Rodrigezovog hapšenja 1995. godine zaređale su se optužbe na račun tadašnjeg kolumbijskog predsednika Ernesta Sampera, koji je, kako proizilazi iz jednog bankarskog čeka, od kokainskog kartela primio čak 6 miliona dolara za predizbornu kampanju 1994. Iako je krivica prebačena na neke članove njegovog predizbornog štaba, senka sumnje je ostala. Tada je krenula silovita akcija protiv najmoćnijeg kokainskog kartela na svetu. Otkriveno je skrovište odbeglog Hozea Santa Kruza, i on je u sukobu s kolumbijskim komandosima ubijen 5. marta 1996. Operacijom je rukovodio general Serano, čija je popularnost u Kolumbiji bila izuzetno velika. Nije stao na Santa Kruzu, počela je potera za Hilbertom Rodrigezom, koji je viđen kako ulazi u jednu zgradu, a pratili su ga tajni agenti obučeni u Americi, koji su se pretvarali da džogiraju. Iako su ga na trenutak izgubili, Hilberto je uhvaćen zbog navike da koristi velike količine parfema. Policajci su ga doslovno nanjušili.

Njegov brat Migel Rodrigez Orehuela sklonio se u Bogoti. Uz pomoć doušnika Seranovi ljudi su ga pronašli u tom sedmomilionskom gradu. Policajci su najpre otkrili prazan stan, ali su se nekoliko sati posle vratili i počeli da ruše zidove. Kada su srušene tajne pregrade, iza klozetske šolje otkrivena je prostorija prepuna krvi, opremljena bocama za kiseonik. Bušilica kojom su rušeni zidovi raznela je rame kriminalca skrivenog u skrovištu, ali se Migel ranije izgubio. Nekoliko dana kasnije CIA je otkrila Migelovu ljubavnicu na desetom spratu jedne zgrade u predgrađu Bogote, i on je ubrzo uhapšen. Kolumbijski karteli u međuvremenu su uskočili u biznis s heroinom, organizovali gajenje opijumskog maka, i prema nekim tvrdnjama sada se izgubljeni prihod od kokaina uspešno nadoknađuje prodajom heroina.

Akcija protiv kartela iz Kalija, trećeg po veličini grada Kolumbije, bila je žestoka. Uhapšeni su svi istaknuti pripadnici kokainskog podzemlja, mnogi političari i bankari, iza brave se našlo 3.000 korumpiranih policajaca, uništeni su tajni pogoni za proizvodnju droge. Ali kokainska industrija nije ugrožena.

Na pragu 2005. godine, kolumbijske vlasti izručile su SAD bivšeg šefa zloglasnog Kali narko-kartela Hilberta Rodrigeza Orehuela, koji je nadzirao najveći deo svetske trgovine kokainom, jer ga SAD optužuju za trgovinu drogom i pranje novca.

## Ulaz u Ameriku

Nekada je Kolumbija bila poznata po smaragdima i kafi. Danas, kada se pomene ime ove države, mnogi ljudi u svetu pomisle na drogu, kokain, i moćne narko-barone čija su bogatstva vredna milijarde dolara. Ovu tužnu činjenicu nije uspela da promeni ni dvanaestogodišnja vladavina Liberalne partije, čiji su članovi u tom periodu bili na čelu države i pokušavali da reše problem narko-mafije. Nisu uspeli jer nisu imali iskrenu podršku SAD, glavnog korisnika kolumbijske droge i njenog pravog tvorca.

Naime, u vreme svetske Studentske revolucije 1968. nekome je u Americi palo na pamet da usijane mlade glave leči drogom, izmišljajući hipi pokret. Ovaj projekat je uradila američka CIA, koja je finansirala proizvodnju jeftine koke na plantažama Južne Amerike. Kokain je u Sjedinjenim Državama prodro u gotovo svaki segment društva.

Hipici su bili prvi potrošači LSD-a, marihuane, i drugih psihoaktivnih i telesnih droga, ali je samo kokain prodro u srž američke javnosti.

Ranih 1980-ih kokain je tako postao luksuzna droga osamdesetih.

Prema jednom izveštaju, članovi specijalne venecuelanske jedinice za suzbijanje droge, koju je osnovala CIA, prokrijumčarili su preko 1.000 kilograma kokaina u SAD. Dva agenta biroa za narkotike i teške droge pokušali su svojevremeno da zaplene jedan avion tipa DC-3 kompanije *Er Amerika* koji je bio krcat heroinom pakovanim u kutije za sapun. Na intervenciju CIA naređeno im je da oslobode avion i prekinu istragu.

Predsednik Ronald Regan je, na primer, 28. januara 1982. objavio stvaranje specijalnih snaga koje će biti na zadatku na Južnoj Floridi da spreče ulaz kolumbijske droge. Međutim, američki piloti, koji su unosili drogu u Sjedinjene Države, nabavili su savremeniju opremu i počeli da se provlače kroz granicu, menjajući put kojim su prevozili tovar. Pajper cesne zamenili su cesna sitejšn mlaznjaci i konvest turbo mlaznjaci i rojevi brzih malih čamaca koji su u SAD svake nedelje i u svako doba dana unosili tone kokaina.

Tako su otvorena vrata Amerike za južnoameričku jeftinu drogu. Najveći prodor u SAD od svih mafija sveta načinio je narko-kartel iz Južne Amerike, koji prevozi drogu u Kaliforniju čak i podmornicama ili je preko Meksika ubacuju u Ameriku.

Kad je to postao najveći planetarni biznis, veći i od prodaje oružja, Amerikanci su ga prigrabili za sebe. Više se ne zna gde je južnoamerička narko-mafija jača, u svojoj zemlji ili u SAD. Da bi se zaštitili od ove pošasti, Amerikanci su potrošili za pet godina čak 52 milijarde dolara, ali bez uspeha. Od svih mafija na „zelenom" kontinentu najjača je kolumbijska, koja se bavi uglavnom proizvodnjom i preprodajom kokaina i hašiša, a potom pranjem novca zarađenog na narkoticima. Kokain i hašiš već prodaju u Varšavi i Moskvi, a dolare čuvaju u Cirihu i Njujorku.

Amerika je danas prosto utopljena u kolumbijsku drogu. Proizvodnja i prodavanje droge ostatku sveta tokom šezdesetih godina i uporno nastojanje američkih političara i raznih drugih funkcionera da isključivo okrive Kolumbiju za ovo zlo koje pustoši svet danas, zajedno s netačnim izveštavanjem o događajima u Kolumbiji koje se i dalje nastavlja, izazvalo je u Kolumbiji mržnju prema Amerikancima.

Kolumbija je s 80 odsto proizvodnje kokaina glavni distributer ove droge u svetu. Na vrhuncu moći, 1980-ih, dva glavna kartela Medeljin i Kali imali su ukupno milion ljudi, radnika i 25.000 vojnika, raspoređenih u 2.000 grupa. Njihova vrednost je iznosila oko 8 milijardi dolara.

Na ova dva kartela bili su naslonjeni i kartel Huarez, čiji su šefovi bili Eduardo Gonzales Kvirarte i Vinsente Kariljo Fuentes u Sjedinjenim Državama; kartel Golf smešten u Teksasu; kartel Tihuana koji je operisao na granici Meksika s Amerikom; i kartel Sonora, koji je isključivo radio heroin u Meksiku za Sjedinjene Države. Kolumbijski i meksički karteli su organizovani kao mafija, a funkcionišu kao preduzeća. Tačnije, kao poljoprivredne zadruge koje uzgajaju koku.

Proizvođači kokinog lišća su uglavnom seljaci iz doline Apurimak, na severu Perua, zatim seljaci Kolumbije, Bolivije, Meksika, Venecuele. Ali uzgoj „ilegalnih kultura" u Kolumbiji neprestano se povećava. Prema podacima američkih vlasti, proizvodnja useva od kojih se pravi kokain narasla je 2004. godine skoro za petinu.

Seljacima Kolumbije i drugih država „zelenog kontinenta" više se isplati da uzgajaju koku i mak nego žitarice, jer od proizvodnje tih biljaka ipak dobijaju neku zaradu, koju od države ne bi dobili za žito. Iako je glavni kolumbijski narko-kartel u Medeljinu oslabljen smrću Pabla Eskobara 1993, konkurentski u Kaliju već je preuzeo oko 70 odsto svetskog tržišta kokaina. Računa se da su od proizvodnje i prodaje droge ti karteli zaradili nekoliko desetina milijardi dolara. Njihovu moć najbolje pokazuje skandal posle Samperove pobede na izborima 1994. kada je izborni pobednik optužen da je od kartela Kali primio 6 miliona dolara za predizbornu kampanju. Afera je trajala dve godine da bi doživela kulminaciju u Donjem domu Kongresa Kolumbije, kada je, glasovima liberala i konzervativaca, Samper oslobođen optužbi o vezama s podzemljem.

Kolumbija je zemlja oštro podeljena između ogromnog broja siromašnih seljaka i malog broja bogatih ljudi. Slabo razvijenoj srednjoj klasi nije pomogla ni vidna ekspanzija ekonomije uzrokovana novim nalazištima nafte i dobrom prodajom kafe. Vlada predsednika Sampera pokušala je da unapredi radnička prava i da uloži više novca u socijalne potrebe, zdravstvo i školstvo. Novac za ove potrebe progutao je visoki javni deficit izazvan troškovima borbe protiv gerile i kartela droge, kao i korupcijom, koji je doveo i do krize vrednosti domaće valute koja još traje i danas.

Kolumbija se pretvorila u sirovinsku bazu za proizvodnju kokaina i heroina.

Koka je ostala osnovni poljoprivredni proizvod Kolumbijaca i najveći izvozni artikal. A njena upotreba je već i srž kolumbijske filozofije života.

„Kolumbija bukvalno leži na drogi", tvrdi Zoran Veselinović, sin trenera Toze Veselinovića, koji je živeo u Kolumbiji. „Još kao klinac viđao sam ljude bez ijednog zuba koji nedeljama bukvalno ništa ne jedu, a rade na plantažama koke – žvaću koku koja im daje snagu da izdrže. Kokain Kolumbije je čist i košta 5-6 dolara po gramu, što je više nego jeftino. Prijemi koje su organizovali narko-bosovi, a na koje sam i ja išao, jer oni pripadaju kolumbijskoj vladajućoj eliti – svi su ličili jedan na drugi: obavezno su s porodicama, oni nikud ne idu, niti se slikaju bez brojnih članova porodice, a obavezno posluženje je kokain. Kao svi dobri domaćini, i oni se iz petnih žila trude da gostu na svojoj zabavi pruže apsolutno sve što poželi.

Istina je da u Kolumbiji fudbaleri imaju status bogova i da se oni do besvesti drogiraju, čak i na poluvremenu utakmice. Dok oni šmrču u svlačionici, trener, ako je stranac, daje izjavu novinarima da ne bi video šta se dešava. Ipak, lepo je igrati u Kolumbiji jer su stadioni puni dopingovane publike, a pretpostavljam da je i u Paragvaju i Boliviji isto.

Maradona je nakon poslednjeg lečenja u Švajcarskoj po povratku u Buenos Ajres izjavio da najviše na svetu voli svoje dve ćerkice i da priznaje i svoje dete u Napulju, ali da on koke ne može da se odrekne i zamolio da ga više ne muče. To je životna filozofija ljudi koji od najranijeg detinjstva posežu za narkoticima jer je to najefikasnije sredstvo da zaborave glad i siromaštvo", zaključuje Zoran Veselinović.

## Kartel Rodrigeza Orehuela

Kolumbijski kartel je 1990-ih imao imao oko 50.000 članova, podeljenih u 30 velikih klanova. Najveći klan i centar nalazi se u Kaliju. Njega vodi danas Kastro Desilja, naslednik Rodrigeza Orehuela, koji godišnje ostvaruje profit od 10 milijardi dolara. Posle Pabla Eskobara, koji je kao agent CIA mešao politiku s krijumčarenjem i tako zapao u terorizam, nova generacija kumova u narko-kartelu odlučila se za mirnije načine poslovanja. Umesto bombi i pušaka, kolumbijski mafijaši posluju s kompjuterima i žiro računima. Njihov kapital u svetu ceni se na 400 milijardi dolara.

Vođa kartela u Kaliju dve decenije bio je Hilberto Rodrigez Orehuela s bratom Migelom, koji je kao kriminalac uložio veliki napor da se društveno uzdigne. Dok je bio na izdržavanju zatvorske kazne u Španiji 1985, uhapšen zbog otvaranja novog evropskog tržišta kokainom, avionom je specijalno iz Kolumbije doleteo njegov „kulturni savetnik" da Hilberto ne bi prekidao svoje časove iz istorije umetnosti. Bio je toliko bogat da je imao toaletne šolje optočene zlatnicima!

Šlifovanje klana Rodrigeza Orehuele, jer je Hilberto jednog svog sina čak poslao na Oksford, ne osvrćući se na dečakove proteste, donelo je ovoj porodici ugled na javnoj sceni. Svet ih ceni zbog njihove učtivosti i nepristajanja na nasilje.

Na drogi, koju kartel iz Kalija prodaje širom Amerike, zarađene su milijarde dolara. U vreme Svetskog prvenstva u fudbalu u Americi 1994. godine, braća Rodrigez Orehuela iz kartela u Kaliju, najjačeg lanca narkotika u zemlji, preneli su do Meksika u dva boinga 727 po 7 tona kokaina vrednog 210 miliona dolara. Odatle je droga krijumčarena preko američke granice. Avioni su napravili dva leta pre nego što je ova operacija zaustavljena.

Kokain i heroin iz Latinske Amerike doprema se u SAD pomoću helikoptera, raketa, pa čak i podmornica. U Majamiju na Floridi u noćnom klubu *Portis* grupa kolumbijskog kartela Kali kupila je 2004. godine od ruske mafije dva vojna helikoptera ruske proizvodnje. U tom klubu sklopljen je i posao oko nabavke podmornice klase tango, koja je trebalo prevashodno da posluži za prebacivanje „belog praha" iz Kolumbije do obale Kalifornije.

Prema podacima američkih agenata, 2004. godine kolumbijski karteli su kupili i dva borbena oklopna helikoptera za brzo prebacivanje droge i odbijanje iznenadnih policijskih napada. Američke federalne agente posebno brine to što se kolumbijska mafija snabdela raketama zemlja–vazduh kojima oni mogu da se efikasno suprotstave napadu policijskih helikoptera na laboratorije kokaina i heroina, skrivene u dubini džungle.

Druga taktika krijumčarenja heroina, kokaina i drugih narkotika obavlja se uz pomoć „mrava". To je osoba koja guta nekoliko plastičnih kapsula napunjenih drogom. Ovaj čovek mnogo rizikuje, jer dovoljna je neznatna rupica na kapsulama da bi telesna toplota rastopila tu malu količinu droge i prouzrokovala smrt.

Policija ih na aerodromima prepoznaje lako jer se drže uspravno, kako naš narod kaže „kao da ima kolac u leđima", pa ne mogu da se sagnu da uzmu kofer.

„Džentlmeni iz Kalija", kako je kartel Orehuele nazivao sebe, nisu voleli da koriste nasilje. Ogradili su se i od nasilnih poteza „kandidata za izručenje" Americi, bili su protiv vlade Kolumbije, ali su se primirili, u najvećoj mogućoj meri izbegavali da ostavljaju žrtve među civilima i nastavljali sa svojom oprobanom praksom da se koriste uslugama vojske i policije kad treba obaviti neki prljavi posao. General Maza Markes, u to vreme šef kolumbijske tajne policije, zarađivao je procenat od profita konkurentskog Kali kartela, dozvoljavajući im da nastavljaju svoj posao bez opasnosti da budu kažnjeni.

Pablo Eskobar je od Kalijevaca tražio da se uključe u njegovu narko-terorističku kampanju. Oni su to odbili. Ko poznaje i Pabla Eskobara i Hilberta Rodrigeza Orehuelu zna da se njih dvojica toliko razlikuju. Pablo je za borbu, a Hilberto voli da podmićuje najvažnije ljude u državi. Glavni njihov saradnik bio je šef tajne službe Kolumbije. Njega su koristili da zvanično napadne glavnog konkurenta Pabla Eskobara.

Postoji bezbroj verzija o tome kako je počelo rivalstvo između dva kokainska grada – države Medeljina i Kalija. Prema jednoj, razdor je izazvala ukradena pošiljka, prema drugoj, sukob oko njujorškog tržišta droge, a prema trećoj, jedno ubistvo koje je zahtevalo osvetu.

General Migel Maza, bivši direktor DAS-a, 1988. je po nalogu kartela iz Kalija, organizovao diverziju na Eskobara. Snažna eksplozivna naprava demolirala je unutrašnjost palate *Monako*, u otmenoj medeljinskoj četvrti El Pobladu, u vreme kada su tamo spavali Eskobarova supruga i sin. Bombu su postavili jedan penzionisani poručnik i štapski narednik iz Četvrte brigade kolumbijske armije i pripadnik garnizona u Medeljinu. Eskobar je platio 1.000 dolara jednom oficiru iz iste brigade da pronađe atentatore i likvidira ih.

Kasnije su „džentlmeni" iz Kalija regrutovali grupu britanskih plaćenika da izvede helikopterski desant na imanje *Napulj*. Pokušaj je propao kada se jedan helikopter neplanirano srušio, a Pablo Eskobar se revanširao ne samo slanjem ubica u Kali nego bombaškim napadima i paljevinom diskontnih apoteka iz lanca *La rebaha* širom zemlje, čiji su vlasnici braća Rodrigez Orehuela.

Pukovnik Omero Rodrigez ima klasni prsten Akademije FBI-ja (klasa '86). On će biti osumnjičen da je organizovao Eskobarovo bekstvo iz zatvora *Katedrale* da bi ga spasao likvidacije. U januaru 1992. pukovnik Rodrigez je iz svojih pouzdanih obaveštajnih izvora saznao da su „džentlmeni" iz Kalija kupili 4 bombe teške 110 kilograma od ratnog vazduhoplovstva Salvadora i da sada traže na tržištu jurišni avion A-37, koji treba da ih izbaci.

Kao jednu od mera predostrožnosti on je tada u zatvoru odobrio izgradnju bunkera za zaštitu od napada iz vazduha. Mada se bombarder iz Kalija nije pojavio, izdao je nalog da se stalno osmatra nebo i kada je jednog dana zonu kaznionice nadletao avion kolumbijske ratne avijacije, izvodeći pritom nešto što je ličilo na „neprijateljske manevre", pukovnik je odlučno naredio da se otvori vatra. Cilj, međutim, nije pogođen.

U januaru 1992. došao je državni javni tužilac i proveo izvesno vreme snimajući zatvor. Načinjeno je ukupno 126 fotografija. Ubrzo zatim, neke od tih fotografija poslate su Eskobaru iz Kalija sa zloslutnom porukom: „Imamo dobre špijune u zatvoru".

## Ostavština Pabla Eskobara

Priroda kolumbijskog krijumčarenja droge se izmenila otkako su početkom devedesetih karteli bili na vrhuncu. I isporuke i organizacije za krijumčarenje sada su manje, ali brojnije. Današnji kolumbijski kokainski baron verovatno će pre izgledati kao ozbiljni broker na poslovnom doručku, nego kao napadni dečko sa zlatnim lancima, koji je odrastao na pogrešnom kraju grada.

Od januara 2004. godine, kolumbijske jedinice za borbu protiv droge zaplenile su 64 tone kokaina, ali čak i oni priznaju da je to manje od polovine onoga što se prenese u inostranstvo.

To je, međutim, sve ostavština Pabla Eskobara. On je bio baron Kolumbije. Bio je i vođa najveće organizacija za proizvodnju i rasturanje kokaina na svetu. Ubile su ga specijalne policijske snage u decembru 1993. Prvi put je uhapšen za rasturanje droge pre dvadeset pet godina.

Pablo Eskobar je bio pravi vladar Kolumbije i svih kartela. Medeljinski kartel sastoji se, u stvari, od različitih grupa, od kojih svaka ima svoju poslovnu i obaveštajnu mrežu, svaka ima sopstvenu armiju i sopstvenu policiju. One se udružuju oko nekih bitnih problema kao što je ekstradicija. Od 1986. Pablo Eskobar možda i nije najveći trgovac drogom, ali on je gazda Kolumbije. Još 1981. grupa američkih pilota i kriminalaca kupovala je od njega i prenosila avionima čak četiri tone kokaina mesečno. Eskobar je 1981. kupio svoju prvu kuću u Americi i kompleks apartmana vredan preko 8 miliona dolara u Južnoj Floridi. U toku sledećih godina potrošnja kokaina i dalje raste i Eskobar je vrlo brzo nagomilao bogatstvo koje je procenjeno na preko 5 miliona dolara. Pablo Eskobar je bio aktivno umešan u promet kokaina i nabavku hemikalija, kao što su aceton i etar, koje se koriste u proizvodnji te droge.

U zlatnim danima Eskobar se kretao slobodno od svog štaba u El Pobladu, otmenoj četvrti u južnom delu Medeljina, do svojih farmi u unutrašnjosti. Centar njegovog carstva bio je hacijenda *Napulj*, po gradu čuvenom po italijanskoj mafiji.

Na 7.000 jutara oko reke Magdalena, uz mnoge druge atrakcije nalazili su se Eskobarov privatni zoološki vrt, s kengurom koji je igrao fudbal, njegov prvi avion kojim je švercovao drogu i automobil izrešetan mecima za koji je Eskobar tvrdio da je pripadao slavnom gangsterskom paru iz doba Depresije, Boni i Klajdu.

Niko u kartelu nije uživao kokain. Pogotovo ne Pablo. Imali su običaj da kažu: „Nije mudro piti svoj otrov".

Brutalna etika mafije, koja se često svodila na geslo *plomo o plata* („metak ili novac"), utrla je Eskobaru put do nezamislivog uspeha.

Sin čuvenog fudbalera i trenera Toze Veselinovića, Zoran, živeo je u Južnoj Americi i prihvatio sve njene poroke, što je priznao novinarki Gordani Jovanović.

„Nekoliko puta u životu obreo sam se u Kolumbiji, odakle su državni neprijatelji broj jedan SAD poput Eskobara, Očoe ili braće Ramirez upravljali svetskom kokainskom mrežom. Poznavao sam don Pabla Eskobara veoma dobro i delim mišljenje većine Kolumbijaca da on nije mrtav. Iako je važio za vodećeg zlikovca u svetu, jer je valjao kokain, on je pranjem narko-dolara stvarao srednju klasu u Kolumbiji i gradio naselja za siromašne. Zato nije ni čudno što je i Markes njime bio oduševljen! Eskobar je bio najpopularniji čovek u Kolumbiji, i apsurdna je tvrdnja da su pripadnici kolumbijske policije i DEA mogli da ga ubiju jer su njegove paravojne jedinice bile daleko jače od kolumbijske vojske. Zatim, imao je 42 aerodroma s kojih su u svakom trenutku avioni mogli da odlete u bilo koji kraj sveta. Ubeđen sam, a tako misle i neki moji prijatelji koji zauzimaju značajna mesta u kolumbijskom establišmentu, da se Eskobar nagodio s Amerikancima i da negde uživa u onome što mu je ostalo posle te nagodbe.

Pablo Eskobar je bio vlasnik 80 odsto klubova prve kolumbijske fudbalske lige. Jednom je helikopterom sleteo u kamp Milionaresa i tada sam imao priliku da ga upoznam. Čim se spustio, oko njega se stvorila gomila telohranitelja naoružanih automatima, jako upadljivih, ali i to je bio deo Eskobarovog imidža. On nije imao primitivne manire, ali mislim da nije puno polagao na svoj izgled, i da nije bio baš esteta. Nije osećao potrebu da se lepo oblači ili da smrša, i kad sam ga o tome jednom pitao odmahnuo je rukom rekavši da to i nije važno.

On je radio osamnaest sati dnevno, stalno je bio u pokretu. Bio je izuzetno autoritativan. Tada kada je došao helikopterom pričao je sa svim igračima, a mene je pitao kako je Toza, iako mislim da je dosta mlađi od mog oca i da ga ne poznaje lično. Eskobar me je pitao i kako je u Jugoslaviji, valjda je bio zainteresovan i za naše tržište, i došli smo u razgovoru neminovno do droge", seća se Zoran Veselinović. „Kad sam mu ja rekao da je u Jugi više heroinski nego kokainski put, samo je značajno klimnuo glavom: 'Ne brini, uskoro ćemo i tu doći!'"

Pablo Eskobar je bio tako bogat i ambiciozan da je počeo da se ponaša kao vladar. Govorio je kako će postati predsednik Kolumbije i neće izneveriti narod, jer je sam bio siromašan, a to se ne zaboravlja.

Godine 1982. Eskobar uspeva da osvoji mesto u Kongresu kao liberal. Ubrzo zatim štampa počinje da ga kuje u zvezde kao Robina Huda, čiji izvori bogatstva „nikada ne prestaju da budu predmet spekulacija".

U Bogoti postaje pomodna ličnost i ljubitelj tračeva.

Izbor u Kongres nije bio dovoljan da Eskobarova zvezda zablista na političkom nebu Kolumbije. Nedostatak suptilnosti bio je osnovna boljka njegove tehnike za pridobijanje podrške u predstavničkom domu. Nije znao kako treba da se ponaša u Kongresu. Pablo je kao najveće razočaranje i svoj najveći poraz doživeo to što je bio prisiljen da se povuče iz politike 1983.

Na lokalnom nivou savršeno je upravljao mašinerijom. U svojoj kući u El Pobladu bio je „kum". Tamo ga je gomila ljudi strpljivo čekala da ga moli za usluge. Izdavao je naređenja na licu mesta, a organizacija je delovala besprekorno. Kažu da je Eskobar za pojasom nosio pištolj i da je sve podsećalo na neku sudnicu.

Ljudi direktno umešani u trgovinu kokainom, koji su s njim bili u nekom „dilu", imali su priliku da se uvere ne samo u njegovu brutalnost već i u lošu naviku da ne poštuje baš uvek strogu etiku kriminalaca.

Događalo se, ako bi stranka, oštećena za nekoliko miliona dolara, posumnjala da je profit završio u Pablovim dubokim džepovima, da se tu ništa nije moglo.

U biznisu nema prepiranja s Pablom Eskobarom, glasilo je pravilo.

Jedan od vođa kolumbijskog kartela bio je Gonzalo Rodrigez Gača, koga su zvali „Meksikanac", jer je rado slušao svirku marijača.

„Gača je bio ludak. Taj je mogao da vas ukoka čim vas pogleda", govorili su njegovi pajtaši.

Rodrigez Gača je političke saveznike nalazio u vojsci i na ekstremnoj desnici. Gača i njegovi istomišljenici sastavili su dugačak spisak političkih „neprijatelja" i sistematski su uklanjali one koji su, po njihovom mišljenju, predstavljali „pretnju" državnoj vlasti.

Kada su agenti DAS-a ušli u trag beguncu Rodrigezu Gači i ubili ga 1989. pri čemu su živote izgubili i njegov sin i telohranitelj, kartel iz Kalija proslavio je to kao svoju pobedu, jer su upravo oni dostavili informaciju o Gačinom skrovištu generalu Mazi.

Lideri kartela bili su i Fernando Galeano i Heraldo „Kiko" Monkada. Mada su u prometu kokainom učestvovali s količinama koje nisu bile manje od Eskobarovih, nije im padalo na um da ospore njegovu ulogu vođe. U biznisu Kiko Monkada je jednak Eskobaru, ali ga se panično plašio.

Sud u Medeljinu izdao je 23. septembra 1983. sudski nalog za hapšenje Pabla Eskobara i njegovih rođaka, pod sumnjom da su učestvovali u ubistvu dva policajca koji su bili umešani u njihovo prvo hapšenje zbog kokaina. Ti policajci su inače bili poznati po svojoj korumpiranosti i zapravo su uzimali mito od Eskobara i njegovih rođaka, ali su onda odlučili da ih, ipak, uhapse kada se policajac višeg ranga iznenada pojavio na mestu događaja. Pablo Eskobar i njegov rođak su, zapravo, bili pod ključem, optuženi za trgovinu drogom, kada su ti policajci ubijeni i, iako je bilo moguće da su oni naručioci ubistva, otvaranje slučaja protiv njih posle sedam godina je bilo čisto iz političkih razloga. Nalog za hapšenje, međutim, doprineo je da Eskobar započne tajni život.

Teška vremena počela su za Pabla Eskobara 1989. kada se za predsednika Kolumbije kandidovao Luis Karlos Galan, ranije njegov politički saveznik. Galan, koga su često poredili s Džonom Ficdžeraldom Kenedijem, bio je ludo popularan. Galan je postao predvodnik onih snaga koje su se zalagale za ekstradiciju trgovaca kokainom, čije su izručenje tražile Sjedinjene Američke Države. Na samom vrhu američkog spiska bila su imena Pabla Eskobara i Rodrigeza Gače.

U avgustu 1989. Galan je pokošen hicima dok je stajao na govornici. DAS, Uprava bezbednosti, brzo je pripisala odgovornost za zločin Rodrigezu Gači i njegovim paravojnim prijateljima. Sumnja je automatski pala i na Eskobara.

Galanovo ubistvo nateralo je tadašnjeg predsednika po imenu Virhilio Barko, da objavi kako je nastupio čas odlučnog obračuna s trgovcima drogom, koji su tamo poznati kao narko-trafikanti. Bio je to poslednji put kada je Pablo mogao da se odmara među sinovima i kengurima na hacijendi *Napulj*.

On i Rodrigez Gača sada su imali zajedničku brigu, a to je kako da onemoguće policiju i vladine agencije da ih silom ne odvuku u

Majami. „Izručljivi", kako su kandidati za ekstradiciju nazivali sami sebe, krvavo su zaratili s vladom, služeći se surovim metodima „narko-terorizma", pucnjavom i bombaškim napadima.

Najspektakularniji poduhvat bio je izveden u decembru 1989, kada je pola tone dinamita potreslo unutrašnjost zgrade u kojoj se nalazio glavni štab DAS-a. Medeljinski trgovci drogom smatrali su da im od generala Migela Maze, čoveka na čelu Uprave bezbednosti, preti ozbiljna opasnost, najviše zato što su verovali da je on na platnom spisku suparničkog kartela iz Kalija dok tobože sarađuje s Amerikancima.

Od 1989. naovamo Eskobar je vodio najmanje dva ozbiljna rata. Paralelno s borbom protiv vlade oko pitanja ekstradicije, vojevao je s braćom Rodrigez Orehuela i njihovim saradnicima u Kaliju.

Nije mu pretila opasnost, pod uslovom da ne padne u ruke svojih zakletih neprijatelja iz Kalija ili neke preterano revnosne jedinice snaga bezbednosti. Najsigurnije mesto za njega bilo je Medeljin, a naročito skrovište u njegovoj zavičajnoj četvrti Envigado.

Imao je listu imena eminentnih i uglednih građana – od bivših predsednika do nadbiskupa – koji su u njegovim dosijeima zavedeni kao agenti medeljinskog kartela. Eskobar je bio moćniji od vlade koja mora da se bori protiv njega. Imao je izvanrednu obaveštajnu mrežu. On je podmićivao ljude iz telefonske centrale da bi slušao razgovore. Malo ko poriče da je Eskobar odlično informisan o namerama svojih protivnika.

Međutim...

Da bi Kolumbija stekla status najpovlašćenije nacije i uživala u prednostima slobodne trgovine sa Sjedinjenim Američkim Državama, nova garnitura na čelu države morala je prvo da obezbedi prijateljsku klimu za strane kompanije. S Pablom Eskobarom na slobodi, to je značilo da će i dalje praštati hici i eksplodirati bombe, da će gospodari kokaina izdavati kominikee, a da se i ne govori o kidnapovanju uticajnih novinara i novčanim nagradama za „odstreljene" policajce. Vlast je tome morala da stane na put.

S druge strane, i Eskobar je želeo da se skrasi negde gde će mu garantovati zaštitu od njegovih ozbiljnih neprijatelja. Prvenstveno od kartela iz Kalija, zatim od DEA i raznih agencija kolumbijske službe bezbednosti, kao i od ultradesničarskih paravojnih „odreda smrti", s kojima je bio u smrtnoj zavadi. I vlada Kolumbije i on bili su u prilici da jedni drugima daju ono što im treba.

Dogodilo se da je Kolumbija u tom trenutku imala mesto u Savetu bezbednosti Ujedinjenih nacija i u novembru 1990. glasala je za rat u Persijskom zalivu, izmenivši svoju raniju poziciju o tom pitanju. Istovremeno, kolumbijska vlada je objavila da gospodare narko-mafije ubuduće više neće slati u okovima da odgovaraju pred pravosudnim organima Sjedinjenih Američkih Država. Izostao je žestoki revolt Vašingtona i sve se svelo na formalni protest. Jedan kolumbijski političar šaljivo komentariše taj sporazum:

„Rat u Zalivu doneo je mir Kolumbiji."

Pablo Eskobar se nije odmah predao. Po običaju oprezan, on je želeo da drugi ispitaju vode i uvere se da nema skrivenih zamki u dogovoru. Takođe je hteo da bude siguran da će zatvor u koji ode ispunjavati sve njegove zahteve, a on sam ovako ih je definisao:

„Da tu blizu bude moja porodica, koja će me posećivati tri do četiri puta nedeljno, da mogu da igram fudbal, što je moja strast, i da se zabavljam čitanjem."

Što je još važnije, Eskobar je morao da osigura prihod za sebe i svoje brojne pomagače i službenike dok bude u zatvoru. Dogovorena suma – 100 miliona dolara mesečno – bila je navodno utvrđena prema procentima profita koji će ostvarivati drugi, ne tako slavni ali podjednako uspešni trgovci kokainom koji ostanu na slobodi.

„Kada sam preuzimao dužnost, mislio sam da su fantastični prihodi narko-mafijaša izmišljotina pisaca koji objavljuju romane o njima", kaže tužilac De Grajf. „Na osnovu onoga što sam video, sada sam pre sklon da poverujem da su njihove procene suviše skromne."

Od 1989. do 1991, na primer, svi su imali obavezu da Eskobaru šalju novac za rat koji je vodio protiv izručenja. Ali, kada se predao, opet su mu dugovali novac, jer im je rekao: „Ja sam cena mira."

Predaja je, zapravo, bila rezultat trostranog ugovora između vlade, Eskobara i ostalih trgovaca drogom. Od njih se očekivalo da plate cenu njegovog odlaska u zatvor. Drugim rečima, kao predsednik trgovačkog udruženja, Eskobar je krivicu uzeo na sebe i spasao druge zastrašujuće perspektive – da se nađu u situaciji da odgovaraju pred američkim sudom. Razume se, želeo je da mu to nadoknade.

Dogovoreno je da glavni teret isplate onoga što Eskobar traži snose Fernando Galeano i Heraldo „Kiko" Monkada. Mada su u prometu kokainom učestvovali s količinama koje nisu bile manje od Eskobarovih, nije im padalo na um da ospore njegovu ulogu vođe.

Bilo kako bilo, Eskobar se predao vlastima 19. juna 1991. i preselio se u *Katedralu*. Njegovi zahtevi prethodno su ispunjeni do poslednje tačke, tačnije, do poslednjeg reflektora na fudbalskom igralištu. Za boravak u istoj rezidenciji prijavili su se njegovi najodaniji sledbenici kao što su Džon Hairo „Popaj" Velaskez, Karlos „El Mugre" tj. „Prljavi", Agilar i dvanaestorica drugih.

Prilikom predaje Eskobar i Popaj optužili su jedan drugog za trgovinu drogom, mada nisu ponudili neke upotrebljive dokaze, i na taj način osigurali su sebi umanjenje kazne kao nagradu što su potkazali dilera.

Pablo Eskobar je u zatvoru bio u društvu svog starijeg brata, Roberta Eskobara Gavirije, čija su slika i ime bili na poternicama, iako u to vreme nije bilo značajnih prijava i tužbi protiv njega. Pošto su četiri člana porodice Eskobar ubijeni od policajaca, on je odlučio da se pridruži svom bratu u zatvoru zbog svoje lične sigurnosti. Na kraju su se pridružila još jedanaestorica Eskobarovih saradnika. Ova grupa činila je praktično celu administrativnu i vojnu hijerarhiju takozvanog Medeljinskog kokainskog kartela.

Poznate razmirice između Eskobara i Kali kartela, čiji su članovi odavno obećali Eskobarovu smrt, i njihova očigledna veza s raznim policijskim službama, podstakle su ga da zatraži da čuvanje unutrašnjosti zatvora bude povereno jedino federalnim zatvorskim čuvarima. Eskobar je tražio da kolumbijska vojska, s kojom nije imao posebnih problema u prošlosti, bude određena da čuva okolinu zatvora, i na kraju, da pre suđenja, i posle, bez obzira kakva bila presuda, neće biti premeštan ni u jedan drugi zatvor u zemlji.

Iako je Eskobar optuživan za gotovo sva veća nasilja i zločine počinjene u Kolumbiji u proteklim godinama, stvarni dokazi protiv njega za većinu optužbi bili su slabi. Isto tako, optužbe pripisivane Eskobaru za većinu velikih zločina tokom 1980-ih pokazale su se veoma providnim, pošto nikada nisu bili priloženi uverljivi dokazi da ih podupru.

## Bekstvo iz zatvorskog raja

Kao inteligentan čovek, sposoban da dobro proceni situaciju, Eskobar je naslućivao da svakog trenutka može biti organizovana operacija s ciljem da se on kidnapuje i odvede iz Kolumbije makar to značilo dramatično pogoršanje odnosa između Kolumbije i Sjedinjenih Američkih Država.

Točkovi „pravde" su iznenada počeli da se okreću u Sjedinjenim Državama. Posle više od godine tapkanja u mestu, Ministarstvo pravde je izdalo niz optužnica koje terete Pabla Eskobara za čitavu seriju teških zločina, a pored ostalog i za eksploziju u Bruklinu 1989, za krijumčarenje i trgovinu drogom, što su zločini dovoljni za doživotnu robiju, pa čak i smrtnu presudu.

U novembru 1991. velika porota u Bruklinu, u državi Njujork, počela je da razmatra dokazni materijal koji je prikupila Uprava za narkotike, a koji je upućivao na to da je Pablo Eskobar umešan u rušenje putničkog aviona kompanije *Avijanka* na liniji Bogota–Kali, u novembru 1989.

U trenutku eksplozije u avionu se nalazilo 107 putnika i članova posade. Poginula su i dva američka državljanina.

„Sve je rađeno veoma tiho, veoma metodično. Podneta je optužnica, a onda se čekalo. Morao sam da se upitam šta čekaju."

Taj svedok pretpostavlja da se čekalo na prebacivanje Eskobara iz *Katedrale* u obezbeđeni zatvor, koji neće moći da napušta po želji. Čim se nađe iza brave, optužni akt za podmetanje bombe u avion *Avijanke* – što se u Kolumbiji uporno pripisuje pokojnom Rodrigezu Gači – bio bi obelodanjen uz prigodne fanfare. Prema toj zamisli, javna osuda tog gnusnog zločina u Kolumbiji trebalo je da opravda formalno ili neformalno odvođenje Eskobara u Ameriku.

„Plan je bio da se Eskobar izvede pred američki sud uoči izbora za predsednika. Bio bi to spektakularan potez za predsednika Džordža Buša. Ali mislim da je Pablo nanjušio opasnost."

Da bi se navodno zaštitio, prebačen je iz zatvora *Katedrala* u *Envigado*.

Dvadeset drugog jula 1991. kriminalac koji je na drogi zaradio milijarde, ležerno odeven, popeo se uz strmu padinu iza zatvora, građenog specijalno za njega u medeljinskom predgrađu Envigado – i nestao. Istog časa postao je najtraženiji čovek na zapadnoj hemisferi.

Progonilo ga je nekoliko hiljada kolumbijskih vojnika plus razne operativne grupe kolumbijske tajne službe, uključujući i moćni DAS (*Departmento Administrativo de Seguridad* – Odeljenje uprave bezbednosti), među kriminalcima još nepopularniji DIJIN (*Dirección de Policía Judicial e Investigación* – Direkcija sudske i istražne policije) kao i DEA (*United States Drug Enforcement Administration* – Uprava za narkotike SAD), pojačana kontingentom specijalaca za elektronsku špijunažu iz Komande južnog vojnog sektora Sjedinjenih Američkih Država.

Pouzdani podaci pokazuju da je tokom nekoliko meseci, pre bekstva Pabla Eskobara iz tog zatvora, 55 agenata DEA bilo ovlašćeno da budu u Kolumbiji, a nekoliko sati pre bekstva zatvorenika iz zatvora *Envigado*, broj agenata se popeo na preko 100. Mnogi ljudi u Kolumbiji veruju da je upad vojske u zatvor *Envigado* bio samo uvod u izručivanje Pabla Eskobara Sjedinjenim Državama.

Pablo Eskobar i jedan deo zatvorenika pobegao je zato iz zatvora. Glasine o bekstvu Pabla Eskobara proširile su se po Medeljinu brzinom svetlosti i za nekoliko sati svi su znali šta se desilo u zatvoru tog jutra. Medeljin je već bio pun grafita: „Pablo je Pablo", „Bio si u pravu, Pablo", „Predstavnici vlade su prekršili reč", „Na vlasti su ubice", „Pablo je jedan od nas".

Tako su stigli pravo na naslovne stranice svetske štampe – a to je bilo poslednje što je trebalo kolumbijskom predsedniku u Gavariji.

Vlada je smesta raspisala nagradu od milijardu pezosa i kasnije tu sumu povisila na 2,9 milijarde – ili gotovo 5 miliona dolara – za informaciju koja bi dovela do hapšenja Eskobara. Razboriti Kolumbijci prave viceve na račun te ponude.

„Bili biste bogataš... jedan dan."

Pablo Eskobar je bio sjajni simbol moći i bogatstva kolumbijskog kokainskog biznisa. Najsigurnije se osećao na svojoj hacijendi *Napulj*. Tu su ga američki agenti DEA i CIA prisluškivali.

Tako je zapravo i „pao" kralj kokaina i kolumbijskih kartela – Pablo Eskobar. Njegov poslednji razgovor opisao je Markes u romanu *Vest o jednoj otmici*: „Drugog decembra 1993. godine – s pune četrdeset četiri godine – nije mogao da odoli silnoj želji da se telefonom ne javi svom sinu Huanu Pablu. Huan još oprezniji od oca upozorio ga je da ne govori duže od dva minuta kako policija ne bi ustanovila odakle se javlja. Eskobar ga nije poslušao. U tom trenutku služba za prisluškivanje uspela je tačno da odredi mesto – naselje Los Olivos de Medeljin – odakle se javio. Specijalna jedinica, grupa od 23 policajca u civilnim odelima, opkolila je kuću. Eskobar je to osetio. „Napuštam te", rekao je sinu preko telefona, „jer se ovde dešava nešto čudno." Bile su to njegove poslednje reči.

## Izbeglice na hacijendi *Napulj*

U Kolumbiji su Pabla Eskobara zvali narodna majka.

Eskobar je bio sin upravnika firme i seoske učiteljice. Njegov kum i poslodavac njegovog oca, Hoakin Valeho Arbalaez, bio je veoma poštovan intelektualac i jedno vreme ambasador u Ujedinjenim nacijama, koji je na Pabla Eskobara presudno uticao. Zato je i on od rane mladosti bio aktivan u lokalnim građanskim humanitarnim programima i kao organizator i aktivista. Čak i kada je počeo da zgrće milione dolara od kriminala, osnivao je organizacije koje su obezbeđivale smeštaj za beskućnike i pomagao stanovnike prigradskih četvrti njegovog usvojenog rodnog grada Medeljina.

„Medeljin Siviko", jedan od njegovih prvih pokušaja da pomogne ljudima, počeo je krajem 1970-ih postavljanjem osvetljenja za fudbalska igrališta u siromašnim delovima grada. Utakmice su se igrale svake večeri i kriminal je u tim četvrtima odmah opao. Kada je posetio gradsko đubrište u Medeljinu, Eskobar je bio impresioniran beskućnicima koji su živeli na gomili otpadaka i organizovali prilično uspešno preradu otpadaka, kao što su plastika, aluminijumske folije, staklene posude, proizvodi od hartije, bakar, konzerve ili drvo. Skupljačima je plaćano u gotovini i to je obično bilo tek dovoljno da prežive. Taj sistem funkcionisao je prvenstveno zbog očaja tih radnika i Pablo Eskobar je bio zadivljen njihovom efikasnošću.

Osnovao je građansku organizaciju *Medeljin bez slamova*, i kupio komad jeftine zemlje na kome je počela izgradnja 410 domova za skupljače s obližnjeg đubrišta. Taj građevinski poduhvat prvo je nazvan „Medeljin Sin Turgurios", ali je za sva vremena ostao kao „Kvart Pablo Eskobar". Domovi i vlasništvo nad njima dati su ljudima koji su dotle radili na đubrištu.

Eskobar je bio pošteniji od bilo kojeg političara u Kolumbiji. On se pojavljivao i u kvartovima u koje nijedan političar nikada nije zašao.

Pre deset godina hacijenda *Napulj* bila je mesto gde su se sklapali multimilionski poslovi s kokainom, ali i kapric pokojnog kolumbijskog narko-cara Pabla Eskobara. Slonovi, nosorozi, žirafe, kamile, stotine gazela, čak i tibetanski bivo, pasli su na prostranom imanju.

Na ogromnoj kapiji – mali avion, kojim je, veruje se, obavljen prvi let i isporuka kokaina Sjedinjenim Državama. Rezidencija od 7.000 hektara, predviđena za stotinu gostiju, s farmom, ribnjakom, zoološkim vrtom i aerodromom od 93 metra, pravi je primer dekadencije prebogatih švercera narkotika.

Izgradnja najvećeg imanja u Kolumbiji počela je 1979. Ime je, jasno, dobilo po italijanskom gradu, verovatno da bi se ugodilo momcima s kojima je Eskobar, simbol korupcije povezane s drogom, jedno vreme bio u poslu. Vlasti su prisvojile ranč pošto je „ikona i najokrutniji narko-biznismen stoleća" ubijen 1993.

Danas je deo hacijende, omiljene „prirodne lepote" motociklista, deo predstave drugačije vrste. Primenjujući zakon o oduzimanju imovine iz decembra 1996, koji daje pravo državi da prisvoji dobra stečena nezakonitim fondovima, kolumbijska vlada 2005. podelila je oko 500 hektara ovog ranča porodicama koje su izgubile svoju zemlju zbog građanskog rata.

Za 180 stepeni okrenuta je istorija „igrališta", na kojem su planirane otmice, atentati i „kontrolisani letovi i plovidbe". Na njemu je jedno vreme promovisan kriminal, a sada je projekat od životne važnosti za trenutno 15 porodica. „To je novi početak za nas", radosna je Marija Dora Isasa, od aprila 2005. stanarka jednog dela hacijende na zlom glasu kraj auto-puta Bogota–Medeljin.

Unosna trgovina narkoticima igra važnu ulogu u nacionalnom nasilju. Od 1980-ih narko-šefovi oslanjaju se na privatne vojske – začetke današnjih paravojnih grupa – da bi se tukli s levičarskim gerilskim frakcijama. Istovremeno, kupuju plodnu zemlju, prisiljavajući seljake, kao što je Isasina porodica, da je prodaju ispod cene.

Zvaničnici očekuju da će novi zakon, koji je i donesen da bi se udarilo na bogatstvo narko-trafikanata, pomoći u smanjivanju broja „unutrašnjih izbeglica". Jedna studija Katoličke crkve procenjuje da je 1 od ukupno 40 miliona Kolumbijaca raseljen u poslednjih deset godina.

Više od 1.800 rančeva – računajući i nekretnine po gradovima – oduzeto je do sada. Vlada želi da premesti 6.000 ljudi na 25.000 hektara zemlje pre nego što završi svoj mandat u avgustu.

I slučaj hacijende *Napulj* patio je od odlaganja, odugovlačenja i pravnih manevara. Advokat porodice Pabla Eskobara preti da će pokrenuti postupak protiv vlade zato što je podelila deo imanja pre nego što je donesena definitivna presuda kome će hacijenda *Napulj* pripasti.

## Strah od komunizma

Američki progon Pabla Eskobara i drugih kraljeva narko-kartela u Kolumbiji i zemljama Južne Amerike nije bio samo rezultat borbe protiv krijumčara droge već i deo strateške antikomunističke politike. Mnogo veća opasnost od droge za SAD bilo je rađanje i jačanje kolumbijske sirotinje, koja je prihodima od koke finansirala svoju socijalnu borbu.

Levičarski nastrojeni ustanici u Kolumbiji zadavali su sve veću glavobolju Vašingtonu, pa administracija pojačava svoju vojnu podršku vladinim snagama te latinoameričke zemlje koje vode najduži rat s gerilom na američkom kontinentu. Zvanično, Sjedinjene Države objašnjavaju kako je vojna pomoć namenjena isključivo ratu protiv narko-mafije i koristi se povremeno samo protiv onih gerilaca koji svoje oruže koriste kako bi zaštitili proizvodnju heroina i kokaina. U Vašingtonu su se, maltene, kleli kako im ne pada na pamet da se „zaglibe u unutrašnji kolumbijski sukob".

Uprkos naporima Vašingtona da striktno odvoji dve vojne kampanje – jednu protiv proizvođača i krijumčara narkotika i drugu protiv ustaničkih jedinica, vladini izveštaji i izjave na desetine funkcionera i oficira potvrđuju da se dve operacije prepliću pa i stapaju, a ponekad se čini da nikad nisu ni postojale dve razdvojene akcije.

Kolumbijsku gerilu već deset godina bije glas da je najbogatija, najjača i najbolje obučena u svetu. Njen broj se utrostručio: Revolucionarne armijske snage Kolumbije (EARC) postoje već trideset četiri godine i ubrajaju se u revolucionarno marksističku grupu. Sada ima oko 14.000 boraca, a na drugom mestu po snazi je Nacionalno oslobodilačka armija (ELN) koja broji 5.000 boraca. Gerilska zona operacija približno je velika kao Španija, a govori se da je bolje opremljena nego armija, od raketa do raketnih lansera pa do visokotehnoloških komunikacionih sredstava i malih borbenih aviona. Gerila raspolaže godišnje sumom od 500 miliona do milijarde dolara, a prihodi dolaze od kidnapovanja, pa do trgovine drogom. Kolumbija izvozi 80 odsto kokaina koji se troši u SAD.

Tokom hladnog rata Sjedinjene Države su uložile više milijardi dolara da bi u zemljama Centralne Amerike – uključujući i Kolumbiju – sprečili „nalet komunizma". Iz hladnog rata Kolumbija je izašla kao najveći primalac američke vojne pomoći na hemisferi.

Pomoć je počela da raste 1990. godine, kad je Bušova administracija promovisala „Andsku strategiju" i obezbedila 2,2 milijarde dolara u roku od pet godina kako bi zaustavila „kokainsku kugu". Pojedini američki funkcioneri saopštavaju da su posle raspada Sovjetskog Saveza vojnici i obaveštajci pronašli novog neprijatelja među šefovima kolumbijske trgovine kokainom.

Američka uloga se zatim proširila zbog neočekivanog zaokreta u dugogodišnjem građanskom ratu. Počev od 1990. godine, nekoliko gerilskih grupa odlučilo je da položi oružje, ali su vladinu ponudu mira odbili pripadnici Revolucionarnih naoružanih snaga Kolumbije (RNSK) kao i Nacionalne oslobodilačke armije. Tadašnji predsednik Cezar Gavirija nazvao je te gerilce „opasnim fanaticima koji nisu u novinama pročitali tužnu priču o kraju komunističkog totalitarizma" pa je – uveren kako je istorija na njegovoj strani – udvostručio vojni budžet i pojačao snagu i autoritet oružanih snaga.

Vlada je podržavala i paramilitarne desničarske grupacije koje su napadale ustanike, a narko-mafije naoružavale su svoje bande spremne da spale sela koja podržavaju levičarske ustanike. Međutim, suočeni s nedostatkom sredstava, neke gerilske jedinice počele su da se bave kidnapovanjem i ucenjivanjem, a primećeno je da se udružuju s kartelima krijumčara droge, preuzimajući zaštitu njiva s kokom, laboratorija u džungli i organizujući tajno prebacivanje droge avionima.

Saradnja pojedinih gerilskih grupa s trgovcima drogom poslužila je vladi kao dokaz da se američka vojna pomoć može usmeriti ka obučavanju i naoružavanju kolumbijskih trupa radi borbe protiv gerilaca, jer se na taj način vodi i rat protiv narko-mafije.

„Pobunjenici čuvaju drogu, oni prenose drogu, oni gaje drogu", govorio je 1996. godine Bari Makafri, direktor za borbu protiv narkotika Bele kuće, general, objašnjavajući kako je veoma teško ograničiti upotrebu savremenih američkih helikoptera UH-60 prodatih Kolumbiji samo za akcije protiv proizvođača i krijumčara narkotika. Neki američki oficiri priznaju da od isporuke 6 takvih borbenih helikoptera 1997. godine nijedan nije nikad korišćen u nekoj operaciji protiv poznatih kolumbijskih kokainskih kartela, već su isključivo upotrebljavani za napade na uporišta ustanika.

Još 1994. godine Kongres je zatražio od Klintonove administracije da potvrdi kako američka vojna pomoć Kolumbiji odlazi jedino tim trupama koje se „pretežno" bave operacijama protiv kokainske mafije. Kad je 1996. potvrđeno kako predsednik Ernesto Samper uzima novac od kartela Kali, presečena je skoro sva američka vojna podrška Kolumbiji, sem vojne pomoći za borbu protiv droge. Ali i tada je Pentagon uspevao da pronađe puteve održavanja saradnje i izbegavanja restrikcija.

Uprkos svemu, pomoć SAD za borbu protiv droge kolumbijskoj vojsci i policiji porasla je s 28,8 miliona dolara u 1995. na 95,9 miliona dolara 1997. godine, sudeći po podacima Stejt departmenta. U istom periodu vrednost prodatog oružja i vojne opreme porasla je s 21,9 miliona na 75 miliona dolara.

Za razliku od rešenja primenjivanih tokom građanskog rata u El Salvadoru kada su celi bataljoni prebacivani u američke baze radi uvežbavanja, Pentagon je slao u Kolumbiju timove vojnih instruktora koji uče vojnike metodama antigerilskog rata, oslobađanja taoca i manevrisanja u džungli.

Američki oficiri su svesni da jedinice koje su oni uvežbali odlaze da se bore s gerilcima, ali neobična sprega između ustanika i kokainskih kartela rezultirala je pojačanim i sve uspešnijim otporom vladinim snagama. Snabdevene savremenim oružjem, gerilske jedinice dejstvuju danas u 700 od 1.070 kolumbijskih opština, i dok ih je nekoliko godina bilo oko 8.000, sada samo RNSK broji 18.000 boraca, a Nacionalna oslobodilačka armija – 7.000. Gerilci su u martu naneli težak poraz brojnijim vladinim snagama, ubivši 67 i zarobivši 30 vojnika, pa u Pentagonu sve češće govore o „opasnim narko-gerilskim" trupama i „nedopustivom formiranju ilegalne koka republike".

Zvanični Vašington procenjuje da je Kolumbija postala „strateški rizik" u regionu Centralne Amerike, jer bi nesmetana, uspešna saradnja narko-mafije i gerilaca mogla da ugrozi stabilnost kako susedne Venecuele, s čijih se izvorišta Sjedinjene Države snabdevaju značajnim količinama nafte, tako i Paname u kojoj se nalazi vodeni put koji spaja dva okeana. Klintonova administracija zato razmišlja o novim opcijama pomoći koje obuhvataju svestraniji vojni trening vojnih i policijskih jedinica, obezbeđivanje još savremenijih helikoptera kobra i drugog oružja, kao i osnivanje najsavremenijom tehnikom opremljenog obaveštajnog centra kojim bi – na kolumbijskoj teritoriji – upravljali američki stručnjaci.

„Zastrašujuća mogućnost formiranja narko-države udaljene samo tri sata avionom od Majamija više se ne može odbaciti", upozorio je Amerikance jednom kongresmen Bendžamin Gilman, predsednik komiteta za međunarodne odnose Predstavničkog doma. Komentarišući to upozorenje, Klintonova administracija je obznanila „ambicioznu novu strategiju borbe protiv proizvođača i krijumčara narkotika u Kolumbiji, i to na svim frontovima".

Prema tom programu, Stejt department će izdvojiti 21 milion dolara radi iskorenjivanja površina pod kokom i uništavanja laboratorija u džungli. Da bi se tako ambiciozan cilj ostvario, Amerikancima će biti neophodna podrška kolumbijske vojske i policije, prethodno dobro obučenih i snabdevenih savremenim naoružanjem.

Predstavnik za štampu RNSK koji se koristi lažnim imenom Leonardo Garsija saopštio je grupi američkih novinara u Njujorku da ustanici ne štite zemljište pod kokom kako bi zaradili novac za oružje, već čuvaju sela i seljake s kojima sarađuju.

Pošto su ranijih godina gerilci kidnapovali nekoliko američkih građana, Vašington je dugo odbijao svaki dijalog s RNSK-om i

Nacionalno-oslobodilačkom armijom. Ustanici su izjavljivali kako su spremni da pregovaraju s novim predsednikom, ali istovremeno prete kako će napadati američki vojni personal. Uprkos gunđanju Vašingtona, vlada u Bogoti spremna je da pruži ruku pomirenja ka gerilcima i da im, štaviše, prizna da se nisu uzalud borili.

## Između gerile i kartela

Andres Pastrana Aranho je poražen od Ernesta Sampera 1994. U tim izborima je uspeo da ujedini konzervativce u Veliku uniju za promene. Tako je pobedio liberala Orasija Serpu. Kao sin nekadašnjeg predsednika države, obećao je da će smanjiti broj siromašnih ljudi u zemlji. Ako to uspe, zaista će biti, kako je sam sebe nazvao, „predsednik siromašnih iz više klase".

Taj lider Socijalno-konzervativne partije Kolumbije vodio je šestomesečnu kampanju s jednostavnim sloganom – glas za promene. Taj advokat, bivši TV novinar, senator i gradonačelnik Bogote, znao je da prenese poruku da nastavak prethodne politike može samo pogoršati probleme. Pastrana je, kao pravi konzervativac, svoj program sveo na: pregovore s gerilom, povećanje efikasnosti države iskorenjivanjem korupcije, smanjenje poreza i podsticanje privatne privrede i oštre borbe protiv narko-dilera.

Najveći problemi s kojima su suočeni jesu – s gerilom, levom i desnom, proizvodnjom i švercom droge i ekonomijom države.

Leva gerila je uspela da izdrži sve napade policije i armije za vreme predsednika Ernesta Sampera. Koristeći postojanje malog broja dobro obučenih trupa i neefikasnost loše plaćene policije, Revolucionarne oružane snage Kolumbije (FARC) i Nacionalna oslobodilačka armija (ELN) vršile su sabotažu na naftnim postrojenjima na severu zemlje i u rudnicima i presecali važne komunikacije prema Bogoti. Pastrana je odbacio metod sile obećavši da će odmah po pobedi stupiti u pregovore s gerilcima. Moraće da vodi računa o desnim paramilitarnim grupama i njihovim „osvetničkim" akcijama, dugo godina tolerisanim od države.

Andres Pastrana, žestoki kritičar Samperovih veza s podzemljem, pored obračuna s korupcijom u institucijama države, obećao je oštre mere u borbi s kriminalom. Takođe, najava zajedničkih akcija protiv narko-dilera s inostranstvom znači rešavanje problema ekstradicije. Naime, Sjedinjene Države su zahladile odnose s prethodnom administracijom koja je, pozivajući se na Ustav zemlje, odbijala da izruči osumnjičene za trgovinu drogom. Narod od novog predsednika prvo očekuje da pokaže da ima „čiste ruke" i da odlukama njegove administracije neće upravljati podzemlje.

Nova vlada će se suočiti sa sve većom levičarskom gerilom. Do sada je, naime, vođena akcija uništavanja polja zasađenih kokom i makom. Seljaci, pogođeni tom merom, nisu dobijali od države obećanu pomoć. Takva nebriga dovela je 1996. do pobuna u dvema oblastima, koje su prvi put zajedno podržale levičarske gerilske grupe i narko-karteli. Od tada, sve je više dokaza o njihovoj saradnji, što potcrtava socijalne i ekonomske uzroke pojave gerile i krupnog kriminala.

Tokom 2004. godine kolumbijske vlasti su uz pomoć američkih specijalaca poprskale iz aviona i helikoptera herbicidom više od 127.000 jutara zemlje pod kokom i makom, sprečivši tako proizvodnju od oko 80.000 kilograma kokainskog hidrohlorida i 10.000 kilograma heroina po jednoj žetvi. U proseku, u Kolumbiji godišnje postoje dve žetve maka i tri žetve koke.

U Kolumbiji je 1998. godine objavljeno da je oko 26.000 hektara gde se gajila droga uništeno vatrom, da je uhapšeno 2.600 dilera, rasturene su 573 tajne laboratorije i najureno oko 3.000 vojnika optuženih za rasturanje kokaina.

Na neka polja gde se uzgaja kokain, vlasti Kolumbije ubacuju gljivicu *fysurijum oxysporum* koja jednostavno pojede biljku koke.

U novembru 1997. godine, Ministarstvo spoljnih poslova Kolumbije i ruska ambasada u Bogoti potpisali su sporazum o „razmeni informacija" koje se odnose na veze mafije iz Rusije s kolumbijskim narko-trafikantima.

Kolumbijske vlasti su otkrile plan da se u Francusku tokom Svetskog prvenstva prokrijumčari nekoliko tona kokaina. Neki od najozloglašenijih trgovaca drogom u svetu nameravaju da iskoriste priliv fudbalskih navijača da bi preko luka i aerodroma ubacili teret vredan stotine miliona dolara.

Policija u Kolumbiji pojačava veliku operaciju nadgledanja koja je usledila posle izveštaja obaveštajaca da su karteli povećali aktivnosti tokom priprema za prvenstvo.

„Prvenstvo je odlična prilika za njih", rekao je general Hose Roso Serano, šef kolumbijske policije, koji je već boravio u Evropi kako bi

Interpol, francusku, špansku i holandsku policiju upozorio na potencijalnu opasnost.

Jedan trgovac iz Valje del Kauka na jugozapadu Kolumbije, čiji je telefon bio prisluškivan, pozvao je klijente u Parizu u vezi s isporukom koja se priprema za početak leta.

„Želeli su da saznaju šta tržište traži, koje droge i koju količinu", izjavio je Karlos Perdomo, portparol policije. Čovek koji je uputio poziv, jedan je od onih koji su bili pod prismotrom, jer se policija nadala da će ih odvesti do partnera.

Potpukovnik Rafael Para, šef kolumbijskog ogranka Interpola, smatra da će navijači neizbežno trošiti velike količine droge. On je krajem maja 1998. zbog tog problema posetio glavni štab Interpola u Lionu.

Međutim, Kolumbijci veruju da će velika količina droge ubačene u Francusku tokom Svetskog prvenstva biti uskladištena za izvoz u druge zemlje, uključujući Britaniju. Prezasićenost tržišta smanjiće cenu, koja je sada oko 40.000 dolara za kilogram.

Obaveštajni izvori kažu da će neke isporuke biti prebačene kroz susedne zemlje Španiju, Italiju i Holandiju, čime će biti iskorišćeno popuštanje kontrole granica između većine kontinentalnih država Evrope.

Tako bi isporuka kokaina mogla prvo brodom da stigne do Španije, skrivena u cveću ili kafi, da bi se zatim našla u prtljagu turista iz Pamplone koji kreću na mečeve u Marselj.

Francuske vlasti su izjavile da će oni koji pokušaju da tokom Prvenstva uvezu drogu „preuzimati veliki rizik na sebe". Gotovo 6.000 policajaca će svakog dana biti na dužnosti na Svetskom prvenstvu.

Kolumbijci su nedavno prijavili ogromno povećanje upotrebe ljudskih „mula", koji ili kriju kokain u telu, ili ga progutaju pre putovanja.

Genijalnost krijumčara dokazana je kad su sredinom maja 1998. na aerodromu u Bogoti uhapšeni brat i sestra s 193 kilograma nečega što je bilo opisano kao pigment za bojenje plastike, namenjen zapadnoafričkoj državi Togo. Analiza je pokazala da je u toj crnoj masi bilo 80 kilograma čistog kokaina.

I drugi trgovci drogom su jednako preduzimljivi. Na svom stolu Serano ima uzorak kokaina pomešanog sa strugotinom čelika i ugljene prašine, očigledno namenjenog da prevari francuske carinike tokom Svetskog prvenstva.

„Našli smo 110 kilograma ovoga."

Igra lopova i žandara u Latinskoj Americi se nastavlja. Preplić
u se „poslovi" kriminalaca i policajaca. Narko-dileri smišljaju nove i nove

načine kako drogu da prenesu u SAD, ubice i lopovi planiraju nove metode ubijanja i krađa, a policija daje sve od sebe da im doskoči i pohapsi ih. Posle nedavnih parlamentarnih izbora u Kolumbiji oko 5.000 kriminalaca, ubica, lopova, krijumčara droge, za kojima su vlasti tragale već godinama, pohapšena je na glasačkim mestima. Nesmotreno su došli da glasaju, ali su morali da pokažu svoja lična dokumenta radi identifikacije i tako im je policija ušla u trag i sve ih pohapsila.

## Američka nagodba

U međuvremenu kolumbijski narko-karteli su posao preselili u Meksiko, ne bi li bili bliži svom novom radnom mestu, Americi. Zvanični Vašington se tog saveza Kolumbijaca i Meksikanaca nije uplašio, pa je krajem 1990-ih odlučio da ga razbije odozgo.

Naime, vlade Meksika i Kolumbije dobile su 1999. godine od američkog predsednika neobično priznanje – za uspešnu borbu protiv proizvođača i krijumčara narkotika. Klintonova administracija je zvanično potvrdila Meksiku ulogu partnera u borbi protiv međunarodne trgovine drogom, a iako ovaj status nije priznala Kolumbiji, ukinula joj je ekonomske sankcije.

Do prvog marta svake godine, predsednik Sjedinjenih Država je dužan da zvaničnim dokumentom potvrdi koje nacije širom sveta sarađuju uspešno s Vašingtonom u ratu s razgranatom narko-mafijom. Predsednik može da odbije izdavanje takve „potvrde" i da zatim ili uvede ekonomske sankcije protiv te zemlje ili da ih ne uvede iz – „nacionalnih interesa".

Godine 1999. administracija je, prema objašnjenju državne sekretarke Medlin Olbrajt, pozitivno ocenila ovu vrstu saradnje s 22 od 30 spornih zemalja. Bez „potvrde" ostale su Nigerija, Avganistan, Burma i Iran, pa im ostaju postojeće sankcije, a Kolumbija, Kambodža, Paragvaj i Pakistan oslobođene su ekonomskog embarga iako nisu proglašene uzornim saborcima.

Odluke su već izazvale glasne proteste u Kongresu u kome mnogi senatori tvrde kako je administracija svetlim bojama ocrtala situaciju u Meksiku i Kolumbiji. Jer, u stvarnosti, oko 60 odsto kokaina koji stiže na ulice gradova po Sjedinjenim Državama prolazi kroz Meksiko. Braneći odluku administracije, Medlin Olbrajt i državni tužilac

Dženet Rino naglasili su „snažnu saradnju" s meksičkom vladom koja je 1998. godine uvela propise o sprečavanju pranja novca zarađenog krijumčarenjem droge i organizovala timove inspektora zaduženih da počupaju korene rasprostranjene zvanične korupcije.

Međutim, u tajnom izveštaju američkih obaveštajnih službi izražava se zabrinutost zbog „endemske korupcije, nasilja i nespornog širenja uticaja sindikata krijumčara narkotika" u Meksiku, čija je vlada 2004. godine „uhapsila i kaznila tek nekoliko pojedinaca", iako poseduje dokaze ko su „pravi gospodari droge" u toj zemlji.

Objašnjavajući zašto su ukinute sankcije Kolumbiji, najvećem svetskom proizvođaču i distributeru kokaina i vodećem snabdevaču marihuanom i heroinom, Medlin Olbrajt je istakla da se time odaje priznanje vladi u Bogoti „zbog napora da se suzbije i iskoreni proizvodnja narkotika". Ipak, „sadašnja vlada nije pokazala punu političku podršku u zajedničkim antinarkotičkim akcijama, ali pošto predstoje predsednički i parlamentarni izbori, ukidanjem sankcija se postavljaju temelji za povećanu kooperaciju i podršku onim snagama u Kolumbiji koje podržavaju poštovanje zakona i jačanje demokratije."

Pored te Amerikanke našla se još jedna žena da se suprostavi kolumbijskoj mafiji. Ingrid Betankur se zavetovala da će se boriti za novu Kolumbiju.

Ta četrdesetogodišnja žena, koja potiče iz starosedelačke kolumbijske porodice, želi da prekine začarani krug droge, nasilja i korupcije koji njenu zemlju već decenijama gura sve dublje u bedu. Međutim, da bi to ostvarila, neophodno je da se nađe na čelu države. Zbog toga je osnovala partiju i odlučila da se kandiduje na predsedničkim izborima.

Betankur je uverena da je Kolumbiji neophodan kiseonik. „Narko-mafija vlada zemljom, jer je takoreći kupila vladu i sudstvo", rekla je ona.

U Ulici Karera u Bogoti ta ambiciozna žena započela je svoju izbornu kampanju. Ingrid, kako je svi zovu, delila je vozačima posebne pilule simbolično izražavajući nadu da će time ojačati poljuljan politički moral u svojoj zemlji.

Slične akcije već su joj pomogle da stekne popularnost. Godine 1994. kada se kandidovala za poslanika u parlamentu, poklanjala je kondome kao sinonim zaštite od virusa korupcije i tom prilikom odnela je najveći broj glasova u Bogoti, a četiri godine kasnije postala je senator s najvećim brojem glasova u celoj zemlji.

„Kolumbijci žele najzad da dobiju demokratiju koja zaslužuje to ime", kaže ona, uverena u svoju pobedu. Ona pod državnom reformom podrazumeva razbijanje zlokobne alijanse između političara i narko-dilera.

„Tradicionalne partije nemaju ništa protiv trgovine drogom, jer one od nje profitiraju", kaže Betankur.

Pre osam godina tadašnji predsednik Ernesto Samper je finansirao izbornu kampanju sredstvima dobijenim od čuvenog kartela Kali. Kada su ubijeni svedoci optužbe, Betankurova je, ne bi li iznudila nezavisnu istragu, stupila u štrajk glađu sve dok nije pala u komu. Međutim, iako su postojali čvrsti dokazi, Samper je oslobođen svih optužbi. Njegova desna ruka u celom poslu bio je tadašnji ministar unutrašnjih poslova Orasio Serpa, koji je danas predsednički kandidat liberala.

Liberali i konzervativci se nadaju da će zadržati političko kormilo zemlje, jer na smenu vladaju Kolumbijom više od 150 godina. Ingrid Betankur, međutim, veruje da njena kampanja može da dotuče političku mašineriju dobro podmazanu nepotizmom. Tako bi ona postala prva dama u predsedničkoj palati i koja je u politiku unela ženstvenost.

# RUSKA MAFIJA

## Podzemlje u krilu KGB-a

Rusiju 21. veka obeležili su terorizam i teror mafije. Ne zna se koliko je mafijaša, njihovih simpatizera i saradnika, ali i njihovih protivnika stradalo u obračunima širom te ogromne zemlje. I pored toga što leševi nisu brojani, mnoge likvidacije u ruskom podzemlju su dobro upamćene kao poslednja opomena jedne od najsurovijih mafija na svetu.

Guverner ruske oblasti Magadan Valentin Cvetkov, star pedeset četiri godine, ubijen je 18. oktobra 2003. godine iz vatrenog oružja u centru Moskve. Novinske agencije su prenele saopštenje policije da su dve nepoznate osobe pucale u Cvetkova u blizini njegove kancelarije u Ulici Novi Arbat, jednoj od najprometnijih saobraćajnica u Moskvi.

Prema izjavama očevidaca, lica koja su pucala u Cvetkova pobegla su automobilom s mesta zločina. Koristila su pištolj s prigušivačem.

Cvetkov je 1996. godine izabran za guvernera oblasti Magadan, na krajnjem istoku zemlje. On je bio jedan od 89 guvernera Ruske Federacije, od kojih su mnogi veoma moćni u svojim regionima, iako je njihov politički uticaj smanjen otkako je na vlast došao predsednik Vladimir Putin.

Predsednik Putin odmah je izdao naređenje državnom tužiocu Vladimiru Justinovu i ministru unutrašnjih poslova Borisu Grizlovu da lično preuzmu kontrolu nad istragom.

„Očigledno je da se radi o naručenom ubistvu", izjavio je Vladimir Putin, dodavši da je, „posao obavio profesionalac."

Policija je, zahvaljujući mnogobrojnim prolaznicima koji su se u trenutku ubistva zatekli na Novom Arbatu, već došla i do foto-robota jednog od ubica i već se čini sve što je neophodno kako bi on bio uhapšen.

Kako se navodi, potraga se vodi za muškarcem slovenskog porekla, starim između trideset i trideset pet godina, u tamnoj odeći, koji je s mesta zločina pobegao u automobilu marke lada metalik plave boje. U saopštenju policije navodi se čak i registarski broj tog automobila.

Interesantno je da je ubistvo guvernera Valentina Cvetkova zabeležila i video-kamera postavljena na zgradi u kojoj se nalaze prostorije Saveta Federacije (Gornjeg doma ruskog parlamenta). Na snimku se vidi čovek srednjeg rasta, obučen u tamno, kako se odvaja od zida zgrade, ispaljuje dva hica – jedan u gubernatora, drugi u njegovog šofera – a potom se sklanja u zaklon. Po obavljenom poslu ubica se mirnim korakom uputio niz ulicu i nakon nekoliko metara odbacio pištolj marke makarov, koji je ubrzo pronađen.

Cvetkov, koji je u Moskvu došao radi učešća u radu federalne vlade, nikada nije koristio usluge telohranitelja – ni u Magadanu ni u prestonici.

Inače, Magadanska oblast najveći je proizvođač zlata u Rusiji. Međutim, prema podacima koje prenose sredstva javnog informisanja, između 20 i 30 procenata zlata kreće se takozvanim crnim kanalima. U nekoliko navrata zbog toga je u Magadanu dolazilo do ozbiljnih sukoba u kojima je učestvovao i sam Cvetkov.

Rusija se već godinama bori kako bi sa sebe sprala imidž gangsterske zemlje koji je stekla tokom burnih godina tranzicije, neposredno po raspadu Sovjetskog Saveza. Ipak, javne ličnosti, posebno one iz sfere politike i krupnog biznisa, ostale su na meti plaćenih ubica.

„Ubistvo guvernera ruske oblasti Magadan Valentina Cvetkova u centru Moskve, poslednje je u nizu naručenih ubistava kojih je u Rusiji bilo 327 i čije su žrtve uglavnom bili poslovni ljudi, poslanici, gradonačelnici, šefovi carina ili poreske policije", navodi *AFP*.

Prema podacima ruskog državnog tužilaštva, od 327 naručenih ubistava samo 142 su rasvetljena, dok je sledeće godine „po narudžbini" ubijeno više desetina javnih ličnosti, najviše u Moskvi i Sankt Peterburgu.

„Oko 90 odsto naručenih ubistava počinjeno je iz 'ekonomskih razloga', s obzirom na to da su najčešće žrtve bili poslovni ljudi, među njima i stranci", navodi *AFP*.

Ubice najčešće koriste vatreno oružje, ali su neki od atentata izvedeni i pomoću eksplozivnih naprava postavljenih u automobile žrtava.

Prema podacima policije, u Rusiji deluje 111 grupa kriminalaca. U poslednjih pet godina 150 osoba je osuđeno zbog toga što su počinile naručena ubistva.

## Jušenjkova smrt

Mecima iz pištolja ispaljenim s leđa u Moskvi je ubijen Sergej Jušenjkov, star pedeset dve godine, veteran Dume, raspoznatljiva figura ruske opozicije i već treći izrazito liberalni političar likvidiran rukom neotkrivenog atentatora. S jeseni 1998. u Sankt Peterburgu ubijena je Galina Starovojtova. A leta 2000. je likvidiran potpredsednik Liberalne Rusije Vladimir Galavljov i sada, doslovno – samo nekoliko sati pošto je taj pokret preregistrovan u Rusku političku partiju, spremnu da učestvuje na dumskim izborima – Sergej Jušenjkov, takođe potpredsednik.

Sačekan je pri povratku iz parlamenta, kod ulaza u soliter u kojem je živeo (kakve li kontradikcije u odnosu na crni karakter izrazito političkog ubistva) – u moskovskoj Ulici slobode! Taj slučajni nesklad – nasilnog lišavanja jednog čoveka života i imena mesta, odabranog za krvavi čin, postao je skoro simboličan za savremenu Rusiju. Jer, ne računajući žrtve ratova i boljševičke revolucije (zajedno s komunističkim „čistkama" 1930-ih) – u toj zemlji neshvatljivih razmera i kontrasta, najviše ljudi ubijeno je upravo otkako ona samu sebe smatra i demokratskom i slobodnom.

Sergej Jušenkov je deveti deputat ruske Dume ubijen od 1994. godine. Dvadeset prvog avgusta 2004. u Moskvi je umoren njegov istomišljenik deputat Vladimir Golovljov. Policija sumnja da je većina deputata ubijena, ne zbog političkih motiva, već zato što „nisu dobro podelili novac". Naručioci zločina nisu uhvaćeni.

U minulih devet godina bilo je i desetak pokušaja ubistva deputata, ali su oni bili bolje sreće od Jušenjkova. Nekima od njih poginuli su telohranitelji, a nekima pomoćnici. Nažalost, policija se pokazala neefikasnom, pa su plaćene ubice pobegle, možda zauvek.

Samo 2004. godine u Rusiji je ubijeno 425 raznih biznismena i „predstavnika komercijalnih struktura". Ubice imaju svoj cenovnik po kome naplaćuju likvidacije. Tako je policija utvrdila da su naručioci dali 50.000 dolara da se ubije parlamentarac Sergej Jušenjkov. Međutim, u ruskoj policiji tvrde da u nekim sredinama naručuju ubistva i za stotinak dolara.

U Rusiji godišnje ubiju 22 ljudi na 100.000 stanovnika. Po toj crnoj statistici Rusija je na drugom mestu u svetu odmah posle Južne Afrike. Godine 2004. u Rusiji je ukupno ubijeno 31.630 ljudi.

Više od polovine ubijenih ljudi izgubilo je život u porodičnim obračunima. Čak 80 odsto tih „porodičnih ubistava" napravljeno je posle pijanke. Većina ubica kada se otrezni ne može da objasni zašto je ubila bližnjega svoga. Inače, u Rusiji se otkrije 78,6 odsto ubistava.

Ruski policajci, pravnici i sociolozi se slažu da je nagla promena političkog i ekonomskog sistema uticala da skoči kriminal, pa tako i broj ubistava. Mladi i zdravi ljudi gledali su kako se jedan sloj prebrzo bogati i iz lada i volgi preseda u mercedese. Oni su shvatili da je bolje dobro baratati revolverom nego biti odličan student.

U armiju bandita brzo su se uključili oni koji su ratovali u Avganistanu. Za vreme vladavine Borisa Jeljcina mnogo je mladih ljudi napustilo redove policije, vojske i nažalost, kako se kasnije pokazalo, krenulo je stopama ubica i bandita. To su bili ljudi koji su već osetili miris baruta i vrlo brzo su se uključili u novu profesiju.

Naoko nelogična pojava nije, međutim, neobjašnjiva. Od svakih 10 slučajeva ubistva, 8 ili 9 kriminalnih dela izvršeno je zbog novca, citirane su u Moskvi službene izjave. Talas besmisleno velikog ličnog bogaćenja, podignut besmisleno visoko dopuštenom pljačkom države početkom 1990-ih, ostavio je za sobom pustoš u mamutski glomaznoj upravi, policiji i pravosuđu prostrane države. Približno 50 odsto privredne aktivnosti zemlje obavlja se u tzv. sivoj zoni ekonomije, mimo zakona i uvida administracije.

Krajem 1990-ih, i u novinama se čak pisalo o tome čime je sve milijarder i siva eminencija Kremlja Boris Berezovski potkupio porodicu predsednika i samog Jeljcina!

Ostvarujući veliki uticaj na vlast, kriminal Rusije lako se obreo na pijedestalu društvenog uvažavanja. Korumpirao je i „privatizovao" državu, čiji nadležni službenici trguju onim što im je na raspolaganju – službenim ovlašćenjima, sabotažom krivičnog gonjenja, pa čak i aktivnom saradnjom u zločinu. Dugačka je lista atentata u minulih deset i više godina čiji zapleti uživaju reputaciju „nerazrešivih", zbog tesno upletenih interesa ruskog kriminala, vlasti i pravosuđa.

Život i političko opredeljenje Jušenjkova izrazili su protivurečnosti smutnog prelaznog doba Rusije, s razvojem koji je, kao i razvoj društva – prilično odstupio od početnih intencija nesrećno uklonjenog političara. Rođen u Tverskoj oblasti, Jušenjkov je završio sovjetsku vojnu akademiju u Sibiru, treniran da bude vojni „politkom" – propagandista, zadužen za borbeni duh i moral ljudi u uniformi. Vojnu karijeru je tako i počeo, podučavajući pitomce marksističkoj filozofiji, da bi tek

1990, otisnuvši se u sasvim drugom, dotad neslućenom pravcu, produžio i završio kao „buržoaski" političar, nadahnut idealistički shvaćenim liberalnim idejama evropskog Zapada.

Takve ideje obično nisu ostvarene do kraja ni na Zapadu, ali Jušenjkov je, s poletom kakav se često uočava kod onih ljudi koji su sve sopstveno iskustvo zamenili samo čitanjem, verovao da se ideje liberalnog Zapada mogu ostvariti u jeljcinskoj i postjeljcinskoj Rusiji.

U sredini čiji tempo diktiraju tzv. novi Rusi, milijarderi stvoreni „preko noći", Jušenjkov je odudarao od stvarnosti Rusije, najpre time što nije pokazivao interesovanje za novac. Taj novac koji mnogi drugi – u ministarstvima, u vladi ili u Državnoj dumi – „zgrću lopatom", udešavanjem unosnih poslova ruskom „biznisu". No, kada je materijalni motiv zločina odbačen, u javnosti je postavljeno pitanje – a zašto je deputat Jušenjkov onda uopšte i ubijen?

Postavljao je „suvišna pitanja", odgovorila je minulih dana neformalna porota ruske javnosti. Dotakao se nečeg „što se ne sme", rekla je „porota", asocirajući na bezmalo identične razloge ubistva jednog novinara 1994. godine.

Dmitrij Holodov, mladi novinar *Moskovskog komsomolca*, ubijen je oktobra 1994, usmrćen eksplozivom u bakelitnom „neseseru", u kojem je tobože trebalo da budu dokumenta s dokazima o korupciji u Zapadnoj grupi armija. Holodov je istraživao podmitljivost i pronevere ruskih generala. Zapadna grupa armija bila je stacionirana u Nemačkoj i njene poslednje jedinice vratile su se u Rusiju s jeseni te godine.

Ubistvo Holodova, starog dvadeset tri godine, uznemirilo je štampu i uzbudilo građane. Desetine hiljada ljudi su došle i po izuzetno hladnom vremenu prisustvovale sahrani. Telo mladog Holodova još dečjeg izraza, proneto je u otvorenom sanduku a dugačka povorka građana stupala je uz potpuni muk. Činilo se – najupečatljiviji protest ruske mase zbog pasivnosti vlasti. Govoreći na sahrani, urednik *Komsomolca* Pavel Gusev otvoreno je aludirao na umešanost u zločin Pavela Gračova, tada u doba Jeljcina, ministra odbrane.

Dmitrijevo novinarsko istraživanje, ono što je on doznao i o čemu je pisao jureći za dokazima da u vrhu vojske postoji korupcija – vodilo je sasvim jasno prema Gračovu i Matveju Burlakovu, tada komandantu Zapadne grupe armija. Međutim, ništa se nije dogodilo osim smrti mladog čoveka.

Tri i po godine su vlast i pravosuđe bili pod presijom ruske štampe, koja je neumorno ukazivala na snagu državnih faktora kojima je moglo biti u interesu da se ubistvo Holodova ne rasvetli. A onda je, zahvaljujući Juriju Skuratovu, revnosnom državnom tužiocu, vrlo brzo uklonjenom s dužnosti na inicijativu Kremlja, uhapšen izvesni Popovski, svojevremeno šef obaveštajne službe ruskih padobranskih jedinica – koji je priznao delo. Njegova grupa ubila je Holodova, tobože bez znanja ministra Gračova, priznao je izvršilac – posle malo vremena u zatvoru, na osnovu izmenjene inicijative tužilaštva.

Ko je Jušenjkovljev Popovski, a ko Gračov, direktni ili indirektni inspirator ili čak nalogodavac likvidacije?

U intervjuu na TV kanalu *Rusija*, predstavnik Ruskog jedinstva Aleksej Vedenkin izrazio je u jednoj prilici spremnost „da lično ubije" Jušenjkova i Sergeja Kovaljova, razljućen navodima dvojice o zločinima ruskih trupa angažovanih u Čečeniji, navedeno je u jednom od ruskih listova. Vedenkin je uhapšen, ali nedugo posle toga i oslobođen, u okviru kolektivne amnestije povodom jubileja Drugog svetskog rata.

Ipak, u navodima povodom atentata, niko ne optužuje Vedenkina. Nije jedini koji nije podnosio propagiranje uvažavanja ljudskih prava, kada je u pitanju rat u Čečeniji.

„Kesa puna đubreta, uživo na televiziji", rekao je svojevremeno o Jušenjkovu Gračov – iz istih razloga.

Međutim, ne imenujući nikog lično, štampa Rusije identifikovala je krugove („fašista, korumpiranih generala i agenata službi bezbednosti") i interesnu grupu, kojoj bi moglo odgovarati da deputat zaćuti zauvek. Funkcioner Liberalne Rusije Julij Ribakov, govoreći za javnost, upro je prstom u Federalnu službu bezbednosti. Ubijeni Jušenjkov aktivno je istraživao tobožnju umešanost FSB-a u „bombardovanje apartmana" u Moskvi – događaj kojim je inicirana obnova intervencije ruske vojske u Čečeniji (posle sporazuma o primirju 1996), uoči izbora Vladimira Putina za predsednika. Putinov izbor u Kremlj osiguran je predsednikovom „čečenskom politikom" – biračima je odgovarala izjava da se on neće ustručavati da problem reši silom.

Da bi se mogla popularizovati sila, trebalo je imati rat. Od eksploziva podmetnutog u stambenu zgradu stradalo je 300 građana, dovoljan razlog da se rat kakav je čečenski može obnoviti. Jušenjkov se angažovao u prikupljanju dokaza da eksploziv nisu podmetnuli Čečeni, već, u stvari, ruski agenti.

„Unutar službi bezbednosti ima grupa koje su sve uticajnije i raspolažu sa sve više novca", izjavio je tada Ribakov. „Imena nisu važna. Važno je da takve snage postoje – snage koje ne žele liberalnu ideologiju u ruskoj politici. U toku je sistematsko uništenje svih liberalnih političara prvog talasa", rekao je, pominjući ubistvo Starovojtove i Galavljova.

Sergej Kovaljov, poznati saborac Saharova u logorima u Sibiru, uputio je otvoreno pismo predsedniku Putinu.

„Ljudi koji su naložili i organizovali Jušenjkovljevu smrt (...) mogli bi biti oni koji podržavaju sadašnji vektor političkog razvoja u Rusiji, tajni ili otvoreni koautori tog kursa – drugim rečima, vaši podržavaoci, gospodine predsedniče", napisao je Kovaljov.

Zvuči kao izazov šefu države; međutim, pismo Kovaljova nije jedini tekst te vrste. Samostalni politički analitičar Andrej Pjontkovski piše o „strahu koji čvrsto steže prestonicu", čineći da ljudi više ništa ne smeju da pitaju, a ima pitanja koja bi neko morao da postavi. Jedno od takvih, piše autor, tiče se podatka humanitarnih organizacija o „hiljadu ruskih građana, kidnapovanih od federalnih snaga" tokom operacija u Čečeniji.

„Žrtve su ili nestale bez traga, ili su njihova tela, osakaćena torturom, predata rodbini", navodi Pjontkovski.

Pozivajući se na izjavu tužioca u Čečeniji, da uopšte nije reč „o više od hiljadu", nego da je tokom operacija čišćenja kidnapovano „ne više od nekoliko stotina" ruskih građana, Pjontkovski zaključuje da je to teror zaduženih da suzbijaju teror i podseća Putina da predsednik Rusije „nije ni Majka Tereza ni visoki komesar UN-a za ljudska prava" već „glavnokomandujući tih istih vojnika koji tokom noći lupaju na vrata (građana), koji kidnapuju ljude tokom operacija čišćenja i pljačkaju ih na kontrolnim punktovima".

U nastavku članka, ovaj analitičar pita:

„Dakle, da li glavnokomandujući ne želi, ili ne može da opozove eskadrone smrti koji operišu unutar njegove vlasti? Teško je reći koji je odgovor u većoj meri užasavajući. Ako su profesionalno uvežbani ljudi dobili dozvolu da na teritoriji jednog regiona Rusije nekažnjeno ubijaju, šta vas može navesti da poverujete da će se oni na tome zaustaviti? Kada zver jednom proba krv, nju ništa više ne može zaustaviti!"

Predsednik Putin izjavio je porodici Jušenjkova saučešće. Policajac koji istražuje slučaj ubistva izjavio je da nema sumnje da je delo izvršeno rukom ubice, profesionalca. Tužilaštvo je obećalo da će sve što je u moći tog organa sigurno biti preduzeto i da će se nastojati da naručilac ubistva i ubica budu pronađeni. I, u međuvremenu, priveden je prvi osumnjičeni – jedan dvadesetogodišnjak još dečjeg izraza na licu, student. Policija je izjavila da bi student mogao imati „motiv" da ubije.

Njegov otac je svojevremeno hapšen, posle optužbi u javnosti koje je na njegov račun iznosio Sergej Jušenjkov.

Ubistvo urednika ruskog *Forbsa* Pola Helbnjikova na ulicama Moskve demonstrira koliko je to društvo, uprkos pričama kako je Rusija postala normalna zemlja, i dalje talac organizovanog kriminala.

U Rusiji danas nema toliko nasilja koliko sredinom 1990-ih, međutim, to znači da kriminal danas u Rusiji nema potrebe za otvorenim ratom, ali kada su ugroženi mafijaši, neće oklevati da ubiju.

Tako je ubijen Pol Hlebnjikov.

Sistem raspodele moći u Rusiji često se opisuje kao „upravna demokratija", kombinacija tržišne dinamike i manipulisanja politikom. Mnogi na Zapadu pozdravljaju takav sistem, ali promaklo im je da je politička manipulacija zasnovana na selektivnom progonu. Možda je najbolji primer tog sistema slučaj Mihaila Hodorkovskog, glavnog akcionara naftne kompanije *Jukos*, koji je uhapšen pod optužbom za utaju poreza i proneveru. U intervjuu za novine *Izvestija*, sedam sati pre nego što će biti ubijen, Hlebnjikov je uporedio optužbe na račun *Jukosa* s ponašanjem *Sibnefta*, kompanije koju poseduje Roman Abramovič, Putinov miljenik. On zaključuje da su u svakom pogledu (izbegavanje plaćanja poreza, nepatriotizam i politički interesi) rezultati *Sibnefta* mnogo gori od *Jukosovih*, ali da je *Sibneft* prilično prosperirao, dok je *Jukos* doveden do bankrota. Razlog za to je što je Hodorkovski demonstrirao nezavisnost, finansirajući opozicione partije, kao doprinos političkom pluralizmu. Lekcija „Hodorkovski" je sada dobro naučena u Rusiji. Kršenje zakona i nije tako ozbiljno, ako ga ne prati politički konformizam.

Sada svi, ne samo oligarsi već i vlasnici manjih preduzeća, urednici novina, sudije, tužioci i vladini zvaničnici, shvataju da će im gresi biti oprošteni sve dok ne rade ništa što bi dovodilo režim u pitanje.

Posle pada Sovjetskog Saveza, „mladi reformisti" u Rusiji krenuli su u stvaranje tržišne ekonomije, ali su sačuvali veru u ekonomski determinizam, tako karakterističan za komunističku ideologiju. Ako su se komunisti pridržavali teze da će besklasno društvo nastati posle napuštanja privatnog vlasništva, reformisti su verovali da će demokratija zasnovana na principima tržišta automatski da se uspostavi, čim se imovina vrati privatnim vlasnicima. Ni u jednom slučaju niko nije shvatao da je pravo slobodno tržište zasnovano na postojanju zakonskog okvira.

Predaja državnog vlasništva nastavljena je neverovatnom brzinom. Između 1992. i 1997. režim je privatizovao 77 procenata velikih i srednjih preduzeća i 82 procenta malih radnji i maloprodaje. Do kraja 1996. privatni sektor, koji nije ni postojao 1991, učestvovao je u bruto društvenom proizvodu sa 70 procenata.

Proces se toliko brzo odvijao zato što nije postojala gotovo nikakva zakonska regulativa. Novi poslovni čovek je podmićivao vladine službenike i povezivao se s bandama kriminalaca. Rezultat toga je da su Rusijom počele da dominiraju malobrojni supermilijarderi, stanovništvo je bilo osiromašeno do krajnjih granica, a privreda je bila na ivici kolapsa.

Između 1992. i 1997. ruski bruto društveni proizvod je prepolovljen. To nije bilo zabeleženo ni u vreme nemačke okupacije. Životni vek muškaraca je pao na 57 godina, što je najniže od svih industrijskih zemalja. Akutni stres, uglavnom izazvan masovnom kriminalizacijom, doveo je do 6 miliona prevremenih smrtnih slučajeva, jer Rusi nisu mogli da usvoje novu socijalnu realnost koja ih je okruživala.

Sâm Jeljcin bira Vladimira Putina za svog naslednika, a potom, usled velike popularnosti postaje i izabrani predsednik. Jeljcinu su oprošteni svi počinjeni zločini i priča o redistribuciji imovine je nestala. Dok je ležao na samrti, Hlebnjikov sigurno nije mogao da misli o tome ko je želeo da ga ubije, ali nije teško zaključiti da se osoba koja je naručila njegovo ubistvo sigurno nalazi na listi sto najbogatijih Rusa iz majskog izdanja ruskog *Forbsa*. U članku se ne pojavljuju samo imena već i detalji o imovini i način na koji je određena osoba stekla svoje bogatstvo.

U normalnoj zemlji, takav članak bi bio sasvim bezopasan. Ali u Rusiji bogati nemaju nameru da privlače pažnju javnosti. U stvari, Putinov sistem im savršeno odgovara. Do sada, samodovoljnost Putinovog režima u pogledu organizovanog kriminala i sporo davljenje političkog pluralizma izazvalo je vrlo mali broj reakcija u Sjedinjenim Državama. Ubistvo Hlebnjikova bi trebalo da promeni tu praksu. Američki novinari su nekako izuzeti od napada koji čine Rusiju jednom od najsmrtonosnijih zemalja za novinare. Ako Sjedinjene Države ne budu energično reagovale, i taj ograničeni imunitet će nestati. U isto vreme, Rusi neće učiniti ništa da pronađu ubicu Pola Hlebnjikova, a sistem u kome budućnost zemlje ide ruku podruku s diktaturom, biće u potpunosti uspostavljen. Novinari i javno mnjenje nagađaju koji bi mogao biti motiv za njegovo ubistvo. Postoje mnoge pretpostavke, od toga da su ga ubili čečenski pobunjenici, bogati oligarsi ili tajna služba do toga da su za njegovu likvidaciju odgovorni prijatelji predsednika Putina. Najviše ljudi u Rusiji veruje da je ubistvo Hlebnjikova naručio neki od bogataša koji se našao na njegovoj listi uticajnih oligarha. Neki mediji objavljuju da je Hlebnjikov ubijen jer je to u interesu nekih grupa koje žele da pogoršaju imidž Rusije u svetu. Hlebnjikov je, između ostalog, istraživao i vezu bogataša Borisa Berezovskog s čečenskim pobunjenicima.

Poslednje ubistvo koje je uznemirilo Rusiju dogodilo se u zimu 2005. Zamenik komandanta ruske vazduhoplovne divizije general major Konstantin Dementijev ubijen je u svom automobilu iz automatskog oružja na auto-putu koji povezuje Moskvu i Minsk. Ubijen je i vozač generala Dementijeva, a njegov saputnik je ranjen i prebačen u bolnicu. Policija u Smolensku je potvrdila da je Dementijev ubijen, ali nije dala druge pojedinosti.

## Jeljcinova greška

Krajem 1998. godine ruski predsednik Boris Jeljcin, skrhan teškom bolešću i problemima u upravljanju zemljom, sav rezigniran javno je priznao da je kriminal osvojio političku pozornicu i da diktira zakone uz pomoć korumpiranih činovnika.

„Organizovani kriminal je potpuno prožeo rusko društvo, od vrha do dna. Rusija je postala najveća mafijaška država u svetu. Naša zemlja je supersila kriminala."

Predsednik Jeljcin je na svom stolu imao podatke državnih organa da je 1996. godine oko dve trećine ruske ekonomije bilo pod direktnom kontrolom organizovanog kriminala. U rukama mafije bilo je i 40 procenata privatnog biznisa, 60 procenata preostalih državnih preduzeća, više od polovine od 1.740 ruskih banaka.

To su bile procene Ministarstva unutrašnjih dela koje je upozorilo Borisa Jeljcina da je 200 najvećih ruskih gangova izraslo do razmere globalnog konglomerata. I da organizovani kriminal u Rusiji uživa punu zaštitu baš vladajuće oligarhije. Jeljcina je, tvrde poznavaoci moskovskih prilika i neprilika, najviše porazila činjenica, do koje su došli i Ruska akademija nauka i Ministarstvo unutrašnjih poslova, da isti ljudi sede na vrhu političke elite i organizovanog kriminala.

„Ruska mafija je postala organ prinude, stvarna vlast u zemlji. Podzemlje je u stvari slika u ogledalu snage legalnih državnih struktura u Rusiji", rekla je tada doktor Olga Krištanovskaja, profesor sociologije iz Moskve. „Mnogi gubernatori ne mogu da upravljaju svojim regionima, dok ne postignu dogovor s mafijom. Mafija je u Rusiji negde slabija, negde jača. Dogovor s njom je neizbežan."

Američki časopis *Forbs* pisao je da je mafija prisutna svuda u Rusiji, ali nastoji da bude veoma diskretna. U tome joj nije uspelo, jer je u siromašnoj Rusiji svaki znak bogatstva vidljiv. Članovi ruske mafije nose veoma kratke frizure, *versaći* sakoe i *bos* odela. Neki nose tašne, jer žele da oponašaju Italijane, koji su im nedostižni uzor. Većina je naoružana do zuba. U jednom od najpoznatijih moskovskih noćnih klubova, koji pripada mafiji, nalazi se specijalni sef za čuvanje oružja, a toaleti su opremljeni video-uređajima, kako bi se izbegla mogućnost da neko od gostiju postavi bombu.

Za razliku od italijanskih sindikata kriminala, ruska mafija je formirana iz ostataka tajne službe KGB-a i bandi huligana. I ovi prvi i ovi drugi su se u komunističkom bloku, pre desetak godina, na gotovo legalan način bavili privrednim kriminalom. KGB za potrebe države i njenih crnih fondova, a huligani za svoj vlastiti džep. Kada je taj sistem pukao, a s njim i budžetska sovjetska ekonomija, otpadnici KGB-a i huligani nastavili su da se bave pljačkanjem ruske imovine, kako državne, tako i privatne.

Moskovski ekspert Igor Baranovski tvrdi da 150 ruskih bandi trenutno kontroliše rad 40.000 preduzeća u toj zemlji. Čitava proizvodnja automobila marke lada, na primer, nalazi se u rukama moskovskih huligana. Moskovska policija tvrdi da 3.300 huliganskih bandi drži u svojim rukama i čitavu trgovinu narkotika. Jedan gram heroina u glavnom gradu Rusije već košta 300 dolara.

Ruska mafija okuplja oko 2 miliona delinkvenata. Ta piramida kriminala ima 5.600 ćelija i 500 komandira. Oni su vezani za tu organizaciju principima sile i batine, ali i profita. Svaka greška, a posebno izdajstvo, kažnjavaju se smrću. Jozef Kobzona, mafijaški car, pevač je multimilijarder, neka vrsta ruskog Frenka Sinatre. Poznat je po dobrim odnosima s vlašću i organizovanim kriminalom još iz vremena Sovjetskog Saveza.

Da bi sebi očistila put, ruska mafija je početkom 1990-ih likvidirala nekolicinu bivših socijalističkih kumova, kao što su bili Rafik Bagdastijan, Valeri Dlugoč, Arsen Mikiladze, Gavija Beradze, Ljolja Zavadski i Čečen Dudajev. Kada su se, međutim, lideri ruskog podzemlja suočili s borcima protiv mafije, poslanicima i novinarima, vrlo brzo su se među žrtvama našli i jedan političar Sergej Skoročkin i urednik Vladislav Listjev.

Lista naručenih ubistava je mnogo duža i krvavija, jer je u igri ogroman novac, a zatim i politička moć. Naime, ruska mafija trguje s drogom, nuklearnim oružjem, prostitutkama, alkoholom i cigaretama. Njihov kum nad kumovima je malo poznati i malo viđani Sergej Vilankov iz Moskve, koji drži teren centralne Rusije, dok sever, odnosno jug pripadaju gruzijskoj i ukrajinskoj mafiji.

Nije tajna, tvrdi se u pojedinim krugovima u prestonici, da je kriminal „duboko zašao" u sve pore ruskog društva i često je povezan s veoma uticajnim političkim ličnostima. Upućene ličnosti kažu da se tačno zna koja banka ima podršku koje političke ličnosti.

U jednom izveštaju CIA se tvrdi da baš Josif Kobzon, jedan od „careva" ruske mafije, ima veoma bliske i čvrste veze s Jurijem Luškovom, gradonačelnikom Moskve, s generalom Borisom Gromovim, zamenikom ministra odbrane, kao i s predsednikom čuvene bankarsko-finansijske grupacije *Most*, biznismenom Vladimirom Gusinskim.

Treba naglasiti da je Jurij Luškov jedan od najmoćnijih političara u Rusiji. General Gromov je bivši komandant sovjetskih trupa u Avganistanu, čuveni vojnik više puta odlikovan, nedavno je ušao u otvoreni sukob s predsednikom Jeljcinom i ministrom odbrane zbog rata u Čečeniji. Zbog tog neslaganja predsedničkim dekretom premešten je u Ministarstvo inostranih poslova, na funkciju koordinatora inicijativa vojnog karaktera, ali mu je, ipak, formalno ostala titula zamenika ministra odbrane.

Vladimir Gusinski je bogataš o kojem se priča ne samo u Rusiji, vlasnik banaka i finansijskih institucija, brojnih televizijskih i radio-stanica i, naravno, novina, a čuva ga „sila" od preko 1.000 telohranitelja.

Predsednik Boris Jeljcin je nedavno javno izjavio da kriminal „pokušava da zauzme pozicije u privredi i politici". Mnoge veoma poznate i ugledne ličnosti političkog i javnog života pomenute su poslednjih meseci – punim imenom i prezimenom – povodom raznih malverzacija, ali stvar je „zataškana" jer nije bilo dokaza. Na jednom od takvih spiskova nalazio se i predsednik Gornjeg doma ruskog parlamenta Vladimir Šumejko.

U nekim ruskim oblastima kriminal je dostigao takve razmere da lokalni rukovodioci nemaju načina da ga obuzdaju i pozivaju upomoć centralne organe u Moskvi. Predloženo je, na primer, da se u Primorskoj oblasti, na Dalekom istoku, zavede vanredno stanje. U toj oblasti ni civilni ni vojni organi ne mogu da obezbede vojna skladišta i magacine od pljačke. Sada su oko takvih objekata postavljena minska polja.

Da li takvo razbuktavanje kriminala može da se zaustavi na granicama Rusije? Zvaničnici daju negativan odgovor, a strane obaveštajne službe i državni organi ne samo da upozoravaju od „izvoza" ruske mafije nego i preduzimaju mere da se od nje spasu. Posebna opasnost, kaže se u zapadnim krugovima, preti od nuklearnog oružja koje bi se jednoga dana moglo naći u rukama ruske mafije.

U ruskoj prestonici prenet je zaključak jednog američkog senatorskog komiteta koji je ocenio da „neizbežan porast organizovanog kriminala u Rusiji ozbiljno ugrožava ne samo njenu nacionalnu bezbednost nego i interese zapadnih zemalja, uključujući i Sjedinjene Američke Države".

Osnovna slabost ruske mafije je što ne postoji dobra organizacija, stroga hijerarhija i slepo izvršavanje naređenja pretpostavljenih. Zato se u borbi protiv mafije ne mogu koristiti metode i sredstva koja su se pokazala uspešnim u drugim zemljama, mada je i dalje broj ubistava u Moskvi neuporedivo manji nego u Harlemu ili Bruklinu.

Doktor Olga Krištanovskaja je šef odeljenja za istraživanje elite Ruske akademije nauka. Ona je prva otkrila da rusko podzemlje ima 4.300 gangova. Da je to živi organizam koji se shodno promenama u politici i privredi i sâm menja. Tokom 1997. godine „ilegalne strukture", kako moskovski akademci zovu mafiju, počele su brzi proces transformacije. Glavna promena bila je profesionalizacija članstva mafije, posle čega je sledilo stvaranje velikih, kompleksnih organizacionih struktura i nabavljanje vrhunskog naoružanja i opreme. A nakon komercijalizacije, konsolidacije, internacionalizacije podzemnih poslova, došlo je i do stvaranja jakog kriminalnog i političkog lobija u Rusiji.

„Većina glavnih gangova, njih oko 600, organizovani su isključivo na etničkom principu. To je specijalnost ruske mafije, mada u svakom gangu ima dosta lica kavkaske nacionalnosti. S proširivanjem aktivnosti na složenije finansijske i uvozno-izvozne poslove u ruskom podzemlju je došlo do prave podele rada, čak i do specijalizacije. Najjače i najuticajnije bande su za sebe obezbedile i one najunosnije poslove. Tako je Solnčenska mafija preuzela igre na sreću, Kazanjska novčane pozajmice, a Čečenska mafija je uključena u izvoz nafte i metala, pranje novca i trgovinu ukradenim automobilima", analizira rusku kriminalnu scenu dr Olga Krištanovskaja.

Azerbejdžanci se, na primer, bave narkoticima i uopšte trgovinom svega i svačega. Jermeni su se specijalizovali za krađu automobila, ucene i mito. Gruzijska mafija se uglavnom bavi oružanim pljačkama i uzimanjem taoca. Inguška svoje prihode ostvaruje uglavnom trgovinom zlatom, dragim kamenjem i oružjem, dok se Dagestanci bave krađama i iznuđivanjem novca.

Druga karakteristika ruske mafije je teritorijalna podela zemlje na zone uticaja, odnosno komandovanja tih gangova. Kako je Moskva centar ruskog podzemlja, to je i borba za ilegalno tržište najjača u glavnom gradu Rusije. Pet velikih kriminalnih grupa koje operišu prestonicom podelile su grad na 5 regiona i to u skladu sa zvaničnom administrativnom podelom. U moskovskim predgrađima operiše 49 bandi s 4.000 članova organizovanih u 8 kriminalnih grupa.

„Tesna sprega vladajuće oligarhije i ilegalnih struktura omogućila je mafiji da postane jedan od najaktivnijih učesnika u procesu privatizacije i deobe državnog kapitala. Prema proračunima Analitičkog centra Ruske akademije nauka, rusko podzemlje danas drži 55 procenata kapitala i 80 procenata deonica u celoj zemlji. To je omogućilo mafiji da delegira svoje predstavnike u upravne odbore i bordove direktora, gde su njeni ljudi preuzeli svu vlast", kaže dr Olga Krištanovskaja.

Pravu uzbunu u ruskoj javnosti izazvao je slučaj mafijaške privatizacije *Gasproma*, najvećeg državnog preduzeća, koje zapošljava 360.000 radnika i u svojim rukama drži najveće rezerve gasa u Evropi i sistem gasovoda od nekoliko desetina hiljada kilometara. Vrednost *Gasproma* procenjena je na 120 milijardi dolara, a nekolicina direktora, jedan od njih bio je kasniji premijer Černomirdin, prisvojila je sebi 5 procenata deonica. Nezavisni ruski ekonomisti su, međutim, dokazali da *Gasprom* vredi oko 700 milijardi dolara. A to je četrnaest puta više od ruskog državnog budžeta. Privatizacija *Gasproma* je, kako rekoše ruski akademici, najveća pljačka u istoriji čovečanstva.

„Dobar deo tog otetog državnog kolača mafija je iznela iz Rusije."

Vladimir Panskov, bivši zamenik ministra ekonomije Rusije, u *Pravdi* je napisao da je od 1994. iz Rusije izneto 250 milijardi dolara. Francuska banka je procenila da su Rusi sredinom 1990-ih investirali 50 milijardi dolara u 30 zapadnih zemalja. A ljudi iz ruske policije tvrde da se te investicije kreću od 150 do 300 milijardi dolara. U Velikoj Britaniji bogati Rusi daju milione funti za luksuzne vile. Čak 70 odsto kupaca kuća vrednijih od milion funti su Rusi. Istovremeno Rusija je kao pomoć od Zapada dobila samo 72 milijarde dolara.

Stvaranje ruske mafije u krilu države, pre svega, Partije i KGB-a, bila je strategija komunističke oligarhije. Ta strategija je pripremana i izvedena u četiri faze od 1986. godine. Tako su mafija, vlast, pravosuđe i tužilaštvo, privreda i mediji postali jedna ista, iako vrlo kompleksna i zamršena struktura. Takav zamah kriminala bio je moguć jer je iza njega od početka stajala partijska nomenklatura, birokratija i ministarstva nadležna za bezbednost. Uostalom, kako reče jedan bivši javni tužilac Moskve:

„Mafija u ekonomiju ulazi preko birokratije."

Cele oblasti ogromne „majčice Rusije" su i praktično pod kontrolom ruskih „krimosa".

Kada je pre nekoliko godina napravljena anketa „Ko vlada Rusijom?" najviše, čak 23 odsto je reklo – mafija. Od ispitanika je samo 14 odsto odgovorilo „predsednik Jeljcin".

Pošto je u Rusiji počeo da se formira sloj uspešnih biznismena, javnost i država se sve više oslanjaju baš na njih. Ljudi kao što je Aleksandar Konanjhin, ugledni biznismen, koji je osnovao Ruski nacionalni ekonomski servis za bezbednost, iniciravši time nastanak Ruske detektivske agencije, međutim, odmah su napadnuti. Mafija ga je 1992. kidnapovala u Budimpešti, odakle je uspeo da pobegne, ali mu je zatim korumpirani pukovnik Volevodz, visoki funkcioner vojnog tužilaštva Rusije, „napakovao" sudski spor. Iza tog rušenja Konanjhina stajao je Aleksej Iljušenko, bivši vrhovni tužilac, koji je kasnije osuđen zbog korupcije.

Malo je onih koji su tako uspešni, na primer, kao četrdesetpetogodišnji Vladimir Bogdanov, čiji je *Surgutneftogaz* drugi po veličini proizvođač sirove nafte u bogatoj Rusiji. Pre dvanaest godina, Bogdanov je bušio tamo gde mu je Moskva rekla da buši. Godine 1992. Jeljcin je razbio sovjetsko Ministarstvo za naftu na privatne kompanije, a Bogdanov je postao šef *Surguta*. On je od tada konsolidovao svoju moć u Sibiru, gde kontroliše novac i glasove. Skoro četvrtina građana Surguta, koji ima 268.000 stanovnika, radi za njega.

Investicioni analitičari i deoničari kažu da direkcija *Surguta*, zahvaljujući onome što je sama stekla i velikodušnosti vlade, poseduje oko 80 odsto akcija kompanije.

Ironično zvuči, ali je istinito, državne službe Rusije, odgovorne za suzbijanje kriminala, postale su više deo problema nego rešenje. S najviših mesta u državnoj administraciji i parlamentu isticano je da je kriminalizacija vladajućih struktura i svih segmenata društva postala najveća pretnja nacionalnoj bezbednosti. Tako piše u izveštaju „Privredni kriminal i bezbednost građana, društva i države" Federalnog saveta za bezbednost Rusije, rađenom na osnovu podataka Ministarstva za ekonomske odnose s inostranstvom, za finansije, za privredu, Ministarstva pravde, Državnog komiteta za antimonopolsku politiku, Federalne službe za kontrolu valutnog poslovanja, Centralne banke Rusije, Akademije nauka, kao i FBI-ja i Interpola.

U tom izveštaju, koji je više puta čitao i sâm Boris Jeljcin, između ostalog je pisalo:

„Korupcija u organima vlasti postala je veća pretnja ruskoj ekonomskoj bezbednosti nego što je to naglo opadanje nivoa industrijske proizvodnje i eksplozivan rast organizovanog kriminala. Procenjuje se da su državni službenici na ime mita tokom dve poslednje godine uzeli preko 100 milijardi dolara. Iako ga stavljaju tek na treće mesto po svojoj moći u Rusiji, organizovani kriminal kontroliše 40 procenata nacionalnog bruto proizvoda. U rukama organizovanog kriminala je 41.000 ekonomskih jedinica, od toga 1.500 državnih preduzeća, 4.000 holding asocijacija, 500 preduzeća sa zajedničkim ulaganjima i preko 700 banaka. Mafija je osnovala oko 700 legalnih finansijskih i komercijalnih institucija koje se prvenstveno bave pranjem novca."

## Kriminalna revolucija

Kriminal je u Rusiji počeo da se razvija još u XVII veku, a „profesionalni klanovi" su formirani početkom XX veka. Oktobarska revolucija je sve promenila – mnogi ljudi koji su pripadali intelektualnoj eliti mrzeli su boljševike i odlučili su da se priključe svetu kriminala, „podarivši" mu time ideološko značenje. Krajem 1920-ih pojavile su se prve priznate vođe. Centar njihovih aktivnosti bio je u Moskvi. Porast organizovanog kriminala kasnih 1980-ih i ranih 1990-ih nastao je kada se nova generacija kriminalaca usprotivila strogim pravilima koje su ko zna kad uspostavile vođe bandi. Ti gangsteri po mnogo čemu zaista podsećaju na one čuvene američke iz filmova.

Ali, kad su u Rusiji zavladali komunisti, Zapadom su kružile neverovatne priče da komunisti siluju strankinje nasred ulice, kao što sada kruže slične priče i o ruskoj mafiji. Zapadni biznismeni se, recimo, ne plaše odlaska u Jugoistočnu Aziju i Latinsku Ameriku, gde situacija nije nimalo naivna. Kad dođu u Rusiju, potrebno je da dobro provere s kim i kako stupaju u poslovne odnose. Mnogi avanturisti su došli tek tako i upali u velike nevolje, nepripremljeni, misleći da bez ikakve provere započnu poslove.

U Moskvi je već odomaćen izraz „Velika kriminalna revolucija", za koju je književnik Aleksandar Solženjicin na televizijskom kanalu *Ostankino* izjavio da „predstavlja amalgam bivših partijskih funkcionera, kvazidemokrata, pripadnika KGB-a i crnoberzanskih dilera. Oni su sada na vlasti i predstavljaju hibrid koji nije viđen u istoriji", izjavio je Solženjicin.

U Moskvi je već objavljeno nekoliko istraživanja koja pokazuju kako je došlo do tog amalgama. Po svoj prilici Prva uprava KGB-a, nadležna za obaveštajni rad dobila je zadatak da ubaci svoje ljude u vrh kriminalnih grupa i da tako kanališe njihovu delatnost. Šta je vrhu partije i KGB-u bilo na umu sada se samo može pretpostavljati. Ali zahvaljujući baš kagebeovcima ruski gangovi, koji su pre desetak godina bili provincijski i nepovezani, izrasli su u jednu od najmoćnijih i najbolje organizovanih mafija u svetu.

Prema vladinim statističkim podacima koje navodi ruska Trgovinska komora, skoro 70 odsto kompanija plaća reket organizovanom kriminalu – što daleko nadmašuje broj onih koji plaćaju poreze. Većina preduzetnika kaže da kao naknadu plaćaju između 10 i 20 odsto svog prihoda.

Prema vladinim podacima, 1995. godine je likvidirano 46 ruskih biznismena i 4 člana parlamenta. Mali broj tih slučajeva je razrešen, a mnoga su povezana s kriminalcima.

Sergej Skoročkin, vlasnik rafinerije u predgrađu Moskve, za dlaku je izbegao atentat koji su na njega pokušali da izvrše kriminalci u maju 1994. godine. Skoročkin, koji je bio i član ruskog parlamenta, izjavio je da su ga kriminalci jurili zbog toga što je odbio da im plati novac koji su od njega tražili. Prilikom tog napada, Skoročkin je izvadio pištolj i ubio svog navodnog napadača.

On se sa svojom porodicom iselio u Englesku. Sledeće godine, tridesettrogodišnji Skoročkin se vratio u Rusiju s dvojicom britanskih poslovnih partnera, znajući da je njegov dolazak i te kako opasan. Prvog februara 1995. godine, četvorica naoružanih ljudi obučenih u uniforme policajaca upala su u restoran u Skoročkinovom rodnom gradiću Zarajsku, oko 180 kilometara južno od Moskve, gde je ručao sa svojim kolegama. Svima je naređeno da legnu na pod, ali su naoružani ljudi odveli samo Skoročkina. Sledećeg dana je u šumama na izlazu iz tog gradića nađeno njegovo telo, vezanih ruku, sa samo jednom rupom od metka u glavi. Policija je saopštila da sumnja da iza tog zločina stoji banda ruskih kriminalaca, ali nije nikoga uhapsila.

Kriminalci sada dominiraju u izuzetno unosnim legalnim poslovima, posebno u bankarstvu i finansijama, maloprodaji i izvozu i preradi sirovina. Smatra se da su mnoga naručena ubistva povezana s pokušajima grupa kriminalaca da preuzmu ruske kompanije.

Godine 1998. čak 560 preduzetnika i zvaničnika je ubijeno po narudžbini mafije.

Hapšenje reketaša visokog nivoa veoma je retko u Rusiji – osim kada je bilo politički isplativo. Mnogi poznati kriminalci su izabrani u parlament u kojem su imuni od proganjanja. Kriminalna dela koja u sebe uključuju i uticaj onoga ko je unutra, u samoj vlasti, može biti takav da ga je teško dokazati; zakoni koji upravljaju ruskim transakcijama u biznisu tako su nepotpuni da je teško razdvojiti ono nelegalno od onoga što je naprosto nemoralno.

Sâm Jeljcin nije bio optuživan za primanje mita, ali s njemu bliskim ljudima sasvim je druga priča. Aleksej Iljušenko, bivši Jeljcinov javni tužilac nalazi se u zatvoru zbog mita za trgovačku kompaniju koja je htela da izvozi naftu. Jedan od Jeljcinovih reformista navodno je odobrio dil u kojem je, negde između San Franciska i Moskve, nestalo 400 miliona dolara. Govori se da su milioni rubalja poslatih u Čečeniju zbog rekonstrukcije – nestali.

Vlada podstiče te probleme tako što spremno dodeljuje unosne privilegije i naročite povlastice. Za finansiranje ruskog sporta Jeljcin je favorizovao Nacionalni sportski fond, koji je osnovao ministar sporta Samil Tarpiščev, Jeljcinov partner u tenisu – Fond je oslobođen od plaćanja uvoznih dažbina za alkohol.

Pre nego što su vladini reformisti završili s trgovinom, Fond je nakupio milione dolara profita i federalni budžet je oštetio za 200 miliona dolara mesečno 2004. godine. Boris Fjodorov je smenjen pošto je uhapšen pod optužbom za posedovanje droge, što je on poricao. Neidentifikovani čovek je potom napao Fjodorova u centru Moskve. U bolnicu je odveden u kritičnom stanju, ali je preživeo.

U moskovskom *Čeri kazinu* ruski novi „biznismeni", ukrašeni zlatnim nakitom, sede s prostitutkama koje koštaju 500 američkih dolara iza gomile čipova od po 100 dolara ispunjavajući svoje večeri kokainom po ceni od 200 dolara po gramu.

„Naravno, možeš da ga kupiš", kazao mi je Dima Ljušin, koji je nekada bio telohranitelj, a švercom je stvorio čitavo bogatstvo.

U dvadeset petoj godini ima troje uvoznih kola i van Moskve vilu koja vredi 300.000 dolara. Planira da svoju ćerku školuje u Švajcarskoj. Nije ni čudo što je zadovoljan trenutnim političkim status kvoom.

Ruski novi bogataši pojavili su se 1998. prvi put na tradicionalnoj godišnjoj prozivci milijardera najčuvenijeg američkog magazina *Forbs*.

Iza kompjuterskog čarobnjaka Bila Gejtsa, hongkonškog trgovca plastičnim cvećem, prodavca koka-kole u Kini i najbogatijeg Latinoamerikanca – vlasnika telekomunikacija u Meksiku, na devetom mestu po bogatstvu, s godišnjim neto prihodom od 3 milijarde dolara, našao se Boris Berezovski, Jeljcinov najbliži saradnik i pomoćnik Saveta za nacionalnu bezbednost. Predstavljen je kao najveći automobilski diler u Rusiji koji kontroliše *Aeroflot* i iskorišćavanje praktično neprocenjivih prirodnih bogatstava u Sibiru, uz uzgrednu stidljivu napomenu da je do tako privilegovanog položaja došao kao gangster.

Za ekonomistu Larisu Pjačevu, bivšu pomoćnicu gradonačelnika Moskve, režim Borisa Jeljcina vodio je Rusiju pravo u narodnu pobunu.

„Glavni problem u Rusiji jeste mafijaški način na koji je obavljena privatizacija i politički i ekonomski sistem koji je iz toga proizašao. Jegor Gajdar i Anatolij Čubajs su došli na vlast 1991–1992. godine nošeni jakim demokratskim pokretom. Nažalost, ključni problem svojinskog prava nije rešen na zadovoljavajući naćin. Ruske vlasti su prisvojile taj proces u korist odabranih ličnosti. Pošto je taj pristup bio nezakonit, privatizacija je obavljena tajno, putem obračuna i ubistava. Svako je radio za svoj klan, Čubajs, gradonačelnik Juri Luškov..."

„Isključivi korisnici te velike raspodele bili su šefovi velikih birokratija nasleđenih iz prethodnog režima, ukratko bivša sovjetska nomenklatura. Sam svet kriminala je imao na početku tek sporednu ulogu koja se svodila na odbranu interesa birokratskih grupa. S vremenom, mafija i nomenklatura su postale jedno. Taj spoj je dao, osim nekoliko izuzetaka, klasu novih ruskih vlasnika. Zato bih aktuelnu političku vlast označila kao birokratsko-mafijaški režim", izjavila je Larisa Pjačeva u Moskvi 1996. godine.

Prvi ruski biznismeni koji su se bavili poslom legalno i prvi bogataši nastali su između 1987. i 1988. godine kada su doneti prvi zakoni o privatnom biznisu i privatnim firmama. Tada su oni koji danas čine poslovnu elitu Rusije zaradili svoje prve milione uvozeći faks-mašine i kompjutere i izvozeći aluminijum. Za samo tri meseca 500 dolara bi se pretvorilo u 50.000. Mladi komsomolci-funkcioneri su prilično vešto iskoristili svoje komunističke veze. Otvarali su prve komercijalne banke, preduzeća za izgradnju, dominirali su šou-biznisom, video-tržištem, turizmom, kockom...

A prigrabili su i veći deo kolača ruske internacionalne špekulativne trgovine drogom i oružjem iz koje su ranije pribavljena ogromna sredstva za razne crne fondove iz kojih su finansirane razgranate špijunske aktivnosti KGB-a.

Državni činovnici koji su se bavili trgovinom i privredom bivšeg SSSR-a su manje napadno, ali ništa manje aktivno uplivali u vode tržišne ekonomije. Ministarstva i ostale državne institucije su preko noći postali koncerni i trustovi i trgovinske firme, a sve te promene smatrane su neophodnim restruktuiranjem na putu ka tržišnoj ekonomiji. Komunistička partija je relativno brzo praktično izgubila svaku kontrolu nad ubrzanim promenama.

Kad su na vlast došle demokratske snage, ukinute su fiksne cene i inflacija je počela da hara, čime su stvoreni idealni uslovi za brzo bogaćenje. Kupovina proizvoda po domaćim cenama i njihova prodaja u inostranstvu donosila je pojedincima ogroman profit. Trgovinu sirovinama, umetničkim predmetima, narodnim rukotvorinama i antikvitetima su uglavnom kontrolisali biznismeni sa Zapada. Ruski preduzimači su se bavili izvozom nafte, metala, drvne građe, đubriva. Kontrolisali su tržište lako uz pomoć svog socijalnog statusa i veza koje su im omogućile brzo i enormno bogaćenje. Poslovna etika praktično i nije postojala, a veze i podmićivanja bili su sastavni deo posla.

Još jedan način brzog bogaćenja bili su državni krediti, obično namenjeni poljoprivredi i industriji, s kamatom od samo 10-25 odsto godišnje. Ali, novac je teško nalazio put do onih kojima je bio namenjen, i cirkulisao je uglavnom među „prijateljima" koji su tim transakcijama uspevali da zarade profite i do 3.000 odsto godišnje. Iako su te banke kasnije propale, sami bankari nikad nisu izgubili ni rublju. Kad su „obrnuli" novac, osigurali su se otvaranjem računa u stranim bankama i kupovinom poseda u inostranstvu. Većina tih bankara su mlađi ljudi od oko trideset pet do četrdeset godina.

Ubrzani proces privatizacije je direktorima kompanija i drugim ljudima na položaju pružio priliku da za smešne svote otkupe prave gigante državne privrede. Postsovjetskom režimu to je sve jako odgovaralo, a brojni partijski čelnici su postali članovi nove tobože Reformske partije koja je polako preuzimala državno kormilo.

Na listi 50 najuticajnijih biznismena Rusije zato se sada nalaze: 5 predstavnika naftne industrije, 3 predsednika fabrika automobila, 2 iz sektora plemenitih metala i dijamanata, 2 predstavnika sektora trgovine, 2 izdavačka magnata i – 27 bankara!

Ali, da li možemo ljude koji svoj biznis i bogatstvo ne razvijaju i stiču isključivo zahvaljujući sopstvenim sposobnostima i znanjem zaista nazivati pravim preduzetnicima? Najproduktivniji segment ruske privrede čine oni ljudi koji su sposobni da stvaraju i vode uspešne kompanije – uglavnom su to kompanije koje se bave izgradnjom i proizvodnjom robe široke potrošnje. Međutim, oni po pravilu uvek padaju na drugo ili treće mesto po bogatstvu i uticaju koji poseduju. Te ljude retko ko naziva „novi Rusi". Po pravilu, ne razmeću se svojim novcem, već ga štede za nova ulaganja.

Tamna strana klasnih raslojavanja u Rusiji nije samo društvena nebriga već i činjenica da je većina biznismena tesno povezana s kriminalcima. U anketi koju je sproveo Institut za primenjenu politiku, 40 odsto ispitanika je priznalo da su nekada bili uključeni u nekakve nelegalne poslove; 22,5 odsto da ima dosije u policiji, a četvrtina da i sada imaju tajne veze sa svetom kriminala. Ali, ni ti podaci nisu sasvim pouzdani, jer je moguće da je veliki broj ispitanika prikrio činjenice iz svog života i posla.

Dakle, pravi preduzetnici tek nastaju u Rusiji.

Dok su se čak i najobičniji činovnici i aparatčici prilagodili novom vremenu i neobjašnjivo lako i brzo zgrnuli gotovo nezamisliva bogatstva, nekadašnji vitezovi hladnog rata, vrhunski sovjetski obaveštajci, koji su Amerikance svojevremeno nadigrali u svim misterioznim operacijama, pa čak se domogli i planova za izgradnju atomske bombe, sada su potpuno zaboravljeni i onemoćali penzioneri, kojih se, izgleda, više niko ne seća.

KGB je ruskom podzemlju doneo institucionalno i organizaciono iskustvo, profesionalne obaveštajce i, što je najvažnije od svega – svoje međunarodno iskustvo, brojne kontakte i godinama postavljane i razrađivane poslovne i špijunske mreže.

Prvo su Englezi, a potom Amerikanci i ostali shvatili da iza ilegalnih transakcija s novcem i dragocenostima stoji KGB i da će prateći tokove tog novca lako otkriti i mrežu, u koju decenijama nisu mogli da prodru. Stavljajući rusko podzemlje u svoju službu KGB je postigao taktički uspeh, ali je strateški izgubio jer je doprineo rađanju „strašnog mutanta", modernog profesionalnog podzemlja. Stvaranje jedinstvene strukture organizovanog kriminala u krilu SKP-a i KGB-a, pratio je drugi proces – stvaranja privrednih subjekata u zemlji i inostranstvu.

Na najvišem nivou Rusije donete su odluke o prenosu ogromne imovine u inostranstvo da bi poslužila kao depozit za poslove o kojima niko nije ni sanjao. Ruski državni tužilac otkrio je da je na osnovu tih partijskih i državnih direktiva osnovano više od 100 banaka i štedionica u Moskvi, preko 600 u Rusiji kao i veliki broj kompanija na Zapadu.

Viktor Kickin, bivši pukovnik KGB-a, koji je radio u Petoj upravi, nadležnoj za ideološki rad iz prve ruke svedoči o tom procesu:

„Tokom 1989. i 1990. većinu sovjetsko-zapadnih preduzeća sa zajedničkim ulaganjima stvorio je KGB. A neke je osnovao Centralni komitet SSSR-a. Obaveštajna služba za inostranstvo – SVR, nastala iz čuvene Prve uprave KGB-a, igrala je ključnu ulogu u pranju novca i transferu ogromnih količina novca i dragocenosti u švajcarske i britanske banke."

O početku tog poduhvata svedočio je i penzionisani inspektor Aleksej. P. Surkov:

„Partija je prenela u inostranstvo najmanje 60 tona zlata, 8 tona platine, 150 tona srebra. U trezorima zapadnih banaka pohranjeno je oko 50 milijardi dolara. Kada su se nagomilali ozbiljni dokazi da je u sve to bio umešan i sin jednog bivšeg premijera, koji je radio u Luksemburškoj banci kao i sin Vladimira Krjuckova, koji je bio šef KGB-a u Švajcarskoj, Jevgenij Primakov, tadašnji direktor Obaveštajne službe za inostranstvo obustavio je dalju istragu. Ti sinovi su danas uspešni biznismeni, Primakov je postao šef diplomatije, pa premijer Rusije."

Predsednik Boris Jeljcin je od svog dolaska na vlast 1991. čak 6 puta najavljivao odlučnu i bespoštednu borbu protiv svih vidova kriminala. Sada, kada su Ruska akademija nauka i Ministarstvo unutrašnjih poslova pokazali da nema razlike između političke elite i mafije, postalo je jasno da se i predsednik bavio političkim opsenama. U Moskvi su obustavljene sve istrage protiv podzemlja i raspušteni svi timovi koji su ih vodili. To možda najupečatljivije od svega govori šta će biti ishod surove borbe za vlast koja već besni iza Jeljcinove bolesničke postelje.

Uhvaćen u klopku ruske mafije car Rusije, kako je Jeljcin voleo da ga zovu, podneo je ostavku i imenovao Vladimira Putina, bivšeg šefa KGB-a, za v. d. predsednika Rusije.

## Lov na mercedese

Nije retkost da se u Moskvi, u gluvo doba noći, čuju rafali iz automatskog oružja. Takav jedan rafal, u jedan sat posle ponoći, razbudio je tek zaspale građane u Usurijskoj ulici. Mecima su izrešetani dvadesetdevetogodišnji Jermakov, generalni direktor trgovačke kuće *Sokur*, i njegova supruga. Policiji je preostalo samo da pokupi čaure, a medicinskoj ekipi prve pomoći da odnese leševe. Ubice, kao i obično, nisu pronađene.

Mafijaši ne štede nikoga, a pogotovo ne one koji se nalaze na visokim položajima u novopečenim centrima biznisa. Ti centri – kako priznaju i moskovski mediji, nemaju baš mnogo zajedničkog s biznisom kakav je on na Zapadu. Ubijaju se konkurenti, oni koji na lak način dolaze do velikog novca, „poslovni" konkurenti, „konkurenti" iz podzemlja, oni koji neće da plaćaju reket, oni koji se ne pridržavaju dogovora. Ubijaju se takođe i oni koji smetaju da se „biznis" razvija u skladu sa zakonima podzemlja.

Govori se kako u Moskvi nijedna iole značajnija domaća, a pogotovo strana firma, predstavništvo, privatna trgovinska radnja ili poslovni čovek – ne smeju da odbiju plaćanje reketa. Mafijaši jednostavno dođu, ponude „uslugu" i traže ogromne pare, u zavisnosti od zarade „komintenta" u koju su veoma dobro upućeni. Onaj ko ne plati više ne može da radi. U suprotnom – ode glava.

Prema tvrdnjama stručnjaka, čija mišljenja prenose moskovski mediji, ljudski život u Rusiji sada „ne vredi ništa i može se izgubiti za 100 grama votke ili 1.000 rubalja", manje od 50 američkih centi. U poslednje vreme veoma su česte i otmice, a za oslobađanje otetih traže se basnoslovne sume. Zvanični organi tvrde da se mahom radi o aktivnostima mafijaških grupa kojih samo u Moskvi ima na desetine. One su povezane s američkom, sicilijanskom i drugom mafijom. Po svojim metodama, kažu stručnjaci, ruska mafija je surovija.

Kada je Boris Jeljcin doneo antimafijaški zakon, neke parlamentarne frakcije usprotivile su se donošenju dekreta o suzbijanju kriminala, jer se njime – kako one navode – krši Ustav. Njihovi protesti nisu pomogli, dekret je stupio na snagu, ali iako je od njegovog donošenja prošlo mnogo meseci, ništa se bitnije nije izmenilo.

U Kirovogradskoj ulici u širem centru Moskve, građani su ispod jednog mercedesa zapazili nekakav sumnjivi zamotuljak. Radilo se o nekoliko kilograma eksploziva ogromne razorne snage. „Poklon" je bio namenjen vlasniku automobila, uvaženom saradniku jedne spoljnotrgovinske organizacije, gospodinu Černakovu. Eksploziv je bio upakovan u tetrapaku za sokove i veoma stručno spojen s električnim vodovima u automobilu.

Policija nije imala drugog izbora nego da eksploziv neutrališe snajperskim hicima. Saobraćaj je obustavljen, nekoliko okolnih zgrada evakuisano. Precizan hitac izazvao je strahovitu eksploziju. Očevici kažu da vlasnik automobila nije imao hrabrosti da posmatra spektakl. Da je kojim slučajem ušao u automobil i okrenuo ključ da pokrene motor, „bio bi pokupljen u parčićima" – saopštavaju moskovski mediji. Za sada nije izvesno kome se to gospodin Černakov zamerio niti ko mu je pripremao zamku. Da li će ugledni biznismen izbeći sledeću?

Istoga dana, u Tverskojamskoj ulici u najužem centru Moskve, eksplodirao je takođe jedan mercedes. Za volanom je bio izvesni Sergej Timofejev, veoma dobro poznat moskovskoj policiji pod nadimkom „Silvester". Nesrećni Timofejev raznet je na komade i policija nije u stanju da utvrdi da li se zaista radi o njemu ili nekom drugom. „Silvester" je, inače, bio jedan od „autoriteta" moskovskog podzemlja.

Većinu ključnih odluka u Rusiji više ne donosi jedna grupa ljudi – Politbiro – čiji članovi sede oko istog stola u istoj prostoriji. Sada „postoji mnogo više stolova", rekao je Mihail Kozokin, potpredsednik najveće ruske komercijalne banke *Oneksimbanke* novinarima *Volstrit žurnala* u Njujorku početkom aprila 1996. godine.

Za jednim stolom sada u Rusiji sede preduzetnici i komercijalni bankari u čijim se rukama nalazi bogatstvo zemlje, zahvaljujući kome su postali preko potrebni političkom rukovodstvu. Za drugim stolom sede predstavnici organizovanog kriminala, koji se uvukao u sve sfere, od domaćih sportskih klubova do spoljne trgovine.

Pojavio se još jedan centar moći – to su regionalni administratori – koji su zamenili bivše šefove Komunističke partije. Mnogi od njih sada upravljaju svojim regionima prilično nezavisno od Moskve, a njihova baza moći su lokalni birači, a ne Kremlj.

U aprilu 1996. najbogatiji ljudi Rusije okupili su se u jednoj renoviranoj moskovskoj vili iz XIX veka i sačinili pismo u kome su tražili od Jeljcina i komunističkog lidera Genadija Zjuganova da postignu kompromis.

Boris Berezovski, koji je bio domaćin tog skupa, u sali za sastanke svoje vile uređene u stilu Luja XIV rekao je:

„Smatramo da ćemo, ako se ne zaštitimo, izgubiti sve što imamo. S jedne strane, potrebno mi je da imam veze na državnom nivou. S druge strane, vlastima je potrebno da imaju vezu s kapitalom koji drži mafija."

I Boris Berezovski je teško ranjen iz vatrenog oružja. Samo zahvaljujući srećnim okolnostima, ostao je živ. Njegov pratilac koji se nalazio udaljen samo metar-dva, poginuo je. Berezovski je inače bio jedan od nosilaca najvećeg projekta u koji je novac uložilo nekoliko miliona građana.

Jedno mafijaško ubistvo u Moskvi pretilo je da preraste u politički skandal. U moskovskom predgrađu Himki ubijen je Andrej Ajzderdzis, poslanik u Državnoj dumi. Ubica, ili više njih, ispalili su u nesrećnog poslanika čitav rafal.

Nesrećni poslanik bavio se veoma „nezgodnim poslom". Objavio je spisak od 266 ljudi iz sveta kriminala, zajedno s njihovim nadimcima, gresima i mestom gde sada izdržavaju kaznu. Inače, samo jedan manji broj kriminalaca s njegovog spiska osuđen je i nalazi se u zatvoru. Na spisku su uglavnom ljudi „kavkaske nacionalnosti". Pod tim pojmom u Moskvi se podrazumevaju Čečeni, Azerbejdžanci, Gruzini, Inguži i drugi građani s Kavkaza ili njegovog severnog dela. Govori se kako oni drže „pola ruske mafije" i diktiraju uslove ponašanja.

Ubistvo je bez sumnje imalo i politički karakter. Ono je „diglo na noge" ne samo poslanike u parlamentu nego je ustalasalo i najviše državne organe. Oglasio se i predsednik Boris Jeljcin obećavajući strogu istragu i kažnjavanje zločinca. Istraga nije završena ni posle nekoliko meseci a zločinci se negde šetkaju po Moskvi ili u republikama bivšeg Sovjetskog Saveza. To su samo pojedinačni primeri. „Rusija je ogrezla u kriminalu", izjavljuju zvanične ličnosti.

Moskovski mediji pišu da je 2004. godine izvršeno 29.000 ubistava u Rusiji – oko 80 dnevno. Moskva drži rekord s najmanje nekoliko ubistava dnevno. Desi se da u jednom danu ima i desetak ubistava. Međutim, u odnosu na ukupan broj žitelja metropole – blizu 10 miliona – to i nije tako preterana brojka. Na toj brojci se sva nesreća ne završava. Zvanični podaci kažu da svake godine u Rusiji „bez traga" nestane oko 20.000 ljudi, a oko 70.000 zadobije teže ili lakše povrede u sukobima. Godine 2004. izvršeno je 250.000 razbojničkih napada i pljački.

Privatizacija je donela nove nevolje. To se, pre svega odnosi na privatizaciju stanova. Mafijaši su tu našli pravu „zlatnu koku" koja im nosi ne zlatna jaja nego dijamante. Nedavno je jedan od moskovskih listova objavio informaciju s naslovom:

„Nogu je slomio, ali stan nije dao."

U Rusiji je postala praksa da se na taj način „kupuju" stanovi. Mafijaši obično pronađu stariju žrtvu, prisile je da potpiše ugovor i – stvar je završena. Nesrećni „prodavac" dobija toliko novca tek da preživi koju nedelju ili mesec. Oni se tada potucaju od nemila do nedraga, a često završavaju na ulici kao klošari. Vlasti teško ulaze u trag takvim kriminalcima jer oni imaju „uredno" potpisani ugovor. Desi se, doduše, da se kupoprodaja zaista obavi na legalan način. Radi se obično o pijancima koji – kako su zabeležili neki moskovski dnevnici, prodali svoje, doduše skromne stanove, za bocu votke i zakusku.

# Bič Rusije

Evropa je poslednjih godina izložena i snažnom pritisku istočne, pre svega, ruske mafije, koja želi da se probije na Zapad. Rusi su svojom surovošću u mafijaškim poslovima zastrašili i Nemce, i Britance, i Amerikance, kada su se početkom 1990-ih pojavili i u njihovim državama. Od 120 američkih firmi u Moskvi, gotovo polovina je bila izložena reketiranju, pa su Amerikanci, zajedno s Nemcima zatražili i policijsku zaštitu od Moskovljana. Brzo su se, međutim, uverili da ruska mafija ima dobre veze sa svojom policijom, jer stranci traženu zaštitu nisu dobili.

Federalni biro je 1996. godine bio u Moskvi da bi obučio tamošnju policiju za obračun s mafijom, ali je zbog korupcije taj poduhvat propao. Zato sada Vašington strepi da bi moglo sa sve većim brojem migranata da dođe do direktnog uvoza ruske mafije u SAD. Amerika je takav problem već imala s Kinezima i Šiptarima, koji na Istočnoj obali prodaju drogu u vrednosti od 45 miliona dolara i izvrše pljačke supermarketa, odakle odnose desetak miliona dolara godišnje.

Sposobnost organizovanog kriminala da nekažnjeno deluje ukazuje na tajnu njegovog uspeha: on je u sprezi s mnogim birokratama, političarima i privrednicima. Poslovni ljudi se nekada obraćaju bandama zato što država ne može da pomogne kompanijama da izglade komercijalne sporove.

Takve optužbe su iznete na suđenju u Njujorku protiv Vjačeslava Ivankova, za koga se tvrdi da je gazda ruskih kriminalaca, a koga američke vlasti optužuju za krivično delo uterivanja dugova. Federalni funkcioneri, takođe, povezuju tu organizaciju s otmicama i ubistvima. Federalci kažu da je jedan funkcioner ruske banke *Cara*, koja je kasnije zatvorena, rekao vlastima da se oslanjao na usluge Ivankova kako bi uterao dugove od dužnika. Ivankov je negirao te optužbe.

U okružnom sudu u Bruklinu osuđen je Vjačeslav Ivankov (56), šef ruske mafije u Sjedinjenim Državama. Pored njega zbog reketiranja uhapšeni su i osuđeni i Sergej Ilgner (33) i Valerij Novak (46). Njima u zatvoru društvo pravi i Vladimir Topko (35).

Inače, u Sjedinjenim Državama ruska mafija širi posao, pere novac, trguje drogom i obavlja naručena ubistva. Američke istražne organe zabrinjava činjenica da ruski mafijaši ispoljavaju ogromnu sposobnost na polju finansijskih prevara ali i brutalnost u obračunu.

Sve je počelo krajem 1971. godine kada je Vječeslav Ivankov s nadimkom „Japanac" sazvao u Moskvi „samit" svih podzemnih organizacija kako bi se obavila „podela rada" i podelilo nacionalno i međunarodno tržište.

Dogovor „na vrhu" se uspešno završio i „Japanac" je postao kapo, odnosno vrhovni šef mafije na teritoriji bivšeg Sovjetskog Saveza. Za samo sedam dana od potpisivanja sporazuma, koji su odobrile različite ruske, jermenske, gruzijske i druge „familije", odustala je jedino čečenska mafija, ruska mafija se proširila u pola sveta koristeći veze sa starom emigracijom na raznim kontinentima ali i pogodnosti slabljenja države i „divljeg kapitalizma", koji je po uzoru na prvobitnu akumulaciju kapitala na Zapadu, dobio iste atribute i na Istoku.

Bili su to idealni uslovi za stvaranje sprege između mafije i korumpiranih segmenata vlasti, koja je za posledicu imala rađanje posebne podzemne sekte nazvane na ruskom „lopovi u zakonu".

Prema upozorenjima FBI-ja i Interpola, ruska mafija je postala jedna od najmoćnijih kriminalnih organizacija na svetu prevazilazeći sicilijansku mafiju ne samo obimom poslova već i brutalnošću. Ruska mafija rukovodi globalnim operacijama iz više svetskih centara – iz Moskve gde je i osnovana, ali takođe, i iz Njujorka u kome je stara sovjetska emigracija, u većini jevrejskog porekla, pomešana s novim pridošlicama.

Glavni štab ruske mafije u Njujorku smešten je u Bruklinu, ili tačnije u jednom njegovom kvartu koji je zbog ćiriličnih natpisa na firmama nazvan „mala Odesa". Specijalitet bruklinske filijale ruske mafije su finansijske prevare velikih razmera, trgovina narkoticima i ucene.

Svetska prestonica trgovine dijamantima Anvers, takođe, pruža gostoprimstvo gostima iz Rusije, zbog čijeg je mnoštva jedan od trgova starog flamanskog grada nazvan „Crveni trg". Oni se bave krijumčarenjem dijamanata i drugog dragog kamenja.

Prema zvaničnim podacima, u Rusiji „radi" nekoliko desetina hiljada mafijaških bandi od kojih su neke povezane s mafijašima u inostranstvu.

„Posao je tako dobro organizovan da je mafijašima ne samo teško ući u trag nego i opasno!"

Strane obaveštajne službe i državni organi ne samo da upozoravaju i strahuju od „izvoza" ruske mafije nego i preduzimaju mere da se od nje spasu. Posebna opasnost preti od nuklearnog oružja koje bi se jednoga dana moglo naći u rukama ruske mafije. Tada bi se, kaže se u špijunskim krugovima, svet mogao naći na ivici nuklearne katastrofe, jer bi mafijaši mogli da ucenjuju koga hoće i kako hoće.

Jedan visoki funkcioner ruske obaveštajne službe izjavio je nedavno da ima pokušaja da se nuklearni materijali švercuju izvan granica Rusije.

I Mihail Jegorov, prvi zamenik ministra unutrašnjih poslova, smatrao je da grupe kriminalaca „pokazuju sve više interesovanja za objekte atomske energije". Po njegovoj oceni, sistem bezbednosti na vojnim objektima u Rusiji je takav da je do krađe urana ili plutonijuma pogodnog za izgradnju nuklearnih raketa praktično nemoguće doći.

Prema nekim drugim mišljenjima, u Rusiji je danas za prodaju i kupovinu sve – uključujući i nuklearni materijal. Obavešteni izvori tvrde da je sve to sada u centru interesovanja američke obaveštajne službe koja se „infiltrirala" na mesta i položaje odakle se može pratiti šta se zbiva s ruskim nuklearnim oružjem.

Zato je list *Nezavisnaja gazeta* veoma opširno i dokumentovano pisao da je među 250 američkih vojnika koji su nedavno učestvovali na zajedničkim rusko-američkim manevrima u Orenburškoj oblasti, na Uralu, bilo dosta obaveštajaca. Njihov posao bio je da prodru u tajne ruske vojne šifre, da „uvežbavaju" aktivnosti u ruskoj pozadini u slučaju da u perspektivi takva „potreba" iskrsne. Drugim rečima, Amerikanci su „na licu mesta" mogli da osmatraju, prikupe dovoljno dragocenih podataka i saopšte ih nadležnim američkim organima kada se vrate u Vašington. Moskva je bila prinuđena da u Orenburšku oblast pošalje kontraobaveštajce. Tako se nekoliko dana na ruskoj teritoriji vodio svojevrstan „rat špijuna".

U Rusiji su boravili i najviši funkcioneri američke obaveštajne službe – Federalnog istražnog biroa. Bio je to prvi dolazak jedne takve delegacije u Moskvu. Razgovor se vodio upravo o tome – kako sprečiti krađu nuklearnog materijala. Vašington je ponudio „dobre usluge" i saradnju s ruskim organima bezbednosti.

Za Vašington, ali i druge zapadne zemlje, veoma je važno da Rusija ne „izvozi" ni mafiju niti ono što s mafijom ide ili može ići. Reč je o nuklearnom materijalu, drogi, drugim zabranjenim predmetima, odnosno robi.

Još jedna „oblast" vezana je za kriminal i njegov izvoz. Reč je o prostituciji o kojoj se tamo u poslednje vreme dosta piše i na nju upozorava kao na veliku opasnost, pa i sramotu.

Ruski mediji javljaju da su se posle otvaranja granica mnoge Ruskinje i devojke iz drugih bivših sovjetskih republika našle kao belo roblje u mnogim evropskim ali i prekookeanskim zemljama. Njih ima svuda – u Zapadnoj Evropi, u susednim i drugim državama. Računa se da je za poslednje dve-tri godine bar nekoliko desetina hiljada devojaka iz Rusije otišlo u inostranstvo gde se bavi prostitucijom. Ruski nobelovac i poznati disident Solženjicin izjavio je nedavno na televiziji da je, nažalost, san ruskih devojaka da postanu filmske dive ili – prostitutke.

O Rusima koji stižu na Zapad s ogromnim bogatstvima čovek koji predstavlja drugu generaciju dilera ruske umetnosti Kenet Snoumen iz Londona, kaže:

„Ti novopečeni bogataši su većinom bivši ljudi KGB-a i beskrajno su korumpirani. Ko može da zna poreklo njihovog novca?"

Otac Keneta Snoumena je 1925. godine kupio *Zimsko jaje* od Sovjeta za 450 funti da bi ga 1935. godine prodao za 1.400 funti.

Novonarasla ruska ljubav prema umetnosti zainteresovala je i Skotland jard, pogotovo posle krađa Faberžeovih kolekcija iz tri veličanstvene britanske kuće 1998. godine. Mogućnost da su krađe izvršene po naređenju ruskih gangstera, alarmirao je eskadron čija su specijalnost umetnost i retki predmeti da krene u opsežnu istragu. Detektiv inspektor Dik Elis akciju svog eskadrona objašnjava ogromnim ruskim prisustvom na zapadnom tržištu umetničkih predmeta.

Opasnost je sasvim realna, pogotovo posle ubistva dvojice ruskih dilera ikona u Berlinu 1999. godine. Rusi osumnjičeni za to ubistvo su uhapšeni, ali protiv njih još nije pokrenut postupak. Sumnja se da su petorica ubijenih bili umešani u trgovinu ikona na relaciji Nemačka–Rusija. Jer, ikone su 1970-ih u ogromnom broju krijumčarene iz Rusije da bi bile prodavane na evropskom kontinentu.

Avraham Gleser, vlasnik galerije u Berlinu, ubijen je za vreme ručka u trenutku kad je osoblje galerije bilo odsutno. Njegov sin, vrativši se s pauze, ugledao je oca koji je umirao i oko njega gomilu razbacanih ukradenih ikona.

Među novopečenim ruskim bogatašima ikone i nisu mnogo popularne. Prema rečima Krisa Martina, vlasnika galerije na Pikadiliju, najzainteresovaniji su za nakit:

„Zainteresovani su za pojedine komade Faberžeovog nakita i za rusko slikarstvo devetnaestog veka. Tu im je naročito atraktivan slikar Ivan Ivanovič Šiškin. Vole i rusko srebro, koje je rađeno po ugledu na francuski carski stil. Uopšte, vole teško srebro – srebrne čajnike, srebrne čaše..."

Većina tih novih ruskih klijenata živi na Zapadu, radeći za kompanije poput *Aeroflota*.

Fransoa Kurijel iz *Kristija* kaže da se prva ruska najezda dogodila februara 1996. u Sent Moricu.

„Iako Rusi tvrde da ih jedino u Sent Moricu interesuje skijanje, ne napuštaju mesto dok ne pokupuju bar 8 procenata od ukupno izloženih komada nakita. Takođe je 5 od 100 komada nakita i satova, prošlog meseca u Ženevi prodato ruskim kupcima."

Prema rečima Pitera Batkina, vlasnika jedne kompanije u Rusiji, prva stvar koju novopečeni ruski bogataši urade je identifikacija sa sopstvenom nacijom. Batkin je organizovao i prodaju slika engleskih slikara osamnaestog veka.

„Bila je to prva direktna prodaja na relaciji Moskva–Sotbi. Instrukcije su stizale faksom."

## Pranje para u Njujorku

Bedžet Pacoli, albanski biznismen s Kosova i direktor švajcarske građevinske firme *Mabeteks*, koji se smatra jednom od ključnih figura u „Kremljgejtu", bio je blizak Borisu Jeljcinu i samo tako je dobio posao da restaurira Kremlj, što je vredelo 300 miliona dolara.

Pacoli je krajem 1999. medijima priznao da je u jednu budimpeštansku banku prebacio milion dolara, ali ne za račun Borisa Jeljcina, već za jednog svog mađarskog podugovarača kojeg je odbio da identifikuje.

Pacoli je optužio „jednog Španca ruskog porekla, Felipa Tirovera", da je izazvao skandal, da je „agent ili jednostavno lopov" i da je „blizak moskovskom gradonačelniku Juriju Luškovu i državnom tužiocu Juriju Skuratovu".

U Moskvi je, međutim, Georgij Čuglazov, ruski istražni sudija, koji se do pre neki dan bavio skandalom oko *Mabeteksa*, izjavio da su „90 odsto optužbi koje je prenela štampa tačne" i da državno tužilaštvo „raspolaže dokumentima koji sadrže dokaze".

Bedžet Pacoli je uplatio milion dolara na račun Pavela Borodina, Jeljcinovog pomoćnika u Kremlju. Prema njegovim rečima, taj „džeparac" je bio namenjen trošku predsedničke porodice tokom posete Budimpešti odnosno boravku na samitu OEBS-a koji je u tom gradu održan 1994. godine.

Jeljcinove ćerke Tatjana Djačenko ili Tanjuška i Jelena B. Okulova su sve te pare potrošile.

„Afera oko novca koji je kosmetski biznismen Bedžet Pacoli dao porodici Jeljcin na najdrastičniji način pokazuje da je bitka za novog ruskog predsednika započela u Italiji. Nije slučajno baš list *Korijera dela sera*, poznat po svojim levičarskim stavovima, prvi obznanio da Borisa Jeljcina finansira šiptarski bogataš Bedžet Pacoli. Time se ruskoj javnosti stavlja do znanja da prvi čovek Rusije više voli Albance nego Srbe i da nije iskren prijatelj Beograda, kako se predstavlja. Indirektno, to znači da će Primakov, Stepašin, a možda i Zjuganov biti bolji predsednici od Borisa Jeljcina", rekao mi je Stevo Ostojić, publicista iz Rima, dopisnik *Večernjih novosti*.

„Drugo, ta afera pokazuje kako su se albanska, italijanska i ruska mafija ujedinile da bi svojim parama održale Borisa Jeljcina na vlasti, koji je Rusiju doveo do bankrotstva i političkog stečaja. Pored Bedžeta Pacolija, ključni čovek ove afere je i Felipe Tirover, biznismen ruskog porekla koji je održavao vezu s Kremljem. On je ključni svedok da je Bedžet Pacoli dao mito Pavelu Borodinu, rukovodiocu Kremlja iza koga stoji samo Boris Jeljcin."

„I na kraju", zaključuje Stevo Ostojić, „postavlja se pitanje zašto je dosije Pacoli otvoren u Švajcarskoj sada, kada je državni sudija Karla del Ponte imenovana za tužioca Tribunala u Hagu, a ne u vreme dok je bila na dužnosti? Pa zato jer je imala ulogu da skriva dokumenta o saradnji albanskog kuma i ruskog predsednika. Sada leve snage Evrope, da bi se suprotstavile Americi, Jeljcinu i njegovom kandidatu za naslednika Viktoru Černomirdinu, otvaranjem tog skandala pokušavaju da diskredituju i Rusiju, ali i SAD i okrenu rusko javno i glasačko mnjenje prema Primakovu."

Božidar Mitrović, doktor pravnih nauka i srpski aktivista iz Moskve, tim povodom mi je rekao:

„Za Srbe nova afera 'Jeljcin' je dokaz pravih uzroka antisrpske pozicije Borisa Jeljcina. Predsednik Rusije, koji ima želju da postane novi car, više razmišlja o tome kako da albanskim parama renovira Kremlj, nego kako da svojom armijom pomogne srpski narod koji strada od šiptarskih terorista. Moskvom danas upravljaju Jevreji, i ruska, albanska i američka mafija", tvrdi dr Božidar Mitrović.

„Bankarska mafija Sjedinjenih Država je napravila piramidu dolara na osnovu Brest-Vudovskog sporazuma. Da se piramida ne bi raspala, ostvarili su pakt s Viktorom Černomirdinom, označenim kao naslednikom Borisa Jeljcina, protiv Evropske unije i nove evropske monete ekiju, rizikujući čak da se u jednom trenutku Černomirdin kao i

Lenjin pretvori u grobara Sjedinjenih Država. Da bi prikrio svoj savez s Amerikancima i mafijom, Boris Jeljcin je smenio državnog tužioca, a neprestano menja premijere, jer ne želi svedoke svoje kolaboracije s političkim podzemljem Zapada", kaže dr Božidar Mitrović.

## Tajanstveni Sejmon Mogiljevič

Kada je reč o ruskoj mafiji, pored Pacolijevog *Mabeteksa* koji je imao jednu od vodećih uloga u „pranju" Jeljcinovog novca, pominju se i tajni računi otvoreni kod izvesne *Beneks vorldvajd limited*, kompanije čiji je osnivač i vlasnik ujedno i prvi čovek ruske mafije Sejmon Mogiljevič. Čovek kojeg CIA ne ispušta iz vida i koji se doskoro krio u Mađarskoj, a potom nestao bez traga, u istoriju kriminala je ušao posle uspešnog „pranja" 10 milijardi dolara na Volstritu. CIA je saznala da je Mogiljevič za 100.000 dolara naručio ubistvo američkog novinara Roberta Fridmana koji je objavio jedan članak o njemu u listu *Vilidž vojs*.

Čika Seva, kako od milja zovu ruskog dona, raspolaže imovinom od oko 100 miliona dolara, ima ukrajinsko i izraelsko državljanstvo, a do 23. marta 2005. godine i hrvatski pasoš koji mu je tada poništen.

Takozvani „ruski kum" do većeg dela svoje imovine došao je kada je od ruskih generala, koji su napustili Istočnu Nemačku, kupio „vrednije naoružanje" koje je posle prodao Iraku, Iranu i Jugoslaviji.

Na Sevin šarm naseli su i Hrvati jer prema priči bivšeg šefa kabineta Franje Tuđmana Hrvoja Šarinića, nekadašnji hrvatski premijer Franjo Gregurić je pre godinu i po dana lično predložio da se Mogiljeviču izda hrvatski pasoš.

U to vreme Mogiljevič je bio znan kao poslovni čovek s dobrim vezama koji namerava da se poveže i s hrvatskom privredom, pa je i „normalno bio priman na najvišim nivoima".

Mogiljevič je, kao i još desetak ruskih „poslovnih" ljudi, imao nameru da kupi kuću u Opatiji. Šarinić je izjavio da je taj mafijaš poslovao i s farmaceutskom firmom *Pliva* – Zagreb, s kojom je pregovarao o ugovoru za 1.000 tona dečje hrane. Jedna od pošiljki bila je i realizovana, ali je posao propao kad je počelo da se istražuje kakvim se poslovima Mogiljevič bavi.

Kada je afera „Kremljgejt" počela da se zakuvava, Mogiljevič je jednostavno nestao iz svoje kancelarije u centru Budimpešte.

U igru „Kremljgejt" je umešan još jedan čovek, odnosno još jedno vrlo važno, moćno i nadaleko poznato ime ruskog biznisa – Boris Berezovski.

Finansijski magnat, milijarder i vlasnik najtiražnijeg ruskog političkog dnevnika *Komersant dejli*, takođe je doživeo zlu sudbinu kada je švajcarsko državno tužilaštvo zamrzlo sve račune koji su i u najmanjoj vezi s njim. Poznat po uspešnim naftaškim poslovima i jedan od najmoćnijih dilera automobila na svetskom tržištu, Berezovski se u Kremlju istakao i kao blizak prijatelj Jeljcinove kćeri Tanjuške Djačenko.

Švajcarska policija veruje da joj je on putem svojih brojnih kompanija i još brojnijih računa pomagao da iz Rusije iznese strani novac i sakrije ga u neku od banaka koje bi bile spremne da ga „operu".

Ni to, međutim, nije bio jedini način. Novac je iznošen i regularnim kanalima kao što su redovni međunarodni letovi ruskog nacionalnog prevoznika *Aeroflota*.

*Korijere dela sera* to objašnjava činjenicom da je generalni direktor te avio-kompanije Valerij Okulov, Jeljcinov zet odnosno muž njegove kćeri Jelene, a njen glavni i najmoćniji deoničar upravo prijatelj druge kćeri, Boris Berezovski.

Švajcarska istraga pokazuje da u lancu tih prljavih poslova veoma važnu ulogu igra i mafija, posebno ruska, koja kontroliše više od 300 firmi u Švajcarskoj.

Istraga koja je otvorena u Švajcarskoj vrlo brzo je, međutim, preneta preko Atlantika, kada je u Cirihu i Rimu objavljena vest da je Bedžet Pacoli s ruskom mafijom novac iz Moskve provlačio kroz američke banke.

Udruženim snagama SAD, Švajcarska i Italija prihvatili su se opsežne istrage povodom senzacionalnog otkrića da je kroz uglednu, staru i konzervativnu *Benk ov Njujork* samo u toku 1998. godine prošlo na stotine i stotine miliona dolara u najvećoj operaciji pranja novca koju je organizovala ruska mafija. Istraga pokazuje kako su pipci međunarodnog organizovanog kriminala dugački i međusobno isprepletani, pa je tako sumnjivi račun u njujorškoj banci prvo doveden u vezu baš sa Sejmonom Jukovičem Mogiljevičem, po zlu poznatom ruskom gangsteru, čiju aktivnost prate zapadne obaveštajne službe već pet godina. Ruski mafijaš Sejmon Mogiljevič, koga su svetski mediji posle „pranja" 10 milijardi dolara na Volstritu proglasili jednim od najopasnijih kriminalaca na svetu.

Pored Mogiljeviča FBI je otkrio još jedno ime – Brus Rapaport. On je švajcarski bankar sumnjive reputacije i vlasnik banke u Švajcarskoj, koja je obezbeđivala američkoj banci važne poslovne kontakte u Rusiji. Milioni dolara, zarađeni krijumčarenjem i preprodajom oružja, ucenama i kontrolom mreže organizovane prostitucije, prošli su kroz tu švajcarsku banku – poznatu kao *Benk ov Njujork – Inter Maritim*.

*Benk ov Njujork*, koja je godinama agresivno pokušavala da se dokopa zamašnih poslova u Rusiji, našla se tako u središtu federalne istrage povodom pranja novca, pa su odmah suspendovane dve visoko rangirane službenice odgovorne za bančine poslove s Rusijom i drugim zemljama bivšeg Sovjetskog Saveza, kao i Istočnom Evropom.

Novac koji je prolazio kroz *Benk ov Njujork – Inter Maritim*, da bi zatim preko računa u njujorškoj centrali *Benk ov Njujork* bio „opran" kao zakonski profit od legalnog poslovanja, brzo je povlačen kako bi se koristio za nove nezakonite aktivnosti.

Pre dve godine, Ministarstvo pravde pokrenulo je sudski postupak protiv Rapaporta, dokazujući da je prihode stečene prodajom droge deponovao u filijali svoje *Benk ov Njujork – Inter Maritim* na karipskom ostrvu Antigva. Federalni sud odbacio je tužbu 2004. godine, proglasivši se nenadležnim, pa je predmet trenutno pred Apelacionim sudom.

Nedavno je sedamdesetšestogodišnji Rapaport, koji živi u Švajcarskoj, imenovan za ambasadora Antigve u Rusiji. Prema tvrdnji agenta FBI-ja, Antigva je već godinama glavni centar za pranje novca ruske mafije. Rapaport održava dugo veoma bliske veze s poslovnim, bankarskim i političkim krugovima na Antigvi, čija mu je vlada jednom poverila monopolski položaj na tržištu nafte i drugih goriva. Rapaport – koji nikad nije bio osuđivan uprkos sumnji u ispravnost njegovog poslovanja – veoma je dobro poznat u ruskim bankarskim krugovima, pa ga je rukovodstvo *Benk ov Njujork* jedno vreme koristilo kako bi u njeno ime obavljao poslove u Moskvi.

Rođen u Haifi, gradu u sadašnjem Izraelu, Rapaport je ustanovio svoju bazu u Ženevi, obavljajući niz investicionih, bankarskih i drugih transakcija s nizom zemalja, uključujući Oman, Liberiju, Nigeriju, Haiti, Tajland, Indoneziju, Belgiju i Sjedinjene Države. U Ženevi je otvorio 1966. godine banku *Inter Maritim*. Tokom 1980-ih, on je bio jedan od najvećih individualnih akcionara *Benk ov Njujork*, kontrolisao milione dolara u akcijama, to jest držeći u rukama skoro 8 procenata udela u ukupnom kapitalu te banke. Takav položaj omogućio mu je da blisko sarađuje s vrhuškom *Benk ov Njujork*, pa je glavni izvršni direktor u to vreme, Karter Bakot, odobrio odluku Saveta banke o kupovini značajnog udela u kapitalu Rapaportove banke *Inter Maritim*.

Tako je 1992. godine *Benk ov Njujork* bila vlasnik 28 procenata švajcarske *Benk ov Njujork – Inter Maritim*.

Federalna istraga je utvrdila da je kompanija *Beneks* preko računa u obe te banke „oprala" milione i milione dolara, služeći se i američkom kompanijom *IBM Magneks* kao pokrićem. Direktor britanske filijale *Beneksa – Beneks vorldvajd* jeste Piter Berlin, rodom iz Rusije i muž jedne od visokorangiranih službenica londonske filijale *Benk ov Njujork*, Lusi Edvards, suspendovane s dužnosti. Dok je Lusi Edvards bila odgovorna za kontrolu ruskih računa u londonskoj filijali njujorške banke, njen suprug je bio ovlašćen da obavlja transakcije s *Beneksovog* računa u Njujorku.

Lusi Edvards slala je svoje izveštaje Nataši Gurfinkel Kagalovski, jednoj od potpredsednika banke u Njujorku. I ona je rođena u Rusiji a u banci je kontrolisala kompletno poslovanje s Istočnom Evropom, uključujući Rusiju. I Nataša Kagalovski je suspendovana s posla, a njena kancelarija, kao i Lusi Edvards, pretresena je i zapečaćena. Njen suprug Konstantin Kagalovski bio je nekad savetnik ruske vlade i jedan od rukovodilaca banke *Menatep*, koja je poslovno tesno sarađivala s Rapaportom.

*Menatep*, sada insolventna banka, deo je industrijske imperije Mihajla Kodorkovskog, poznatog ruskog finansijera, pripadnika „oligargije". *Benk ov Njujork* blisko je sarađivala s bankom *Menatep* i pomogla joj da trguje svojim hartijama od vrednosti u Sjedinjenim Državama.

Federalni istražni organi sada pokušavaju da utvrde da li je pranje na desetine miliona dolara obavljeno kroz *Benk ov Njujork* poteklo iz banke *Menatep*. Inače, u toku 1994. godine, Kodorkovski je kraće vreme bio direktor evropske *Junion banke*, čije je sedište bilo na – Antigvi. Ta banka je kasnije doživela finansijski krah.

Sve te izukrštene veze na liniji Njujork–London–Ženeva–Moskva–Antigva, u koju su upletene mnoge banke i mreža holding i ofšor kompanija, istraga FBI-ja pokušaće da „razmrsi", kako bi tačno utvrdila puteve kojima je prolazio „prljav" i „opran" novac, kako je i gde „prljav" novac zarađen, a kako i u koju svrhu „opran" novac ponovo trošen.

Predstavnici Javnog tužilaštva Rusije i britanske Nacionalne kriminalističke obaveštajne službe izjavili su da je „bar pet" sadašnjih i bivših članova ruske vlade – svi s pravom pristupa novcu MMF-a – podvrgnuto istrazi kako bi se ustanovila njihova uloga u „pranju" novca. Sudeći prema listu *USA tudej*, u ovoj grupi se nalaze kćerka i savetnik predsednika Jeljcina Tatjana Djačenko, kao i bivši ministri finansija Anatolij Čubajs i Aleksandar Livšits.

Visoki funkcioneri Javnog tužilaštva Rusije saopštili su da je „teško poverovati" kako predsednik Jeljcin nije u sve uključen ili da nije znao šta se oko njega dešava.

Najmanje 6 američkih vladinih agencija – među kojima FBI, CIA i Sekretarijat Trezora – učestvuje u istrazi, zajedno s britanskim nadležnim obaveštajnim i finansijskim službama.

Kongres SAD je ipak naredio istragu protiv svih američkih banaka za koje postoji i najmanja sumnja da su deponovale prljave „ruske" dolare koje je Jeljcin pokušavao da „opere". Na porodicu Jeljcin i uzak krug ljudi u vrhu ruske politike pale su dve ozbiljne optužbe koje ih terete za pronevere, korupciju i ubiranje kajmaka u mutnim radnjama organizovanog kriminala koji je mastan najmanje 15 milijardi dolara koji su do sada uspešno prošli „pranje". Amerikanci su tvrdili da se među tim parama verovatno nalazi i 10 milijardi dolara zajma koje je kao pomoć Rusiji odobrio MMF.

Vašington opet ima svoju verziju celog skandala. Ne može Rusija da omete ili, nedajbože, sruši vlast u Americi. Nije čak izvesno ni da li je Jeljcin sav taj novac, kao vredni hrčak, gomilao za svoje „crne dane" odnosno kad jednom siđe s vlasti. Ali je vrlo moguće da su „prljavi" dolari imali sasvim drugu namenu.

Njima je verovatno trebalo da budu finansirani oni kandidati za parlamentarne i onaj kandidat za predsedničke izbore 2000. u Rusiji koji bi tokom svog budućeg mandata znao da poštuje činjenicu da ga je upravo Mogiljevič „izabrao za šefa ruske države".

Na taj način bi ruska mafija tj. Čika Seva i Bedžet Pacoli u budućnosti dobijali sve isplative poslove na ruskom tržištu, kontrolisali vlast u Kremlju i neometano ubirali kajmak s radnji kao što su prostitucija, šverc oružja i droge, te reket koji ionako već uveliko caruje Moskvom. U tom slučaju bi dvojica „biznismena", a naročito Mogiljevič, bili sigurni da će kako policija tako i celokupan sudski aparat Rusije uvek zažmuriti na njihove mutne radnje – naročito ako odluka o „slepilu" dolazi direktno iz Kremlja.

Oktobra 1999. Federalna velika porota na Menhetnu podigla je krivične optužnice protiv troje ruskih imigranata i tri kompanije, što je i prvi dokaz da je široka istraga Federalnog istražnog biroa, zbog sumnje da su se preko poznate *Benk ov Njujork* prale milijarde dolara novca iz Rusije, bila pokrenuta s razlogom.

Optužnice su podignute protiv bivše potpredsednice te njujorške banke Lusi Edvards, njenog supruga Pitera Berlina i saradnika Alekseja

Volkova pod opravdanom sumnjom da su ilegalno stavljali novac na račune *Benk ov Njujork*, a zatim te dolare prebacivali bez odgovarajuće dozvole. U toku minule tri i po godine na taj način je kroz banku prošlo oko 7 milijardi dolara.

Ukoliko budu osuđeni, troje optuženih mogli bi da budu kažnjeni zatvorom do 15 godina i novčanim kaznama od 225.000 do 750.000 dolara. Tri optužene kompanije – *Beneks internešenel, Beks internešenel L.L.C* i *Torfineks korporejšn* – suočavaju se s opasnošću da plate globu od po 1,5 miliona dolara i konfiskovanjem oko 6,2 miliona dolara sa zamrznutih računa.

„Ove obnarodovane optužnice samo su prvi rezultat jedne od najznačajnijih istraga koje je FBI ikad vodio", kazao je tada Luis Šiliro, pomoćnik direktora njujorške kancelarije FBI-ja. „Naš osnovni cilj jeste da otkrijemo poreklo tih fondova, a zatim da do tančina ispitamo puteve kojima je novac prolazio."

Time je ta afera zataškana, jer je već u januaru 2000. godine načinjena pogodba. Boris Jeljcin je odstupio s trona cara Rusije, a na njegovo mesto Vašington je doveo pukovnika KGB-a Vladimira Putina, koji se već narednog proleća kandidovao za predsednika Rusije.

## Putinov obračun

U Putinovo vreme pravosudni organi u Rusiji predlažu da se pooštre zakoni protiv onih koji uzimaju mito i koji se bave organizovanim kriminalom. Iako se godišnje zbog uzimanja mita osudi više od 15.000 ljudi, Vladimir Ustinov, glavni državni tužilac, tvrdi da se u poslednje vreme borba protiv korupcije više „imitira" nego što se realno vodi.

Bivši savetnik Borisa Jeljcina, a sada rukovodilac fonda *Indem*, Georgij Satarov, tvrdi da činovnici stave sebi u džep godišnje sumu od 33 milijarde dolara. Baš zbog toga među intelektualcima u Rusiji se odavno može čuti da najbolje žive oni koji imaju ovlašćenja da „udaraju pečate". Uticajni činovnici su omogućili mnogim današnjim milijarderima da se lako domognu državne imovine. Dakako, za to „udaranje pečata" dobijali su odgovarajuću naknadu.

Nije nikakva tajna zašto je pravosudnim organima teško da se bore protiv onih koji primaju mito. Uticajni činovnici svojim vezama mogu da zaustave protiv njih povedene istražne procese. Dakle, tamo gde se uzimaju najveće sume novca policija ima najmanje šansi da dovede do kraja svoj rad i dokaže da je neko uzeo mito.

Izgleda da je policiji najlakše da pohapsi one korumpirane ljude koji rade u prosveti. U poslednje dve godine pohapšeno je više od 1.500 prosvetnih radnika. Među njima su 2 rektora, 2 prorektora, zatim 20 rukovodilaca katedri i više od 200 profesora. Tačno je da u Rusiji prosvetni radnici i medicinari imaju male plate pa oni „imaju svoje opravdanje" zbog čega uzimaju mito.

Samo po sebi se nameće pitanje: Ako se čak i donesu zakoni koji će biti daleko stroži, koliko će oni pomoći da se uticajni korumpirani činovnici pohapse? Oni će i dalje imati svoje prijatelje i „veze", koje će im na vreme signalizirati da je policija nešto pročačkala.

Većina građana Rusije smatra da je najveći problem u tome što se vrlo retko sudi visokim činovnicima, koji dobijaju najveće „vzjatke" kako Rusi zovu mito. Po najprostijoj analogiji mnogi koji sebe smatraju nedovoljno plaćenim počinju da se „snalaze".

U poslednjih 10 godina, ljudi u ruskim armijskim uniformama su pokrali razne vojne imovine, uključujući i oružje, u vrednosti od 350 milijardi rubalja (1 dolar vredi 30 rubalja), a ta suma je znatno veća od ukupnog vojnog budžeta zemlje, objavio je list *Komsomolskaja pravda*.

List naglašava da je reč samo o krađama koje su pravosudni organi uspeli da otkriju. Koliko je i čega još istinski pokradeno niko ne zna, jer kradu svi – od vojnika do generala. Svako ima svoj „sektor".

Krađi je, takođe, podložno gotovo sve: od novca, građevinskog materijala, goriva, preko dragocenih metala koji se koriste u elektronskim sistemima visoke tehnologije, stare vojne tehnike, nekretnina i odeće, do nuklearnog materijala i tajnih dokumenata...

Za 350 milijardi rubalja ruska armija je mogla da nabavi 15.000--17.000 tenkova, 100-150 aviona, 10-15 atomskih podmornica, oko 100 raketnih sistema S-300, 100-120 balističkih interkontinentalnih raketa tipa Topolj-M (mobilna varijanta), ili oko 20.000 trosobnih stanova.

„Najpopularniji" vid vojničkih krađa je prodaja municije i streljačkog oružja. Kupce ne treba tražiti, oni se neprestano muvaju oko ulaza u jedinicu i brižljivo preuzimaju robu koja potom po dobroj ceni najčešće završava u Čečeniji.

Najciničniji „biznis" je krađa dragocenih metala.

U jednom od garnizona Severne flote mornar je ukrao delove kontrolne opreme za upravljanje radom nuklearnog reaktora podmornice.

U Dalekoistočnom vojnom okrugu uhvaćena je grupa koja je skidala platinske elektronske ploče s raketnih kompleksa S-300.

Oficiri mogu da ukradu praktično sve što ima prođu na crnom tržištu.

Tako je uhvaćena grupa oficira koji su prodali kavkaskim ekstremistima 180 reaktivnih punjenja za višecevni bacač „grad", a jedan je otpravljao u Kinu delove za najsavremenije avione suhoj-27.

Druga grupa je naveliko trgovala raketama „vazduh–vazduh".

Što se tiče „generalskog lopovluka", i tu bi Rusija mogla da dospe u *Ginisovu knjigu rekorda*: tokom poslednjih desetak godina zbog krađe su pokrenuti krivični postupci protiv više od 100 generala i admirala, ali su osuđena samo petorica.

Rekorder među njima je bivši načelnik Glavne uprave za vojni budžet i finansije Ministarstva odbrane general-pukovnik Georgij Olejnik, osuđen za krađu 450 miliona dolara. Olejnik je, međutim, oslobođen na osnovu opšte amnestije koju je proglasila Državna duma.

Septembra 2003. godine u Moskvi je otkrivena još jedna grupa prevaranata povezanih s policijskim strukturama koja je zarađivala novac tako što je prodavala najviše ordene i priznanja s potpisom predsednika Rusije Vladimira Putina. Najviši orden, orden heroja Rusije, u Moskvi se mogao kupiti za 10.000 dolara. Zbog toga što se tako kompromitovao ugled predsednika Rusije i zato što su u taj prljavi biznis bili uključeni i nekadašnji policajci, akciju hapšenja su proveli agenti kontraobaveštajne službe. Sada agenti traže osobe koje su radile ili još rade u obaveštajnim službama, a bili su povezani s kriminalcima, trgovcima najviših državnih odlikovanja.

Odeljenje za sigurnost ruske obaveštajne službe dobilo je signal da neki Romanjenko, saradnik Federalne službe bezbednosti, traži stan „preko reda" jer je „heroj Rusije". Kad se počelo proveravati, ustanovilo se da u Federalnoj službi bezbednosti nikakav Romanjenko nije radio pa i nije mogao biti „heroj", a svi dokumenti su bili falsifikovani.

Lažni heroji su tražili povoljne kredite za kupovinu dača (vila) u elitnim delovima podmoskovlja. Sve je to zainteresovalo policiju koja je brzo ušla u trag osobama koje su prodavale ordenje narodnih heroja. Ta mafijaška grupa je imala svoju *Asocijaciju heroja Sovjetskog Saveza, Ruske Federacije, kao i heroja socijalističkog rada*. U toj asocijaciji nije bilo nijednog pravog heroja. Ona se bavila masovnom prodajom državnih nagrada i ukaza predsednika Rusije Putina o dodeli ordena narodnog heroja. Što se tiče ordenja, oni se ni u čemu nisu razlikovali od originala. Dakle, pravljeni su tamo gde i originalni, oni koje deli Putin.

Ta kriminalna grupa bila je sastavljena od tridesetak ljudi koji su već ranije bili osuđivani. Glavni organizatori su bili neki Valerij Sitnik i Aleksej Okunev. Kad su pohvatani, kod njih su pronađeni i uređaji za prisluškivanje i slična špijunska tehnika. Zanimljivo je da su mafijaši iz tobožnje *Asocijacije heroja* bili povezani s mnogim PR agencijama (agencijama za odnose s javnošću) kojima su nudili kompromitujuće materijale za one koji žele da učestvuju u predstojećim izborima. Pohapšeno banditsko rukovodstvo sada će u istražnom zatvoru morati da objasni s kim su sve bili u vezi. Biće svakako zanimljivo da objasne uz čiju su pomoć u aprilu 2004. godine uspeli da i službeno registruju u Moskvi svoju *Asocijaciju heroja*. Navodno, pomogli su im bivši saradnici Federalne službe bezbednosti Rusije.

Kriminalci su prvo sebi podelili ordene heroja. Neki Evgenij Kirjuščin uzeo je orden heroja i napisao obrazloženje da je provodio kosmičke eksperimente, a drugi prevarant Aleksej Šahvorstov predstavljao se kao general policije.

U Rusiji postoji i stvarna *Asocijacija heroja*, kojom rukovodi penzionisani general armije i heroj Sovjetskog Saveza Valentin Varenjikov. Ta prava asocijacija heroja nije imala nikakve veze s banditima.

Inače, u Moskvi, ali i drugim gradovima, trgovci ordenjem nude kolekcionarima i turistima razne primerke, a ovdašnji novinari su u više navrata pisali da su se na javnim mestima prodavale i zlatne zvezde heroja. Jesu li ta najviša priznanja pokradena ili ih prodaje rodbina pomrlih heroja, niko nije ni istraživao.

Jer, obračun sa snagama koje su prozvane može početi samo predsednik Putin. Ukoliko sa stanovišta Rusije to već nije kasno.

## Rusi kupuju Crnu Goru

Po Kotoru se i danas priča da je Jevgenij Primakov, bivši ruski premijer, pre tri godine tražio da kupi jednu kuću u centru grada, ali je odustao jer je bila previše skupa.

Danas na Žanjicama svoju kuću gradi poznati ruski kosmonaut Aleksej Limonov. A Sergej Gruzinov, bivši ministar informacija Rusije, takođe gradi sebi kuću u opštini Budva, koja je već dobila narodno ime – Ruska tvrđava.

Kada sam u najvećem crnogorskom morskom letovalištu pokušao da saznam šta to i zašto kupuju Rusi, naišao sam na zid ćutanja. Rade Jovanović, gradonačelnik Budve, nije bio raspoložen da govori o doseljavanju ruskih biznismena i ruskih građana u njegovu opštinu.

„Ja o tome ne znam ništa! Sve informacije možete dobiti ili u Direkciji za javne prihode Crne Gore, gde se prijavljuju porezi ili u privatnim agencijama za nekretnine, koje posreduju u kupovini placeva i vila", rekao mi je prvi čovek Budve.

O ruskim ulaganjima i kupovini nekretnina u Herceg Novom, takođe, ništa ne zna ni tamošnji gradonačelnik Đuro Ćetković. A prvi čovek Kotora, gradonačelnik Nikola Samardžić, nije mi odgovorio ni na jednu moju molbu za razgovor o ruskim ulaganjima u ovaj grad. Mnogi vlasnici agencija za nekretnine, koje isključivo rade s Rusima, takođe nisu bili spremni da odaju, kako rekoše, svoje poslovne tajne.

Crnogorska opozicija ume da se šali na račun sve većih ruskih investicija, jer njeni poslanici sve češće tvrde da je Crna Gora u vreme državne nezavisnosti bila izdržavana država. Na pitanje: „Ko je izdržavao Crnu Goru?", stiže poznat odgovor: „Rusija!"

A koliko je Rusija dala novca Crnoj Gori, verovatno se nikada neće tačno utvrditi. Koreni te prijateljske ekonomske saradnje nikli su još u XVIII veku, jer je crnogorska vlast 1875. zvanično priznala da je Rusija, počev od 1715. godine dala Crnoj Gori skoro 8 miliona rubalja. Koliko je dala od 1871. do 1916. godine, a i do danas, još nije utvrđeno, ali opozicija pretpostavlja da tajna i javna ruska pomoć Moskve Podgorici nikada nije iznosila manje od 40 odsto državnog budžeta.

Nezvanično sam, na primer, saznao da Osnovni sud u Kotoru, koji pokriva tri primorske opštine, Kotor, Tivat i Budvu, ima overeno čak 2.500 ugovora o trgovini nekretninama s građanima Ruske federacije. Otkrio sam samo da se crnogorska imovina danas Rusima prodaje na dva načina. Preko državnih tendera, koje vodi Agencija za prestrukturiranje i privatizaciju i preko privatnih agencija za nekretnine, koje se oglašavaju u crnogorskim novinama.

Iako je crnogorski premijer Milo Đukanović izjavio „pokazali smo da se Crna Gora može sama finansirati i da ne mora da zavisi ni od Rusije, ni od Srbije", ipak, njegovi činovnici i ministri najviše nade u izbavljenje crnogorske privrede iz krize polažu u braću iz Moskve.

Kako kaže Branko Vujović, direktor Agencija za prestrukturiranje i privatizaciju u Vladi Crne Gore, po vrednosti unetog kapitala Rusi su četvrti, iza Grka, Belgijanaca i Slovenaca, ali po broju kupljenih objekata i interesovanja za nove kupovine Rusi su ubedljivo prvi poslovni partneri.

„Prve poslove s Rusima počeli smo da sklapamo 1998. godine kada su zakupili hotele *Četvrti jul* u Petrovcu i *Plavi horizonti* u Tivtu. To je sve urađeno po tadašnjem Zakonu o preduzećima. Kada smo krenuli s privatizacijom, Rusi su konkurisali na našim tenderima za kupovinu desetak hotela na Crnogorskom primorju. Reč je o tržišnom poslovanju, jer prema našim zakonima, stranci mogu slobodno da kupuju nekretnine u Crnoj Gori. Ruski kapital se danas investira u mnogim zemljama, u Engleskoj, Francuskoj, Češkoj i u Hrvatskoj. Na pitanje o kakvom se tu kapitalu radi i kako se te transakcije odvijaju, ja obično odgovaram da je reč o čistom kapitalu i da se sve transakcije s Rusima odvijaju preko poslovnih banaka Crne Gore, koje kontroliše naša Centralna banka. Jer, garancije za investicije koje mi tražimo, moraju biti date od Centralne banke Crne Gore ili od neke prvoklasne evropske banke. Mi nemamo podatke koji bi nas upućivali na to da je taj ruski kapital nelegalan. Kod nas ruski kapital stiže preko poslovnih banaka, s imenom i prezimenom vlasnika tog novca, s neophodnim garancijama. I s tog bankovnog proverenog računa ruski novac se uplaćuje na račun naših preduzeća, odnosno prodavaca privrednih i turističkih objekata."

Prema podacima koje smo dobili od Agencije za prestrukturiranje i privatizaciju u Vladi Crne Gore, ruske firme su od 2002. do danas privatizovale 6 objekata. Firma *Sibinergoresurs* iz Moskve je 24. maja 2002. kupila za 2,5 miliona evra hotel *As* u Perazića dolu i obavezala se da će u njega da investira još 11,2 miliona evra. *Moskovskaja trastovaja grupa* je pet meseci kasnije kupila hotel *Četvrti jul* u Petrovcu za 2,6 miliona, s obavezom da uloži još 3,4 miliona evra. Taj petrovački hotel je B kategorije, ima 220 ležajeva i centar za zdravstveni tretman gostiju. Firma *Moskovskaja trastovaja grupa*, čiji je vlasnik Vladimir Jurišov iz Moskve, oba ta hotela držala je pod zakupom od 2000. godine, kada je gazdovala i hotelom *Plavi horizonti* u Radovićima kod Tivta, za koji su Rusi godišnje plaćali 600.000 maraka. Pored toga Vladimir Jurišov je u Petrovcu kupio još i bar *Kastelo* za 869.196 evra i poslovni prostor za 780.000 evra.

Hotele *Splendid* i *Montenegro* u Bečićima kupila je mešovita crnogorsko-ruska kompanija *Montenegro stars*, koja ih je platila 2,4 odnosno 1,2 miliona evra, uz nameru da u njih uloži još ukupno 6,4 miliona evra.

Za privatizaciju tih 6 objekata Vlada Crne Gore je dobila ukupno 10,4 miliona evra, a kroz investicije biće uložen još 21,1 milion. Branko

Vujović, prvi čovek Agencije za prestrukturiranje i privatizaciju, nije mogao da mi kaže kako se troši novac koji je dobijen od prodaje tih hotela u Perazića dolu, Petrovcu i Bečićima.

Crna Gora je čak 400 preduzeća predvidela za privatizaciju. Među njima su i državni giganti *Luka Bar, Kombinat aluminijuma Podgorica, Železara Nikšić, Elektrodistribucija, Železnice Crne Gore*. Za neke od tih preduzeća Rusi se veoma interesuju. To smo saznali u generalnom konzulatu Rusije, koji je u Crnoj Gori otvoren 2001. godine.

„Ruska ulaganja se kreću u različitim pravcima. Prvo je bio dat veliki kredit od oko 15 miliona dolara za remont *Termoelektrane Pljevlja*, koji je uspešno obavljen. Sada se vode pregovori o daljoj rekonstrukciji termoelektrane i mogućnosti ruskih ulaganja u dva velika metalurška preduzeća, jedno je za proizvodnju aluminijuma u *Kombinatu aluminijuma Podgorica – KAP*, a drugo je ulaganje u *Železaru Nikšić*. Dve ruske velike kompanije koje se bave proizvodnjom aluminijuma *RUSAL* i *SUAL* su jako zainteresovane za ulaganja u *KAR*. Njihovi rukovodioci su već bili u poseti tom kombinatu."

„*Železara Nikšić* je na tenderu i ja sam uveren da će je ruski metalurzi kupiti. Posebno je za to zainteresovana englesko-ruska firma *Stari Oskol*. Njeni predstavnici, i Rusi i Englezi, trenutno su u *Železari*, gde proučavaju sve mogućnost njene kupovine", rekao mi je Jurij Bičkov, generalni konzul Ruske federacije u Podgorici.

## Gvozdena nevesta

Rusi bi samo za ta dva kapitalna objekta trebalo da daju oko 260 miliona evra. Njima se mnogo žuri. To se može zaključiti na osnovu toga što su Rusi i pre nego što je i raspisan tender za privatizaciju *Železare* u Nikšiću, sredinom 2004. godine, pokazali javno interesovanje za *Nikšićki holding*. Tada su se prijavili rusko-švajcarski *Tehnostil*, koji je već kupio Valjaonicu hladno valjanih traka *Železare Nikšić* za svega 200.000 evra, *Rusmontstil korporejšn* i Rusi iz železare *Stari Askom*. Predstavnici *Železare* sada tvrde da su Rusi spremni da ponude izgradnju nove čeličane, ulože 25 miliona evra u prvoj godini nakon potpisivanja ugovora, isplate dugove dobavljačima, obezbede milion evra za zbrinjavanje prekobrojnih, a još 3 u vidu garancija poznatih evropskih banaka. Taj tender je, međutim, propao.

Tako je u sva ta tri slučaja *Železara Nikšić* ostala neudata kraj ruskih prosaca, pa se sada očekuje da će Čeličnu nevestu, kako je već zovu Crnogorci, ipak, kupiti neki, makar pijani bogati Rus.

*Železara Nikšić* vredi preko 60 miliona evra i ima velike finansijske obaveze, koje vrede još 7-8 miliona. Država Crna Gora je spremna da preuzme preko 50 miliona evra kao država, ali i da proda akcije *Železare Nikšić* po ceni od jednog evra.

Na prvom tenderu 7 svetskih firmi je otkupilo dokumentaciju *Železare*, ali se za takmičenje prijavilo svega 3. Vlada Crne Gore sada pored Rusa očekuje da će se za *Železaru* takmičiti i engleska firma *LNM*, drugi proizvođač aluminijuma u svetu, kao i *Sidanor* iz Grčke.

*Kombinat aluminijuma Podgorica* je procenjen na nešto preko 200 miliona dolara, zajedno s dugovima. Pored Rusa za kombinat se interesuju Nemci i Kanađani. Kako mi je rekao Branko Vujović, banka *BNB Paribas* iz Pariza, koja je angažovana kao finansijski savetnik za privatizaciju, proučava sve ponude za kupovinu *KAP*-a. Privatizacija *KAP*-a se vrši u saradnji s Evropskom bankom za razvoj. Konačnu reč, međutim, ima Vlada Crne Gore, koja će do leta odlučiti ko bi bio najbolji strateški partner *Kombinata aluminijuma Podgorica* u tom poslu.

Jedan od direktora ruskog *SUAL*-a, Vladimir Kremer, čak je dolazio kao član ruske državno-privredne delegacije koja je razgovarala s crnogorskim premijerom Milom Đukanovićem oko kupovine *KAP*-a. Sa zvaničnicima crnogorske Vlade razgovarao je tokom 2003. godine i Viktor Vekselberg, predsednik holdinga *SUAL*. Iz kompanije *RUSAL*, koja je najveći ruski proizvođač aluminijuma i koja zapošljava 65.000 radnika, Maksim Titov mi je javio da su svi poslovi oko *KAP*-a zasad poslovna tajna. I zato rukovodstvo firme *RUSAL* ne želi da nam pruži informacije o kupovini *Kombinata aluminijuma u Podgorici*.

Uspeo sam da saznam da je prvi čovek tog giganta, koji drži 70 odsto svetske proizvodnje aluminijuma, Oleg Deripaska, trenutno s trideset pet godina najmlađi ruski milijarder. Imovina mu se procenjuje na preko 1,5 milijardi dolara. Oleg Deripaska je oženjen Polinom Jumašev, ćerkom nekadašnjeg Jeljcinovog šefa kabineta, a njegov nekadašnji očuh je kasnije oženio Jeljcinovu ćerku, čime se objašnjava njegova poslovna moć u Rusiji i svetu.

Bogatsvo je stekao serijom preuzimanja velikih ruskih kompanija. Kada se SSSR raspao 1991. godine, Deripaska je bio dvadesettrogodišnji student na Moskovskom univerzitetu. Ubrzo je dobio posao kao broker na tržištu metala. Do 1994. bio je finansijski direktor u

*Aluminprodukt*u. Preko te firme, kupio je udeo u *Sibirskoj fabrici aluminijuma*, i tako je počeo njegov uspon u toj industriji. Deripaska je kasnije otkupio akcije londonske *Transvorld grupe*, koju je tada posedovao kontroverzni multimilioner Mihail Černoj. Roman Abramovič postao je Deripaskin partner u 2000. kada su njih dvojica formirali *RUSAL*.

„Rusi su odlični poslovni partneri. U njihovim otkupljenim preduzećima nije bilo dosta otpuštanja, nismo imali socijalnih problema, a sve stavke ugovora oko investiranja su ispoštovane. A to govori da je reč o ozbiljnim biznismenima, a ne o mešetarima", zaključuje Branko Vujović.

Po njegovom mišljenju, dolazak Rusa u Crnu Goru nije slučajan. Očigledno je, naime, da se ruski kapital bori za mesto pod suncem na svetskoj pijaci, i da Rusi žele da strateški sebi obezbede prisustvo u Jadranskom moru i na vratima Sredozemnog mora.

„Rusi kupuju na vrlo diskretan način, jer kako su meni rekli, u Crnu Goru dolaze da se odmaraju i uživaju u lepoti prirode. Obično pošalju svog izaslanika, nekog našeg čoveka, koji obilazi interesantne objekte i ugovara cenu. Cena placeva je od 40 do 80 evra, a cena stanova je od 800 do 1.200 evra. Nedavno sam prodao jedan budvanski stan od 45 kvadrata Rusu za 36.000 evra. Kuće se prodaju i za 200.000 evra u Budvi i okolini. Na ceni je trenutno naselje Podličak kod Svetog Stefana, gde svoje kuće imaju Dragan Džajić, Aleksandar Đorđević i Seka Sabljić. Ja sam za poslednjih godinu dana sklopio 15 ugovora s Rusima, koji uglavnom, kupuju usamljene kuće i placeve na brdima iznad zaliva Boka Kotorska. Vole da kupuju u parovima i grupama, jer gde dođe jedan Rus, za njim stižu i ostali. Rusi danas svoje kuće, vile, pa i čitava naselja imaju u Karadžićima i Rosama kod Herceg Novog, u Radovićima kod Tivta, u Bigovu i kotorskom naselju Sveti Vrači. Tu su Rusi napravili jednu zgradu s 200 stanova, koje prodaju. U Kotoru ima i Rusa koji se bave podvodnim ribolovom i koji žele da otvore brodsku agenciju za krstarenje po Jadranu", tvrdi Nenad Lojpur, vlasnik agencije *Art* iz Budve.

U Budvi zvanično postoji samo osam agencija za prodaju nekretnina, a nezvanično ima ih još dvadesetak, koje nisu registrovane. Svaka od tih agencija ima proviziju od 3 odsto od ukupne vrednosti poslovne transakcije. Zato se i dešava da tu trgovinu s Rusima prate mnoge nezakonitosti.

„Kupovinu crnogorskih nekretnina Rusi obavljaju najčešće tako što svoj novac iz Moskve, Londona, Pariza, Sejšelskih ili Maršalskih ostrva uplaćuju u neku crnogorsku banku i potom ovde podižu keš, kojim isplaćuju vlasnike placeva, kuća i stanova. Novac nekad dolazi i s nekih ostrva za koja nikada nisam čuo, pa zato ponekad pomislim da su to ne baš čiste pare, koje traže svoje utočište. Priča se da Rusi ovde dolaze da bi se sklonili od problema koje imaju po Rusiji. Nisam imao loša iskustva, pa sam zato uveren da je reč o biznismenima koji sprovode rusku strategiju osvajanja zapadnog tržišta. Rusi kupuju Boku Kotorsku i Crnogorsko primorje da bi pre Amerikanaca osvojili i zauzeli jug Crne Gore i tako sebi obezbedili stratešku poziciju u Jadranu i na vratima Sredozemnog mora", smatra Nenad Lojpur.

Na pet minuta vožnje od Svetog Stefana prema Petrovcu, s leve strane nalazi se Crkva Svetog Jovana Krstitelja. Pored nje, uz brdo, vijuga uzani asfaltni put kroz selo Blizikuće prema zaseoku Tudurovići, koji su meštani već prozvali Rusko selo. Na kilometar odatle s leve strane, na strmini prema moru sija se velika plava kuća s pet spratova. Kuća liči na hotel koji je ukopan u crnogorske stene i krš. Gradi se već tri godine i niko ne zna koji mu je Rus vlasnik.

Nekoliko stotina metara dalje nalazi se pravoslavni hram Sveti Stefan. I tu se, desno od hrama, vide gomile građevinskog materijala, cigle i cementa. A iz placa, koji je okrenut prema pučini, Budvi i Svetom Stefanu, vire debele žice iz betonskog temelja. I taj objekat je ruski.

„To Rusi sebi grade hotel za uživanje i vilu za odmor na vrhu brda. Priča se da su Rusi od meštana kupili 15 kvadratnih kilometara zemljišta. Kroz taj plac prolazi opštinski dalekovod, pa su se Rusi proširili do samog hrama. Ja ne smem da vam kažem ko je vlasnik hotela i placa kraj crkve, a i ne smem da vam dozvolim da ih fotografišete, jer su ti Rusi opaki ljudi", rekao mi je čuvar Čeda Đurišić, koga sam zatekao ispred kapije velikog nedovršenog hotela u selu Tudurovići.

Kako su mi meštani rekli, Rusi su zemljište plaćali 40 evra za metar kvadratni. A nameravaju da kupe i još preostala dva placa od po 1.300 kvadrata. Prema Generalnom urbanističkom planu, takva izgradnja nije predviđena za taj deo brda i za gradnju mora da postoji odobrenje Ministarstva za urbanizam i prostorno planiranje Crne Gore. Kako su, međutim, Rusi obećali da će selima Blizikuće i Tudurović izgraditi nov put, proširiti groblje, dovesti vodu i struju, to je mesna zajednica pristala na tu divlju gradnju.

„Nemamo mi čega da se bojimo, neće opština da ruši ovaj hotel i da oduzima Rusima placeve, iako za njih nemaju dozvole, jer svi u Budvi pričaju da je Ruse na naše more doveo Milan Roćen, savetnik premijera Mila Đukanovića za spoljne poslove, koji je ranije radio u ambasadi SRJ u Moskvi", kaže, pola u šali, pola u zbilji čuvar Čedo Đurišić.

Veliko interesovanje Rusa za ulaganje u nekretnine na Crnogorskom primorju ne nailazi uvek na odobravanje nadležnih opštinskih vlasti, o čemu svedoči zabrana gradnje apartmanskog naselja u selu Česminovo, 15 kilometara daleko od Budve. A u Perazića dolu vlasti su zabranile proširenje gradnje hotela *As*, koji je kupljen još 2001. godine.

## Bitka velesila

S aspekta interesa same Crne Gore, najvažnije je da je dolazak Rusa privukao i investitore iz drugih zemalja, tako da su se 2005. godine u velikom broju kao kupci nekretnina na Crnogorskom primorju pojavili Englezi, Norvežani, Izraelci, pa čak i bogati Irci.

„U Crnoj Gori se danas vodi nevidljiva bitka između Amerike i Rusije za strateške pozicije na Balkanu. Rusi su ušli u Crnu Goru početkom XXI veka preko Zakona o preduzećima i Zakona o kompanijama koje se osnivaju po posebnim uslovima poslovanja, koji su im omogućili da formiraju ofšor kompanije i ofšor banke. Samo Maksim Stepanov iz Moskve, na primer, imao je pet banaka u Crnoj Gori, a pojedini ruski predstavnici, inače naši ljudi, imali su i po desetak banaka. Na taj način Rusi su u Crnu Goru ubacili kapital vredan preko četiri milijarde dolara, koji je čekao priliku da se plasira u državna preduzeća i time izvrši ekonomska okupacija. Amerikanci su, međutim, da bi osujetili ulazak Rusije u Crnu Goru preko kapitala, taj novac proglasili prljavim, a ruske banke optužili za pranje novca. To je napisano i u najnovijem izveštaju Stejt departmenta, pa je Vlada Crne Gore ukinula taj Zakona o kompanijama koje se osnivaju po posebnim uslovima poslovanja.

„Da bi se danas ulagalo u Crnu Goru iz inostranstva, potrebno je da se poštuje najmanje 40 raznih zakona. Ali Crnoj Gori je draži ruski kapital nego američka pretnja, pa je i pored ukidanja ofšor poslovanja, saradnja s Rusima nastavljena ne manjim tempom", tvrdi Raka Petrović, obožavalac Rusa iz Budve i dobar poznavalac prilika u Crnoj Gori.

Crna Gora će i dalje nastaviti s prodajom svojih velikih preduzeća i hotela. Otvoreni su tenderi za hotel *Podgorica* u Podgorici, za 3 hotela na Žabljaku, za hotele u Ulcinju, za hotele na Budvanskoj rivijeri *Mediteran*, *Galeb* i *Albatros*. I elitni i legendarni hotel *Crna Gora* u Podgorici biće uskoro na prodaju. Neće se privatizovati samo hoteli u Miločeru i na Svetom Stefanu. Očekuje se uskoro i otvaranje ponuda za kupovinu *Železnica Crne Gore* i *Luke Bar,* za koju su Rusi posebno zainteresovani. Njihov interes je da kroz *Luku Bar* dođu do teritorijalnih morskih voda, preko kojih mogu da trguju, ali i da održavaju stratešku poziciju prema Sredozemnom moru.

Od Jurija Bičkova, generalnog konzula Rusije u Crnoj Gori, saznali smo, međutim, da su ruske firme kupile još nekoliko crnogorskih ugostiteljskih objekata. Tako je, na primer, kupljen i hotel *Ksanadu* u Kumboru. Ruski koncern *Kolibri* kupio je i 2 hotela, *Central* i *Toplu* u Herceg Novom. A Rusi zajedno s Englezima kupuju i najbolji budvanski hotel *Avala*.

Rusko-engleska grupa biznismena iz Londona sagradila je sebi vilu *Montenegro* na Svetom Stefanu, koja je 2004. godine završena. To je jedini turistički objekat u Crnoj Gori s pet zvezdica i njegovi vlasnici su Rusi. Koncern *Kolibri* odlučio je da izgradi i žičaru u Kotoru, koja će da spaja centar grada i luku s velikom tvrđavom, koja se nalazi na visini od 600 metara iznad zidina Starog grada.

„Mi ne vodimo neki poseban popis nekretnina koje su Rusi kupili, ali lično znam da naši ljudi danas imaju svoje parcele s placevima i kućama u reonu Ulcinja, Petrovca, Svetog Stefana i u celoj Boki Kotorskoj, u Budvi, Kotoru, Dobroti, Perastu, Žanjicama, kao i u Herceg Novom", rekao mi je ruski konzul Jurij Bičkov.

Grupa ruskih i engleskih poslovnih ljudi iz Londona već je kupila i hotel *Belasica*. Dok jedna firma iz Moskve upravo kupuje 3 hotela na Žabljaku.

„Poslednjih deset godina ruski biznismeni kupuju kuće i vile po Parizu, ali i čitavoj Francuskoj kao da pazare košulje. Oni jednostavno dođu petkom avionima iz Rusije u Francusku, i tokom vikenda pokupuju sve što im se dopada. Trenutno na Azurnoj obali Rusi imaju preko 200 svojih hotela, kasina i vila. Istovremeno Rusi su kupili i nekoliko desetina hotela u francuskim Alpima. Francuska vlast je morala visokim porezima i posebnom kontrolom porekla ruskog kapitala da se brani od te ruske kupovine turističkih objekata u Francuskoj. Danas se ruski milijarderi najviše interesuju za kupovinu francuskih fudbalskih klubova, zatim za francuske juvelirnice i vinarije. To je izazvalo veliku polemiku u Francuskoj, jer se i javnost, ali i privrednici, pitaju da li u Francusku svoj novac plasira ruska mafija ili ruski biznismeni. Precizan odgovor niko nema, jer niko nije uspeo da povuče jasnu razliku između te dve vrste ruskih investitora u Francuskoj. Zato se francuska vlast trudi da uvede rigorozniju kontrolu stranih ulaganja iz Rusije, kakva na primer, postoji u bankarstvu, koja je za sada sprečila Ruse da kupuju francuske banke", rekao mi je Žak Budoan, pariski biznismen.

U Španiju poslednjih godina dolaze dve vrste Rusa. Prvo su sredinom 1990-ih stigli ruski biznismeni, koji su zaradili mnogo novca privatizacijom sovjetskih javnih preduzeća i koji su iz Rusije pobegli zbog problema koje im je njihovo bogatstvo donelo. U Španiji, takvi bogati Rusi mogu da žive u diskreciji, tako da javnost ne vidi bogatstvo kojim oni raspolažu. Ti ruski oligarsi u Španiji obično kupuju velike kuće, vile i dvorce, kao i hotele, restorane, jahte i brodove u španskim letovalištima na obalama Sredozemnog mora. Jedan od ruskih milijardera, Viktor Borisov, vlasnik fabrike vagona iz Moskve, na primer, ima predivnu kuću u centru Madrida, ali i nekoliko vila u Valensiji. Najviše Rusa trenutno ima u Valensiji, Kataloniji i Andaluziji, kao i na Balearskim ostrvima.

„Drugi tip Rusa u Španiji čine gubitnici i kriminalci, koji se trude da uznemiravaju i pljačkaju ove prve, bogate Ruse. Njihovo glavno zanimanje je prostitucija, jer u Španiju dovode ruske žene, koje teraju da se kurvaju po morskim letovalištima. Kada dođe do sudara bogatih i siromašnih Rusa, uvek neko ostane mrtav na trotoarima Španije", javio mi je Francis Bajaro, poslovni čovek iz Madrida.

# SRPSKA MAFIJA

## Srbi haraju Evropom

Na listi svih kriminalaca sveta u Interpolu nalazi se 350 državljana Srbije i Crne Gore, koji aktivno deluju u Švedskoj, Holandiji, Švajcarskoj, Nemačkoj, Italiji, Češkoj, Australiji, SAD, Velikoj Britaniji i čak Japanu. Londonski advokat Đovani di Stefano, koji brani britanske mafijaše i holandske dilere drogom, tvrdi da su Srbi i Albanci danas najopasniji kriminalci u zemljama Zapadne Evrope. Da li mu treba verovati?

Dušan Simić, državljanin Srbije i Crne Gore, star trideset četiri godine, uhapšen je u gradiću Meze, u Italiji, dok je pokušavao da opljačka tri kuće. Zajedno s njim uhvaćen je i jedan kriminalac iz Moldavije. Simić je poreklom iz Beograda i ilegalno je nastanjen u Milanu. U njegovom automobilu italijanski karabinijeri su pronašli kompletnu opremu za obijanje stanova.

„Italija je zemlja u kojoj radi srpska lopovska mafija. Njeno sedište je u Milanu, ali njene ekipe prosjaka, džeparoša, lopova i razbojnika deluju širom Apeninskog kontinenta. Karabinijeri pretpostavljaju da u srpskoj lopovskoj mafiji ima oko 2.500 ljudi iz Srbije i Crne Gore", rekao mi je Milan Sarić, sudski tumač iz Milana.

Slična situacija je, ako je verovati statistici, i u drugim evropskim državama, gde hara srpska mafija. U Austriji je, na primer, za sedam meseci 2005. godine zabeleženo 39.121 osoba koji su počinili krivična dela u toj zemlji, a među njima je i dalje najviše građana iz Srbije i Crne Gore – 5.111. Slede zatim državljani Nemačke (4.256), Turske (4.187) i Bosne i Hercegovine (3.021). Dok je u samoj Švajcarskoj registrovano čak 7.000 ljudi s našeg područja, kao počinilaca krivičnih dela.

Kako se u zapadnim zemljama kriminalci ne vode po nacionalnom poreklu, to se vrlo često dešava da se državljani Srbije i Crne Gore i delinkventi iz nekadašnjih republika, u policijskoj i sudskoj evidenciji vode kao Jugosloveni.

„U Evropi se danas javno govori o 'krajnje nepredvidivoj jugo-mafiji' kao 'jednoj od najnasilnijih kriminalnih organizacija'. Nju čine, pre svega, Albanci s Kosmeta i s juga Srbije, potom Srbi dezerteri i delinkventi, Romi izbeglice iz SCG, a zatim Muslimani iz Sandžaka", izjavio je nedavno holandski kriminolog Evart Holderberg.

Viši sud u pariskom predgrađu Nanteru osudio je trojicu državljanina Srbije i Crne Gore i jednog Francuza na stroge kazne zatvora zbog šverca oružjem, posle zaplene 2000. godine u jednoj garaži 15 raketnih bacača koje su doneli iz Beograda.

Dragan Petrovič (43), „mozak" bande i njegov prijatelj Stevan Bogdanić (37) osuđeni su na po 6 godina strogog zatvora sa zabranom boravka u Francuskoj, javlja *AFP*. Dominik Kloter (32) osuđen je na 18 meseci zatvora, od toga 13 uslovno, a Goran Vasić (33), vlasnik pomenute garaže, na 3 godine zatvora, od toga 2 uslovno.

Pored izdržavanja kazne, Vasić mora da plati i novčanu kaznu od 34.355 evra. Policija je otkrila raketne bacače 28. novembra 2000. godine u centru za kontrolu automobila u Nanteru. Oni su tada pronašli i eksploziv, detonatore i 7.000 tableta ekstazija koje je tu sakrio Kloter.

U proleće 2001. godine jedan Srbin je ušao u britansku crnu hroniku kao rekorder.

Inženjer Radomir Lukić (41), poreklom Srbin, ojadio je *Britiš Telekom* za 3 miliona funti (oko 10 miliona maraka ili 5 miliona dolara) što je najveća pljačka u istoriji te kompanije.

Taj ekspert za mobilne telefone uhapšen je zbog štete koju je napravio programiranjem elektronskih čipova na pripejd aparatima, čime je omogućio neograničeni broj besplatnih poziva na BT mobilnoj mreži, pisale su britanske novine *Fri metro*.

Prema izveštaju Odeljenja za nacionalni kriminal ta prevara je do sada najveća pljačka koja se dogodila u oblasti telekomunikacija u Velikoj Britaniji. Lukić, koji je osuđen na kaznu zatvora od 30 meseci, bavio se i piratstvom u oblasti kompjuterskih igrica, a dekodiranjem je omogućavao i besplatno korišćenje kablovske televizije.

Uhapšeni inženjer živeo je u gradu Loborou u okrugu Lihteršir, gde je vodio privatnu firmu. Za potrebe svoje „fabrike" visokosofisticirane opreme koristio je i kuću svoje tazbine, citirao je *Fri metro*.

Niko ne zna precizno koliko državljana Srbije i Crne Gore je registrovano u svetu kao delinkventi. Takve podatke nismo zvanično uspeli da dobijemo ni od MUP-a Srbije, kao ni od Ministarstva inostranih poslova Srbije i Crne Gore, čije se ambasade i konzulati bave pravnom zaštitom naših građana koji u inostranstvu dolaze pod udar policije i pravosuđa.

U Švedskoj su poslednjih godina, na primer, u obračunima u podzemlju likvidirani Dragan Joksović, zvani Joksa i Ratko Đokić, tast najtraženijeg švedskog begunca Milana Ševa. Nekoliko naših ljudi sumnjive biografije likvidirano je i u Nemačkoj, Španiji, Holandiji.

„Najopasniji kriminalci nam poslednjih godina dolaze s Balkana", tvrdi Peter Tjeder, šef kriminalističke policije u Švedskoj. „Više ubistava koja su se zbila poslednjih godina mogu se povezati s obračunima 'jugoslovenske mafije'. To su ljudi kojima totalno nedostaje respekt za život i zdravlje. Šta ih dovodi ovde, da li je to nasilnička prošlost ili nešto drugo, ja ne znam da odgovorim?"

Kako sam, međutim, nezvanično saznao u Interpolu, u svetu danas ima oko 3 miliona poternica za licima sumnjive kriminalne biografije. Među njima ima oko 350 državljana Srbije i Crne Gore. Dok se broj građana Srbije i Crne Gore koji su prekršajno i krivično gonjeni u svetu kreće oko 32.000. Uspeo sam zahvaljujući našoj policiji da utvrdim da Srbi kao organizovani kriminalci samostalno deluju u Italiji, Holandiji, Nemačkoj, Austriji, Australiji, Sjedinjenim Državama i delimično u Švedskoj.

Pred sudom u Pragu 2005. godine nastavljeno je suđenje bandi provalnika s prostora bivše Jugoslavije za provale u 150 luksuznih vila, između ostalih i državnu vilu predsednika Donjeg doma češkog parlamenta Vaclava Klausa.

Suđenje sedmorici članova te bande, koji tvrde da su državljani Srbije i Crne Gore, izazvalo je veliku medijsku pažnju, s obzirom na neverovatnu drskost da bez obzira na sve alarme i zvanične telohranitelje upadnu u vilu trećeg po rangu najvišeg češkog državnika.

Žrtva te bande je prema navodima istrage i optužnice bio i decenijama najpopularniji češki pevač Karel Got. Ukupna šteta se ceni na oko 30 miliona evra a optužnica ih tereti za ilegalno posedovanje oružja, provale, krađe, falsifikovanje dokumenata, s obzirom na to da su u Češku ušli s lažnim pasošima.

Grčka policija je saopštila da je uhapsila našeg državljanina Srđana Janića (24), za kojim je tragala zbog krađe robe vrednosti veće od 500 miliona drahmi (2,9 miliona maraka), iz radnji i stanova u Atini.

Janić je uhapšen u svom stanu, u atinskoj primorskoj bogataškoj četvrti Vula. Policija je saopštila da je on osumnjičen zbog provale u 20 radnji i 10 stanova. Janić je prilikom saslušanja izjavio da su on i još dva jugoslovenska državljanina Bojan Marković i Zoran Nikolić, za kojima policija traga od marta 1999. godine, činili bandu koja je krala odeću i elektroniku iz prodavnica i stanova.

Nemačka policija je, na primer, rasturila jednu međunarodnu bandu od 35 članova koja se bavila ilegalnim transportom ljudi iz zemalja bivše Jugoslavije u Nemačku. Kolovođe te bande bili su Mirjana S. četrdesetpetogodišnja državljanka Srbije i Crne Gore i tridesettrogodišnji Nemac. Oni su uhapšeni u Nemačkoj, dok su još dva važna člana te bande pobegla u Srbiju.

Jedan romski izbeglica iz bivše SFRJ već godinama rukovodi „operacijom džeparenja" po podzemnoj železnici u Londonu, angažujući na tim „poslovima" 30 članova svoje brojne porodice, uključujući i sedmogodišnje devojčice, javio je nedavno londonski *Tajms*. Britanska policija je kao vođu tog „džeparoškog lanca" identifikovala Vasketa Bešića (34), koji je iz bivše Jugoslavije u Britaniju došao preko Dovera u jesen 1999. s lažnim hrvatskim pasošem.

U Kelnu je uhapšeno 20 „Jugoslovena", pripadnika bande koja je pljačkala prodavnice u pokrajini Severna Rajna-Vestfalija. Prema policijskim navodima, grupa državljana Srbije i Crne Gore je samo u protekla dva meseca iz juvelirskih i krznarskih radnji u više od 35 provala opljačkala robu vrednu najmanje 15 miliona maraka. Policija u Štutgartu uspela je da razbije lanac preprodavaca ukradenih i otetih skupocenih limuzina koje su potom završavale u Bosni. Bandu su činili kriminalci s prostora Srbije i Crne Gore i bivše Jugoslavije, a prve procene pokazuju da su samo tokom 2004. godine ovakvim biznisom „obrnuli" oko 400.000 maraka.

„To su inteligentni lopovi", kaže policijski funkcioner Volfgang Neher, objašnjavajući da oni nisu posezali za nasiljem, već su razvili „briljantnu strategiju oduzimanja automobila" na moderan način.

Dvojica uhapšenih preprodavaca, za koje se samo kaže da su „Jugosloveni" stari 25 i 29 godina, angažovali su jednog dvadesetogodišnjeg Nemca da za njih otima nove automobile iz salona za prodaju, pošto bi prethodno od prodavaca zatražio da ih isproba. Trik je gotovo uvek uspevao i desetine skupih mercedesa i audija otišlo je na Balkan.

Londonski advokat Đovani di Stefano, koji brani britanske mafijaše i holandske dilere drogom, međutim, tvrdi da su naši kriminalci danas među najpoznatijim na Starom kontinentu.

„Srbi i Albanci su danas najopasniji kriminalci u zemljama Zapadne Evrope. Oni kontrolišu trgovinu drogom, ljudima, izvode razbojničke pljačke i bave se plaćenim likvidacijama. Grupa *Pink Panter* je, na primer, danas najpoznatija i najuspešnija srpska banda u

Britaniji. Ona je specijalizovana za pljačke evropskih juvelirnica i javno se sumnjiči za krađu belog dijamanta od 47 karata veličine upaljača i manjeg plavog dijamanta od jednog karata. Dijamanti vredni petnaestak miliona evra ukradeni su na pariskoj izložbi Saveza trgovaca antikvitetima sa štanda švajcarskog juvelira *Šopara*, tako što su pljačkaši angažovali na desetine lažnih kupaca da naprave gužvu, postavljajući pitanja dvema prodavačicama. Članovi te neobične ekipe su Peđa Vujošević zvani Marko, uhapšen u Parizu, Nebojša Denić i Milan Jovetić. Oni se nalaze iza rešetaka zbog izdržavanja kazne posle pljačke londonske juvelirnice *Graf* 2002. godine. Ja sam očekivao da će me angažovati da ih branim, ali su oni od toga odustali. Pričalo se da su krali dijamante čak i u Japanu", kaže Đovani di Stefano, koji je u Londonu već dobio nadimak Đavolji advokat zato što zastupa najokorelije kriminalce.

Pripadnici Skotland jarda uskoro će ispitati Vujoševića, a isto nameravaju da učine i policije Španije, Nemačke, Švajcarske i Belgije, u kojima je, kako se sumnja, pljačkao juvelirnice. Osim pljačke u Londonu, Vujošević se tereti i za organizaciju pljačke u juvelirnici u Frankfurtu, u kojoj su mu saučesnici bili dvojica muškarca za kojima se još traga. Reč je o Crnogorcima, Vladimiru Lekiću (27) i Zoranu Kostiću (33). Njih trojica su, navodi nemačka policija, 16. decembra 2003. maskirani i naoružani upali u zlataru u Frankfurtu na Majni i, uz pretnje osoblju i kupcima, odneli 18 satova vrednih 390.000 evra.

„U švajcarskim zatvorima danas ima veliki broj državljana Srbije i Crne Gore, ali i mnogo državljana drugih balkanskih zemalja koji se predstavljaju kao Jugosloveni iz Srbije i Crne Gore. Tako se najčešće predstavljaju kosmetski Albanci, pa je u švajcarskoj podzemlju danas jako teško razdvojiti srpske i šiptarske kriminalce, jer policija retko kada utvrđuje i govori o pravom nacionalnom poreklu uhapšenih stranaca. Prema zvaničnim podacima poslednjih godina u Švajcarskoj je registrovano oko 7.000 naših ljudi koji su prekršili zakon", rekao mi je Tomislav Perić, jedan od srpskih aktivista u Švajcarskoj.

Prema njegovim saznanjima, Srbi i drugi državljani Srbije i Crne Gore se u ovoj zemlji najčešće bave trgovinom narkoticima, krađama, razbojništvima, ali i ubistvima.

„Nedavno je policija u Cirihu, na primer, uhapsila jednog momka, jer je vozio svoj džip brzinom od 110 kilometara na sat. Ispostavilo se da je to Albanac, star dvadeset tri godine, bez posla, ali vlasnik džipa i još dva automobila. Ima ženu i troje dece u Švajcarskoj, i ilegalno se bavi drogom. Drugi slučaj, koji je uzbudio Švajcarce, jeste ubistvo koje se dogodilo na gradskoj autobuskoj stanici u Cirihu. Jedan Srbin s Kosmeta je pred svojom ćerkicom usmrtio svoju ženu, jer je sumnjao da se prostituiše", podseća me Tomislav Perić.

U Švajcarskoj je, na primer, letos uhapšen Mileta Miljanić zvani Majk iz Barajeva kod Beograda, službeno označen kao jedan od najvećih evropskih narko-trgovaca. Miljanić je uhapšen po međunarodnoj, crvenoj Interpolovoj poternici koja se raspisuje za najopasnije svetske kriminalce. Za ovim čovekom koji inače ima srpsko, ali i američko državljanstvo, traga i Grčka. Naime, pre nekoliko godina u Atini je zaplenjena fantastična pošiljka od 114 kilograma kokaina, za koji se tvrdi da je Miljanićev.

Letos je u spektakularnoj akciji nemačke policije, a po poternici Interpola, uhapšen i Zoran Jakšić iz Zrenjanina, jedan od većih evropskih narko-dilera i Miljanićev saradnik. Nemačka policija je Jakšića uhapsila dok se vozio automobilom i kod njega je pronašla oko 9 kilograma kokaina.

„Interpol iz Švajcarske danas traga po svetu za devetoricom državljana Srbije i Crne Gore. To su Slavko Đukić, odbegli zatvorenik, rođen 4. maja 1958, visok 186 centimetara i Staniša Živković, takođe, begunac iz zatvora, koji je nestao u aprilu 2000. godine. Crnomanjast je i visok 175 centimetara. Švajcarcima su s robije utekli i Bekim Rustoli i Hodža Ismail, obojica s Kosmeta."

„Na poternicama Interpola u Švajcarskoj nalaze se i Goran Milković, pljačkaš, Nazif Redžepi, narko-diler, kao i opasne ubice Gecaj Ded, Drilon Morina i Avni Ajazaj", javio mi je Tomislav Perić iz Ciriha.

## Od Čaruge do Legije

I prva, i druga, i treća Jugoslavija imala je svoje podzemlje, ali se ono nalazilo u našim šumama, jer su tadašnji hajduci bili odmetnici od običnog sveta, pa je pre pedeset leta sišlo na asfalt. Težak seljački život, ratne strahote, uobičajena državna nepravda, želja za boljim životom po svaku cenu bili su razlozi zbog kojih se u Kraljevini Jugoslaviji izrodilo čitavo pleme razbojnika i drumskih otimača. Te bande predvodili su legendarni Čaruga, Gorski car i Ubica dečjeg lica, kako je puk nazivao svoje hajduke. A tepao im je „gorski tići".

Snažna jugoslovenska policija i žandarmerija uspevali su, međutim, da se dobro nose s tim hajducima, pa je većina njih završila na vešalima i u legendama. Izbijanje Drugog svetskog rata preseklo je kontinuitet kriminala u Jugoslaviji i načinilo da ga posle 1945. godine posmatramo u sasvim drugačijem, gradskom svetlu.

Poratno jugoslovensko podzemlje se rađalo pedeset godina iz beogradske materice. Žitelji tog prizemnog i surovog sveta bili su, uglavnom, mladići prepušteni sebi, koji su ponikli u Beogradu ili su kroz njega samo projurili. Zajedničko svima njima je bilo da žive na ivici ili ispod zakona, ne bi li opstajali na balkanskoj i evropskoj vetrometini. U potrazi za avanturom, ali i za životom, gazili su putevima koji su ih vodili od kuće u beli svet, a potom vraćali ovamo. Neki su Beograd napuštali kao dobrovoljci, neki kao begunci, pojedini kao izgnanici, s pravim ili lažnim pasošima, najčešće i bez njih. Većina njih uspela je da osvoji i zaprepasti uplašenu Evropu. Vraćali su se ponekad kući kao junaci dana, kao zarobljenici međunarodnih čuvara reda, ali i kao našminkani leševi.

Taj proces je imao svoju ne samo socijalnu već i političku notu. Kao što je Zapad pružao utočište jugoslovenskim političkim emigrantima, tako je primao i ove iz podzemlja. Njihovo prvo sklonište je bio Pariz, zatim Milano i Frankfurt, pa Beč, Amsterdam, Stokholm, a danas su to Moskva, Atina, Budimpešta, London. Sve do sredine 1980-ih, kada je Jugoslavija odigrala svoju poslednju ulogu Trojanskog konja u hladnoratovskom filmu, Evropa je trpela naše delinkvente. A onda, kada su na Starom kontinentu shvatili da se SFRJ raspada i da od nje više nema vajde, preko noći je odlučila da ih vrati u otadžbinu. Tada je u Frankfurtu beogradski momak Goran Vuković, uz saglasnost nemačke policije, ubio Ljubu Magaša, legendarnog kuma svih jugoslovenskih kumova u Evropi.

Od tog trenutka istorija jugoslovenskog podzemlja se deli na vreme „pre i posle Ljube Zemunca". U prestonicu su pristigli profesionalni otimači tuđeg blaga, reketaši, batinaši i revolveraši, dileri, pa i likvidatori, koji su se udomili kao velike patriote i novi narodni heroji kod svojih političkih patrona. Tako je povratkom familije tvrdih momaka i Beograd napokon dobio svoje podzemlje. Najsurovije na svetu, jer je njegov prepoznatljiv znak bila nenajavljena smrt.

Poslednjih deset godina u jugoslovenskoj prestonici ubijeno je stotinak ljudi iz podzemlja, čiji likvidatori nikada nisu otkriveni. Uvek posle te najavljivane smrti javnost se pitala ko je sledeći. Željko

Ražnatović je na pitanje da li je on na redu posle likvidacije generala Radovana Stojičića Badže, odgovorio: „Baš me briga!"

Tajna Ražnatovićeve smrti još nije sasvim odgonetnuta, a već je vreme u Srbiji počelo da se meri s aršinom „pre i posle Arkana". Ljudi se sada manje pitaju ko je sledeći, a više ko je još ostao živ. Neukusno je pominjati njihova imena da ih sutra ne bismo videli u čituljama.

Vreme posle Drugog svetskog rata donelo je novoj Jugoslaviji slobodu i – glad. Neki ljudi, posebno oni mlađi, tu društvenu nesreću počeli su da pretvaraju u zlo.

Ljuban Čotro, na primer, imao je jedva dvadeset godina kada se domogao hrpe četničkog oružja, zaostalog iz rata. Zajedno s Nikicom Milankom, Srđanom Bogunom i Lazom Ivanišem osnovao je u Bukovici svoju razbojničku družinu. Ova četvoročlana banda tih poratnih godina orobila je zadrugu u Bribirskim Mostinama. U selu Ninićima opljačkali su i pretukli jednog piljara. Naoružani mitraljezima, puškama i okićeni bombama, Ljuban i njegovi pajtaši pljačkali su, tukli, ubijali, otimali, silovali u Bukovici i okolini. Najveće zadovoljstvo im je bilo da pred seljacima i njihovom decom uništavaju i poslednje zalihe hrane, da im kolju stoku i bacaju u duboke jame.

Kada je banda Ljubana Čotre uhvaćena, kajanje i povici da su nevini nisu spasli te mlade ljude. Šibenski sudija je bio jasan i kratak: Čotra i Milanka streljati, Boguna i Ivaniša na robiju. Posle dva plotuna u ponoć 29. aprila 1947. u Bukovici je opet zavladao mir.

Savremeno jugoslovensko podzemlje rađano je u krilu političke i ekonomske emigracije, koja je, bežeći od Tita, našla utočište, prvo u Zapadnoj Evropi, a potom i u Americi. Tamo gde su politički begunci sebi nalazili jatake ubrzo su se našli i odbegli jugoslovenski delinkventi, koji su izbegavajući zakone, tražili sebi skrovište po zapadnim budžacima. Neki su jednostavno još kao deca, tek zamomčeni, sišli u taj jugoslovenski kal gde su kalili svoju mladost. Mile Ojdanić, zvani Crni, bio je velegradski dečak koji je skupo platio cenu slave svog oca, oficira JA. Stideći se vlastitog sina, jer je voleo fudbal, otac je Crnog pedesetih godina poslao prvo u KPD Kruševac, zatim na Goli otok i u beogradski Centralni zatvor. Tamo je upoznao Branka Stojanovića Banga, Mileta Pavlovića Tarzana iz Aranđelovca, Slobu Kusovca, zvanog Biba. Za nedoraslog mladića to je bila prvoklasna škola kriminala, koju su prolazile generacije i generacije nestašnih i neustrašivih. Prolaz kroz popravne domove i zatvore bio je najbolja preporuka za ulazak u društvo prvoklasnih beogradskih mangupa. Mile Ojdanić je imao sreću da u Beogradu upozna Stevicu, Rusa, Maleta, braću Miljanić, Gulivera, čuvenog rvača Čitakovića, Batu Kamenog, braću Cerović, Slobu Boškovića. Crni o njima kaže:

„To su bili pravi mangupi, vaspitani, fini. Slušali su svoje roditelje, ali su na ulici bili žestoki. Tukli su se pesnicama, to je bilo njihovo glavno oružje. Družili su se, delili su i dobro i zlo. Mnogi od njih su kasnije i fakultete završili i postali ozbiljni ljudi!"

Beogradski „asfaltaš" Duško Dule Milanović seća se da je još 1950-ih beogradska porodica besprizornih bila izdeljena na regionalne grupe:

„Tada se tačno znalo ko je najjači u gradu. Tukli smo se rukama i borbe su uvek bile fer. Glavni snagator je bio Čitaković, koji je i uveo te fer batine u praksu. Pored njega jaki su bili i Sloba Globus, Bojan, Buca Al Kapone, svi iz Sarajevske ulice. Od mlađih, na pesku oko Save, trenirali su boks Ljuba Zemunac, braća Šoškić, Ćenta i Masa iz Zemuna.

Dušan Knežević iz Sarajevske ulice je visio na Mostaru oko bioskopa *Zelengora*. Prodavao je mleko i švercovao se u salu da gleda filmove o Al Kaponeu.

Zato je brzo i dobio nadimak Buca Al Kapone. Jedan od takvih mladića bio je i Petar Grujičić, sin policajca i kasnije ratnog zločinca Radana Grujičića. Kada je prebegao u Ameriku, inspektor Radan Grujičić je dobio svu policijsku arhivu i sve što je i sâm znao i video ustupio CIA. Zauzvrat je dobio lažni identitet na ime Marko Janković i obećanje da neće biti izručen Jugoslaviji i komunistima koje je isleđivao. Njegov sin Petar je još u Beogradu upoznao ulične vođe Miloša Miloševića, Stevicu Markovića, Mileta Kopanliju, Bikicu Prokića, Batica Cakića, koji će slavu podzemlja doživeti tek u Parizu. Svi su oni francusku karijeru započeli kao ulični fotografi, ali je samo Petar Grujičić postao profesionalac s kamerom. Ispred Ajfelove kule, Trijumfalne kapije, na Jelisejskim poljima, ispred Crkve Notrdam, ti zaludni Beograđani su slikali američke turiste, obećavali da će im slike sigurno poslati u SAD za dolare koje su dali. A bili su, zapravo, majstori da počiste pariske luksuzne stanove od suvišne raskoši.

# Prijatelji Alena Delona

Sve je počelo u Beogradu kada se glumac Alen Delon, posle dolaska iz vojske iz Indokine, 1958. godine, našao s tim mladićima u Beogradu na snimanju filma *Marko Polo* i potom *Mihajlo Stogov*. Oni su bili statisti, već dokazani tvrdi momci u uličnim tučama i spektakularnim skokovima sa Savskog mosta. Milošević je bio afirmisani kaskader i glumac početnik. Pričalo se kako Miloš Milošević, Alen Delon i Perica Slovenski imaju previše simpatija međusobno kao muškarci. Oni su za njega bili nešto sasvim drugo: mladi, lepi i marginalci. Stevan Marković je, na primer, bio rođen 10. maja 1937. godine u Beogradu. A Alen Delon je imao dvadeset dve godine, bio je zgodan, ali pomalo feminiziran muškarac. Poticao je iz siromašne porodice, radio je po Parizu kao raznosač peciva, opranog rublja i paketa.

U tom sedamnaestogodišnjaku istoričar i muški plejboj Filip Erlanže je video karakternog glumca i uveo ga u svet filma, ali i pariskih orgija. Iz Beograda glumac Alen Delon za sobom dovodi prvo svog hrabrog dublera Miloša Miloševića. Dao mu je posao telohranitelja. Ljubomoran zbog Miloševićevog uspeha, Stevan Marković, njegov prijatelj, kreće 16. oktobra 1958. ilegalno za njim u Pariz kod Alena Delona. Da bi dobio francuske papire, zatražio je politički azil, ocrnio vlastitu otadžbinu i već 1. novembra 1958. postao francuski državljanin. Kod Delona novi momak Stevica Marković dobio je posao potrčka.

Naseljavali su se kod Delona u Parizu, jedan po jedan, kao pravi muški prijatelji. Ludovali su po barovima *Terazije*, *Mažestik* i *Ruski car*. Pesničili se, prebijali i ubijali boga u svakome ko se muvao oko Alena Delona. Bezbroj puta su hapšeni i zatvarani zbog tuča, krađa, varanja na kocki i neurednih isprava. Miško Milošević je bio zadovoljan što je lepo živeo od toga kad bi isprebijao svakoga ko bi ružno pogledao Natali Delon, Alena Delona ili njega lično. Voleo je da pravi skandale, a najsrećniji je bio, kako tvrdi Milomir Marić, dobar poznavalac srpskih svetskih muvara, „kad bi prdnuo i usmrdeo kakav blazirani krem parti."

Tada su obojica otkrili čari mlade Francuskinje rođene u Maroku, koja je svoje pravo ime Francis Kanovas promenila u Natali Delon. Pre toga je bila Miloševićeva i Markovićeva ljubavnica, pa su se obojica našli suvišnim u kući Alena Delona.

Kobna sudbina Miloša Miloševića, prvog Delonovog jugo-gorile, stići će u Holivudu, jer je tamo našao groznu smrt u jednom od kupatila vile Mikija Runija. Umro je zaključan u kupatilu, izbatinan, ostavljen sam i nemoćan. Bilo je to na Beverli Hilsu 1966. godine. Miloš Milošević je dovezen u Beograd američkim avionom *PAN AM*-a kao paket s drobom. Prevoz njegovih posmrtnih ostataka platio je Alen Delon. Ista „firma" je uskoro dopremila na Surčin i drugi limeni sanduk, u kome se nalazio izvesni Kirče Popčeski, Miloševićev intimus i poverenik, koji je, navodno, stradao od udara struje.

Upražnjeno mesto u Delonovoj blizini zauzima tada najslavniji od svih gorila Stevan Marković, koji će, mrtav, postati okosnica „afere stoleća", koja je uzdrmala temelje Pete republike. Marković je usmrćen batinama, nađen na đubrištu Elankura, spakovan u veliku najlonsku kesu, u kakvima se prodaju jogi-dušeci. Izmrcvareno telo je 1. oktobra 1968. godine našao klošar Žan Aro. Obdukcija je pokazala da se u Markovićevoj glavi nalazio metak, malog kalibra, kakav koriste francuski policajci. Istraga o ubistvu Stevana Markovića, tada već poznatog i kao prijatelja porodice Klod i Žorža Pompidua, koji je 1968. bio prvi čovek Francuske, trajala je deset godina, kako u Parizu, tako i u Beogradu. Slučaj je zatvoren kao „nerešen".

Neposredni osumnjičeni za ubistvo Stevana Markovića, stanara poznate adrese Ulice Mesin broj 8, prijatelja porodica Pompidu i Delon, bio je izvesni Fransoa Markantoni, korzikanski gangster, kum Alena Delona. On je oslobođen posle lažnog svedočenja Borivoja Ackova, koji je do 2. maja 1992. živeo u Jugoslaviji, potpuno se odrekavši nekadašnjeg načina života. Popularni Bob je krunski svedok nevinosti porodica Pompidu i Delon, i oružje u rukama osoba od najvećeg francuskog državničkog poverenja. Umro je u četrdeset devetoj godini života na Kopaoniku, kada je potegao pištolj na sebe, koji je, posle gušenja s Aleksandrom Vujisićem, nehotice opalio. Knjigu svojih memoara nije stigao da objavi.

Poslednji je izgubio život Uroš Milićević, koga su ubice teško ranile, a potom ostavile bez ventilacije u sobi bez prozora. Zločin se dogodio u Briselu, u Ulici Staljingrad.

Srbe, beogradske momke, posvađale su njihove zajedničke žene Romi Šnajder i Natali Delon. Stevica Marković je ubijen. Nađen je sa sopstvenim penisom u ustima na pariskom đubrištu Elankur. Bila je to osveta zbog seksualnih orgija s Klod Pompidu, ženom francuskog predsednika Žorža Pompidua. Jedan drugi učesnik zbivanja, Uroš

Milićević, dete iz beogradske bolje kuće, tvrdio je kako poseduje dokumente kojima se dokazuje da je Marković likvidiran kao vlasnik albuma fotografija „ružičastog baleta", ili srpskog grupnjaka, čiji je učesnik bila i supruga Žorža Pompidua, tada predsednika francuske vlade. Tu optužbu nikada nisu prihvatili zvanični organi istrage, uprkos svedočenju Aleksandra Markovića, brata ubijenog Stevana, da je u stanu Alena Delona bio na večeri s Pompiduovima i – gangsterom Markantonijem. Ipak, general De Gol je „diskretno" smenio Pompidua. A Uroš Milićević je zato ubijen 1972. godine u Briselu, kao navodna žrtva obračuna u četničkom emigrantskom podzemlju, no na način čija „suptilnost" upućuje na drugu stranu: izubijan i upucan, ali još živ, Uroš je po najstrašnijoj letnjoj žezi ostavljen zaključan u stanu bez prozora i isključene ventilacije. On je bio od najranijih dana histerična, labilna osoba, patološki mitoman. Pored pomenutog Ackova, preživeli iz „afere stoleća" opet je jedan Miloš Milošević, zvani Miša Slovenac.

Beogradski momci su skupo platili zabludu da su veći mangupi od Alena Delona. Posle serije misterioznih ubistava njegovih beogradskih prijatelja, tobožnjih telohranitelja, Alen Delon je cinično rekao:

„Šta tamo, na Balkanu, rade sa psom kad ujede gospodara?"

Francuska policija je mesecima tragala za izvesnim legionarom iz Jugoslavije, poznatim pod imenom Voja Živac, koji se na Stevičinom grobu zakleo da će osvetiti i ubiti Delona. To se nikada nije dogodilo.

Sin Radana Grujičića, fotograf Petar Grujičić, preživeo je jugoslovensku čistku u Parizu zato što je pristao da bude nešto drugo, umetnik. On se, doduše, u Sen Tropeu često svađao s Brižit Bardo, ali zbog toga nije izgubio glavu.

Avanturu s glumcem Alenom Delonom nisu preživeli četvorica njegovih „gorila": Miloš Milošević i Stevica Marković, Kirče Popčevski i Uroš Milićević. Sabrija Zulfikarpašić se smirio i preuzeo unosne poslove strica Adila. Nenad Matijašević je postao milijarder, trgujući naftom, dok je Miša Slovenac postao ugledni njujorški biznismen. Kosta Konj se oženio naslednicom svih francuskih dizalica madam Potem. Žorž Jablan je lanac svojih kockarnica proširio čak do Floride i Kinšase. Bikica Prokić još pomalo slika. Bata Cakić je umro bogat. Steva Japanac, sin šnajdera iz Beograda, životario je u Parizu sve dok na Jelisejskim poljima nije upoznao jednu japansku turistkinju. Ispostavilo se da je to naslednica, ćerka vlasnika čuvene imperije *Cucumi*, vredne 35 milijardi dolara. Steva je odmah uspeo da pokvari skromnu Japanku. Vodio ju je po kockarnicama i kod nje podsticao razmaženost. A kada joj je bilo dosta iživljavanja, ostavila je Stevi ime – Japanac i nekoliko stanova u Parizu. Ali naš Steva je vrlo brzo postao ono što je i bio – zapušteni pariski klošar kome bukvalno niko nije verovao da je na kocki zaista spiskao basnoslovan miraz.

Dule Milanović, koji je u Francusku došao preko Italije, bavio se džeparenjem i otimanjem tuđeg blaga, ali je prestao kada je shvatio da je druženje s beogradskim „gorilama" opasno po život. U Parizu se oženio Francuskinjom i dugo radio kao krojač. Danas je opet u Beogradu i kao veteran beogradsko-pariskog podzemlja živi od francuske penzije.

I posle svega što se dogodilo Delonovi nisu mogli bez Jugoslovena. Alenov sin Antoni je godinama drugovao s izvesnim Markom Milovim, koji mu je bio novi „gorila". U jednoj raciji pariska policija je kod njega našla pištolj kakav su u svojim pljačkama koristila dvojica najvećih kriminalaca Stiv i Sulak.

## Srbin i Francuz

Radiša Jovanović Stiv je bio momak iz Leskovca. On je dete provincije, rođeno u nekom selu kraj Leskovca ili kakvog sličnog grada. Zabuna oko njegovog pravog imena, kada je u njemu, tada Radiši Jovanoviću (i mrtvom), jedan povratnik iz inostranstva prepoznao svog sina Novicu Živkovića, samo je pravi odraz velike smutnje i haosa, koji su zahvatili mnoge 1960-ih i 1970-ih. Rođen kao Novica u braku pred raspadom, Stiv je postao Radiša kroz razne interporodične transakcije, gde su mu ujaci igrali očuha, ili obratno, ko će ga znati. Sulak je takvom mladiću otkrio „svet", izvevši ga iz mraka na svetlost Francuske.

Stivovo dečaštvo nije bilo ni bolje ni gore nego mnoge dece jugoslovenskih radnika u Francuskoj. San mu je bio da postane glumac. Kada je čuveni francuski režiser trilera Lotner snimao film *Profesionalac*, sa Žan-Polom Belmondom u glavnoj ulozi, Stiv je igrao jednu od zapaženijih epizodnih uloga: bio je u tom filmu policajski inspektor! Pomoću fotografija iz tog filma policija je uspela da ga identifikuje. Na svim poternicama je registrovan kao „Radiša Jovanović alijas Novica Živković, zvani Stiv".

S prijateljem Brunom Sulakom, zvanim Legionar, pljačkao je najbolje obezbeđene banke. U tim poduhvatima, priča Grujičić, primenjivao je čuda tehnike, uključujući radio-stanice, radare i specijalne naprave za neutralisanje alarmnih uređaja. I dok ga je jurila čitava Francuska, Stiv je u filmu spokojno, kao džentlmen-provalnik, glumio policajca koji hapsi prestupnika Žan-Pola Belmonda. A onda je sa Sulakom krenuo u svoju poslednju avanturu. Iz prodavnice *Kartijea*, na kanskoj Kroazeti, odneli su neopaženo nakit vredan 7 miliona dolara. Otišli su u Buenos Ajres, ali su se tamo kratko zadržali, jer im se nije svidela klima. Krenuli su kući, ali je Sulak uhapšen u Bujonu, na špansko-francuskoj granici, u ukradenom BMV-u i s lažnim jugoslovenskim pasošem u džepu. Stiv i njegovi pajtaši Pjetro i Valter su ga oteli iz voza, stavljajući lisice četi policajaca koji su ga sprovodili u zatvor.

Kada je Sulak, kao „francuski neprijatelj broj jedan" ponovo uhapšen, Stiv je iznajmio helikopter da ga izbavi. U svom poslednjem pokušaju da „gazdu" izvuče iz zatvora, prelazi preko svih Sulakovih upozorenja. Ne samo što se laća problematičnog plana s upadom u zatvor helikopterom, koga su drugari pokupili iz nekih novina i držali u rezervi, nego, sasvim amaterski, letelicu iznajmljuje na aerodromu *Bordo-Merinjak*, u neposrednoj blizini zatvora u Gradinjanu. Policija nije mogla ostati slepa na taj izazov, i 11. marta 1984. godine Stiv gine u zasedi. Čuvši za Jugoslovenovu smrt, Sulak je, navodno, plakao kao malo dete, izjavivši da je i on takođe umro na aerodromu *Merinjak*.

„Vaša pravda je ruke uprljala krvlju, dok su njegove i moje ruke, jednako kao i naša savest, potpuno čiste."

Ostavši bez potpore Stiva Jovanovića, Bruno Sulak uspeva da zavrbuje dvojicu visokih zatvorskih službenika. Njegov dobro smišljeni poduhvat bekstva završava se tragično 25. marta 1985. godine, kada, otkriven „na putu kući", Sulak doživljava smrtni pad s visine od sedam metara. Nađen je s praktično izlomljenim svim kostima – što upućuje na sumnju da je zapravo ubijen. *Pari mač* ga je ispratio člankom „Zbogom, prijatelju!"

Policija tako posle velike pljačke u Kanu nailazi u podzemlju na zid ćutanja koji je „jugoslovenski klan" ispoljio. Odavno su Francuzi postavljali isto pitanje: „Zašto Sulak i Stiv nastavljaju s pljačkama kada su već odavno stekli veliko bogatstvo?" Oni su, u svojoj narcisoidnosti, želeli da zakorače velikim koracima u svet evropskog podzemlja. I uspeli su, posle Markovićevog slučaja, nikada se o Jugoslovenima iz podzemlja nije u Francuskoj govorilo kao tada.

# Beogradska družina

Šezdesetih godina Srbi i Crnogorci iz tadašnje FNRJ su pravili i međunarodnu karijeru, jer su posle snimanja filma *Dugi brodovi*, u kome je igrao Kirk Daglas, lepotani, statisti i kaskaderi Stevica Marković, Miša Milošević i Radovan Delić 1962. godine otišli za Pariz. Tu im se Marko Nicović pridružio 1966. godine i tako postao član klana, koji je u Francuskoj nazivan neobičnim imenom – Garderodameri.

Krajem 1970-ih, u drugom talasu seoba u svet, mnogi momci su iz Beograda otišli, prvo u Pariz, a potom u Milano, Minhen, Frankfurt i Stokholm. Kroz Italiju su na svom putu ka Evropi protrčali kao početnici u podzemlju Ljubomir Magaš, Rade Ćaldović, Veljko Krivokapić, Slobodan Grbović, Milan Čivija, Dule Milanović, Dragan Malešević, Mile Ojdanić, Sava Somborac, Pera Ožiljak, Marinko Magda, Željko Ražnatović, Đorđe Božović. Prva stanica na tom trnovitom putu bio je Trst, zatim Rim, dok je Milano i danas omiljeno stecište jugoslovenskih avanturista.

Ljubomir Magaš je otišao u Italiju 1971. godine sa svojim prijateljem Dačom. Krenuli su da nabave dobru garderobu, jer su, kako reče jednom Dača, Beograđani uvek voleli da budu lepo obučeni. Stanovali su zajedno u Milanu, ali su izlazili odvojeno u noćni život. Ljuba je izlazio samo s Jugoslovenkama, a Dača i s Italijankama. Pre njih u Milanu je bio glavni Dado Cerović, sve dok nije prešao u Đenovu. Iza njega su ostali Bole Grčić, Miša Begonja, zatim oni koje su Jugosloveni znali samo po nadimcima: Metko, Bembe i Glava Ciganin.

U to vreme, početkom 1970-ih, u Milanu je bio i Boško Vučićević, zvani Ćoro ili Koko, momak s padina Zvezdare, koji je karabinijerima zadavao velike glavobolje.

Klan Ljube Magaša u Milanu imao je tada desetak članova. Učestvovao je 1973. godine i u oružanim obračunima u Milanu, u kojima je bilo i ubijenih lica. Kretao se u krugu ljudi koji sačinjavaju Jusuf Bulić, Rade Ćaldović, Tahir Raifović i Svetislav Andrić.

Milano je zastrašivao i Dragomir Petrović, zvani Zmaj, kome su Italijani dali ime „Drago lo Slovo". On je bio proglašen čak i za jednog od kumova mafije Kalabreze. Bavio se džeparenjem, otimanjem kockarskih uloga, pljačkanjem banaka i zlatara. Goran Vukšić je ubio jednog Arapina, posle svađe oko nekog tovara droge.

Tada je došlo do spajanja crnogorskih žestokih momaka iz Jugoslavije, s crnogorskim klanom tvrdih momaka u Evropi, jer su pored braće Trifunović, braće Nicović i Dade Cerovića, napolju već bili Cetinjanin Vlasto Petrović zvani Crnogorac, Đorđe Božović, Darko Ašanin. Njima su se pridružili direktno iz Crne Gore braća Branko i Slobo Šaranović s Cetinja, zatim Brano Mićunović i Ratko Đokić iz Nikšića i Podgorice, kao i crnogorski junoša Miša Martinović iz Sarajeva i Marko Vlahović iz Zagreba.

U to vreme Slobodan Grbović je bio poznat po nadimku Slobo Crnogorac. On je 1970-ih bio „radnik" kod Vase Stamenkovića u Štutgartu. Grbović je, naime, kao mlađi delinkvent prošao Goli otok, i umesto u JNA, pobegao preko Italije za Nemačku. Bio je to lepotan, finih manira. Sve dok nije upoznao Vasu Letećeg, mladi Beograđanin se bavio istim lopovskim poslovima kao i kod kuće. Krao je novčanike i automobile, tukao se i opijao. Zbližilo ih je osećanje za rizik i ljubav prema barbutu, ruletu i pokeru. I ženama. Lepi Sloba je umeo s njima. Umeo je, kažu, i s policijom, jer se sumnjalo da je i u Italiji, ali i u Nemačkoj, ocinkario neke svoje ortake. Ovo veliko poslovno prijateljstvo puklo je 1981. godine u Diseldorfu, kada su se Vasa i Slobo sporečkali oko para. U nastupu besa Slobo Crnogorac je pucao u svog patrona Vasu Letećeg. Prvi je završio u zatvoru, a drugi u bolnici. Epilog je bio neobičan. Čim je prezdravio, Vasa Stamenković je položio kauciju za Slobodana Grbovića i izvadio ga iz zatvora.

Veljko Krivokapić je bio u Austriji poznatiji kao Velja Crnogorac, jer je krajem 1970-ih bio šef jugoslovenske bande koja se bavila ucenama. U leto 1978. Velja Crnogorac je u Štutgartu zakazao sastanak s Batom Glavcom, Vojom Krstaricom i Slobom Crnogorcem. Planirao je da zajedno u Antverpenu provale u jednu draguljarnicu. Na sastanku u restoranu *Mulen ruž* Slobodan Grbović je odustao zbog „grubih radova" od akcije i to svoje povlačenje je platio 10.000 maraka. Posle njega odustao je i Bata Glavac, jer je bio ranjen i „radno nesposoban". Oni su se povukli jer su znali da je belgijski grad Antverpen bio pod kontrolom Ljube Zemunca. Vasa Crnogorac to nije poštovao, pa je posle nekoliko meseci uzaludnog traganja za novom ekipom provalnika nađen mrtav u Beču. Iako optužnica protiv Magaša, Ćaldovića i Bulajića nikada nije dokazana, na zahtev Austrije u Beogradu izdata je poternica koju je potpisao istražni sudija Dušan Kovačević 1978.

Na njoj su se još nalazila imena Ljubinih ortaka Radeta Ćaldovića Ćente i Jusufa Bulića, zvanog Jusa. Bila je to ujedno i svojevrsna optužnica protiv te trojice Beograđana.

Đuro Radonjić je Crnogorac s nadimkom Grof. Nadimak su mu dali poznanici, zbog utiska koji je ostavljao na okolinu: kicoško oblačenje, skupi provodi, lepe pratilje.

S petnaest godina je s Kosova stigao u Beograd. Počeo je da se dokazuje u okolini železničke stanice: „pobij se s jednim, s drugim, da stekneš afirmaciju".

Do prvih velikih para u Beogradu, Grof je došao zahvaljujući prostitutkama, koje bi mu drugovi, kad bi bili uhapšeni, ostavljali „na čuvanje". U vreme kad je „brinuo" o njima, prostitucija se odvijala daleko od očiju javnosti, danas svikle na svakodnevna oglašavanja „poslovne pratnje".

Kad mu je Beograd postao tesan, odlazi u Zapadnu Evropu, gde Đura upoznaje nesreću dugogodišnjeg robijanja po zatvorima Nemačke, Italije, Austrije i Holandije. Ukupno jedanaest i po godina.

„Bili smo dosta jaki, sad to ne izgleda nikako. Držali smo sve u Nemačkoj, ali su to preuzeli Šiptari i Hrvati. Otkako je Ljuba poginuo, počelo je loše. To je bilo presudno. Još tu i tamo ima nekog, recimo, jedan Crnogorac u Štutgartu... A stvarno smo bili moćni. Sad, to zavisi od čoveka do čoveka i od ekipe do ekipe. Ne možemo da poredimo Duju, Meta, Jogija... s nekom ekipom koja je otišla da šanira, krade garderobu. Duja je bio ime u Amsterdamu, da ne pričamo šta su bili Ljuba i Ćenta za Nemačku. Giška takođe, mada je on u Nemačkoj proveo malo vremena."

Ipak, i u najgorim prilikama, uspevao je da poboljša uslove zatočeništva:

„U Austriji sam, recimo, do cigareta dolazio tako što su ih oni, pre mene u šetnji, sakrivali, pa sam ih ja kupio. Ali u Holandiji je bilo problema. Tamo sam ležao zajedno s Ugarom. Nisu me uopšte zarezivali, pa sam posle deset uveče udarao svom snagom u vrata. Nisam nikom dao da spava dok mi ne daju cigarete. Udarao je i Ugar, mada on nije pušio, ali se solidarisao. Međutim, ne reaguju. Posle nekog vremena pojedini čuvari su omekšali, ali se pojavio neki džukac... mogu da lupam, radim šta hoću, ne da cigarete. Setim se ja da Holanđani strašno mrze Nemce, da nemački niko ne govori, iako ga svi znaju. I Ugar mu jedno veče vikne da je gori od njegovog brata Hitlera. Ovoga to neviđeno pogodi. Ode i vrati se s 'havanom', kafom i paklicom svojih cigareta. Dao mi je to i ljutito rekao: 'Nisam Hitler.'"

Mada nije razlog zbog koga bi Đura Radonjić trebalo da bude zadovoljan, vredi istaći da je on jedini Jugosloven koji u nemačkim zatvorima nije dobio ni dan skraćenja kazne.

„U ćeliji nas je bilo šestorica, sve Jugosloveni. Od svih, ja osuđen na najdužu kaznu, zatim Lolo iz Podgorice, ostalima se imena ne sećam."

Ujedinjenom crnogorskom klanu žestokih momaka u Evropi su se pridružili i Zemunci, Ljubomir Magaš i Rade Ćaldović, kao i mladi Beograđanin Željko Ražnatović.

O tome kako su se crnogorski kriminalci iz žestokih momaka, „brzih na pesnici", u poslednjih nekoliko godina preobrazili u revolveraše, švercere i teroriste, govori njihov drugar Cvetan Slepčev iz Stokholma.

„Osetivši u evropskim prestonicama miris novca, mnogi od tih momaka napustili su crnogorsko čojstvo i beogradsko džentlmenstvo i počeli da se na evropskom asfaltu bave sumnjivim poslovima. Za mnoge mlade Crnogorce to je ujedno bio i poziv u pomoć, ali nikoga tamo u tuđini nije bilo da im pomogne. A mnogo više je bilo onih koji su hteli da im odmognu, koji su ih nagovarali da pljačkaju banke, da otimaju pazar u radnjama, da reketiraju jugoslovenske kafedžije, da organizuju ilegalno kockanje. Ja sam se otrgao tog asfalta, prepustio poslu i borbi za normalan život, tako da nisam izneverio sport i džentlmenstvo!"

## Giškino inostranstvo

Đorđe Božović Giška iz Kuča bio je jedan od prvih ko je otišao „napolke" kako se to i danas govori. Njegova majka Milena kaže:

„S trinaest godina je ilegalno prešao u Italiju i vratio se kući, jer je dokazao da može da pobegne kada hoće i kuda hoće. Posle je sa sedamnaest opet išao u Italiju, pa Belgiju, Austriju, Nemačku. Bio je u zatvoru *Pijanosa* na Sardiniji, odakle je pobegao. Ležao je u Trevisu. Tu se sukobio s mafijašem Toninom, koga su zbog njegove divovske snage zvali Nosorog. Giška ga je pretukao i pesnicama izborio status gospodara robije. Mafija mu se posle toga klanjala."

Ženio se dva puta. Ostavio je potomka iza sebe, ali i legendu. O njegovom putu ka pravdi prolazio je mukotrpno kroz mnoge zamke i robije. Kada sam to jednom napisao u *Ilustrovanoj politici*, zvala me telefonom majka Milena Božović i sat vremena me kritikovala što kao Crnogorac pišem tako o jednom crnogorskom heroju.

Boris Petkov, školski drug i komšija Božovićevih, toga se dobro seća.

„Prvi put je otišao preko granice još kao klinac, s dvanaest godina, u Italiju. To je bilo nešto sasvim klinački. Još smo išli u istu osnovnu školu. S ozbiljnijim namerama se zaputio u Nemačku četiri godine kasnije, sa Zoranom Robijom i Asimom Čauševićem. Ostao je nekoliko meseci, nisam smeo da ga posećujem, bio sam školarac i tata mi nije dao. Giška je prvi put uhapšen u Briselu, zajedno sa Svetom Marašem, ali je ovaj poznati kockar uspeo da se izvuče. Giška je ležao šest meseci u istražnom zatvoru, pa su ga pustili jer nisu imali dokaze. U Briselu se upoznao s Arkanom i Vlastimirom Denićem Metom, koji je kasnije umro u Nemačkoj. Ja sam mu se na višemesečnim 'turnejama' po Evropi pridružio 1977. godine."

Tih godina Interpol beleži dva Giškina bekstva: iz suda u Nici, i iz *Zinare*, sicilijanskog zatvora. U Ženevi je, s još nekoliko drugova, zbog pljačke uhapšen 1979. godine. Odredili su mu zloglasni *Candolon*, i danas jedan od najsavremenije obezbeđenih zatvora, iz koga niko pre Giške nije uspeo da pobegne.

U Nemačkoj je bio sastavni deo klana Ljube Zemunca. Družio se s Arkanom. Za Đorđa Božovića njegov pajtaš Goran Vuković je govorio da je vitez ulice veći i od Željka Ražnatovića.

„Za Gišku se moglo reći da je bio nekrunisani vitez ulice. Nikada nije maltretirao nijednu devojku. Ni s jednom devojkom nije spavao na silu, nikome nije oteo pare. Ako je mogao nekome da dâ pare, on je dao, da ga ne tereti na sudu, da mu da za advokate. Giška je uradio samo ono što je sam hteo. U tome je bila ogromna razlika između njega i Arkana. Arkan, što je uradio, morao je da uradi, mada ne kažem da Arkan nije za sebe napravio veliki posao. S Arkanom sam isuviše dobar prijatelj i ne mogu ništa drugo da kažem, osim da je i kao kriminalac imao veliku reputaciju, kao i sada kao vojni komandant. On je od naših najviše banki opljačkao: ulazio je u njih gotovo kao u samoposluge. To ne može niko da mu ospori. U politiku neću da se petljam, ali što se tiče pljački, bio je zaista nenadmašan. Celog života je samo to i radio. Banke su mu bile specijalnost, kao i spektakularna bekstva iz zatvora. Po dva-tri puta je znao da beži iz istog zatvora. I Nemcima je bežao. Voleo je da se ponaša šefovski, iako on s Giškom ni po čemu nije mogao da se meri. Da je ubica, ubica je: vešt i sposoban. Međutim, Giška je neuporedivo inteligentniji, kulturniji i pošteniji. Nije dozvoljavao da bilo koja sila s njim manipuliše, dok je Arkan bio prosto primoran da se prihvati mnogih neugodnih stvari."

U Beču je sredinom 1970-ih upoznao Brana Mićunovića, koga je uzeo za kuma. Tu je i smislio da osnuje preduzeće *Sloga*, koje se u Evropi i u SFRJ bavilo trgovinom na veliko. Tu ga je proganjala Udba. Bilo je, međutim, isuviše svedoka i činjenica koje su govorile da je Giškina karijera u evropskom podzemlju bila kontrolisana i usmeravana. Priča se da je Giška u Nemačkoj živeo na visokoj nozi, pošto su on i njegovi prijatelji uzimali veliki procenat od „cuheltera", makroa koji su držali lanac sauna u kojima su radile atraktivne devojke. Međutim, jedan od drčnijih nemačkih makroa se pobunio i izazvao Gišku na „ferku". Iako uglavnom svi ponavljaju da mu je Giška izašao na dvoboj, Bojan objašnjava da to nije tačno. Giška je, zapravo, ležao s visokom temperaturom, pa se pred Nemcem pojavio jedan njegov prijatelj, sada ugledni crnogorski političar. Kaže da je makroa „odrao" od batina, ali da je nemačka policija čekala bilo kakav povod da Gišku strpa u zatvor.

Kako je svaki od njih imao svoju udarnu grupu za pljačkanje evropskih banaka, organizovanje ilegalnih kocki i kladionica, to su formirani klanovi unutar crnogorskog klana, koje su predvodili Vlasto Petrović, Đorđe Božović i Darko Ašanin, koji mi je o tome pričao.

Darko Ašanin je sam govorio da je profesionalni kockar.

„Nema tajne oko toga kako sam došao do novca. To znaju i Nemci i pola Evrope. Zna se kakav sam kockar bio i s kakvim sam se ljudima, po pitanju kockarskog zanata, družio. Gde god sam se pojavio, zastava je za mnom ostajala na pola koplja. Svaki grad u čije sam kockarnice ulazio bio je išvorciran. Što to zakonom nije kažnjivo toliko i na taj način, pa su onda pokušavali da me prikažu kao ubicu, to je nešto drugo. Mučno je čitati šta sve ovde pišu o nekakvim kockarima. Ja sam se time bavio vrhunski. Kockao sam zato što nisam tapijao ljude, što sam naučio da je pošteno tapijati kockarnicu, a ne mučenike. Mene 'inženjer' nije stvorio da nekom radniku uzimam hleb, da gulim ili farbam auto. Dao me je za nešto drugo. Sa Serđom, Ivanom, Martinom, Tontijem... obišao sam mnoge gradove u Evropi, a to naravno nije bilo turistički. Dok sam se bavio time, bilo je tako. Posle sam pomislio da ću biti ispravniji ako deci koju sam planirao, hvala bogu još planiram, utrem put u neku privredu, ekonomiju. Ne uz pomoć šlihtanja, beskamatnih kredita, već onako kako sam to uradio, sa svojim i s novcem svojih prijatelja. I kad smo zarađivali i kad smo propadali, to je bio naš novac. Stečen na svakakve načine, ali nikad krvlju uprljan."

Ašanin je bio sportista prve klase:

„Valjda sam zbog upornosti uspeo da u sportu postignem puno. Tri puta sam bio prvak najveće nemačke pokrajine, Vestfalije, u poluteškoj kategoriji. Kao stranac nisam mogao da boksujem za prvaka Nemačke, iako sam pobeđivao njihovog zvaničnog šampiona. Tamo sam 1992. godine osvojio i zlatnu rukavicu. O tome postoji dokumentacija na koju sam ponosan."

„Da bi se živelo kako smo mi to voleli, a kodeks smo uvek imali i poštovali ga, iznalazili smo rupe u zakonu. Dana robije nisam odležao nigde u Evropi, a bio sam tamo deset godina, toliko i radnog staža imam ako mi to ičemu koristi."

Najveći i najuticajniji crnogorski klan u Evropi 1970-ih i 1980-ih godina bio je klan Vlaste Petrovića zvanog Savezni, koji je pored sebe neko vreme imao Ljubu Zamunca, Ćentu, Željka Ražnatovića, Branu Mićunovića, Ratka Đokića, Dragana Joksovića Joksu i Vladimira Jovovića.

Kada je Vlasta sredinom 1980-ih otišao u Švedsku, njegovu ulogu među Crnogorcima preuzeo je Đorđe Božović Giška.

„Može se slobodno reći da je klan Vlaste Petrovića i Giške punih trideset godina dominirao jugoslovenskim podzemljem u Evropi, a samim tim i u Srbiji, odnosno u Beogradu", kaže Marko Nicović, bivši načelnik u GSUP-u Beograd.

Oni su imali zaštitu od države SFRJ jer su sarađivali sa Stanetom Dolancom.

Osim Giške koji je mrtav i Staneta Dolanca, u akciji „Dunav", kako je Služba krstila Đurekovićevu likvidaciju, uključen je i jedan Nemac, tajni agent „Alfa", koji je kasnije likvidiran, a telo mu je zabetonirano. Giška je počeo saradnju s policijom u crnogorskoj Službi. Pojavio se u Parizu neki emigrant, Spasić, koji je mnogo pričao u Francuskoj. Od Ratka Mićunovića i SDB SSUP-a Giška je 1982. godine dobio povratnu avio-kartu, 400 dolara i 300 franaka.

SDB Jugoslavije je podrobno pripremala atentat na Đurekovića u gradiću Volfarthauzen, 26 kilometara od Minhena. Giška je predložio sastav ekipe, iako se posle ispostavilo da neki ljudi i nisu bili najbolji, pa je čak, kasnije u Beogradu, došlo i do svađe. Ipak, ta akcija je jedna od najboljih u istoriji Službe državne bezbednosti. To potvrđuje i podatak da, kada su Božovića uhapsili 1985. u Minhenu, Nemci Giški ništa nisu mogli da dokažu. Đureković je kasnio, pojavio se i kolima ušao u garažu, zatvorio vrata. Tamo su ga očekivali likvidatori SDB-a.

# Državni momci

Akcija „Dunav" koštala je SDB 150.000 maraka, a likvidatorima je Služba isplatila po 5.000 dolara. Po Beogradu se priča da u arhivi jugoslovenske tajne policije postoji čak i video-snimak Đurekovićeve smrti.

Posle šest godina provedenih u nemačkom i italijanskom zatvoru, Giška se vraća u Beograd. Giška je počeo da ispoljava srpski nacionalizam kad i većina, u vreme „događanja naroda". Već 1990. godine Giška se opredeljuje za opoziciju, za Vuka Draškovića, za koga je govorio da je pravi srpski apostol.

Danas se priča po Crnoj Gori da je Giškin drug i kum Brano Mićunović negde u Nemačkoj, jer navodno kod kuće, u Nikšiću strepi od krvne osvete.

Brano, kako Crnogorci zovu Branislava Mićunovića, kontroverzna je ličnost. Jedni za njega govore da je pristojan čovek, sportski radnik, a drugi da je prek i sklon nasilju. Ako je suditi po prvima, Branislav Mićunović je zaljubljenik u fudbal, toliki da je kupio FK *Sutjeska* iz Nikšića i uveo ga u viši rang takmičenja. Reorganizacijom takmičenja *Sutjesci* je omogućeno da se direktno, bez baraža, plasira u Prvu ligu. Zarad realizacije ambicioznog projekta i osvajanja sigurnog desetog mesta, na čelo stručnog štaba doveden je Žarko Olarević, a igrački kadar pojačali su Željko Perović, Darko Krstevski, Goran Bošković, koji je došao iz *Crvene zvezde*, Rade Todorović iz Kruševca i Saša Branezac iz *Obilića*. Uspeh je bio neočekivan, *Sutjeska* je zauzela petu poziciju, osvojila isti broj bodova kao i četvrtoplasirani *Rad* i ostvarila najbolji plasman u sedamdesettrogodišnjoj klupskoj istoriji.

„Ovo je generacijski podvig. Raduje me što je moje jednogodišnje iskustvo s fudbalom krunisano istorijskim plasmanom kluba na čijem sam čelu. Danas je Nikšić centar crnogorskog fudbala, što je i bio naš cilj", kazao je vlasnik kluba Brano Mićunović.

A posle utakmice s *Radničkim* iz Niša, počela je rekonstrukcija stadiona kraj Bistrice, koju je finansirao Mićunović. Cilj mu je bio da napravi kompleks koji će odgovarati normativima UEFA za međunarodna klupska takmičenja. Istočna tribina bi trebalo da bude pokrivena, s 9.400 sedišta, i s poslovnim prostorom površine 21.000 kvadrata. Na zapadnoj tribini bilo bi 3.700 sedišta.

Među ljudima koje je Vojislav Šešelj 11. decembra 2002. godine optužio za umešanost u kriminal i ubistva Gorana Žugića, savetnika crnogorskog predsednika za bezbednost, našao se i Branislav Mićunović iz Nikšića. Za njega je lider SRS-a javno rekao da je toliko moćan da je „pravi predsednik Crne Gore" koji „drži u šaci" i samog Mila Đukanovića.

Netrpeljivost između Vojislava Šešelja i Brana Mićunovića traje već celu deceniju. Još 1992. godine, kada je vojvoda imao promociju svoje stranke u Nikšiću, policija je preduzela vanredne mere obezbeđenja. Zbog navodnih pretnji Mićunovića Šešelju.

Doktor Šešelj je potom izjavio da je tada Mićunović pripremao na njega atentat pomoću specijalno pripremljenog katapulta koji je trebalo da izbace granate!? Predsednik Srpske radikalne stranke je ekskluzivno u *Svedoku* 25. aprila 2001. izneo svoju optužbu protiv Brana Mićunovića:

„Ja po položaju u Vladi Srbije nisam imao direktnog dodira sa Službom državne bezbednosti, mene je ta služba u nekoliko navrata obaveštavala da mi se priprema atentat. Jednom, kad mi je atentat spremao Andrija Drašković, što sam čuo i izbegao, a drugi put sam imao obaveštenje da mi grupa kriminalaca iz Užičke Požege sprema atentat. Imao sam i dvostruku dojavu 1993. godine iz SDB-a, što mi je lično saopštio Jovica Stanišić, a telefonom me je pozvao i obavestio general Neđo Bošković, tada šef vojne bezbednosti, da mi Brano Mićunović sprema atentat u Crnoj Gori. Bio sam, dakle, o tome obavešten, ali i pored najave, spremao sam se da odem, ali sam tada imao problema s kičmom, pa sam na dan izbora operisan, i to je jedini razlog što tom prilikom nisam otišao u Crnu Goru."

Ko je zapravo Brano Mićunović?

U Srbiji se pričalo da se u Crnoj Gori zna da je reč o moćnom čoveku, ličnom prijatelju Mila Đukanovića, ali i čoveku državne bezbednosti. Politički nikada nije bio angažovan, mada se tvrdi da je pomogao Đukanoviću da od 1996. godine pobeđuje na izborima.

U Podgorici je držao kockarnicu u hotelu *Podgorica*, u kojoj su viđane mnoge poznate ličnosti. Osim kocke, Branina strast su fudbal i konji. Svojevremeno je planirao da nadomak Nikšića otvori ergelu rasnih trkača.

Brano Mićunović je poslednje godine XX veka proveo u zatvoru *Spuž* jer je bio osumnjičen zbog ubistva koje se dogodilo pod sumnjivim okolnostima.

Međutim, mnogi njegovi planovi prekinuti su u noći između 6. i 7. oktobra 2000. godine, kada je u kafeteriji hotela *Podgorica*, a potom i ispred Urgentnog bloka KBC-a, došlo do krvavog obračuna u kojem su živote izgubili Petko Pešukić (31) s Cetinja i Radovan Raco Kovačević (22), iz Nikšića.

Za ta ubistva osumnjičeni su Zdravko Lopušina i upravo Branislav Brano Mićunović, kome se na teret stavljalo da je ispred KBC-a, na do tada nezabeležen način, iz pištolja ubio ranjenog Kovačevića. Uhapšen je, a posle procesa koji je trajao nekoliko meseci Viši sud u Podgorici oslobodio ga je krivice, jer zločin nije dokazan.

Na suđenju Zdravku M. Lopušini, starom dvadeset četiri godine i Branislavu M. Mićunoviću, starom četrdeset sedam godina, za ubistva Cetinjanina Petka Pešukića i Nikšićanina Radovana Kovačevića, pred krivičnim većem sudije Radovana Mandića u podgoričkom Višem sudu, otac ubijenog Radovana, Božidar Kovačević, kazao je posle izricanja presude:

„Mićunoviću, dok sam živ, ovaj zločin ti neću oprostiti!"

Od tada, Branislav Mićunović se retko pojavljivao u javnosti. Priča se da je porodicu sklonio negde u inostranstvo a da i on namerava da napusti Nikšić i ode na „sigurno mesto", negde u Nemačku.

## Smrt u Skandinaviji

Za Švedsku se može reći da je najsevernije utočište delinkvenata poreklom iz Srbije i Crne Gore. Poslednjih godina Šveđane i celu Skandinaviju najviše su uzbudile priče o Mijajlu Mijailoviću, atentatoru na ministarku spoljnih poslova Anu Lind, o Milanu Ševi, karatisti osumnjičenom za ubistva i reketiranje, kao i o Mirku Vukšiću iz Budve, koji je osumnjičen da je ubio švedskog premijera Ulofa Palmea.

„U ovoj domovini dinamita u podzemlju danas zajedno deluju Srbi i Albanci iz Srbije i Crne Gore, koji se bave ilegalnom trgovinom migranata, krijumčarenjem droge, cigareta i kradenih automobila, kao i razbojništvima. Najbolji primer takve mafijaške saradnje Srba i Albanaca jeste pljačka, koju je ta jugo-mafija, kako je zovu Šveđani, izvršila u Norveškoj", rekao mi je Dušan Prokić iz Malmea.

Osmorica teško naoružanih razbojnika opljačkali su *Kontant servis* u norveškom gradu Stavangeru i tom prilikom ubili pedesettrogodišnjeg policajca. Pljačku su izveli kriminalci iz Švedske i Norveške, ali je njihov vođa i organizator Jugosloven. Ime tog Srbina, za koga se smatra da je šef balkanske mafije u Norveškoj i Švedskoj, policija skriva od javnosti. U srpskoj koloniji u Skandinaviji se zato pretpostavlja da reč može biti o Srbinu iz Beograda. Dok švedski policajci sumnjaju da je glavni organizator te krvave pljačke Albanac s jugoslovenskim pasošem.

Kriminalistički inspektor Tomas Ekegerd bio je iznenađen stepenom nasilja tog, kako je rekao, „gerilskog napada".

„Radi se o ljudima koji odmah pucaju kada se susretnu s policijom. To su zlikovci. Mi smo za njima raspisali poternicu. A štedionica daje nagradu od milion kruna za informacije koje bi vodile hapšenju pljačkaša."

Odmah nakon pljačke u Stavangeru alarmirana je policija u Norveškoj, a potom i u susednim zemaljama Švedskoj i Danskoj. Inače, norveška policija je na tragu Vladimiru Milisavljeviću i Milanu Jurišiću, četvrtom i devetom sa spiska vođa zemunskog klana, umešanim u ubistvo premijera Zorana Đinđića.

Švedski list *Ekspresen* objavio je članak o kriminalcima poreklom s Kosmeta, koji su okupljeni oko ganga Alban-liga.

„To je jedna od najaktivnijih kriminalnih grupa u Geteborgu. Njeni članovi su bili osuđivani zbog krupnog nasilja, krijumčarenja droge i posedovanja oružja, a i zbog međusobnih krvavih obračuna. Mafijaše Alban-lige čini oko 100 prestupnika iz bivše Jugoslavije, koji se bave trgovinom narkoticima i reketiranjem restorana u Geteborgu. Unutar tog ganga ima Srba i Hrvata, koji se, uglavnom, bave ucenama, krijumčarenjem oružja i ilegalnom kockom", piše švedski list *Ekspresen*.

Na nedavno završenom suđenju zbog trgovine oružjem u holandskom gradu Utrehtu, javni tužilac tražio je kaznu od pet godina zatvora za R. Petrović, s prostora bivše Jugoslavije. On je optužen da je bio vođa mafijaške organizacije koja je od novembra 1998. do januara 1999. godine u Holandiju prokrijumčarila 70 kilograma eksploziva, kao i dva puškomitraljeza.

To je dodatno uznemirilo Holanđane, koji već decenijama pate od sindroma srpske mafije.

„Za poslednjih trideset godina naši kriminalci su se u zemlji lala bavili razbojničkim krađama, pre svega krađom nakita i pljačkanjem banaka, a potom trgovinom narkoticima i ubistvima. Holanđani su zaprepašćeni surovošću srpskih kriminalaca, koji u toj zemlji deluju već nekoliko decenija. Dvojica od njih su posebno uznemirili Holanđane. Prvi je bio Duja Bećirević, biznismen, koji je na surov način likvidiran u Amsterdamu, a drugi je Sreten Jocić, zvani Joca Amsterdam, koji je optužen za čak 23 likvidacije u holandskom podzemlju. Jocić je bio Dujin zamenik i danas je aktivan u podzemlju, iako se nalazi u holandskom zatvoru", kaže Sloba Haima, pisac iz Amsterdama.

Otkako su, međutim, islamisti iz Maroka zapretili da će izvesti seriju terorističkih napada po Holandiji, sva pažnja policije je sa srpskih kriminalaca usmerena na marokanske teroriste, pa su se afere vezane za naše ljude stišale.

Lista naših ljudi koji su žrtve mafije u inostranstvu je dosta velika.

Vlasta Petrović zvani Crnogorac, otac Bojana Petrovića, veliki boem, kockar tople ruke, šarmer i iskusni delinkvent, u Švedsku je došao još 1966. godine, jedni kažu kao obaveštajac, a drugi kao gastarbajter. Vlasta je s Arkanom bio pajtos, obojica su voleli kocku i Nataliju, Željkovu devojku i suprugu. Prvi je poštovao kao otac snaju, a drugi je bio zaljubljen u nju toliko da je slušao kao majku. Kako je Bojanov otac Vlasta Petrović zbog ubistva u samoodbrani morao u zatvor, sin Petrović je preuzeo poslove i u baru i na ulici. Samo nekoliko meseci posle likvidacije Bojana Petrovića njegov otac Vlasta, koji kao da je predosetio da neće dugo živeti, priredio je u Beogradu tri oproštajne večere. Zvanično, opraštao se od prijatelja pred put u Švedsku. Nezvanično, šaputalo se da se Vlasta Petrović opraštao od života. Tako je i bilo, jer je vrlo brzo potom ubijen u Haleu.

Predrag Đurišić, tridesetogodišnji Srbin za koga je nemačka policija tek kada je ubijen, sredinom januara 1992. godine, izjavila da je bio jedan od „bosova droge". Đurišić je u oktobru 1991. bio izveden pred frankfurtski sud zbog nelegalne trgovine narkoticima, ali kako za to nije bilo dovoljno dokaza, pušten je da se brani sa slobode. Policija ga je tajno pratila i snimila da je kobnog dana svojim mercedesom 560L bio u Vizbadenu i posetio svog bogatog prijatelja Eberhalda Tomu. Kada je odlazio od njega, pre nego što je izašao na glavni drum, Predrag Đurišić je pogođen s tri metka iz lovačke sačmare. Da bi ga likvidirao, ubica je morao da mu priđe blizu, što znači da ga je Đurišić možda i video, ali ga nije poznavao. Prema mišljenju policije u Frankfurtu taj Srbin, „bos droge", stradao je od šiptarske ruke u borbi oko narko-tržišta u glavnom gradu pokrajine Hesen.

Sveta Andrejević bio je prijatelj Ljube Zemunca u Frankfurtu. Posle ranjavanja iz zasede, umro je na Božić 1987. u frankfurtskoj bolnici. Taj tridesettrogodišnji Beograđanin bio je dvadeseta žrtva obračuna u jugoslovenskom podzemlju krajem 1980-ih godina u Frankfurtu, kada je došlo do raspada klana Ljube Zemunca i do smene generacija na nemačkom asfaltu.

Veselin Jovović bio je žrtva likvidacije u Ljubljani. Ustreljen je 7. juna 1998. u *Latino-baru*, pucnjem s leđa, u potiljak. Bio je porodičan čovek i veliki humanista. Slovenija ga je znala kao nekrunisanog kralja mafije u toj zemlji. Pričali su da je bio žrtva obračuna između crnogorskog i šiptarskog podzemlja u Ljubljani.

Veselin Jovović je bio kriminalac evropskog kalibra, bos crnogorske mafije u Sloveniji, strah i trepet za ostale klanove u slovenačkom podzemlju. Po drugima, bio je uspešan, moderan biznismen, poslovni čovek za XXI vek. Rođen pre četrdeset četiri godine u selu Rastovcu, desetak kilometara udaljenom od Nikšića, kao najstariji od tri sina Milana i Jevrosime Jele. Čim je završio zanat tu u Nikšiću, sestra od tetke Mika Knežević odvela ga je u Kranj, da ga zaposli.

Ostao je u Kranju sve do 1992. godine. Pošto nije hteo da uzme slovenačko državljanstvo, prodao je stan i sa suprugom Nadom i dvoje dece Sanjom i Dušanom, a dobio je i treće dete, ćerkicu Ninu, došao u Nikšić, u Rastovac, gde su on i brat Vukašin već ranije bili sagradili veliku i lepu kuću. Bavio se trgovinom i uvozom robe iz inostranstva, a kad se 1994. godine ponovo vratio u Sloveniju, skrasio se u Ljubljani. Na supugu, koja je imala slovenačko državljanstvo, registrovao je uvozno-izvoznu firmu *Bata*, i iz Austrije, Nemačke, Italije i drugih zemalja počeo da uvozi prehrambene proizvode, deterdžente i drugu raznovrsnu robu za Jugoslaviju. Zaradio je dobre pare, kupio u centru Ljubljane stan od 115 kvadrata i luksuznu vilu u Podutiku, četiri kilometara od centra grada.

U široj slovenačkoj javnosti pročuo se u martu 1998. godine kada je u spektakularnoj akciji specijalaca uhapšen u jednom kafiću u centru Ljubljane, zajedno s godinu dana mlađim drugom Seadom Softićem, pod sumnjom da se bavio reketom.

Ispostavilo se da mu je to namestio Dušan Dolamić, biznismen, koji je Jovoviću dugovao 20.000 maraka i da je tog dana trebalo da mu ih vrati u kafiću *Nostalgija*. Umesto para, on je doveo policiju...

Policija je, ipak, brzo napravila foto-robot ubice i raspisala poternicu i nagradu od 11.000 maraka svakome ko na bilo koji način ukaže na trag do zločinca.

Novinari-islednici su za ubistvo Veselina Jovovića „osumnjičili" crnogorsku mafiju. I na tome se sve završilo.

„Prestupnici iz bivše Jugoslavije u Holandiji su poseban problem. Radi se o velikom broju mladih ljudi uzrasta između 18 i 24 godine, koji najčešće vrše razbojništva i provalne krađe. Oni, međutim, igraju zapaženu ulogu u međunarodnom švercu oružjem, migrantima i prostitutkama, kao i na 'tržištu nasilja'. Kako ističu autori te studije, delinkventi iz bivše Jugoslavije stekli su i u javnosti, a i u policiji, reputaciju 'besprimerno nasilnih', 'hladnih i nemilosrdnih'", zaključak je istraživanja *Upotreba mitova* o kriminalu doseljenika, koje je uradila grupa holandskih naučnika.

Prema njihovim saznanjima srpski likvidatori imaju specifičan način izvršenja. Njih karakteriše, pre svega, velika bezobzirnost.

„Likvidacije se često vrše na javnim mestima, u prometnoj ulici, posećenim barovima i restoranima. Ubica nije prethodno imao bilo kakav kontakt s žrtvom, unajmljen je i došao je s teritorije bivše Jugoslavije, a ubrzo posle zločina i isplate za 'obavljeni posao' – nestaje. Dovoljno je dati mu fotografiju i adresu i problem je rešen. Holanđani nisu za takav posao. Mogu ga prihvatiti hvališući se i predstave radi, ali kada dođe do realizacije, postaju nemirni i panični. Srbi nemaju takve probleme. Hladni su kao led. Posle svih ratova koje su prošli, navikli su da ubijaju. I pre nego što policija počne da im ulazi u trag, oni su van zemlje. Ne možete ih uhvatiti i vrlo su jeftini", tvrdi u svojoj studiji holandski kriminolog Evart Holderberg.

Beograđanin Milan Stojanović, zvani Alan, optužen je da je 28. marta 2002. godine u Mombasi u Keniji ubio Kamaldina Akašu, sina Ibrahima Akaše, takođe likvidiranog vođe najvećeg afričkog narko-kartela.

Stojanovića su 12. novembra u luksuznom hotelu u Najrobiju uhvatili i predali policiji Tinta i Baktaš Akaša, sinovi ubijenog narko-barona, koji su tada tvrdili da je on, pre šest godina, u Amsterdamu ubio i njihovog oca. Stojanović je rodom iz beogradskog naselja Železnik, a otišao je iz Srbije pre dvadeset godina. Poseduje francuski pasoš i pasoš Srbije i Crne Gore.

## Ubijen kralj droge

Kada sam se skoro našao u prostorijama Sekretarijata unutrašnjih poslova u Beogradu, od jednog oficira policije smo čuli da „neće biti posla ove subote"!

„U Sofiji je ubijen predsednik fudbalskog kluba, koji je trebalo da dovede svoju ekipu u Beograd da igra protiv *Obilića*. Utakmica je odložena i mi ne moramo da šaljemo patrolu kod stadiona *Obilić* na Vračaru da obezbeđuje saobraćaj i javni red i mir."

Na pitanje ko je ubijeni Bugarin, oficir policije mi je nezvanično rekao:

„Još ne znamo tačno, ali se priča da je bio ortak sa Zemuncima!?"

Tek sutradan proširila se Srbijom vest da je u Sofiji, u pucnjavi u restoranu *Slavija*, ubijen Milčo Bonev, predsednik FK *Slavija* iz Bugarske. U samoj Sofiji, međutim, Bonev je bio poznatiji po svom nadimku Baj Mile, i o tome da je bio bivši bugarski policajac i kontroverzni biznismen. Malerozni Mile, kako u prevodu s bugarskog žargona glasi nadimak Milča Boneva, ubijen je usred bela dana u svom klupskom restoranu s još petoricom svojih telohranitelja, dok su dvojica njegovih gorila ranjeni na trotoaru ispred restorana *Slavija*. Tu vest je potvrdila bugarska policija.

„Osmorica naoružanih lica, obučenih u uniforme policije, ušlo je u restoran, otvorilo vatru na posetioce, selo u automobile s vidljivim oznakama policije i pobeglo", rekao je portparol sofijske policije Nikolaj Nikolov.

Napad je izvršen u petnaest sati u Ulici Kolmen u Sofiji i to na beogradski način: pucnjima iz kalašnjikova, iz dva automobila u pokretu marke audi 80 i volvo. Među ubijenima je bio i Metodi Marinkov, star trideset osam godina iz Pazardžika, kum bugarske mafije Baja Mila, jer je bio u ratu s plovdivskim narko-kartelom.

Sofijski dnevnik *Dvadeset četiri časa* je u prvim informacijama o ovom atentatu objavio vest, pozivajući se na policijske izvore, da je Baj Mile „likvidiran po nalogu srbijanske mafije", jer, navodno, nije vratio 3 miliona dolara koje je uzeo da bi iz sofijskog zatvora 2002. godine izvukao Sretena Jocića zvanog Joca Amsterdam, koji je tada uhapšen u Bugarskoj. Sreten Jocić je potom 2003. izručen Holandiji jer je bio osuđen za seriju ubistava ljudi iz podzemlja.

Valentin Petrov, direktor Nacionalne službe za borbu protiv organizovanog kriminala, nije potvrdio, ali ni demantovao tu informaciju.

Na mesto zločina su odmah izašli Georgi Petkanov, visoki funkcioner bugarske policije, i general Bojko Borisov, generalni sekretar policije, jer je to bila dvadeseta po redu sačekuša u glavnom gradu Bugarske za poslednjih pet godina. I jer je ubijeni Milčo Bonev, star četrdeset tri godine, bivši policajac. I jedan od najuglednijih ljudi u bugarskom podzemlju.

U toj činjenici, međutim, Bugari su našli opravdanje za svoje sumnje u vezu politike i podzemlja u Sofiji. Uostalom, prema najnovijem ispitivanju javnog mnjenja *Instituta Alfa riserč*, 47 odsto Bugara je uvereno da organizovani kriminal i dalje uživa „policijsku i političku podršku".

Naime, kada je sredinom 1990-ih napustio policiju, Bonev je zajedno s nekolicinom kolega formirao agenciju *Intergrupa i partneri*, koja je prerasla u kompaniju *VIS*. Tada su njegovi bliski saradnici bili Mladen Mihalev i Rumen Nikolov, zvani Paša.

Međutim, Baj Mile je krajem 1990-ih, s Krasimirom Marinovim, zvanim Margina, osnovao i specijalnu grupu za bezbednost SIK. To je, kako danas tvrde Bugari, bila kriminalna grupa, organizovana na principu dvanaestorice, koja je radila na prostoru između Sofije i Beograda. Tada se nije sumnjalo da je Bonev diler droge i crnoberzijanac, koji je srpsko tržište snabdevao opasnom i sumnjivom robom iz Turske i Bugarske. Posle razlaza te dvojice ortaka Milčo Bonev je dobio posao da obezbeđuje kompaniju *Samokov* iz Sofije, čiji je vlasnik bio bugarski mangaš Kostandin Dimitrov. A kada se u mutnim poslovima Baj Mile udružio s Kostandinom Dimitrovim, zvanim Samokovec, i sâm je postao član klana Samokoveca.

Bugari iz Amerike, koji su od Baj Mila napravili nacionalnog junaka, voleli su za njega da govore da je on bugarski Al Kapone. Milčo Bonev nije nikada hapšen i osuđivan kao kriminalac u Bugarskoj. Naime, sada se tvrdi da je firma SIK u vreme Samokoveca bila zapravo kompanija Milča Boneva za iznude i reketiranje uspešnih i bogatih biznismena u Bugarskoj i na jugoistoku Srbije. To druženje Boneva s Dimitrovim bila mu je dobra zaleđina da Baj Mile krene u sopstveni, ali legalni biznis. Krajem 1990-ih Baj Mile je otvorio nekoliko diskoteka u Sofiji i u letovalištima na Crnom moru. Glavni sponzor u tom poslu bio mu je biznismen Plamen Timev, poznatiji po nadimku Gandi. A bio je i vlasnik preduzeća za trgovinu na veliko i malo *Pelikan grupa*, *Sag*, *Evropiz*, *Agromil* i *Holidej* BGD. Pored toga Bonev je kao novi brzi bugarski bogataš imao u vlasništvu i nekoliko hotela. A početkom 2000. godine kupuje i sofijski fudbalski klub *Slavija*.

U tom fudbalskom klubu Milčo Bonev se okružio s ljudima koji su se dobro razumeli u loptanje. A to su bili Mladen Mihajlov, i naši Ljubomir Vorkapić i Žarko Olarević. Zajedno s njima Bonev je radio na transferu nekolicine srpskih fudbalera u Bugarsku i druge evropske zemlje.

Da život i poslovi Milča Boneva nisu sasvim čisti pokazalo se u septembru 2000. godine kada je na njega pokušan atentat. Ispred njegovog stana u sofijskom naselju Istok pronađena je bomba s čak 800 grama trotila. Ta paklena mašina je eksplodirala u trenutku kada je Baj Mile izlazio iz zgrade i ranila je njegovog telohranitelja, dok je Bonev ostao nepovređen. Od tada predsednik FK *Slavija* nigde i nikada nije išao bez ličnih pratilaca, čiji se broj poslednjih godina neprestano uvećavao. A neko vreme se i skrivao u Turskoj.

„Serija surovih ubistava i krvavih obračuna u krugovima mafije ukazuju da se u Bugarskoj vodi 'rat bandi' za kontrolu 'teritorije'. Bugari nemoćno prisustvuju tom ratu za tržište krijumčarenim proizvodima", izjavio je tada Nasko Rafajlov, član parlamentarne Komisije za javnu bezbednost.

Druga opomena za život Milču Bonevu je stigla 2003. godine, kada je u Amsterdamu ubijen njegov ortak Konstadin Dimitrov. A potom je u januaru 2004. godine u bombaškom atentatu likvidiran Miletov kolega i poslovni partner Stojil Slavov. Već tada se nagađalo da je Milče Bonev počeo da plaća ceh izdaje i izručenja Sretena Jocića, zvanog Joca Amsterdam iz Bugarske, holandskoj policiji i vlastima. Jocić je, navodno, bio blizak poslovni saradnik Boneva u trgovini narkoticima, iznudama, ali i likvidacijama.

Jocić je svojevremeno u Bugarskoj povezivan i s narudžbinom ubistva Bojka Borisova, generalnog sekretara bugarskog MUP-a, za koga se neosnovano tvrdi da održava veze s bugarskom mafijom i s likvidacijom holandskog tužioca Kusa Ploja. Bugarski list *Sto šezdeset osam časova* objavio je saopštenje pres centra holandskog tužilaštva po kome „postoje indicije da je Jocić iz zatvora izrekao smrtne presude Borisovu i Ploju i da se na utvrđivanju istine o tome uporno radi".

## Veza s Jocom

Kada je Joca Amsterdam uhapšen, Baj Mile je trebalo da uloži svoj autoritet, veze u policiji i novac da ga izvadi iz sofijske tamnice. Kada se to nije dogodilo, Sreten Jocić je, kako tvrde Bugari, posle hapšenja 2003. godine krenuo protiv Baja Milea i njegovog klana SIK.

Jocić se u zatvoru *EBI* nalazi od 20. juna 2002. godine, pošto je uhapšen u Sofiji. Najpre je služio kaznu za ubistvo policajca u Amsterdamu, a zatim je stigla optužnica za šverc 20 kilograma heroina. Za trgovinu drogom Jocić je optužen u Nemačkoj, koja je zatražila njegov transfer radi suđenja pred tamošnjim sudom. U Beogradu je nedavno objavljena vest da će Sreten Jocić letos biti izručen srpskim vlastima, jer je osumnjičen da je naručio ubistvo Gorana Marjanovića, zvanog Goksi Bombaš, ali je ona demantovana iz holandske policije.

Druga veza koju bugarski mediji prave između Milča Boneva i Srbije jesu njegovi navodni kontakti sa zemunskim klanom. I to opet preko Joce Amsterdama. Naime, Sreten Jocić, kako se pisalo i po bugarskim i po beogradskim medijima, dovodio se u vezu s viđenijim beogradskim kriminalcima, među kojima su i bile vođe zemunskog klana Dušan Spasojević i Mile Luković, koji su drogu, pre svega kokain, navodno, i nabavljali preko kolumbijskih veza Joce Amsterdama. Pretpostavlja se da je Joca Amsterdam upoznao Milča Boneva sa Zemuncima.

Pozivajući se na informacije Interpola i na nezvanične vesti o poseti tadašnjeg sprskog ministra policije Bugarskoj, sofijski mediji tvrde da je neposredno pre operacije „Sablja" 2004. godine i Milčo Bonev sarađivao s Dušanom Spasojevićem.

„Baj Mile je snabdevao zemunski klan s heroinom. Pored toga Bonev je snabdevao drogom i voždovački i novobeogradski klan. A posle operacije 'Sablja', Baj Mile je nastavio da sarađuje s naslednicima Zemunaca, pre svega, s ljudima iz okruženja Milorada Ulemeka Legije", tvrde danas bugarski mediji.

Malo je, međutim, poznato da je Baj Mile, kao kralj bugarskih krijumčara droge, imao i veliki uticaj na narko-tržište u centralnoj Srbiji. Pored Niša i Jagodine, glavni bugarski narko-diler Milčo Bonev imao je svoje kriminalne veze u Novom Pazaru, Bujanovcu i Leskovcu. Procenjuje se da je Baj Mile snabdevao oko dvadesetak grupa preprodavaca droge u tom delu Srbije.

U Sofiji se danas nagađa da je Baj Mile bio žrtva osvete zemunskog klana, jer nije tokom 2004. godine izručio sve već plaćene količine heroina. Bugarska policija, koja je pronašla jedan od automobila koji su koristile ubice Milča Boneva, međutim, sumnja da je Baj Mile stradao i zbog osvete Joce Amsterdama, i zbog osvete zemunskog klana, a i zbog obračuna u bugarskom podzemlju oko trgovine narkoticima.

„Bugarska policija nije isključila nijednu od tri moguće verzije – srpsku, holandsku i bugarsku – za ubistvo Milča Boneva, jednog od glavnih šefova bugarskog podzemlja. Sve verzije su podjednako važne", izjavio je general Rumen Stojanov, načelnik sofijske policije.

Istraga je u toku.

## Australijski klan

„Četvorica članova Dućine ekipe iz Zemuna, koji se nalaze na poternici, dolazili su proletos ovde i od nas tražili zaštitu. Dušan Spasojević, kao i mnogi u Zemunu, znao je ko je Vlada Italijan. Nisam ostao ravnodušan, ali pošto se radilo o ljudima iz zemunskog kriminalnog klana, optuženih za ubistvo, normalno je da su ovde naleteli na ogroman zid nepoverenja. Neću da izgovaram njihova imena, jer oni više nisu u Australiji."

Ovo mi je otkrio Vladimir Jocić, zvani Vlada Talijan kada sam ga proletos sreo u Sidneju.

Svi pokušaji da od njega saznamo više detalja o boravku članova zemunskog klana u Australiji, bili su uzaludni, jer taj visoki oficir engleskog klana nije hteo mnogo da govori. Samo mi je u poverenju rekao:

„Momci Dušana Spasojevića nisu pokazali da imaju kvalitet i niko od naših nije hteo da rizikuje da im pruži utočište. Ako sam ja prva liga, a moji ortaci druga, Dućini ljudi bili su treća liga. Ne znam kako su došli dovde, ali za njih ovde nije bilo mesta. Vrlo brzo su napustili Peti kontinent, tako da je i australijska policija, bar privremeno, prestala da se kod nas interesuje za njih."

Sličnu priču čuo sam i od Bože Cvetića, poznatog srpskog boksera, koji radi kao čuvar u sidnejskim noćnim klubovima i koji ima najnovije informacije o zbivanjima u australijskom podzemlju. Njega lično australijski policajci u vezi sa „Zemuncima" saslušavali su u više navrata:

„Pokazivali su mi fotografije oko 150 naših momaka, od kojih nikoga nisam prepoznao. Nisam znao da australijska policija ima tako bogat dosije o srpskim kriminalcima. Kada su me treći put saslušavali, rekao sam im da policija zna ko je ko, a da ja ne znam ništa! Posle toga se dogodilo da je zamenik ministra australijske policije otišao u Beograd da sa srpskim ministrom policije razmeni podatke o srpskom klanu u Australiji i o članovima zemunskog klana koji su ovde dolazili!"

Od Boba Musića, vlasnika motela u čuvenoj Lajgon ulici u Melburnu, čuo sam da se australijska policija raspituje kod tamošnjih Srba o dolasku ljudi iz Makine grupe na Peti kontinent.

„Da li je Željko Maksimović Maka u Australiji i danas je aktuelno pitanje za australijsku policiju, ali i za naše ljude", kaže Bob Musić.

O vezi između kriminalnih grupacija Srba u Beogradu i Australiji, koja postoji gotovo dvadeset godina, Vladimir Jocić za *Nedeljni telegraf* kaže:

„U Sidneju i celoj Australiji danas ima još jedno dvadesetak Zemunaca, s kojima se redovno čujem. I pre 'Sablje' u Australiju je došlo desetak momaka iz Srbije, koje sam prihvatio i pomogao im da se snađu. Pozivali su se na moje poznanike iz Zemuna, ali se ispostavilo da nisu kvalitetni. Išli su napred vođeni balkanskom politikom srljanja u probleme, i vrlo brzo su propali. Dvojica su već na robiji, a dvojica su u Pertu. Pali su na koki, dobili su po sedam godina robije, jer su pokušali da rade sami, na naš – balkanski način."

Prvi takozvani žestoki momci s Balkana u Australiji su se pojavili krajem 1970-ih i početkom 1980-ih godina. Tada su bili obeleženi kao jugoslovenski kriminalni klan, koji se okupljao u petnaestak naših kafana u Sidneju, Volongongu i Melburnu. Najpoznatiji članovi tog klana su bila braća Kruščić, poreklom iz Crne Gore, zatim Himza Bosanac i Vaso Albanac, koji su radili sa zlatom, novcem i garderobom. Za Kruščiće se priča kako su stradali, a Himzo se viđa kako šeta po Liverpulu s dva kilograma zlata oko vrata i optočenim ljiljanima na grudima. Vaso Albanac je sada miran građanin Australije.

Razbijanje Jugoslavije i smena generacija dovela je do stvaranja srpskog klana, u kome su ključno mesto imali ljudi koji su sredinom 1980-ih stigli u Australiju. Naš sagovornik Vladimir Jocić bio je jedan od njih:

„Došao sam 1988. godine turistički. Kum iz Zemuna ovde je pevao, pa sam uz pomoć njega došao da vidim kako je u Australiji i ostao. Dotle sam u Zemunu taksirao. Otac mi je bio pilot. Rođen sam 1955. godine. Išao sam u tehničko-saobraćajnu školu u Zemunu. Trenirao sam malo džudo i malo boks u *Radničkom* na Novom Beogradu, i 1975. godine bio sam omladinski prvak Beograda u boksu. Odrastao sam u Zemunu, gde sam naučio da poštujem zakone jačeg i da se bijem... Znao sam gotovo sve žive zemunske legende u to vreme. Veliki drugovi su mi bili Steva Borojević, Đole Majmun, Glavonja i pokojni Mare taksista. Bili smo nerazdvojni."

„Znao sam i Žorža, Gidru, Zeku Pećanca, Slobu i Ćentu. S njegovim mlađim bratom išao sam u školu. Ljubu Zemunca video sam dva puta u životu. Jednom s profesorom Čitakovićem, drugi put s Ćentom. Bio je izuzetna ličnost i strašan čovek. I kada sam došao u Australiju, bio sam u krugu naših ljudi, što je normalno jer nisam znao jezik. I onda sam otišao na 'školovanje', koje je trajalo više od četiri godine. Naime, bio sam po svim najstrašnijim zatvorima Australije. Pao sam zbog droge 1993. godine. Pre toga sam hapšen nekoliko puta za sitne krađe, obijanje kuće i džeparenje", ispričao mi je Vlada Talijan svoj deo biografije iz mladosti.

Najstrašnije australijske zatvore prošla su samo još dva-tri naša čoveka. Jedan od njih je mrtav. To je Milivoje Matović, zvani Miša Kobra. A jedan drugi, Ned Pikić, i dalje je na robiji od 18,5 godina. Za Mišu Kobru se i danas u Australiji među Srbima priča da je legenda srpskog kriminalnog klana.

Najbolje od svih poznavao ga je Boža Cvetić, bivši vicešampion sveta u boksu, čovek koji nije uspeo u januaru 2003. da spase život Miši Kobri. Za novine priča:

„Miša je rođen pre pedeset godina u Srbiji. U Beogradu je radio kao taksista i nije bio mnogo poznat dok 1980-ih nije otišao u Nemačku. Tamo je izučio kockarski zanat i postao pravi profesionalac u igranju pokera, kada je i dobio nadimak Kobra. U Australiju je stigao 1986. i neko vreme, takođe, radio kao taksista, ali se vrlo brzo, zahvaljujući pokeru podigao dosta visoko. Igrao je poker, ali je organizovao igre u velike pare, što mu je pomoglo da stekne veliki ugled. Te zime Miša mi se žalio da mu prete neki ljudi. Pominjao je Ruse i Cigane, ali i naše iz Beograda, jer je imao neke neraščišćene račune s članovima porodice pokojnog Žorža Stankovića. Sedeli smo kod Makedonca u kafani, odakle je u jedanaest uveče krenuo kod jedne prijateljice. Ponudio sam mu ključeve mog stana, da se skloni neko vreme, ali je Miša odbio. Ubijen je u sačekuši, nasred ulice. Ubice su mu ispalile tri metka u stomak i pobegle", seća se Boža Cvetić.

Cvetić, koji i danas radi kao čuvar i izbacivač u klubovima na ozloglašenom King Krosu u Sidneju, priča kako je Miša Kobra početkom devedesetih imao sukob sa Žoržom Stankovićem zbog, kako kaže Cvetić, toga što je taj bivši bokser maltretirao Mišinog, četiri godine mlađeg brata Bracu. Kada je Miša upozorio Žorža da mu ne dira brata zbog kockarskih dugova, koje će on da podmiri, Stanković je u Australiju poslao svog sina Baticu, da „stisne" i Mišu Kobru.

„Vadio je pištolj na sve nas i pretio da ćemo 'ga upoznati'. Ja sam ga bacio preko stola na ulicu i posle toga je Batica deportovan u Srbiju", seća se Boža Cvetić. „U međuvremenu, Mišin brat Braca je ubijen, a 1993. je ubijen i Žorž Stanković. Tri godine kasnije stradao je i Batica Stanković, ali se potom na Mišu Kobru okomio Jovica Ciganin, čovek koji mu je dao stan kada je Matović došao prvi put u Sidnej. Pre dve godine Jovica, inače, vlasnik restorana *ZAM*, napao je Mišinu ženu Vesnu, ja sam ga složio na pod, a Miša mu je pucao iz pištolja u usta. Ciganin je preživeo taj metak, i nastavio da preti Miši i meni."

Kada je Miša ubijen, svi australijski mediji su nekoliko dana pisali o tome kao o obračunu u srpskom podzemlju u Sidneju.

„Rat protiv srpskog klana time nije bio završen. U međuvremenu libijska mafija, koja je jako surova i nemilosrdna, ubila je Sašu Komančerosa, vođu gradskih motorista. Komančerosi su mu priredili veliku sahranu, i to se sve događalo u trenutku kada je Sašin brat zapao u zatvor", kaže Boža Cvetić dok zavrće svoju majicu i pokazuje tragove noževa na svom telu. „Posle toga i mene je napala libijska mafija, jer sam ja nekolicinu njenih članova sprečio da divljaju u klubu *Ljubavna mašina*. Njih sedmorica su me napali noževima i zadali četrnaest uboda u grudi, stomak i vrat. Izgubio sam litar i po krvi, i da mi Nikola Zemunac nije stegao vratnu žilu, iskrvario bih. Operacija je trajala sedam sati. Gledao sam svoju džigericu i utrubu, kako ih doktor vadi da bi isisao krv iz moje stomačne duplje. Posle dvanaest dana bio sam na nogama. Doktor mi je rekao da sam ostao živ samo zato jer imam jako srce i jak organizam, a ja sve mislim da sam živ jer je Nikola bio pored mene!"

Božu boksera Libijci su pokušali još jednom da likvidiraju, ali se spasao skokom s drugog sprata. Malo je naših momaka u Australiji, poput Bože Cvetića, koji otvoreno priznaju kako se srpski klan, baveći se poslovima s kockom, kurvama, drogom i šaniranjem, mnogo puta sukobljavao s Kinezima, Libijcima i Rusima. Kinezi drže i kontrolišu kocku, prostituciju i bave se dopremanjem droge u Australiju. Oni rade tiho i oprezno, bez mnogo krvi. Libijci trguju narkoticima i jako su surovi u svom poslu, dok Rusi, koji rade ilegalnu trgovinu migrantima, kocku i drogu, takođe, ne trpe konkurenciju. Ti klanovi sklanjaju svakoga s australijskog asfalta ko im smeta. U tim sukobima naši su, ponekad, izlazili kao pobednici, ali su potom morali na robiju. Takva sudbina zadesila je Neđu Srbijanca i njegovog brata Gorana, kao i Vladu Talijana.

## Jocić i Englezi

„Vrlo rano sam imao probleme sa zakonom, zato što sam dosta dobro izgledao. Imao sam mnogo devojaka i mnogo suparnika. Moj brat Siniša i ja dobili smo zajednički nadimak Italijan, zato što smo uvek bili dobro obučeni. Radio sam po gradu, s mnogim momcima šanu, pa tuče, zbog čega su nas stalno privodili... Bio sam pritvaran u Centralni zatvor, jer smo Dragan Budak i ja obijali kioske, automobile i stanove, sve živo... To je bila neka 1972–73. godina."

„Bio sam majstor za garderobu, zlato, mirise i sve ostalo... Neke 1976. otišao sam u Italiju. U Milano smo, s turističkim pasošima, otputovali sin komandira zemunske milicije, Danilo Beslać, i ja. U Nemačkoj sam bio s drugom ekipom. Tamo sam odležao godinu i po dana", seća se Vlada Talijan svoje burne mladosti.

Vladimir Jocić, za koga svi kažu da je naslednik Miše Kobre, priznaje da je boravak na robiji za njega bio veliko iskustvo, kaljenje za posao na australijskom asfaltu:

„Jedno od tih teških mesta koje sam prošao zove se *Golvor*. To je kao *Alkatraz*, kaznionica unutar zatvora. Kad napraviš grešku u zatvoru, tamo te šalju i to je kraj priče. Tu, maltene, žele da te ubiju, da te nameste kao izdajnika i da te likvidiraju. Ali ja se nisam dao", priča Vladimir Jocić, i nastavlja: „Jedan vrlo sposoban Albanac s Kosova bio je sa mnom unutra. On je odgovarao za dvostruko ubistvo. Bio je profesionalni ubica. Njegovo ime je Beni. Kažnjen sam samicom jer su stražari i njihovi doušnici baš mene okarakterisali kao glavnog organizatora zavere ćutanja prema policiji, što nije bilo daleko od istine. Beni je bio moja desna ruka. On je možda i najjači čovek u celom podzemnom sistemu u Australiji. I sad je na robiji, jer je, pošto sam ja izašao, u zatvoru nekog ubio."

„Većina naših ljudi u zatvoru cinkari za Engleze i potom propada. Ja nisam cinkario nikog, i zbog toga sam kod ljudi za koje sam radio dobio visok čin pukovnika. Uz to sam stekao poštovanje svih robijaša i njihovih kumova, koje sam upoznao u toj neobičnoj školi tokom robije na kojoj sam proveo četiri godine i sedam meseci."

U nastavku razgovora, otkriva:

„Pošto sam iz zatvora izašao 1997. godine, bio sam pod stalnom prismotrom policije. Kada sam izašao, sredio sam papire tako što sam s jednom gospođom imao emigrantski brak od tri godine. Dve godine sam kod nje proveo, što je bilo slično kao u zatvoru. Ali barem sam naučio jezik i to da budem Englez s kinskim navikama", kaže Vladimir Jocić, i nastavlja:

„Sada radim za jednog Engleza koji drži severni deo Sidneja. On ima klubove preko kojih plasira svoju robu. Pokazao sam se kao odan čovek. Prevazišao sam naš balkanski nestašni duh i naviku da u svašta stavljam nos. Uspeo sam da, i u najtežim situacijama, vladam ljudima i teritorijom bez problema... Zato sam od Engleza, unutar njegovog klana, dobio čin generala. Njegovi Englezi zovu me Vladimir Viktor."

„Vrlo malo je naših ljudi u ovom poslu u Australiji. Pokrivam samo Sidnej. Pod našom kontrolom su motoristi, što nije mala stvar u

Australiji, jer su oni najopasnija socijalna grupa na Petom kontinentu. Imam danas sva dokumenta na svoje ime. Porez plaćam kao i svaki građanin. Živim skromno i nikoga ne diram, tako da je i policija digla ruke od mene", završava priču Vladimir Jocić.

Prema podacima Biroa za emigraciju Australije novi srpski doseljenici su sve skloniji nasilju i ubistvima. Statistika govori da je nasilje u srpskim porodicama poraslo za 40 odsto u poslednje tri godine. To se tumači kao posledica ratnog sindroma, jer među doseljnicima ima najviše ljudi s područja BiH, Hrvatske, a tek potom iz Srbije.

Tokom decembra i januara bilo je mnogo tuča među srpskim mladićima koje su završavane noževima. Početkom 2004. dogodila su se i četiri ubistva, u kojima su glavni akteri bili Srbi. U međuvremenu jedan Srbin je u Liverpulu kod Sidneja udavio svoju mladu ženu. Policija nije objavila njihova imena.

„Na Petom kontinentu među strancima najveći kriminalci su Vijetnamci i Kambodžanci. Ljudi s prostora Srbije i Crne Gore su sporadični, ali rekao bih, vrlo teški kriminalci, jer su u poslednje vreme optuživani za nekoliko ubistava", obavestio me je Vasko Vukoje, novinar iz Melburna.

Trenutno se na Petom kontinentu vode četiri sudska procesa protiv optuženih Srba. Suđenje Bojanu Vuliću, optuženom za ubistvo sedamnaestogodišnje Vladislave Mrvoš, počelo je 15. marta 2004. godine. Ispostavilo se da je Vulić, mladi profesor iz Brizbejna, star dvadeset dve godine nožem s 40 udaraca usmrtio svoju bivšu devojku Vladislavu Mrvoš. Povod za to nečuveno ubistvo u Australiji je ljubomora mladog Srbina. Proces Zdravku Mićeviću je zakazan za 13. april 2004. godine u Melburnu. Mićević treba da odgovara sudu za optužbe da je namerno izazvao smrt nekadašnjeg igrača i trenera Dejvida Huksa, koji je u Australiji bio vrlo popularna medijska ličnost.

Branimir Azrović, Srbin star šezdeset dve godine, iz Mensfild parka, okrivljen je da je pomagao Saroungu Lemu da ubije njegovu ženu 17. maja 2003. godine.

Saruong Lem, star trideset šest godina, iz Parafild Gardensa u Adelejdu, ubio je svoju suprugu i zajedno s Azrovićem bacio u reku. Njeno telo je nađeno kako u plastičnoj vreći pluta u Adelejd Port Riveru. Krajem juna 2005. godine u restoranu *Konak*, u naselju Sent Albans kod Melburna, maskirani napadač napao je Milorada Trkulju, vlasnika knjižare i video-kluba. Trkulja je ručao s majkom, kada mu je čovek s fantomkom na glavi pucao u leđa. Tim povodom Milorad Trkulja mi je rekao:

„U mene je pucao jedan sveštenik, koga sam ja raskrinkao kao nevernika i čoveka koji organizuje seksualne orgije s maloletnicama. O tome sam pisao u srpskim novinama i on mi se zbog toga osvetio, tako što je pokušao da me ubije!"

Pored toga Srbi u Australiji kažnjavani su za šverc i preprodaju droge, uzgajanje marihuane, krađu skupocene garderobe i zbog težih saobraćajnih prekršaja.

„Kako je javio sidnejski radio, ovog petka je jedan Srbin iz Liverpula, star oko četrdeset godina, pokušao da zadavi, a potom da zakolje svoju prijateljicu, Srpkinju, staru trideset dve godine", čudi se Đorđe Čović, sidnejski preduzimač i aktivista u srpskim klubovima.

## Deseti zločin

Ovo je deseti zločin koji su počinili Srbi u Australiji. Najviše je, tokom zime 2003, bilo tuča među srpskim mladićima, u kojima se sukobljavaju Krajišnici s Bosancima, Bosanci sa Srbijancima, Crnogorci sa Srbima. Povod su najčešće svađe oko mesta u srpskim diskotekama i kafanama, koje potom poprime politički karakter, kao ta poslednja u Srpskom centru, i završavaju se ubodom nožem.

Međutim, zločin koji se dogodio 18. januara 2004. godine, na Jugoistočnom auto-putu u Brizbejnu, zaprepastio je australijsku i srpsku javnost na Petom kontinentu.

Tog dana primećena su bila jedna kola, koja su udarila u znak kraj puta, a zatim skrenula u Klamp ulicu prema Mont Gravatu. Svedoci kažu da su nakon toga primetili kako u kolima mladić udara devojku, ali nisu shvatili da ovaj u ruci ima nož. Vozač, dvadesetdvogodišnji mladić, nakon što je na smrt izbo sedamnaestogodišnju devojku, pokušao je posle ubistva da se vrati na auto-put i to suprotnim pravcem – namenjenim isključivo za izlaz.

Nakon što se sudario s drugim kolima, pobegao je, ostavivši u kolima telo izbodene devojke. Policija ga je ubrzo pronašla i uhapsila, ali je odmah saopštila da su i ubica i žrtva srpske nacionalnosti.

„Ispostavilo se da je Bojan Vulić, mladi profesor iz Brizbejna, star dvadeset dve godine nožem, s 40 udaraca usmrtio svoju bivšu devojku Vladislavu Mrvoš, koja je imala samo sedamnaest godina. Povod za ovo nečuveno ubistvo u Australiji je ljubomora mladog Srbina, kako su javljali ovdašnji mediji, jer ga je Vladislava napustila i sredinom novembra 2004. godine otišla sa sestrom Helenom i zetom Brankom u posetu rodbini i prijateljima u bivšu Jugoslaviju", objasnio je motive tog zločina Rade Berak, srpski novinar iz Melburna.

Bojan i Vladislava su se zabavljali tri godine. Kada ga je Vladislava napustila, on je dolazio kod njenog oca Vlade Mrvoša da se žali i traži pomoć, ali je očigledno shvatio da je gubitnik i odlučio se na osvetu. Porodica Mrvoš živi u zgradi, u Pembruk ulici, u brizbejnskom naselju Kurpur. Porodica Mrvoš je do izbijanja rata u Hrvatskoj živela u Vukovaru. U najstrašnijim dešavanjima u tom gradu prvih meseci, majka Janja danima je bila u podrumu s Vlatkom i drugom kćerkom, Helenom, dok je otac Vlado, igrom slučaja, ostao izvan granica Hrvatske. Nekoliko godina je bio bez ikakvog kontakta s njima. Kada su se, napokon, sreli sredinom 1990-ih, emigrirali su u Australiju.

Porodica Mrvoš stigla je 1998. u Brizbejn, da bi svojoj deci i sebi obezbedili lepšu i srećniju budućnost. Starija kćerka Helena je student završne godine prava. Vulići su u Brizbejn došli 1990. Dobri poznanici govore da je Bojanov otac Dušan rođen u Đakovici, a da su pre dolaska u Australiju dugo živeli u Trsteniku.

Vladislavina majka Janja i otac Vlado su bili šokirani samim ubistvom, a potom i ponašanjem ubice.

„Policija mi je oko pola dva u subotu ujutru saopštila da mi je dete ubijeno. Policajci su mi rekli da je Bog okružen anđelima, a da je Bog baš mog anđela izabrao da bude s njim. Ujutru me je nazvao Bojan i rekao šta je uradio. Rekao je i ako hoću da dođem da ja ubijem njega. Ne znam kako je uopšte mogao da me nazove posle toga", izjavio je otac ubijene devojke Vlado Mrvoš.

Svi Srbi u Brizbejnu pamte Bojana Vulića kao pristojnog mladića. Nikada nije pio, nije bio nasilan, igrao je košarku i lepo se ponašao. Vulić je s dvadeset dve godine završio fakultet i trebalo je krajem januara 2004. godine da počne da radi kao nastavnik u jednoj brizbejnskoj školi.

U međuvremenu, Vladislava se vratila iz Vukovara i spremala za početak školske godine. Imala je nameru da posle dvanaestog završnog razreda srednje škole, studira pravo.

U policijskom izveštaju stoji da je nož kojim je Bojan ubio svoju devojku, „veliki vojnički, američki nož" i da je kupljen pet dana pre kobnog petka. To je bio najbolji dokaz da je professor Vulić svesno planirao ubistvo svoje devojke Vladislave Mrvoš. Odmah nakon podizanja optužnice, Vulić je podvrgnut psihijatrijskom pregledu.

„Opelo za Vlatku Mrvoš je služeno u Srpskoj pravoslavnoj crkvi u Volčer stritu, a sahrana je obavljena na groblju na Mont Gravatu. Slučaj je hteo da su tu, na mestu zločina, na raskršću Klamp i Mejns puta, putari izvadili saobraćajni znak, na kojem je pisalo 70, kao brojka koja ograničava brzinu, i postavili su novi znak s brojem 40. Ta brojka sada tako dvosmisleno asocira na broj uboda kojim je usmrćena Vlatka Mrvoš", kaze Rade Berak iz Melburna.

Masakr Vladislave Mrvoš izazvao je zgražavanje Australijanaca, ali ubistvo Dejvida Huksa, legende australijskog kriketa u Melburnu 20. januara 2004, izazvalo je veliku polemiku na Petom kontinentu. Nekadašnjeg igrača i trenera Dejvida Huksa, koji je u Australiji bio vrlo popularna medijska ličnost, usmrtio je mladi Srbin, Zdravko Mićević.

„Huks je napadnut, kako tvrde Australijanci, na trotoaru kada je pred ponoć napustio hotel *Bekonsfild* u Sent Kildi. Koliko je meni poznato, Zdravko Mićević je redar i izbacivač u diskoteci tog hotela, i pokušao je da spreči tuču koju je izazvao četrdesetosmogodišnji Dejvid Huks. Zamolio ga je da izađe napolje iz hotela, ali je Huks dva puta šakom udario Zdravka, koji ima dvadeset dve godine, i koji mu je uzvratio pesnicom u lice. Huks je pao, udario glavom o trotoar i od tog udarca preminuo", rekao mi je Đorđe Čović iz Sidneja, koji pomno prati taj događaj.

Prema izjavi radnika hitne pomoći, Dejvid Huks je pola sata praktično bio mrtav, jer je doživeo infarkt, dok nisu uspeli da ga vrate u život, ali ne i iz nesvesti. Umro je dvadeset četiri časa posle toga. A jedan svedok je zvanično izjavio da se Huks nije tukao ili napao bilo kog izbacivača napolju ispred hotela *Bekonsfild* u Sent Kildi.

Australijski mediji su se prosto utrkivali u veličanju bivšeg šampiona u kriketu. Političar Džon Hauard o Dejvidu Huksu je kazao da je to „bio sjajni kriketaš i radio-komentator i jako omiljena osoba". A zamenik premijera države Viktorije. Džon Tvetis je rekao:

„Ovo je apsolutna tragedija. Ovakve stvari ne bi smele da budu dozvoljene i mi ćemo uraditi sve što treba da se zaustave."

Mladi Srbin Zdravko Mićević je odmah uhapšen i izveden pred sud. Pušten je uz kauciju, uz uslov da preda pasoš, da ne napušta mesto stanovanja u Sent Albansu i da se tri puta nedeljno javlja policiji. Tom bivšem bokseru je, takođe, naloženo da se ne kreće na mestima gde se okuplja više ljudi, jer je proglašen opasnim za okolinu.

Javnost Australije s ogorčenjem je reagovala na vest o postupku tog mladog Srbina, za koga je napisano da je profesionalni kriminalac. List

*San herald* je napisao da protiv Zdravka Mićevića već postoji tužba za napad na jednog gosta na parkingu hotela *Grand* u Esendonu tokom 2002. godine. Ostali mediji nisu citirali Srbe, koji su govorili o pravom karakteru Zdravka Mićevića, već su samo navodili da je reč o „skromnom mladiću iz porodice novodošlih useljenika koji nikome ne bi naneo zlo", a da su i on i cela porodica „očajni zbog nesreće koja je dovela do smrti jednog čoveka".

„Mićević je rođen u Jugoslaviji 1982. godine, ali se s porodicom uselio u Australiju početkom 1990. Kao srednjoškolac trenirao je karate, a potom je prešao na boks i bio čak i pretendent na titulu amaterskog šampiona Australije. U Australijskoj amaterskoj boks ligi u Rokhemptonu 2004. osvojio je srebrnu medalju. Trener mu je tada prognozirao da će postati juniorski šampion Australije u narednih godinu dana. Još kao učenik osmog razreda srednje škole u Sent Albansu, gde je živeo, Zdravko je sanjao da će osvojiti zlatnu medalju na Olimpijskim igrama u Sidneju", kaže Đorđe Čović.

„Mićević je pokušao da izvrši samoubistvo nakon netačnih izveštaja medija i glasina da je premešten iz porodične kuće na tajnu lokaciju kako bi izbegao pažnju medija. Australijanci su Mićeviću poslali i nekoliko pretećih pisama, s porukom da će biti likvidiran jer je ubio njihovu legendu kriketa. Novinari čak kampuju ispred Mićevićeve kuće pa je njegova porodica bila prinuđena da je napusti. Njegov branilac Brajan Rolf je kritikovao način kako su mas-mediji izveštavali o tom događaju. On je naveo da je Huks bio nekoliko puta zamoljen da napusti hotel, ali se sve to prećutkuje", kaže Đorđe Čović.

Prema optužnici, Zdravko Mićević iz Sent Albansa odgovaraće za ubistvo iz nehata. U melburnškom Okružnom sudu rečeno je da će se Mićevićeva odbrana zasnivati na stavu da nije kriv, ali pitanje je da li će to uspeti i da dokaže u atmosferi linča protiv njega. U međuvremenu, Zdravko je pušten na slobodu uz 2.000 dolara kaucije.

U međuvremenu, u Sidneju, u lokalnom sudu, tokom 2005. će početi suđenje Momčilu Kuzmanoviću, jedinom osumnjičenom za ubistvo Radojka Đorđevića. Kuzmanović ima pedeset godina i vodi se kao nezaposleni stanovnik Maunt Pričarda u Sidneju. Uhapšen je 30. septembra 2004. godine, pod optužbom za ubistvo koje se dogodilo pre punih devetnaest godina. Nastojanja njegovih branilaca da uz kauciju bude pušten da se brani sa slobode dosad nisu dala rezultate. Zastupnik javne tužbe i policija kategorično se protive njegovom izlasku iz zatvora, obrazlažući svoj stav bezbednošću značajnih svedoka i rizikom da bi Kuzmanović mogao da napusti zemlju. Pronašli su, naime, kako tvrde, da je on pre hapšenja ugovarao prodaju svoje kuće u Sidneju. Tako je Kuzmanović svoj pedeseti rođendan dočekao u ćeliji. Policija ga tereti da je počinio zločin koji se dogodio četrnaest dana posle svog rođendana. Istražni organi tretiraju ubistvo kao političko, jer imaju magnetofonske snimke s izjavom Kuzmanovića koja glasi: „Ubio sam ovog komunističkog špijuna kao svinju!"

Radojko Đorđević je rođen 7. jula 1937. u Konjuvi, emigrirao je 1962. godine, a ubijen je 24. januara 1985. godine. Istraga tvrdi da ima svedoke kojima je Kuzmanović za Đorđevića govorio da je „komunistički špijun upućen iz Jugoslavije da se infiltrira u njihovu organizaciju, te da su oni otkrili kako on ima nameru da ih poubija, pa je zato bolje da oni zaustave njega, pre nego što dobije priliku".

U vreme kada je ubijen, Radojko Đorđević je bio predsednik Crkveno-školske opštine *Sveti Nikola* u Blektaunu i ogranka Liberalne stranke za Old Tungabi. Tog jutra, znalo se da ide u Kanberu, na Omladinski festival folklora. Tamo nikad nije stigao, a telo mu je nađeno 31. januara u Saut Merjulenu, već u stanju raspadanja, zbog velikih letnjih vrućina.

„Proleće neće da bude lako za Srbe u Australiji. Opet ćemo se kao etnička zajednica naći na udaru australijskih medija i pojedinih političara. Naši ljudi već imaju problema kod australijskih vlasti oko dobijanja ulaznih viza i oko regulisanja statusa boravka i rada na Petom kontinentu", rekao mi je Đorđe Čović.

## FBI juri Srbe

„U Americi Srbi kao delinkventi poznati su po prekršajima u saobraćaju, nasilju u porodici, jer vole da tuku svoje žene i po kafanskim tučama. Jedan manji broj Srba se bavi mućkama s papirima za boravak i zaposlenje, nekim lažnim osiguranjima, krađama po magacinima s robom. To uglavnom rade Srbi, koji su rođeni ovde, pa misle da dobro poznaju zakone Amerike, tako da mogu da izbegnu visoke kazne. Ima, međutim, i naših ljudi koji su dobro namučili FBI i američke policajce. To su Slobodan Lunić koji je optužen za prevaru u prodaji telefona i izvesni Tomo Razmilović", tvrdi Ratko Rodić, srpski aktivista iz Tusona u državi Arizona.

Jugoslovenski iseljenik Tomo Razmilović, koji je 1960-ih godina među prvima došao na rad u Švedsku i obogatio se, sada je na poternici među deset najtraženijih kriminalaca u Sjedinjenim Američkim Državama. Raspisana je i nagrada na 100.000 dolara za onoga ko uspe da ga uhvati. Optužnica koja je podignuta u Bruklinu tereti ga da je lažirao završne račune svoje firme da bi joj podigao vrednost na Volstritu, piše list *Bleking lens tajdning*.

FBI u SAD traga za desetak Srba optuženih za ratne zločine u bivšoj Jugoslaviji. Dvojica su nedavno uhapšena baš u Arizoni, zbog sumnji da su učestvovali u pokolju muslimana u Srebrenici.

Savezno ministarstvo pravde ima u svojim arhivama oko 400 zahteva za izručenje građana Srbije i Crne Gore. Većina lica s poternica se traži zbog počinjenih imovinskih dela s elementima nasilja, zatim zbog krvnih i seksualnih delikata počinjenih u Jugoslaviji. Neki od tih zahteva stari su tačno trideset godina. Srbija i Crna Gora, na primer, još traga za Milivojem Rausavljevićem, za kojim je poternica raspisana još 1971. godine. A Petra Basaru i Jožefa Santa, koji su počinili krivična dela pljačke i osuđeni na deset, odnosno dvanaest godina zatvora, Srbija i Crna Gora potražuje od 1973. godine. Njihov slučaj zastareva 2011. godine, pa se Srbija i Crna Gora nada da će ih do tada pronaći, jer se uopšte ne zna u kojoj se stranoj državi nalaze Rausavljević, Basara i Santo.

„Ovog trenutka aktivno radimo na 50 naših zahteva za izdavanje jugoslovenskih građana. Najviše tih zahteva, 15, upućeno je Nemačkoj, zatim Austriji, Italiji i Švajcarskoj. Na osnovu bilatelarnih i multilateralnih ugovora o međunarodnoj pravnoj saradnji mi smo tokom 2005. godine realizovali 13 ekstradicija", rekao mi je Nebojša Šarkić.

Srbiji i Crnoj Gori su izručeni Dejan Milenković Bagzi iz Grčke, Đuro Petrović, Mersad Hajrović i Boško Mikulović. Dvanaestog jula 2002. godine iz Frankurta je ekstradiran Radojko Jurišević, koji je tražen zbog ubistva počinjenog u Bijelom Polju.

„Ekstradicija je u nekim zemljama prvo političko, a potom pravno pitanje. Upravo zbog politike mi s nekim državama imamo probleme oko izručenja lica koja tražimo zbog počinjenih krivičnih dela u Jugoslaviji. Prisetimo se kako je svojevremeno Švedska štitila ustaške teroriste koji su ubili našeg ambasadora Vladimira Rolovića. Neki delinkventi imaju zaštitu jer su sarađivali s tamošnjom policijom. A mnogi su u susednim zemljama, na primer, bili pripadnici paravojnih formacija. Kako smo nekoliko godina imali, zbog rata i međunarodne krize, prekid u saradnji sa susednim i mnogim evropskim državama, to se dešavalo da one postanu svojevrsni jataci našim delinkventima. Sada smo pred potpisivanjem ugovora sa Slovenijom, Bosnom i Hercegovinom i Makedonijom. S Hrvatskom pregovaramo, jer im je vlada pala...", kaže Nebojša Šarkić.

Marinko Magda, koji je početkom 1990-ih sa svojom družinom izvršio najmanje 14 monstruoznih ubistava na severu Vojvodine i jugu Mađarske, biće isporučen Jugoslaviji – informacija je koju je objavio Narodni pokret Otpor iz Subotice.

Legionar poznat pod imenom Miko nalazi se u mađarskom zatvoru *Bekeš* na granici prema Ukrajini, jer je osuđen na doživotnu robiju. A Srbija i Crna Gora traži njegovo izručenje jer je Magda ovde osuđen na smrtnu kaznu zbog ubistva porodica Agotić i Petrić u Subotici pre osam godina.

„Mađari nisu hteli da izruče Marinka Magdu, zato što je naš krivični zakon predviđao smrtnu kaznu. Po međunarodnom pravu osuđeni se ne isporučuje u drugu zemlju gde je za isto delo predviđena veća kazna. U međuvremenu SRJ je ukinula smrtnu kaznu i zamenila je s 40 godina zatvora, što je stvorilo uslov da se Magda, državljanin SRJ, isporuči našoj zemlji. Narodnom pokretu Otpor stigla je potvrda od mađarskih vlasti da se ekstradicija Marinka Magde razmatra, a konačna odluka treba da usledi za mesec dana. Mi se nadamo da će ta odluka biti pozitivna i da će Marinko Magda biti vraćen u SRJ da bi mu se pošteno sudilo", kaže Branimir Nikolić, koordinator Otpora za utvrđivanje istine iz Subotice.

Hrvatska je, na primer, dala utočište ubici iz Vojvodine Nebojši Radosinu. Savezno ministarstvo pravde upravo priprema novi zahtev za izručenje Nebojše Radosina, jer se on sada skriva u Italiji. Radosin je izbeglica iz sela Stefanovićevo, u kome je izvršio ubistvo. Potom je iz Vojvodine prebegao u Hrvatsku, koja nije želela da nam ga izruči, pa ga je pustila da slobodno pređe u Italiju, gde je Nebojša Radosin uhapšen po našoj poternici.

Danska je pak pružila utočište Božidaru Ceroviću i Boži Šulejiću, koji su počinili ubistvo u Pančevu. U obrazloženju odbijanja zahteva SRJ za izručenje tih delinkvenata Kraljevina Danska je napisala da su Cerović i Šulejić lica sa stalnim boravkom u Kopenhagenu. Kanada je odbila izručenje Nikole Buluta iz Herceg Novog koji je opljačkao 1,7 miliona dolara iz fabrike *Zelengora* s Umke.

Najlošiju saradnju Srbija i Crna Gora oko ekstradicija ima sa Švajcarskom, koja je odbila da nam preda ubicu Besima Fetića, dok se nalazio u švajcarskom zatvoru. Fetić je 1997. u Crnoj Gori počinio ubistvo za koje je osuđen na 15 godina robije.

„Dve godine smo urgirali kod švajcarskih vlasti da nam predaju Besima Fetića. Dve godine su Švajcarci ćutali, a onda su nas obavestili da je Fetić u Italiji i da se nalazi u Rimu. Ispostavilo se da je Besim Fetić pobegao, odnosno da je jednostavno pušten iz švajcarskog ekstradicionog pritvora", rečeno mi je u Saveznom ministarstvu pravde.

Pored odbijanja da izruči tražene delinkvente Švajcarska često uslovljava ekstradicije Jugoslovena. Od SRJ se traži da neće izručenu osobu da osudi na smrtnu kaznu, da neće ugrožavati njegova nacionalna i verska prava, da švajcarski konzul ima pravo da to lice posećuje u jugoslovenskom zatvoru i štiti njegova ljudska prava.

Novosađanin Milan Popov je 1997. godine vojvođanskoj policiji podmetnuo minu i za to je osuđen na sedam godina zatvora. Uspeo je da pobegne u Bugarsku. Neko vreme je bio u pritvoru, a potom je pušten na slobodu, iako je za njim raspisana i crvena poternica. U dosijeu Interpola, ispod njegove slike s dečačkim likom, piše: „Milan Popov, 34 godine, mašinovođa i bankar po struci".

Milan Popov sada ima u Sofiji privatno preduzeće, čija se kancelarija nalazi u centru grada, blizu kabineta predsednika Bugarske. U Sofiji se Milan Popov predstavlja kao poslednji srpski disident u egzilu i kao državni neprijatelj – po opredeljenju. U svom javnom dnevniku Popov piše:

„Svake noći sanjam Srbiju. Kao, dolazim ti ja na granicu... A tamo, diže se rampa s naše strane, zdesna i sleva otpozdravljaju carinici i policajci. Na šapkama, umesto petokrake – sija kokarda. Na tabli velikim slovima piše KRALJEVINA SRBIJA, a u mojim rukama pasoš s grbom Karađorđevića. Šta mi to vredi kad ne mogu da odem u svoju rođenu zemlju, u moju Turiju, Novi Sad..."

Na zahtev Srbije i Crne Gore za izdavanje Milana Popova da bi odužio svoj dug državi i narodu, Bugarska je odgovorila činovničkom frazom da „...jugoslovenski tumač nije prevela vaš zahtev i dokumenta na književni bugarski jezik i on je nerazumljiv..."

Sâm Popov se nadao da će mu lično doktor Vojislav Koštunica, tada predsednik Jugoslavije, pomoći da se vrati kući.

„Ja sam se borio protiv režima Slobodana Miloševića, isto kao i oni. U vreme kada je bomba eksplodirala ja sam već bio u Bugarskoj. Ali ne poričem da sam stajao iza organizacije cele stvari. I ne kajem se ni zbog čega što sam učinio. Mogao sam i glavu da izgubim i ne žalim se zbog toga. Samo mi je žao što nisam bio ispred Skupštine, tog 5. oktobra. Gledao sam na *CNN*-u i žderao se u sebi. Živim u nadi da će me nova vlast u Srbiji osloboditi optužbi. Čujem da se tamo sprema Zakon o amnestiji. Pisao sam predsedniku Jugoslavije. Ako mogu kriminalce, valjda će i mene da pomiluju. Neka samo otvore dosijee i sve će im biti jasno. Sad, kad je sve prošlo, lakše se diše. Ali kakva vajda kad ja i dalje ne mogu da se vratim kući, da obiđem majku..."

Bugarska je 2004. predala Novom Sadu teroristu Milana Popova, ali je u njenom zatvoru ostalo još 17 građana Srbije i Crne Gore. Danas se pored njih na poternicama i zahtevima za ekstradiciju nalaze Mira Marković i njen sin Marko Milošević, policijski general Rođa Đorđević, ali i Željko Maksimović Maka, optužen za ubistvo generala Boška Buhe. Za sve njih inostranstvo je odlično sklonište.

# DODATAK

## Državna srpska mafija

Početkom druge decenije 21. veka srpska mafija je postala organizovani deo svetskog podzemlja. Neko je u Srbiji i Crnoj Gori shvatio da treba da zagrabi deo, makar mrvicu, od 3.000 milijardi dolara, koliko godišnje okreću ilegalna proizvodnja narkotika i trgovina njima.

Samo u Srbiji, koja je nekad bila tranzitna zemlja za heroin, a danas je tržište kokaina i svih drugih narkotika, ima 300.000 narkomana. Promet droga na srpskom tržištu sa ovoliko potrošača iznosi više od 26 miliona evra godišnje. I to je dovoljan razlog da srpsko podzemlje poprimi karakter narko-mafije, koja se u više klanova bavi krijumčarenjem i prodajom heroina, kokaina, marihuane i svih vrsta sintetičkih narkotika.

Tokom 2021. godine države Srbija i Crna Gora obavestile su javnost o postojanju tri velika mafijaška klana, koji su vladali prostorom bivše Jugoslavije. To je klan Veljka Belivuka, to jest Velje Nevolje, vođe organizovane kriminalne grupe pod firmom navijačkog kluba „Principi" iz Beograda. Kavački klan i Škaljarski klan iz Kotora. Njihove vođe su Radoje Zvicer i Slobodan Kašćelan.

Sudski procesi protiv vođa i članova ovih klanova, koji su se bavili kokainom, iznudama i likvidacijama, nisu okončani, pa nije ni utvrđena prava istina o njihovim aktivnostima, mada su u međuvremenu mediji o njima pisali velike tekstove i priče. Najvažnija vest je da su trgovinu kokaina podigli na državni nivo. I da je Kavački klan planirao atentat na Aleksandra Vučića, predsednika Srbije.

Još nešto je vrlo interesantno. Sâm Aleksandar Vučić je tvrdio da je klan Velje Nevolje bio u vezi s nekim pojedincima i državnim institucijama. Dok se u Crnoj Gori tvrdilo da su oba klana iz Kotora bila pod patronatom države, a jedan od njih pod zaštitom samog predsednika Mila Đukanovića.

Crnogorski poslanik Nebojša Medojević ovako je to definisao:

„U Crnoj Gori se izvozi više kokaina nego pršuta. Više cigareta nego vina. Ništa se ne radi na tome da se demontira opasna mafijaška hobotnica Đukanovićevog režima. Mi u Crnoj Gori imamo situaciju da je palo dve tone kokaina a da niko nije uhapšen. Navodno se ne zna čija je to roba, a svi u Crnoj Gori znaju da samo jedan državni narko-kartel može da radi tako velike količine, da koristi svoje ljude u luci Bar, na carini... Narko-kartel Crne Gore ima deo svoje logistike i moći u Srbiji, među tajkunima... Postoji rizik da razne strukture u regionu imaju interes da se određene organizovane kriminalne strukture zloupotrebe za destabilizaciju Srbije i čitavog regiona."

Činjenica jeste da su Srbija i Crna Gora male države i da zato u njima ne postoje uslovi za samostalno organizovanu narko-mafiju. Ona može da postoji i da radi samo pod zaštitom određenih državnih struktura, pa je zato to državna mafija. Bilo da je to klan Belivuka, klan Zvicera ili klan Kašćelana.

Da se podsetimo – svaka naša država imala je svoju državnu mafiju. Tako je Brozova Jugoslavija imala diplomatsko-konzularnu mafiju, oličenu u Ratku Draževiću, proteranom iz SAD zbog heroina, ili u Slobodanu Bati Todoroviću, trgovcu mesom i žiletima na sumnjiv način. Željko Ražnatović Arkan bio je državni likvidator jugoslovenskih emigranata po svetu. Federalna policija, to jest SSUP, imao je još dvadeset takvih profesionalnih likvidatora, koji su bili deo Frankfurtskog klana sedamdesetih godina.

Savezna Republika Jugoslavija i Srbija u vreme vladavine Slobodana Miloševića imale su svoje podzemlje, u kome su bili Arkan i Legija. Obojica zaposleni kao policajci, saradnici s mafijom. Milorad Ulemek Legija je bio saradnik i predsednika dr Vojislava Koštunice i premijera Zorana Đinđića. Vodio je Zemunski klan, koji se bavio trgovinom heroinom i ubistvima svojih suparnika. Zemunski klan je izvršio atentat na premijera Zorana Đinđića u proleće 2003. godine.

Po rečima samog predsednika Srbije, otkrivena je i državna sprega s narko-mafijom Veljka Belivuka, koji je imao kancelariju punu oružja u državnom fudbalskom klubu „Partizan" u Beogradu. U vreme vladavine Aleksandra Vučića otkrivena je u Srbiji i najveća plantaža marihuane u Evropi. Na njoj su radili i neki srpski državni policajci i bezbednjaci.

Klanovi Veljka Belivuka, Radoja Zvicera i Slobodana Kašćelana, kako tvrde srpski i crnogorski mediji, imali su svetski karakter jer su sarađivali s kolegama iz Kolumbije, Španije, Grčke, Ukrajine, Italije i susednih balkanskih zemalja.

Nema dokaza da je i klan Darka Šarića iz Pljevalja, kome se u Beogradu deceniju sudi za šverc 5,7 tona kokaina iz Južne Amerike u Evropu, deo državne mafije. Ali ima naznaka da je njegov novac bio deo nekih državnih poslova i investicija. Darko Šarić je danas u kućnom pritvoru. Sudski proces protiv njega nije sasvim okončan, pa je neizvesno pisati šta je sve prava istina u vezi sa ovim optuženim narko-dilerom i mafijašem.

Peta organizaciona kriminalna grupa je „Pink Panter", sastavljena od bivših vojnika i policajaca. Njena specijalnost su pljačke skupocenog nakita i dijamanata po svetskim metropolama od Japana preko SAD do Evrope. Početkom 2022. godine *panteri* su hapšeni u Barseloni, Minhenu, Novom Sadu, Atini, Londonu, Crnoj Gori – to govori da ova razbojnička mafija, sa oko dvesta članova, nije više tako snažna ni tajnovita. Ili su uhapšeni razbojnici sami sebe proglasili članovima „Pink Pantera" da bi se hvalisali.

Kako neko reče, događaji u srpskom podzemlju vratili su nas u devedesete s kraja 20. veka, kada je mafija imala državu. I kada su ubistva u podzemlju bila naša svakodnevica.

## Dvadeset hiljada srpskih kriminalaca hara svetom

Istraživao sam koliko srpskih delinkvenata ima u svetu u ovom već odmaklom 21. veku. Srbi su glavni pljačkaši u Nemačkoj i Austriji, razbojnici u Italiji i Švajcarskoj, nasilnici u Australiji i dileri droge u Holandiji, Španiji, Kolumbiji, Velikoj Britaniji, SAD i Čileu.

Britanska Nacionalna agencija za borbu protiv kriminala (NCA) u svojoj proceni organizovanog kriminala na Ostrvu za 2019. godinu zaključila je da su „Srbi glavni transporteri kokaina morem, koji iz Južne Amerike i SAD ulazi u Veliku Britaniju".

„Srpska mafija tesno sarađuje sa albanskim i turskim kartelima, za koje vrši transport kokaina u London. Reč je o srpskoj grupi kriminalaca, malobrojnoj ali vrlo uticajnoj u britanskom podzemlju", kaže se u izveštaju britanske Agencije NCA.

I u Nemačkoj je registrovano znatno prisustvo srpskih delinkvenata, čiji broj poslednjih godina raste. Prema policijskoj statistici iz 2018, u Nemačkoj je registrovano 7.684 građana Srbije osumnjičenih za počinjena krivična dela.

„Pored građana Srbije, koji su sedmi na listi osumnjičenih stranaca, kriminalom se bave i Srbi s Kosmeta, iz BiH, Crne Gore i Hrvatske. Reč je o bandama iz Istočne Evrope koje se bave ponajviše razbojništvima i pljačkama, ucenama i ubistvima, ali i trgovinom narkoticima", saopšteno je u nemačkoj policiji.

Za razliku od Britanaca, koji ne pominju članove srpske mafije, Nemci u svojim službenim dokumentima govore o Srbima koji se nalaze u pritvoru ili zatvoru zbog počinjenih kriminalnih dela. Policija u Hagenu je saopštila da je 35-godišnji srpski državljanin A. K. uhapšen zbog napada na 77-godišnju vlasnicu zlatare u tom gradu. Napadač A. K. je u međuvremenu uhapšen u Hamburgu zbog druge pljačke, i već se nalazi u pritvoru.

„Zvezdan Slavnić (40), sin proslavljenog srpskog košarkaša Zorana Moke Slavnića, ponovo je uhapšen, ovoga puta kao navodni član bande 'Pink Panter'. Prema policijskim navodima, Slavnić i još trojica muškaraca iz Srbije uhapšeni su u Nemačkoj, u policijskoj akciji izvedenoj nakon pljačke juvelirnice u Austriji, iz koje je, kako se sumnja, ova četvorka odnela nakit i satove vredne više od 1,3 miliona evra."

Čak 929 državljana Srbije služilo je zatvorsku kaznu u Nemačkoj u 2016. godini. Među robijašima koji su počinili ubistvo u Nemačkoj bio je i Miloš O. iz Zemuna, koji je izašao na slobodu:

„Bio sam u zatvoru u Nemačkoj od 2004. do 2010. jer sam ubio čoveka koji mi je dugovao pare. Nisam profesionalni ubica, nego sam se samo branio. Ubio sam ga iz nehata. Za to delo sam dobio devet godina. Odležao sam pet godina i devet meseci u Nemačkoj, i zatim sam se vratio u Srbiju 2010. godine", kaže Miloš O.

Na Kipru je uhapšeno sedmoro kriminalaca iz Srbije osumnjičenih za pokušaj ubistva državljanina Rusije, tako što su daljinski aktivirali prethodno postavljenu eksplozivnu napravu. Kao plaćene ubice uhapšeni su R. P. (57) iz Kelebije, Ž. T. (56) iz Novog Sada, R. M. (46) iz Topole, P. Đ. (45) iz Subotice, G. R. (59) iz Sombora, i Beograđani D. O. (60) i J. R. (57). Srbima se kao organizovanim kriminalcima zbog plaćenih ubistava sudi u Austriji, Australiji, SAD, Švedskoj i na Kipru.

Godine 2020. italijanska policija se dvaput digla na noge zbog srpskih državljana. Prvo tražeći Slavicu Kostić, čiji je nestanak prijavila njena porodica iz Kučeva. Odmotavajući klupko nedeljama kasnije, karabinijeri su otkrili ubicu, uhapsili njenog bivšeg muža Dragoslava i u aprilu ga osudili na šesnaest godina zatvora.

Tu godinu obeležila je i potraga italijanske policije po šumama oko Bolonje za dvostrukim ubicom iz Subotice. Oko 1.000 specijalaca i karabinijera je, uz pomoć padobranaca, snajperista i helikoptera, tražilo Igora Vaclavića, osumnjičenog da je 1. aprila ubio vlasnika bara u Bolonji, a zatim, sedam dana kasnije tokom bekstva, i čuvara šume.

„Nema preciznih zvaničnih podataka o broju srpskih kriminalaca u svetu, jer o tome nijedna institucija ne vodi računa. Registruju se samo Srbi koji su pritvoreni ili zatvoreni u inostranstvu i zatraže pravnu pomoć od države Srbije, odnosno od naših ambasada i konzulata. Takvih je u 2020. godini bilo 528. Neki naši kriminalci traže pomoć i od sveštenika Srpske pravoslavne crkve u rasejanju. Međutim, kako većina delinkvenata ne želi da traži pomoć, da njihove porodice u Srbiji ne bi saznale da se u tuđini bave kriminalom, njihov je broj teško utvrditi", rekao nam je konzul koji se bavi pravnom pomoći našim delinkventima u Austriji.

Prema evidenciji Ministarstva spoljnih poslova Srbije, tokom 2016. godine u inostranstvu je uhapšeno 1.896 naših državljana.

„Najveći broj njih prijavljen je našim konzulatima radi pravne pomoći u Hrvatskoj – 399, Nemačkoj – 243, Mađarskoj – 204 i Crnoj Gori – 178. Najčešća krivična dela zbog kojih su Srbi hapšeni jesu šverc cigareta, krijumčarenje ljudi i droge, razbojništva, provalne krađe i pljačke, falsifikovanje dokumenata, boravak i rad na crno i nasilje", navodi se u MSP-u.

Srbi su glavni pljačkaši u Nemačkoj i Austriji, razbojnici u Italiji i Švajcarskoj, nasilnici u Australiji, krijumčari ljudi u Hrvatskoj i Mađarskoj, krijumčari kokaina u V. Britaniji, Holandiji i Španiji, i dileri droge u Bugarskoj, Rumuniji, Švedskoj, SAD i Čileu.

U emisiji nemačke televizije ZDF *Brojevi akata XY... nerešeni*, otvoren je nerešen slučaj otmice hendikepiranog sina nemačkog milijardera Rajnholda Virta u Šlicu od pre dve i po godine.

Nova analiza glasa nepoznatog kidnapera, koji se tada javio telefonom kako bi dao koordinate mesta za primopredaju novca, tri miliona evra za otkup kidnapovanog, ukazuje na muškarca starog između 40 i 52 godine sa akcentom koji ukazuje na poreklo iz Srbije, s Kosmeta ili iz Crne Gore.

Srpski kriminalci deluju na svim kontinentima i bave se gotovo svim kriminalnim i mafijaškim poslovima. Bračni par iz Srbije otkriven je na Tajlandu kako pokušava da proda lažno zlato. Uhvaćeni su s devetnaest lažnih ogrlica i dve narukvice.

Analizom diplomatskih i policijskih podataka došao sam do procene da danas čak 20.000 srpskih kriminalaca hara zemljama Evrope i u tri Amerike. Mnogi od njih su organizovani kao kriminalne grupe i predstavljaju srpsku mafiju. U Italiji, Nemačkoj, Švedskoj, Francuskoj, zemljama Beneluksa i Austriji srpska mafija ima svoje korene s početka sedamdesetih godina, kada su u Trstu, Milanu, Stokholmu, Parizu, Briselu, Holandiji i Beču postojali klanovi koje su predvodili odbegli „čvrsti momci" iz Srbije, Crne Gore i BiH.

„Jugoslovensko podzemlje, u kome su glavnu reč vodili Srbi, a koje je postojalo u ovim zemljama, bilo je aktivno do početka 21. veka. Kada su mnogi od vođa tog podzemlja nestali s lica zemlja ili se penzionisali, njihova mesta u evropskom podzemlju zauzeli su mlađi i agresivniji delinkventi. Posle operacije 'Sablja' 2003. godine, i posebno danas, posle zavođenja novih bezbednosnih mera u Srbiji, iz zemlje se iselilo na hiljade kriminalaca, koji 'rade' po Evropi i Americi", tvrdi jedan iskusni beogradski policajac.

Srbija danas čeka na izručenje oko 370 osumnjičenih koji su širom sveta pohapšeni po međunarodnim poternicama koje je naša zemlja raspisala. Među njima je, na primer, Dobrosav Gavrić, ubica Željka Ražnatovića i dvojice njegovih prijatelja, koji je uhapšen u JAR.

Preko Međunarodne policije Interpol strane zemlje tragaju za 163 državljanina Srbije. Najviše ih potražuje Hrvatska, zbog navodnih ratnih zločina – 106. Brazil potražuje petoricu Srba, sve zbog krijumčarenja kokaina. Južnoafrička Republika traži Gorana Bojovića, zbog naručenih ubistava. Interpol traga i za jedanaest Srpkinja, zbog organizovanih prevara i prostitucije.

## Međunarodni rat zbog Arkana

Raspad stare srpske mafije ostavio je traga do danas, jer traju obračuni između članova nekadašnjeg klana Željka Ražnatovića, Dobrosava Gavrića, Joce Amsterdama i klana Darka Šarića.

Jedno je izvesno, nova srpska mafija naručila je i izvela likvidaciju starog kuma Željka Ražnatovića Arkana, u hotelu *Interkontinental* u Beogradu 15. januara 2000. godine, kada su stradala i dvojica njegovih prijatelja s kojima je sedeo. Željkova supruga Svetlana Ražnatović odvezla je smrtno ranjenog Arkana privatnim automobilom u bolnicu. Naši mediji tu činjenicu zaboravljaju, i stalno puštaju fotografiju čoveka na nosilima koga iznose iz hotela *Interkontinental*. Taj mrtvi čovek nije Arkan, ali medije to ne interesuje, njima je bitna njihova istina.

Danas, dve decenije od Željkove likvidacije s dvojicom drugova na javnom mestu, kolaju priče „Arkan je živ!". Razni ljudi su ga videli u Španiji, Južnoj Americi, pa i u Grčkoj. I njegov sin Veljko je napisao pesmu o svom ocu s nazivom „Arkan je živ!".

Ovo je samo legenda od najjačem čoveku u Srbiji, kako je Arkan govorio za sebe. Dragan Malešević Tapi mu je odgovorio:

„Ja sam najpametniji Srbin!"

I tako su se zamerili jedan drugom i prestali da govore. Kasnije su se izmirili. Na to ih je naterao profesor Ćira.

Obojicu, i Arkana i Tapija, kao mladiće s beogradskih ulica vaspitavao je profesor fiskulture Miroslav Čitaković. Ovo je priča o čoveku koji je pokušao da vaspitava stare članove jugoslovenske mafije.

## Neću da umrem kao Tito!

Čovek koji je učio Arkana i ostale tvrde momke s beogradskog asfalta boksu, rvanju i lepom ponašanju bio je profesor Miroslav Čitaković. Otišao je tiho iz naših života, onako kako je čitavog života živeo.

Heroj srpskog sporta, šampion s dušom, najjači čovek u bivšoj Jugoslaviji, učitelj tvrdih momaka Miroslav Čitaković preminuo je u osamdesetoj godini u beogradskoj bolnici. Bila mu je amputirana noga zbog šećerne bolesti. Lečen je na Ortopedskoj klinici na Banjici, a potom u Zavodu za protetiku. Dobio je protezu, i vežbao je da je nosi. Kada smo posle nekoliko godina čekanja, uz pomoć njegovih prijatelja, dospeli do Čitakovića, on se požalio:

„Ne treba mi život bez noge. Neću da umrem kao Tito. Ne volim protezu, žulja me i ponižava."

Prijatelji ovog velikana rvanja potpuno su ga razumeli. Noge su glavno oružje svakog rvača, a posebno šampiona. Miroslav Čitaković je posle operacije, koja je trebalo da mu spase život, ostao razoružan.

„Pre toga je izgubio oko. A i bubrezi su počeli da mu otkazuju. Imao je jako srce, ali ga je organizam izdao. Nije umro sâm, poslednjih meseci bio je okružen starim prijateljima", rekao mi je Branko Savković, njegov drug iz mladosti.

Čitaković je rođen 1937. godine u Skoplju, gde mu je otac službovao. Završio je studije prava u Beogradu, a upisao je bio i Ekonomski fakultet. Kao snažan mladić, krajem pedesetih je otišao u rvački klub *Železničar*, da bi 1969. godine prešao u *Radnički* s Crvenog krsta.

„Miroslav je bio najjači čovek u zemlji, jer šestorica ljudi nisu mogli da ga pomere. Osvojio je četrnaest titula pojedinačnog državnog prvaka u grčko-rimskom i slobodnom stilu. Poslednju titulu šampiona uzeo je1984. u svojoj 47. godini. Dobitnik je trofeja 'Zlatna Jelica' i Plakete grada Beograda. I kad je prestao s takmičenjima, ceo život je posvetio sportu", rekli su mi u njegovom klubu.

Čita je bio čovek specifičnog stila. Radio je u cirkusu kao dreser divljih zveri i šetao je po Beogradu slona i mladog lava. Zimi je išao bos. Leti je nosio samo kožne sandale. Svakog dana je dizao hiljadu kila tereta. Na pijacu je odlazio s dva cegera i u njima nosio dva tega od po pet kila i povrće i voće. Voleo je da jede čorbast pasulj u *Prizrencu*. Redovno je išao u Sabornu crkvu da se moli za svoje zdravlje i mir među ljudima.

Čitaković je retko javno govorio o svojoj porodici. Imao je oca, brata Baju i snahu Cicu, u ranoj mladosti devojku Snešku i majku Vuku. Živeo je s majkom i pazio ju je kao malo vode na dlanu. Majka Vuka je sahranjena krajem juna 1989. godine na Novom groblju, gde sada počiva i njen sin Miroslav.

Kad je napustio aktivan sport, Čitaković se vratio poslu iz mladosti i nastavio da radi kao trener i vaspitač grupa momaka iz kraja, koje je imao čemu da nauči. Bio je iskren, dobar čovek, nenametljiv, a veoma često i duhovit, uvek spreman da dâ savet mladim sportistima, koji su ga gledali kao svog idola. Ostao je upamćen po tome što je znao da trenira po ceo dan, pa je uvek bio besprekorno spreman, što ga je činilo i sjajnim kondicionim trenerom nakon sopstvene bogate karijere. Neki od njegovih učenika postigli su izvanredne sportske rezultate, poput Nebojše Denića i Stanke Pejović, koja je bila prvakinja sveta u kik-boksu. Bernard Ban, rvačka legenda i dvanaest puta prvak Jugoslavije, kaže:

„Profesor Čita je bio ljudina. Skroman i divan čovek, koji je nerado govorio o sebi i drugima!"

Profesor Ćira nikada javno nije govorio o svojim učenicima. Kod Čitakovića su u mladosti, šezdesetih i sedamdesetih godina, boks i rvanje učili Arkan, Ljuba Zemunac, Sloba Globus, Dule Amerikanac, Miško Mercedes, Ćenta, Maka, Giška, Darko Ašanin, Bulka, Tapi, Gidra, Pigi, a kasnije Kristijan i Knele. S Batom Kamenim i Vojom Krstaricom je igrao u nekoliko filmova kao naturščik i kaskader. Svi ovi momci su ujedno bili i polaznici Ćirine škole bontona, i Čitaković ih je uvek oslovljavao sa „vi" i sa „gospodine".

„Bio je džin s dečjim srcem. Učio nas je boksu, rvanju, ali i lepom ponašanju. Njegovi najbolji učenici bontona bili su Željko Ražnatović,

Ljubomir Magaš, Đorđe Božović, Rade Ćaldović, braća Darko i Dragan Ašanin, Nikola Simić, ja i Dušan Prelević. Učenici i prijatelji su ga zvali Profesor, Čita, Ćira, Debeli i Legenda. Samo sam ga ja zvao Maks. On nam je otpozdravljao cezarski sa *ave* i *adios amigos"*, seća se danas Cvetan Slepčev zvani Bulka, momak sa Save.

Čitaković je odrastao na Savi, gde je imao svoj čamac. Na poljani kod Železničkog mosta održavao je krajem pedesetih prve treninge momcima u plivanju i borilaćkim veštinama. Kasnije ih je trenirao u starom DIF-u kod Crkve Svetog Save ili u klubu *Radnički*. Bio je spasilac na Savi, ali i redar u tek otvorenom Domu omladine i gradskim diskotekama. Karte koje nije cepao poklanjao je drugarima da uđu na koncert *VIS Siluete* i drugih grupa. Uz njega je tada stalno bio Dragan Malešević, momak iz Makenzijeve ulice.

„Momcima koji su imali višak adrenalina organizovao je 'ferke', tuče u kojima bi se pokazalo ko je najjači. Odmeravali su se Sloba Globus i Čeda Radević i Ljuba Zemunac, koji je najčešće i pobeđivao", tvrdi Boban Glavonić, jedna od prijatelja profesora Ćire.

Kada smo pokušali s Čitakovićem da pričamo o momcima koje je vaspitavao da budu gospoda sa asfalta, profesor Ćira nas je tužnim rečima odgovorio od toga:

„Izveo sam na pravi put 350 mladića. Od njih sam napravio ljude, ali su me mnogi od njih izneverili. Ušli su u kriminal i otišli u smrt. Sada žive na grobljima. Za mene je to poraz mojih metoda vaspitanja mladih ljudi. Tužan sam i ne želim o tome da pričam", rekao je kao da se pravda.

Miroslav Čitaković je imao nesreću da, na primer, iz Pariza 1966. dobije u paketu odsečenu glavu prijatelja Miška Mercedesa. Potom je druga Bulku i još nekoliko momaka poslao u Švedsku da im spase život. Bio je ljut na sebe što nije spasao život svojim miljenicima, Ljubi Zemuncu, Arkanu i Ćenti.

„Neobično me je potresla smrt Dragana Maleševića, koji je umro u policijskoj stanici, i Nikole Simića, novinara, jer su njih dvojica bili od retkih mojih učenika sporta koji su se ponašali kao gospoda", rekao nam je iskreno profesor Ćira.

Pod stare dane je Čitaković, kao počasni član Rvačkog saveza, i dalje brinuo o mladima. Svakodnevno je trenirao, ali je izbegavao javnost i medijsku gužvu. Iako je postao legenda Beograda još za života, želeo je da živi anonimno, okružen prijateljima, koji su ga štitili od radoznalih ljudi. Zato se dugo nije znalo da je profesor Mirosav Čitaković Ćira ozbiljno bolestan od šećerne bolesti. Kada su mu odsekli nogu, pobojao se da ne bude posramljen u javnosti. Zato je i rekao: „Neću da umrem kao Tito!"

Nije želeo ni da bude javno sahranjen. Već samo kremiran u tišini Novog groblja.

## Tajni život Tapija

Na šestoj parceli Centralnog groblja u Beogradu počiva boem, mason, slikar, suprug i otac Dragan Malešević Tapi. Dve decenije je prošlo otkad je slavni slikar umoren u beogradskoj policijskoj stanici.

Tapi počiva na groblju na kome su sahranjeni i njegovi roditelji, Novak i Jelisaveta Malešević. Vredni kradljivci i pljačkaši beogradskih groblja skinuli su s crnog mermernog spomenika bronzanog masonskog orla, a sa nadgrobne ploče veliki zlatni templarski krst. Odneli su ih i prodali otpadu. Ostavili su netaknutim malo svevideće oko, jedini znak da je Dragan Malešević bio Isusov ratnik i borac za hrišćanstvo.

„Dragan Malešević je bio templarski vitez, duhovnik srpskih masona, pionir magičnog nadrealizma u jugoslovenskom slikarstvu, divan suprug i otac. Bio je legenda urbanog Beograda i naš brat", govore danas njegovi najbolji prijatelji Boban, Aca, Vladi, Žika, Aleksandar, Dušan, Vladimir, Đorđe, Milan i Guta.

Na godišnjicu njegove smrti supruga Bojana Malešević je položila cveće. I rekla:

„Sanjam ga svake treće noći. Mi smo i dalje zajedno, jer moj Dragan je živ."

To mi je rekla i njegova ćerka Jovana, koja živi u očevom stanu s mužem i sinovima:

„Mene je otac učio da ne tugujem već da živim. A on, moj tata Dragan, živi ovde s nama u stanu i u našim srcima."

Tapi je preminuo u prisustvu vlasti 29. oktobra 2002. godine, jer je neko od političara posumnjao da Malešević skriva veliku državnu tajnu. Saslušavali su ga velegradski inspektori na nedozvoljen način, iako je imao visok krvni pritisak i bolesno srce.

O njegovoj smrti u beogradskoj policiji i danas vlada zagonetno ćutanje. Policija – koja je dozvolila da joj Dragan Malešević, priveden na informativni razgovor, umre – nije znala da je Tapi čovek koji je živeo pet života: privatni, javni, umetnički, tajni i onovremenski.

Njegovi najbliži, supruga Bojana i ćerka Jovana, odavno već ne istražuju ovaj državni zločin počinjen nad Draganom Maleševićem. Njih dve, kako su mi priznale, ne žele da žive u prošlosti. Okrenute su onome za čime je sâm Tapi večno žudeo – budućnosti.

„Dragan Malešević je i ušao u prvi život 1949. godine tako što je pobedio smrt. Na rođenju je imao oko vrata obmotanu smrtonosnu omču. Zategnuta pupčana vrpca i njegova težina od pet kilograma učinili su majčin porođaj rizičnim i teškim. Majka Jelisaveta se dva dana porađala. Mali Dragan je u jednom trenutku video smrt. Babica ga je spasla i uvela u život", svedoči njegova supruga Bojana.

Odrastao je u porodici novinara Novaka Maleševića u centru Beograda, i kao mali pokazao talenat za slikanje. Posle osnovne škole Dragan Malešević je zvanično pohađao Četrnaestu, Treću, Desetu i Jedanaestu beogradsku gimnaziju. Maturirao je 1967. godine u Šestoj beogradskoj gimnaziji, vanredno.

Šezdesetih godina kretao se po svom kraju od Makenzijeve ulice, dole do starog kraja oko Radio Beograda i *Politike*, pa sve do stadiona Tašmajdan i Doma omladine. U njegovom društvu „iz kraja", kako se to u žargonu govorilo, bili su Vladimir Pajević, Vladimir Mendelson, Dobrivoje Glavonić, Aleksandar Aca Kostić, Vladimir Pajović, Aleksandar Pantović i Đorđije Martinović.

„Izvodili smo razne nestašluke, učestvovali u gradskim 'ferkama', preprodavali ulaznice za Dom omladine i bioskope, štampali falsifikovane vozne karte i putovali s njima po Evropi. Zbog tapkanja bioskopskih karata dobio je nadimak Tapi, kojim je potpisivao svoja slikarska dela", kaže njegov drug Boban Glavonić.

Kada je na Bahamina doživeo inkarnaciju u slikara Jana van Ajka 1975. godine, Tapi se posvetio slikarstvu. Glavonić nam je dao svoje tumačenje Maleševićevog slikarstva:

Dragan Malešević je pokrenuo novi likovni pravac u Jugoslaviji – hiperrealizam. Likovni analitičar Dejan Đorić i umetnički kritičar Đorđe Kadijević su taj pravac nazvali 'magični realizam'. A to ime je preuzeo Momo Kapor za naslov svog portreta Dragana Maleševića u listu *Duga*.

Prva Maleševićeva slika bila je *Sicilijanac*, lice jednog fantastičnog čoveka. Zatim sledi slika *Dalmatinac*. *Polje sreće* je Malešević odslikao kao da je priroda i cveće s neke druge planete, a ne sa Zemlje.

Za života je uradio stotinu originalnih slika, od čega su danas trideset tri u posedu porodice. Štampao je kopije tih originala, obogaćenih potezima uljanim bojama, u milion primeraka. Imao je zvanično dvadeset pet izložbi, a nezvanično mnogo više.

Početkom 1988. godine dobio je poziv od Vitezova pravoslavnog reda templara iz Rima, koji su Maleševiću dodelili titulu Velikog bajlifa i barona od Raške oblasti. Kao prvi srpski templar, Tapi je bio čuvar bezbednosti ovog reda. Kao slobodni zidar bio je starešina masonske lože „Pobratim" u Beogradu.

„Krajem 1989. godine Dragan Malešević je bio najvažnija ličnost kulture u Srbiji. Ljudi su se prosto tukli da uđu na njegove izložbe, da ga vide, da se slikaju s njim i dobiju autogram", tvrdi Dobrivoje Boban Glavonić.

Bio je napadan, osporavan, ali i priznat u svetskim enciklopedijama kao pionir superrealizma.

„Svaka njegova slika bila je njegov lični pečat života", smatra Dragutin Zagorac, srpski templar.

Maleševićevo delo *Osamnaesta rupa*, nastalo 1988. godine, najzagonetnije je Tapijevo platno. Odslikava izgubljenost crnaca u američkom društvu. Sliku je kupila porodica Buš, i držala ju je neko vreme u Beloj kući. Sâm Tapi je cenio svoj plavi portret srpskog genija Nikole Tesle:

„Lično smatram da je Nikola Tesla zaštitnik ovoga prostora, i da je njegov duh stalno prisutan, da nas njegov duh zapravo čuva i da nam mnogo pomaže."

Ponekad mističan kao ličnost, templar, mason, čovek univerzuma, Dragan Malešević je govorio da ima pet života.

„U suštini, imao je četiri velike strasti: porodicu, slikarstvo, masoneriju i Srbiju. Imao je i veliku ljubav za svoje prijatelje", kaže njegov drug Milan Lajhner.

I nabraja da je Tapi imao petnaestak najboljih prijatelja, čak pedeset puta je bio kum, imao je hiljadu poznanika, od kojih su mnogi tvrdili da su mu prijatelji.

„Ljudi su dolazili da ga vide, da pričaju, da popiju malo viskija ili vina. Tata je sedeo u ateljeu i slikao. I istovremeno pričao s njima. A oni bi se smenjivali u ateljeu i na našim stolicama pored tatinog slikarskog stola. Neki od tih ljudi su dolazili i ostajali po pet sati u stanu. Pili su viski dok je tata odlazio napolje do opštine da završi neke svoje stvari i vraćao se natrag", pamti ćerka Jovana, koja je u svom stanu kao mala viđala Gorana Bregovića, Zdravka Čolića, Davorina Popovića, kao i druge buduće zvezde jugoslovenske umetničke scene, koji su bili njegovi prijatelji.

Tapi je bio pasionirani kolekcionar. Sakupljao je Malešević stari novac, stare tabakere, knjige, flipere, ploče, pištolje i automobile. Kao kolekcionar, najviše strasti i vremena poklanjao je popravkama oružja i automobila, koje je dovodio u savršeno upotrebljivo stanje.

Prijatelji Aca Kostić i Branko Savković tvrde da je Tapi za života imao najmanje dvanaest automobila. Pamte da je vozio plavi reno, mercedes, volvo, rols-rojs i opel, koji je prodao nekome u Grockoj.

Dragan Malešević je bio poznat u srpskom podzemlju, biznisu, umetnosti, ezoteriji, ali i u politici.

„Znao je sve političare, ali nije voleo politiku jer je sačinjena od laži", kaže njegov drug Aleksandar Pantović.

Tapi je poznavao Zorana Đinđića, Slobodana Vuksanovića, Bebu Popovića, Mila Đukanovića. Družio se sa Zoranom Đinđićem dok je ovaj bio gradonačelnik Beograda.

Neki penzionisani policajci su pričali da je Dragan Malešević bio tajni saradnik Službe državne bezbednosti. Da je učestvovao u likvidaciji Stjepana Đurekovića u Nemačkoj, zajedno s Giškom. I da je tom prilikom Tapi bio čistač, koji je uklonio tragove državnih likvidatora poslatih iz Beograda. Da je Tapi bio državni mafijaš. Njegova porodica je to demantovala.

Pričalo se da je imao ilegalnu prodavnicu falsifikovanih voznih karata na relaciji Beograd–Pariz i natrag. I da je zbog toga uslovno osuđen.

Uhapšen je krajem oktobra 2002. godine pod sumnjom da je s poznanikom Željkom Maksimovićem Makom organizovao „bandu za rušenje državnog poretka". Jedan političar, predsednik jedne stranke, optužio je Tapija da je državni neprijatelj.

Umro je priliko saslušanja u gradskom SUP-u.

„Dragan Malešević je verovao da je jači od smrti. Poručio nam je pre odlaska na onaj svet da će kada se vrati u život biti mnogo bolji čovek", kazao mi je Milan Lajhner, njegov templarski brat.

## Ljudi sa poternica

Međutim, mediji prećutkuju istinu o ubici Željka Ražnatovića. Dobrosav Gavrić, bivši policajac, osuđen za likvidaciju Arkana, pušten je uz tolerantan odnos pravosuđa i policije da, posle presude na trideset pet godina robije, pobegne iz Srbije.

Naime, kako je sud odmah posle izricanja presude pustio Dobrosava Gavrića i Milana Đuričića Mikija iz pritvora da se brane sa slobode, oni se od 2006. godine nalaze u bekstvu. Zbog te nerazumne odluke suda, Jasna Diklić, sestra Željka Ražnatovića Arkana, od tada tvrdi da ubice njenog brata u policiji niko i ne traži.

„Arkanove ubice štiti država! Ako je u ubistvo mog brata bilo umešano deset policajaca, zašto ne pomisliti da je sad situacija slična, i da ih štiti tajna policija? Njihovi advokati tvrde da su oni nevini, verovatno zato što Dobrosav Gavrić smatra da je ubistvo počinio po naređenju, jer je on policajac kome je posao da izvršava ono što mu se naredi", rekla je jednom prilikom pred sudom Arkanova sestra Jasna Diklić.

Članovi brojne porodice Željka Ražnatovića iz Beograda očekuju izručenje Gavrića, njegovo slanje u srpski zatvor. Čekajući vesti o izručenju Dobrosava Gavrića iz Južnoafričke Republike državi Srbiji, familija Ražnatović zapravo čeka da sazna istinu ko je i zašto naručio likvidaciju Arkana.

„Moj branjenik Dobrosav Gavrić se predao policiji i nalazi se u pritvoru. Trenutno je u procesu dobijanja statusa izbeglice i uskoro očekujemo da sud u Južnoafričkoj Republici takvu odluku i donese. Mislim da je tamošnjim sudijama jasno da Dobrosav Gavrić ni po koju cenu ne sme da bude ekstradiran u našu zemlju, jer im je odbrana predočila dokaze da bi on bio ubijen čim bi kročio na tlo Srbije. Gavrić nije pobegao iz naše zemlje od suda i kazne, već zato što je imao saznanja da će biti ubijen nakon donošenja presude u jesen 2006. godine", saopštio je početkom aprila 2012. godine srpskim medijima advokat Veljko Delibašić.

Bekstvom Gavrića u Južnoafričku Republiku, gde se, takođe bavio sumnjivim poslovima pod drugim imenom i prezimenom, otvorena je kriminalna priča o ovom Srbinu na kraju Afrike. Istovremeno su sledbenici Željka Ražnatovića Arkana krenuli u osvetnički rat protiv Gavrića i time pojačali aktivnosti svog kriminalnog klana u svetu.

Sumnja se da je Luka Bojović, kao saborac i kum Željka Ražnatovića, koji je iz Srbije prebegao u Španiju, gde je uhapšen, imao u planu i osvetu svog komandanta, odnosno likvidaciju Dobrosava Gavrića.

Rat između prijatelja i saboraca Željka Ražnatovića protiv klana Dobrosava Gavrića, traje već dvadeset jednu godinu. I dok danas Srbija očekuje da JAR izruči ubicu Željka Ražnatovića i njegove dvojice prijatelja, Dobrosav Gavrić, koji je podneo molbu za politički i verski azil i status izbeglice u Južnoafričkoj Republici, u svojoj pisanoj izjavi afričkom sudu koji treba da donese odluku o njegovom izručenju Beogradu kaže:

„Strahujem da bi moja ekstradicija rezultirala mojim ubistvom u Srbiji! Neki ljudi iz Srbije rasuti po svetu jedva čekaju da me vide mrtvog!"

Istraga protiv Luke Bojovića u Španiji otkrila je da je ovaj arkanovac bio u još jednom podzemnom ratu. Posle intenzivne istrage i saradnje Uprave kriminalističke policije MUP Srbije i policije Španije, u Valensiji su početkom februara 2012. godine locirani Luka Bojović i njegovi saradnici Vladimir Milisavljević Budala, jedini preostali član zemunskog klana koji je bio na slobodi, zatim Siniša Petrić, nekadašnji pripadnik JSO, član grupe Marinka Magde. Tada je potvrđeno da se Luka Bojović posvađao bio i s Jocom Amsterdamom i nekim ljudima iz klana Darka Šarića.

„Kako je došlo do sukoba Luke Bojovića i Sretena Jocića, tj. Joce Amsterdama, zbog čega je na obe strane bilo mrtvih i u Srbiji i u inostranstvu, ima različitih verzija. Najbliža istini je ona po kojoj je u središtu ovog rata bio Milorad Ulemek Legija. Reč je o njihovim zajedničkim kriminalnim poslovima u Bugarskoj, ali i „nameštanju" hapšenja Joce Amsterdama u Sofiji. U tom ratu između Bojovića i Jocića, ubijena su trojica Jocinih kumova – Srđan Miranović u Podgorici, Zoran Golub u Istočnom Sarajevu i Uglješa Aranitović zvani Ugo u Beogradu. Aprila 2008. godine ubijeni su Goran Marić, Jocićev prijatelj, i Ilija Novović, Bojovićev kum. Njihova tela su pronađena u istom, zapaljenom džipu", utvrdila je naša policija.

O domaćim i međunarodnim vezama Luke Bojovića i najvećeg narko-bosa na ovim prostorima Darka Šarića policija ima dosta saznanja. Međutim, onog trenutka kad je počelo da se ruši carstvo ovog Pljevljaka, Beograđanin je počeo da uklanja sve koji bi mogli da ukažu na tu vezu i da ga ugroze. To se, kako se sumnja u policiji, pre svega odnosi na Sretka Kalinića, koji je imao informacije o slovenačkim vezama Bojovića i Šarića, kao i ilegalnim kanalima za rasturanje narkotika ka zemljama Zapadne Evrope.

Kako je utvrđeno u policijskog istrazi MUP-a Srbije i Interpola, kriminalna organizacija Darka Šarića, koji se predao srpskim vlastima, obuhvatala je više kriminalnih grupa s prostora bivše Jugoslavije sa ukupno stotinu članova. Procena je da je Darko Šarić, kao „kralj kokaina", krijumčario najmanje pet tona ovog narkotika i inkasirao više od milijardu evra.

„Nije, međutim, Darko Šarić jedini veliki trgovac drogom s naših prostora, jer su pre njega epitet 'kraljevi srpske narko-mafije' dobili Mehmed Ali Karafaka iz Velikog Trnovca kod Bujanovca, Daut Kadriovski iz Skoplja i Dušan Spasojević iz Zemuna. I oni su, kao i Šarić, imali razgranatu mrežu krijumčara i prodavaca droge od Turske, preko Kosmeta i Srbije, do Nemačke, Španije, SAD i Kolumbije", kaže kriminolog Dušan Davidović iz Beograda.

Značajna uporišta je klan Darka Šarića imao u Holandiji, Italiji, Nemačkoj, Sloveniji, Hrvatskoj, Češkoj, Španiji, Švedskoj, Južnoj Africi i Južnoj Americi. Samo u Italiji je bilo angažovano oko šezdeset pripadnika Šarićevog narko-klana.

## Karafaka i Daut

Karafaka je još sedamdesetih formirao grupu krijumčara, koja se tada bavila ilegalnom trgovinom oružja i zlata. U njoj su bili braća Osmani Adnan i Fatmir, Memeti Ljatif i Arifi Ismet, svi iz Velikog Trnovca. Devetog marta 1981. inspektori za suzbijanje nedozvoljene trgovine drogom su u Beogradu u renou jednog kurira Mehmeda Karafake otkrili i zaplenili šesnaest kilograma heroina vrednog na tržištu Zapadne Evrope 1.600.000 nemačkih maraka. Istog dana su pritvoreni dileri Fatmir i Jakup, kao i Sabedini Sabedin, koji je doleteo iz Istanbula, a za kog se ispostavilo da je Mehmed Ali Karafaka lično.

„Radim za trojicu Turaka koji imaju laboratoriju za proizvodnju heroina u gradu Gaziantepu. Droga se transportovala u Istanbul, potom u Beograd i Milano, gde je prodato oko 240 kilograma heroina. Zaradio sam gazdama 75 miliona dolara, a sebi četiri miliona nemačkih maraka, koje sam uložio u kupovinu kuća i lokala u Turskoj", priznao je Karafaka policiji.

Osuđen je na deset godina zatvora, ali je odlukom Predsedništva SFRJ u proleće 1990. godine oslobođen, i nastavio je da trguje heroinom, koji je krajem 20. veka prodavao i članovima zemunskog narko-klana. U međuvremenu, svoju narko-mafiju je izgradio albanski obaveštajac Daut Kadriovski, koji je sredinom osamdesetih došao iz Makedonije u Prištinu da organizuje proizvodnju i prodaju heroina u Švajcarskoj, Španiji i SAD.

„U 'poslovnom lancu' Kadriovskog našla su se četrdeset dva dilera, korumpirani policajci, političari i diplomate, pri čemu su pominjani Mahmut Bakali, pokrajinski funkcioner, i Redžep Suroi, jugoslovenski ambasador u Madridu. Kada je SSUP 1985, u akciji 'Madrid', presekao aktivnost ovog narko-klana, Daut Kadriovski je pobegao u Tursku", pričao mi je svojevremeno inspektor savezne policije Ivan Trutin.

Kadriovski, rođen 1948. u selu Crni Vrh kod Skoplja, bio je sportista, a postao je najveći snabdevač turskim heroinom za američko tržište. Udružio se 1992. godine sa albanskim klanom braće Lika u Njujorku, i na trgovini heroinom zaradio 600 miliona dolara. FBI ga je desetak godina bezuspešno tražio. Na svim federalnim zgradama u Americi je krajem 21. veka bila postavljena poternica za Dautom Kadriovskim.

„Njegov sledeći 'podvig' bio je ilegalni boravak u bivšoj Jugoslaviji, u Prištini i Sarajevu. Više od godinu dana je poput pauka pleo svoju mrežu informatora, nabavljača, transportera, pomagača i prodavaca heroina. Daut Kadriovski je bio saradnik albanske mafije i finansijer ilegalnog UČK-a. Nakratko odlazi u Grčku, a zatim u Istanbul. I odande počinje nov 'biznis', i potom mu se gubi svaki trag", zapisano je u američkom dosijeu Dauta Kadriovskog.

## Duća iz Zemuna

I u vreme kada je Dušan Spasojević bio član surčinskog klana, od 1994. do 1997. godine, heroin je nabavljao u Sofiji od izvesnog Robija, poreklom iz Hrvatske. Kasnije, kada je od Zemunaca, Novosađana i Požarevljana napravio zemunski klan od dvadeset pet članova, Spasojević je heroin kupovao u Turskoj od Mehmeda Karafaka, i od Safeta Kalića zvanog Sajo iz Rožaja.

„Kada su od Saje kupili poslednji tovar od pedeset kilograma heroina, platili su mu novim crvenim ferarijem sa italijanskim tablicama. Dušan Spasojević je za Saju kupovao kiselinu za obradu heroina, tako da, kad su prebili troškove, njega je kilogram droge koštao svega 1.500 evra. Kupovali su od 30 do 70 kilograma, mešali tu drogu s paracetamolom ili kofeinom i pravili trostruku količinu. Drogu su u tajnoj radionici u Krčedinu presovali i pravili 'cigle' od 500 grama. Tako spakovanu drogu prodavali su svojim glavnim dilerima u Beogradu, po centralnoj Srbiji i Vojvodini. Cena za dilere bila je od 7.000 do 10.000 evra za kilogram", tvrdio je Mile Novaković, inspektor policije koji je razotkrio zemunski narko-klan.

Pored heroina, koji su Dušan Spasojević zvani Duća i Zemunci kupovali u Turskoj, trgovali su i kokainom, koji su nabavljali preko Gagija iz Amsterdama i Haralampija, Makedonca iz Norveške, i prijatelja u Kolumbiji.

Dušan Spasojević je rođen 10. jula 1968. godine u Medveđi. Radio je na Kosmetu kao zatvorski čuvar i zato dobio nadimak Šiptar. U Beograd je došao početkom devedesetih i u surčinskom klanu radio krađe stvari i automobila. Zemunci su bili jedna od najjačih mafijaških grupa na Balkanu, koja je u svom zenitu brojala tridesetak članova. Klan je bio organizovan kao vojna jedinica. Zemunci su bili naoružani, disciplinovani i vrlo opasni. Imali su policijske legitimacije i kontakte s političarima. Njihov komandant je bio Milorad Ulemek Legija, koji je organizovao ubistvo premijera Zorana Đinđića.

„Spasojević i njegov narko-klan su od 2000. do 2002. godine od Saje Rožajca u Turskoj kupili 200 kila heroina, od kog je mešanjem za ulično tržište napravljeno oko 600 kilograma droge. Spasojević je ubijen u Meljaku 2003. godine, posle čega je njegov klan pohapšen i ugašen", tvrdi Mile Novaković, bivši inspektor srpske policije, koji je funkcionisanje ove narko-mafije opisao u knjizi *Državo, ruke uvis!*.

## Švedsko utočište mafijaša

Arkan, Joksa, Ratko, Kotur, Ševo – samo su neka od imenâ Srba koji su radili u švedskom podzemlju. Objavljujemo ispovest Nenada Mišovića, koji u švedskom zatvoru izdržava doživotnu robiju zbog ubistva. Šveđani i danas veruju da je Željko Ražnatović živ i da organizuje pljačke banaka po ovoj kraljevini. Kako i ne bi mislili kad je Arkan opljačkao dvadeset tri švedske banke. Švedski kriminolozi i publicisti rado govore o moćnoj jugoslovenskoj mafiji, koju su predvodili Srbi – Arkan, Jokso, Ratko, Kotur i Ševo.

„Bavili su se ilegalnim kockanjem na ruletima i konjima, pljačkama, razbojništvima, ilegalnom trgovinom cigaretama i alkoholom, kao i likvidacijama ljudi", pisali su o njima švedski mediji.

Željko Ražnatović Arkan, Dragan Joksović Joks i Ratko Đokić ubijeni su na javnom mestu. Rade Kotur i Milan Ševo su živi – i sve to demantuju.

Arkan je bio usamljeni vladar srpskog podzemlja. Dragan Joksović Jokso bio je bos jugoslovenske mafije u Švedskoj. Veliki Jokso, kako su ga zvali, divovske snage, u jednoj tuči žestoko je prebio vojno lice, što je bio težak prekršaj i zbog čega je morao da napusti Crnu Goru. Odlazi u inostranstvo, gde su već bili naši žestoki momci poput Ljube,

Ćente, Juse, Giške i Arkana. Najpre je otišao u Italiju, pa u Nemačku i na kraju u Švedsku sa Arkanom.

Ražnatović je ubijen u Beogradu 2000. godine, Jokso dve godine ranije u Stokholmu 1998, a Ratko 2003. u Švedskoj. Đokićev ubica je, kako je utvrdio švedski sud, Nenad Mišović, Srbin iz Aranđelovca, koji nije bio prisutan na mestu zločina, ali robija doživotno u švedskom zatvoru.

Mišović je četrdesetogodišnjak poreklom iz Aranđelovca. Živeo je jedno vreme u Nemačkoj i Švedskoj, gde je radio na poslovima obezbeđenja. U švedskom zatvoru *Saltvik* pokazao se kao izvrstan kuvar. Trenutno studira poslovni engleski i privredno poslovanje u Švedskoj. Planira da kad izađe na slobodu bude švedski biznismen. Zato vodi bitku i moli državu Srbiju da mu pomogne da izađe iz švedske kaznionice.

„Švedska policija me je kidnapovala iz Nemačke. U pritvoru mi nisu dali da zovem Ambasadu Srbije u pomoć. Sud me bez dokaza osudio na najtežu kaznu. Žrtva sam mafijaške nameštaljke. Sada tražim pomoć države Srbije", rekao nam je osuđeni Nenad Mišović.

U srpskim medijima s bombastičnim naslovom „Ubica kralja kocke nalazi se u Novom Sadu", objavljeno je da se izvesni Vladan Nikčević, jedan od optuženih za ubistvo Ratka Đokića u maju 2003. godine u Švedskoj, nalazi u Vojvodini. A da je Nenad Mišović „osuđen na doživotnu robiju kao saučesnik na osnovu DNK, koji je pronađen u autu ubica i na osnovu telefonskih razgovora s njima". Na to Mišović reaguje ovim rečima:

„Moram da se branim od ovakvih neistina koje se šire po Srbiji, jer ja nisam učestvovao u likvidaciji Ratka Đokića, niti sam u Švedskoj osuđen na robiju na osnovu DNK i telefonskih razgovora! Već na osnovu nesigurnih i indirektnih dokaza."

Posetio sam ga u švedskom zatvoru. A potom smo se dopisivali imejlom. Mišović iz švedskog zatvora *Saltvik* u Harnosandu objašnjava šta se događalo s njim poslednjih trinaest godina, koliko sedi u zatvoru.

„Uhapšen sam u Nemačkoj avgusta 2005, kada sam se vraćao sa odmora u Italiji. Hapšenje i izručenje Švedskoj ličilo je na kidnapovanje, jer za to nije bilo pravnog osnova. Iz Nemačke sam deportovan posle devet dana. Za to vreme nije mi omogućen kontakt sa advokatom. Ova prava su uhapšenima garantovana Ženevskom konvencijom iz 1962. i Luksemburškom konvencijom iz 1974. godine o ljudskim pravima. Prvi kontakt sa srpskim diplomatskim predstavništvom ostvario sam posle četiri meseca pritvora, i to po završetku suđenja", otkriva Mišović, koji svoju kaznu doživotnog zatvora služi u potpunoj izolaciji.

Mišović je tvrdio da je osuđen na najtežu kaznu bez ijednog tehničkog dokaza, bez svedočenja svedoka ili očevidaca o učešću u pripremama za ubistvo Ratka Đokića. Na suđenju su iznesene samo tvrdnje tužioca Švedske da je Mišovićeva devojka kontaktirala sa izvršiocima ubistva dok je on boravio u Nemačkoj.

„Na dan izvršenja atentata na Ratka Đokića koristio sam drugi telefon, i bio sam u sasvim drugom delu grada. Netačni su i podaci tužilaštva Kraljevine Švedske da sam Đokićeve ubice Slavka Miloševića i Vladana Nikčevića odvezao iz Stokholma za Malme, i pripremio im pasoše za bekstvo. Imao sam dokaze protiv ovakvih tvrdnji, ali mi advokat i sud nisu dozvolili da ih iznesem kao svoju odbranu."

Godinama mi je tvrdio da je sâm žrtva mafijaške nameštaljke i ujdrume švedske policije, koja je koristila doušnike iz podzemlja da bi njega optužila. Nenad Mišović je 2002. godine radio u obezbeđenju Rada Kotura, trgovca poker mašinama u Švedskoj, kome je Ratko Đokić postao konkurent u poslu. Sumnjao je da je Rade Kotur organizovao likvidaciju svog konkurenta.

Kotur, fabrikant aparata za kockanje, inače optuživan kao kum nove jugo-mafije, upravo je izašao iz švedskog zatvora, gde je robijao zbog ilegalnog kockanja i neplaćenog poreza.

Koturov telohranitelj Nenad Mišović je u Švedskoj proglašen za opasnog čoveka, pa je zato pod neprestanim nadzorom zatvorskih čuvara, ali i pripadnika specijalnih jedinica. Zatvor *Saltvik* u Harnosandu izgrađen je 2011. godine. Opremljen je najnovijom elektronskom i mehaničkom opremom. Svi u zatvoru, i zaposleni i osuđenici, pod neprestanim su video-nadzorom.

„Sve nas osuđenike uprava zatvora prisluškuje. Uslovi boravka jesu dobri, ali to ne umanjuje psihološke tegobe zatvorenika, jer debeli zidovi, vrata i samoća naši su najveći neprijatelji. Švedska mi je oduzela slobodu, ali me je i obeležila kao kriminalca. Živim u totalnoj izolaciji. Drže me u samici. Nemam društveni život. Ne proslavljam Božić, Vaskrs, Novu godinu, pa ni svoj rođendan. Nemam s kim da podelim radost tih svečanih trenutaka", pričao mi je Mišović, koga retko izvode u grad, i to u pratnji švedskih specijalaca.

Kako po zakonu Kraljevine Švedske osuđenici na doživotnu kaznu zatvora imaju pravo da posle deset godina robije podnesu zahtev da im se odredi vremenska kazna i time pruži nada da će jednog dana izaći na slobodu, Nenad Mišović je s novim advokatom pokrenuo proces dokazivanja svoje nevinosti. Nije uspeo da ga okonča u svoju korist. Umro je u zatvoru od infarkta 2021. godine.

# Slučaj Ševo

Samo tokom jedne godine u Švedskoj policija je u racijama uhapsila preko pedeset naših ljudi. U zatvoru je tada bilo dvadeset šest Srba. Većina uhapšenih Srba tereti se za trgovinu drogom, pljačke, razbojništva i ilegalni promet cigareta. Uhapšenik Dragan O. pripadnik je albanske narko-grupe koja trguje narkoticima u Malmeu, Geteborgu i Stokholmu.

U Švedskoj oko 4.000 osoba godišnje dobije presudu i odlazi u neki od trideset pet zatvora. Među osuđenicima je poslednjih godina sve više stranaca, Arapa, Albanaca, Srba, Rusa i Finaca.

„Srbi se, zbog još živih legendi o jugoslovenskoj mafiji, smatraju najopasnijim strancima. Uostalom, švedski mediji neprestano ističu kako je među deset najopasnijih zatvorenika danas u Švedskoj petoro Srba: haški osuđenik Biljana Plavšić, Mijajlo Mijajilović, ubica ministarke Ane Lind, Rade Kotur, osumnjičen za utaju poreza i naručena ubistva, i Milan Ševo", objašnjava nam sudski tumač Miloš Perić.

Zbog Milana Ševe je 2001. godine u Švedskoj počelo ono što su mediji nazvali gangsterskim ratom. Bio je to talas ubistava s mafijaškim potpisom. Sve je počelo atentatom na Ševu u decembru 2001. Obračuni između jugoslovenske mafije i jedne gangsterske grupe počeli su kad se jedan bogati preduzetnik obratio Ševi za pomoć zbog reketa.

„Hteo je da se pokazuje u Ševinu društvu kako bi izgledalo da je pod njegovom zaštitom", navodili su mediji.

Nakon neuspelog pokušaja da se ubije Milan Ševo 2001. godine, potom je ubijen Ševin prijatelj Pol, pa je 2002. godine njegov mladi prijatelj likvidiran u videoteci. Obojica napadnutih – utvrdila je policija, a objavili mediji – bili su članovi skupine Ševina rivala. Ševo je sve to demantovao, ali se zbog svoje bezbednosti vratio u Srbiju da se bavi biznisom.

Novo mesto u švedskim policijskim arhivima i medijima posle Kotura i Ševe zauzeo je Goran Kotaran, Srbin iz Banjaluke, osumnjičen za organizovani kriminal i ubistva. Kotaran je deo života proveo u Švedskoj, gde su ga dovodili u vezu s više nerasvetljenih ubistava.

Goranov otac Dušan Kotaran bio je poznat svojevremeno kao jedan od dubičkih šefova podzemlja za čije se ime nezvanično vezuje čak i trgovina belim robljem. Sumnja se da je zbog toga i ubijen u decembru 1999, u kafani u Dubici, a ubistvu je prisustvovao i njegov sin Goran.

Nakon očeve smrti, on je s nepunih sedamnaest godina otišao u Švedsku, kod majke. Tamo je počinio dva ubistva, ali je posle psihijatrijskih pregleda deportovan u BiH s dijagnozom mentalno bolesne osobe.

Za njega je Rade Kotur rekao na sudu:

„Goran Kotaran je mašina za ubijanje. U BiH i u Švedskoj je likvidirao trinaest ljudi", otkrio je detalje svoje privatne istrage Rade Kotur, čijeg je sina Kotaran nameravao da otme.

## Moto bande i panteri

Srpske grupe Anđeli pakla, delinkvent Vaso Ulić iz Australije i banda Pink Panter, u kojoj je i Zvezdan Slavnić, poznate su čitavom svetu.

U svetu danas postoji 600 pripadnika organizovanih kriminalnih grupa i mafija, čije su vođe i članovi srpskog porekla. Njihovi najveći mafijaški centri nalaze se i u dalekoj Australiji, mada srpskih kriminalaca ima dosta u Austriji, Nemačkoj, Italiji, Španiji, Češkoj i Švajcarskoj. Prema podacima Interpola, Srbi iz evropskog, američkog i australijskog podzemlja bave se ilegalnom trgovinom narkoticima, razbojništvom, pljačkama, ali i ubistvima.

„Australijska policija i mediji proglasili su 2019. Vasu Ulića za šefa narko-mafije na Petom kontinentu. Ovu mafiju čine Srbi, Crnogorci, ostali doseljenici s Balkana i australijski kriminalci. Vrednost poslova s drogom Vase Ulića meri se milionima australijskih dolara", javio mi je Đorđe Čović, Srbin iz Sidneja.

O srpskim kriminalcima na Petom kontinentu govori se i piše već dve decenije. Danas i australijska policija zvanično priznaje njihovo delovanje, ali nazivaju ih Balkancima.

„Balkanski kriminalci su najveća pretnja australijskoj državi zato što su neverovatno dobro infiltrirani u lokalne zajednice i vrlo čvrsto su povezani međusobno, ali i s najvećim svetskim kriminalnim grupama", stoji u izveštaju australijske federalne policije koja se bavi organizovanim kriminalom.

Ovaj izveštaj koji do detalja opisuje šemu funkcionisanja najjače kriminalne grupe u Australiji podseća na zbrkano ptičje gnezdo, a u stvari je vrlo ozbiljan i detaljan. Ili bar tako smatraju australijski policajci. Čovek za koga sumnjaju da je na njenom čelu, Vaso Ulić, pedesetpetogodišnji Podgoričanin, ne misli tako.

U svojoj suštini, šema na kojoj su radili pripadnici australijske policije svodi se na veze starih kriminalnih grupa tzv. *stare škole* sidnejskog podzemlja sa azijskim kriminalnim bandama, italijanskom mafijom i motociklističkim bandama poput Bandidosa i Odmetnika. I na čelu svega toga, ili još bolje – čovek koji sve to povezuje s kolumbijskim kartelima i azijskim i evropskim proizvođačima sintetičkih droga famozni je Vaso Ulić, Srbin iz Podgorice, koji se u Australiju uselio 1979. godine.

Radio je prvo na čuvenoj King kros ulici, ili kako je Australijanci zovu: *Zlatna milja*, ulici u kojoj je skoncentrisan sav kriminal u Sidneju. Počeo je od najneuglednijih poslova, ali vrlo brzo je napredovao i sarađivao je, navodno, s najvećim kriminalnim imenima u Australiji, poput Bila Bajeha, Džordža Frimena i Džordža Savasa.

Prvi put mu je otvoren policijski dosije 1980. godine, bio je vrlo aktivan u čuvenom ratu bandi iz 1980. godine, u kome je došlo do surovog obračuna azijskih i anglosaksonskih bandi za prevlast na sidnejskom tržištu.

Ulić je pobegao u Evropu, tačnije u Italiju, ali Interpol ga nije stavio na poternicu zato što nikako nije dobijao dokumentaciju od australijske policije. Dokumenta i dokazi bili su negde izgubljeni. Tek je 1995. godine Ulić uhapšen u Nemačkoj i izručen Australiji. Optužbe za ubistvo ipak su posle dve godine odbačene.

Posle toga se Vaso Ulić bavi legalnim poslovima, uglavnom nekretninama, mada ga policija dovodi u vezu s pranjem novca preko azijskih poreskih rajeva u Hongkongu, Makau i Singapuru, ali i sa ubistvima i krijumčarenjem ekstazija.

Kako funkcionišu srpske bande pokazao je i zločin počinjen u srpskoj koloniji. Kada je u Sidneju 2011. godine sahranjen Falau Pisu (23), rođak srpskog mladoženje Rokija Štrbca, koji je preminuo u bolnici *Liverpul* nakon teškog ranjavanja ispred prostorija Srpskog centra Srpske narodne odbrane, ništa nije upućivalo na ovu tragediju. Roki i Saša Štrbac, oboje poreklom iz Srbije, potomci izbeglica i žitelji opštine Liverpul u Sidneju, zakazali su venčanje i svadbeno veselje u ponedeljak. Na slavlje je stiglo oko trista gostiju, kako Srba, tako i Australijanaca.

„Sidnejski policajci su jedno vreme 'pokrivali' venčanje i svadbu, jer su imali informacije da će joj prisustvovati veliki broj članova lokalnih bandi motociklista. Kako se ništa neuobičajeno nije dešavalo, policajci su se povukli s parkinga ispred Srpskog centra SNO. Međutim, ubica s fantomkom uleteo je naoružan i venčanje Srba pretvorio u krvavi pir", pišu australijske novine.

Tako je sidnejska svadba Rokija i Saše Štrbac, poreklom iz Srbije, postala poprište mafijaškog obračuna bajkerske bande Komančero sa suparnicima iz bande Anđeli pakla. U pucnjavi koja je usledila, dvadesettrogodišnji Falo Pisu pogođen je s dva metka u glavu. Dva gosta su ranjena, jedan u nogu, a drugi u rame.

U sidnejskoj opštini Liverpul živi oko 5.000 srpskih doseljenika novijih generacija, koji se uglavnom bave građevinskim poslovima. Ova opština je, međutim, zbog sve većeg doseljavanja suočena s narkomanskim i motociklističkim bandama. Neki od istaknutih članova grupe *Bandidos Centro* su, na primer, Bogdan Č., Marko C., Boško Č. i Džordž B., koji su optuženi za jedno ubistvo i jedno silovanje. Ubistvo mladog Falau Pisua je posledica tog rata u podzemlju, koji sidnejska policija ne može da obuzda. Ovaj zločin je uzbudio čitavu Australiju, i posebno srpsku zajednicu.

Na Petom kontinentu deluje međunarodna grupa prevaranata, bandi čiji su članovi i Srbi, koja iznuđuje novac od srpskih iseljenika. Grupa je postala toliko opasna da je i Generalni konzulat Srbije morao da se oglasi ne bi li zaštitio naše građane:

„Reč je o organizovanoj grupi koja se lažno predstavlja u ime Ambasade Srbije u Kanberi i koristi bliskost naših građana s članovima njihovih porodica koji žive u inostranstvu, telefonski ih obaveštava da je neko od njih u direktnoj životnoj opasnosti, da je zdravstveno ugrožen, ili pokraden, da mu je neophodno poslati novac radi lečenja ili nastavka puta na koji je krenuo. Sugestivno traže od građana da se po njihovom zahtevu odmah postupi i da se novac uplati na određeni račun preko *Vestern uniona*, što je jedan broj naših građana i učinio. Kako je reč o prevari, našim građanima savetujemo da pre slanja bilo kakvog novca sve temeljno provere, pozivajući rođake ili kontaktirajući ambasadu u Kanberi, odnosno Generalni konzulat Srbije u Sidneju", izjavio je konzul Branko Radošević u apelu srpskog konzulata. Ova banda je uspela od nekih Srba da izvuče od 8.000 do čak 30.000 dolara.

## Srpski razbojnici

Najopasnija srpska razbojnička organizacija Pink Panter pljačkala je zlatare u Emiratima, Španiji i Francuskoj. Španci su uspeli da uhvate Borka Ilinčića, kako tvrde, glavnog aktera pljačke zlatare *Vafi*, i da ga izruče Emiratima.

„Petog novembra 2015, dvojica pripadnika kriminalne bande 'Pink Panter' uhapšeni su na Kanarskim ostrvima. Oni su srpski državljani. Za ostalim članovima bande izdata je međunarodna poternica. Osumnjičeni su u septembru učestvovali u oružanoj pljački zlatare na ostrvu Fuerteventura. Tri maskirana muškarca upala su u radnju s pištoljima, onesposobili zaposlene, pretresli kutije s nakitom i uzeli najskuplje predmete u 'savršeno pripremljenoj' pljački koja je trajala samo nekoliko minuta. Zaplenjena je ukradena roba u vrednosti od milion evra", rečeno je u saopštenju španske policije.

Pripadnici organizovane mafijaške bande Pink Panter hapšeni su u Tokiju, Parizu, Njujorku, Madridu, ali i Beču. Posle hapšenja članova bande „Pink Panter" u Beču, pukovnik austrijske policije Robert Klug objavio je njihova imena. To su bili srpski državljani Nikola K. (28), Dragomir M. (32), Miloš L. (27), Nemanja V. (27), crnogorski državljanin Danijel V. (31) i austrijski građanin Gabrijel P. (32).

„Interpol je ovu bandu vodio kao 'Užičku grupu', jer su četvorica članova iz ovog grada, dok smo mi na početku istrage bandi dali naziv 'Golf grupa', po tipu automobila koji su koristili prilikom pljačke. Prva četvorica su priznala svoja dela, a ostala dvojica poriču", izjavio je pukovnik Klug.

Naglasio je da ukazuje na to kako u Beču deluju još najmanje tri grupe „Pink Pantera" s članovima srpskog porekla, koje su se specijalizovale za pljačku zlatara. U ove grupe pukovnik policije nije uvrstio organizovane lopove i krijumčare umetničkih dela, koje takođe predvode Srbi.

„Mi smo u nekoliko navrata otkrivali da u nelegalnom otkupu ukradenih slika učestvuju ljudi poreklom iz Srbije. Izuzetno su dobro povezani sa svim kriminalnim strukturama, rade zajedno sa Albancima i Hrvatima. Srpski kriminalci su najveći dileri ukradenih umetničkih dela u Zapadnoj Evropi. Vrlo su uigrani, opasni i teško ih je zaustaviti", izjavio je Volfgang Gober, načelnik kriminalističke policije Austrije.

Prema poslednjim podacima, nemačka policija sumnja da je i Zvezdan Slavnić, član tajanstvene srpske pljačkaške organizacije „Pink Panter", iz Beča.

Uz to, Španci su objavili da Interpol sumnja da je mafijaška grupa „Pink Panter", koju čini labava mreža oko 800 srpskih kriminalaca, od 1999. godine do danas izvela oko 330 pljački u 38 zemalja sveta.

Tokom ove godine srpski kriminalci su izveli petnaest velikih razbojničkih akcija i pljački u Nemačkoj, Španiji, Austriji, Švajcarskoj,

Italiji, Belgiji, Rusiji, Emiratima, Americi i na Malti. Željko Anđelić je smislio poseban način pljački. On je u Hamburgu digao u vazduh jedan bankomat i sredinom oktobra ukrao 15.000 evra. Najagresivnija banda u Nemačkoj su Čačani, koji su tokom 2015. opustošili pedeset dve sportske radnje i optičarske prodavnice.

Jedan Srbin je u Moskvi ukrao bundu vrednu 57.000 evra. Srpski lopovski par R. R. i zanosna K. D. uhvaćeni su u Rimu posle serije krađa torbi i garderobe iz prodavnica *Luj Viton*. Đurica Đ. je pljačkao kombije za prevoz novca belgijskih banaka, a K. S. iz Milana je ušao i orobio jednu banku za 50.000 evra.

Poslednjih godina u svetu je ubijeno dvadeset dvoje Srba. U Austriji osam, Australiji i Švedskoj po troje, po dve osobe u SAD, Švajcarskoj, Belorusiji, Italiji, Kanadi i Nemačkoj. U Beču je brat ubio brata, komšija prijatelja, a žena ljubavnika. Boro Račić je usmrćen u Cirihu, Mirjana Puhar u Šarlotu, Maša Vukotić u Melburnu i Dejan Mandić i njegova ćerka Luna u Geteborgu.

## Vrbanovići plaše Italiju

Kada je Denis Jovanović u Torinu ukrao nakit vredan sedam miliona evra, cela Italija je ustala na noge od straha da se srpski pljačkaši vraćaju u ovu zemlju.

U aprilu 2016. godine italijanska policija je uhapsila Srbina Denisa Jovanovića (40), Albanca Zefa Zefija (41), kao i Silvi Auroru Lancu (41) i njenu majku Madalenu Rici (63). Oni su osumnjičeni da su izveli pljačku 21. veka, jer su iz stana jedne bogatašice u Torinu odneli antikvarni nakit i novac u vrednosti od sedam miliona evra!

„Srbin je šef najopasnije bande u Italiji", javili su svi mediji sa Apeninskog poluostrva i opisali ovaj zločin. Pljačka veka, jedna od najvećih koja je pogodila Torino poslednjih decenija, bila je izuzetno brižljivo isplanirana. Rođena je u glavi Jovanovića, koji je bio u ljubavnoj vezi sa Silvi Aurorom. Naime, Silvi i njena majka vlasnice su butika *Samsara* u neposrednoj blizini vile u kojoj stanuje opljačkana bogatašica, stara šezdeset dve godine.

Vlasnice butika su najpre obrlatile kućnu pomoćnicu bogatašice, s kojom su se tokom meseci kovanja plana i sprijateljile. Ona im je ispričala za enormno bogatstvo koje njena gazdarica čuva u sefu u spavaćoj sobi. S vremenom su se Silvi i Madalena sprijateljile i sa žrtvom. Priprema terena bila je temeljno obavljena: lopovi, koje je vodio Denis Jovanović, ne samo da su znali gde bogatašica drži nakit već su saznali i kada će napustiti stan i otići na odmor u selo kraj Torina.

Istovremeno je nemačka policija uhapsila Svetozara Damnjanovića (33), državljanina Bosne i Hercegovine, osumnjičenog da je sa četvoro svojih zemljaka 13. oktobra 2013. godine u sicilijanskom gradiću Ribera brutalno opljačkao tamošnjeg preduzetnika!

„Damnjanović se tereti da je sa četvoricom državljana BiH, naoružan pištoljima i štapovima, u četiri sata upao u vilu poznatog biznismena u Riberi, od koga su oteli veliku količinu zlatnog nakita i auto kojim su pobegli. Italijanski mediji navode da su razbojnici, za koje navode da su Srbi iz Bosne, tada brutalno prebili preduzetnika i ispalili više hitaca da ga zastraše", objavljeno je u saopštenju nemačke policije.

Ovaj Srbin i njegovi ortaci uhapšeni su po međunarodnoj poternici u okrugu Rotenburg i izručeni italijanskim vlastima. Nalaze se u zatvoru *Rebibija* u Rimu.

I još dvojica dvojica državljana Srbije uhapšena su početkom 2017. u Italiji zbog sumnje da su u septembru 2016. godine opljačkali jednu zlataru u Milanu. Prema podacima iz istrage, uhapšeni, od kojih jedan ima trideset, a drugi dvadeset devet godina, opljačkali su zlataru *Euleteri* u Milanu sličnom metodom po kojoj je poznata ozloglašena grupa „Pink Panter", čiji su članovi izvršili niz pljački u Evropi, pišu italijanski mediji.

Svi ovi slučajevi probudili su ponovo strah Italijana od srpskih razbojnika i pljačkaša, koji se uselio u italijanske domove 1990. godine, kada je banda braće Vrbanović, poreklom iz Srbije, opljačkala vilu porodice Viskardi i tom prilikom su ubili biznismena Đulijana Viskardija (57), njegovu suprugu Agnes (53), sina Lučana (27) i ćerku Mariju Frančesku (22).

Ovaj zločin počinio je Ljubiša Vrbanović Manolo, glava porodice koja se bavila provalama i pljačkama, u avgustu 1990. godine u mestu Torkjere di Ponteviko, sa saučesnikom Ivicom Barićem.

„Manolo je ubrzo uhapšen, a suđenje mu je u Italiji prekinuto 1992. godine. Nastavljeno je u Srbiji, gde je Vrbanović za taj zločin osuđen na petnaest godina robije, a zatim na smrtnu kaznu, koja je preinačena u doživotnu robiju, odnosno četrdeset godina zatvora. Ljubiša Vrbanović Manolo je umro 2014. godine od raka pluća", saopšteno je iz zatvora *Zabela*, gde je ovaj pljačkaš i ubica robijao.

Međutim, kada se kod Italijana probudio strah od srpskih kriminalaca, javnosti se obratio Gvido Viskardi, jedan od preživelih članova opljačkane porodice, koji je izjavio:

„Tražim od srpskog Ministarstva pravde tačnu lokaciju Vrbanovićevog groba – jer ne verujem da je monstrum mrtav! Želim da znam gde je njegovo telo. Za mene Manolo nije mrtav. Takvi ljudi ne umiru nikad. Želim da vidim zdravstvene kartone. Potrebno mi je uverenje da se on nalazi u tom grobu, ili makar lokacija na kojoj je sahranjen. Neko je možda zaboravio na njegov zločin, ali ja ne mogu, između ostalog i zbog poštovanja prema mojim roditeljima", rekao je Viskardi za italijanski list *Il Đorno*.

Italija je za srpske kriminalce već decenijama važno uporište. Prvo su se u nju sklanjali politički emigranti, a potom kriminalci i begunci iz zatvora. U Milanu je bilo sedište tzv. jugo-mafije. Osamdesetih je Italija bila najpopularnija za takozvanu šanu, kako su srpski kriminalci nazivali krađu luksuzne robe po buticima. Devedesetih je postala meta pljačkaša svih vrsta, prosjaka i džeparoša, a bila je i centar šverca duvana, ali samo za velike igrače, koji su imali milionske cifre za obezbeđivanje robe i pravih kontakata u centru apeninske mafije.

Četvorica braće Vrbanović: Toma, Nenad, Dragiša i Ljubiša – ostali su upisani crnim slovima u istoriji italijanskog kriminala. U bezobzirnom pohodu kroz Italiju početkom devedesetih, počinili su desetak surovih ubistava i trideset oružanih pljački. Braća Vrbanović su napadali ljude u usamljenim bogatim kućama, u koje su upadali s koltovima, a zatim bi vezivali žrtve. Pri svakom, i najmanjem otporu bezobzirno bi ljudima pucali u glavu. Zbog toga danas ne samo Italijani već i zvanična vlast ove zemlje traži od Srbije uveravanja da su ovi Vrbanovići mrtvi.

U međuvremenu, srpski kriminalci u sve većem broju „rade" po Italiji. U policijskim arhivima Italije podeljeni su po gradovima i osumnjičeni za različita krivična dela.

Čačani su u Italiji najpoznatiji po krađama parfema u Italiji. Novosađani drže primat u krađi garderobe, a Beograđani vode grupu koja se bavi krađom automobila. U međuvremenu, nove srpske grupe za posao krađe automobila „rade" falsifikovana dokumenta.

Potvrda da Srbi nastavljaju sa starim poslom „šaniranja" jeste i hapšenje Srba Mirka Čupića i Nenada Stanića, koji su trenutno u pritvoru u gradu Kortini. S njima je uhapšen i Slovenac Dušan Komerički, a ova trojka je osumnjičena da je iz dva butika ukrala robu vrednu čak 11.000 evra. Italijanska policija takođe proverava da li je ova grupa poharala još neke butike.

Srpski kriminalci se danas u Italiji bave i dečjim prosjačenjem, prostitucijom, džeparenjem, krađama, ali i razbojničkim provalama u vile bogataša i krađom novca i dragocenosti.

„Ljubo Adžović (37), Feta Barjami (27), Leonardo Prokuplja (32), Katalin Ruszka (29), Almir Suljević (31) i Avdija Suljević (35) uhapšeni su i osumnjičeni da su izveli šest pljački u većim gradovima Italije. Još osam državljana Srbije nalazi se zbog ovih pljački pod istragom", objavili su italijanski mediji.

Radi se – kako navode mediji nazivajući ih „profesionalnom srpskom bandom" – o grupi iskusnih pljačkaša, čije su baze bile Rim i Napulj, a pretežno su pljačkali po gradovima na severu zemlje. Tri najveće pljačke bile su u Veroni, Bergamu i Pratu. Da se radi o profesionalcima pokazuju i njihove metode. Pljačkaši su se pretežno koristili kradenim automobilima, a na naplatnim rampama su vozili zbijeni uz automobile ispred sebe, koristeći rampu koja uz posebnu propusnicu ne obavezuje vozače da se zaustave.

„Članovi i saradnici italijanske mafije u Kalabriji uglavnom su Crnogorci sa srpskim pasošima. Oni samostalno u Italiji jedino mogu da kradu automobile i skupocenu garderobu po buticima, što često i rade", tvrde italijanski policajci.

Srpkinja Aleksandra D. (34) uhapšena je u masovnoj akciji italijanske policije pod optužbom da je učestvovala u pranju novca za ozloglašenu mafijašku organizaciju Ndrangetu.

## Austrija potražuje Srbe

Dugogodišnja aktivnost srpskih kriminalaca po svetu pokazala je da ovih delinkvenata najviše ima u zemljama gde je velika koncentracija naših ljudi, radnika na privremenom radu i iseljenika. Ljudi iz dijaspore i njihova srpska kolonija čine bazu u kojoj borave i iz koje deluju srpski kriminalci po svetu. To je slučaj i s Nemačkom, Švedskom, Italijom, ali i Austrijom, Švajcarskom i Francuskom, pa i Australijom i Sjedinjenim Državama.

Sami Austrijanci priznaju da su Srbi, posle Turaka, najopasniji kao kriminalci u ovoj zemlji. I da se, osim razbojništvom i krađama po muzejima, vilama i stanovima, Srbi u Austriji bave trgovinom ljudima, ali i naručenim i običnim ubistvima.

„U Austriji ima oko 300.000 Srba, i za neke od njih je kriminal brz biznis s dobrom zaradom, a za druge je kriminal slučajnost, nehat, zlo koje se događa u svim porodicama", priča bečki gastarbajter Dragan Kovačević.

I navodi slučaj četiri ubistva naših državljana.

„Milan A. (36) ubio je nožem maćehu (52) i oca (55) i teško ranio suprugu Natašu A. (38) u austrijskom gradu Genserndorfu. A ubistvo Dženifer Vasić (26), čije je telo pronađeno u austrijskom mestu Kirhbilu, u reci In, još nije sasvim rasvetljeno", kaže Kovačević.

Kako smo saznali u Ambasadi Srbije, u Austriji je vođena istraga protiv petsto naših državljana, a u zatvorima je bilo oko dvesta osuđenika srpskog porekla. Reč je samo o onim Srbima koji su se prijavili našoj ambasadi, pa se veruje da ih je duplo više, jer se većina kriminalaca ne prijavljuje i ne traži pravnu pomoć svoje otadžbine.

Četiri osobe su povređene u tuči koja se dogodila u jednom klubu u austrijskom gradu Klagenfurtu, a policija je uhapsila državljanina Srbije (18) zbog sumnje da je izazvao nered. On nije tražio pomoć našeg konzulata.

Austrija je tražila od Nemačke uhapšenog Zvezdana Slavnića, koji se sumnjiči da je organizovao i izveo pljačku juvelirnice u Austriji, iz koje je, kako se sumnja, s trojicom saradnika odneo nakit i satove vredne više od 1,3 miliona evra.

Austrija je tragala i za Slobodanom Kašćelanom, koji je šef mafijaškog klana iz Crne Gore.

„Kašćelan je pobegao u Beč. Prema saznanjima policije, on je krajem maja 2017. prešao italijansko-austrijsku granicu, a potom je viđen u glavnom gradu Austrije. Prema informacijama iz policije, koja je izvela raciju, u stanu koji je pretresla pronađene su indicije da je Slobodan Kašćelan još u Beču. Zbog toga je policija pokrenula poteru za šefom njegovog klana", javljaju bečki mediji.

## Beč i srpska mafija

Predrag Barnić (43), srpski ugostitelj koji u Beču drži poznati restoran *Smederevo*, uhapšen je 2021. godine s više od pet kilograma droge i oružjem. U Barnićevoj kafani, koja je jedna od najpopularnijih u glavnom gradu Austrije, održavale su se proslave i venčanja gastarbajtera, a tu su nastupale i brojne estradne zvezde iz Srbije, među kojima i Radiša Trajković Đani, Dejan Matić, Rade Kosmajac.

Vest o hapšenju srpskog ugostitelja, inače rodom iz Smedereva, preneli su i austrijski mediji.

„Policija je dugo sumnjala da se gazda bavi preprodajom narkotika. Potom su krenuli u akciju. Tajni agent policije se predstavio kao kupac i došao je u lokal s namerom da kupi kokain. Za to vreme je ceo kraj bio blokiran", navodi agencija *Hojte*.

Srbin nije ni slutio šta mu se sprema.

„Najpre su u restoran ušli muškarac i žena, Barnićevi saradnici, koji su poneli veću količinu kokaina. Potom je došao 'kupac', kome je Srbin predao drogu, a u tom trenutku su u lokal uletele specijalne jedinice austrijske policije Kobre", prenosi *Hojte*.

Potom je počela filmska potera za Barnićem.

„Vlasnik restorana, kod koga se nalazio paket s kokainom, počeo je da beži. Popeo se na krov i pokušao da se otarasi droge. Bacio je paket, koji je završio u oluku", opisuju mediji dramatičnu policijsku akciju u Beču. Pored Barnića, u akciji su privedeni i njegovi saučesnici, muškarac i žena iz Crne Gore.

Bečka policija je zaplenila 2,3 kilograma kokaina, 3,5 kilograma marihuane, 5.300 evra u kešu, kalašnjikov, dva pištolja, glok i beretu.

Predrag Barnić se tereti za trgovinu drogom i oružjem, ali i za pretnje policiji. Bečki Srbi tvrde da je Barnić žrtva svog rumunskog prijatelja, koji mu je drogu podmetnuo i prijavio njegov restoran policiji.

Šta se zapravo dogodilo odlučiće bečki sud.

Šest srpskih državljana uhapšeno je u Beču nakon što je policija pronašla nekoliko laboratorija za uzgoj marihuane, čija vrednost dostiže 240.000 evra. Policija je Srbe pratila od februara 2021. godine. Prvo su uhapšena dvojica naših državljana, stara 22 i 26 godina.

Prilikom pretresa nekih stanova koje su uhapšeni koristili, pronađeno je više od 13 kilograma osušene marihuane i još 465 stabljika. Struju za laboratorije krali su od stanara zgrade, koje su oštetili za oko 44.000 evra. Srbi su razradili ozbiljnu šemu prodaje droge. Kod nekih uhapšenih Srba pronađen je i kokain, ali i preko 7.500 evra u gotovini, za koje se sumnja da su stečeni prodajom narkotika. Drogu su proizvodili u svojim kućnim laboratorijama, a prodavali su je isključivo većim dilerima, koji su je potom puštali u uličnu prodaju.

Na pitanje novinara da li to znači da Srbi imaju svoju mafiju u Austriji i Beču, nezvanično im je odgovoreno da „srpska mafija u Beču i Austriji ne postoji".

I kada je decembra 2018. godine u centru Beča došlo do pucnjave u kojoj je ubijen Vladimir Roganović, član kavačkog mafijaškog klana iz Kotora, a ranjen beogradski mangup Stefan Vilotijević (23), zvani Mali Kićun, austrijska policija je to okarakterisala kao „kriminalni incident", a ne kao obračun mafijaša poreklom iz Crne Gore i Srbije.

Prošle godine je 1.400 državljana Srbije bilo pritvoreno u austrijskim zatvorima. Najviše ih je bilo u Beču. Razlozi za to bila su uglavnom lakša nedela u saobraćaju, nasilje u privatnim međuljudskim odnosima, ubistva, a bilo je i mafijaških krivičnih dela.

Austrijsko pravosuđe i policija inače ne objavljuju podatke o građanima koji počine krivično delo, pa tako ni Srbi prekršioci zakona u Austriji nisu izloženi javnosti. Niti austrijski mediji izveštavaju o srpskim državljanima kao delinkventima.

Bečki mediji su, na primer, samo napomenuli da postoji lekar osumnjičen za trovanje kolega i dečaci koji su gajili marihuanu. Njihovi lični podaci nisu javno objavljeni. Austrijanci su trenutno u medijima okupirani pričom o političkom skandalu poslanika Štrahea, koji je kandidat na izborima krajem godine.

Psihijatar srpskog porekla osumnjičen da je tortom otrovao svoje kolege u bolnici pri jednom austrijskom zatvoru, nepoznat je austrijskoj javnosti. Jedan od njegovih kolega je usled tegoba nastalih trovanjem završio u bečkoj Opštoj bolnici. Ali ovaj lekar srpskog porekla nije nepoznat srpskoj javnosti.

Srpski novinari su otkrili da je reč o Vidu Velikiću, sinu bivšeg ambasadora i književnika Dragana Velikića, koji je službovao u Beču od 2005. godine.

Bečki Srbi se čude kako to da srpski novinari otkrivaju i znaju ko su naši ljudi koji čine nedela po Austriji, kad Austrijanci ne objavljuju njihova puna imena i prezimena. Odgovor na ovo pitanje nisu dobili.

Za naše novinare iz Srbije i naše dopisnike iz Austrije, međutim, ostala je tajna ko je dečak koji je prošlog meseca vozio kroz Beč bez dozvole velikom brzinom automobil sa ukradenim tablicama.

„Taj maloletni Srbin ima samo četrnaest godina."

Maloletni državljanin Srbije bio je veoma agresivan prema policiji, zbog čega su posumnjali da je pod uticajem narkotika. Priveden je, a njegovi roditelji su pozvani u policiju – pisali su bečki listovi.

Poslednjih godinu i po dana u Austriji su se dogodila četiri smrtna slučaja ljudi srpskog porekla. Nažalost, dvoje dece je maja prošle godine umrlo u Austriji zbog bolesti teške depresije svoje majke.

„Tada su u Beču u jednom stanu policajci našli mrtvu ženu i dve tinejdžerke", pisao je list *24 sata*. „U stanu su živele Vesna M. (45), poreklom iz Srbije, i njene bliznakinje (18). Majka nije bila u mogućnosti da brine o ćerkama."

U glavnom gradu Austrije je 26. juna 2019. godine mlad bečki kuvar Danijel Š. zbog dugova, otkaza na poslu i depresije detonirao plinsku bocu. Od eksplozije u njegovom stanu poginula je komšinica Ana Borojević (29), a još petnaest osoba je povređeno.

Ana Borojević iz Velike Plane živela je u Beču s dvojicom maloletnih sinova i suprugom Dejanom T. Anina majka se spletom okolnosti zadesila u neposrednoj blizi zgrade kad je došlo do nesreće, ne sluteći da je u eksploziji izgubila ćerku. Potraga je trajala do jutra, kada je telo njene ćerke pronađeno pod ruševinama.

U oktobru iste godine jedan Srbin (32) izboden je nožem na stepeništu svoje zgrade, i umro je, a ubica nije pronađen. Srbin star dvadeset pet godina izvršio je juna 2019. godine samoubistvo u Beču, u trenutku dok ga je policija hapsila, a nakon što je pobegao zbog vožnje u alkoholisanom stanju.

Pre toga je jedan Srbin postao ubica usmrtivši svoju suprugu. U policijskim izveštajima i medijskim vestima o nezgodnim Srbima u Beču pisalo je i to da je „Srbin (42) u jednoj bečkoj pivnici napao svoju partnerku (38) pred gostima držeći joj nož na vratu, i pretio da će je zaklati".

Ljiljani Š. je suđeno pred sudom u Beču jer je optužena da je naručila ubistvo supruga Saše Šalića (36), poreklom iz Šapca.

„Pandemija koronavirusa i mere preduzete u cilju sprečavanja širenja zaraze znatno su smanjili kriminal u Austriji, ali primećen je rast slučajeva porodičnog nasilja i sajber kriminala", izjavio je ministar unutrašnjih poslova Austrije Karl Nehamer.

## Srbi stvaraju narko-imperiju

Organizovani kriminalci srpskog porekla u Australiji, Francuskoj, SAD, Južnoj Americi, Španiji bave se zajedno s domaćim kriminalcima trgovinom narkotika.

Ako je suditi po trendovima u srpskom podzemlju, gde se poslednjih godina razvijaju organizovani poslovi sa ilegalnom trgovinom svih vrsta narkotika, krijumčarenje heroina, kokaina, marihuane i ekstazija postalo je danas glavni biznis naše mafije i u svetu.

Prema podacima evropskih policija, osam grupa srpske narko-mafije otkriveno je i u Čileu, Kolumbiji, Argentini, SAD, Španiji, Portugalu, Švajcarskoj i Češkoj samo tokom 2018. godine. Jedan Srbin je u španskim teritorijalnim vodama uhapšen s tajnim tovarom od 1,1 tone kokaina, a drugi Srbin, star 37 godina, uhapšen je na Kanarskim ostrvima kao krijumčar heroina.

Portugalska policija je u međuvremenu uhapsila petoricu naših ljudi s brodom natovarenim sa 1,2 tone kokaina poreklom iz Južne Amerike. Švajcarski inspektori su otkrili da su najveći dileri heroina u ovoj zemlji srpski studenti iz niškog klana. Slične probleme sa srpskim trgovcima narkoticima imaju i Česi.

Novinari Mreže za istraživanje kriminala i korupcije KRIK i češkog Centra za istraživačko novinarstvo CCIZ, otkrili su da najmanje četiri bande poznatih srpskih kriminalaca i grupa posluje u Pragu. U Srbiji su te vođe klana istaknuta imena iz sveta podzemlja. Nekima se sudi zbog krijumčarenja droge, drugi su osuđeni zbog ubistva. Njihove poslovne aktivnosti obuhvataju trgovinu kokainom i heroinom, krijumčarenje cigareta i kockanje.

„Svake nedelje najmanje jedna pošiljka droge vredna više miliona evra prođe kroz Češku na putu do Nemačke. Organizatori ovog krijumčarenja narkotika su Srbi i Albanci, odnosno delinkventi s Balkana, koji su ovaj posao počeli da šire u Češkoj još početkom devedesetih godina", govorio je svojevremeno Hinek Vlas, šef češke jedinice za borbu protiv organizovanog kriminala.

Vlas je objašnjavao novinarima da ove kriminalne srpske i albanske grupe koriste Češku, a posebno grad Prag, kao logističku bazu za kriminalne aktivnosti, jer njihovi članovi mogu lako da dobiju boravak. Srpski kriminalci i mafijaši, naime, koriste češki zakon po kome se osnivanjem preduzeća u ovoj zemlji lako dobija dozvola boravka, a potom i državljanstvo, što im direktno daje i prolaz ka ostalim zemljama Evropske unije.

„Takva lažna kompanija može godinama biti neaktivna bez straha da će biti kažnjena, tako da često služi kao paravan za stvarne aktivnosti ili kao neupadljiva adresa za dostavljanje pošiljki s drogom. Članovima ovih grupa ide naruku sličnost jezika, položaj Češke u

Srednjoj Evropi i dobra vazdušna i drumska povezanost s Balkanom i Evropskom unijom", ističe Hinek Vlas.

Od 2008. godine i Italija je za srpske mafijaše postala jedna od najvažnijih stanica za šverc kokaina iz Južne Amerike u Evropu, i distribuciju za lokalna narko-tržišta, uzduž i popreko cele Zapadne Evrope.

Italijanski kriminolog Alesandro Ćeći je, u specijalnoj izjavi za srpske medije, govorio o tome kako je za većinu kriminalnih aktivnosti Srba na Apeninskom poluostrvu neophodna saglasnost neke od italijanskih mafije.

„Dozvolu da krijumčari kokain u Italiju, čak i da se bavi distribucijom, u Italiji je imala samo grupa Darka Šarića iz Pljevalja, koja se u Milanu pojavila 2008, i zbog izuzetnog kvaliteta kokaina brzo se probila na narko-tržištu", priznao je Alesandro Ćeći.

Srbi su u Italiji kao krijumčari droge bili prepoznatljivi po tome što su kokain pakovali u šarene balone, pa je policija akciju usmerenu na njihovo razotkrivanje i nazvala „Loptice". U jednoj policijskoj raciji protiv srpske narko-mafije, u Italiji je 2008. zaplenjeno 700 kilograma kokaina. A 2010. godine su karabinijeri raspisali poternice za 105 pripadnika balkanskog narko-kartela.

Po poternicama je u Italiji uhapšeno 79 osoba, a 22 u inostranstvu. Jedan od uhapšenih bio je i Duško Šarić, rođeni brat Darka Šarića. Istraga je nadležne organe odvela do srpskih državljana Dragana N. (59), s prebivalištem u Veroni, koji je uhapšen, Gorana V. (44) iz Mantove i Aleksandre P. (43).

„Njih troje se, zajedno s još jednim italijanskim državljaninom, terete da su izvršili krivično delo krijumčarenja skoro 1.800 kilograma marihuane. Sve je počelo istragom policajaca nekoliko osoba srpske nacionalnosti posebno aktivnih u međunarodnom saobraćaju droge preko Brenera. Naredni koraci istrage, zajedno s mobilnim timom iz Verone, omogućili su policiji da identifikuje šupu u blizini ovog grada, za koju se utvrdilo da je služila kao skladište", rečeno je u saopštenju italijanske policije.

I u Skandinaviji su srpski kriminalci deo tamošnje narko-mafije, kao saradnici švedskih moto-bandi, koje se bave distribucijom krijumčarenog kokaina i heroina iz Južne Amerike.

„Veliki deo narko-tržišta u Skandinaviji pod kontrolom je Srba i Crnogoraca, koji su poslednji tovar kokaina prokrijumčarili iz Brazila", saopštio nam je advokat Aleksandar Lajhner u Malmeu.

Organizovanjem ilegalne trgovine drogom srpski kriminalci se bave i u Dominikanskoj Republici, Italiji, Hrvatskoj, SAD, Švajcarskoj, gde je nedavno uhapšen jedan slavni srpski kaskader kao kurir narko-kartela. U Dominikanskoj Republici je policija zaplenila 175 kilograma čistog kokaina i uhapsila šesnaest osoba, među njima i Nebojšu G., koje su krijumčarile drogu iz ove karipske zemlje u Evropu.

Simo Č. (60) označen je kao najveći diler kokaina i heroina u Hrvatskoj, s prijavljenim prebivalištem u Novom Zagrebu. Koristi ime Ivan Bikić i često putuje po zemljama bivše Jugoslavije, Zapadnoj Evropi i Latinskoj Americi.

U Francuskoj je pak Srbin Zoran P. godinama uspevao da igra dvostruku špijunsku igru s Carinskom obaveštajnom službom. Davao je francuskim carinicima ključne informacije za razotkrivanje krijumčarenja kokaina i oružja, a zauzvrat je švercovao hranu, odeću i lekove. Njegovo ime se pominje i u akciji „Opera", u kojoj je zaplenjeno nekoliko kilograma kokaina u luci Avr. Za sve to vreme Zoran se predstavljao kao međunarodni biznismen koji trguje svom robom s Francuskom, Srbijom, Kinom, Madagaskarom. I trgovao je, ali za sebe.

Drugi Srbin iz Francuske, Predrag Vukomanović (37) zvani Gringo, i jedan dečak od petnaest godina uhapšeni su u Brazilu zbog sumnje da su švercovali oružje i drogu. Policijski operativci pretresli su Gringovu kuću u kojoj je živeo i dečak.

„Pronašli su 22 pištolja, 210 kesica kokaina, osam kutija parfema i naočara, šest radio-stanica, pancir, kao i svesku sa imenima klijenata organizovanu kao trgovačku knjigu. Među stvarima je otkrivena i vojna uniforma", navodi se u medijima.

## Grupa „Amerika"

Kada je Zoran Jakšić, jedan od glavnih ljudi kriminalne grupe „Amerika", osuđen u Peruu na dvadeset godina zatvora zbog šverca droge, pokazalo se da ovaj Srbin poseduje 1,2 kilograma kokaina skrivenog u flašama za sok. Uhapšen je 2016. godine, kada je iz države Ekvador ulazio u državu Peru.

„Zoran Jakšić je finansirao nabavku kokaina i transportovao ga u Evropu. Imao je jake veze i u Sjedinjenim Američkim Državama i Meksiku. Jakšić je koristio četrdeset tri različita identiteta i deset falsifikovanih pasoša. U trenutku hapšenja kod sebe je imao lični dokument na ime Lens Korona", saopštila je tom prilikom peruanska policija.

Jakšić je jedan od šefova klana „Amerika", kriminalne grupe koja se skoro dve decenije bavi međunarodnim švercom droge i ubistvima.

Vođe grupe „Amerika" su se smenjivale – prvi je bio Vojislav Raičević, zvani Voja Amerikanac, koji je nestao 1997. godine. Nasledio ga je Mileta Miljanić zvani Majk. Miljanić je u Italiji osuđen na sedam i po godina zatvora, kad ga je tamošnja policija uhapsila jer je organizovao transport kokaina iz Urugvaja u Veneciju i prodaju deset kilograma droge albanskom kriminalcu. Pobegao je iz zatvora i otišao u Sjedinjene Američke Države, čije državljanstvo poseduje.

Početkom aprila 2017. godine, peruanska policija je optužila Zorana Jakšića da je organizovao bekstvo iz zatvora Horhe Medine, šefa narko-mafije. Bekstvo iz zatvora *Lurigančo* izvedeno je 30. marta uz pomoć dvojice policajaca u kamionu sa smećem.

Odmah nakon što je Medina nestao, Zoran Jakšić je osuđen na dvadeset godina robije. Sklonjen je u samicu zatvora Lurigančo. A u zatvoru se Jakšić šeta odvojeno od ostalih zatvorenika. O njemu brine više stražara jer se strahuje i za njegovu bezbednost – pišu danas peruanske novine.

Pored Darka Šarića i njegovog narko-klana, grupe „Amerike" i Zorana Jakšića, na međunarodnoj sceni je poznato i ime Dejana Stojanovića Keke. Za njega se tvrdi da se bavio kriminalnim aktivnostima u Srbiji, iz koje je otišao u beli svet.

U maju 2011. Stojanović je bio u centru pažnje kad je u Brazilu uhapšena grupa Srba osumnjičena za trgovinu drogom. Iako je odmah saopšteno da je među uhapšenima i Keka, to je ubrzo demantovano. Pričalo se da je Stojanović i u Brazilu postao biznismen koji ulaže u gradnju stambenih i poslovnih objekata.

Kriminalci srpskog porekla u Australiji se zajedno s Vijetnamcima bave organizovanom trgovinom narkoticima, a s Bosancima, Fidžijcima, Irancima i Filipincima članovi su nasilničke moto-bande *Bandidos Centro*.

Previše je primera hapšenja Srba s članovima narko-mafija prilikom zaplene velikih količina kokaina ili heroina da bi se tvrdilo kako srpski kriminalci nisu deo narko-podzemlja. Imaju li aspiraciju Srbi da naprave svoju narko-imperiju – sigurno da. O tome govore i klanovi Belivuka, Zvicera i Kašćelana u Beogradu i Kotoru. Ali i slučajevi sa zaplenama i hapšenjima u Rumuniji, Grčkoj, Kolumbiji, Španiji, Italiji, čak i u Južnoj Africi.

U Hrvatskoj je 2021. godine uhapšen Srbin sa 200.000 komada sintetičke droge, koju je dovezao iz Južne Amerike.

Srbin star 32 godine uhapšen je početkom 2022. godine u Salcburgu zbog trgovine kokainom. Američki FBI je provalio kriptovani *anom* telefon, i tako ušao u trag lancu krijumčarenja droge iz Srbije u Austriju. Takav telefon koristi i narko-mafija u Srbiji i Crnoj Gori.

Kako prenosi austrijski portal *Salcburger nahrihten*, državljanin Srbije koji je na suđenju izjavio da je novinar frilenser odranije je poznat tamošnjoj policiji zbog trgovine narkoticima.

„Mladić je pred Regionalnim sudom u Salcburgu negirao da je prošvercovao tri kilograma kokaina. Prema optužnici, on je uz pomoć kriptovanog telefona dogovarao posao, ubeđen da taj mobilni aparat ne može nikako da se prisluškuje. Međutim, u istragu je bio uključen FBI, koji je svojim sofisticiranim tehnologijama uspeo da provali u telefon i dešifruje poruke", prenose austrijski mediji.

Kako je saopštio javni tužilac, mladić je i ranije osuđivan zbog krivičnih dela u vezi s trgovinom narkoticima.

Tereti se da je kokain poručio od dve nepoznate osobe iz Srbije, i prodao ga brojnim kupcima s teritorije Salcburga. Navodno, od prodaje tri kilograma kokaina zaradio je 177.000 evra, a jedan gram je prodavao po ceni od 60 evra.

Droga je, kako je utvrđeno, prokrijumčarena u tri kurirska paketa kamionima iz Holandije u Salcburg, a Srbi su je preuzeli u Golingu.

Branilac optuženog Srbina, Franc Ešl, zatražio je oslobađajuću presudu, rekavši da putna isprava optuženog Srbina dokazuje da on nije izvršilac dela za koje se tereti.

# Literatura

Kler Sterling, *Stvar ne samo naša – svetska mreža sicilijanske mafije*.
Doktor Zorica Mršević, *Organizovani kriminal*, Institut za kriminološka i sociološka istraživanja, Beograd 1994.
Frank Robertsom, *The Inside Story of the Triads-The Chinese Mafia*.
Budo Babović, Iz dosijea Interpola.
Marko Lopušina, *Balkanska smrt – šiptarska narko-mafija*, izdavač Legenda, Čačak 1999.
Marko Lopušina, *Ispovest Nikole Kavaje*.
*Dejli njuz*, Džin Mustejn i Džeri Kapeci, *Mafijaška zvezda: Priča o Džonu Gotiju*.
Ovid Demaris, *Poslednji mafijaš*, priča o Frenku Sinatri.
Mikele Pantanoele, *Mafija, juče i danas*.
Džoni H. Dejvis, *Mafijaška dinastija*.
Tim Šavkros, *Rat protiv mafije – Kako je uhvaćen poslednji američki kum Džon Goti*.
Majkl i Džudi An Njuton, *FBI enciklopedija – najtraženiji kriminalci*.
Meri Maknil, *Enciklopedija kriminala*.
Mario Puzo, *Poslednji don*.
Lajoš Mađar, *Mafija među nama*.
Hans Peter Rulman, *Jugo-mafija u Nemačkoj*.
Aleksandar Knežević, Vojislav Tufegdžić, *Kriminal koji je izmenio Srbiju*.
Alessandro Ryker, *El gatopardo*.
Arhiva Biroa Interpola za Jugoslaviju, SSUP.
Dokumenta OECD i UN 1999.
Novinska dokumentacija:
*NIN, Nedeljni telegraf, Politika, Svet, Profil, Intervju, Duga, Revija 92, Vreme, Svedok, Večernje novosti, Blic, Tanjug*.

# Beleška o autoru

Marko S. Lopušina novinar je i publicista.

Lopušine su trebješko bratstvo Jokanovića iz plemena Drobnjaka. Imalo je i nadimak Lopušine, jer je junak Vuk Jokanović „sekao turske glave kao lopure"...

Lopušina (Janković), ranije Jokanović, grana Gavrilovića (Trebješana ispod Trebjese) – Nikšićana, nastanjeni u Strugu i Sirovcu (Drobnjaci) i drugim mestima.

Rođen 1951. godine u Raškoj, Srbija. Završio osnovnu školu i gimnaziju u Brusu i Fakultet političkih nauka u Beogradu. Nije član nijedne stranke. Oženjen je i ima sina. Radio u listu *Sekundarne sirovine* 1976. kao novinar i urednik, u listu *Zdravo* 1978. kao novinar, u magazinu *Intervju* od 1981. kao novinar i urednik, a 1997. bio i glavni urednik. A potom kao urednik u magazinu *Profil* 1999. i listu *Nedeljni telegraf* 2008.

Saradnik je portala *Serbiana*, *Dveno*, časopisa *Ogledalo* iz Čikaga, *Srpskog glasa* u Melburnu, *Novina* iz Toronta, Srpskog radija u Los Anđelesu i Sidneju, Srpske zajednice u Mariboru i portala u Hrvatskoj i Makedoniji. Saradnik je SANU i Matice srpske na *Srpskoj enciklopediji*, poglavlje o iseljenicima i dijaspori.

Član Udruženja novinara Srbije, član Udruženja književnika Srbije i član Udruženja ribolovaca Zemun. Član Kongresa srpskog ujedinjenja iz SAD i član asocijacije Srpska veza iz Beograda. Počasni član Tesline naučne fondacije u Filadelfiji od 2012. godine. Uvršćen u knjigu *Ko je ko u Srbiji* i u ediciju Kongresne biblioteke u Vašingtonu za 2008/09. godinu *Who is Who in USA and Canada*.

Dobitnik nagrade „Laza Kostić" Udruženja novinara Srbije za 2002. godinu i vlasnik zlatnog prstena UNS-a kao jedan od najboljih novinara za 2004. godinu.

Dobitnik Priznanja izdavačke kuće *Narodna knjiga* u 2003. godini kao najbolji publicista u Srbiji i Crnoj Gori. Dobitnik Bronzane povelje na Internacionalnom festivalu reportaže 2004. godine u Somboru.

Dobitnik Zlatne značke Kulturno-prosvetne zajednice Srbije za 2008. godinu.

Nosilac ordena „Vuk Stefanović Karadžić" za doprinos novinarstvu, srpskoj kulturi, informisanju i očuvanja identiteta Srba u dijaspori.

Poslednje priznanje koje je dobio je Plaketa Narodne skupštine Srbije, Odbora za dijasporu, februar 2014. godine. A nagovešteno je i da je dobitnik prve nagrade za publicistiku „Dragiša Kašiković" za 2014. godinu.

Autor je pedesetak feljtona o iseljenicima, obaveštajnim službama, delinkvenciji, i još tridesetak knjiga iz ovih oblasti.

Autor je knjiga: *Najzagonetnije jugoslovenske ubice* (1987), *Crna knjiga: cenzura u Jugoslaviji 1945–91* (1991), *Svi Srbi sveta* (1994), *Ubij bližnjeg svog 1: jugoslovenska tajna policija 1945–1995* (1996), *Ubij bližnjeg svog 2: akcija državne bezbednosti protiv špijuna od 1946–1997* (1997), *CIA protiv Jugoslavije* (1997), *Ubij bližnjeg svog 3: istorija jugoslovenskog podzemlja 1945–1998* (1998), *Svi Srbi sveta: vodič kroz dijasporu* (1998), *Tajne službe sveta: deset najvećih agentura i špijuna* (1999), *OVK protiv Jugoslavije: kako smo izgubili Kosovo i Metohiju* (1999); *Balkanska smrt: šiptarska narko mafija* (1999), *Najbogatiji Srbi sveta* (1999), *Sačekuša: krvavo srce Beograda* (2000), *Mafije sveta* (2000); *Lov na Miloševića: američka antisrpska politika* (2000), *Ko je ko u YU podzemlju* (2000) *Srbi u Americi* (2000), *Komandant Arkan* (2001), *Radovan Karadžić: najtraženija srpska glava* (2001). *Svetska enciklopedija podzemlja* (sa sinom Dušanom, 2001), *KGB protiv Jugoslavije* (2001), *Tajne srpske policije* (2001), *Ubij bližnjeg svog 4: jugoslovenska tajna policija 1945–2002* (objedinjava sva tri prethodna toma, 2002), *Ceca: između ljubavi i mržnje* (2003), *Fudbal je više od igre: životna priča Milovana Mitića, majstora loptanja i učitelja fudbala* (koautor s Milovanom Mitićem, 2003), *Enciklopedija špijunaže* (koautor s Milanom Petkovićem, 2003), *Crnogorski klan* (2003), *FBI i Srbi: kako američka politička policija progoni naše ljude* (2003), *Srpska mafija: ko je ko* (2003), *Tajni ratnici ex-Jugoslavije* (2003), *KOS: tajne vojne službe bezbednosti* (2004), *Legija i zemunski klan* (2004), *Srbi u dijaspori: adresar i imenik* (koautor sa sinom Dušanom, 2004), *Srbi su harali svetom* (2005), *Tajne službe sveta* (2005), *Milo, jedna evropska priča* (2005), *Teroristi sveta* (2006), *Ilustrovana istorija srpske dijaspore* (koautor sa sinom Dušanom, 2006), *Lovci na Ratka Mladića* (2006), *Hotel Moskva: prvih 100 godina* (2008), *Srbi u Americi: 1815–2010* (koautor sa sinom Dušanom, 2010), *Masoni u Srbiji* (2010), *CIA u Srbiji: 1947–2010* (2010), *Britanska prevara: MI6 u Srbiji* (2011), *Ubice u ime države* (2012), *Špijuni majke Srbije* (2013), *Srbi u Australiji* (koautor sa sinom Dušanom, 2013), *Srbi u Istočnoj Evropi* 1. knjiga (2014), *Tajna društva u Srbiji i tajne verskih zajednica* (2015), *Crna knjiga: cenzura u Srbiji 1945–2015* (2015), *Srbi u Istočnoj Evropi* 2. knjiga (2016), *Srbi u Švedskoj i Skandinaviji* (2016), *Enciklopedija srpske dijaspore: Srbi u prekomorskim zemljama* (koautor sa sinom Dušanom, 2016), *Princ Čarls i Srbi: britanska podmukla diplomatija prema Srbiji* (2016), *Srbi u Rusiji* (2017), *Srbi u Nemačkoj: od Getea do danas* (2019), *Srbi u Berlinu: istorija doseljavanja* (2019), *Tajni čuvari hrišćanstva: templari, zmajonosci i masoni u Srbiji* (2019), *Stranci koji nas vole: nekad i sad* (2020) i *Enciklopedija srpske dijaspore: Srbi u Evropi* (2021).

Marko Lopušina je priredio knjige *Autobiografija Mire i Slobodana Pavlovića: Idi sine ali se ne vraćaj,* autobiografiju Nikole Kavaje *Komandos* ili *Sinovi izdate Srbije, Srpska bratska pomoć u SAD i Kanadi, Purpurna reka, ispovest Cvetana Slepčeva* i knjige *Bila sam žena Brozovog špijuna* Dušanke Prokić.

Marko Lopušina živi u Zemunu i piše širom srpskog rasejanja.

Veb-sajt adresa: www.lopusina.com

# Sadržaj

**MAFIJE SVETA** — 5
  Novi kriminalni poredak — 5

**ALBANSKA MAFIJA** — 8
  Zlo Evrope — 8
  Trgovina ljudima i decom — 9
  Kralj prostitucije — 12
  Hrana teroristima — 14
  Porodični klanovi — 18
  Razoružanje i hapšenja — 22
  Evropa potopljena u heroin — 25
  Dupla veza s OVK — 27
  Bolesnik Balkana — 29
  Narko-centar Evrope — 33
  Balkanska smrt — 37
  Nemačka glavobolja — 39
  Šiptari u Švajcarskoj — 40
  Afera Pacoli — 42
  Otrovana Amerika — 43
  Osvajanje Evrope — 467
  Sasecanje albanskog podzemlja — 49
  Albanci haraju Sarajevom — 51
  Čovek klana Haradinaj — 54
  Norveška pljačka — 56

**AMERIČKA MAFIJA** — 60
  Vladavina porodice Goti — 60
  Poslednji don — 64
  Porodica Gambino — 67
  Siva eminencija mafije — 69
  Dinastija Đenoveze — 71

| | |
|---|---|
| Smrt braće Kenedi | 73 |
| Don Karlo Opasni | 75 |
| Mlad, drzak i glup | 80 |
| Kum Pol Kastelano | 83 |
| Šef svih šefova | 85 |
| Srbin u Koza nostri | 88 |
| Odlazak don Gotija | 91 |
| Zemlja nasilja | 97 |
| Ugrožena prestonica | 99 |

## BUGARSKA MAFIJA — 102

| | |
|---|---|
| Sofijski banditizam | 102 |
| Jocina osveta | 104 |
| Potraga za Legijom | 106 |
| Srpska sačekuša | 108 |
| Bugarski Al Kapone | 109 |
| Veza s Jocom | 111 |
| Srpsko-bugarska mreža | 113 |
| Trideset tri bande | 115 |
| „Sablja" u Sofiji | 117 |

## DRŽAVNA MAFIJA — 120

| | |
|---|---|
| Kriminalci u plavim šlemovima | 120 |
| Država prosjaka i lopova | 123 |
| Nema pljačke bez države | 128 |
| Ukaljani olimpijci | 131 |
| Trula zemlja demokratije | 133 |
| Pedeset najgorih | 135 |
| Novac je ključ vlasti | 137 |
| Crne mrlje poštenja | 141 |
| Koketiranje s podzemljem | 145 |
| Crveni karton za državnike | 146 |

## ITALIJANSKA MAFIJA — 149

| | |
|---|---|
| Kumovi s Apenina | 149 |
| Prepreka komunizmu | 151 |
| Podzemlje uzvraća udarac | 158 |
| Čiste ruke – prljav obraz | 161 |
| Slučaj Andreoti | 164 |

| | |
|---|---:|
| Andreoti i mafija | 166 |
| Sudije pod kontrolom | 168 |
| Trust zločinaca | 170 |
| Don je umro | 174 |
| Toto kratki i smrtonosni | 177 |
| Vođa klana Korleoneze | 179 |
| Ubica sudije Falkonea | 182 |
| Kum bogomoljac | 184 |
| Seča kumova | 186 |
| Upokojeni pokajnici | 188 |
| Čovek zvani Zver | 192 |
| Prestonica kriminala | 198 |
| Rat Kamore | 199 |
| Četvrta mafija | 202 |
| Kruna u Crnoj Gori | 206 |
| Politička giljotina | 211 |
| Afera Crna Gora | 214 |
| Kobni 21. vek | 217 |
| Dileri čitave porodice | 219 |
| **JAPANSKE JAKUZE** | **226** |
| Samuraji u smokinzima | 226 |
| Uz malu pomoć Amerikanaca | 232 |
| Legalni poslovi i ilegalni prihodi | 235 |
| Dinastija Takoa | 238 |
| Jamaken pištoljdžija | 241 |
| Partije nedodirljivih | 242 |
| Gangsterski pogon | 244 |
| Od nasilja do biznisa | 247 |
| Novi šljam | 249 |
| **KINESKA MAFIJA** | **253** |
| Plamen crvenog zmaja | 253 |
| Odani zlu | 256 |
| Droga umesto poreza | 257 |
| Kinezi u Njujorku | 259 |
| Osvajanje Tajlanda | 263 |
| Izvoz droge u Australiju | 267 |
| Ulaz u Evropu | 270 |

Mala Kina razara Peking 272
Istorijski zaokret 277

**KOLUMBIJSKI KARTELI** 279
Država na kokainu 279
Ulaz u Ameriku 283
Kartel Rodrigeza Orehuela 286
Ostavština Pabla Eskobara 289
Bekstvo iz zatvorskog raja 295
Izbeglice na hacijendi Napulj 297
Strah od komunizma 299
Između gerile i kartela 303
Američka nagodba 306

**RUSKA MAFIJA** 309
Podzemlje u krilu KGB-a 309
Jušenjkova smrt 311
Jeljcinova greška 318
Kriminalna revolucija 324
Lov na mercedese 330
Bič Rusije 334
Pranje para u Njujorku 338
Tajanstveni Sejmon Mogiljevič 340
Putinov obračun 345
Rusi kupuju Crnu Goru 348
Gvozdena nevesta 351
Bitka velesila 355

**SRPSKA MAFIJA** 358
Srbi haraju Evropom 358
Od Čaruge do Legije 363
Prijatelji Alena Delona 367
Srbin i Francuz 370
Beogradska družina 372
Giškino inostranstvo 375
Državni momci 379
Smrt u Skandinaviji 381
Ubijen kralj droge 385
Veza s Jocom 388

| | |
|---|---|
| Australijski klan | 390 |
| Jocić i Englezi | 393 |
| Deseti zločin | 396 |
| FBI juri Srbe | 400 |

## DODATAK 405
| | |
|---|---|
| Državna srpska mafija | 405 |
| Dvadeset hiljada srpskih kriminalaca hara svetom | 407 |
| Međunarodni rat zbog Arkana | 410 |
| Neću da umrem kao Tito! | 411 |
| Tajni život Tapija | 414 |
| Ljudi sa poternica | 417 |
| Karafaka i Daut | 420 |
| Duća iz Zemuna | 421 |
| Švedsko utočište mafijaša | 422 |
| Slučaj Ševo | 425 |
| Moto bande i panteri | 426 |
| Srpski razbojnici | 428 |
| Vrbanovići plaše Italiju | 430 |
| Austrija potražuje Srbe | 433 |
| Beč i srpska mafija | 434 |
| Srbi stvaraju narko-imperiju | 437 |
| Grupa „Amerika" | 440 |

**LITERATURA** 443
**BELEŠKA O AUTORU** 444

**Knjige Marka Lopušine u izdanju Izdavačke kuće TEA BOOKS d.o.o. (digitalna i/ili štampana izdanja)**

Balkanska smrt
Britanska prevara
Crnogorski klan
Mafije sveta
Srbi su harali svetom
Srbi u Americi
Špijuni majke Srbije
Tajna društva u Srbiji
Tajne službe sveta
Tajni čuvari hrišćanstva
Teroristi sveta
Ubice u ime države
Ubij bližnjeg svog

www.ingramcontent.com/pod-product-compliance
Lightning Source LLC
Chambersburg PA
CBHW021826220426
43663CB00005B/144